1781

Willy Brandt

Über den Tag hinaus

Eine Zwischenbilanz

Hoffmann und Campe

1. Auflage, 1. bis 25. Tausend September 1974
2. Auflage, 26. bis 50. Tausend November 1974

ISBN 3-455-00584-5 · Printed in Germany

Inhalt

Vorwort

In diesem Buch gebe ich eine Zwischenbilanz der Probleme, mit denen ich als Bundeskanzler beschäftigt war. Mit der Arbeit an einer solchen Übersicht hatte ich im Herbst 1973 begonnen. Fertigstellen konnte ich sie erst, nachdem ich aus dem Amt geschieden war. Auf eine weiterreichende Systematisierung des Stoffes habe ich verzichtet, weil dadurch vermutlich die zeitnahe Unmittelbarkeit verlorengegangen wäre.

Man mag sich fragen, ob ein politisch Verantwortlicher über Dinge schreiben soll, die noch mitten in der Entwicklung sind. Ich meine: Sich verändernde Entwicklungen und neue Aufgaben, Grundwerte und Zusammenhänge des eigenen Handelns müssen von Zeit zu Zeit dargelegt werden; der Zusammenhang mit dem, was hinter einem liegt, ist dabei von besonderer Bedeutung. Dies gilt gerade für den so umfassenden und vielgliedrigen Bereich der Innenpolitik, der Gesellschaftspolitik. Die Materie ist oft schwierig, und mancher betrachtet sie als »trokken«. In Wahrheit umgreift sie fast das ganze Leben der Menschen; hier entscheidet sich viel von ihrem täglichen Schicksal.

Zu den Bonner Standardformeln der letzten Jahre gehörte: Willy Brandt interessiere sich mehr für Außenpolitik als für Innenpolitik. Eines der kaum auszurottenden Klischees dieser Jahre. Denn in Wirklichkeit ist es so, daß ich – als Bundeskanzler – den bei weitem größten Teil meiner Zeit für innenpolitische Fragen aufgewendet habe. Ich halte es als Parteivorsitzender nicht anders.

Wie stellt sich den Bürgern ein Regierungskonzept oder das Konzept einer großen Partei dar? Sie nehmen Nachrichten entgegen, hören gelegentlich eine Rede, folgen auch wohl einmal der Übertragung einer parlamentarischen Debatte, lesen ein Interview oder einen Artikel. Aber das meiste erreicht den Bürger in Verkürzungen, oft nur in Andeutungen: So besteht die Gefahr, daß nur der Einzelvorgang, das gesetzgeberische Detail, das politische Fragment ins öffentliche Bewußtsein vordringen. Außenpolitik wirkt überschaubarer und ist, nach einer verbreiteten Lesart, attraktiver und »glanzvoller«. Das ist falsch; gerade deswegen besteht die Notwendigkeit, in der Gesellschafts- und Innenpolitik die Summe des Geleisteten und die Gesamtheit des Programms deutlicher sichtbar zu machen.

Ich meine, dazu gibt es nach dem fünfundzwanzigsten Jahrestag unserer Verfassung besonderen Anlaß. Man sollte fragen: Was ist uns gelungen, was ist uns mißlungen? Wo stehen wir bei der Verwirklichung des Grundgesetzes?

Dies ist kein Buch für Experten, es ist ein Buch für aufgeschlossene Bürger. Es kann und soll kein lückenloser Katalog politischen Handelns sein, aber es versucht, das geistige Fundament und die Zusammenhänge der Reformpolitik zu umreißen. Es will der Neigung begegnen, die großen und die – oft nicht weniger wichtigen – kleineren Reformen zu zerreden. Der ernsten Diskussion steht gelegentlich auch die Frage entgegen, wo unsere Reformen bleiben. Ich will zeigen: Manche haben sich bereits vollzogen. Andere vollziehen sich nahezu täglich – vor unseren Augen.

So will das Buch vor allem Information – gerade auch über die Schwierigkeiten im Alltag – vermitteln. Auf Meinungen, die kontrovers sind, verzichtet es nicht. Wäre es anders, hätte sich das Schreiben nicht gelohnt.

Im Frühjahr 1974 sah sich unser Land unversehens einer Entwicklung gegenüber, die einige zu einer »Staatskrise« emporstilisieren wollten. Ein Regierungswechsel war notwendig geworden – er vollzog sich reibungslos. Am 6. Mai dieses Jahres bat ich den Bundespräsidenten um meinen Rücktritt als Bundeskanzler. In meiner nächsten Umgebung hatte sich, für einige Zeit unerkannt, dann von den für die Sicherheit zuständigen Behörden mit meinem Wissen beobachtet, ein Spion der DDR aufgehalten. In diesem Buch wird von den Umständen meines Rücktritts die Rede sein. Doch schon hier soll festgestellt werden, daß es für mich zwingend war, die politische und persönliche Verantwortung für jene Affäre zu übernehmen, die die Rechtspresse und Teile der Opposition zu dem Versuch reizte, meine Integrität in einer Diffamierungskampagne zu zerstören. Es ist ihnen nicht gelungen.

Die Übernahme der Verantwortung durch den neuen Bundeskanzler Helmut Schmidt geschah so selbstverständlich, wie es sich in einem demokratischen Staat gehört. Walter Scheel wurde, wie es vorgesehen war, zum vierten Bundespräsidenten gewählt. Die Arbeit ging weiter. Das fünfundzwanzigjährige Bestehen unseres Staates fiel so fast zeitgleich mit einer Zäsur in Bonn zusammen.

Ein anderer, in meinen Augen besonders wichtiger Einschnitt prägte sich wenige Monate zuvor, an der Jahreswende 1973/1974, mit dem Schock der Energiekrise ins öffentliche Bewußtsein. Auch hier gibt es Zusammenhänge, von denen zu reden sein wird.

Während im Übergang von meiner Kanzlerschaft zu der Helmut Schmidts »Kontinuität und Konzentration« sichtbar blieben, wirkte untergründig die Beunruhigung durch die eigentliche Krise, nämlich die Einsicht in gefährliche und unabänderliche Abhängigkeiten unserer Gesellschaft von der Außenwelt, nach; dies gilt zumal für die Problematik, die als »Grenzen des Wachstums« zu bezeichnen wir uns angewöhnt haben.

So gaben sich in der Bonner Wachablösung Krise und Chance zugleich zu erkennen. Helmut Schmidt konnte auf ein solides Fundament bauen. Das deutsche Haus, für das die Verantwortung von mir auf ihn überging, war im ganzen gesehen in Ordnung.

Das hier vorliegende Buch soll ein Beitrag zum Gespräch *mit* den Bürgern sein und, wie ich hoffe, ein Beitrag zum Gespräch *zwischen* den Bürgern – wie es auch in vielen Teilen Gespräche zwischen mir und meinen Mitarbeitern spiegelt.

Fortschrittliche Politik ist nach meinem Verständnis und nach

meiner Gewohnheit in hohem Maße Teamarbeit. Das gilt auch für die Darstellung der Politik, die in diesem Buch versucht wird. Es versteht sich ohnehin, daß sich die Fülle des Materials nicht ohne Hilfe sammeln und ordnen ließ. Die Arbeit in den Wochenend- und Urlaubsstunden am Schreibtisch wurde durch redaktionelle Zusammenarbeit vorbereitet und ergänzt.
Dafür möchte ich meinen Mitarbeitern herzlich danken. Im besonderen richtet sich dieser Dank an die Adresse von Klaus Harpprecht, ohne den es nicht möglich gewesen wäre, ein druckfertiges Manuskript zu diesem Zeitpunkt abzuschließen.

Bonn, im Juli 1974 W. B.

1. Kapitel
Gefahren und Chancen

Dies ist eine Zeit, die durch eine ungewöhnliche Massierung der Probleme und ihren Druck auf die Gesellschaft gekennzeichnet ist. Die Bürger sehen sich in zunehmendem Maße mit Krisen konfrontiert, die sie nur schwer und unzulänglich beurteilen können: Schwierigkeiten in der Versorgung mit Rohstoffen, Hunger in weiten Teilen der Welt, Erschütterungen des Weltwährungssystems, Verwirrungen im Welthandel. Aber auch innergesellschaftlich, zumal in den entwickelten Industriestaaten, wachsen immer neue Probleme, Forderungen und Wünsche, Konflikte und Enttäuschungen.

Dies ist eine Zeit, in der wir zur Problematik des Wachstums ein neues Verhältnis gewinnen müssen. Denn es beginnt zur Binsenwahrheit zu werden, daß die natürlichen Ressourcen – nicht nur Erdöl und Erdgas – begrenzt sind, daß zwischen Quantität und Qualität des Wachstums zu unterscheiden ist, daß die gesellschaftliche Komponente des Lebensstandards an Gewicht gewinnt: Hier geht es um die gewiß nicht mehr neue Fragestellung, was das eigene Auto wert ist, wenn die Straßen dazu fehlen; oder ob jemand ernsthaft glaubt, die Hauptverantwortung für das Bildungs- und Gesundheitswesen könne zu den Familien zurückdelegiert werden.

Dies ist eine Zeit, in der die Ansprüche der Bürger an den Staat stark gewachsen sind. Der Horizont der Erwartungen hat sich rasch ausgeweitet.

Mancher Konservative will dies übrigens auf dem Schuldkonto der Sozialdemokraten verbuchen. Aber das ist allzu einfach. Wenn wir – nach einer zwanzigjährigen Epoche »konservativer«

Regierung – darauf verzichtet hätten, vergessenes, unterschlagenes Unrecht bewußt zu machen und die Energie der Menschen auch auf weitgesteckte politische Ziele auszurichten, hätten wir unseren Auftrag verfehlt. Ich will nicht bestreiten, daß manche Anhänger und Mitglieder meiner Partei in der Aufbruchsstimmung der Jahre 1969 und 1970 allzuviel auf einmal für möglich hielten und Forderungen stellten, die in absehbarer Zeit nicht zu realisieren sind. Aber ich muß auch daran erinnern, daß viele Forderungen, beispielsweise des Erfurter Programms, zu jener Zeit als ganz und gar »utopisch« galten – und daß die Arbeiterbewegung sie doch durchgesetzt hat.

Wenn allerdings heute mancher meint, ihm widerfahre schreiendes Unrecht, wenn er für eine Frist ohne automatisch und erheblich weiterwachsendes Realeinkommen zurechtkommen muß, befindet er sich im Irrtum. Und wer eine Verbesserung der staatlichen Leistungen verlangt, darf nicht hoffen, daß diese Leistungen ihn selber gar nichts kosten. Gegen die blinde Verteidigung der eigenen Interessen – die Interessen anderer geringachtet – und gegen irrationale Reaktionen auf die Maßnahmen der Reformpolitik werden wir uns zur Wehr setzen müssen; von ihnen können Bedrohungen des demokratischen Regierungssystems ausgehen, die ich nicht unterschätze.

Aber dies ist doch auch eine Zeit, in der man Ratschläge der Vernunft gegen den Widerstand der Irrationalität setzen kann. Ich gehe davon aus – und bin trotz mancher Erfahrungen eines nun schon langen Politikerlebens nach wie vor der Meinung –, daß der Mensch zur vernünftigen Entscheidung fähig ist. Die Arbeit an den inneren Reformen erfordert mehr Geduld und mehr Sachkenntnis, als es manchem Opponenten von »rechts« oder »links« bewußt sein mag. Das ganze Maß der Schwierigkeiten wird erst sichtbar, wenn man sich daranmacht, sie zu überwinden. Aber noch haben wir die Chance, die Vernunft gegen Irrationalität durchzusetzen und uns und unseren Kindern eine erträgliche Zukunft zu bestellen.

Man wird ohne nennenswerten Widerspruch feststellen können, daß Ende 1973 und hinübergreifend ins Jahr 1974 ein Einschnitt in der Nachkriegsgeschichte stattgefunden hat. Nichts wird wieder ganz so sein, wie es vorher war.

Das Wiederaufflammen des Nahost-Konflikts im Oktober 1973 schreckte die Völker auf. Das Schicksal dieser Region, mit der Europa durch Geographie und Geschichte verbunden ist – und mit der wir aus einer noch längst nicht überwundenen Vergangenheit auf besondere Weise verknüpft sind –, konnte gerade uns in Deutschland nicht gleichgültig sein. Aber Europa stand machtlos neben dem Geschehen. Es waren die Weltmächte, die den Weltfrieden bewahrten. Und es schienen sich, stärker als in den voraufgegangenen Jahren, durch die Einsicht der unmittelbar Beteiligten Chancen einer langfristigen regionalen Friedensentwicklung abzuzeichnen. Ich habe mich, noch als Bundeskanzler, dafür eingesetzt, eine Friedensregelung europäisch absichern zu helfen und sie durch umfassende Zusammenarbeit zu ergänzen.

Der nahöstliche Oktoberkrieg vermittelte, nachdem der erste Schock überwunden war, meinen deutschen Landsleuten und europäischen Mitbürgern vor allem den Eindruck, mit Ölhähnen ließe sich leicht und gefährlich manipulieren. Zunächst schien es, nach dramatischen Ankündigungen und Maßnahmen, als sei die Versorgung mit Erdöl akut gefährdet. Dann zeigte sich, daß wir es bis auf weiteres im wesentlichen nicht mit einer Versorgungskrise, aber für unabsehbare Zeit mit einem Preisproblem zu tun haben würden. Die ölfördernden Staaten begannen, rasch über die arabische Welt hinaus, ihren Vorteil nicht nur gegenüber den multinationalen Ölkonzernen, sondern auch gegen die Industrienationen ins Feld zu führen – die sie, auch das müssen wir uns vor Augen halten, lange übervorteilt hatten. Zunächst drohten drastische Kürzungen, dann wurden die Preise, über das Verständliche hinaus, drastisch erhöht. Es zeichnete sich – bei uns in der Bundesrepublik wie anderswo – eine Gefährdung der Energieversorgung ab, damit des Transportsystems, der Produktion, der Arbeitsplätze, des Lebensstandards.

Die Weltwährungsordnung war unmittelbar von der Teuerungskrise betroffen. Selbst ihre Noteinrichtungen drohten dann durch den Strom der Ölmilliarden hinweggespült zu werden. Niemand konnte damals sagen, wohin die zusätzlichen Mengen an harter Währung über die Ölländer weiterfließen würden. Die Vermutung sprach allerdings dafür, sie würden in zu geringem

Maße dorthin gelangen, wo Hunger und Elend es besonders angezeigt erscheinen lassen.

Diese Ereignisse, die man inzwischen verkürzend »die Krise« genannt hat, kamen nicht aus heiterem Himmel. Eine Gefährdung der Energiezufuhr wurde von manchen Fachleuten schon seit Jahren als ernstes Problem betrachtet. Die Währungsprobleme haben schon lange chronischen Charakter; daß sie durch stark steigende Energie- und Rohstoffpreise noch komplizierter werden würden, ist nicht schwer begreiflich. Dennoch hat die Konfrontation mit der Realität einer Krise die meisten überrascht.

Zum erstenmal begegneten in den Industrienationen viele Menschen der Nachkriegsgeneration der begrenzten Erfahrung eines gewissen Mangels. Sie hätte schmerzhafter sein können. Sie wurde es nicht, denn die akuten Probleme ließen sich durch Einschränkungen und Vorsorge rasch auffangen oder begrenzen oder vertagen. Dennoch wird man von den Erfahrungen der Jahreswende 1973/1974 sagen können, daß sie unsere Welt nicht wenig verändert haben. Es handelte sich um eine psychologische Zäsur, die sich tief in das Denken kerbte. Manche begannen, unsere Zivilisation mit anderen Augen zu sehen.

Ich will auch auf die andere Seite der Medaille hinweisen. Wir haben es hier mit einem Mangel an Urteilsvermögen zu tun. Kaum hatte man verstanden, daß eine ernste Versorgungskrise nicht vorlag, war man schon wieder bereit, den Meinungsmanagern Glauben zu schenken, die zunächst die Schwierigkeiten überzeichnet hatten und dann alle unausweichlichen Unannehmlichkeiten allein der Regierung anlasten wollten. Ich denke hier nicht nur an die von außen bewirkten Preissteigerungen, sondern zum Beispiel auch an die mit einem gewissen Aufwand an Hysterie geführten Diskussionen über die Frage, ob eine Begrenzung der Fahrgeschwindigkeiten gleichzeitig Treibstoff sparen und der Verkehrssicherheit zugute kommen könnte.

Die Bundesrepublik Deutschland mußte sich darauf einstellen, daß sie im Jahr 1974 fünfzehn bis zwanzig Milliarden DM zusätzlich für Öleinfuhren aufzuwenden hat. Auf den Rohstoffsektor insgesamt bezogen: Wir müssen in diesem einen Jahr zwanzig bis dreißig Milliarden DM – 400 bis 500 DM pro

Kopf der Bevölkerung – mehr bezahlen, um die gleichen Mengen an Öl, Zinn, Kupfer, Baumwolle, Wolle oder Leder wie im Jahr zuvor einführen zu können. Das heißt auch: Wir müssen in diesem Zeitraum wesentlich mehr Maschinen, Fahrzeuge, Chemikalien exportieren, um die Einfuhren bezahlen zu können. Unsere Devisenvorräte sind beträchtlich. Dies ist eine beruhigende Tatsache, und doch darf man nicht übersehen: Was ins Ausland geliefert wird, läßt sich im Innern nicht mehr verbrauchen.

Weiter: Höhere Rohstoffpreise verteuern unsere industriellen Endprodukte. Dies hat wiederum zur Folge: Rohstoffländer, die diese Erzeugnisse kaufen, werden versuchen, sich durch noch höhere Preise schadlos zu halten. Dieses gegenseitige Hochschaukeln der Preise bedroht die weltwirtschaftliche Stabilität. So erleben wir einen internationalen Verteilungskampf, der weltweit die Preise weiter in die Höhe treiben kann.

Die allgemeine Lage wird schwieriger, weil niemand genau weiß – ich hatte auf diesen Faktor eben schon hingewiesen –, wo die riesigen Devisenmengen, die von den rohstoffliefernden Ländern und den beteiligten Konzernen kassiert werden, letztlich wieder auftauchen: als Staatsanleihen und Industriebeteiligungen oder als wanderndes Kapital. Damit wird es noch schwieriger, eine internationale Währungsordnung aufrechtzuerhalten oder – was geboten wäre – neu zu gestalten. Es konnte nicht ausbleiben, daß die Europäische Wirtschaftsgemeinschaft – und damit das Bemühen um die europäische Einigung überhaupt – durch diese Entwicklung beeinträchtigt worden ist. Die Wirtschaftsgemeinschaft hatte sich ohnehin nur im Takt der Echternacher Springprozession weiterbewegt. Jetzt erlitt sie einen schweren Rückschlag. Er traf den währungspolitischen und den handelspolitischen Zusammenhalt. Die politische Zusammenarbeit, die bis zum Ende dieses Jahrzehnts zur Europäischen Union verdichtet werden sollte, nahm erheblichen Schaden.

Die internationalen Entwicklungen konnten sich leider nur ungünstig auf das eigene Preisniveau auswirken. Trotzdem blieb die Bundesrepublik Deutschland – wie sich aus den Übersichten der kompetenten Gremien leicht nachweisen läßt – am Ende der Preissteigerungsraten. Für die sozial-liberale Regierung war und ist es, für *jede* Bundesregierung wäre es unmöglich, auf diesem Gebiet mehr zu erreichen. Die Deutsche Mark erwies sich als eine der zuverlässigsten Währungen der Welt. In der Reihe der Nationen, die am Welthandel teilnehmen, erreichten wir einen Platz an der Spitze.

Damit wird uns keine der bei uns ungelösten Aufgaben abgenommen. Aber hier zeigt sich unter anderem, wie weit sich jene von der Wirklichkeit entfernt hatten, die unseren Mitbürgern einreden wollten, das große Unheil stehe vor der Tür – oder gar, sie verfügten über Patentlösungen.

Keine schlechte Zwischenbilanz

Als ich im Mai 1974 vom Amt des Bundeskanzlers zurücktrat, konnte ich davon ausgehen, meinem Nachfolger kein schlechtes Erbe zu hinterlassen.

Bundeskanzler Helmut Schmidt sagte in seiner Regierungserklärung vom 17. Mai 1974: »Unsere wirtschaftliche Lage ist gut. Unser Volk lebt in sozialer Sicherheit, und unser Volk lebt in Freiheit. Der innere Friede ist gefestigt, und der äußere Friede ist gefestigt. Dieses Land hat Ansehen und hat Freunde in der Welt.« Er bezeichnete die sozial-liberale Koalition als Motor des Fortschritts und meinte, die Erfolgsbilanz spreche für sich selber. Die Reformpolitik der von mir geführten Regierung habe »in einem knappen halben Jahrzehnt mehr an gesellschaftlichem Fortschritt gebracht als je zuvor eine andere Regierung in einem gleichen Zeitraum«.

Eine Woche nach dem neuen Bundeskanzler nahm der scheidende Bundespräsident das Wort. Am 24. Mai, als unser Grundgesetz fünfundzwanzig Jahre alt wurde, sagte Gustav Heinemann, bei allem, was zu verbessern sei, lasse sich doch nicht bestreiten, daß die Bundesrepublik Deutschland in ihrer fünfundzwanzigjährigen Geschichte in den Kreis der Staaten gerückt sei, die ein hohes Maß an staatsbürgerlicher Freiheit, wirtschaftlichem Wohlstand und sozialer Daseinssicherung verwirklichen konnten: »Diesen Tatbestand durch Übertreibung bestehender

Sorgen zu zerreden, ist leichtfertiger Undank und kann die Strafe der Geschichte herausfordern.«

Der Regierungswechsel vom Mai 1974 – was immer zu ihm später noch zu sagen sein mag – kann als eine Bewährungsprobe der neuen deutschen Demokratie und ihres Grundgesetzes gelten. Ohne Übertreibung darf man hinzufügen: Die Bundesrepublik Deutschland, nur ein Vierteljahrhundert alt, ist – nehmen wir alles in allem – zum freiesten, angesehensten und gerechtesten Staatswesen unserer deutschen Geschichte geworden. Sie hat sich, was nicht selbstverständlich war, zu einem in der Welt geachteten Staat entwickelt.

Dennoch sind noch viele Aufgaben zu erfüllen. Wir weichen neuen Pflichten nicht aus. Durch geduldig angestrebte, wenn auch oft schwer durchsetzbare, mühevolle Reformen wird daran gearbeitet, den demokratischen und sozialen Bundesstaat auszubauen – wie das Grundgesetz es uns aufgetragen hat.

Die äußere Sicherheit finden wir im Atlantischen Bündnis und in dem Bemühen – zu dem eigene Anstrengungen wesentlich beigetragen haben – um den Abbau von Spannungen zwischen Ost und West. In Westeuropa waren und sind wir, allen Rückschlägen zum Trotz, in der Zusammenarbeit engagiert, die über die Wirtschaftsgemeinschaft hinaus zur Europäischen Union führen soll.

Warnungen und Mahnungen

In den sorgenvollen Wochen Ende des Jahres 1973 fehlte es nicht an gehaltvollen Warnungen und an bitterernsten Mahnungen, die ihr Gewicht behielten, auch wenn sie über die Köpfe eines großen Teils der Mitbürger hinweggingen.

In jenem Dezember 1973 schrieb mir Professor Carl Friedrich von Weizsäcker, der Friede zwischen West und Ost setze ein angstfreies Selbstbewußtsein beider Seiten voraus, und dieses bedürfe einer zuverlässigen Ordnung unserer westlichen Gemeinschaft. Er fügte hinzu: »Vielleicht kann sich der Vorhang lüften, der dem Bewußtsein unserer Landsleute noch immer die Wirklichkeit der Mehrheit der Menschen auf der Erdkugel verhüllt, eine Wirklichkeit, die uns moralisch angeht und von der die Zukunft abhängt. In den inneren Bereichen der Gesellschaft und Wirtschaft kreuzen sich soeben zwei Entwicklungen. Das Anliegen der Gerechtigkeit und Selbstbestimmung, das Sie seit Ihrer Jugend zum Sozialdemokraten gemacht hat, verlangt heute einen neuen Schritt vorwärts. Zugleich tritt das Wachstum des Wohlstands in eine Krise, die vorhersehbar war und fortdauern wird.«

Das plötzliche Sichtbarwerden dieser Krise nannte Weizsäcker eine Chance der Besinnung. Vor uns allen stehe die schwere Aufgabe, die beiden Entwicklungen zu verflechten, »also die Wachstumskrise nicht zum Hemmnis, sondern zum Anstoß zu einer besseren Gestaltung der sozialen Entwicklung werden zu lassen«.

In einem Brief eines Freundes aus Berlin hieß es etwa zur gleichen Zeit, die Energiekrise öffne nur einen Vorhang, und erst nach einer Pause werde sich die eigentliche »Krise unseres Systems« zeigen: »Ich fürchte, daß unsere Zukunft sehr bald eine besonders brutale und langwierige Prüfung der Menschheit sein wird – weil sie die elementaren Fragen nach den Vorrechten und nach der Überlebensfähigkeit einschließt. Es geht nicht länger um die Frage, wie man immer größeren Reichtum teilt, sondern eher um die Forderung nach einem Ausgleich der Lasten und um die Aussicht auf permanenten Mangel als Teil unseres Systems.«

Der Autor jenes Briefes – ein Soziologe amerikanischer Herkunft – wies zugleich darauf hin, daß bittere Erwartungen uns nicht das Recht gäben, uns vor den Aufgaben des Alltags zu drücken. Doch er mahnte auch, wir müßten uns dabei der kommenden großen Erprobung bewußt sein: »Früher, als wir es erwarten, kann das Zeitalter, das uns jetzt so brüsk einholt, unsere Ideen von einem ›freien System‹ unter Druck setzen und die Erwartungen von Menschen zerstören, die an Überfluß gewöhnt sind. Und die Last kann härter werden als irgendeine andere, die wir je ertragen haben, es sei denn in Kriegs- und Nachkriegszeiten.«

Wir sollten, so lautete der Rat, uns durch eine scheinbare Entlastung von den unmittelbaren Sorgen der Energiekrise nicht zu

Illusionen verführen lassen. Das ist in der Tat die eine Gefahr. Viele unserer Zeitgenossen werden geneigt sein, sich in falscher Sicherheit zu wiegen, und nicht jeder Politiker widersteht der Versuchung, das Bedürfnis nach Ruhe und Behagen auszubeuten.

Die andere Gefahr heißt Resignation. Wer die Bedrohungen ausmißt, mit denen wir in den kommenden Jahrzehnten konfrontiert sein werden, findet leicht eine Entschuldigung, wenn er sich deprimierter Hilflosigkeit überlassen möchte. Was von uns erwartet wird, reicht über den Horizont unserer Erfahrungen hinaus: Die Werte der Gesellschaft müssen neu bedacht und neu geordnet werden, wenn unsere Zivilisation selbst eine gute Überlebenschance haben soll.

Eine ernste Forderung begegnete allen aufmerksamen Bürgern Ende 1973 in der Weihnachtsansprache unseres Bundespräsidenten: »Wir haben uns angewöhnt, daß es uns – aufs Ganze gesehen – ständig besser zu gehen hat. Unsere Bedürfnisse sind immer vielfältiger und größer geworden. Unsere Vorfahren produzierten, um vorhandenen Bedarf zu decken. Wir haben angefangen, Bedürfnisse zu wecken, um zusätzliche Produktionen einzuleiten und unterzubringen. Mit einer Bewußtseinshaltung, die überall auf Vermehrung, auf Vergrößerung, auf Beschleunigung gerichtet ist, haben wir den großen Wiederaufbau nach dem Kriege betrieben und unsere verführerische Wohlstandsgesellschaft geschaffen. Jetzt aber stoßen wir an Grenzen. Deshalb steht unsere Bewußtseinshaltung in allen Schichten unseres Volkes zur Überprüfung. Sie zielt auf jeden von uns, selbst in unseren liebgewordenen Gewohnheiten und unseren Ansprüchen.«

Gustav Heinemann stellte die unbequeme Frage nach dem, was das Leben wirklich lebenswert macht. Und er fragte weiter, ob die Regierung gesamtverantwortlich handeln könne, wenn man sie unausgesetzt mit Sonderinteressen aller Art behellige, anstatt von ihr zu fordern, daß sie alles für das Gemeinwohl Gebotene auch dann tue, wenn es Einzelinteressen zuwiderlaufe.

Ähnliche Gedanken wurden auch für andere zum Leitmotiv öffentlicher Äußerungen. Mein freidemokratischer Kabinettskollege Landwirtschaftsminister Josef Ertl sagte es so:

»Wirtschaftswachstum allein ist nicht das Ziel, für das wir leben. Was wir brauchen, ist eine an der Qualität unserer Umwelt orientierte Wirtschafts- und Gesellschaftspolitik ... Eine liberale Gesellschaftsordnung aber hat dem Menschen neben wirtschaftlicher Sicherheit auch ein Höchstmaß an Entfaltungsvermögen und körperlichem, seelischem und sozialem Wohlbefinden zu garantieren. Dieses hat Vorrang vor permanenter Mehrung des Wohlstands und Maximierung des Gewinns, die in vordergründiger Weise die Politik bisher bestimmt haben.«
Erhard Eppler, der im Kreis der führenden deutschen Sozialdemokraten neben Hans-Jochen Vogel diese Problematik mit am frühesten deutlich gemacht hat, schrieb, so sinnlos es sei, Nullwachstum zum politischen Ziel zu erheben, sowenig sei bewiesen, daß man eine Gesellschaft nur bei bestimmten Wachstumsraten humanisieren könne: »Die Menschen erwarten, daß auf der Basis neuer Maßstäbe neue Ziele gesetzt werden, Ziele, die mit und ohne Wachstum zu erreichen sind und die zu erreichen sich lohnt.«
Vielleicht erinnert sich mancher daran, daß John F. Kennedy die tausend Tage seiner Präsidentschaft unter der mitreißenden und zugleich verführerischen Parole von den »neuen Grenzen« begonnen hatte, zu denen die Gesellschaft vorstoßen müsse. Dieser Appell hatte seine Wahrheit, die noch immer gilt. Doch für uns fügt sich eine Erfahrung hinzu, die sehr viel schwerer anzunehmen ist und uns dennoch kein Recht auf Mutlosigkeit gibt: die Einsicht, daß wir an mehr als einem Punkt an Grenzen nicht durchdachter Entwicklungen gelangt sind. Wir befinden uns in der Tat an Barrieren undifferenzierten Wachstums und unkontrollierten Fortschritts. Eine expansionistische Politik der bedenkenlosen Ausbeutung der Hilfsquellen der Erde, der Machtausweitung durch Gewaltanwendung ist endgültig anachronistisch geworden. Jetzt sind es vor allem die »inneren Grenzen«, die nach einer neuen Dynamik rufen, damit wir zu ihnen vorstoßen und sie auf vernünftige Weise überwinden können.

Qualität und Quantität

Angesichts der Erfahrungen – nicht nur mit dem Erdöl – konnte sich niemand mehr ernsthaft der Einsicht versagen, daß die Naturschätze, auf die unsere technische Welt gebaut ist, knapp bemessen sind und, wenn die Menschheit Verantwortung zeigen will, nicht länger mit planloser Willkür ausgebeutet werden dürfen. Niemand konnte sich mehr ernsthaft der Erkenntnis verschließen, daß eine wirtschafts- und gesellschaftspolitische Konzeption, die sich auf das ziellos ununterbrochene Wachstum der Herstellung von Waren und auf einen fast automatisch größer werdenden Lebensstandard verläßt, eine gründliche Revision nötig hat. Die Philosophie eines oberflächlichen und zugleich rücksichtslosen Optimismus hilft nicht mehr weiter.
Theorien hin, Theorien her: Ein unbegrenztes, planloses Wachstum der Bevölkerung, der Umweltverschmutzung, des Energie- und Rohstoffverbrauchs kann es auf unserem begrenzten Erdball nicht geben. Die Vorräte an Öl, Kupfer, Zink, Blei und manchem anderen sind nicht unendlich, sondern beschränkt. Das gilt gleichermaßen für den Vorrat an bebaubarem Land, an holzliefernden Wäldern, an trinkbarem Wasser. Auch der Reichtum der Meere ist nicht unerschöpflich. Aus diesen Tatsachen ergibt sich nicht nur ein verstärkter Zwang zur europäischen und internationalen Zusammenarbeit, sondern vor allem auch eine Aufforderung an diejenigen, die mit Aufgaben der Forschung und der Planung betraut sind.
An den deutlicher gewordenen Grenzen eines herkömmlich verstandenen Wachstums stellt sich unausweichlich die Frage nach der Qualität des Lebens, von der in diesem Buch noch zu reden sein wird. Hier geht es für mich um den Kern der Politik, für die ich auch als Vorsitzender meiner Partei Verantwortung trage. Mit meinen Freunden habe ich festgestellt, daß ein Mehr an Produktion nicht automatisch mehr Freiheit für den einzelnen bedeutet. Daß Lebens*qualität* mehr ist als Lebens*standard*. Daß sie ein neues Verständnis von Interessen voraussetzt. Daß sie davon abhängt, wieviel gute Nachbarschaft es bei uns gibt und was die Gemeinschaftseinrichtungen zu leisten vermögen.

Denn: Nicht die ziellose Steigerung von Produktionsziffern entscheidet über ein Mehr oder Weniger an Lebensqualität. Hier kommen viele Faktoren zusammen. Ich nenne nur den Zusammenhang zwischen materiell-produktiven Leistungen und ideell-kulturellen Werten. Oder den anderen Zusammenhang zwischen privatem Verbrauch und dem, was öffentlich zur Verfügung gestellt wird. Dabei soll der materielle Lebensstandard im überkommenen Sinn des Wortes gewiß nicht gering bewertet werden. Doch wir müssen neben dem Lebensstandard des einzelnen den gemeinsamen Bürgerbedarf besser sehen und zu bemessen lernen. Das eine ist nicht mehr vom anderen zu trennen: Unser individueller Lebensstandard ist zu einem guten Teil vom Standard der Gemeinschaft abhängig, die uns umgibt.

Die Gemeinschaft der Bürger ist durch den Staat längst an den großen Wirtschaftsprozessen beteiligt, gleichviel, ob das einer konservativen oder altliberalen Philosophie entspricht oder nicht; es handelt sich um eine vollzogene Tatsache. Wir brauchen nicht auf breiter Front »mehr Staat«, sondern das bessere Nutzen der bereits gegebenen staatlichen Möglichkeiten.

Wir müssen lernen, dem Staat die Mittel zu geben, die er braucht, um zu tun, was im Interesse der Bürger nötig ist. Aber jeder muß wissen, wie schwierig dies ist: Es wird psychologisch immer schwerer, die Sätze der Einkommensbesteuerung nach oben zu verschieben. Und es drängt sich die Frage auf, welche Organisationsformen und Finanzierungssysteme entwickelt werden können, um gemeinschaftliche Einrichtungen sich entfalten zu lassen und dabei den Staatsapparat mit möglichst viel humaner Autorität anzufüllen. Das ist etwas ganz anderes als der »Führerstaat«, aber auch als der »Nachtwächterstaat« altliberaler Prägung. Nichtautoritäre Autorität müßte ein bindendes Prinzip unserer modernen Gesellschaft werden.

Wir müssen auch lernen, ein gutes Gleichgewicht zu finden zwischen manchen Notwendigkeiten der Verwaltung und jener Unabhängigkeit, in der die vielen einzelnen ihr Recht auf eine wahrhaft freie Existenz, auf die Entfaltung ihrer Energien, ihr Recht auf ein persönliches Engagement, auf Individualität, ja ihr Recht auf den Schutz des Privaten bestätigt sehen. Ich weiß, wie schwer das ist. Und ich verkleinere nicht die Problematik, die sich zwischen Staat und Bürgern ergibt, zwischen individueller Entfaltung und staatlicher Einengung. Ich verstehe den demokratischen Staat so, daß er der Persönlichkeit die Chancen geben muß, sich zu entfalten. Aber eine Grundspannung wird bleiben. Was wir lernen müssen, sind Methoden, Mechanismen, mit unausweichlichen Konflikten vernünftig umzugehen.

Sollen wir verzweifeln? Gewiß nicht; das wäre der Beginn einer Kapitulation. Und Sorglosigkeit wäre eine Kapitulation auf Raten. Wir haben zu lernen, mit den materiellen Ressourcen vernünftig zu wirtschaften. Es gilt, unterscheiden zu lernen: Was ist notwendig, und was ist überflüssig?

Wir stehen an der Grenze dessen, was man das überlieferte »kapitalistische« System nennt. Es kann sich hier freilich für mich nicht darum handeln, die Vorteile marktwirtschaftlicher Selbststeuerung abzubauen – im Gegenteil: Sie sollen stärker genutzt werden. Nur im Zusammenwirken zwischen wirtschaftlichen, gesellschaftlichen und staatlichen Kräften werden wir – im doppelten Sinn des Wortes – jene Energien produzieren, die nötig sind, um die Zukunft zu meistern.

Materielle Ausdehnung und Wachstum der Bevölkerung vollziehen sich rascher denn je zuvor in der Geschichte. Von den Problemen eines natürlichen oder auch manipulierten Mangels werden alle Industriestaaten betroffen, unabhängig von ihrer politischen Ordnung und von ihrem gesellschaftlichen System.

Öl und andere Rohstoffe werden teurer, und sie lassen sich nicht durch Geld ersetzen. Besonders hart betroffen werden die Entwicklungsländer ohne Öl- und Rohstoffvorkommen. Man gewöhnt sich daran, sie die Staaten einer »Vierten Welt« zu nennen. (Ohne ausreichenden Zustrom an Energie sinkt die Produktion von Düngemitteln und verkümmern die Bewässerungsprojekte. Die großen Pläne, Wüsten fruchtbar zu machen und Meerwasser zu entsalzen, müssen womöglich lange aufgeschoben werden. Schon heute dehnen die Wüstengebiete – zumal die Sahara – sich aus, statt zu schrumpfen. Damit wächst aber auch der Hunger in einer sich ständig vermehrenden Weltbevölkerung.)

Von den Zusammenhängen mit den Bedingungen des Welthandels und mit den Modalitäten des Weltwährungssystems soll hier nicht die Rede sein. Die Verhältnisse in dieser Welt werden jedenfalls wesentlich davon bestimmt sein, ob den industrialisierten Staaten ein wesentlicher Fortschritt in der technologischen Entwicklung, ob ihnen der Ausgleich und die Interessenverflechtung mit den rohstoffreichen Ländern gelingen und ob die gemeinsame Verantwortung gegenüber den rohstoffarmen Ländern der Dritten oder Vierten Welt vertieft werden kann. Dabei ist zu vermuten, daß die Supermächte – falls sie nicht durch innere Probleme daran gehindert werden – ihren Abstand zu allen anderen Staaten noch einmal vergrößern können. Im Zusammenhang damit kann eine Verschiebung – und Gefährdung – des Gleichgewichts zwischen den großen Industriemächten nicht ausgeschlossen werden.

Europa hat gegenüber der Energiekrise und den anderen hier skizzierten Problemen bis zum Sommer 1974 trotz aller unserer Bemühungen nur schwache Ansätze einer gemeinsamen Politik zu entwickeln vermocht. Wenn der Europäischen Gemeinschaft in einer neuen Anstrengung nicht eine wirkliche Bündelung der in ihr vorhandenen wirtschaftlichen und politischen Kräfte gelingt, dann wird dieser Teil der Welt zunehmend Objekt und nicht Subjekt des Weltgeschehens sein.

Unser eigenes Haus

Wir müssen die kritischen Entwicklungen mit einem klaren Blick für die Wirklichkeit zur Kenntnis nehmen; und wir müssen uns mit den Konsequenzen ruhig auseinandersetzen. Es wäre falsch, sich einer verantwortungslosen Verzweiflung, disziplinloser Hysterie oder gar dem bösen Spiel mit der Angst auszusetzen.

Vor uns liegt, was uns selber und unsere Einflußmöglichkeiten angeht, nicht die große Krise; auf uns warten nicht Armut und Zusammenbruch. Vor uns – wie vor den anderen Völkern – stehen nicht zum erstenmal neue Probleme, die man zwar nicht immer im einzelnen voraussehen kann, die sich jedoch meistern lassen. Wenn ich auf objektive Schwierigkeiten hinweise, so nicht, um unsere eigene Verantwortung kleiner zu schreiben.

Mir geht es vor allem darum, daß wir durch Vernunft im eigenen Land und durch unsere Mitarbeit in europäischen und internationalen Organisationen die richtigen Hebel in Bewegung setzen.

Gleichzeitig müssen wir zur Kenntnis nehmen, daß es keine Rückkehr in angebliche »Idylle« gibt, die ja in Wirklichkeit – auch wenn man etwa an die fünfziger oder sechziger Jahre denkt – nie und nirgendwo existiert haben. Im Gegenteil: Wir schlagen uns heute in nicht geringem Maße mit Problemen herum, die man damals nicht wahrgenommen hat oder nicht wahrhaben wollte. Wir hatten diese Hinterlassenschaft zu übernehmen und mußten uns bemühen, das Beste daraus zu machen. Darauf gründet sich unser Mut, die Realität zu sehen, wie sie ist:

Es ist nicht wahr, daß die Realeinkommen sinken müssen. Aber es ist auch nicht wahr, daß unser Konsum fürs erste und automatisch wesentlich steigen könnte. Was wir in den nächsten Jahren zusätzlich erarbeiten können, müssen wir möglichst stark in die Sicherung unserer Zukunft investieren.

Es ist nicht wahr, daß unser Staat ein Werkzeug mächtiger anonymer Interessengruppen wäre. Aber es ist auch nicht wahr, daß dieser Staat selber schon all die Werkzeuge besäße, die er braucht, um in Zukunft den berechtigten Erwartungen seiner Bürger entsprechen zu können. Der Handlungsspielraum der Politik auf allen Ebenen ist jedenfalls kleiner, als die meisten glauben.

Niemand wird die Bundesrepublik Deutschland zu einem Paradies machen können. Doch wir können sie wohnlicher, menschlicher machen, als sie ist. Ich möchte, daß wir ein Land sind, in dem es sich gut leben läßt, daß es immer mehr die Heimat für Bürger wird, die stolz sind auf ihre Freiheit – frei durch ihre soziale Sicherheit, sicher durch ihre Solidarität.

Ob es sich gut in unserem Lande leben läßt, hängt gewiß auch vom Lohnstreifen oder vom Gehaltszettel ab, aber nicht nur davon. Ob ein Haus wohnlich ist, das ist nicht nur eine Frage seiner Größe. Wir haben diesen Staat in den letzten drei Jahrzehnten aufgebaut, und wir haben ihn ausgebaut; niemand soll behaupten, dies sei das Verdienst nur einer Gruppe oder einer

Partei. Aber es ist festzustellen, daß man im Innern allzu lange die Renovierungskosten gescheut hat, wie es einer meiner Freunde ausdrückte.
Vielleicht haben wir den Bewohnern des Hauses Bundesrepublik durch eine große Anzahl von Reformen in einem knappen Zeitraum einiges zugemutet. Aber der Verzicht auf Reformen hätte bedeutet, daß unser Staat den Problemen der Zukunft nicht gewachsen wäre. Das ist allgemeine Einsicht geworden. Wichtige Änderungen wurden vollzogen oder begonnen.
Es ging und geht nicht um Reformen des Reformierens wegen; Änderungen um der Änderung willen wären purer Unsinn. Aber die Grenzen der materiellen Ausdehnung machen die Frage nach der Gerechtigkeit dringlicher. Hier begegnen wir dem Kernmotiv der inneren Reformen.
Ob es sich gut in unserem Lande leben läßt, hängt vor allem auch von der Sicherheit ab, zunächst der äußeren Sicherheit, die wir, wie die Welt beschaffen ist, nur innerhalb des Atlantischen Bündnisses finden können. Es geht ebenso um die Frage der inneren Sicherheit – der Garantie einer menschlichen Ordnung, die dem Bürger Schutz vor Gewalt bietet, von welcher Seite sie auch droht. Es geht gleichermaßen um soziale Sicherheit, um deren Festigung und Erweiterung wir uns mit Erfolg bemüht haben.
Ob es sich gut in unserem Lande leben läßt, hängt weiter davon ab, ob unsere Bürger selber mitreden und mitentscheiden können. Das ist es, was man unter Demokratisierung zu verstehen hat: Bürgerstaat anstelle eines Obrigkeitsstaates, der so oft und katastrophal versagt hat; Bürgergesellschaft anstelle einer bloßen Wirtschaftsgesellschaft, die den Aufgaben dieser Zeit gewiß nicht gewachsen ist.
Im übrigen: Nur wer verantwortungsbewußt zu verändern versteht, kann bewahren, was sich bewährt hat.

Europas Demokratie in der Krise?

Hier schließt sich die Frage an: Können wir das, was vor uns liegt, noch allein schaffen? Und wie verhalten wir uns, wenn die weithin beobachtete Halt- und Hilflosigkeit Europas – dieses Teils der Welt, zu dem wir gehören und gehören wollen – andauern sollte?

Man wird weiter fragen müssen, ob wir es nicht – über die Krise der europäischen Einigung und ihrer Institutionen hinaus – bereits mit einer Krise der europäischen Demokratie zu tun haben. Könnten sogar die Pessimisten recht haben, die eine Krise parlamentarisch-rechtsstaatlicher Handlungs- und Kontrollfähigkeit auch auf uns zukommen sehen?

Kein Zweifel, auch wenn man vor dramatisierenden Übertreibungen auf der Hut ist: Es gibt ernste Symptome, die auf Funktionsschwächen der Demokratien hinweisen. Dabei läßt die bisherige Entwicklung erkennen, daß die Bundesrepublik Deutschland eine größere politische Stabilität beweist als mancher ihrer Nachbarn. Was sich bei uns als ein Unbehagen oder als ein Wechselspiel zwischen revoluzzerhaftem Gerede und rechtsbürgerlicher Aufgeregtheit anzeigte, rührte anderswo – wegen anderer Ursachen – an die Grundlagen der staatlichen Ordnung.

Drückt sich hierin aus, daß die traditionellen großen Parteirichtungen eine Generation nach dem Zweiten Weltkrieg nicht mehr für fähig gehalten werden, die neuen Probleme zu meistern? Oder richten sich Ärger, Protest, ja Ablehnung mehr an die Adresse von Regierungen, deren Strukturen man nicht mehr die gewünschte Effektivität und die gebotene Handlungsfähigkeit zutraut? Oder haben wir es mehr damit zu tun, daß die parlamentarische Ausformung der Demokratie nicht mehr überzeugt und zunehmenden Zweifeln ausgesetzt ist?

Diese Fragen müssen – ohne Scheu vor Tabus – gestellt und erörtert werden. Wir müssen sie auch dann stellen, wenn eine konstruktive Antwort nicht gleich parat ist. Demokratie ist die Staatsform, die den Zweifel nicht nur erträgt, sondern die ihn geradezu fordert.

Der unbefriedigende Zustand der europäischen Zusammenarbeit und Einigung ist in starkem Maße darauf zurückzuführen, daß man es innerhalb der einzelnen Staaten mit so großen Schwierigkeiten und so starken Veränderungen zu tun hat. Ist die parlamentarische Demokratie noch funktionsfähig genug?

Ich meine, es ist nicht nur legitim, sondern sogar geboten, die Zusammenhänge zwischen Bürokratie, Parlament und Regierung neu zu durchleuchten. Allerdings glaube ich nicht, daß die Antwort so einfach ist, wie sie etwa in der Diskussion über die Formen des Wahlrechts gelegentlich angeboten wurde.

Über die Jahre hinweg wurde – nach dem letzten Krieg bei uns in Deutschland – immer wieder debattiert, ob es nicht notwendig sei, der Demokratie durch das relative Mehrheitswahlrecht und das mit ihm verbundene Zwei- oder Zweieinhalbparteiensystem zu größerer Widerstandsfähigkeit zu verhelfen. Ich erinnere mich gut an einen Abend in Harpsund – es muß Mitte der sechziger Jahre gewesen sein – beim damaligen schwedischen Ministerpräsidenten Tage Erlander. Mein Gastgeber meinte – und der finnische Präsident Kekkonen zeigte kurze Zeit danach ein ganz ähnliches Interesse –, wir müßten uns in Europa zur Sicherung der Demokratie entweder zu einem Präsidialsystem oder zum Mehrheitswahlrecht entschließen. In Skandinavien werde man sich, anders als auf dem »eigentlichen« Kontinent, mit dem Verhältniswahlrecht behaupten, denn es sei ein großer Unterschied, ob die Demokratie vom Lande, von den Bauern komme oder ob sie, wie »auf dem Kontinent«, eher ein weniger solides Fundament habe.

Dies ist in der Tat ein bemerkenswerter Faktor. Nur: Als Tage Erlander im Dezember 1973 zu meinem Geburtstag nach Bonn kam, waren wir uns rasch darüber einig, daß die Dinge in diesem Teil der Welt im Laufe weniger Jahre noch komplizierter geworden waren – und zwar unabhängig vom Wahlrecht. Was erlebten wir tatsächlich?

Das Wahlrecht hat in Großbritannien bei den letzten Wahlen für das Unterhaus keine klaren Mehrheiten geschaffen. In Frankreich wurde der neue Präsident mit hauchdünner Mehrheit gewählt. (Von den besonderen Belastungen, denen die Präsidialdemokratie in den Vereinigten Staaten ausgesetzt ist, soll hier nicht die Rede sein.)

Auf der anderen Seite die vermeintlich so stabilen skandinavischen Demokratien: Überall beobachteten wir Einbrüche in das System der etablierten Parteien. Vor allem in Dänemark gab es eine »poujadistische« Mobilisierung kleinbürgerlicher Staatsverdrossenheit. Auch in Norwegen (und abgeschwächt in Schweden) verzeichnete man »populistische« Aufwallungen, die nicht nur mit dem Kräfteverschleiß zusammenhingen, den der Streit um Europa bewirkt hatte.

Schwierige und langwierige Regierungsbildungen schienen in Holland und Belgien die Regel zu werden. In Italien gab es kaum mehr als die Hoffnung, Neuauflagen der »linken Mitte« könnten »Lösungen« von seiten der immer brutaler agierenden Neofaschisten und der Extremisten, die noch links von den Kommunisten stehen, den Weg verlegen.

In Griechenland hat die Junta das Feld geräumt. Aber eine stabile Demokratie ist damit noch nicht etabliert. Auf der Iberischen Halbinsel hat sich in Portugal ein Regimewechsel ergeben, von dem nur zu hoffen ist, daß er ohne schwere Rückschläge demokratisch gesichert werden kann. In Spanien scheint die Transformation noch Zeit zu brauchen.

Inzwischen kann niemand garantieren, daß sich nicht Verhärtungen in Osteuropa und damit neue Verkrustungen im Ost-West-Verhältnis ergeben.

Wie also haben wir den Zustand der europäischen Demokratie einzuschätzen? Mit aller Deutlichkeit: Ich teile nicht die Meinung, daß das parlamentarische System den Aufgaben dieser und der vor uns liegenden Zeit nicht mehr gewachsen sei. Zunächst muß festgestellt werden, daß sich bei uns und anderswo die parlamentarische Demokratie besser bewährt hat als jede andere Staatsform. Sie ist im Grundsatz leistungsfähig, und sie hat sich – bei den bisherigen Belastungen – auch als widerstandsfähig erwiesen. Ich bin aber auch davon überzeugt, daß die Demokratie westlicher Prägung entwicklungs- und regenerationsfähig ist. Allerdings bedarf es einer regelmäßigen Überholung ihrer konkreten Arbeitsformen. So ist es nicht zu bezweifeln, daß die Parlamente heute weitgehend überfordert sind und es durch die Zunahme der zu regelnden Aufgaben künftig noch mehr sein werden. Deshalb ist nicht nur die Modernisierung des Regierungsbetriebs und der Verwaltung wichtig, sondern auch die Überprüfung der Arbeitsformen, die die Parlamente aus früheren Zeiten übernommen haben.

Aber niemand sollte meinen, hier handle es sich allein oder vorwiegend darum, organisatorische Angelegenheiten anders zu ordnen. Im größeren Rahmen geht es um die Frage, wie die parlamentarische Demokratie mit dem objektiv wachsenden Druck der Probleme, mit dem subjektiv sich ausweitenden Erwartungshorizont und mit einer auch daraus erwachsenden Staatsverdrossenheit fertig wird. Ich kenne niemanden, der darauf schon befriedigend zu antworten wüßte.

Über all solchen kritischen Anmerkungen wollen wir nicht übersehen, daß die Bilanz dieser Jahre viel Positives aufzuweisen hat: Vor allem blieb der Weltfrieden bewahrt, und die Bundesrepublik Deutschland hat ihren unbestreitbaren Anteil an der Organisierung des Friedens. Wir konnten bedeutende soziale Fortschritte registrieren, auch wenn sie unseren Bürgern nicht deutlich genug ins Bewußtsein gerückt wurden. Und es bleibt richtig: Die demokratische Willensbildung, auch wo sie schwerfällig ist, schafft mehr Gerechtigkeit, mehr Freiheit und soziale Sicherheit als jede andere Form staatlicher Organisation.

Es war von zwei Entwicklungen die Rede, die sich gegenwärtig in der Geschichte kreuzen: Der Wille zu mehr Gerechtigkeit und Selbstbestimmung begegnet der Krise des Wachstums. Daraus folgt, daß die Freiheit zuverlässig nur in einem System zunehmender sozialer Gerechtigkeit gesichert werden kann. Freiheit kann in der Tat nur durch Gerechtigkeit Raum gewinnen. Das Element des möglichst gerechten Ausgleichs wird in der vor uns liegenden Zeit wichtiger denn je sein, wenn sich nicht kleine Gruppen von Privilegierten auf Kosten der Mehrheit der Bürger breitmachen sollen. Wenn sich nicht Reiche eingeladen sehen sollen, die Interessen von Armen, Mächtige, die Interessen von Schwachen zu unterdrücken. Wenn, mit anderen Worten, nicht ein hemmungsloser Kampf aller gegen alle entbrennen soll, der unsere Zivilisation schließlich zugrunde richten müßte.

Wir können dies, was unser Land angeht, verhindern. Es gilt, unseren Weg der Mehrung von Freiheit und Gerechtigkeit durch friedliche Wandlung im Kompromiß der gesellschaftlichen Kräfte unbeirrt weiterzugehen.

2. Kapitel
Das Bündnis

Als »Wagnis« ist im Herbst 1969 das erste Regierungsbündnis von Sozialdemokraten und Freien Demokraten, die Bildung der sozial-liberalen Koalition, im Deutschen Bundestag bezeichnet worden. Es war in der Tat ein Risiko, ein Kabinett auf der Basis einer so hauchdünnen Mehrheit zu etablieren. Überdies hatten Freie Demokraten und Sozialdemokraten einander nur in einigen Ländern – unter meiner Führung seit Anfang 1963 auch in Berlin – in der gemeinsamen Verantwortung erprobt. Signale waren gewechselt worden. Als die beiden wichtigsten hatte ich die Düsseldorfer Koalition unter der Führung von Heinz Kühn und Willi Weyer seit Ende 1966 und vor allem die gemeinsame Wahl Gustav Heinemanns zum Bundespräsidenten im Frühjahr 1969 verstanden.

Im harten Wahlkampf des Herbstes 1969 zeigte sich deutlich, daß die Positionen, die der Führer der freidemokratischen Opposition und der Vorsitzende der SPD zumal in der Außenpolitik, aber auch auf anderen Gebieten vertraten, einander immer näher rückten – und sich damit fast automatisch von jener der CDU Kurt Georg Kiesingers entfernten. Die damalige Kanzler-Partei in der Großen Koalition hätte vielleicht anders agiert, wäre sie nicht durch den Rechtskurs, auf den ihre bayerische Schwesterpartei geführt wurde, ihrer Handlungsfreiheit beraubt gewesen.

Einige Zeit vor den Wahlen hatte ich mit Walter Scheel Verbindung, und wir waren übereingekommen, die Möglichkeit einer Koalition zwischen unseren beiden Parteien ernsthaft zu prüfen und – falls entsprechende Wahlergebnisse zugrunde gelegt werden könnten – nicht durch andere ausschließen zu lassen. Im Verlauf des Wahlkampfes rückten unsere Parteien, nicht zuletzt wegen außenpolitischer Kontroversen mit der Union, auch im Bewußtsein einer breiteren Öffentlichkeit näher zusammen. Dies ergab sich für alle sichtbar bei der letzten großen Fernsehdebatte, in der ich weitgehend Scheels Unterstützung hatte, während sich Kiesinger und Strauß gegen uns abgrenzten.

Ich bin nicht sicher, ob es jemals gelingen wird, die Geschichte der Nacht, in der sich das neue Regierungsbündnis formte, vollständig zu rekonstruieren. Eine Legende besagt, ich hätte mich in der Wahlnacht des 28./29. September mit Walter Scheel getroffen und die Koalition schon vereinbart. Daran ist kein wahres Wort. Ich rief Scheel von meinem Parteibüro aus an und sagte ihm, ich würde öffentlich darauf hinweisen, daß SPD und FDP mehr Stimmen und Mandate hätten als CDU und CSU und daß ich deshalb versuchen würde, gemeinsam mit den Freien Demokraten die neue Bundesregierung zu bilden. So habe ich es dann auch in meiner Erklärung vor Presse und Fernsehen formuliert. Scheel verhielt sich abwartend. Er war nach dem schlechten Abschneiden seiner Partei bedrückt. (Zu gleicher Zeit bemühte sich die CDU-Führung um Kontakte und Absprachen mit FDP-Repräsentanten.) Scheel hatte mich von meiner Erklärung nicht abgehalten, mir aber auch keine Zusagen gemacht. Ich war meines Weges sicher, der damals amtierende Kanzler war seiner selbst wohl *zu* sicher. Manche meinten, dies habe schon für die Führung des Wahlkampfes gegolten.

Meine sozialdemokratischen Freunde hatten kraftvoll für ihre Sache gearbeitet. Damals begegnete man häufig der Meinung, sie hätten ihre letzten Reserven an politischer Energie aufgeboten, um dieses Wahlergebnis zu erzwingen. Im November 1972 zeigte sich dann, daß unser Wählerreservoir größer war, als selbst manche von ihnen es geahnt hatten.

1969 ging es für die Freien Demokraten im wahrsten Sinne des Wortes ums Überleben. Ihre Partei befand sich mitten in einem Prozeß der Umformung, von dem niemand wußte, ob er von den Wählern verstanden und gebilligt werden würde. Viele der liberal-konservativen Anhänger hatten ihr den Rücken gekehrt.

Bei den Jüngeren fand jedoch die sich wandelnde FDP ein neues Echo. Es war kräftig genug, sie gerade noch über die Fünf-Prozent-Hürde hinwegzutragen.

Für mich gab es keinen Zweifel, daß eine Erneuerung der Großen Koalition nicht gerechtfertigt war; sie wurde ernsthaft auch nirgends zur Diskussion gestellt. Der Krisenzustand, aus dem heraus SPD und CDU/CSU Ende 1966 eine Koalition gebildet hatten, war überwunden. Das Bündnis der »Großen« hatte ohnehin schon an die Grenzen des Immobilismus geführt, und das, was sich »Außerparlamentarische Opposition« nannte, hatte eine starken Auftrieb erfahren.

Ich will bei dieser Gelegenheit klarstellen, wie es im November 1966 um meine eigenen Optionen bestellt war: Es wurde verschiedentlich gesagt, ich sei gegen die Große Koalition gewesen, und die Entscheidung darüber sei an einem Tage gefallen, an dem ich wegen des ungünstigen Flugwetters erheblich verspätet von Berlin nach Bonn kam. Tatsächlich hätte ich ein Bündnis mit den Freien Demokraten schon damals für gut gehalten – wenn es möglich gewesen wäre. Daß es nicht möglich war, ergab sich für mich nicht allein aus Informationen über das zu vermutende Verhalten einiger damaliger Abgeordneter der FDP bei der Kanzlerwahl, sondern zu jenem Zeitpunkt vor allem aus einer Diskussion über wirtschafts- und gesellschaftspolitische Fragen. Das zeitweilige Zusammengehen mit der CDU/CSU lehnte ich nicht grundsätzlich ab, wohl aber warf ich die Frage auf, ob ich als Parteivorsitzender selber an der Regierung beteiligt sein müsse. Für den Fall, daß dies bejaht werden sollte, hatte ich erwogen, das Forschungsministerium zu übernehmen, das mir vermutlich mehr Zeit für die Parteiarbeit gelassen hätte. Mit meinem Entschluß, Außenminister zu werden, folgte ich auch dem Rat der aus Mitgliedern meiner Partei und meiner Fraktion bestehenden Verhandlungskommission. Daß ich ihn rückschauend nicht bedaure, wird dem politisch interessierten Leser keine Überraschung sein.

Zurück zum Herbst 1969: Aus der Sicht der Freidemokraten wäre eine Fortsetzung der Großen Koalition zweifellos verhängnisvoll gewesen. Die Beteiligung an der Regierung, mit der Chance zu sichtbarer Leistung, konnte die fatalen Stimmenverluste der FDP vergessen machen. Eine Koalition mit der CDU, die mit dem Rechenstift leichter aufgegangen wäre, hätte die erneuerte FDP vor allem bei den eben gewonnenen jungen Wählern unglaubwürdig gemacht. Wie hätte sie auch mit einem Partner regieren sollen, der sie mit Angeboten überhäuft hatte, ihr aber, als die Würfel gefallen waren, nachfauchte, er werde dafür sorgen, daß sie aus allen Landtagen herauskatapultiert werde?

Die Grundlagen unseres Bündnisses von 1969 wurden fair ausgehandelt. Die Koalition arbeitete zufriedenstellend und ohne wesentliche Reibungen. Der Zusammenhalt bewährte sich, als die Freien Demokraten 1970 böse Rückschläge erlitten (sie schnitten bei den Wahlen in Nordrhein-Westfalen nicht gut ab und waren in den Landtagen von Niedersachsen und später von Schleswig-Holstein nicht mehr vertreten).

Eine Marginalie der Regierungsbildung 1969 verdient Erwähnung, ohne daß ich gegen die Regeln der Diskretion verstieße: Dieser und jener Zeitgenosse war ein wenig erstaunt, daß ich mich mit der FDP so reibungslos über die Ernennung Josef Ertls zum Bundesminister für Landwirtschaft und Ernährung einigen konnte und so rasch mit ihm ein gutes Verhältnis fand. Ertl rechnete man doch eher dem »rechten« Flügel der FDP zu, und man vermutete, er würde mir mit beträchtlicher Reserve begegnen. Nun, es stellte sich heraus, daß wir einander in nationalen Fragen durchaus verstanden und im Interesse unserer Landbevölkerung vertrauensvoll zusammenwirken konnten. Was freilich die meisten nicht wissen konnten: Schon während des Wahlkampfes 1969 hatte mir auf einer Autofahrt nach Siegen der damalige politische Redakteur der »Frankfurter Rundschau« und spätere FDP-Generalsekretär Karl Hermann Flach den Rat gegeben, Ertl als Agrarminister in die Regierung aufzunehmen, wenn ein sozialdemokratisch-freidemokratisches Kabinett gebildet werden sollte. Josef Ertl hat dieses Bündnis auch in schwierigen Zeiten kraftvoll vertreten.

Eine Koalition bedeutet permanentes Erproben der gegenseitigen Loyalität. Dies gilt für die Personen, es gilt für die Aufgaben – vor allem wenn man sich ans Werk macht, etwas Neues zu begründen.

Deutlicher noch als manche unserer Bürger erkannte die Welt –

erkannten zumal unsere Freunde diesseits und jenseits des Atlantiks – in den Herbstwahlen von 1969 eine der tiefen Zäsuren in der Entwicklung seit dem Zweiten Weltkrieg. Sie waren ein Wendepunkt, zu dem es nicht zuletzt durch das immer stärkere Vertrauen kam, das in den sozialdemokratisch geführten Städten und Ländern gewonnen worden war.
Ich hatte in diesem Zusammenhang schon auf dem Dortmunder Parteitag 1966 von einem relativen Gleichgewicht der Kräfte gesprochen. Hier wartete jenes Potential der Handlungsfähigkeit und der Verantwortlichkeit, das den Staat nach dem Scheitern der Regierung Erhard und dem programmatischen Versagen der Unionsparteien aufzufangen vermochte. Aus der Bilanz des Jahres 1966 ergab sich, daß die Bundesrepublik nicht mehr *ohne* die SPD regiert werden konnte. So war es nur folgerichtig, daß sie von 1969 an maßgeblich *durch* die SPD regiert wurde.
Die Unionsparteien, die sich zu ihrer Überraschung plötzlich in der Opposition sahen, waren nicht bereit, sich mit dieser ungewohnten Rolle abzufinden. Man hat von CDU und CSU gesagt, sie seien mehr ein Wahlverein und eine Interessenkoalition als eine politische Partei im klassischen Sinn. Das war gewiß nicht die ganze Wahrheit, aber doch vielleicht die halbe. In der Tat hatten der Führungsstil Konrad Adenauers und die Verfügung über den Staat die Christlichen Demokraten zu einem guten Teil der Notwendigkeit enthoben, sich als normale Parteien zu formieren. So ist es kein Zufall, daß sie ihre innere Krise, verstärkt durch den unerwarteten Verlust der Regierungsmacht, mit einer Staatskrise verwechselt wissen wollten.
Aus diesem bösen Mißverständnis erklärt sich der Charakter einer Opposition, die vom Herbst 1969 an nur das eine Ziel kannte: den Sturz der Regierung mit allen Mitteln. Diese Kurzsichtigkeit ist im November 1972 von den Wählern beantwortet worden. Aber es wäre nicht richtig, es bei einer solchen Feststellung zu belassen. Der Mangel an Mut und Entschlußkraft, der es CDU und CSU unmöglich machte, das Wählerurteil gelassen anzunehmen und die Rolle einer konstruktiven Opposition als eine notwendige Aufgabe zu akzeptieren, dieser Mangel mag unsere Arbeit – mühsam, wie sie ohnehin war –

zunächst noch mühsamer gemacht haben. Er riß aber in unserem Volk eine Kluft auf, die nur langsam und geduldig überwunden werden kann.
Ich habe die damit einhergehende schroffe Frontstellung, die man die »Polarisierung« nannte, stets bedauert. »Polarisierung« als unversöhnliche Entzweiung der demokratischen Kräfte ist ein Unheil. Allerdings, man hat diesen Begriff allzuoft unpolitisch mißverstanden. Die sogenannte Polarisierung war in vielem auch ein Prozeß der Klärung. Er diente, aus dieser Sicht, der Schärfung des politischen Bewußtseins in solchen Schichten, die zuvor ihre unpolitische, ja antipolitische Haltung als eine Tugend betrachtet hatten. Insofern diente die Offenlegung der versteckt wirkenden politischen Interessen dem Prozeß der demokratischen Willensbildung. Durch die Art und Weise, in der sich die Unionsparteien um die Rückgewinnung der Regierungsmacht bemühten, wurden aber ohne Zweifel zugleich auch unkontrollierte Leidenschaften genährt, nackter Aberglaube wiedergeweckt, neuer Haß gesät. Die Neigung, sich im Irrationalen zu verlieren, scheint ohnedies für manche unserer Landsleute eine Gefahr zu sein, vor der man nicht nachdrücklich genug warnen kann. Diese Neigung zu fördern, sollte sich jeder hüten.

Kraft zur Vernunft

Die Situation war mitunter grotesk: Die sozial-liberale Koalition war wiederholt gezwungen, Kontinuitäten unseres Staates gegen die Erben der Männer zu verteidigen, die jene bewahrenswerte Substanz deutscher Politik selber geschaffen hatten, so die Substanz der Bündnis- und Europapolitik, die wesentlich Konrad Adenauer mitgeprägt hatte. Wir sorgten dafür, daß die Atlantische Allianz am Ende des Kalten Krieges nicht langsam in sich zerbrach – was bei einer deutschen Weigerung, an der amerikanischen und französischen Strategie der Entspannung teilzunehmen, zweifellos geschehen wäre. Die von der Opposition nicht erkannte oder sogar in Kauf genommene deutsche Isolierung im Bündnis wäre das Ende jeder gemeinsamen westlichen Politik gewesen.

Es scheint paradox zu sein, doch so forderte es die Wirklichkeit: Erst der Wille zur Kontinuität hat das Bündnis zwischen Sozialdemokraten und Freien Demokraten möglich und damit sichtbar gemacht. Wir bewahrten das Bewährte. Um so entschlossener begannen wir mit der Veränderung dort, wo sich die Verhältnisse ändern mußten.

Im Ausland war mit Respekt vermerkt worden, daß die Bundesrepublik Deutschland stabil genug war, den Machtwechsel ohne Krise zu ertragen. Mancher ausländische Beobachter beschrieb das sozial-liberale Experiment – das über dieses Stadium längst hinaus ist – in den Anfängen als einen Vorgriff auf die Zukunft inmitten einer westlichen Welt, die eher zu erstarren schien. Man meinte mit diesem Vorgriff nicht nur die Außenpolitik oder gar die Verträge, für die das deutsche Wort »Ostpolitik« zum Schlüsselbegriff in fast allen Sprachen wurde. Man verstand vielmehr, daß sich hier eine entwickelte europäische Gesellschaft Ziele gesetzt hatte, die den Notwendigkeiten des fortgeschrittenen Jahrhunderts endlich besser gerecht werden sollten.

Draußen sprach man von dem »anderen« Deutschland, das hier sichtbar werde. Von den geschichtlichen Wurzeln, aus denen es stammte, soll in diesem Buch noch gesprochen werden. Doch dies war von Beginn an klar: Die Verantwortung für diese unsere Bundesrepublik war den Kräften der Gesellschaft zugewiesen worden, die länger als ein Jahrhundert immer wieder ins Abseits gedrängt worden waren. Allerdings wäre es eine unzulässige Vereinfachung, wollte man die Schuld dafür ausschließlich bei den ihnen entgegenstehenden Kräften suchen.

Der deutsche Liberalismus hatte sich zu lange Zeit gelassen, sich auf seine vorbismarckischen Wurzeln in der Freiheitsbewegung von 1848 zu besinnen oder den Konflikt auszutragen, der im Kaiserreich *und* in der Weimarer Republik zu Lasten des Fortschritts entschieden wurde. Und die deutsche Sozialdemokratie war nicht immer nur das unschuldige Opfer ihrer reaktionären und nationalistischen Widersacher, sondern sie hatte sich zu oft und lammfromm zum Opfer gemacht: aus idealistischer Weltfremdheit, aus Mangel an Machtwillen oder ganz einfach aus Schwäche. Darum sagte ich mehr als einmal in Gesprächen mit ausländischen Freunden, daß ich zwar keine persönliche Mit*schuld* an der Tragödie des Jahres 1933 empfände, wohl aber eine Mit*verantwortlichkeit*, denn ich gehörte – so jung ich auch war – zu jenen, die nicht genug Kraft aufbrachten, um das Unheil von uns, Europa und der Welt abzuwenden.

Die Sozialdemokratische Partei Deutschlands vermochte zwar stärker als ihre Konkurrenten den geschichtlichen Zusammenhang zu wahren. Aber sie ist nicht mehr einfach die Partei von Weimar. In den fünfziger Jahren hat sie sich durch das Godesberger Programm als moderne Volkspartei bestätigt. Sie ist offener geworden, sie verkrampft sich nicht in Doktrinen und verzichtet auf eine »weltanschauliche Ausrichtung«. Dafür behauptet sie um so entschiedener jene Grundwerte der Freiheit, Gerechtigkeit und Solidarität, für die in den Jahren der Diktatur Christen, Liberale und Sozialisten in die Gefängnisse und Lager gingen.

Die Tatsache, daß nun unter veränderten Bedingungen der Vorsitzende der Sozialdemokraten die führende Verantwortung für Volk und Land übernahm, schien maßgebenden Kräften im gegnerischen Lager unerträglich zu sein. Vorurteilen und haßerfüllten Attacken versuchte ich mit Gelassenheit zu begegnen. Aber sie machten mir Sorge, denn niemand überläßt sich ungestraft dem Ressentiment.

Eine Opposition erfüllt ihre Aufgabe nicht, wenn sie zu verhindern sucht, daß regiert wird; sie wird ihr gerecht, wenn sie durch Kritik dazu beiträgt, daß besser regiert wird. Die Unionsparteien scheinen sich dieser Pflicht bis heute zuwenig bewußt zu sein. Was uns anging, so hielten wir zäh an den Zielen fest, die wir uns gesetzt hatten. Wir haben sie in der ersten, verkürzten Legislaturperiode fast alle erreicht, auch wenn die parlamentarische Basis immer schmaler wurde.

Die Opposition wurde nicht müde, nach unsicheren Kantonisten in den Reihen der Koalitionsparteien zu suchen – und fand sie auch. Über die Mittel, deren man sich bedienen zu müssen glaubte, habe ich meine Meinung nicht geändert. Die Geschichte der manipulierten Abwerbungen ist ein deprimierendes Kapitel der neuen deutschen Demokratie. Es kulminierte in dem Versuch, die Regierung durch das Mißtrauensvotum vom April

1972 zu stürzen. Ich habe damals das Ergebnis der Stimmenauszählung durchaus nicht mit der Sicherheit des Erfolges abgewartet, aber doch mit größerer Ruhe, als viele vermuteten; allerdings aus anderen Gründen als jenen, die später zum Gegenstand einer verwirrenden und gehässigen Kampagne wurden: Ich schloß nicht aus, daß ein paar prominente Abgeordnete der Union ihren Kandidaten im Stich lassen würden.
Das Votum breiter Schichten der Bevölkerung in jenen dramatischen Frühjahrstagen war deutlich genug. Der CDU/CSU und ihrem Kandidaten wäre kein Gefallen geschehen, hätten sie damals die Macht gleichsam im Handstreich erobert. Vorgezogene Wahlen wären wahrscheinlich auch dann unumgänglich geworden. Mir wäre nichts lieber gewesen als Neuwahlen unmittelbar nach dem gescheiterten Ansturm im Bundestag. Viele haben damals nicht verstanden, warum ich nicht sofort nach dem gescheiterten Mißtrauensvotum Neuwahlen zu erzwingen versuchte. Doch das erklärt sich einfach.
Zum einen war es – auf den Mai 1972 bezogen – wichtig, das Schicksal der Verträge von Moskau und Warschau nicht ungewiß zu lassen. Alle Welt sollte wissen, daß eine von uns geführte deutsche Regierung zu ihrem Wort steht. Die Vertragswerke sollten der deutschen Politik ein zusätzliches Fundament der Realität geben. Wir mußten beweisen, daß die Einsicht in diese Realität sich in einem frei gewählten deutschen Parlament auch ohne die psychologische Pression einer Wahl durchgesetzt hatte, die einem Referendum gleichgekommen wäre.
Zum anderen hatte ich Grund, auf die zeitlichen Erwägungen des Koalitionspartners Rücksicht zu nehmen: Die Freien Demokraten befürchteten, durch vorgezogene Wahlen vor besonders schwierige organisatorische Fragen gestellt zu werden.
Am 17. September 1972 sagte ich daher meinen Parteifreunden in Dortmund: »Persönlich hätte ich es begrüßt, wenn dieser Lähmung des Parlaments schon im Frühjahr durch Neuwahlen begegnet worden wäre. Staatspolitisch war es jedoch geboten, die Ostverträge nicht liegenzulassen und die Chancen des Vier-Mächte-Abkommens über Berlin nicht aufs Spiel zu setzen.« Auch sollten die Kreise der Opposition, die mit infamen Parolen vom Ausverkauf und vom »neuen Versailles« durchs

Land gezogen waren, im Bundestag Farbe bekennen. Man erinnert sich an das vorsichtige Einschwenken Dr. Barzels und einer Mehrheit der CDU auf das Ja; man erinnert sich auch an das plötzliche harte Nein, das ihnen von Franz Josef Strauß und seiner CSU entgegengesetzt wurde – und nachher an die Flucht in die Enthaltung, die manche später zur »staatsmännischen Leistung« emporstilisieren wollten. Das harte Manöver der nationalistischen Opposition in der Opposition kam einem massiven Mißtrauensvotum gegenüber dem eigenen Kanzlerkandidaten gleich. Damit war die Vorentscheidung über den Führungswechsel der Unionsparteien gefallen, der ein Jahr später stattfand.

Übrigens ist die Wirklichkeit immer noch ein wenig anders, als sie sich dem Zeitungsleser darstellt. Zu meiner Überraschung suchte mich wenige Tage nach dem gescheiterten Mißtrauensvotum eine prominente Persönlichkeit der Union auf, um meine Meinung zu einem seltsamen Arrangement zu hören: Ich sollte mit den Stimmen der Union zum Bundespräsidenten gewählt werden, während Dr. Barzel das Kanzleramt übernehmen würde – mit den Stimmen der SPD. Das war, mitten in der tiefsten Zerrissenheit, das Angebot einer Neuauflage der Großen Koalition. Mir erschien dies völlig abwegig, ja absurd. Ich wies meinen Gast darauf hin, daß ich keinen Anlaß sehen könne, die Führung der Regierungsgeschäfte abzugeben, nachdem ich gerade in meinem Auftrag bestätigt worden sei; meine Partei werde sich auf ein solches Übereinkommen niemals einlassen, und es müsse auch die Positionen aller Beteiligten unglaubwürdig machen.

In jenem April 1972 – nach dem Scheitern des konstruktiven Mißtrauensvotums – fühlte ich eine Welle der Sympathie in fast allen Schichten der Bevölkerung. Weit über den Kreis der Parteigänger hinaus empörten sich viele Bürger über den Versuch, den Bundeskanzler mit Hilfe von Mandatsüberträgern abzuwählen. Fast im gleichen Augenblick wurde dann deutlich, daß die Stimmengleichheit im Bundestag kaum noch ein sinnvolles Regieren erlaubte. In vielem – mehr, als manchem bewußt war – konnten wir Erfolge verzeichnen. Für unser außenpolitisches Programm vermochten wir im Mai 1972 noch

die Zustimmung einer Mehrheit des Parlaments zu erzwingen. Aber es wurde aussichtslos, unser Programm der inneren Reformen bei formaler Stimmengleichheit und gegen den Willen zur Obstruktion durchzusetzen. So konnte unsere Arbeit nur nach neuer Bestätigung durch den Wähler fortgesetzt werden.
Die Sympathien im Lande besagten im übrigen nicht, daß ich des Ausgangs der unausweichlich gewordenen Wahlen vor Ablauf der Legislaturperiode sicher sein konnte. Im Mai notierten wir noch einen Aufschwung der Stimmung. Danach beobachteten wir Rückschläge in der Wählergunst. Inzwischen sind sich die meisten Fachleute darin einig, daß erst durch den Wahlkampf selber – die Wochen von Mitte Oktober bis Mitte November – die positive Entscheidung bewirkt wurde.
Mit Zustimmung Walter Scheels hatte ich Ende Juni 1972 in Berlin angekündigt, im November werde zu wählen sein. Aber es waren doch noch viele Ungewißheiten im Spiel. Selbst die Prozedur der Parlamentsauflösung blieb wegen einer wichtigen sozialpolitischen Abstimmung – nämlich über Rentenreform und flexible Altersgrenze – bis zum September unklar. Inzwischen hatte es manche bittere Enttäuschung gegeben. Dazu gehörte, daß Professor Karl Schiller, nachdem ich zu Beginn der Sommerpause sein Entlassungsgesuch angenommen hatte, nicht nur unserer Partei den Rücken kehrte, sondern sich bald auch in eine gegnerische Anzeigenkampagne einspannen ließ. Es zeichnete sich schon vor Beginn des eigentlichen Wahlkampfes ab, daß finanzstarke Kreise sich stärker denn je auf der Seite der Unionsparteien engagieren würden. Auf unserer Seite – diesmal nicht nur zugunsten der Sozialdemokraten, sondern auch zugunsten der Freien Demokraten – rüsteten sich Wählerinitiativen mit einem bewundernswerten Arbeitseifer; sie trugen zu einer Bereicherung der politischen Diskussion bei.

Notizen August–November 1972

In den Monaten August bis Dezember 1972 habe ich mir Notizen gemacht, die in ihrem ersten Teil zeigen, daß ich einen »guten« Wahlausgang keineswegs für gesichert hielt. Einige

Zitate aus meinen Aufzeichnungen machen deutlich, was mich mit meinen Freunden in jenen Monaten bewegte.

Freitag, den 18. August

Nirgends steht geschrieben, daß wir – Sozialdemokraten und Freie Demokraten – es bei den Wahlen schaffen werden. Wir haben viel gegen uns – objektiv (nicht nur die Preise) und subjektiv (nicht nur Treulosigkeit).

In der öffentlichen Diskussion wird noch kaum klar, daß wir um Neuwahlen auf keinen Fall mehr herumkommen. Dabei glaube ich, die eigene Partei und auch der Koalitionspartner hätten hieran vor der Sommerpause keinen Zweifel gelassen.

Wenn es nach mir gegangen wäre, hätten wir noch zu Beginn des Sommers gewählt. Nichteingeweihte konnten dies nur vermuten. Aber gemeinsam mit Walter Scheel habe ich Ende Juni in Berlin sogar den wahrscheinlichen November-Termin genannt. Viele haben das entweder überhört oder längst wieder vergessen.

Unser Risiko: daß manche, auf deren Stimme es ankommt, sich trotz der kurzen Zeit nicht mehr an das erinnern, was im Frühjahr zur Lähmung des Parlaments geführt hat – und was uns, wären Neuwahlen gleich möglich gewesen, eine eindeutige Mehrheit gebracht hätte.

Es wird darauf ankommen, den Anhängern und Sympathisanten und durch sie vielen Wählern klarzumachen, wieviel auf dem Spiel steht. Für den Weg unserer Bundesrepublik hängt Entscheidendes davon ab, daß die Ablösung der Unionsparteien nicht nur eine Episode bleibt. Ohne Übertreibung: Sollten wir es nicht schaffen, würde sich dies auch sehr nachteilig auswirken für die Ost-West-Beziehungen und für die wesentlichen Elemente der europäischen Politik.

Sonnabend, den 19. August

Die entscheidenden Anstrengungen müssen unabhängig von den Regionen unternommen werden: Es gilt, das Arbeitnehmerpotential auszuschöpfen und die Jungwähler zu mobilisieren. Es kann kein Zweifel daran sein, daß auch bei den Frauen und bei den Alten neue Stimmen zu gewinnen sind. Dies gilt – nach allem, was man überblicken kann – gerade auch für überwiegend katholische Gebiete.

Sonntag, den 20. August
Wenn es den rückwärtsgewandten Kräften gelänge, unsere Politik jetzt zu blockieren, dann würde unserer konstruktiven Friedenspolitik der Boden entzogen, würde neugewonnenes Vertrauen in der Welt verspielt werden. Und weiter: Unser Land wäre von gesellschaftspolitischer Stagnation bedroht, es könnte zu gefährlichen sozialen Spannungen kommen. Gerade auf diese Spannungen hätte die Opposition keine Antwort; das demokratische Selbstbewußtsein unserer Bürger würde geschwächt.

Montag, den 21. August
Von Schiller kam heute der erwartete Brief, mit dem er seine Zugehörigkeit zum Parteivorstand beendet. Gestern nachmittag war er zu einem dreistündigen, ruhigen, wenn auch gewiß nicht mehr freundschaftlichen Gespräch auf dem Venusberg. Ich werfe auf langjährige Mitarbeiter nicht mit Steinen. Mir ging es gestern um die Klärung, ob er bei unserer Partei bleiben will und kann. Das bleibt nach wie vor unklar.
Ob der Konflikt vermeidbar gewesen wäre? Es ging nicht eigentlich um die währungspolitische Sachentscheidung, der Schiller prinzipielle Bedeutung zu geben versuchte. Es ging mehr um die Eigenheiten dieses begabten Mannes, mit denen er fast das ganze Kabinett gegen sich aufgebracht und auch das Vertrauen in der Fraktion verloren hatte. Deshalb konnte ich ihm auch nicht guten Gewissens zusagen, daß er der nächsten Regierung wieder angehören werde.
Kritische Stimmen fragten, ob der Vorsitzende die Dinge nicht zu sehr treiben lasse. Aber hier war Abwarten notwendig: Der Fall mußte sich möglichst undramatisch erledigen.

Dienstag, den 22. August
Dieser Tage las ich, wie Sebastian Haffner die Entwicklung Thomas Manns als die »eines Mannes deutsch-bürgerlicher, liberal-konservativer Prägung zu einem Sozialisten, einem humanistischen Sozialisten« charakterisiert und daraus ableitet: »Viele haben angefangen, dieselbe Entwicklung durchzumachen, viele werden sie noch durchmachen, und mein Gefühl ist, daß Tho-

mas Mann hier Pionierarbeit geleistet hat und vielen Nachfolgenden als eine Art Bergführer dienen kann.«

Donnerstag, den 24. August
Die mir vorliegenden Ziffern (Infas, Emnid) sind sicher zu günstig. A. M. gibt eine nüchterne Einschätzung (gestützt auf Infratest), nach der wir zwei Punkte *hinter* der CDU/CSU liegen. Zusammen mit sechs (wie ich meine: sieben oder acht) Prozent für die FDP müßte es reichen. Aber es ist klar, daß es ohne viel Arbeit nicht dazu kommt.

Sonntag, den 27. August
An diesem Sonntagnachmittag wurde ich auf dem Bürgerfest einer Münchner Vorortgemeinde besonders freundlich aufgenommen: Stimmung und Stimmen sind jedoch nicht notwendigerweise das gleiche.

Sonntag, den 3. September
Mit den Abwerbungsversuchen der CDU/CSU ist übrigens – was viele schon vergessen haben – bereits bei der Regierungsbildung vor drei Jahren begonnen worden. Ich habe damals gesagt, ich würde den Versuch der Regierungsbildung für eine neue Politik machen, und sei es nur für ein Jahr. Wir haben länger durchgehalten, trotz allen Drucks und unbeschadet der Mittel, die man gegen uns aufgeboten hat. Aber jetzt ist der Zeitpunkt gekommen, da die Lähmung des Parlaments nicht länger hingenommen werden kann. Also muß der Wähler neu entscheiden.
Die eigentliche Vertrauensfrage richtet sich logischerweise an die Wähler. *Sie* müssen entscheiden, ob sie für die wenigen Abgeordneten sind, die uns – das Regierungsbündnis von SPD und FDP – im Stich gelassen haben, oder ob sie uns erneut und verstärkt ihr Vertrauen aussprechen wollen.

Sonnabend, den 16. September
Man berichtet mir, die andere Seite fühle sich »obenauf«; aufgrund einer Meinungsbefragung rechne sie mit 49,5 Prozent, das heißt mit der Mehrheit der Mandate. Abwarten, nicht nervös machen lassen.

Montag, den 18. September
Vor der Presse: »Ich wähle diesen Weg, um nach Ablehnung des Antrags (nach Artikel 68 des Grundgesetzes) dem Herrn Bundespräsidenten die Auflösung des Bundestages und die – inzwischen von allen Parteien bejahte – Ansetzung von Neuwahlen vorschlagen zu können.«
Weiter aus meinen Notizen vom selben Tag:
Die August-Zahlen von Infratest sind nicht so gut. Wir hätten 44 statt 46, die anderen 49 statt 48, die FDP 6. Ich liege mit 46 statt 45 weiterhin gut vor Barzel mit gleichbleibend 33.

Mittwoch, den 20. September
Der seit langem erwartete Tag des »Absprungs«, um zur Parlamentsauflösung und zu Neuwahlen zu kommen. Manche Leute glauben, dies müsse mir sehr nahegehen. Sie irren. Dies ist für mich natürlich kein Tag der Freude, aber es handelt sich um einen sachlichen Vorgang. Vor dem Bundestag erkläre ich:
»Ich habe den Eindruck, nicht alle hören es gern, wenn ich sage: Die eigentliche Vertrauensfrage wird an den Souverän, also an die mündigen Wahlbürger, zu richten sein ... Diese Bundesregierung und das Regierungsbündnis von Sozialdemokraten und Freien Demokraten sind stolz auf die Arbeit, die sie in den vergangenen drei Jahren geleistet haben. Diese drei Jahre haben sich nach außen und nach innen gelohnt für unser Land und für unser Volk. Und wir betrachten dies als eine gute Grundlage für die Arbeit in den vor uns liegenden Jahren.«

Freitag, den 22. September
Nach Auflösung des Bundestages herzliche Begrüßung durch die Fraktion: »Es wird sehr hart, aber es ist zu schaffen.«

Sonntag, den 24. September
Die Neuwahlen werden die Weichen in einer Weise stellen, wie das lange nicht der Fall gewesen ist. Es geht darum, ob unsere Politik der aktiven Friedenssicherung fortgesetzt wird. Es geht darum, ob die Politik der sozialen und fortschrittlichen Ausgestaltung unserer Wirtschafts- und Gesellschaftsordnung erfolgreich weitergeführt werden kann. Und es geht nicht zuletzt dar-

um, ob die Bundesregierung auch in Zukunft mit der großen Mehrheit der Arbeitnehmer »auf der gleichen Welle« sein wird.

Donnerstag, den 28. September
Widersprüchliche Ergebnisse von Meinungsbefragungen. Allensbach gibt uns einen sicheren Vorsprung. Infratest sagt, wir könnten noch gewinnen, aber im Augenblick (oder vor 14 Tagen) zeige sich ein Vorsprung für die andere Seite.

Sonntag, den 1. Oktober
Auf einem Angestellten-Kongreß in Hamburg sagte ich, ich wolle im Gegensatz zu manchen Miesmachern festhalten: »Was immer auch besser zu machen und weiterzuentwickeln ist – insgesamt können wir stolz sein auf unser Land! Und das sollte im Meinungsstreit der kommenden Wochen nicht untergehen. Der Stolz, von dem ich hier spreche, leitet sich ab aus der Gesamtleistung unseres Volkes; die Gewerkschaften haben daran ihren wesentlichen Anteil.« Ich habe den »Stolz« also genau begründet und keinem Ersatz-Nationalismus das Wort geredet.

Montag, den 2. Oktober
Die Zeitungen bringen Allensbach-Ziffern, die meines Erachtens viel zu günstig sind und – wegen einschläfernder Wirkung auf Anhänger – gefährlich wirken können. Vertraulich meint auch Infas, daß wir vorn liegen.

Freitag, den 13. Oktober
Auf der Rückfahrt vom Dortmunder Parteitag nach Bonn scheint es Rut zu überraschen, daß ich sage, der Ausgang sei keineswegs sicher. Aber so ist es, und so habe ich es auf dem Parteitag gesagt: Die Partie ist offen, wir *können* gewinnen.

Mittwoch, den 18. Oktober
Europäisches Gipfeltreffen in Paris. Ich fand viel Interesse für unsere Probleme und konnte manchen guten Wunsch mit nach Hause nehmen. Aus Bonn hat man mir noch eine letzte vertrauliche Infratest-Erhebung mitgegeben. Danach haben wir aufgeholt: Man rechnet mit einem Reservoir von 46 Prozent für

uns, 6 für die FDP, 47 für die Union. Ich bleibe skeptisch, auch liegen noch viereinhalb Wochen vor uns ... Die vier Wochen des eigentlichen, harten Wahlkampfes können noch einige Prozente an Wählerstimmen bewegen.

Sonntag, den 22. Oktober

Vermutlich haben die Kollegen von der anderen Seite sich doch zu früh gefreut. Dabei hatten sie sich schon über so »wichtige« Einzelheiten verständigt wie darüber, wer in »mein« Haus wollte und wer in den Bungalow einziehen sollte.

Mittwoch, den 25. Oktober

Infratest meint am 24. 10. – gestützt auf eine September-Umfrage –, es spreche jetzt viel dafür, »daß die Regierungsparteien am 19. November als Sieger aus der Wahl hervorgehen werden«. Infas weist am 25. 10. – bei einer Auswertung der niedersächsischen und hessischen Kommunalwahlen (bei denen wir nicht schlecht abschnitten) – darauf hin, daß der Wahlausgang nach wie vor als offen betrachtet werden müsse: »Die Bundestagswahl ist noch nicht gewonnen; das Ergebnis der Kommunalwahlen hat jedoch die Chancen der Opposition, die Regierung aus dem Sattel zu heben, eher verringert als vergrößert.«

Montag, den 30. Oktober

Die Opposition läßt verbreiten, sie habe eine Blitzumfrage veranlaßt, deren Ergebnis sie mit Optimismus erfülle. Angeblich rechnet man danach mit der Möglichkeit, auf 48,5 Prozent zu kommen und damit ganz knapp die Mehrheit der Mandate erzielen zu können.

Dienstag, den 31. Oktober

In Tuttlingen und Nagold spüre ich die Sorge bei einigen meiner Freunde, wir könnten im Mittelstand und bei den sogenannten Aufsteigern vielleicht mehr verlieren, als wir bei den eigentlichen Arbeitnehmern hinzugewinnen.

Montag, den 6. November
Beginn der letzten zwei Wochen: Das Ergebnis eines Telefon-Panel gibt viel zu gute Zahlen. Helmut Schmidt hat zum Wochenende für die Koalition einen Vorsprung von 22 Mandaten vorausgesagt. Das wird hoffentlich nicht mißverstanden.

Mittwoch, den 8. November
Allensbach schätzt: 46 – 45,8 – 7,1.

Freitag, den 10. November
Die Stimmung derer, mit denen wir (beim Presseball) sprechen, deutet klar darauf hin, daß wir es schaffen werden – genauer, daß man meint, wir würden es schaffen.

Sonnabend, den 11. November
Telegramm an alle sozialdemokratischen Kandidaten: »In den Kreisen unserer Mitglieder und Freunde gibt es hier und da überschwengliche Erwartungen. Das ist nicht ungefährlich. Wir haben eine gute Chance, aber dazu brauchen wir jede für uns erreichbare Stimme.«

Sonntag, den 12. November
Infratest-Telefonbefragung (3. bis 6. November) zeigt Sympathiezuwachs für SPD (bei Frauen fünf Pluspunkte). Wesentlichste Veränderung im Verlauf des Wahlkampfes: Anteil derer, die mit Wahlsieg der Koalition rechnen, hat weiter zugenommen.

Montag, den 13. November
Abendlicher Anruf Ehmkes: Infratest schätzt 46 – 46 – 7. Infas stellt am selben Tag starke Veränderungen seit dem Sommer fest. Mehrheit der Befragten rechnet damit, daß Koalition – oder sogar SPD allein – siegen wird.

Donnerstag, den 16. November
Infas-Befragung, ob man, falls Kanzler direkt zu wählen wäre, Brandt oder Barzel seine Stimme geben würde. November, verglichen mit September: Brandt von 50 auf 58, Barzel von 30 auf 28.

Freitag, den 17. November
Die Stimmung der letzten beiden Versammlungen – Gelsenkirchen und Essen – könnte darauf hindeuten, daß die Frage, die die »Zeit« diese Woche stellt: »Wird die Wahl wieder im Revier entschieden?«, positiv zu beantworten ist.

Sonnabend, den 18. November
Im Gespräch mit Günter Hammer: Die Regierung und die SPD haben eine gute Chance. Aber dazu gehört, daß niemand selbstgefällig wird. Bis zum Schluß gilt: Es kommt auf jede Stimme an.
Abends auf dem Rückflug Berlin–Bonn: Unterwegs, gegen 21.00 Uhr, wird mir die letzte Allensbach-Berechnung durchgegeben: 46/47 – 45,3 – 6/6,5. Dies weicht nicht stark von dem ab, was man mir ein paar Stunden vorher im Sportpalast als letzte Emnid-Ziffern durchgegeben hatte: 46,2 – 45,3 – 6,5. Es kann eigentlich nicht mehr schiefgehen.

Sonntag, den 19. November
Präsidiumssitzung kurz nach 19.00 Uhr: Das Ergebnis ist klar und überzeugend und überrascht eigentlich nur dadurch, daß die FDP noch etwas besser abschneidet, als man zuletzt allgemein angenommen hatte. Für uns Sozialdemokraten ist es gut zu wissen, daß wir im neuen Bundestag stärker sein werden als CDU und CSU zusammen.
Besonders schön sind die Ergebnisse aus dem Saarland, aus Bremen und Schleswig-Holstein. In einigen Großstädten gibt es leichte Enttäuschungen.
Zugunsten der FDP gibt es außergewöhnliche Differenzen zwischen Erst- und Zweitstimmen.
Der Erfolg wird um so eindrucksvoller, wenn man sich klarmacht, daß er bei hoher Wahlbeteiligung (über 91 Prozent) errungen wurde und daß die Union noch NPD-Stimmen absorbieren konnte.
Unser Erfolg – Ausdruck politischer Reife – wurde gegen Überläufertum, Treulosigkeit und Kleinmut errungen. Auch gegen das große Geld, das sich für Barzel und Strauß engagierte. (In den letzten Wochen annoncierte die Opposition fünfmal soviel wie das Regierungslager.)

Montag, den 20. November
Ein stolzes Ergebnis. Wir haben es auf 45,9 Prozent der Zweitstimmen – 48,9 Prozent der Erststimmen! – gebracht und 26 Direktmandate hinzugewonnen. Die Freien Demokraten erzielten 8,4 Prozent Zweitstimmen. Die beiden Unionsparteien mußten sich mit 35,2 plus 9,6 gleich 44,8 Prozent begnügen.

Dienstag, den 21. November
Infas hat interessante Wanderungsbewegungen geschätzt. Danach hätte die SPD am meisten durch den Generationswechsel und durch bisherige Nichtwähler gewonnen. Wir hatten gute Gewinne in den eigentlichen Industriegebieten, aber auch auf dem Land.
Infratest stellt fest, wie sich die Wählerbewegungen seit 1970/1971 entwickelt haben: Im Sommer 1971 noch starker Vorsprung der CDU/CSU, gleicher Anteil der beiden großen Parteien im Frühjahr – nach dem Mißtrauensvotum. Danach neues Tief der Regierungsparteien, das bis Mitte September anhielt, aber: »Anfang November zeigte sich nach dem gescheiterten konstruktiven Mißtrauensvotum erstmals wieder ein Stimmenvorsprung der SPD vor der CDU/CSU.«

Neu in die Pflicht genommen

Ich will hier nicht die Wahl vom 19. November 1972, die Spannung dieses Tages, unsere Sorge – und endlich die Freude der Stunden beschreiben, in denen deutlich wurde, daß die Koalition das Vertrauen der Wähler zu behaupten vermochte, daß die FDP bedeutende Gewinne verbuchte, daß die deutschen Sozialdemokraten die eindeutig stärkste Partei wurden: nahe der absoluten Mehrheit, wenn man die Erststimmen zählt, bei den Zweitstimmen den Unionsparteien knapp, doch klar voraus. Für unser Regierungsbündnis ergab sich eine Mehrheit von 46 Sitzen (mit den Berlinern: 50 Sitze).
In meiner ersten Erklärung vor dem Fernsehen versuchte ich deutlich zu machen, daß hinter unserer Freude der Wille zur Nüchternheit wach bleiben müsse – wie ich zuvor schon einer

Gruppe begeisterter Jungwähler vom Palais Schaumburg aus zugerufen hatte, nun gelte es, »auf dem Teppich zu bleiben«. Für die Millionen an den Fernsehschirmen drückte ich mich so aus: »Das ist für mich kein Augenblick des Triumphes, wohl aber ist es ein bewegender Augenblick der Genugtuung und des Stolzes und zugleich der Bescheidung; denn wir fühlen uns durch diesen Sieg unserer Sache in die Pflicht genommen. Ich erkenne in dem Wahlergebnis den Auftrag, zusammen mit Herrn Scheel und seinen Freunden die Arbeit fortzusetzen, die wir in den vergangenen drei Jahren gemeinsam mit Erfolg eingeleitet haben.
Die Mehrheit hat uns bestätigt, daß wir auf dem richtigen Kurs sind. Nicht nur die Bevölkerung der großen Städte hat uns ihre kritischen Sympathien demonstriert. Meine Partei begegnete draußen im Land einer zunehmenden Aufgeschlossenheit, und ich beobachte mit besonderer Freude den Geist wachsender Offenheit unter unseren katholischen Landsleuten. Den Freien Demokraten gratuliere ich zu ihren Gewinnen. Ich stelle fest, daß das Regierungsbündnis für beide Seiten gut anschlägt.
Mein Respekt und meine Wünsche gelten selbstverständlich auch allen, die sich nicht für uns entscheiden konnten, aus Gründen, die ich zu achten habe. Wir können in einer Demokratie nicht alle einer Meinung sein, und die Regierung ist und bleibt dem Ganzen des Volkes, dem Wohl des Ganzen verpflichtet.
Für den Auftrag, den wir gradlinig fortführen, suchen wir die Gemeinschaft der Verantwortlichen – bei meinen Freunden und bei dem fairen Partner der vergangenen drei Jahre. Ich suche sie aber auch bei der Opposition. Und ich hoffe, daß sie sich nun dazu entschließen wird, sich nicht länger in erster Linie als eine Interessengemeinschaft für den Regierungssturz zu betrachten. Für beide, für Regierung und Opposition, geht es um die Glaubwürdigkeit; denn von ihr lebt der Geist der Demokratie, von dem wir sagen können, daß er eine gesicherte Heimat in Deutschland gefunden hat. Diese Wahl hat die neue politische Mitte gestärkt.«
Doch nach diesem großen Erfolg vom 19. November 1972 stellte sich heraus, daß es nicht leicht war, neu Tritt zu fassen; es war schwieriger, als ich es erwartet hatte. Dabei ist es wohl nicht erstaunlich, daß sich nach einer großen Anstrengung Anzeichen

der Erschöpfung bemerkbar machten. Ich selber mußte eine Woche nach der Wahl ins Krankenhaus, um meine Stimmbänder in Ordnung bringen zu lassen. Der Eingriff war technisch komplizierter, als es die Ärzte gedacht hatten. So begannen die Besprechungen über die Fortsetzung der Koalition und über das neue Regierungsprogramm ohne meine volle Mitwirkung. Auch in den folgenden Wochen mußte ich mich noch zurückhalten.
Eine gewisse Unausgewogenheit nach den Wahlen war in meiner Partei unverkennbar; sie war im wesentlichen von folgenden Faktoren bestimmt:

Erstens: Manche neigten dazu, das Wahlergebnis falsch einzuschätzen und ihre eigene Rolle zu überschätzen. Sie redeten reichlich viel von Zielen, denen die Mehrheit der Wähler *nicht* die Zustimmung gegeben hatte. Ich warnte deshalb schon im Dezember, also wenige Wochen nach der Wahl, vor selbstzerstörerischen Tendenzen; damit war auch das eigenbrötlerische, unsolidarische Verhalten einiger weniger gemeint.
Am 3. Dezember fragte mich dpa, was ich gemeint hätte, als ich in meinem Brief – aus dem Krankenhaus – an die Bundestagsfraktion davor gewarnt hatte, das Konto zu überziehen. Meine Antwort: »Man muß die Entscheidung vom 19. November richtig verstehen. Meine Partei hat fast 49 Prozent aller Erststimmen erhalten, aber der eigentliche Wählerauftrag liegt in der Notwendigkeit des Regierungsbündnisses von Sozialdemokraten und Freien Demokraten. Ich habe meine Parteifreunde gebeten, hierin nicht eine ärgerliche Behinderung zu sehen, sondern vielmehr eine bedeutende Chance der deutschen Demokratie. Ein loyales Regierungsbündnis erlegt beiden Seiten auf, ihr Konto nicht zu überziehen, sondern fair miteinander umzugehen.«

Zweitens: Beim Koalitionspartner, der FDP, gerieten ebenfalls einige in die Versuchung, ihr Konto zu überziehen, indem sie sich als die überragenden, eigentlichen Wahlsieger darstellten. Allerdings waren der loyale Kontakt mit dem FDP-Vorsitzenden und die sachliche Zusammenarbeit mit seinen führenden Kollegen von solchen Anfälligkeiten frei und haben auch in den folgenden Monaten keinen Schaden gelitten.

Drittens: Im Umkreis meiner Partei und der Regierung, zumal unter Freunden in der intellektuellen Welt, von denen sich viele in den Wählerinitiativen gesammelt hatten, notierte man Anzeichen von Enttäuschung. Ich konnte mich des Verdachts nicht erwehren, daß man dort von uns mehr als ein humanes, progressives und ausgewogenes Regierungsprogramm erwartete: womöglich Wunder oder wenigstens eine Läuterung unserer Gesellschaft, die sich gleichsam über Nacht vollziehen sollte. Sonst recht kritische Zeitgenossen, die der »heilen Welt« bisher mit Recht so mißtraut hatten, schienen nun von uns die Heilung der Welt zu erwarten. Sie mußten – notwendigerweise – enttäuscht werden.

Viertens: Zeitungen, die der Koalition bis dahin mit großer Sympathie begegnet waren, suchten kritischen Abstand. Manche Redakteure und Korrespondenten meinten wohl, daß die klare Mehrheit nun auch härtere Angriffe vertragen könne und daß es ihrer Rolle angemessener sei, jeglichen Anstrich von »Regierungsnähe« zu vermeiden, selbst wenn der politischen Arbeit inhaltlich weitgehend zugestimmt wurde. Freilich blieb der überwiegende Teil der Presse bei der Ablehnung der Koalition – bis hin zur betonten Gegnerschaft. Das gilt auch heute noch, und die Einflüsse konservativer Verleger an mehr als einer Stelle sind unverkennbar. Die Behauptung von der angeblich dominierenden »linken« Presse war und bleibt ein Mythos, den die politische Rechte bewußt und mit Erfolg pflegt. Darauf wird man sich einzustellen haben.

Vom schwierigen Gleichgewicht

Die richtige Balance in der Politik zu finden, ist fast immer und überall schwer gewesen. Doch wir standen in diesen Jahren und stehen weiterhin vor einer spezifischen Schwierigkeit, die überwunden werden muß, wenn wir die Bürger der Bundesrepublik Deutschland für eine Politik der aktiven Friedenssicherung und der gesellschaftlichen Erneuerung gewinnen wollen. Sie ist von besonderen Faktoren bestimmt, die es in dieser Kombination in anderen westlichen Demokratien nicht gibt.

Ich denke hier an die Neigung, vor der nationalen Geschichte mit ihren Katastrophen und Fehlentwicklungen, vor den bis auf den heutigen Tag nachwirkenden Folgen die Augen zu verschließen oder davonzulaufen. Verschärft wird diese Problematik durch die Spaltung unseres Landes und auch dadurch, daß die Herrschaft »drüben« mit dem – irreführenden – Stempel »sozialistisch« versehen wurde.

In diesem Zusammenhang erinnere ich daran, daß bei Wahlkämpfen immer wieder ein *falscher* »Sozialismus«-Stempel benutzt wird, um der demokratischen Linken durch eine verfälschende Identifikation zu schaden. Ich meine dabei auch jene Demagogisierung der wirtschaftspolitischen Debatte, die überall einen die Menschen bedrückenden »Kollektivismus« und den heraufziehenden »Kommunismus« wittert, den gerade Sozialdemokraten am wirksamsten bekämpften.

Das ist die alte und lange schon wieder modische Methode der ideologischen Verdächtigung. Die Mitbürger sollen durch den Appell an die Furcht unsicher gemacht werden. Solche Verdächtigungen sind kaum faßbar, aber sie sind wirksam. Hier ist noch einmal die fast bis zum Glaubensakt verinnerlichte Selbstgleichsetzung mancher Vertreter der christlich firmierenden Parteien mit dem zu nennen, was sie als Staat bezeichnen. Es ist eine böse Sache, wenn in einem demokratisch verfaßten Staat der demokratische Machtwechsel nicht mehr als Risiko der Politik, als Wachablösung und Übergabe der Verantwortung – kurz: als ein natürliches Ereignis –, sondern als Staatskrise aufgefaßt wird.

Wer den Wechsel der Macht von einer politischen Gruppierung zur anderen oder auch innerhalb einer Gruppierung als eine Gefährdung des Staates und seiner Ordnungen denunziert, liefert damit nur den Beweis, daß er das Gemeinwesen als Weltanschauungsstaat, als Interessenstaat – oder beides – betrachtet.

Das Etikett »konservativ«, das sich Zeitgenossen von solcher Beschaffenheit des Denkens gern ankleben, ist falsch; es ist geradezu Hochstapelei. Wer nicht in Entwicklungen und Wandlungen zu denken vermag, weiß auch nicht, was Bewahren ist. Diese Art von nicht ganz waschechtem Konservativismus beruft sich zwar gern auf die Geschichte, doch zugleich entzieht sie sich der Einsicht, daß Geschichte Bewegung ist. Dies heißt aber, daß der Staat, in dem sich nichts bewegt – und so soll der Ordnungsstaat jener »Konservativen« beschaffen sein –, daß der Staat, in dem sich nichts bewegen darf, in einen geschichtslosen Raum gebaut ist.

Das sozial-liberale Regierungsbündnis wurde aus der Notwendigkeit der Evolution geboren, die in Deutschland oft genug übersehen oder doch unterschätzt worden ist. Die Unruhe der sogenannten Außerparlamentarischen Opposition im Frühjahr und Frühsommer 1968 hatte deutlich gemacht, daß die Alternative der gewaltsamen Konfrontation mehr als ein fernes Gewitter sein könnte. Wer sich der gewollten und geplanten Evolution entzieht, treibt die Gesellschaft, wenn auch wider den eigenen Willen, den turbulenten »Lösungen« zu, von denen wir, die gebrannten Kinder des Jahrhunderts, längst wissen, daß sie in Wahrheit kein Problem gerecht zu lösen vermögen. Evolutions-, das heißt Reformscheu schürt – wie die Entwicklung parlamentarischer Demokratien des Westens auch nach 1945 gezeigt hat – indirekt die Gefahr der rechten, antidemokratischen Fehlentwicklung.

Der Widerstand gegen die Anerkennung von Realitäten, die mit den Ostverträgen gefordert wurde, stammte nicht immer aus der verständlichen Trauer um Verlorenes, um verfallene Ansprüche und ungenutzte Möglichkeiten. Die Opposition fand nicht die Kraft einzugestehen, daß ihre Erwartungen für die Deutschland-Politik getrogen hatten. Aber statt aus der Einsicht in Versäumnisse und objektive Notwendigkeiten die Kraft zur Erneuerung zu finden, flüchteten sich einige in irrationalen Haß. Dieser suchte sich sein Ziel, und wie so oft war es die demokratische Linke, die als national unzuverlässig und kommunistisch infiltriert verteufelt wurde.

Unser Volk, das sich so zäh aus den Trümmern des Dritten Reiches herausgearbeitet hatte, durfte nicht länger nur dem Spiel der angeblich »freien Kräfte« überlassen bleiben, deren Versagen spätestens mit der Ablösung Ludwig Erhards offensichtlich geworden war. Die von Erhard befürwortete »formierte Gesellschaft«, eine merkwürdig triste Mixtur von Ordnungsstaat und Laisser-faire, war den Aufgaben dieser Zeit längst nicht mehr gewachsen. Sie wurde unserem Volk und seinen Problemen nicht gerecht.

Am 12. Oktober 1972 rief ich meinen Freunden auf dem Wahlparteitag in Dortmund zu: »Wir wollen erneuern, was der Erneuerung bedarf. Das ist sozialdemokratische Politik. Wir Sozialdemokraten, wir demokratischen Sozialisten wollen die Verantwortungsfreude auf der Grundlage der Verantwortungsfähigkeit zur Sache immer breiterer Teile unseres Volkes machen. Das ist die Solidarität von Demokraten.«

Unser Ziel kann und soll nicht der allmächtige, alles dirigierende Staat sein. Darüber braucht es mit den Unionspolitikern keinen Streit zu geben. Sie aber ziehen den falschen Schluß, wenn sie meinen, Planung sei unnötig, Freiheit stehe im Widerspruch zu Staat und Planung. In Dortmund und bei vielen anderen Gelegenheiten habe ich auf die alte Einsicht hingewiesen, daß die Alternative zur Planung das Chaos ist. Wir hatten uns an die Arbeit zu machen, die berechenbaren Entwicklungen auszumessen, um mit den so gewonnenen Einsichten darüber zu entscheiden, wie die Strömungen gelenkt werden müssen, damit sie nicht zerstörerisch, sondern produktiv wirken können. Wir hatten anzufangen, die Energien abzuschätzen, die einer Vermehrung der Gerechtigkeit, der Sicherheit und damit des Freiheitsraumes für den einzelnen dienen können.

Das Wort von der Evolution hat für uns Deutsche eine besondere Bedeutung. Meinen Freunden und mir war es darum zu tun, den Anschluß an Traditionen in unserer Geschichte wiederherzustellen, die allzu lange von den Katastrophen des Jahrhunderts verschüttet waren. Die sozial-liberale Koalition übernahm einen weit über den Tag hinausreichenden Auftrag unserer Geschichte. Man hat gesagt, mit ihr habe die Revolution von 1848 endlich ihren – evolutionären – Abschluß gefunden. Sie sammelte in sich die Kräfte, durch die wohl – wenn sie den Weg unseres Volkes bestimmt hätten – die großen Tragödien zweier Generationen verhindert worden wären. Der Zusammenschluß dieser Kräfte macht das aus, was ich die »Neue Mitte« genannt habe.

3. Kapitel
»Neue Mitte«

Wir nehmen an Veränderungen der politischen Wirklichkeit teil, und wir tun das Unsere, um Veränderungen zu bewirken – oft ohne ihnen von Beginn an eine zutreffende und zugleich überzeugende Bezeichnung geben zu können. Manchmal ist es dann nur ein winziger Sprung der Gedanken, vielleicht aus zufälligem Anlaß, der uns hilft, den Prozeß der Wandlung so zu beschreiben, daß sich auch das passende Stichwort einstellt. In diesem Fall fiel es in der schwierigen Zeit des Jahres 1972, im Meinungsaustausch mit einem jüngeren deutschen Historiker.

Ich habe gelernt, vor politischen Schlagworten oder Formeln auf der Hut zu sein. Auf der anderen Seite vermag ich denen nicht zu folgen, die die ganze Begriffswelt von »links« und »rechts« am liebsten auf den Müllplatz der Geschichte befördert sähen. Damit wäre nichts gewonnen. Vermutlich würden wir damit auch nur der fatalen Neigung zur Flucht aus der Geschichte nachgeben. Die Gliederung des Feldes der Politik in Links, Mitte und Rechts wurde in der Revolution von 1848 aus der Französischen Revolution von 1789 übernommen; sie ist also historisch gewachsen. Geschichtliche Erfahrungen kann man nicht einfach über Bord werfen.

Wir arbeiten mit den überkommenen Begriffen, weil wir in ihnen leben. Aber vermutlich haben auch diejenigen recht, die behaupten, »links« oder »rechts« decke die volle Wirklichkeit schon lange nicht mehr; beides sei in Wahrheit ineinander verschränkt. Ich habe jedenfalls erfahren, daß manche eher linke und manche eher rechte Positionen bis zu einem gewissen Grad austauschbar geworden sind; daß sich linke und rechte Elemente

überkreuzen oder auch überdecken; daß linke und rechte Elemente ineinander verwoben sind. (Die Linke hat ja stets ihre Rechte, und die Rechte hat auch ihre Linke.)
Aber es gibt noch eine andere Wahrheit, die für mich mehr Gewicht hat. Es ist eine historische Erfahrung, an die ich oft erinnert habe und die man ohne Schaden nicht leugnen kann: Hier sei die Feststellung erlaubt, daß ein Teil des deutschen Bürgertums auf das Stichwort »links« noch immer aggressiv und haßerfüllt reagiert. Es scheint sich um Emotionen zu handeln, die mit der Lebensangst eines lädierten Konservativismus zu tun haben.
Zu meinen Beobachtungen gehört weiter: Ein Linker fürchtet sich selten davor, links genannt zu werden; ein Rechter dagegen läßt sich nicht gern einen Rechten heißen.
Mancher Linke macht es sich andererseits leicht, vielleicht etwas zu leicht, wenn er jede Verwandtschaft mit all den Verirrungen bestreitet, die sich auf Kosten unserer Vorstellungen von Freiheit im Zeichen eines Sozialismus nichtdemokratischer Prägung etabliert haben. Der Rechte wiederum sollte wissen, auch wenn er es verdrängen will, was die Kapitulation vieler Konservativer vor dem Nazismus angerichtet hat und welche bitteren Erfahrungen Deutschland und Europa daraus erwachsen sind. Und doch hält dies viele nicht davon ab, ihre Furcht vor allem, was links auch nur im Sinne der Begrenzung von Privilegien sein könnte, als schier unzerbrechliches Tabu mit sich zu schleppen.

Bei der Auflösung des Bundestages am 22. September 1972 legte ich dar, vor welcher Entscheidung die Bürger bei der kommenden Wahl ständen und was dabei für die politische Ordnung in unserem Staat auf dem Spiele stand:
»Zwei mögliche Punkte rechts und links von der Mitte brauchen gar nicht so schrecklich weit auseinander zu sein, und doch kann es, wie wir erleben, ein sehr hartes, zuweilen sogar schmerzhaftes Ringen darum geben, ob es zur Kristallisation um den einen oder um den anderen Punkt kommt.
Alle Industriegesellschaften des Westens stehen in diesen Jahren vor großen Problemen. Sie müssen diese Probleme lösen, ohne

die persönliche Freiheit einzuschränken, denn sonst wären sie nicht mehr demokratische Staaten des Westens. 1969 hat unsere Gesellschaft, aus meiner Sicht, positiv geantwortet durch die Verlagerung der politischen Mehrheit von der rechten zur linken Mitte. Ich bin davon überzeugt, daß jetzt nur dieses Lager mit den Problemen der Zukunft fertig werden kann.«

Hier wurden neue Markierungen gesetzt. Die Gedanken, die ich in der Rede vor dem Bundestag formuliert hatte, verdichteten sich in der Diskussion mit Freunden auf unserem Wahlparteitag in Dortmund. In meiner Rede dort, am 12. Oktober 1972, versuchte ich eine Präzisierung. Ich charakterisierte die Verlagerung der politischen Mehrheit von einer politisch »rechten« zu einer politisch »linken«, zur sozialen und liberalen Mitte als das eigentliche Merkmal des Wahlausgangs vom Herbst 1969. Das Regierungsbündnis von Sozialdemokraten und Freien Demokraten habe sich bewährt; es habe alle Voraussetzungen, auch in den kommenden Jahren die Bundesrepublik Deutschland zu führen. Weiter sagte ich:

»Dort, wo die Einsicht in die Notwendigkeit von Bewahrung und Veränderung – genau: vom Bewahren durch Veränderung – verstanden worden ist, dort ist die neue politische Mitte. Im Bündnis miteinander haben die Sozialdemokraten und die modernen Liberalen begonnen, die neue politische Mitte unseres Volkes zu schaffen.

Wir brauchen das Bündnis für Fortschritt und Erneuerung – in unserer Bundesrepublik und in Europa. Wir brauchen das Bündnis der sozialen, freiheitlichen, christlichen und humanitären Kräfte für die Politik des Friedens, der Sicherheit und der Reformen.«

Mehr als eine neue Formel

Der Begriff der »Neuen Mitte« war also im Oktober 1972 geboren. Er wurde in der Öffentlichkeit stark beachtet. Manche unserer intellektuellen Freunde horchten auf, weil sie einem Anspruch zu begegnen glaubten, der einer kritischen Prüfung bedürfe. Aus der eigenen Partei kam hier und dort die besorgte

Frage, ob etwa ein Stück sozialdemokratischer Substanz in Gefahr geraten könnte.

»Neue Mitte« – der Begriff wurde in der Tat nicht überall richtig verstanden. Deshalb bedurfte es des Hinweises, daß es sich um den Inhalt der Regierungspolitik handele, nicht um die Struktur oder die spezifische Orientierung meiner Partei als der großen linken Volkspartei des demokratischen Sozialismus. Ich legte dar, daß das Regierungsbündnis von Sozialdemokraten und Freien Demokraten eine neue Mitte in dieser Bundesrepublik geschaffen hatte. Dem politischen Extremismus war damit eine Absage erteilt worden. Aber diese Absage konnte und durfte nicht solchen gelten, die beispielsweise als radikale Demokraten in der SPD für ihre kritischen Meinungen Raum und Gehör finden sollen.

Eine Partei wie die SPD muß sich selber immer wieder herausfordern und prüfen lassen. Auch radikaler argumentierende Gruppierungen, sofern sie freiheitlich-demokratisch sind, müssen die Möglichkeit haben, ihre Vorschläge zur Diskussion zu stellen – um sich entweder, wenn auch nur partiell, damit durchzusetzen oder zu erfahren, warum sie sich damit nicht durchsetzen können. Daß jede politische Willensorientierung die Grenzen unserer verfassungsmäßigen Ordnung strikt zu beachten hat, verstand sich für mich von selbst – allerdings nicht für gewisse Außenseiter, die sich auf Kosten unserer politischen Gemeinschaft exponierten.

Nicht nur hierauf kam es an: klarzustellen, daß der Begriff »Neue Mitte« die politische Spannweite innerhalb der Sozialdemokratischen Partei nicht einengte. Vor allem war auch darzulegen, daß der Standort der sozial-liberalen Koalition und ihre geschichtliche Funktion durch diesen Begriff auf einen einprägsamen Nenner gebracht wurden. Für die Freien Demokraten wiederum formulierte Bundesminister Werner Maihofer auf dem Stuttgarter Dreikönigs-Treffen seiner Partei im Januar 1973, wie er und seine Freunde den Kampf um die Mitte an der Seite der Sozialdemokraten interpretierten.

Der Opposition dämmerte nur langsam, worum es sich hier handelte. Ihre Führer hatten sich wohl der Illusion hingegeben, die Unionsparteien hätten, von rechts oder nach rechts ausholend, den Platz in der Mitte für immer okkupiert. Manche von ihnen wähnten, Mitte sei grundsätzlich dort, wo sie sich aufhielten. Und sie nahmen nicht wahr, wie sehr sie sich aus dem Zentrum unserer Gesellschaft entfernt hatten.

Viele Wähler schienen vor dem November 1972 zu verstehen, daß nun bei den Parteien der Koalition die zentralen Antworten gesucht und gefunden würden, während ihre Gegner sich von der Wirklichkeit entfernt hatten und sich nicht nur in der Außenpolitik, sondern auch in ihrer sozialen und ihrer geistigen Haltung vor der Anerkennung der neuen Realitäten scheuten.

In der Union fehlte es allerdings jetzt nicht an Anstrengungen, verlorenes Terrain wiederzugewinnen. Die Führung hatte sich mit Forderungen nach einer längerfristig angelegten Erneuerung auseinanderzusetzen. Programmatisch begann man, jedenfalls dem Wortlaut nach, sozial-liberale und sozialdemokratische Felder zu besetzen. Gleichzeitig wurde der Versuch unternommen, Angehörige der Linken an den Rand der verfassungsmäßigen Ordnung zu drängen. Ich will freimütig hinzufügen, daß der Unionsführung dieses Manövrieren manchmal leichter gemacht worden ist, als es notwendig gewesen wäre.

Demokratische Substanz

Als ich – im Mai 1970, auf dem Parteitag in Saarbrücken – eine erste Zwischenbilanz der ersten Bundesregierung von Sozialdemokraten und Freien Demokraten zog, verband ich dies mit einigen geschichtlichen Bezügen. Dazu gehörte die Feststellung, daß die deutsche Gesellschaft ihrer ältesten Partei die Führung des Staates nicht oft überlassen hat. Aber wenn sie es tat, dann brauchte die deutsche Gesellschaft es nicht zu bereuen. Denn diese Partei hat ihrem Volk niemals Schaden zugefügt. Die deutsche Geschichte der letzten hundert Jahre wäre einen besseren Weg gegangen, wenn die Sozialdemokraten ihn früher und öfter hätten bestimmen können.

Zum anderen erklärte ich in Saarbrücken: »Eine Koalition von Sozialdemokraten und Liberalen – womit ich nicht sagen will, daß wir nicht auch liberal wären – war das Gebot der Stunde und hätte es wohl eigentlich schon früher sein können und müssen ... Vielleicht war dieses Aufeinander-Zukommen erst nach einer langen und leidvollen Geschichte möglich.«

Zum dritten erinnerte ich an das politische Dreieck der Weimarer Demokratie, das aus Sozialdemokraten, Deutschen Demokraten und der Zentrumspartei bestand. Und ich fügte hinzu, bei aller Sorge über den vorherrschenden Konservativismus und die weithin »deutschnationale« Ausrichtung der Unionsparteien solle man nicht verkennen: Bei den in der christlichen Soziallehre – genauer: in den christlichen Soziallehren – verankerten Strömungen haben wir es mit einer Ideenkomponente zu tun, der im Parallelogramm der Kräfte weiterhin Bedeutung zukommen wird.

Für das konkrete Zusammenwirken von Sozialdemokraten und Freien Demokraten war es entscheidend, daß beide Parteien entschlossen blieben, sich von den Schwächen und Belastungen der Vergangenheit zu befreien.

Der deutsche Liberalismus hatte sich in einem langen Prozeß aus den Verstrickungen des Manchestertums mit dem bismarckischen Obrigkeitsstaat und seiner deutschnationalen Nachkommenschaft gelöst. Er erkannte mit neuer Schärfe die soziale Verpflichtung, ohne die individuelle Freiheit in der modernen Gesellschaft nicht denkbar ist. Eine liberale Partei, die sich dieser Einsicht nicht gebeugt hätte, wäre ohne Zweifel zur langsamen Auflösung verurteilt gewesen. Die Rechnung ist, was dies angeht, recht einfach:

Die deutsche Wählerschaft der siebziger Jahre besteht ganz überwiegend aus abhängigen Erwerbstätigen. Ihre Interessen zu vertreten, entspricht guter sozialdemokratischer Tradition und erfordert sinngemäße Anwendung auf die heutigen Verhältnisse. Die Sozialdemokratie findet aber, nicht erst seit gestern, auch die Unterstützung von Selbständigen. Manche gerade aus dieser Schicht fühlen sich durch eine konservativ geprägte Partei wie die CDU/CSU besser angesprochen. Für jene gemütliche politische Existenzform, die man den Bäckermeister-Liberalismus genannt hat, gab es kaum eine Überlebenschance. Die parteipolitischen Träger des liberalen Erbes mußten sich – wollten sie bestehen – eine neue Basis schaffen. Sie meinten, sie in den

»neuen Mittelschichten« zu finden, vielfach Gehaltsempfängern, die ihre ökonomische Freiheit durch solide soziale Sicherheit untermauert sehen möchten.

Die deutsche Sozialdemokratie wiederum mußte eine gewisse distanzierte Haltung gegenüber dem Staat, die ihr in langen Jahren der Opposition fast eine Gewohnheit geworden war, durch den entschlossenen Willen zur Regierungsverantwortung überwinden. Sie mußte ein selbstbewußtes und entspanntes Verhältnis zur Macht finden. Darüber hinaus bekräftigte sie mit dem Godesberger Programm den Willen, auch Kräften eines erneuerten Liberalismus im eigenen, größer gewordenen Haus Raum zu geben. Eine moderne Volkspartei ist in der Tat nicht glaubwürdig, wenn sie nicht liberales Erbe in sich zu bewahren vermag.

Es waren also Voraussetzungen für den Brückenschlag gegeben. In meiner Rede zum 20. Todestag Kurt Schumachers im August 1972 faßte ich die geschilderte Entwicklung so zusammen: Es ist nicht verwunderlich, daß die Freien Demokraten manches anders sehen als die Sozialdemokraten, zumal dort, wo es um gewisse grundsätzliche Motivationen der gesellschaftspolitischen Zielvorstellungen geht. Ebenso klar scheint mir jedoch zu sein, daß es zwischen modernen Sozialdemokraten und modernen Liberalen zahlreiche Berührungspunkte gibt – jedenfalls in ausreichender Zahl, um ein erfolgreiches Regierungsbündnis über mehr als eine Legislaturperiode zu schließen. Man könnte es auch so sehen, daß wir einc Entwicklung nachholen, die, wäre sie schon zwischen Friedrich Naumann und August Bebel möglich gewesen, viel Unheil von Deutschland abgewendet hätte. Dies gilt auf andere Weise auch für gedankliche und praktisch-politische Berührungspunkte mit den Nachkommen der alten katholischen Arbeiterbewegung und anderen Verfechtern der christlichen Soziallehren.

Auch hier war inhaltlich das bezeichnet, was ich einen guten Monat später in Dortmund, zu Beginn des Wahlkampfes, die »Neue Mitte« nannte. Diese Formel sollte auch ein Appell sein – ein Appell an die jungen Kräfte, die sich in unserem Lande rührten, an deren freiheitlicher Motivierung es keinen Zweifel gab und die das politische Engagement zur Reform unserer Gesellschaft leidenschaftlich ernst nahmen. SPD und FDP spürten diese Unrast in ihren eigenen Reihen und spürten sie von draußen auf sich zukommen. Diese Bewegung mußte so unmittelbar wie möglich in das Leben der Parteien hineingeholt werden – auch auf die Gefahr hin, daß die Parteien sich damit Herausforderungen aussetzten, deren Ergebnisse sich nicht in allem vorausberechnen ließen.

1968 war die Gefahr ganz deutlich geworden: Wenn sich die politische Willensbildung in größeren Gruppen und über einen längeren Zeitraum außerhalb der demokratischen Parteien vollzogen hätte und damit in eine feindliche Entfernung vom Staat geraten wäre, hätte man Anlaß gehabt, von einer Wiederholung des Versagens von Weimar zu reden. Es ging darum, möglichst viele von diesen Kräften in die parlamentarische Demokratie zu integrieren, statt sie auszusperren; sie dem Prozeß der demokratischen Willensbildung innerhalb der Parteien – zuallererst meiner eigenen – auszusetzen, statt sie auf Inseln des Zorns zu isolieren. Dies mußte ein wesentliches Ziel der sozial-liberalen Koalition sein. Und dies hatte ich mit im Auge, als ich in der Regierungserklärung vom 18. Januar 1973 sagte, der Begriff der »Neuen Mitte« sei natürlich nicht in der Geometrie anzusiedeln, aber seit der Zeit der Gewaltherrschaft habe sich ein gewandelter Bürgertypus gebildet: »In diesem Prozeß, der in die Tiefen unserer sozialen Existenz reicht, sammelt sich die produktive Unruhe aus den Reihen der Jungen und die Einsicht der Älteren. Ihr politischer Wille strömt ein in das, was sich uns darstellt als die neue, die soziale und liberale Mitte.«

Ein interessantes Dokument

Im Sommer und Herbst 1973 hat eine kleine Gruppe von Sozialdemokraten und Freien Demokraten in Bonn den Versuch gemacht, gemeinsam den Inhalt der Neuen Mitte zu beschreiben. Ihre Absicht war, wie sie den beiden Parteivorsitzenden – also Walter Scheel und mir – berichteten, die geistigen und historischen Grundlagen des Bündnisses zu präzisieren. Auch wenn ich das eine oder andere nicht genauso formuliert haben würde, möchte ich das Ergebnis der interessanten Überlegungen in dieses Kapitel einbeziehen:

Erstens: Die Neue Mitte ist das Bündnis des demokratischen Sozialismus und des sozialen Liberalismus in der sozial-liberalen Koalition. Sie umspannt die unterschiedlichen Standorte der beiden voneinander unabhängigen Parteien, die zusammen die breite Mitte der politischen Landschaft besetzen.

Zweitens: Die Neue Mitte weiß: Wer die Mitte verliert, verliert auch die Mehrheit. Sie weiß aber auch: Die Neue Mitte ist mehr als ein Parallelogramm der Interessen. Über die notwendige Vertretung von partikularen Interessen hinaus will sie versuchen, die Leitideen der modernen Demokratie, Freiheit, Gleichheit und Solidarität, in einem produktiven Spannungsverhältnis zu halten und politisch fruchtbar werden zu lassen.

Drittens: Die Neue Mitte ist eine politische Allianz, die einer geschichtlichen Notwendigkeit entspricht und aus klaren geschichtlichen Wurzeln erwächst. Sie ist kein Bündnis des Zufalls und kein willkürlich widerrufbarer Zusammenschluß auf Zeit.

Viertens: Die Neue Mitte als Partnerschaft von Sozialdemokratie und Liberalismus sammelt die politischen Kräfte, in denen seit 1848 die entscheidenden sozialen und geistigen Strömungen der Zeit sichtbar geworden sind. Entgegen den Bedürfnissen der breiten Schichten der Bevölkerung wurden sie mit der brutalen Konsequenz des Obrigkeitsstaates von der politischen Macht ferngehalten. Die verratene demokratische Revolution von 1848 war der erste große Versuch, Demokratie in Deutschland gegen etablierte Interessen durchzusetzen. Dieser Versuch mißlang.
Erst zwanzig Jahre nach der Begründung der zweiten Republik entstand wieder eine politische Konstellation, in der diese Tradition von 1848 in den Zusammenhängen unseres Jahrhunderts neues Leben gewann. Mit der Entscheidung vom September 1969 nahmen die beiden Parteien SPD und FDP durch ihr Bündnis den geschichtlichen Auftrag an, der mit den Namen August Bebel und Friedrich Naumann, Friedrich Ebert, Otto Wels und Gustav Stresemann vorgezeichnet war.

Fünftens: Die Neue Mitte nimmt den Auftrag des Grundgesetzes ernst, die Bundesrepublik Deutschland als freiheitlichen Rechts- und Sozialstaat auszuformen. Sie baut neue soziale Grundrechte auf die liberalen Grundrechte, die in den bürgerlichen Revolutionen des 18. und 19. Jahrhunderts erkämpft wurden. Der Sozialstaat wird nicht auf Kosten des liberalen Rechtsstaates verwirklicht. Die prinzipielle Offenheit des gesellschaftlichen Systems muß behauptet werden. Ziel der Neuen Mitte ist es, mehr Freiheit und Gerechtigkeit für die bisher benachteiligten und zurückgesetzten Bürger zu schaffen.
Die Partner wissen, daß keine noch so umfassende Sozialpolitik genügt, die tätige, persönliche Hilfe am Nächsten zu ersetzen. Sie ermutigt den Geist der Solidarität und die Bereitschaft zum Mitleiden. Beide sind durch ein System der erbarmungslosen Konkurrenz aller mit allen zu oft verdrängt worden. Ziel einer gerechten Sozialordnung ist ein Höchstmaß an individueller Freiheit – für alle, und das heißt: nicht auf Kosten anderer.
Die Neue Mitte kämpft um die endgültige Absage unseres Volkes an den Obrigkeitsstaat.

Sechstens: Die Neue Mitte will Mitverantwortung und Mitbestimmung der Bürger in allen Lebensbereichen stärken. Demokratie ist nicht nur ein Strukturprinzip des Staates, sondern ebenso der Gesellschaft. Diese Erkenntnis unterscheidet die Partner der Neuen Mitte von den Vertretern konservativen Denkens. Mitbestimmung und Mitverantwortung schaffen mehr Freiheit. Mitverantwortung und Mitbestimmung der Bürger in Staat und Gesellschaft stehen nicht im Gegensatz zu den Freiheitsrechten des einzelnen.
Im Prozeß der Demokratisierung des öffentlichen und beruflichen Lebens sorgen die Partner dafür, daß die Frauen endlich die Rechte und den Freiheitsraum in der Gesellschaft finden, die ihrem gewandelten Selbstbewußtsein und den veränderten Aufgaben der Familie entsprechen.

Siebtens: Die Neue Mitte lebt aus der Überzeugung, daß sich die moralische Qualität einer Mehrheit in der Toleranz beweist, mit der sie Minderheiten begegnet. Minderheiten haben Anspruch auf den wachsamen Schutz durch Staat und Gesellschaft – seien es Minderheiten der Kultur, der Sprache, der Religion, der Lebensform. Das Recht der Minderheit und des einzelnen findet dort seine Grenze, wo die Lebensrechte anderer beeinträchtigt werden.

Achtens: Die Neue Mitte betrachtet Toleranz und geistige Freiheit als unerläßliche Vorbedingungen der sozialen Freiheit. Sie ist entschlossen, diese Freiheit weder durch die Macht des Staates, die Macht der Wirtschaft noch durch die Macht von Gruppen oder Verbänden in der Gesellschaft aushöhlen zu lassen.
Geistige Freiheit gehört allen. Das Recht auf Bildung ist darum die [soll wohl heißen: gehört darum zur (d. V.)] Basis einer freiheitlichen und demokratischen Lebensordnung.

Neuntens: Die Neue Mitte sieht das Geschick der Bundesrepublik Deutschland unauflöslich mit der Europäischen Gemeinschaft verknüpft, die sich im Aufbau einer souveränen Europäischen Union in diesem Jahrzehnt erfüllen soll. Die Sicherheit der Bundesrepublik und der Europäischen Gemeinschaft muß durch die Atlantische Allianz garantiert bleiben. Die Partner arbeiten für eine neue Struktur des Friedens, der wir uns über eine gleichgewichtige, schrittweise Abrüstung nähern müssen.
Mit der Entscheidung der Bundesrepublik für Europa und die Atlantische Partnerschaft folgt unser Volk einem geistigen Auftrag seiner Geschichte. Der neue Bürgergeist weist jeden Nationalismus zurück und festigt die enge Verbundenheit mit dem »citoyen« und dem »citizen« der großen Demokratien.

Zehntens: Die Neue Mitte setzt als übergeordnetes Ziel den sozialen Wandel [wohl zu verstehen als soziale Gerechtigkeit (d. V.)], der nicht durch Krisen und Bürgerkriege unterbrochen, sondern durch stetigen Fortschritt erreicht wird. Dem Prinzip der guten Nachbarschaft nach innen entspricht nach außen die Weiterentwicklung nachbarlicher Beziehungen der Staaten untereinander. Dieses Ziel wird verfolgt durch eine konsequente Politik der inneren Reformen und eine Friedenspolitik mit dem Willen zur Entspannung, zur Minderung der Kriegsgefahr und zur Abrüstung.

Die Politik der Nachbarschaft und der Versöhnung im Zusammenleben mit den Völkern Osteuropas soll den Menschen in ihrer natürlichen Verbundenheit dienen. Die klare Abgrenzung der Gesellschaftssysteme widerspricht nicht dem Bewußtsein kultureller Zusammengehörigkeit. Die Prinzipien des Gewaltverzichts gelten in besonderem Maße gegenüber dem anderen deutschen Staat. Die Partner streben Formen des Zusammenlebens mit der DDR und ihren Bürgern an, in denen die gemeinsamen Verwurzelungen in einem historischen Schicksal, in der Sprache und Kultur lebendig bleiben. Nur so kann die Einheit der deutschen Nation bewahrt bleiben.

Ich will noch einmal betonen, daß es sich hier um einen Formulierungsversuch handelt, den einige Sozialdemokraten und Freie Demokraten unternommen haben, und ich meine, daß es sich lohnte, auf einer solchen Grundlage weiter zu diskutieren. Koalition heißt vertretbare Kompromisse schließen. Aber das wird erleichtert, wenn man es mit einem weiten Bereich gemeinsamer Überzeugungen zu tun hat.

Ich weiß sehr gut, daß Koalitionen so lange funktionieren, solange sie die Interessen – und zwar sehr häufig: auch die eigensüchtigen Interessen – beider Partner einigermaßen befriedigen. Sie funktionieren nicht aufgrund irgendeines höheren »geschichtlichen Auftrags«. Trotzdem erscheint es mir richtig und notwendig, die historische Aufgabe der Zusammenarbeit von Sozialdemokraten und Liberalen im letzten Drittel dieses Jahrhunderts zu betonen. Ich will damit weder die Freien Demokraten noch meine eigene Partei beschwören, ihre Zusammenarbeit als »Mission« zu begreifen; aber ich will den allzu Profitsüchtigen, die es in politischen Parteien immer gibt, verständlich machen, daß eine solche Zusammenarbeit nicht leichtfertig aufs Spiel gesetzt werden darf.

Natürlich kann es sich aus sozialdemokratischer Sicht nicht darum handeln, die Grenzen zu den Freien Demokraten zu verwischen; das gilt auch umgekehrt. Für die Sozialdemokraten gab und gibt es Fälle, in denen sie den Koalitionspartner daran erinnern müssen, daß er seine zahlenmäßige Schlüsselfunktion nicht in überzogener Weise ausspielen darf. Aber dies ändert nichts daran, daß die gemeinsam gestellte Aufgabe bei weitem nicht erfüllt ist und daß die zu bewältigenden Aufgaben das Regierungsbündnis lohnen.

Soziale Sicherheit und Freiheit

Eine Rede zur Verleihung des Theodor-Heuss-Preises – er wurde zwei Gruppen freiwilliger Sozialhelfer zuerkannt, die sich um die Kinder ausländischer Arbeitnehmer kümmern – gab mir Anfang Februar 1974 in München Gelegenheit, dem Thema einige sozialdemokratische Akzente zu geben. Die Liberalität unserer Orientierung müsse, so sagte ich, der Welt der zunehmenden Abhängigkeiten gerecht werden, und diese würden gewiß nicht beseitigt, wenn man ihnen ein paar Schaumkronen von Freiheitlichkeit aufsetzte.
Wir nehmen die Liberalität, die sich aus dem Grundgesetz herleitet, ernst und verstehen sie vital, nicht museal – expansiv, nicht restriktiv. Wir wissen, daß sich die Liberalität der Gesellschaft vor allem auch an jener sozialen Gerechtigkeit erweisen muß, die der Existenz der Bürger ein sicheres Fundament gibt. Liberalität in diesem Sinne ist eines der ursprünglichen Elemente meiner Partei. Aus dieser Sicht und Überzeugung gibt es jedenfalls nichts, das moderne Sozialdemokraten und die Erben des deutschen Liberalismus davon abhalten könnte, auch über den Tag hinaus gemeinsam zu handeln.
Die Begründung des freiheitlichen Rechtsstaates in einer späten Anerkennung der Grundwerte, die 1848 politisch nicht verwirklicht werden konnten, kann man als eigentlichen Beginn einer Liberalisierung der Gesellschaft betrachten. Ihre revolutionär zu nennende Befreiung hat sich, von Katastrophen und reaktionär verkrampften Vorurteilen aufgehalten, im Ringen um soziale Rechte vollzogen, die man im vorigen Jahrhundert, ja noch vor wenigen Jahrzehnten als staatsfeindliches und bürgerfeindliches Teufelswerk aus der Schreckenskammer des Sozialismus fürchten und bekämpfen zu müssen glaubte. Ich hatte, wie erwähnt, wiederholt darauf hingewiesen, daß eine sozial verpflichtete Liberalität sehr viel früher das Leben unseres Volkes hätte prä-

gen können, hätten sich die deutsche Arbeiterbewegung, der deutsche Liberalismus und die Verfechter der erneuerten christlichen Soziallehren einander nicht so lange und so oft tragisch verfehlt:

»Ich denke, niemand verkennt die Rolle, die ich meiner Partei zuschreibe. Sie ist in meinem Verständnis in der politischen Geographie die große ›linke Volkspartei‹, die nach Möglichkeit jene Strömungen der sozialen Demokratie, des demokratischen Sozialismus in sich verarbeiten muß, die in anderen Ländern nicht nur aufgefächert, sondern aufgespalten in Erscheinung treten. Bindendes Element ist die Überzeugung, daß soziale Fortschritte und Veränderungen nur in Freiheit und in strikter Treue zum demokratischen Rechtsstaat vollzogen werden können. Wer dagegen angeht, hat in der deutschen Sozialdemokratie nichts zu suchen.

Gleichzeitig will ich meinen freidemokratischen Freunden in allem Freimut sagen, daß ich ihnen die politische Mitte nicht allein überlassen kann. Wir werden uns in ehrlichem Wettbewerb, jeder auf seine Weise, um sie zu bemühen haben.«

Der freiheitliche, soziale und demokratische Auftrag hat sich noch lange nicht erfüllt. Wir haben die Freiheit des einzelnen nicht nur dort zu sichern, wo sie schon Wirklichkeit sein kann – wir müssen sie für viele einzelne in Wahrheit erst schaffen. Zur realen Freiheit gehört eben immer auch Freiheit von vermeidbarer materieller Existenzangst. Der Mehrheit unserer Bürger öffnet erst der moderne demokratische Staat – durch Planung und Gestaltung der sozialen Ordnung – die Chance für eine freie individuelle Existenz.

»Wenig Staat« bedeutet nicht »viel Freiheit«. In der heutigen Zeit ist die gesellschaftliche Sicherung der Freiheit ohne umfassende Verantwortung des Staates überhaupt nicht möglich. Aber der Staat darf keiner unkontrollierbaren Herrschaft von Bürokraten oder Managern ausgeliefert sein; er ist mehr als die Summe von Gruppen und ihrer Interessen. Er darf auch keinem unartikulierten Drang nach Gleichmacherei überlassen werden; ein nüchtern artikuliertes Programm sozialer Gerechtigkeit wird die schöpferische Fülle menschlicher Individualität nicht einebnen, sondern freisetzen. Für die deutschen Sozialdemokraten war

der Mensch niemals »Sache« oder »Objekt«; er interessiert uns in seiner Individualität.
Unser Widerstand gegen unkontrollierte Macht sammelt sich in der Kraft zum menschlichen Staat, der aus der Gemeinschaft der Bürger immer wieder neu geschaffen werden muß. Er ist ohne Spontaneität und ohne Toleranz nicht denkbar: Der gewandelte Bürgergeist, von dem ich sprach, läßt sich nicht bloß »verwalten« – er will gestalten; er will über das bestimmen, was verwaltet werden muß. Er macht sich nicht zum Sklaven, sondern zum Herren seines sozialen Schicksals.

Das achtundvierziger Erbe

Zum erstenmal waren 1848, wenn auch vorläufig und widersprüchlich, neue Bewegungen sichtbar geworden, von denen die Zukunft bestimmt werden sollte: der bürgerliche Liberalismus und der junge Sozialismus – beide beeinflußt durch die Bestrebungen zur nationalen Einigung.
In Deutschland schien damals für einen kurzen Augenblick der bürgerlichen Revolution ein müheloser Sieg zu gelingen. Fast überall wich die monarchistische Herrschaft nahezu widerstandslos vor den Forderungen des Bürgertums und – wo sie schon bewußt vorhanden war – der städtischen Arbeiterschaft zurück. In den Hauptstädten etablierten sich konstituierende Versammlungen. In der Frankfurter Paulskirche arbeitete ein deutsches Nationalparlament eine Reichsverfassung aus. Es ernannte sogar ein Ministerium und wählte einen »Reichsverweser«. Die Anstrengung blieb wirkungslos. Das Bürgertum hatte zu früh und zu friedfertig den Kompromiß mit den bestehenden Mächten gesucht und darüber versäumt, selbst seine Macht zu begründen. Es verurteilte sich damit zur Kapitulation auf Raten: Der preußische König, dem es die Kaiserkrone einer konstitutionellen Monarchie angeboten hatte, vertrieb das ohnmächtige Parlament aus der Reichsstadt Frankfurt. Der König von Württemberg verjagte das verbliebene Rumpfparlament aus seiner Residenz.
Revidierte Verfassungen wurden dem Volk nun von den Fürsten

im Gnadenakt verliehen – um zurückgenommen oder außer Kraft gesetzt zu werden, wann immer es die Obrigkeit für angebracht hielt. Trotzdem: Das Bewußtsein von den Rechten und Freiheiten, die für eine kurze Frist Besitz des Volkes gewesen waren, konnte nicht wieder ausgelöscht werden. Marx und Engels hatten ihr »Kommunistisches Manifest« geschrieben – es war nicht mehr aus der Welt zu schaffen. Das Erlebnis des radikalen Aufbruchs, der in Berlin, in der Pfalz, in Hessen, in Baden blutig niedergeschlagen worden war, wirkte fort – überwiegend allerdings als Angst vor der Revolution.

Die Formierung der Parteien begann. Der Liberalismus sammelte sich in der Fortschrittspartei. Facharbeiter fingen an, sich in Bildungsvereinen zu organisieren. Es war ein tastender Anfang. Kein Geringerer als August Bebel hat die enge Beziehung zwischen vorwärtsdrängenden Liberalen und den aufstrebenden Kräften der Arbeiterschaft aus eigener Erfahrung anschaulich beschrieben. Diese Verflechtung verdient noch immer ein genaueres Studium. Die junge deutsche Arbeiterbewegung wurde von zwei sich ergänzenden, einander widersprechenden und ablösenden Elementen beeinflußt: dem staatssozialistischen, das mit dem Namen Ferdinand Lassalle verbunden ist, und dem stärker zu Marx tendierenden, das Bebel und Wilhelm Liebknecht als seine Führer sah.

Lassalles Verbindungen mit Bismarck, dem Retter preußischer Königsmacht im Krisenjahr 1862, sind nicht bis ins letzte geklärt. Aber es gibt keinen Zweifel daran, daß der Kanzler den ungewöhnlichen Arbeiterführer daraufhin prüfte, ob er ihn gegen seine liberalen Widersacher einsetzen könnte. Als Reichskanzler zögerte Bismarck später bekanntlich nicht, die geheime und direkte Wahl dem Volk als »Geschenk« zu präsentieren. Das war im Reich sein Druckmittel gegen die Liberalen. In Preußen, das mehr als zwei Drittel des Reichsgebiets beherrschte, hielt er am Dreiklassenwahlrecht fest; es sicherte die Macht von Adel und großem Besitz.

Man muß daran erinnern: Die Fortschrittspartei hatte sich noch vor der Reichsgründung an der Frage der Heeresreform gespalten. Die Nationalliberalen wurden zur Bismarck-Partei. Kapitalistische Interessen verbündeten sich mit einem kleindeutschgroßpreußischen Nationalismus, dessen Machtinstrument die von der Aristokratie beherrschte Militär- und Verwaltungsmaschinerie war. Die Spaltung von 1866 ist vielfach als ein Akt der politischen Selbstentmündigung des deutschen Bürgertums verstanden worden.

Die liberale Substanz rettete Eugen Richter im deutschen Freisinn, der es freilich zwischen den großen Heerhaufen schwer hatte und immer in der Gefahr stand, zerrieben zu werden. Zu zögernd und auch erst spät erkannten liberale Demokraten die soziale Verpflichtung echten Bürgergeistes. Einer der bedeutendsten war Friedrich Naumann, dessen Lebensbild Theodor Heuss eindrucksvoll nachgezeichnet hat. In Naumanns Arbeitszimmer hingen die Bilder Bismarcks und Bebels nebeneinander, weil, wie er beim Tod Bebels sagte, in beiden die Reichsgründung gelebt habe – »gegensätzlich und doch zusammengehörig«.

Die – seit 1875 vereinigten – deutschen Arbeiterparteiler haben ihren demokratischen Auftrag ernst genommen. Marx-Anhänger, Lassalleaner und andere fanden sich im Streben nach einer umfassenden, schöpferischen und solidarischen Demokratie. Aber von staatlicher Mitverantwortung blieben sie ausgeschlossen. Es wurde ihnen nicht leichtgemacht, das Klassen-Getto zu überwinden. Zwölf Jahre waren sie Verfolgungen unter dem Sozialistengesetz ausgesetzt. Als es 1890 fiel, hatte sich die Anhängerschaft der Sozialdemokratie vervielfacht; schon 1898 erhielt sie mehr Stimmen als irgendeine andere Partei, deren Vertreter für den Reichstag kandidierten. Die regierenden Schichten weigerten sich jedoch, den Weg ins 20. Jahrhundert freizugeben. Auch den europäischen und auf die Verständigung der Völker gerichteten Bemühungen blieb der Erfolg versagt. Militarismus und Imperialismus beherrschten die europäische Szene. Nationalismus überspielte die Vernunft.

Es ist wahr, daß 1914 auch die übergroße Mehrheit der sozialdemokratischen Arbeiterschaft mit patriotischer Begeisterung in den Krieg zog. Der deutsche, ja der großdeutsche Geist von 1848 schien für einen Augenblick wieder zum Leben erwacht – viele hofften, das Ende des Krieges werde den Durchbruch zur Demokratie bringen. Dies war wenn nicht ein tragisches Mißverständnis, so doch ein Denken in überaus verkürzter Perspektive. An der Burgfriedenspolitik beteiligte sich auch die andere große oppositionelle Partei des wilhelminischen Reiches: das katholische Zentrum. Seine Anhänger schienen endlich Gelegenheit zu finden, sich vom Vorwurf der »nationalen Unzuverlässigkeit« befreien zu können, den sie – bis zu einem gewissen Grade – mit den »vaterlandslosen Gesellen« der Sozialdemokratie teilten.

Die Zellen des Zentrums waren mancherorts in Nachbarschaft mit denen der Sozialdemokratie gewachsen. Bischof Wilhelm Ketteler in Mainz, auf dessen Ideen sich später die christlichen Gewerkschaften stützten, war innerhalb der katholischen Kirche einer der ersten, die die Bedeutung der sozialen Frage erkannten, der Kaplan Adolf Kolping ein anderer; Bebel war Kolping in seinen Wanderjahren in einem der katholischen Gesellenheime begegnet.

Hier entstand, auf eine neu interpretierte christliche Sozialethik gestützt, eine politische Kraft, die – ich hebe es noch einmal hervor – mit der Sozialdemokratie und dem liberalen Fortschritt das mächtige Deutsche Reich als freiheitliches Staatswesen hätte formen können. Dort, wo das Erbe Kolpings und Kettelers lebendig blieb, hat der deutsche Katholizismus auch immer wieder seine Fähigkeit für den sozialen Fortschritt bewiesen. Der Bundesrepublik hätte es gutgetan, wäre von dieser Substanz nach dem Zweiten Weltkrieg in den Unionsparteien mehr sichtbar geworden und wirksam geblieben.

August Bebel sprach vom »Vaterland der Liebe und Gerechtigkeit«, das es zu erringen und zu verwirklichen gelte. Nun, dazu hat auch die deutsche Republik nach dem Ersten Weltkrieg nicht werden können. Dem Weimarer Staat – und den Sozialdemokraten, die ihn treuer als andere trugen – gelang es nicht, die Emotionen eines besiegten Volkes und zumal des tief verstörten Bürgertums an die Demokratie zu binden. Wir haben auch seitdem erfahren, daß die umstrittenen Theorien – so wichtig sie sind – niemals ausreichen, dem Volk das notwendige Vertrauen in die moralischen Qualitäten, in den geistigen Elan, in die Verantwortlichkeit und die Leistungsfähigkeit demokratischer Lebensform zu vermitteln. Denn darum geht es auch heute: Demokra-

tie muß eine glaubwürdige Form des Lebens sein, die den Menschen nicht nur Respekt vor der Energie der modernen Gesellschaft, sondern auch Zutrauen in die Freiheit und das Gefühl der Geborgenheit vermittelt.
Kaum einer hat dies schärfer gesehen als der Lübecker Reichstagsabgeordnete Julius Leber, zu dem ich mich als ganz junger Mensch hingezogen fühlte, obwohl ich mich zeitweilig von unserer Partei trennte; ich meinte irrtümlich, ihrem Mangel an Entschiedenheit auf diese Weise begegnen zu sollen.
In der Bedrängnis und Melancholie seiner Gefängniszelle war für Julius Leber eines ganz deutlich – und es bleibt richtig, auch heute: Wenn die Sozialdemokratie nicht fähig ist, die Sprache des Volkes zu verstehen und zu sprechen, dann ist nicht nur ihr eigenes Geschick, sondern auch das der deutschen Demokratie besiegelt. Die Gefahr doktrinärer Erstarrung ist nicht für immer gebannt. Es gibt sie auch in der Gegenwart, und wir müssen ihr mit Entschlossenheit begegnen, wenn uns nicht in einem Nachruf geschrieben werden soll, was Leber im Kerker notierte: »... keiner sagte der Jugend der Partei, daß sie entweder von ihrem doktrinären Taumel zum politischen Tatsachentum übergehen oder aber die Führung an die Jugend, die auf der anderen Seite heranwachse, abtreten müsse.«
Gruppentaktik und bürokratische Verhaltensweisen überwuchern auch heute da und dort das Interesse des Ganzen, der politischen Gemeinschaft, des Staates. In einer seiner Reden vor den Lübecker Sozialdemokraten rief Leber aus: »Wir müssen in Zukunft viel konsequenter wissen, was die Macht ... in der Republik bedeutet, und mehr Rücksicht nehmen auf die Festigkeit der Demokratie!« Scharf erkannte und geißelte er die sozialdemokratische Erbsünde, die man die »Lust an der Ohnmacht« genannt hat – die Verführung einer gewissermaßen ewigen Opposition, die sich als Flucht aus der praktischen Verantwortung und aus dem unbequemen, aber notwendigen Kompromiß immer aufs neue anzubieten scheint.
Es muß auch daran erinnert werden: Es ist ein ernster Irrtum der deutschen Liberalen gewesen, daß sie die Errichtung eines relativ freien Rechtsstaates für ausreichend hielten. Gewiß, Freiheit war lange und ist in hohem Maße eine Frage des Rechts. Aber

inzwischen ist es eben nicht allein eine sozialdemokratische Einsicht, daß zur Nutzung der Freiheit auch Chancengleichheit in der Bildung, daß zur Freiheit auch soziale Gerechtigkeit und ökonomischer Ausgleich gehören. Die konservativen Kräfte haben diese Probleme meist übersehen; Liberale haben sie zu oft geleugnet.
Bei der Begründung der Weimarer Republik standen Sozialdemokraten und Linksliberale – und das Zentrum – zusammen. Gemeinsam bildeten sie die ersten demokratischen Regierungen. Wäre sie stark und entschlossen genug gewesen, diese Koalition hätte unserer Geschichte einen anderen Verlauf geben können.

Glaubwürdigkeit

Die neue Spannweite der Sozialdemokratie als Volkspartei des Godesberger Programms förderte zwangsläufig auch das Anwachsen innerparteilicher Diskussionen und Auseinandersetzungen. Jede der Gruppierungen hatte – auch das war bis zu einem gewissen Grad verständlich – die Neigung, den Wahlerfolg vom November 1972 ihrer besonderen Aktivität zuzuschreiben. Tatsächlich hätte nicht eine der wesentlichen Komponenten fehlen dürfen, um den Wahlsieg möglich zu machen; das wird zuweilen vergessen. Für die Partei insgesamt wiederum entstand die Gefahr, in ihrer großen Genugtuung zu übersehen, daß die Zustimmung, die sie bei der Mehrheit der Wähler gefunden hatte, auch als ausdrückliche Billigung des Regierungsbündnisses zu werten war – wie umgekehrt die Freien Demokraten (das zeigte sich in der Differenz der Erst- und Zweitstimmen) von einem Großteil ihrer Wähler ausdrücklich damit beauftragt worden waren, die Partnerschaft mit der SPD fortzusetzen. (Das mag auch eine kleine Anekdote illustrieren: Anfang Januar 1973, wenige Wochen nach der Novemberwahl, erlebten Walter Scheel und ich an einem fremden Strand – auf der Insel Fuerteventura –, wie eine sympathische Dame hinter uns her zu ihrer Freundin sagte: »Dort gehen unsere Erst- und Zweitstimmen.«)

Auf dem sozialdemokratischen Parteitag in Hannover im April 1973 habe ich mit aller Eindringlichkeit gesagt: »Glaubwürdigkeit suchte und fand der Wähler in der Leistung unseres Regierungsbündnisses mit den Freien Demokraten, wenn es auch – bis zum November 1972 – zahlenmäßig schwach und an den Rändern anfällig war. Dieses Bündnis wurde eindrucksvoll bestätigt, und es gibt der deutschen Politik die demokratische Stabilität, die sie im Prozeß des gesellschaftlichen Wandels braucht. Unseres Staates und unserer Demokratie wegen muß die Zusammenarbeit mit den Freien Demokraten als Regierungsbündnis verstanden werden. Die beiden Parteien sind aufeinander angewiesen. Solidarität des Bündnisses und Seriosität der Zusammenarbeit gebieten, daß keiner der Partner dem anderen seinen Willen aufzuzwingen versucht.«

Ich legte dar, daß die sozial-liberale Allianz über Tag und Taktik hinausreiche, und wies auf die simple Wahrheit hin: »Wer die Mitte nicht besetzt, kann in der Demokratie nicht über die Mehrheit verfügen. So einfach ist das: Wer die Mitte verliert, ist nicht regierungsfähig.« Mitte ist auch hier nicht nur zahlenmäßig zu verstehen, inhaltlich bezieht sie sich für mich immer auf ein Programm der Vernunft. Die Opposition hat zunächst darauf beharrt, daß die Übernahme der Verantwortung durch das Bündnis von Sozialdemokraten und Freien Demokraten ein bloßes Malheur, ein Irrtum – genaugenommen: ein Unrecht – sei. Mit dieser Reaktion befanden sich die Unionsparteien auf dem Rückzug vor den eigenen Problemen. Sie weigerten sich, darüber nachzudenken, ob ihre Haltung nicht von der sich verändernden Wirklichkeit in Frage gestellt worden war. Inzwischen scheint eine neue Führungsgruppe der CDU verstanden zu haben, daß sie eines längeren Atems, einer neuen Strategie, einer veränderten Gesamtkonzeption bedarf, wenn sie verlorenes politisches Terrain wieder aufholen will.

Die Opposition brauchte immerhin fast vier Jahre, bis sie anfing, sich ernsthaft auf die neue Situation einzustellen. Zwar machte sie von der ersten Stunde ihres Ausscheidens aus der Regierung an deutlich, daß ihr – wilhelminisch gesprochen – die »ganze Richtung nicht paßt«. Zunächst spürten wir nur die Ressentiments nationalistischer Gruppen gegen unsere Deutschland- und Ost-West-Politik. Wir spürten auch den Widerstand wirtschaftlicher Interessengruppen, die zu lange den Anschluß an den Geist der Zeit versäumt hatten.

Auch später blieb die Opposition in Gefahr, allzu einfache Auswege zu suchen und in ihren Wahlkampfstil von 1972 zurückzufallen. Mit Vorliebe stürzte sie sich auf Erscheinungen, mit denen wir es in Randgruppen zu tun haben, blies solche Erscheinungen zu Riesenballons auf, um den eigentlichen Gegenpart als demokratisch unzuverlässig zu diffamieren – und sich selber als Verfassungspartei zu deklarieren, nachdem die Rolle als Staatspartei einstweilen ausgespielt war. Gleichzeitig machte die Union, was Differenzen und Meinungsverschiedenheiten angeht, die es in jedem Bündnis zwischen Parteien gibt, aus jeder »Mücke« den berühmten »Elefanten«. Natürlich sähe sie es gern, wenn die FDP aus ihrem veränderten Selbstbewußtsein heraus Anlehnung bei einem anderen Partner suchte. Ich gehe davon aus, daß die verantwortlichen Freidemokraten wissen, daß sie es hier mit gefährlichen Versuchungen zu tun haben.

Niemand sollte den Ernst der Krise unterschätzen, die die FDP in ihrer Wandlung mutig durchgekämpft hat; und ich nenne hier, für andere mit, voller Respekt den Namen des so früh verstorbenen Karl Hermann Flach. Es war für die Freidemokraten eine Frage des Überlebens, einen neuen Standort als liberale Partei in sozialer Pflicht zu gewinnen und ihn einer neuen Wählerschaft glaubwürdig zu machen. Unsere Partner sind bei den Wählern nicht weniger im Wort als wir Sozialdemokraten.

Was ich unter Partnerschaft verstehe, habe ich auf dem Parteitag in Hannover wohl unmißverständlich ausgesprochen: »Ich will, daß dies ein faires Bündnis bleibt. Zur Koalition gehört immer auch die Bereitschaft zum Kompromiß. Wer die Partei mit steilen moralischen Gebärden beeindrucken will, der muß sich die kühle Frage stellen lassen: Will er, daß wir regieren sollen, ja oder nein?

Allerdings hat sich auch gezeigt, daß einige Kollegen von der FDP sich erst mit einiger Mühe davon überzeugen ließen, daß die sozialdemokratische Fraktion im VII. Bundestag nicht kleiner ist als die der FDP.

CDU und CSU liegen auf der Lauer, um, wenn möglich, eine prinzipielle Rückentwicklung in dieser Bundesrepublik einzuleiten. Wer sich auf unserer Seite an Wunschvorstellungen von einer sozialdemokratischen Alleinregierung berauscht, der fördert nicht den Fortschritt, sondern der gefährdet ihn ... Für die eigene Partei mag es außerdem nützlich sein zu wissen: Über zwei Drittel unserer Wähler erklären sich nach seriösen Befragungen für eine Politik, die eine Fortsetzung des Bündnisses mit der FDP über 1976 hinaus möglich macht.«

Das Regierungsbündnis wurde in der Partnerschaft zwischen Walter Scheel und mir geschaffen, doch mit großer Selbstverständlichkeit von unseren Nachfolgern in den Ämtern des Bundeskanzlers und des Bundesaußenministers übernommen. Diese Gruppierung hat – als Beispiel eines veränderten politischen Realitätsbewußtseins – über die Grenzen unseres Staates hinaus nach Europa hineinzuwirken begonnen. Wir erkennen hier gewiß keinen missionarischen Auftrag. Doch haben wir bereit und fähig zu sein, die Substanz unserer politischen Arbeit in die europäische Zusammenarbeit einzubringen. Hier erkenne ich, wie ich es deutlich machen möchte, einen besonderen Akzent meiner Arbeit als Vorsitzender der Sozialdemokratischen Partei, die ich als zugleich deutsche und europäische Partei sehe.

Im europäischen Rahmen stellen sich die gleichen Grundfragen, die wir in der Bundesrepublik Deutschland zu beantworten suchen: wie eine moderne Gesellschaft ihren Bürgern einen gerechten Anteil an der gemeinsamen Arbeit zu sichern vermag; wie ihnen das Gemeinwesen mehr Geborgenheit durch größere Sicherheit vermitteln kann; wie ihr staatsbürgerliches Selbstbewußtsein, ihre Initiative und ihr Leistungswille durch Mitverantwortung und Mitbestimmung in den öffentlichen Institutionen und in der Wirtschaft bestätigt und gestärkt werden können; wie – in der Zusammenfassung dieser Aufgaben – die Freiheit des einzelnen in der Gemeinschaft geschützt und gefestigt werden kann. Dies ist der Auftrag.

Mit der gemeinsamen Wahl eines Bundespräsidenten durch Sozialdemokraten und Freie Demokraten hatte sich 1969 das sozial-liberale Bündnis angekündigt. Es mußte bestätigt werden, als für den Mai 1974 wiederum der Termin für die Wahl des

Staatsoberhauptes anstand. Mir schien es zunächst selbstverständlich zu sein, daß der Bundespräsident auch für die Jahre 1974 bis 1979 aus den Reihen der Sozialdemokraten kommen würde: entweder durch eine zweite Amtsperiode für Gustav Heinemann oder durch die Wahl eines anderen meiner Parteifreunde. Walter Scheel hatte mir auf einem Flug von Fuerteventura nach Bonn im Januar 1973 zum erstenmal zu erkennen gegeben, daß er für später seine Kandidatur für das Amt des Staatsoberhauptes erwog, aber nicht schon für 1974. Im Spätherbst 1973 war er jedoch – in einem Gespräch, das wir gemeinsam mit den Fraktionsvorsitzenden Wehner und Mischnick führten – zu dem Ergebnis gekommen, er müsse mir die Kandidatur antragen und sich im Falle meiner Ablehnung selber zur Verfügung stellen.

Was war inzwischen geschehen? Gustav Heinemann, für dessen Wiederwahl auch die Freien Demokraten eingetreten wären, hatte definitiv abgesagt. Ihn bestimmten vor allem persönliche Gründe – Alter und Gesundheit –, die man nur respektieren konnte. Ein anderer Gesichtspunkt: Seine Wiederwahl hätte der Verfassung eine bestimmte Auslegung geben können: Wenn, nachdem Heuss und Lübke wiedergewählt worden waren, auch Heinemann sich für eine zweite Periode – also für zehn Jahre – zur Verfügung gestellt hätte, wäre aus der Kann-Bestimmung der Wiederwahl fast ein Muß geworden. Die Möglichkeit, sich wiederwählen zu lassen und dann doch nach ein paar Jahren zurückzutreten, widerstrebte Gustav Heinemann seinem Wesen nach.

Auf dem Rückflug von Prag am 12. Dezember 1973 teilte mir Walter Scheel mit, daß ihn seine Freunde als Kandidaten vorschlagen würden. Er bestätigte dies, als ich ihn ein paar Tage später im Krankenhaus besuchte. Und so teilte es mir Wolfgang Mischnick im Auftrag der FDP-Gremien mit, während ich an der europäischen Präsidentschaftskonferenz in Kopenhagen teilnahm.

Die Körperschaften meiner Partei haben sich – was immer es sonst an Überlegungen einzelner Mitglieder gegeben haben mag – konsequent und einheitlich für die Wahl Scheels ausgesprochen. Das geschlossene Votum der Sozialdemokraten in der Bundesversammlung erklärte sich – entgegen vielen Vermutungen – keineswegs aus der Notwendigkeit, daß man am folgenden Tag die FDP-Stimmen bei der Wahl Helmut Schmidts brauchte. In der Präsidentenfrage war der Kurs festgelegt, bevor irgend jemand wissen konnte, daß im Mai 1974 auch ein neuer Bundeskanzler zu wählen sein würde.

Bleibt vielleicht die Frage, wie ich im Spätherbst 1973 auf den Vorschlag, für das Amt des Bundespräsidenten zu kandidieren, reagiert haben würde, hätte ich gewußt, daß ich im Frühjahr 1974 ohnehin nicht länger Bundeskanzler bleiben wollte. Nun, ich habe es nicht gewußt. Hätte ich es geahnt, würde ich es dennoch für richtig gehalten haben, der Führung meiner Partei in dieser Situation die Priorität zu geben.

4. Kapitel Zum Standort der deutschen Sozialdemokraten

Die deutschen Sozialdemokraten können sich darauf berufen – und sie tun es mit selbstverständlichem Stolz –, daß ihre Parteigeschichte über mehr als ein Jahrhundert hinweg in der eigentlichen Substanz ungebrochen geblieben ist. Seit den sechziger Jahren des vorigen Jahrhunderts konnte die Kontinuität im Wirken der Sozialdemokratischen Partei Deutschlands behauptet werden. Gewiß, ihre legale Tätigkeit in Deutschland wurde zweimal für je zwölf Jahre unterbrochen: durch Bismarcks Sozialistengesetz (1878–1890) und, unvergleichlich schmerzvoller, durch die nationalsozialistische Diktatur (1933–1945). Diese Gewaltmaßnahmen haben jedoch weder den Kern der Partei zerstören noch haben sie ihr Selbstverständnis erschüttern können. (Zur Tragik der Nachkriegsentwicklung gehört, daß die Sozialdemokraten in der sowjetisch besetzten Zone, der heutigen DDR, brutal daran gehindert wurden, sich als selbständige Partei zu entfalten.)

In seiner ersten Rede unmittelbar nach der Befreiung, am 6. Mai 1945, wies Kurt Schumacher vor Funktionären in Hannover darauf hin, »daß die Sozialdemokratie die einzige Partei in Deutschland gewesen ist, die an der durch den Ablauf der Ereignisse als richtig erwiesenen Linie von Demokratie und Frieden unverrückbar festgehalten hat«.

Nun, dies soll nicht mißverstanden werden: Schwächen und Fehler sozialdemokratischer Politik, zumal in der Weimarer Republik, will ich nicht hinwegreden. Wohl aber kommt es mir darauf an, daß die Grundlage kritischer Auseinandersetzungen nicht verschoben wird. Diese Grundlage ergibt sich für mich aus der Feststellung, daß die deutsche Sozialdemokratie in ihrer über hundertjährigen Geschichte stets eine Partei der Freiheit war. Sie ist es geblieben und wird sich darin von keiner anderen politischen Kraft übertreffen lassen.

Die Opfer im Widerstand zeugen für das, was über die SPD als freiheitliche, demokratische Partei festzustellen ist. Als andere nach der »Machtergreifung« des Jahres 1933 den Kampf gegen die nazistische Herausforderung aufgegeben hatten, standen Sozialdemokraten unter Einsatz ihres Lebens für ihre Überzeugung, für die parlamentarische Demokratie, für die Meinungsfreiheit ein. Um der Objektivität willen muß hinzugefügt werden, daß die Kommunisten schon Anfang 1933 verboten waren und verfolgt wurden und daß sich in den folgenden Jahren Männer und Frauen aus allen alten Parteilagern im verzweifelten Widerstand zusammenfanden.

Man kann Jahrzehnte früher ansetzen und darf sagen: Die deutsche Sozialdemokratie hat seit der Kaiserzeit einen entscheidenden Anteil daran, daß die Lebensbedingungen der breiten Schichten unseres Volkes grundlegend verbessert werden konnten. Sie hat wesentlich daran mitgewirkt, daß für Millionen Untertanen die staatsbürgerlichen Freiheitsrechte und elementare soziale Rechte erkämpft wurden. Das Bestreben der deutschen Sozialdemokratie war es stets, jedem Staatsbürger die Chance zu geben, gleichberechtigt am politischen Leben teilzuhaben.

Als nach dem Zusammenbruch des Kaiserreichs eine sozialdemokratische Regierung gebildet wurde, gehörte es zu ihren ersten Handlungen, Wahlen für eine verfassunggebende Nationalversammlung auszuschreiben und dafür ein demokratisches Wahlrecht – auch für die Frauen – einzuführen. Die Weimarer Verfassung war entscheidend durch die großen Ideale der »bürgerlichen« Revolution von 1848 inspiriert. (Wesentliche Schwächen dieser Verfassung wurden, wieder durch die Mitarbeit von Sozialdemokraten, im Grundgesetz von 1949 vermieden.)

Der demokratische Sozialismus, wie er in Deutschland durch die SPD geprägt wurde und repräsentiert wird, hat den altliberalen und konservativen Dogmen die moderne Idee von den

sozialen Pflichten des Staates entgegengesetzt. Bürokratischer Zentralismus wurde jedoch auch in jenen Zeiten abgelehnt, in denen die staatliche Führung des wirtschaftlichen Geschehens anders gesehen wurde, als man dies später für angemessen hielt.
Die Sozialdemokratie hat sich vielleicht von einem zu großen Vertrauen in die menschliche Vernunft leiten lassen und die Begrenzung der Freiheiten nicht deutlich genug gemacht. Man unterstellte vielfach, daß es zwischen dem Gemeinwohl – dem Interesse der Allgemeinheit – und der Freiheit des einzelnen keine Konflikte gebe. In der praktischen Politik fehlte es jedoch gewiß nicht an der Bereitschaft, das Recht und die demokratische Ordnung zu schützen. Unverändert stand die Partei stets – auch gegenüber staatlicher Bevormundung – für die religiöse, geistige und künstlerische Freiheit ein.
Ich stelle mit aller Bestimmtheit fest: Sozialdemokratisches Denken und Handeln bleiben untrennbar verbunden mit Demokratie in Staat, Wirtschaft und Gesellschaft; mit Rechtsstaatlichkeit, persönlicher und geistiger Freiheit; mit Gerechtigkeit, Menschlichkeit und Solidarität.
Wo diese Voraussetzungen nicht gegeben sind, wo dieser Zusammenhang fehlt, kann nicht von dem die Rede sein, was als Inhalt und Ziel sozialdemokratisches Wirken ausmacht.

Aktuelle Schwierigkeiten

Die letzten fünfzehn Jahre deutscher Politik waren von einem starken Aufschwung der Sozialdemokratischen Partei bestimmt. Als ich 1961 zum erstenmal als Kanzlerkandidat in den Wahlkampf zog, erhielt meine Partei 36,2 Prozent der Zweitstimmen (gegenüber 31,8 Prozent vier Jahre zuvor). Im November 1972 waren daraus 45,8 Prozent geworden. Als ich Anfang 1964, nach dem Tode Erich Ollenhauers, zum Vorsitzenden gewählt wurde, hatte die SPD knapp 650 000 Mitglieder. Zehn Jahre später waren es fast eine Million.
Natürlich hatten wir auch Rückschläge hinzunehmen. So war der Eintritt in die Regierung der Großen Koalition Ende 1966, der ich als Außenminister und Vizekanzler angehörte, bei einem

Teil der Mitglieder und Wähler aus verschiedenen Gründen lebhaft umstritten.

Kaum vorauszusehen war allerdings, daß die Partei sechseinhalb Jahre später – nach ihrem größten Wahlerfolg – mit ernsteren Schwierigkeiten als bisher konfrontiert sein würde. Ich wies auf die Gefahren schon im Dezember 1972 hin – also wenige Wochen nach dem Wahlsieg –, als ich vor dem Parteirat vor »selbstzerstörerischen« Tendenzen warnte: Manchen schien es an einer realistischen Einschätzung der Ziele zu mangeln, die vernünftigerweise in einer Arbeitsperiode von vier Jahren erreichbar sind; hinzu kamen subjektive Schwächen anderer Art.

Objektive Schwierigkeiten, die unsere Arbeit behinderten, wurden nicht rasch genug erkannt. Entwicklungen, die von außen auf uns einwirkten, setzten der Stabilitätspolitik enge Grenzen; sie belasteten auch unser Reformprogramm. Das Gewicht der Auslandsabhängigkeit wurde Ende 1973 durch die Öl-, vielmehr Ölpreiskrise noch deutlicher. Eine feindselige Beeinflussung der Öffentlichkeit – mit einem rabiaten Bündnis von Opposition, Wirtschaftskreisen und Rechtspresse – lastete der Regierung wesentlich mehr an, als sie fairerweise zu verantworten hatte. Ein Teil der Wählerschaft – nicht nur aus den »mittleren« Schichten, sondern gerade auch aus der Arbeiterschaft – wurde durch Wortradikalismus und schwer verständliche Diskussionen verschreckt. Manche Bürger verloren ihr Vertrauen auch aufgrund von Unzulänglichkeiten, die mit einem Richtungsstreit nicht das geringste zu tun hatten. Bei den Hamburger Bürgerschaftswahlen Anfang März 1974 – und danach bei Kommunalwahlen in verschiedenen Teilen der Bundesrepublik – erlitt die SPD empfindliche Stimmeneinbußen.

Das alles hatte ich mit Sorge beobachtet. Darum wandte ich mich – nach Beratungen im Parteivorstand – am 2. April 1974 mit einer Zehn-Punkte-Erklärung an die Mitglieder und Freunde meiner Partei. Darin hieß es unter anderem:

»Wir müssen den Ursachen der Vertrauenseinbußen schonungslos nachgehen. Nur so werden wir neue Herausforderungen bestehen können.

Natürlich gibt es keine Erbpacht auf Mehrheiten; sie müssen

durch Leistung und Glaubwürdigkeit immer wieder gewonnen werden.

Unsere SPD ist eine lebendige Partei und wird es bleiben. Die Grundsätze des Godesberger Programms stehen jedoch nicht zur Disposition; sie gelten unverändert. Wir sind – nach dem Grundgesetz und nach unserem Programm – ohne Wenn und Aber für die entschlossene Verteidigung und Weiterentwicklung des demokratischen Rechts- und Sozialstaates.

Die theoretische Fundierung der Politik ist wichtig, aber die Partei ist kein Debattierklub, sondern sie ist verantwortlich für das Geschick eines großen Industriestaates. Innerparteiliche Diskussionen dürfen die politische Handlungsfähigkeit nicht lähmen.

Als Volkspartei sucht der demokratische Sozialismus seine Identität mit der Mehrheit des Volkes. Die SPD läßt sich von niemandem in die Klassenkampfvorstellungen des vorigen Jahrhunderts zurückdrängen, die der heutigen Zeit nicht mehr entsprechen. Ohne die Mitte gibt es in der Demokratie keine Mehrheit.

Diese Zeit ist eine besondere Herausforderung für uns alle. Immer noch war unsere Partei dann am stärksten, wenn sie sich gefordert fühlte.«

Als ich mich zum Rücktritt vom Amt des Kanzlers entschloß – was wohl niemand vorausgesehen hatte –, als dadurch eine Neubildung der Regierung notwendig wurde, hing vom Verständnis und der Festigkeit der politischen Freunde in allen Teilen der Bundesrepublik viel ab. In einem Brief an die Parteimitglieder vom 13. Mai 1974 führte ich aus:

»Das Bündnis aus Sozialdemokraten und Freien Demokraten wird entschlossen fortgesetzt. Die sozial-liberale Koalition ist bei den Wählern im Wort. Die neue Mannschaft wird die Arbeit der von mir geführten Regierung fortsetzen.

Meine Arbeitskraft kann ich jetzt stärker als bisher meinem Amt als Parteivorsitzender widmen. Ich werde dabei an die Zehn-Punkte-Erklärung anknüpfen, die ich Anfang April abgegeben habe.

Die Partei muß ihre volle Schlagkraft zurückgewinnen. Dabei geht es um die konkrete Verbesserung unserer Organisation, und ich bitte, auf allen Ebenen zu prüfen, was schon auf kurze Sicht geschehen kann.

Weiter müssen wir der Tatsache Rechnung tragen, daß die politische Auseinandersetzung heute weitgehend über die Medien ausgetragen wird. Das erfordert Konsequenzen für den Stil und die Form der innerparteilichen Auseinandersetzung.

Wir müssen schließlich die theoretische Diskussion in unseren Reihen so führen, daß sie nicht zum bloßen Spiel für Eingeweihte und zum Ausbeutungsobjekt für Böswillige wird. Der Bezug zur praktischen Politik muß stets sichtbar bleiben.

Unsere Partei wird bestehen und gewinnen durch ihre Leistung, ihre grundsätzliche Orientierung und ihre Solidarität.«

Es war für mich bewegend, wie viele Zeichen der Sympathie und der Verbundenheit mich im Zusammenhang mit dem Ausscheiden aus dem Amt des Bundeskanzlers erreichten; es wurden auch viele solidarisch begründete Parteibeitritte registriert. Ich war dankbar für die einhellige Unterstützung, die mein Vorschlag fand, Helmut Schmidt zum Bundeskanzler zu wählen. Man konnte den Eindruck gewinnen, daß die Zäsur des Kanzlerwechsels heilsame Wirkungen haben mochte, denn sie machte es leichter, Gruppenegoismen und Eigenbröteleien in die Schranken zu weisen. Die niedersächsischen Landtagswahlen Anfang Juni – ich beteiligte mich am Wahlkampf mit einer Anzahl von Kundgebungen – zeigten ein besseres Ergebnis als die vorangegangenen Wahlen zu kommunalen Vertretungen. Der Abschwung schien bis zu einem gewissen Grade gewendet oder jedenfalls aufgefangen. Die Freien Demokraten kamen wieder in den Landtag; in Hannover konnte eine sozial-liberale Regierung gebildet werden.

Vor und nach den Sommerferien 1974 führte ich mit Tausenden von Vertrauensleuten meiner Partei – auf zahlreichen Konferenzen der Ortsvereinsvorsitzenden – ein großes Gespräch, das der Information und der gemeinsamen Willensbildung gleichermaßen zugute kam. Ich wurde überall richtig verstanden, wenn ich sagte, der Parteivorsitzende werde nicht mit dem Bundeskanzler konkurrieren, sondern die Arbeit beider werde sich ergänzen; ich würde mich besonders der grundsätzlichen Fragen und der über den Tag hinausreichenden Aufgaben annehmen.

Ich fand Zustimmung, wenn ich sagte, daß die Partei besser als in den letzten Jahren lernen müsse, Tagespolitik und weiterreichende Planungen miteinander in Einklang zu bringen. Durch harte Arbeit und gezügeltes Ringen der Meinungen müßten wir – aufgrund neuer Erfahrungen und gestützt auf bewährte Grundsätze – den »Konsensus« immer wieder erneuern, das heißt: die innere und inhaltliche Einheit unserer politischen Gemeinschaft so bestätigen, daß daraus neue Kraft erwächst.

»Godesberg«

Das Godesberger Programm von 1959 machte – stärker als frühere sozialdemokratische Programme – deutlich, daß die Grundüberzeugungen, die Grundwerte der SPD nicht aus einer einzigen Quelle gespeist werden. Von Kurt Schumacher stammt das Wort, daß in der nach dem Zweiten Weltkrieg neubegründeten Sozialdemokratischen Partei nicht mehr danach gefragt werden solle, woher einer die letzten Impulse seines politischen Wirkens beziehe. Das heiße, es sei in diesem Zusammenhang nicht von Belang, ob der einzelne von der Bergpredigt oder von Kant oder von Marxschen Theorien ausgehe; ob er aus der Religion, der Philosophie oder der Gesellschaftswissenschaft schöpfe. Gefragt werden solle statt dessen, ob er bereit sei und wie er bereit sei, mitzuwirken an einer vernünftigen, gerechten, menschenwürdigen Gestaltung der gesellschaftlichen Verhältnisse.

Ich will hier ausdrücklich daran erinnern, daß Schumacher von der »neubegründeten« Partei sprach. Darin kam zum Ausdruck, daß – bei aller Kontinuität – nicht einfach an Weimar angeknüpft werden sollte. Es kam darin auch zum Ausdruck, daß die verschiedenen Gruppierungen der Sozialdemokratie wieder in der gemeinsamen Partei angesiedelt waren.

In einem frühen Brief, den ich aus Berlin im Dezember 1947 an Schumacher schrieb, griff ich das Wort von der Erneuerung auf und fügte hinzu, die Ehrfurcht vor dem Überlieferten dürfe nie dazu führen, daß Fehler und Irrtümer der Vergangenheit unangetastet blieben. Auf einem Berliner Landesparteitag gegen

Ende der Blockade – am 8. Mai 1949 – sprach ich mich deutlich dagegen aus, ein Parteiprogramm »als eine Art Zwangsjacke oder Dogmengebäude« zu schaffen; ich warb vielmehr für eine »prinzipielle Gesamtschau der Grundwerte«. Die SPD wünschte ich mir als die »im Sinne des Volksinteresses wirkende, wahrhaft nationale Partei der gesellschaftlichen Rettung durch Neugestaltung«. Ich fügte hinzu: »Wir erkennen dabei ganz genau, daß wir unser nationales Programm nur mit dem Blick auf Europa und mit dem festen Willen zur internationalen Verständigung durchsetzen können.«

Demokratischen Sozialismus betrachtete ich auch damals als ein nicht abgeschlossenes System von Vorstellungen über die Neugestaltung der gesellschaftlichen Verhältnisse: Sein formuliertes Programm wird immer nur die Summe gemeinsamer grundsätzlicher Überzeugungen in einer bestimmten Periode nach dem jeweiligen Grad der Erkenntnisse sein können. Aber die sich weiterentwickelnden grundsätzlichen Überzeugungen orientieren sich an Grundwerten. Programme dürfen, wie Wilhelm Liebknecht sagte, keine papiernen Päpste werden. Bebel selber rief seinem großen Widersacher Bismarck im Reichstag einmal zu, die Sozialdemokratische Partei sei eine Gemeinschaft von Menschen, die beständig lerne und sich in ständiger geistiger Umwandlung befinde.

Im Godesberger Programm wird nicht behauptet, daß es einen Schlußstrich zu setzen habe oder ihn setzen könne. Wo es um den Menschen und die menschliche Gesellschaft geht, wird nichts irgendwann bis zum letzten Punkt geklärt. Aber es gibt Grundwerte – und sie sind, wie ich glaube, im Godesberger Programm gut präzisiert. Diese Grundwerte sind nicht auswechselbar: Freiheit – Gerechtigkeit – Solidarität.

An der Konkretisierung dieser Begriffe muß gearbeitet werden. Zusätzliche Orientierungspunkte mögen sich dabei als notwendig erweisen. Neben dem Spannungsverhältnis zwischen Freiheit und Gerechtigkeit muß der Wert der Solidarität ausgeleuchtet werden; es handelt sich ja nicht einfach um ein anderes Wort für Brüderlichkeit im Sinne der Französischen Revolution. Die Grundwerte – Gerechtigkeit, Freiheit, Solidarität – sind Maßstab für die Bewertung politischer Einzelentscheidungen.

Dies ist eine gute Orientierung, aber ich betone hier nicht zum erstenmal, daß ich mir eine Grundwerte-Diskussion wünsche, die vertiefend und weiterführend zugleich sein soll. Als wichtige Problematik wird hier auch die nähere Definition des Begriffs der »Qualität des Lebens« bedacht werden müssen.

Das Godesberger Programm ist – auf dem Hintergrund der Erfahrungen nach 1933 und nach 1945 – dem Selbstverständnis der deutschen Sozialdemokratie zugute gekommen. Es hat überdies wichtige praktisch-politische Fragen geklärt und dadurch die Regierungsfähigkeit der Partei gestärkt.

Es gehört zur Grundkonzeption des Programms, daß eine politische Partei nicht als Religionsersatz betrachtet werden soll; daß keiner glauben darf, sie solle und könne Weltanschauung verordnen; daß andererseits die Sozialdemokratische Partei aber auch nicht als bloßer Zusammenschluß zur Regelung von Tagesgeschäften gesehen werden darf. Gerade dann, wenn sie sich abgrenzt gegen Vorstellungen vom Kirchenersatz oder vom Weltanschauungsbund, bleibt die Sozialdemokratische Partei eine Willensgemeinschaft und eine Ideengemeinschaft, die sich orientiert an ethischen Grundwerten, an Vorstellungen davon, wie die Menschen in ihren engeren Lebensbereichen, im Staat und in der Welt würdig miteinander leben können.

Das Verhältnis zu den Kirchen wurde in Godesberg als ein Verhältnis der Partnerschaft definiert, das vom Eigenwert der religiösen und weltanschaulichen Gemeinschaften ausgeht. Dies bedeutete, bloße Toleranzvorstellungen zu überwinden, obgleich diese sich von der in der Frühzeit der deutschen Arbeiterbewegung stark verbreiteten antikirchlichen Einstellung schon unterschieden – eine Wandlung, die vor dem Hintergrund der deutschen Geschichte nicht schwer zu erklären ist.

Die Definition der SPD als einer großen, integrationsfähigen, sich an Grundwerten orientierenden Partei des Volkes bedeutet, daß sie in den breiten Schichten der Arbeitnehmerschaft verankert bleibt und – über soziale Barrieren hinweg – für all jene offen ist, die Demokratie als eine gesellschaftliche Notwendigkeit erkennen und von denen Sozialismus als konsequent verwirklichte Demokratie verstanden wird. Selbständige, Angehörige der geistigen Berufe und der technischen Intelligenz,

Beamte und Soldaten sollen bei den deutschen Sozialdemokraten als Mitglieder mitarbeiten. Und wir wissen nicht erst seit heute, daß gerade die selbstbewußten und ihre eigenständige gesellschaftliche Rolle suchenden Frauen entscheidend dazugehören. In der SPD ist Raum für alle, die bereit sind, auf der Grundlage des Programms an der Verwirklichung der dort skizzierten Ziele mitzuarbeiten.

Die SPD hat als einzige Partei in ihrem Grundsatzprogramm den Gewerkschaften ein besonderes Kapitel gewidmet, aber sie ist keine »Gewerkschaftspartei«. Beide Zweige der im Ursprung gemeinsamen Arbeiterbewegung haben ihre eigenständigen Aufgaben, aber die SPD versteht sich nicht nur als fairer Partner derer, die gewerkschaftliche Verantwortung tragen, sondern auch als natürliche politische Heimat der arbeitenden Menschen, denen an einer kontinuierlichen Entwicklung zur sozialen Demokratie gelegen ist. Sozialdemokratische Partei und Gewerkschaften sind von jeher mit den gleichen Grundproblemen konfrontiert. Aber weder sind die Gewerkschaften dazu da, sich vor den Karren der Partei spannen zu lassen, noch ist es Sache der SPD, den Karren der Gewerkschaften zu schleppen. Keiner ist der verlängerte Arm des anderen. Im besonderen kann es nicht Sache der Gewerkschaften sein, die Identifikation mit dem Programm einer sozialdemokratisch geführten Regierung um jeden Preis und bis zum letzten Punkt zu suchen. Jedoch wird auch hier die gemeinsame Basis in der Partnerschaft immer wieder neu zu finden sein.

Ich kenne keine Frage der gesellschaftlichen Ordnung, über die wir uns mit den Gewerkschaften grundsätzlich entzweien könnten. Die Gewerkschaften – die ihrerseits vor großen Aufgaben der Modernisierung und der Transparenz stehen – sind nach ihrem Selbstverständnis weder Parteienersatz noch bloße Interessenvertretung. Bei der Erfüllung ihrer übergeordneten Aufgaben sind sie mithin auf die gewählten Volksvertreter in den Parlamenten angewiesen, deren politische Überzeugung und parlamentarisches Wirken ihren Vorstellungen nahekommt oder entspricht. Im Grundsatzprogramm heißt es, die SPD sei aus einer Partei der Arbeiterklasse zu einer Partei des Volkes geworden: »Sie will die Kräfte, die durch die industrielle Revolution

und die Technisierung aller Lebensbereiche entbunden wurden, in den Dienst von Freiheit und Gerechtigkeit für alle stellen.«
Die SPD versteht sich als die politische Kraft in der Bundesrepublik Deutschland, die nicht nur hier und da ausbessern, sondern die auch grundlegende Veränderungen durchsetzen will, wo sie sich als notwendig erweisen. Zumal sind es Erfordernisse der Demokratisierung und Modernisierung in unserem Lande, die sie durchzusetzen entschlossen ist. Es geht dabei zum Beispiel auch um die Humanisierung der Arbeitswelt.
Humanisierung durch Demokratisierung und Modernisierung: Das ist es, was erreicht werden soll. Dabei gilt es zu erkennen: Auch der ursprüngliche Auftrag der Sozialdemokratie, die Arbeiterschaft in den demokratischen Staat und in eine zu demokratisierende Gesellschaft zu integrieren, ist erst teilweise erfüllt.
Die maßgebende Richtlinie für die Sozialdemokratische Partei – heute und auf dem Weg in die achtziger Jahre – ist die Verwirklichung der sozialen Demokratie. Also mehr als eine formal auf das Wahlrecht beschränkte, mehr als eine liberalistisch eingeengte Demokratie. Aber mehr auch als eine solche, die die funktionalen Notwendigkeiten übersieht. Eine Ordnung im Sinne des demokratischen Sozialismus läßt sich durch staatliche Maßnahmen allein gewiß nicht verwirklichen. Sie bedarf einer breiten, lebendigen Bewegung, die in alle wichtigen Bereiche der Gesellschaft hineinwirkt. Zusätzlich zu dem, was der demokratische Staat zu leisten vermag, hat sie ihre eigenen Dienstfunktionen im politischen und sozialen Feld. Hier könnte es nur nützlich sein, unter weithin veränderten Bedingungen an das anzuknüpfen, was die alte Arbeiterbewegung an Idealismus und Opferbereitschaft hervorgebracht hat.

Die Stellung im Staat

Die Stellung zum Staat und im Staat ist eine Frage, mit der die Sozialdemokraten früher nur schwer zu Rande kamen. Das Scheitern der Weimarer Republik hängt ja nicht nur mit dem Unverstand der Rechten zusammen, mit der Feigheit vieler

Intellektueller und mit der Borniertheit großer Teile des Bürgertums, sondern auch mit dem ungenügend geklärten Verhältnis der Arbeiterschaft und der Arbeiterbewegung zu dem, was den Staat ausmacht.

Die nach dem Zweiten Weltkrieg neubegründete SPD hat Lehren aus der Vergangenheit gezogen. Wenn ich gesagt habe, die deutschen Sozialdemokraten seien ohne Wenn und Aber für die entschlossene Verteidigung – und Weiterentwicklung – des demokratischen Rechts- und Sozialstaates, so bedeutet dies: Sie sind für die klare Anwendung des Gesetzes überall – um so mehr dort, wo Sozialdemokraten selber die Verantwortung tragen. Dies heißt auch: Sie stehen auf der Seite derer, die die Gesetze rechtsstaatlich anwenden.

Im Godesberger Programm wurde das Verhältnis der SPD zur bewaffneten Macht geklärt. Es wurde verstanden: Wenn man in dieser Welt den Frieden will, darf man niemandem die Selbstaufgabe anbieten oder sich der Erpressung aussetzen. Den ungeschützten Frieden wird es, fürchte ich, nach Menschenvoraussicht nicht geben. Dies widerspricht nicht einer vernünftigen und notwendigen Eingrenzung der Rüstungen. Gerade wenn man vereinbarte Abrüstung will, muß man auf dem Weg dorthin die eigene Landesverteidigung intakt halten und – wie in unserem Fall – die Bündnispflichten ernst nehmen (was für die Bundesrepublik Deutschland wiederum bedeutet, jede Chance wahrzunehmen, die sich aus den gegenseitigen Bedingungen von Verteidigung und Entspannung ergibt).

Sozialdemokratische Politik will die Gesellschaft so verändern, daß endlich alle Bürger von den Freiheitsrechten unserer Verfassung Gebrauch machen können. Sie kann daher weder eine reaktionäre noch eine pseudorevolutionäre Relativierung der Verfassungsordnung zulassen. Die Sozialdemokraten – als Partei der Freiheit – stehen auf dem Boden der repräsentativen parlamentarischen Demokratie. Daran haben sie unbeirrt festgehalten, während manche rechten Gruppen und Flügel vergessen zu haben scheinen, daß sie einer Tradition entstammen, in der Prinzip und Realität der Volksvertretung lange verachtet wurden. Die Bindung an die parlamentarische Demokratie hält die Sozialdemokraten im übrigen nicht davon ab, Mängel bestehender Institutionen offen zu erörtern. Die Anstrengungen, solche erkennbaren Mängel – auch und gerade dort, wo es sich um individuelle Verantwortung auf Zeit handelt – zu beheben, ergeben sich gerade aus der Treue zur parlamentarischen Demokratie. Aber nichts darf uns daran hindern, nach Formen zu suchen, mit deren Hilfe die parlamentarische Demokratie durchsichtiger und wirksamer gemacht werden kann.

Es gilt, aufmerksam zu beobachten, wie und von wem Grundwerte unserer Demokratie in Frage gestellt werden. Wir dürfen auch zynische Kritik an der sogenannten formalen Demokratie nicht als ein Mittel hinnehmen, das durch dubiose, in Wahrheit antidemokratische Ziele geheiligt werden könnte. Schwächen des demokratischen Formalismus entschuldigen keinen Flirt mit totalitären Versuchungen.

Die innerparteiliche Diskussion hat zu diesen Fragen ein hohes Maß an Übereinstimmung ergeben. Peter von Oertzen und Bruno Friedrich, Horst Ehmke und Peter Glotz haben gleichermaßen dargelegt, daß und warum es sich bei der SPD um eine Partei handelt, die ihre Ziele allein auf dem Wege schrittweiser, gesetzlicher und friedlicher Veränderungen erreichen will. Auch der Bundesvorstand der Jungsozialisten hat sich von allen Formen eines »autoritären Sozialismus« entschieden abgegrenzt.

Keine Patentrezepte

»Godesberg« bedeutete auch den Abschied von der Auffassung, die sich auf Marx und nicht zuletzt auf in gewisser Hinsicht faszinierende Vereinfachungen von Friedrich Engels berief: daß es vor allem anderen darauf ankomme, die Produktionsmittel zu sozialisieren. Die Erfahrung hat inzwischen gezeigt, daß die Verwirklichung der Freiheit für den einzelnen nur bedingt mit dem Problem der Besitztitel verbunden ist. Sie hat auch gezeigt, daß es eine enge Verbindung zwischen ökonomisch-kollektiven und politisch-autoritären Strukturen geben kann. Umgekehrt wurde in mehr als einem Staat ein hohes Maß an politischer, rechtlicher und auch sozialer Freiheit ohne prinzipielle Veränderung des Eigentums an Produktionsmitteln erreicht. Es gibt offensichtlich keinen Automatismus, der durch »Sozialisierung« oder »Verstaatlichung« den Menschen mehr Freiheit bringt.

Ich will keine Buhmänner aufbauen. Die auf Marx zurückgehenden Mittel der Analyse und seine Methodik haben ihren Wert und ihre Bedeutung nicht verloren. Aber Patentrezepte konnten sie eben nicht sein.

Es geht weiterhin um die wohl niemals ganz abzuschließende Aufgabe, Ungerechtigkeiten zu mindern und zu überwinden, den sozialen Anspruch der Demokratie mehr und immer wieder zu verwirklichen, persönliche und politische Freiheitsrechte des einzelnen soziale Wirklichkeit werden zu lassen. Die Lage der Menschen kann jedoch – nach allem, was wir gelernt haben und überblicken können – auf vielfältige Weise verändert und verbessert werden.

In der sogenannten »linken« Diskussion der letzten Jahre ist geltend gemacht worden, am »System« lasse sich nichts ändern, solange die Produktionsmittel nicht sozialisiert seien. Alle Politik, die den »Grundwiderspruch« zwischen Kapital und Arbeit nicht abschaffe, wirke letztlich nur »systemstabilisierend«; es sei so nicht möglich, qualitative Veränderungen zu bewirken. Auch die weniger pointierte Variante dieser Annahme lebt von dem Glauben, die Veränderung des Eigentums an den Produktionsmitteln sei *der* entscheidende Hebel zur Verbesserung der Lage der Menschen. Diese Sicht ist nicht neu. Sie ist nicht die des Godesberger Programms, das auf die Illusion verzichtet, mit einer generellen – und schematischen – Änderung der Eigentumsverhältnisse sei der soziale Durchbruch zu erzielen, oder aus der Abschaffung von Privatbesitz an Produktionsmitteln ergebe sich automatisch mehr Freiheit für die Menschen.

Wir sollten von folgendem ausgehen: Die Situation einer Gesellschaft ist geprägt durch viele Elemente, nicht nur durch Eigentumstitel, sondern zunehmend auch durch Verfügungsmacht und Betriebsverfassung, übrigens auch durch Verfügungsgewalt über gesellschaftliches Forschungspotential, durch das Verhältnis von ökonomischer zu politischer Macht, nicht zuletzt durch die Art, in der Bildung und Ausbildung organisiert sind.

Die Lage der Menschen in der Gesellschaft ist nicht nur bestimmt durch Löhne und Gehälter, Steuern und Abgaben, Renten und andere Formen der sozialen Sicherung; sie ist auch bestimmt durch staatliche Vollbeschäftigungspolitik, durch die Infrastruktur und vieles mehr. Für diejenigen, die – wie ich – den Schrecken der Weltwirtschaftskrise mit vielen Millionen Arbeitslosen immer in den Knochen behalten werden, ist zumal Beschäftigungspolitik mehr als das, was gelegentlich etwas geringschätzig »Systemerhaltung« genannt wurde. Vollbeschäftigung ist – wenn es gelingt, sie nach Menschenmöglichkeit auf Dauer zu sichern – eine grundsätzliche, wenn auch, wie ich wohl zugebe, begrenzte Veränderung der Wirtschafts- und Sozialordnung.

In der langen Geschichte der Arbeiterbewegung und der Sozialdemokratie ist auf den erwähnten Gebieten viel bewegt, manches verändert und einiges überwunden worden. Es wurde bewiesen, daß eine Politik der schrittweise sich vollziehenden Reformen zu Erfolgen führt. Manche, die von »Systemüberwindung« reden, übersehen zu leicht, daß schon seit langem und nicht zuletzt durch sozialdemokratisches Wirken in Opposition und Regierung eine weitreichende Änderung der Verhältnisse im Gange ist. Vieles von dem, was als »soziale Großtaten« gefeiert wird, entstand doch erst, weil man sich der berechtigten Forderungen der Sozialdemokraten anders nicht zu erwehren wußte. Die Erweiterung der Aufstiegschancen, die Sicherung gegen Wechselfälle des Lebens, die wachsende Bedeutung öffentlicher Investitionen für Schulen, Krankenhäuser und Rehabilitation, Betriebsverfassungsgesetz und Mitbestimmung – das alles ist gewiß nicht nur »systemstabilisierender Humbug«. Es hat sich von einer Generation zur nächsten und zur übernächsten wahrhaftig vieles verändert. Wer die Lage der Menschen verbessern, wer die Gesellschaftsordnung zum Besseren verändern will, der kann und muß hier und heute viele Hebel bewegen.

Das Schlagwort von der »Systemüberwindung« – zumal so, wie es manche abwertend setzen – ist zu ungenau und deshalb nicht von Nutzen. In der sozialdemokratischen Grundsatzdiskussion setzt sich natürlich nicht einfach der Revisionismusstreit der Jahrhundertwende fort, der übrigens interessanter und subtiler war, als es in den Jahren und Jahrzehnten danach vielen bewußt wurde. Nicht nur die Welt, auch das Denken von

Sozialdemokraten hat sich seitdem weiter bewegt. Zu den wichtigsten Veränderungen gehören wohl die Fähigkeit zu stärkerer Differenzierung und die Einsicht, daß demokratischer Sozialismus kein statisches Endziel sein kann, sondern als Entwicklung zu begreifen ist.

Es bleibt weiterhin zu klären, ob Marktwirtschaft und Privateigentum an den Produktionsmitteln für die Kennzeichnung der Wirtschaftsordnung ausreichend sind. Vermutlich wird niemand, der den Mechanismus versteht, den marktwirtschaftlichen Prozeß aufs Spiel setzen wollen. Doch wir haben auch dagegen gewappnet zu sein, daß mit dem Schlagwort von der sozialen Marktwirtschaft Mißbrauch getrieben wird, und zwar als Deckblatt für die Unantastbarkeit von Privilegien, so, als sei sie ein im Grundgesetz verbrieftes Grundrecht.

Die Meinung, mit der »Sozialisierung« der Produktionsmittel seien alle Probleme gelöst, ist – wie wir sahen – nicht die des Godesberger Programms. Bisher kennt man in anderen Ländern – wie wir wissen – im wesentlichen nur Verstaatlichungen, die Sozialisierung genannt werden und deren Ergebnisse, zumal auf unsere Verhältnisse übertragen, nicht überzeugen. Andererseits muß nachdrücklich der Behauptung widersprochen werden, Gemeineigentum an Produktionsmitteln sei eine Art Sünde wider das Grundgesetz. Davon kann überhaupt keine Rede sein. Artikel 15 des Grundgesetzes gibt hierüber klare Auskunft. Er lautet: »Grund und Boden, Naturschätze und Produktionsmittel können zum Zwecke der Vergesellschaftung durch ein Gesetz, das Art und Ausmaß der Entschädigung regelt, in Gemeineigentum oder in andere Formen der Gemeinwirtschaft überführt werden.«

Im Godesberger Programm heißt es, das private Eigentum an Produktionsmitteln habe Anspruch auf Förderung, »soweit es nicht den Aufbau einer gerechten Sozialordnung hindert«. Wettbewerb durch öffentliche Unternehmen wird als entscheidendes Mittel begriffen, private Marktbeherrschung zu verhindern. Gleichzeitig grenzt »Godesberg« die Frage der Vergesellschaftung realistisch mit der Feststellung ab, wo mit anderen Mitteln eine gesunde Ordnung der wirtschaftlichen Machtverhältnisse nicht gewährleistet werden könne, sei Gemeineigentum

zweckmäßig und notwendig. Gewaltenteilung auch in der Wirtschaft scheint in der Tat ein vernünftiges Prinzip zu sein.
Kein Zweifel: Dem Reformwillen, der von der durch die Wähler verliehenen politischen Macht ausgeht, steht häufig überkommene und neugeballte wirtschaftliche Macht entgegen. Es bleibt zweifellos die Frage, wie sich der Druck wirtschaftlicher Sonderinteressen auf politische Entscheidungen zurückdrängen läßt, damit das Aktionsfeld für gesellschaftliche Veränderungen schrittweise erweitert werden kann. Dies ist ein zentrales Problem, und es ist gut, wenn viele darüber nachdenken.

Weitgespannte Erwartungshorizonte

In meiner Zehn-Punkte-Erklärung vom 2. April 1974 wurde auf die objektiven Schwierigkeiten hingewiesen, die sich aus Entwicklungen ergeben, deren Ursachen außerhalb unserer Grenzen und unserer Einflußmöglichkeiten zu suchen sind; auch auf die rücksichtlose und demagogische Ausnutzung dieser Faktoren im innenpolitischen Streit. Außerdem wurde hervorgehoben, daß die Erwartungshorizonte der Menschen durch raschen Aufstieg von Wirtschaft und Einkommen ausgeweitet wurden – »häufig über das hinaus, was sich verwirklichen läßt«:
»Es gilt achtzugeben, daß nicht auf unverantwortliche Weise Erwartungen geweckt werden, die sich nicht erfüllen lassen. Wir wollen Reformen, aber nicht um der Reform willen. Was wir brauchen, sind verantwortliche Veränderungen, damit in einer Zeit raschen Wandels Freiheit und Sicherheit des Bürgers nicht gefährdet, sondern ausgebaut werden. Verzicht auf Reformen bedeutet nicht sozialen Frieden, sondern Rückschritt, wachsende Spannung und Radikalisierung. Wer die Reform nicht will, wird, ob er das wünscht oder nicht, in gefährlicher Rückentwicklung enden.«
Eine Woche zuvor, am 25. März, hatte ich zu dieser Thematik in einem Brief an die Sozialdemokratische Wählerinitiative auseinandergesetzt, daß die objektiven Schwierigkeiten, vor denen Staat und Gesellschaft stehen, durch Reaktionen poten-

ziert würden, die sie im Bewußtsein der Bürger auslösten. Seit nicht mehr nur wenige Eingeweihte über »Energiekrise« und »Wachstumskrise« nachdächten, habe sich in weite Teile der Bevölkerung Lebensangst eingeschlichen. Ein modischer Kulturpessimismus mache sich breit und drohe die Position einer auf Fortschritt und Reformen zielenden Politik eher zu verschlechtern als zu verbessern. Wer solchen Stimmungen nachgebe, begünstige damit leider ein Klima, in dem die Bereitschaft wachse, reaktionäre Patentlösungen anzunehmen.

Weiter legte ich die Aktivitäten der Bundesregierung im Zusammenhang mit der Energiekrise dar und stellte fest, daß die Zahl der auf uns einwirkenden Faktoren, die wir nicht oder kaum beeinflussen könnten, auch in Zukunft noch zunehmen werde. Die Vergeßlichkeit vieler Mitbürger sei ein Zeichen für die Flucht in die vermeintliche Sicherheit, eine Verdrängung des Bedrohtseins: nichts ganz Neues. Dieser psychologisch verständliche Vorgang belaste einen demokratischen Staat, der vor der Notwendigkeit stehe, auf krisenhafte, meist von außen kommende Bedrohung schnell zu antworten; innenpolitisch werde es so immer schwieriger, vorzusorgen:

»Wir müssen zweierlei tun: zum einen die Probleme offen ansprechen, zum anderen unseren Mitbürgern durch Hoffnung auf die Lösung von Problemen die Sicherheit geben, die sie brauchen, um in ihrem ohnehin manchmal schwierigen Alltag zurechtzukommen. Auf diese Ausgewogenheit kommt es an, und ich verhehle nicht, daß es hier noch an ausreichenden und genügend wirksamen Argumenten fehlt. Die Rezepte der Konservativen helfen uns nicht weiter.

Ich will etwas vergröbern: Die Gruppe der Unzufriedenen unter den Sympathisanten oder ehemaligen Sympathisanten der SPD läßt sich in zwei Lager aufteilen: in solche, denen es zu langsam geht, und in solche, denen die SPD zu radikal ist. Die SPD kann es beiden Strömungen auf keinen Fall zu gleicher Zeit recht machen, zumindest nicht in der Phase, in der sie unverdrossen daran arbeitet, ihr Regierungsprogramm durchzusetzen.

Insgesamt gibt es wohl eine Tendenz zur Beharrung. Ich gebe zu, es ist unsinnig, ständig neue Programme vorzulegen und damit scheinbar zu dokumentieren, wie fortschrittlich man ist.

Aber der Rückzug in die Programmlosigkeit, die bloße Anpassung an konservative Tendenzen wären für unser Volk auf längere Sicht verhängnisvoll. Denn die Probleme wachsen. Und sie wachsen unabhängig von dem angeblich konservativen Trend in unserem Land. Sie fordern im besten Sinne des Wortes sozialdemokratische Lösungen.«

Als Ergebnis ernsthafter Untersuchungen im Frühjahr 1974 stellte man fest, daß wir es mit drei Arten von »Lücken« zu tun hatten:

Einer »Angstlücke«, der bekannten Kluft zwischen der Einschätzung der eigenen und der allgemeinen wirtschaftlichen Lage. Hier konnte man es immerhin tröstlich nennen, daß es den rechten Propagandisten nicht gelungen war, den Bürgern einzureden, sie selber hätten Schlimmes zu erwarten.

Einer »Erwartungslücke«: Damit ist das gemeint, was nach Ansicht der Wähler im Rahmen der von ihnen erwarteten Leistungen durch die von uns geführte Regierung nicht verwirklicht wurde. Man wird festzustellen haben, daß hier auch ein eigenes Defizit deutlich wurde, nämlich dort, wo es sich um die Präsentation des tatsächlich Geleisteten handelte.

Einer »Harmonielücke«: Sie meint das Mißvergnügen vieler Wähler an der Tatsache, daß die SPD in ihrer Selbstdarstellung nur zu oft keinen genügend geschlossenen Eindruck machte.

Zwei unabhängig voneinander arbeitende Institute für Sozialforschung hatten versucht, die Ursachen für die Wählerverluste zu ergründen. Dabei stellte sich heraus, daß der Rückgang des Wählerpotentials der SPD zeitlich zusammenfiel mit dem Ausbruch der sogenannten Energiekrise. Da die Zusammenhänge für den einzelnen Bürger kaum zu durchschauen waren, hielt er sich mit seiner Kritik oder seinem Unbehagen an die Regierung und die sie im besonderen Maße tragende Partei.

Es bestätigte sich, daß die Veränderungen in der Sozialstruktur der Bevölkerung – vor allem die Entwicklung hin zur Dienstleistungsgesellschaft – ein wichtiger Faktor für das geänderte oder für ein labiles Wahlverhalten sind. Jene Bürger, die nicht an eine bestimmte Partei gebunden sind – man nennt sie im Angelsächsischen die »floating votes« –, haben an Zahl zugenommen. Sie sind zumeist nicht in traditionelle Kommunikationssysteme (wie Kirchen oder Gewerkschaften) eingebunden. Am gravierendsten waren die Befunde der beiden Institute, die sich mit dem »Gesamterscheinungsbild der Partei« befaßten. In einer Oberflächenbetrachtung, und eine solche ist mit Blick auf das Wahlverhalten durchaus angebracht, ergab sich, daß es vor allem das Bild von der Sozialdemokratischen Partei war, das Teile der Wählerschaft beunruhigte und das Vertrauen beeinträchtigte.

Darin schlugen sich natürlich auch die Wirkungen feindseliger Stimmungsmache nieder, aber es war nicht zu verkennen: Zahlreiche Wähler waren durch Entwicklungen in der SPD und durch – oft verzerrt wiedergegebene und krampfhaft hochgespielte – Meinungsäußerungen aus unterschiedlichen Ecken der Partei unsicher gemacht worden.

Man muß sich immer wieder fragen: Welches ist der nächste Schritt der praktischen Politik? Auf welchen Punkt hat sich die Tätigkeit der Regierung in erster Linie zu konzentrieren? Wofür hat sie sich das nächstemal das Mandat der Wähler zu sichern? Mit welchem verständlichen, überschaubaren Teilprogramm treten die Regierung und die sie tragende Partei vor das Volk?

Sachlichkeit, Klarheit und Wahrhaftigkeit bieten allerdings noch keinerlei Garantie für einen Wahlerfolg. Dies darf nicht bedeuten, daß sozialdemokratische Politik jemals auf die Kriterien der Sachlichkeit, Klarheit und Wahrhaftigkeit verzichten könnte. Allerdings kann in unserer Zeit auch keine Partei auf eine starke Vereinfachung ihrer Forderungen verzichten. Und dennoch wäre es schrecklich, aus den politischen Auseinandersetzungen dieser Zeit eine Sache der bloßen propagandistischen Technik werden zu lassen. Es muß immer zuerst auf den Inhalt der Politik ankommen, dann auf die Verpackung. Aber die ist auch nicht zu unterschätzen. Sonst wäre von der Reformarbeit der letzten Jahre noch mehr durchgedrungen.

Fragen an die eigene Partei

Nach den Bundestagswahlen des Jahres 1961 sprach ich auf einer Arbeitstagung meiner Partei am 27. November über das, was ich den »neuen Stil« nannte. Ich wehrte mich dagegen, dies überwiegend als eine Frage der Öffentlichkeitsarbeit und der Werbetechnik zu sehen; statt dessen versuchte ich, fünf Rahmenbedingungen unserer Politik deutlich zu machen.

Erstens: Wir haben nicht nur zu sagen, an welchen Grundüberzeugungen wir uns orientieren, sondern vor allem auch, was wir in einer jeweils leicht überschaubaren Zeitspanne verwirklichen wollen.

Zweitens: Wir müssen selber die Themen der innenpolitischen Auseinandersetzungen bestimmen, und unser Bemühen hat sich immer wieder auf das zu konzentrieren, was nach unserer begründeten Überzeugung notwendig ist für unser Volk.

Drittens: Wir dürfen uns nicht aus dem Staat hinausdrängen lassen, sondern müssen uns im Gegenteil mit der Nation, mit den Gesamtinteressen des Volkes sehr bewußt identifizieren.

Viertens: Zu den Kennzeichen der modernen Sozialdemokratie muß es gehören, daß sie fest in den breiten arbeitenden Schichten verankert bleibt, daß sie aber stärker noch als in der Vergangenheit darum bemüht ist, die geistigen Kräfte des Volkes zu mobilisieren.

Fünftens: Wir müssen den Gedanken der lebendigen Demokratie jener Art von Formaldemokratismus entgegenstellen, die im Staatsbürger nur den Stimmbürger sieht.

Als Parteivorsitzender und auch in der Regierungsverantwortung habe ich mich bemüht, diese Kriterien nie aus dem Auge zu verlieren. Der Kanzlerwechsel im Mai und die Landtagswahlen vom Juni 1974 demonstrierten die Führungskraft und die Entschlossenheit einer Partei, die verstanden hat, daß sie ihrem geschichtlich zu nennenden Auftrag nicht untreu werden darf. Dabei kommt es stets aufs neue darauf an, die innere Übereinstimmung herzustellen zwischen dem, *was* die SPD vertritt, und der Art, *wie* sie es zu vertreten vermag.

Ich habe schon in meiner Berliner Zeit in harten innerparteilichen Auseinandersetzungen die These verfochten, die Glaubwürdigkeit unserer Politik beruhe zu einem wesentlichen Teil darauf, daß zwischen dem, was Sozialdemokraten als Partei, und dem, was sie in der Verantwortung für die Regierung vertreten, keine Kluft aufgerissen werden dürfe. Sozialdemokraten werden ihrem Auftrag nur dann gerecht, wenn sie sich nicht in ideologischen Haarspaltereien verlieren, sondern inhaltliche Überzeugungskraft aufbieten, Zuversicht vermitteln und Vertrauen ausstrahlen. Dabei dürfen sie nie vergessen, daß am Beginn der Sozialdemokratie das Bündnis zwischen »Leidenden« und »Denkenden« stand – ein Bündnis, das stets zu erneuern eine wichtige Aufgabe bleibt. Die Sozialdemokratie wird gewiß nicht aus dem Lager der vernunftbetonten Politik in das des politischen Heilsglaubens überwechseln. Heute mehr denn je sind Unterscheidungsvermögen statt Grobschlächtigkeit, Sachanalyse statt Wunderdoktorei Forderungen an Wähler und Gewählte. Gerade die Sozialdemokraten werden daran gemessen, was sie gegenüber konkreten Problemen an Lösungen vorzuschlagen haben und durchzusetzen vermögen.

In den Jahren, in denen Staat und Gesellschaft bei uns in mehr als *eine* Sackgasse gerieten, haben Sozialdemokraten vor den schrecklichen Vereinfachungen, vor der politischen Abstinenz, vor der Vergötzung des Konsums gewarnt. Zwanzig Jahre lang war die Schwarzweißmalerei das Grundmuster. Gesellschaftspolitik erschöpfte sich während zweier Jahrzehnte nahezu in der Vorstellung, es genüge, daß jeder ein Stück vom schier unerschöpflichen Kuchen bekomme, wenn auch natürlich unterschiedlich große Stücke. Kein Zweifel: Die Unionsparteien haben inzwischen dazugelernt. Einige ihrer Repräsentanten strengten sich an, diese Auffassung von Politik zu überwinden. Im Interesse unserer Demokratie kann man nur hoffen, daß dieses Bemühen nicht erfolglos bleibt und daß es mehr bewirkt als ein Wiederaufleben von Vorstellungen, die vom Grundgesetz wegführen, statt sich auf seine Verwirklichung zu konzentrieren.

Zwanzig Jahre lang hatte man die Einsicht zu vernebeln versucht, daß die Zeit des schrankenlosen Egoismus Vergangenheit sein muß – ein Luxus, den wir uns nicht mehr leisten können. Zwar haben die konservativen Kräfte den Rechten des

Individuums keine solide Geltung, keine sichere Achtung verschafft. Zwar haben sie von der Notwendigkeit, eine Gleichheit der Chancen anzustreben, über viele Jahre hin kaum gesprochen, geschweige denn genügend für sie gearbeitet. Manchmal hatten die Sozialdemokraten nicht viel mehr aufzubieten als jenes unverdrossene praktische Wirken – jenen politischen Pragmatismus, wenn man so will –, mit dem wenigstens versucht wurde, in den Gemeinden, in den Ländern und, soweit es ging, auch im Bund die Grundlagen für ein angemessenes politisches Handeln zu schaffen.

Auch der Pragmatismus übrigens ist in den letzten Jahren oft zu undifferenziert gesehen und beurteilt worden. Helmut Schmidt hat auf dem Hannoverschen Parteitag im April 1973 unter Berufung auf Kant gesagt: »Pragmatisches Handeln ist Handeln zu sittlichen Zwecken.« Der sittliche Rang, den so verstandenes pragmatisches Handeln für sich beanspruchen kann, ist nicht immer recht gewürdigt worden. Doch vielleicht wird es auch rückblickend einmal als ein ernstes Versäumnis der pragmatisch-skeptischen Generation gesehen werden, daß sie über ihrer praktischen Arbeit nach dem Kriege vergessen hat, diesen Rang deutlich zu machen. So konnte es geschehen, daß Pragmatismus mit Opportunismus verwechselt und in dieser Deutung gar zur höheren politischen Tugend stilisiert wurde.

Die Sozialdemokraten werden sich jedenfalls mit einem flachen, wertfreien Pragmatismus nicht zufriedengeben. Sie haben die Rebellion der jungen Leute in den Jahren um 1968 nicht verteufelt, und sie werden sich auch künftig – so hoffe ich – vor Verketzerungen zu hüten wissen. Doch vielleicht sagten wir nicht entschieden genug, daß sozialdemokratische Pragmatiker eine feste geistige Basis haben: die Solidarität mit den Abhängigen und Schwachen. Die Partei der Sozialdemokraten hat es in ihrer Geschichte immer darauf angelegt, geduldig und ungeduldig zugleich weitreichende Reformen auf dem Wege der Überzeugung, des Gewinnens von Mehrheiten durchzusetzen. In der Phase des Wiederaufbaus hätte die Werteskala gefährdet werden können. Daß es dazu nicht kam, verdanken wir nicht zuletzt den Impulsen aus der unruhigen und ungeduldigen jungen Generation.

Von den deutschen Sozialdemokraten wird in diesen Jahren viel erwartet – wohl mehr, als sie beim besten Willen zu leisten vermögen. Nach meinen Erfahrungen kann ich sagen, daß viele in der Welt auf die deutsche Sozialdemokratie blicken; daß sie einer nicht nur nationalen, sondern auch europäischen und internationalen Verantwortung gerecht zu werden hat. Aus der Funktion des Parteivorsitzenden will ich mich im Rahmen meiner Möglichkeiten um die Beziehungen nach außen kümmern. Die Europapolitik habe ich – neben Grundsatzfragen – zum zweiten Schwerpunkt meiner Arbeit bestimmt.

Mir ist wohl bewußt, daß von vielen Seiten kritisch besorgte, freilich einander zum Teil widersprechende Fragen an die SPD gestellt werden. Ich greife drei dieser Fragen auf.

Erstens: Wird es gelingen, die deutsche Sozialdemokratie als große Partei der demokratischen Linken (und linken Mitte) nicht nur zusammenzuhalten, sondern sie im Wechsel der Generationen neu zusammenzuführen? Oder besteht die Gefahr, daß die SPD auf einen ähnlich verwirrenden Weg gerät wie Sozialisten in einer Reihe anderer westeuropäischer Länder?

Zweitens: Wird es gelingen, die Handlungs- und Regierungsfähigkeit der SPD als großer reformerischer Volkspartei so zu sichern, daß dabei weder Liberalität noch dogmenfreie Grundsatztreue auf der Strecke bleiben?

Drittens: Wird es gelingen, der Gefahr zu entgehen, daß nennenswerte Teile der SPD Regierung und Opposition zugleich sein möchten und daß unbestreitbare Leistungen durch Auseinandersetzungen über noch nicht Erreichtes entwertet werden?

Auf alle drei Fragen darf geantwortet werden: Ja, es kann gelingen. Aber dazu müssen sich die Sozialdemokraten permanent und immer wieder neu um sachliche Klärung der Standpunkte und um größtmögliche Geschlossenheit des Auftretens bemühen. Ich betrachtete es immer als eine meiner wichtigsten Aufgaben, über den Zusammenhalt der SPD zu wachen und einer Zersplitterung der demokratischen Linken mit den mir zur Verfügung stehenden Kräften entgegenzuwirken. Dieser Aufgabe werde ich treu bleiben.

Nachdem ich dies gesagt habe, muß ich meine Dankbarkeit gegenüber all jenen zum Ausdruck bringen, die mir in meiner

Arbeit als Parteivorsitzender über ein Jahrzehnt zur Seite standen. Dies gilt für den Parteivorstand und den Parteirat. Es gilt zumal für die engere Parteiführung: Fritz Erler konnte nur die ersten Jahre, bis der Tod ihn traf, mit mir im Parteivorsitz zusammenwirken. Herbert Wehner legte seinen stellvertretenden Vorsitz auf dem Hannoverschen Parteitag im Frühjahr 1973 nieder. An die Stelle des einen trat Helmut Schmidt, an die des anderen Heinz Kühn. Alfred Nau blieb während all dieser Jahre Schatzmeister. Hans-Jürgen Wischnewski wurde 1968 Bundesgeschäftsführer, Holger Börner folgte ihm 1972 nach.

Notwendige Abgrenzungen

Kein Zweifel, auch im sozialdemokratischen Bereich gibt es Neigungen zur Nostalgie. Für diesen und jenen will sich das Selbstbewußtsein anscheinend nur in Leistungen bestätigen, die vor Jahren oder Jahrzehnten in der Opposition erkämpft wurden. Es ist gut, wenn die schweren Zeiten und zumal die opferreichen Jahre nicht vergessen werden. Aber ich meine, es ist Unsinn, daraus eine Sehnsucht nach dem Gestern oder Vorgestern werden zu lassen.

Man sollte sich von niemandem beirren lassen, der mit einer Inflation großer Worte moralische Deflationspolitik zu betreiben versucht. Aber ganz gewiß darf man nicht auf Lorbeeren ausruhen wollen. Durch die Wähler ist ein anspruchsvoller Auftrag erteilt worden. Ehrliche Kompromisse sind in der Regierungsarbeit das Schlechteste nicht, dogmatische Bewegungslosigkeit wäre schlimmer.

Gewundert habe ich mich über den Glauben einiger, zumal Jüngerer, sie könnten die Kräfteverhältnisse durch starke Worte verändern oder das Verhältnis zwischen den Koalitionspartnern auf diese Weise günstig beeinflussen. Leider ist fast immer das Gegenteil zu erwarten. Der große »Koalitionskrach«, mit dem mancher liebäugelt, bringt für den politischen Fortschritt nichts. Man muß sichtbare Erfolge vorweisen können; dann wird auch deutlich, wer was bewegt hat.

Grundsätze beachten, Leistungen erarbeiten, neue Ziele setzen – davon hängt ab, ob man Vertrauen nicht nur bewahren, sondern neu hinzugewinnen kann. Vertrauen gewinnt vor allem der, der sich als fähig erwiesen hat, Schwierigkeiten – auch unerwartete – zu meistern; der von den Realitäten ausgeht, wie sie sind, und die Menschen nicht überfordert; der erkennt, was politisch notwendig und zugleich möglich ist.

Wenn man keinen Vielparteienstaat will, sondern eine Demokratie, die sich auf wenige, relativ starke Parteien stützt, dann müssen die Parteien – und dies gilt gerade für die SPD – integrationsfähig sein. Sie müssen versuchen, möglichst viele Gruppen, Kräfte, aber auch »Einzelgänger« bei sich aufzunehmen und »einzugliedern«; und sie müssen dann auch immer wieder prüfen, wo Grenzen zu ziehen sind. Ich zweifle nicht am Zusammenhalt der SPD. Aber ich kann nicht völlig ausschließen, daß es hier und da im Laufe der Entwicklung Mitglieder geben wird, die versuchen, sich politisch und organisatorisch abzusondern. Als Parteivorsitzender bin ich dazu da, dafür zu sorgen, daß solche Versuche möglichst gering bleiben.

Wer jedoch die Grenzen zu totalitären Parteien und Denkschulen nicht beachtet, wer eine andere Partei unterstützt oder sich mit kommunistischen Gruppen zusammentut, der gehört nicht in die SPD. Die SPD ist kein Obdachlosenasyl für Gegner und falsche Freunde des demokratischen Sozialismus. Sie muß sich im gegebenen konkreten Fall von solchen trennen, die die Partei – nach einem Wort von Peter Glotz – als »Wirtstier« benutzen wollen.

Mitglied der SPD kann auch nicht sein, wer Gewalttätigkeiten praktiziert oder propagiert (ich meine selbstverständlich: unter den Bedingungen der Demokratie, nicht unter solchen der Tyrannei, unter denen Widerstand Gewissenspflicht sein kann) oder wer die repräsentative Demokratie bekämpft, statt an ihrer Verbesserung mitzuarbeiten.

Es kann außerdem keine Parteien in der Partei geben, doch ebensowenig: spießige Enge oder unsachgemäße Verfügung über Ämter. Moralisierender Hochmut ist keiner Gruppe und keiner Richtung angemessen. Niemand darf sich anmaßen, das »Gewissen der Partei« für sich in Anspruch zu nehmen.

Zur Wirklichkeit und Wirksamkeit der SPD gehört zweifellos, was die sich als »linke« Sozialdemokraten verstehenden Mitglieder in die Meinungsbildung einbringen. Ebenso unverzichtbar ist, was »gemäßigte« Sozialdemokraten dieser oder jener Provenienz leisten und übermitteln. Arbeitsgemeinschaften – auch die der jungen Sozialdemokraten – dürfen sich nicht richtungsmäßig absondern. Aber man darf nicht zulassen, daß radikale Reformer zu Buhmännern der Nation gemacht werden. Verbalradikale Übertreibungen – und ihre gezielte Ausnutzung durch Gegner – haben leider oft von der Wahrheit abgelenkt, daß Anstöße aus den Reihen der Jugend nicht unwesentlich dazu beitrugen, Mißstände aufzudecken und verzögerten Reformen zum Durchbruch zu verhelfen.

Die Menschen in unserem Lande haben Erfahrungs- und Erlebniswelten, die wohl stärker differieren als Unterschiede der Generationen in anderen Ländern oder zu anderen Zeiten. Immer mehr Jahrgänge wachsen heran, für die Weimar, das NS-Regime, der Zweite Weltkrieg und die Nachkriegsjahre historische Kategorien sind, Geschichte, von der man wenig weiß und für die man keine Verantwortung hat. Es ist wichtig, daß wir Älteren uns bemühen, unsere Erfahrungen zu vermitteln, damit sich der Integrationsprozeß mit der jüngeren Generation vollziehen kann. Dabei gibt es Schwierigkeiten, menschliche und politische Konflikte, die häßlich und verletzend sein können, wenn die Auseinandersetzung nicht offen, kameradschaftlich und tolerant ausgetragen wird.

Jugend ist kein Verdienst, Alter ist keine Auszeichnung. Nach meinen Erfahrungen ist Jugend ein Kredit, der jeden Tag kleiner wird, so, wie die Besserwisserei von Älteren jeden Tag größer werden kann.

Eine gewisse Unruhe in der Partei – die nicht nur Ärger bereitet, sondern auch Vitalität beweist – erklärt sich aus ihren Erfolgen. Auf dem Parteitag im April 1973 in Hannover habe ich darauf hingewiesen, daß die SPD, da sie wächst und sich verändert, ihre Wachstumsprobleme hat. Von den 650 000 Mitgliedern im Jahr 1964, als ich Parteivorsitzender wurde, waren 1973 mehr als 350 000 nicht mehr dabei; der Tod hatte gewaltige Lücken gerissen. 1973 zählte die Partei fast eine

Million Mitglieder. Das bedeutet: 300 000 Mitglieder gehörten der SPD schon vor zehn Jahren an; fast 700 000 sind seit damals hinzugekommen, und zwar überwiegend junge. Das ist erfreulich, denn wir hatten doch selber dazu aufgefordert, die Jugend möge mitarbeiten.

Auch die soziale Schichtung der Partei veränderte sich – über das Maß hinaus, das ich begrüßen kann. Der Anteil der Arbeiter nahm stark ab, die Angehörigen des Öffentlichen Dienstes und anderer Dienstleistungszweige begannen vielfach zu dominieren – neben Studenten und Oberschülern. Weiterhin wurde mehr als einmal versucht, die Jungsozialisten – Sozialdemokraten unter 35 Jahren, die sich in dieser Arbeitsgemeinschaft zusammenfinden – in eine »Richtungsorganisation« zu verwandeln. Das ist wohl kein Zufall. Übersehen wurde gelegentlich, daß Arbeitsgemeinschaften nicht die Aufgaben und Beschlußrechte haben, die nach Gesetz und Statut von den eigentlichen Parteigliederungen wahrzunehmen sind. Selbstverständlich kann eine Arbeitsgemeinschaft – das gilt ebenso für die der Frauen, die der Arbeitnehmer oder die der Selbständigen – sich nicht an die Stelle von Parteitagen und an die anderer satzungsgemäß bestimmter Gremien setzen.

Im übrigen: Es kann auch nicht Aufgabe von Sozialdemokraten sein, sich im Streit zwischen kommunistischen Gruppen zu engagieren oder engagieren zu lassen. Der Trennungsstrich zwischen Sozialdemokraten und Kommunisten darf nicht verwischt werden. Die SPD läßt sich auf Anbiederungsversuche nicht ein, sie ist für Volksfrontversuchungen nicht anfällig; dies gehört zu den unverrückbaren Grundlagen sozialdemokratischer Politik. Normale Beziehungen zwischen Staaten unterschiedlicher politisch-gesellschaftlicher Ordnung sind eine Sache, eine andere Sache sind – bei aller Aufmerksamkeit, die auch Entwicklungen im kommunistischen Lager verdienen – die einander entgegenstehenden Grundsätze staatlicher und gesellschaftlicher Ordnung. Durch unsere Entspannungs- und Friedenspolitik werden also in keiner Weise die grundsätzlichen Unterschiede verwischt, die Sozialdemokraten von Kommunisten trennen.

Die Godesberger »Pluralität« hat ihre Konsequenzen. Sie macht das sozialdemokratische Haus nicht immer gemütlicher, wohl aber lebendiger. Sie gebietet Toleranz und verbietet jeden Monopolanspruch. Auch die Tatsache, daß einzelne und Gleichgesinnte um Sachlösungen und um Einfluß kämpfen, wird davon nicht berührt. Aber ich weiß wohl, daß die Gefahrengrenze dabei nicht immer leicht zu markieren ist. Das Kriterium dessen, was sozialdemokratisch ist, ergibt sich im übrigen nicht allein aus der Parteibezeichnung. »Sozialdemokratie« ist auch eine geistig-politische Strömung. Es gibt »Partei« im aktuellen und im historischen Sinne des Wortes. Und ich meine, »Sozialdemokratie« hat gerade als geistig-politische Strömung eine große Zukunft. Dabei muß jeder willkommen sein, der zunächst nur die nächste Wegstrecke mitgehen oder der die Partei nicht auf allen Gebieten, sondern auf einem ihm besonders wichtig erscheinenden Gebiet unterstützen will.

Keine abstrakte Politik

Die SPD bleibt eine Partei der Reformen. Für sie gibt es nicht einen einzigen, sondern viele Hebel, um den Rechtsstaat auszubauen, der Verfassung widersprechende Zustände abzubauen, den Sozialstaat zu schaffen, mehr Demokratie in Staat und Gesellschaft zu verwirklichen, Demokratie als »allgemeine Staats- und Lebensordnung« durchzusetzen. Demokratischer Sozialismus ist – ich wiederhole es – kein Dogma.

Deshalb soll und darf niemand daran gehindert werden, über gesellschaftliche Veränderungen nachzudenken, die über die erklärte Politik hinausreichen. Es soll jedoch auch kein Zweifel daran aufkommen, daß sozialdemokratische Politik darauf abzielt, auf dem Boden des Grundgesetzes den demokratischen und sozialen Bundesstaat so auszubauen, wie dies im Godesberger Programm skizziert worden ist.

Ob Staat oder Wirtschaft, Kultur oder Gesellschaft: Sozialdemokratische Politik darf nie etwas Abstraktes sein. Die Ergebnisse des langen Marsches der Reformen, auf den wir uns begeben haben, dienen der Sicherheit des Landes und seiner Bürger. Sicherheit in einer sich friedlich erneuernden Gesellschaft ist nur möglich, wenn eine wohlabgewogene Reformpolitik konsequent weitergeführt wird. Es mag wohl sein, daß die Vokabel »Reform« in den Augen mancher an Glanz verloren hat. Das ändert nichts an den Notwendigkeiten. Reformmüdigkeit besagt allenfalls etwas über die Naivität, mit der manche meinten, die Veränderung einer Gesellschaft sei im Handumdrehen möglich. Von der Position der Vernunft aus gilt es weiterzuarbeiten; auch gegen solche, die sich nach Entmündigung sehnen. Der Weg wird schwerer werden und nicht leichter; wir werden manchmal die freundliche Zustimmung von Menschen entbehren müssen, die unsere Reformpolitik für einen anregenden Spaziergang hielten.

Viele unserer Probleme reichen über die Grenzen des eigenen Landes hinaus; sie sind national begrenzt nicht mehr lösbar. Von den deutschen Sozialdemokraten wird viel erwartet; sie müssen sich darum auch und gerade ihrer Abhängigkeit von europäischen und internationalen Entwicklungen bewußt sein. Ich meine, die deutschen Sozialdemokraten wüßten, daß sie keine Lehrmeister sind, sondern selber viel zu lernen haben. So werden sie noch intensiver lernen müssen, daß sie in einer unausweichlichen europäischen Pflicht stehen.

Die Arbeit an diesem Buch kreuzt sich im übrigen mit einem Briefwechsel, den ich mit zwei guten Freunden führe: dem österreichischen Bundeskanzler Bruno Kreisky und dem schwedischen Premierminister Olof Palme, beide zugleich Vorsitzende ihrer großen sozialdemokratischen Parteien. Diese Korrespondenz wird deutlich machen, wie eng ihre und meine Fragestellungen beieinanderliegen und wie nahe wir einander sind, wenn wir uns um angemessene Antworten bemühen; und dies gilt für einen weiteren Kreis derer, die in zahlreichen Ländern als Sozialdemokraten ihre Verantwortung tragen.

Die große Idee der Sozialistischen Internationale bietet uns in dieser Situation allerdings nicht viel Hilfe, zumal ihre aktuell-konkrete Entsprechung nicht sehr beeindruckend ist. Die weltweiten Kontakte mit verwandten Parteien behalten ihre Bedeutung, aber ich meine, daß der sozialdemokratischen Zusammenarbeit vor allem in Europa ein wichtiger Abschnitt bevorsteht. Der Erfolg wird auch von unserer Arbeit in der Bundesrepublik Deutschland abhängen. Darauf werde ich zurückkommen.

5. Kapitel
Der Staat sind wir alle

Von Bundespräsident Heinemann stammt manche einprägsame Formulierung, die das Verhältnis zwischen Bürger und Staat zu entkrampfen geeignet war. Ich greife den Satz auf: Der Staat sind wir alle und jeder einzelne von uns.

Dies ist ein weitreichender Appell. Er führt weit weg von einer bedrückenden Vergangenheit, in der Vergötzung und Verachtung so nahe beieinanderlagen. Ob wir den Staat als organisierte Rechtsgemeinschaft verstehen oder ob wir die Interpretation weiter fassen: Daß es sich um unser aller Sache handelt, entspricht guter demokratischer Tradition und nicht zuletzt dem Auftrag jener Arbeiterbewegung, die Millionen von Außenseitern zu gleichberechtigten Staatsbürgern werden ließ.

Gustav Heinemanns Formulierung weist dem Gemeinwesen eine Autorität zu, die vom freien Willen der Bürger getragen ist – und in der der einzelne sein unverletzliches Recht geschützt wissen soll. Dies gehört unverrückbar zum sozialdemokratischen Staatsverständnis. Es setzt den freien Bürger voraus. Es ist ohne Demokratie nicht denkbar. Wilhelm Liebknecht gab der sozialdemokratischen Zeitung, die dem »Vorwärts« (und dem »Socialdemokrat« Bebels) vorausging, mit Bedacht den Titel »Volksstaat«. Dieser Begriff, von Karl Marx kritisch kommentiert, hat mit der modernen Formel von den »Volksdemokratien« schon sprachlich nichts gemein. Liebknecht meinte die organisierte Demokratie.

Die Hinwendung zum Staat, das Bekenntnis zum Staat, das rechte Verständnis dafür, wie ein Staat beschaffen sein müßte, der nicht dem Beutemachen von Bevorrechtigten dient – diese

Einstellungen sind in der Tat keineswegs neu für die sozialdemokratische Bewegung. Der junge Kurt Schumacher schrieb in seiner Dissertation 1920 mit dem Blick auf Ferdinand Lassalle: »Der Staat ist die Einheit der Individuen in einem sittlichen Ganzen, eine Einheit, welche die Kräfte aller einzelnen, welche in dieser Vereinigung eingeschlossen sind, millionenfach vermehrt ... Der Zweck des Staates ist also nicht der, dem einzelnen nur die persönliche Freiheit und das Eigentum zu schützen, ... der Zweck des Staates ist vielmehr gerade der, durch diese Vereinigung die einzelnen in den Stand zu setzen ..., eine Summe von Bildung, Macht und Freiheit zu erlangen, die ihnen als einzelnen schlechthin unerreichlich wäre.«

»Staatsfreundschaft«

In Liebknechts »Volksstaat« wurde mit Betroffenheit registriert, daß bei der Gründung des zweiten deutschen Reiches in Versailles nur Fürsten, Militärs und Beamtenschaft vertreten waren – nicht das Volk; die Bürger blieben vor der Tür. Liebknecht schrieb im Oktober 1871 bitter: »Ihr nennt uns, scheltend, ›vaterlandslos‹, und ihr selbst habt uns vaterlandslos gemacht.« Ein liberal-konservativer Wissenschaftler zeigte ein Jahrhundert später die Folgen dieser Staatsgründung ohne das Volk auf – Konsequenzen, die über den Ersten Weltkrieg hinweg die deutsche Schwierigkeit mit dem Staat auf bittere Weise bestimmten: In der ersten, so kurzlebigen deutschen Republik habe man nicht erlebt, daß im Namen des Vaterlandes, des republikanischen Vaterlandes, der Landbesitz gleichmäßig verteilt worden wäre: »... wohl aber haben wir gesehen und gehört, daß die tatsächlichen Landbesitzer und ihr Anhang für sich allein den Namen von Patrioten und die Ehre der Vaterlandsliebe in Anspruch genommen haben.« Die Revolutionäre von 1918 seien mit dem Schimpf- und Schandwort der »vaterlandslosen Gesellen« belegt worden: »... in der Tat gehörte diesen Arbeitern und Soldaten ... kein Stück vom Vaterland zu eigen ... Aber freilich, es waren ja Gesellen, die gerade ihr Vaterland zu gewinnen, ihr Bürgerrecht zu stärken, ihre Abhängigkeit zu beendigen strebten: darum eben machten sie Revolution.« Von 1919 bis 1933 – heißt es weiter – sei es nicht gelungen, »die Republik zum Vaterlande der Republikaner zu machen ...«

Es ist vielleicht die entscheidende Leistung der deutschen Sozialdemokratie, daß sie trotz aller Bedrückungen das Ziel nie preisgab, das Vaterland der Freiheit, Gleichheit und Solidarität, also den »Volksstaat«, zu schaffen; daß sie sich niemals in eine Entfremdung vom recht verstandenen Gemeinwesen drängen ließ. Dolf Sternberger – der die Situation von Weimar so zutreffend beschrieb – hat für eine Rede zur Hundertjahrfeier der Sozialdemokratischen Partei Deutschlands den Begriff »Staatsfreundschaft« als Titel gewählt. Was dieser Begriff umschreibt, hat die geistige und moralische Substanz meiner Partei mitgeformt.

»Weimar« zerbrach, weil es den demokratischen Kräften nicht gelang, die Republik politisch, wirtschaftlich, sozial stabil zu machen, sie gegen extremistische Kräfte zu sichern. Wir haben aus jener bitteren Erfahrung gelernt.

Ein zweiter Weltkrieg und eine zweite Katastrophe blieben uns nicht erspart, ehe endlich sozialdemokratisches Wirken und deutsche Staatsgeschichte miteinander ins Lot kommen konnten, ehe – mit anderen Worten – deutsche Sozialdemokraten und die durch sie vertretenen Bürger guten Gewissens sagen konnten, der Staat der zweiten deutschen Republik sei *ihr* Staat; bis es ein großer Teil auch des Bürgertums akzeptierte, daß ohne und gegen die Sozialdemokratie kein freier und gerechter Staat mehr zu machen sei. Zu diesem Staat, den sie mit geschaffen haben, stehen die deutschen Sozialdemokraten ohne Wenn und Aber. Und daraus folgt: Sie verteidigen ihn – wenn es sein muß, erbittert – gegen alle, die ihn zerstören oder aushöhlen wollen.

Die verfassungsmäßigen Grundsätze, auf die die Ordnung dieses Staates und dieser Gesellschaft gebaut wurde, stehen nicht zur Disposition. Sie sind Ausdruck unseres Willens zu einer gesicherten und freien Staatlichkeit. Hieraus beziehen die Institutionen der Bundesrepublik Deutschland ihre Autorität, die wir überzeugt tragen und an der wir nicht rütteln lassen.

Die Frage der Macht

Man hat oft – und nicht ohne Grund – gesagt, die Distanz zum Staat, die der Sozialdemokratie als einer großen Partei des Volkes so lange aufgezwungen wurde, habe in ihr nur schwer ein entspanntes, selbstbewußtes Verhältnis zur Macht gedeihen lassen; ihr Zögern, ihre Ungeübtheit in der Ausübung der Macht seien die tragische Ursache für das Scheitern der ersten Republik gewesen.

Man kann in diesem Vorwurf eine Bestätigung zweifelhafter Tugenden sehen. Aber die Kritik setzt tiefer an, und sie muß ernst genommen werden. Ohnmacht ist nicht an sich ein moralischer Zustand und Machtverzicht nicht in allen Lagen eine sittliche Leistung. Die nationalen Katastrophen und ihre schrecklichen Opfer verlangten auch von den Sozialdemokraten – wie von allen freiheitlichen Kräften der Gesellschaft – eine realistische Prüfung der »Machtfrage«. Julius Leber hat in seinem bitteren Resümee der Politik im Staat von Weimar darauf in aller Schärfe hingewiesen.

Mancher damals führende Sozialdemokrat scheint die Opposition als ein »natürliches« Schicksal akzeptiert und sich in einer aus Protest und Resignation gemischten Enthaltsamkeit durchaus wohl gefühlt zu haben. Der Selbststurz des Kabinetts Hermann Müller im Jahr 1930 war ein ernster Fehler. Aber ihre Mitverantwortung für den Staat gaben die Sozialdemokraten danach nicht auf. Es war die Tragik der SPD in den Endjahren der Weimarer Republik, daß sie ohne Regierungsverantwortung alle unpopulären Entscheidungen bis zum Extrem mitgetragen hat – ohne Lohn.

Im Lichte der Erfahrung betrachte ich die Festlegung auf eine »Pflicht« zur Opposition als Flucht aus der Verantwortung – vor allem dann, wenn sie sich aus der deutschen Gewohnheit ergibt, »alles oder nichts« zu fordern, anstatt das Mögliche zu wollen.

Die Machtfrage mußte in und von der Sozialdemokratie mit aller Härte gestellt werden, denn sie ist die eigentliche Staatsfrage. Das heißt aber: die Frage nach der Legitimation und nach den Zielen stellen. Sie entscheiden über die Moralität der Macht.

Sie muß sich nicht nur gegen Rechtsbrecher, sondern auch gegenüber den organisierten Interessen Geltung verschaffen.
Der moderne demokratische Staat ist für uns die organisierte Rechtsgemeinschaft des Volkes mit dem Auftrag, für Sicherheit, Freiheit und Gerechtigkeit zu sorgen. Ohne Machtstruktur kann er nicht bestehen. Er muß hoheitliche Befugnisse ausüben. Notfalls muß er Machtmittel einsetzen, um den Frieden im Lande zu sichern und die Rechtsordnung zu verteidigen.
Von Grenzsituationen wie Notwehr abgesehen, ist nur der Staat mit seinen Organen zur Ausübung von Gewalt befugt. Die staatliche Gewalt hat dabei allein die Aufgabe, die Beachtung oder Wiederherstellung der demokratischen Rechtsordnung zu erzwingen. Diese demokratische Rechtsordnung ist eine späte Errungenschaft unserer deutschen Geschichte. Wir dürfen und werden nicht dulden, daß sie von Kräften aus dem Abseits angegriffen wird oder gar aufgerollt werden kann.
Der demokratische Staat braucht Autorität, die auf Überzeugung und Zustimmung beruht. Sie wird durch Wahl und Ernennung verliehen. Ihre Träger müssen Rechenschaft geben. Was ihnen delegiert wurde, ist widerruflich. Es geht um eine Autorität, die sich auch durch moralische Qualifikation und intellektuelle Redlichkeit legitimieren muß.
Unsere Demokratie muß wachsam und kämpferisch sein und die Fähigkeit haben, sich stets zu erneuern. Wir dürfen es nicht zulassen, daß verfassungsfeindliche Kräfte unseren Staat unterwandern und den Bestand der staatlichen Ordnung gefährden. In seiner Rede zum fünfundzwanzigjährigen Bestehen von Grundgesetz und Bundesrepublik sagte Gustav Heinemann unumwunden: »Eine freiheitliche Demokratie muß sich auch wehren können ... Die Gesetze ermöglichen das ... Wer zum Beispiel die Meinungsfreiheit zum Kampf gegen die Grundordnung, das heißt zum Kampf gegen die Freiheiten seiner Mitbürger oder gegen das Gefüge unserer Verfassung, mißbraucht, verwirkt sie. So steht es im Artikel 18 des Grundgesetzes.« Der Bundespräsident fragte trocken: »Warum wird er nicht angewandt?«
Unter den Bedingungen der modernen Industriegesellschaft kann Demokratie nicht von einer grundsätzlichen Trennung zwischen

Staat und Gesellschaft ausgehen, wie es die altliberale Kritik noch immer und die neokonservative Kritik wieder wahrhaben will. Sie möchten dem Staat nicht viel mehr als eine (Nacht-) Wächter-Funktion für das »freie Spiel der Kräfte« zubilligen.

Demokratie wird von uns als ein Prinzip verstanden, das über die staatlichen Bereiche hinaus die der Gesellschaft erfaßt und prägt. Hieraus folgt jedoch nicht, daß die demokratischen Organisationsformen schematisch von einem Bereich auf einen anderen übertragen werden könnten. Sie bedürfen einer unterschiedlichen, den verschiedenen Bereichen entsprechenden konkreten Ausformung. Nur: Wer Demokratie grundsätzlich nicht ausdehnen will, muß sich darüber im klaren sein, daß er dazu beiträgt, sie schrumpfen zu lassen.

Auf der anderen Seite: Die aus Wahlen hervorgegangenen demokratischen Organe dürfen nicht durch eine ständische – oder wie immer geartete – Atomisierung der Staatsgewalt ausgehöhlt werden. Das gewählte Parlament muß im Bereich seiner verfassungsmäßigen Kompetenzen das letzte Wort behalten können. Eine falsch verstandene »Demokratisierung« darf nicht als Vorwand dienen, das Parlament und die von ihm beauftragte Regierung ihrer Führungs- und Entscheidungsfähigkeit zu berauben.

Imperatives Mandat?

Bürgerinitiativen haben heilsam und in einem ursprünglichen Sinne demokratisierend auf das politische Geschehen in unserem Lande eingewirkt. Sie bleiben ein positiver Faktor, wo sie sich nicht in engen Gruppeninteressen verkrampfen oder gar von demokratiefeindlichen Gruppierungen mißbraucht werden.

Das sogenannte »imperative Mandat«, das heißt: der Anspruch einer direkten Aufsicht durch die Wähler beziehungsweise ihre Delegierten (Vertrauensleute) über die Gewählten in Parlamenten und Ämtern mit dem Recht einer jederzeitigen Abberufung – dieser Anspruch scheint auf den ersten Blick ein Element der Demokratisierung zu sein. In Wirklichkeit schafft

dies aber Abhängigkeiten, die der Gewissensfreiheit des demokratisch Gewählten widersprechen und seine Arbeitsfähigkeit beeinträchtigen. Damit würde ein wesentliches Element demokratisch begründeter Autorität gemindert – und so der Prozeß der Demokratisierung keineswegs gefördert.
Außerdem würde das imperative Mandat den oft notwendigen Kompromiß zugunsten eines höheren Ganzen verhindern. Extrem partikulare Interessen würden beispielsweise bei Raumordnungsverfahren jede Verständigung unmöglich machen. Ein imperatives Mandat wäre unpraktisch, unsolidarisch und liberalistisch im verstaubten Sinne des Wortes. Demokratische Autorität, als Macht auf Zeit, braucht die Unabhängigkeit der Mandatsträger – übrigens auch »von oben«.
Die latente Gefahr einer Entfremdung zwischen Wählern und Gewählten ist jedoch nicht von der Hand zu weisen. Sie wird durch Mandatsüberträger verstärkt. (Wer zu einer anderen Partei übertritt, sollte sein Mandat niederlegen und sich, wenn er dies will, das nächstemal darum bemühen, unter neuer Flagge aufgestellt zu werden.)
Vernünftig erscheint es mir, von Mandatsträgern zu erwarten, daß sie regelmäßig über ihre Arbeit berichten und ihre Voten begründen. Auch dürfen sie sich nicht den Mühen entziehen, die mit einer erneuten Nominierung verbunden sind. Ich bin darüber hinaus der Meinung, daß es nicht schaden könnte, das Mittel der öffentlichen Anhörung von Kandidaten zu erproben. Ein öffentlicher Auftrag sollte niemals beziehungslos und selbstgenügsam werden.

Transportmittel der Emanzipation

Es waren verständliche Gründe, die viele der jetzt Vierzig- bis Sechzigjährigen in eine kühle Distanz zum Staatswesen getrieben haben. Nur wenn man diese Gründe auch heute noch, nur ein halbes Lebensalter nach dem Ende des Hitler-Staates, gewissenhaft prüft und ernst nimmt, hat man Maßstäbe, die notwendig sind, um der Erpressung von seiten einzelner Gruppen zu widerstehen.

Die deutschen Sozialdemokraten werden sich vor dieser Aufgabe nicht drücken. Der Staat, für den wir stehen, soll nicht das Instrument einiger weniger Mächtiger und Privilegierter sein, auch nicht der Spielball von Interessengruppen, sondern die gemeinsame Einrichtung der Bürger. Mit den Worten Kurt Schumachers: »Die Demokratie ist der Staat, und der Staat, der in Europa leben kann, das ist die Demokratie, und jede andere Form lehnen wir ab.«

Ich wünsche unserer verteidigungswerten und zugleich verbesserungsbedürftigen Demokratie, daß die Demokraten in unserem Land, unabhängig von ihrer Parteifarbe, die Probleme von Staat und Gesellschaft als Fragen an alle erkennen und nicht bloß als eine billige Möglichkeit, Stimmung zum jeweils eigenen Nutzen zu machen. Dabei ist es die wichtigste Aufgabe der vor uns liegenden Jahre und Jahrzehnte, den Freiheitsraum des einzelnen mit den immer dringender werdenden Bedürfnissen der Gemeinschaft – die doch letztlich gerade wieder dem einzelnen helfen soll – in Übereinstimmung zu bringen. Vor dieser Aufgabe entflieht, wer ihr von den Positionen einer alles regelnden Ideologie aus begegnet.

Besonders verlockend mag für viele wieder die Flucht in eine ideologisch aufgeputzte, neokonservative Ordnungswelt sein, in der die Menschen ein gut Teil ihrer Mündigkeit eintauschen gegen den – nur vorübergehend angenehmen – Trugschluß, Technokraten und Machtverwalter würden schon alles richtig machen. Die Neigung, nicht selber vernünftig sein zu müssen, wird in dem Maße wachsen, in dem die Menschen meinen, die Bedingungen und Abhängigkeiten der Gesellschaft, in der sie leben, nicht mehr überschauen zu können.

Außerdem müssen wir damit rechnen, daß unser Staatswesen künftig immer öfter vor der Zerreißprobe zwischen den Bedürfnissen der Allgemeinheit und den rücksichtslosen Ansprüchen von Schlüsselgruppen stehen wird. Der Staat, den wir wollen, kann diese neuen »Klassenkämpfe« nicht mit Gewalt unterbinden. Unser Staat muß statt dessen im Interesse aller die geeigneten Formen der Selbstbehauptung finden, damit er nicht ohnmächtig wird gegenüber dem Diktat von Monopolbürokraten.

Untätige Aufblähung und Unbeweglichkeit staatlicher Behörden sind ein Ärgernis, und wir sollten uns mit dem Hinweis auf Unvermeidlichkeiten nicht abspeisen lassen. Es kann jedoch kein Zweifel daran sein, daß wir es zunehmend mit Aufgaben zu tun haben werden, die ohne »mehr Staat« nicht bewältigt werden können. Das erfordert aber – wenn wir wachsam sind – kein unkontrolliertes Wachstum solcher Bürokratien, die durch ihr Gewicht Freiheiten beschränken, denen sie dienen sollen.

Es ist hoffnungslos hinter der Zeit gedacht, den »starken Staat« zu fordern, wie es die Unionsparteien tun, und gleichzeitig im Staat den grundsätzlichen Widerpart der individuellen Freiheit zu sehen. Im Gegenteil, der Staat hat in vielen Bereichen die Aufgabe, als Transportmittel der Emanzipation zu wirken und für jene, für die es sonst überhaupt nicht möglich wäre, mehr konkrete Freiheit zu schaffen. Mit »kollektiven Freiheitsrechten« hat dies nichts zu tun, obwohl es auch solche gibt. Wo es sie gibt, handelt es sich um demokratische Grundelemente, die – wie beim Recht auf Arbeit, aber auch beim Umweltschutz oder bei der Städteplanung – in jeder Situation neu bedacht und gesichert werden müssen.

Soziale Grundrechte sollen durch die Vermittlung des Staates für den einzelnen Bürger – vor allem für den schwachen und benachteiligten – verwirklicht werden. Durch mehr Gerechtigkeit wird der Bürger erst im ganzen Sinne des Wortes in seine unveräußerlichen Rechte eingesetzt. Dagegen wird – nur etwas differenzierter als früher – mit dem alten Bürgerschreck vom »Kollektiv« gearbeitet. Mit solcher Staatsfremdheit ist niemandem gedient.

Wenn man das Interesse des Ganzen vor Augen hat, darf man den Staat nicht abwechselnd zur Milchkuh, zum Büttel und zum Prügelknaben machen wollen. Auch beim Umgang mit vertraulichen Protokollen von außenpolitischen Verhandlungen, um ein Beispiel zu nennen, dürfen Parteiinteressen nicht über das Staatsinteresse gestellt werden. Zu einem anständigen politischen Klima gehört der Respekt vor Werten und Verhaltensweisen, ohne die der moderne Staat nicht gedeihen kann.

Im Dienst des Bürgers

Sozialdemokratisches Staatsbewußtsein bemüht sich um den Rahmen, in dem Privilegien abgebaut, Ungerechtigkeiten überwunden werden können und in dem eine menschenwürdige Politik zugunsten aller geführt wird. Der Staat muß so organisiert sein und ausgestaltet werden, daß er seinen Dienst im Interesse der Bürger erfüllen kann.

Die erste Regierung der sozial-liberalen Koalition hat ihr Amt in einer Zeit – Herbst 1969 – angetreten, in der es zunehmend darauf ankam, daß der Staat daranging, seine eigene Organisation der technischen, wirtschaftlichen und wissenschaftlichen Entwicklung besser anzupassen.

Es bedarf dazu – das ist uns in der Erfahrung der vergangenen Jahre immer deutlicher geworden – einer fortschreitenden Reform der Verwaltung. Sie braucht nicht spektakulär zu sein, sie wird nicht sensationell sein können, aber sie darf nicht auf die lange Bank geschoben werden.

Eine Entwicklung der staatlichen Funktionen, nicht nur zur besseren, gleichmäßigeren Dienstleistung für alle Bürger, sondern auch zur Verteidigung unserer Rechtsordnung, kann aus Panik und Angst nicht abgeleitet werden. Und am romantischen Traum einiger Utopisten von einer möglichen Aufhebung aller staatlichen Gewalt wird sie gewiß nicht scheitern.

Die Autorität dieser unserer Republik legitimiert sich allein aus dem Grundgesetz und aus den von den Volksvertretungen beschlossenen Gesetzen. Recht und Gesetz beruhen zuallererst auf der Gerechtigkeit: zum Schutz der Schwachen, zur Bändigung der Mächtigen und der Übermütigen. Recht und Gesetz fordern einen Staat, der das Notwendige – mit Hilfe klarer Gesetze und einer effektiven Verwaltung – auch gegen die geballten Interessen von Privilegierten durchsetzen kann.

Unser Staatsgedanke bleibt der Individualität des Menschen verpflichtet.

Manche, zumal auf der Rechten, haben es – teilweise bis auf den heutigen Tag – schwer gehabt, ein ausbalanciertes und entspanntes Verhältnis zum Staat zu finden. Für viele blieb er nach dem Erster Weltkrieg »Obrigkeit«; sie wurden nicht müde, so lange

nach dem »starken Staat« zu rufen, bis sie ihn hatten, vielmehr: bis er sie hatte. Zugleich wurde der vermeintlich starke Staat zum Objekt brutaler Egoismen. Beides: die autoritäre Vergötzung, die den Staat zum Moloch macht, und die Plünderung des Gemeinwesens auf Kosten der Mehrheit seiner Bürger – beides war Ausdruck einer latenten Staatsfeindlichkeit, die nun für immer überwunden sein sollte.
Der demokratische Staat braucht selbstbewußte Bürger. Wir brauchen Menschen, die kritisch mitdenken, mitentscheiden und mitverantworten; das sage ich heute wie 1969. Es ist der unpolitische Bürger, der dazu neigt, sich der Obrigkeit zu beugen. Wir wollen den Bürger, nicht den Bourgeois. Mit der Aktivierung eines neuen Bürgergeistes sind wir in der Tat den demokratischen Idealen des angelsächsischen »citizen« oder des französischen »citoyen« näher gerückt. Ich habe übrigens einmal darauf hingewiesen, daß die Bundesrepublik insofern »westlicher« geworden sei – in einer Zeit, die unter dem Zeichen der »Ostpolitik« stand.
Worum muß es uns gehen? Ich meine: darum, daß die vielen einzelnen ihre Heimat in dem Staat finden, den eine schmale Schicht von Mächtigen früher und lange wie ihren Besitz behandelt hat. Für uns kommt es darauf an, den Staat zum »Besitz aller« werden zu lassen.

Staat und Kirchen: Partnerschaft

Wenn es uns Ernst ist mit der Mobilisierung der seelischen und geistigen Kräfte unseres Volkes, dann werden wir immer wieder das Gespräch, die Zusammenarbeit und die Partnerschaft mit jenen großen Gruppen in unserer Gesellschaft suchen müssen, die die vielfältige Wirklichkeit unseres Staats nachhaltig geprägt haben. Ich meine hier vor allem die Kirchen.
Die deutsche Sozialdemokratie mißt ihnen eine große Bedeutung zu. Das Godesberger Programm sagt, die SPD sei zur Zusammenarbeit mit den Kirchen und Religionsgemeinschaften im Sinne einer freien Partnerschaft stets bereit: »Sie begrüßt es, daß Menschen aus ihrer religiösen Bindung heraus eine Ver-

pflichtung zum sozialen Handeln und zur Verantwortung in der Gesellschaft bejahen.«

Ich möchte an meine zweite Regierungserklärung erinnern, in der gesagt wurde, die moralische Kraft eines Volkes beweise sich nicht so sehr in einer hohen Programmatik von Parteien, sondern mehr noch in seiner Fähigkeit, denen zu helfen, die Hilfe brauchen – und in seiner Toleranz gegenüber dem anderen: »Das Gespräch mit den Kirchen, das in den vergangenen Jahren fruchtbar geführt wurde, ist gerade auf diesem Hintergrund wichtig. Wir betrachten sie nicht als eine Gruppe unter den vielen der pluralistischen Gesellschaft und wollen ihren Repräsentanten darum auch nicht als Vertretern bloßer Gruppeninteressen begegnen. Wir meinen im Gegenteil, daß die Kirchen in ihrer notwendigen geistigen Wirkung um so stärker sind, je unabhängiger sie sich von überkommenen sozialen oder parteilichen Bindungen machen. Im Zeichen deutlicher Freiheit wünschen wir die Partnerschaft.«

Wir wissen dabei, daß die Dienste, die von den Kirchen in die Gesellschaft eingebracht werden, ihre Wurzel in der gläubigen Orientierung an »letzten Werten« haben; eine Orientierung, die – wenigstens explizite – von manchen Teilen unserer Gesellschaft nicht oder nicht mehr mitvollzogen werden kann, die aber gleichwohl Respektierung und Schutz durch den Staat und die Öffentlichkeit verdient.

Ich glaube, daß gerade unsere Gesellschaft Menschen und Kräfte braucht, die sich zu einer solchen Bindung an »letzte« Werte bekennen. Deshalb bin ich dankbar, daß die Kirchen einen Weg gefunden haben, mit all den Kräften zusammenzuarbeiten, die dem Menschen dienen wollen. Ich meine den Weg des Dialogs, wie ihn das Zweite Vatikanische Konzil und die Denkschriftenpraxis der Evangelischen Kirche kennzeichnen.

Mit der Zuwendung zum einzelnen übernimmt die Kirche in beträchtlichem Maße eine Aufgabe bei der Mitgestaltung unserer gesellschaftlichen Wirklichkeit, die nicht dem Staat und den ihn tragenden Parteien allein überlassen bleiben kann. Ich empfinde es als hilfreich und ermutigend, daß die protestantische Sozialethik und die katholische Soziallehre das Individual- und das Sozialprinzip nicht auseinanderreißen, nicht in einen Gegensatz bringen, sondern als wechselseitig sich bedingende Faktoren ein und derselben Aufgabe begreifen. Diese Aufgabe ist: dem Menschen zu seinem Recht zu verhelfen. Es ist eine Aufgabe, die sich Kirchen und Sozialdemokraten gleichermaßen gestellt haben.

Das Gespräch und die Zusammenarbeit mit den Kirchen werden davon bestimmt sein, ob es uns gelingt, auf dieser Grundlage zu einer differenzierten Erörterung in der Sache zu gelangen; oder, wenn man so will: vom Politisieren mit häufig nur eingebildeten Alternativen zum Gespräch über richtige Alternativen zu finden. Die Sozialdemokraten gehen im übrigen mit einer gewissen Selbstverständlichkeit davon aus, daß Partnerschaft zugunsten einer Politik für den Menschen sinnvoller ist als eine unnötige Ideologisierung der Beziehungen zwischen Staat und Kirche.

Das Selbstverständnis der Kirche, aus dem heraus sie sich dem bedrohten einzelnen solidarisch zuwendet, begründet in besonderem Maße die Eigenständigkeit ihres gesellschaftspolitischen Auftrags. Eigenständigkeit heißt aus meiner Sicht nicht, von den Kirchen nur vorübergehend Aushilfe in der Sozialpolitik anzufordern, bis dann der Staat die Lücken geschlossen hat. Eigenständigkeit heißt auch nicht, die Kirche in die Rolle des Gastarbeiters zu drängen, der seine Tauglichkeit der jeweiligen Konjunkturlage verdankt. Ich habe mehr als einmal gesagt: Das letzte, was ich mir wünsche, ist Staatsomnipotenz gerade im Feld der sozialen Verantwortlichkeiten.

Im Gegenteil: Unsere Gesellschaft braucht entsprechend ihrer pluralistischen Situation im sozialen Bereich eine Vielzahl freier Dienste. Sie müssen gesichert und gefördert werden, sich freilich auch in einen Rahmen gemeinsamer Bedingungen einfügen. Zwischen ihnen muß der Bürger wählen können. Dabei ist allerdings darauf zu achten, daß diese Dienste sich im Interesse der Menschen ergänzen und nicht unnötig miteinander konkurrieren. Nur so ist zu erreichen, daß dringende Gemeinschaftsaufgaben so effektiv wie möglich verwirklicht werden.

Wir betrachten die Kirche nicht als *eine* Gruppe unter den vielen der pluralistischen Gesellschaft. Ich meine damit den schon erwähnten Gedanken der Partnerschaft, der im Godesberger

Programm verankert ist. Dies ist etwas ganz anderes als »blasse«, bloß formale Toleranz. Wir wollen den *sozialen* Rechtsstaat, in dem die gemeinnützigen Alternativen freier Institutionen ihren Platz haben. Meine politischen Freunde und ich wollen, unbeschadet der Notwendigkeit staatlicher Planungsaufgaben, keine staatliche Bevormundung oder Gängelung kirchlicher Einrichtungen. Was eigenständig und als gemeinnützig ausgewiesen ist, soll – in einem vernünftig abgesteckten Rahmen – in Freiheit erbracht werden können.

Wer die Trennung von Kirche und Staat ganz anders sieht, als es das Grundgesetz will, gerät in Gefahr, das Gegenteil zu bewirken: Eine aus bewährter Zusammenarbeit abrupt entlassene Kirche könnte sich geradezu dazu gezwungen sehen, politisch fordernd aufzutreten oder sich gar auf ökonomische und parteiliche Abhängigkeiten einzulassen. Wer wünscht, daß die Dienste der Kirche das sozialpolitische Handeln der öffentlichen Hand ergänzen, kann sich von einer weiteren Trennung von Kirche und Staat nichts Vernünftiges versprechen. Wo ein geordnetes Zusammenspiel mit dem Staat fehlt, entsteht die Gefahr falscher Profilierung oder auch bedenklicher Resignation.

Die Kirchen haben unserem Volk in den letzten Jahren auch bei der Aussöhnung mit den Nachbarn im Osten geholfen. Sie helfen uns, wenn sie Aufgeschlossenheit für die Völker der Dritten Welt bewirken. Vor allem wünsche ich mir aber weiterhin, daß die Kirchen – denen heute ebensowenig wie anderen Teilen der Gesellschaft Spannungen erspart bleiben – wirksam daran mitarbeiten, unsere Gesellschaft humaner und gerechter zu machen.

Der Wille zur guten Nachbarschaft muß in der Konkurrenz geistiger Kräfte spürbar bleiben. Er sollte auch in den Auseinandersetzungen und in dem Miteinander der großen gesellschaftlichen Gruppierungen wirksam sein.

Ohne Länder kein Bund

Der Wille zur guten Partnerschaft wird in erster Linie denen abverlangt, die miteinander die Verantwortung für den Staat teilen. Für mich gibt es keinen Zweifel daran: Die Zusammenarbeit zwischen Bund und Ländern müßte jenseits aller parteipolitischen Differenzen durch Sachlichkeit und Sachverstand geprägt sein. Darin dürfen wir uns auch von dem beharrlichen Versuch nicht beirren lassen, den Bundesrat für eine Art politischen Boykotts der Regierungsarbeit zu mißbrauchen.

Als Vertretung der Länder – genauer: der Landesregierungen – ist der Bundesrat ein Ort politischer Auseinandersetzungen, doch er ist kein Senat (auch über diese Form haben die Väter des Grundgesetzes nachgedacht); er ist im eigentlichen Sinne kein Parlament, keine Volksvertretung. Das Grundgesetz hat ihn als eigenständiges Verfassungsorgan geschaffen, durch das die Gliedstaaten der Bundesrepublik Deutschland an der Willensbildung des Gesamtstaates mitwirken. Der Bundesrat soll das föderale, das föderative Element in die politische Diskussion und in den Gang der Gesetzgebung einbringen.

Diese Aufgabe würde verfehlt, machte sich die Länderkammer lediglich zum politischen Reflex des Bundestages. Es war möglich und wird immer wieder möglich sein, daß die Mehrheitsverhältnisse im Bundesrat denen des Bundestages nicht entsprechen. In den ersten fünfundzwanzig Jahren unserer Bundesrepublik war dies zwar die Ausnahme, doch eine solche Konstellation kann nicht als außergewöhnlich bezeichnet werden. Sie ergibt sich in Wirklichkeit aus der Struktur eines an der Gesetzgebung beteiligten Verfassungsorgans, das, wie der Bundesrat, nicht durch direkte Wahlen berufen wird. Im übrigen werden wir ähnlichen Problemen einer föderalen Ordnung im europäischen Bereich auf die eine oder andere Weise wiederbegegnen.

Doch wenn die bundesstaatliche Ordnung sinnvoll sein soll, dann ergibt sich aus ihr die klare Forderung, daß der Bundesrat der Versuchung widerstehen müßte, sein Zustimmungsrecht für die Durchsetzung parteitaktischer Ziele in Anspruch nehmen zu lassen. Man kann nicht sagen, daß die Länderkammer in ihrer jetzigen Zusammensetzung diese Gefahr abgewehrt hat. Vor allem im Frühjahr und Sommer 1974 zeigte sich eine Tendenz, den Bundesrat in die »Neinsage-Maschine« der Opposition zu verwandeln. Ein Gesetz um das andere wurde verschleppt oder zurückgewiesen – von der Revision des Paragraphen 218 bis zum Prager Vertrag. Die Länderkammer aber darf nicht eine Art Gegenregierung sein wollen.

Dieser Hinweis entstammt der Sorge um die bundesstaatliche Ordnung, die ich ohne Vorbehalt bejahe. Ich weiß aber auch, daß der föderative Staatsaufbau zu einer populären Kritik einlädt. Er ist ein verletzliches Gebilde, und es hängt einiges davon ab, ihn vor öffentlichen Mißverständnissen zu bewahren.

Zweifellos gibt es seit langem eine Neigung, die Gesetzgebungskompetenzen des Bundes zu stärken. Freilich: Nicht die sozialliberalen Bundesregierungen haben diese Tendenz aus Machtinteresse vorangetrieben; sie wird vielmehr durch die soziale und vor allem durch die wirtschaftlich-technologische Entwicklung erzwungen. Diese Entwicklung verändert nicht nur das Bund-Länder-Verhältnis, sondern auf dem Wege zur europäischen Einigung auch die Stellung des Bundes gegenüber der Europäischen Gemeinschaft.

Der Bund hat mit einem klaren politischen Willen Kompetenzen an europäische Institutionen abgegeben. Er verzichtete dort auf Zuständigkeiten, wo es übergeordnete Gesichtspunkte notwendig machten. Dies gilt besonders für den Wirtschafts- und Agrarbereich, der früher Domäne des Bundesgesetzgebers war. Das hat sich nicht überall gleich gut ausgewirkt. Das Hineinwachsen in eine politische, wirtschaftliche und soziale Union Europas – eine der großen Aufgaben dieser Zeit – findet seine Grundlage in unserer Verfassung. Mancher möchte eine weitgehende Integration lieber heute als morgen. Konkret aber heißt das: Die europäische Einigung erreichen wir nur, wenn wir die dazu notwendigen innerstaatlichen Veränderungen und Weiterentwicklungen nicht aufhalten.

Bisher hat man übrigens noch immer zu einer Übereinstimmung über die notwendigen Veränderungen der Aufgabenverteilung von Bund und Ländern gefunden. Das gibt uns ein gewisses Recht, optimistisch zu sein. Ich bin es um so mehr, als einige der wichtigen Grundgesetzänderungen auf Initiativen der Län-

der oder des Bundesrates selber zurückzuführen sind. (Damit meine ich allerdings nicht Initiativen zur Neugliederung der Länder, denn ich vermag hier auf kürzere Sicht keine wesentliche Veränderung der Landkarte zu erkennen.)
Enges Kompetenzdenken hilft im Zeitalter der europäischen Integration nicht weiter. Wir sollten aus den jeweiligen Gegebenheiten heraus unvoreingenommen und undogmatisch prüfen, auf welcher staatlichen Ebene eine Aufgabe am besten geregelt wird, wenn alle Aspekte bedacht sind. Nur wenn man diesen Maßstab anwendet, ist die Kompetenzverteilung zwischen Bund und Ländern in der Sicht des Bürgers ausgewogen.

Die Arbeit des Parlaments

Ich habe angedeutet, daß die sachliche Arbeit in der Länderkammer eine Begrenzung der parteipolitischen Kontroversen erfordern sollte. In den Bundestag muß die Arbeit der Parteien voll einströmen. Die Väter des Grundgesetzes haben es reiflich bedacht, als sie den Parteien einen Verfassungsauftrag gaben, in dem es heißt: »Die Parteien wirken bei der politischen Willensbildung des Volkes mit.« So verstandene Parteipolitik gehört zum Lebenselement des Parlaments; hier soll sie fruchtbar werden. Unser parlamentarisches Regierungssystem fordert einen täglichen engen Kontakt zwischen dem Kabinett und den Fraktionen, durch die die Parteien im Bundestag vertreten sind. Es fordert aber auch einen erträglichen Gesprächs- und Arbeitskontakt zwischen Mehrheit und Minderheit, Koalition und Opposition.
In der Gesetzgebung wechseln die Initiativen zwischen Exekutive und Legislative. Dem Bürger mögen Methodik und Prozedur der Gesetzesvorlagen manchmal umständlich und zeitraubend erscheinen: Im ganzen hat sich das Zusammenspiel bewährt. Die Geduld, die durch die vielen Prüfungen in den Ausschüssen und im Plenum verlangt wird, machte sich in den meisten Fällen bezahlt. Unser Parlament ist leistungsfähig. Aber auch seine Arbeit läßt sich verbessern.
Die Fraktionen im Bundestag haben ihr eigenes Klima, ihr ei-

genes Selbstbewußtsein. Das gilt gewiß für die Opposition. Aber auch die Fraktionen von SPD und FDP halten es keineswegs für ihre Sache, die Regierungspolitik einfach abzustempeln. Was vor den kritischen Augen der sozialdemokratischen und freidemokratischen Abgeordneten nicht besteht, hat keine Chance, Gesetz zu werden. Und sie lassen es an eigenen Initiativen nicht fehlen.

Die Mitglieder des Kabinetts sind in aller Regel Mitglieder des Bundestages. (Sie brauchen es aber nicht zu sein: Zur Regierung der Großen Koalition kamen Kiesinger und ich ohne Bundestagsmandat nach Bonn; das gleiche gilt für Hans Leussink in meinem ersten Kabinett und für Kurt Gscheidle in der Regierung meines Nachfolgers.) Unzutreffend wäre es, unsere Regierung als eine Art exekutiven Parlamentsausschuß zu betrachten, wie es in etwa dem britischen Verfassungsverständnis entspricht. Die Verschiedenheit der Aufgaben ist schon vom Grundgesetz her schärfer ausgeprägt. Ein natürliches, produktives Spannungsverhältnis zwischen Regierung und Parlament – die Koalitionsfraktionen eingeschlossen – ist so und nicht anders gewollt.

Die staatspolitische Bedeutung der Opposition bedarf keiner Begründung, und ich weiß natürlich, daß die Opposition nicht zum Lob der Regierung bestellt ist. Freilich hängt viel davon ab, wie die opponierende Fraktion ihre Aufgabe begreift. In den letzten Jahren vernachlässigte sie meines Erachtens weithin ihre konstruktiven Chancen und verwendete ihre Energien oft so, daß sie wie Destruktion und Obstruktion wirken mußten. Die Mehrheitsverhältnisse nach der Wahl im November 1972 schützen das Parlament vor der Lähmung. Ich erinnerte die Opposition unmittelbar nach der Wahl an ihre eigene, wichtige Aufgabe. Wenn das ein führender Sozialdemokrat sagt, dann weiß er, wovon er redet: Wir haben uns zwanzig Jahre in der Opposition geübt, und Männer wie Kurt Schumacher, Erich Ollenhauer und Fritz Erler haben beispielhaft vorgelebt, daß sich der Wille zur konstruktiven Zusammenarbeit auch nicht durch die schroffe Härte irritieren ließ, die ihnen von Konrad Adenauer entgegengesetzt wurde.

Am 15. Dezember 1972 bot ich an, Brücken des Zueinander und

des Miteinander zu betreten, wo immer dies sachlich möglich sei. Man hat von dieser Einladung selten Gebrauch gemacht. Wo es mir angebracht zu sein schien, habe ich mich als Regierungschef trotzdem um den unmittelbaren Kontakt zur Opposition bemüht – zum Beispiel beim Energiesicherungsgesetz oder vorher, als bei der CDU/CSU-Fraktion mit der Entscheidung über den Beitritt zu den Vereinten Nationen auch der Verkehrs-Vertrag mit der DDR zur Debatte stand.

Was die Zusammenarbeit mit der Opposition angeht, habe ich als Regierungschef nicht die besten Erfahrungen gemacht. Dies hat nichts an meiner Überzeugung geändert, daß die parlamentarische Demokratie – bei manchen Unzulänglichkeiten – unter unseren Bedingungen jeder anderen Staatsform auch an Leistungsfähigkeit überlegen ist.

Kein autoritäres Dekret, das sich über Widerstände einfach hinwegsetzt, kann die freie Willensbildung ersetzen. Eine genaue Studie über die Effektivität autoritärer und demokratischer Regierungsformen ergäbe gewiß, bei ähnlichem Entwicklungsstand, ein positives Resultat für die Demokratie, in der die Schwierigkeit der Dinge immer sichtbar wird, die der autoritäre Staat nur überdeckt, doch nicht beseitigt – und darum im Zweifelsfall nur noch größer macht.

Die Einstellung unserer Bürger zum Parlament hat sich gegenüber dem Staat von Weimar entschieden zum Positiven gewandelt.

Gleichwohl hängt viel davon ab, wie die gewohnten und eingespielten Formen unserer parlamentarischen Arbeit reformiert werden können. Ich hoffe sehr, daß die Kommission, die der Deutsche Bundestag mit der Ausarbeitung von Anregungen für eine Reform beauftragt hat, gute Vorschläge auf den Tisch legen wird.

Innerer Friede

Die soviel zitierte und häufig auch ärgerliche »Polarisierung« schafft Spannungen – selten jedoch solche, die wir nicht ertragen könnten. Die Erfahrung zeigt, daß wir den Rückzug aus der Politik und das apolitische Verhalten des Bürgers mehr zu fürchten haben. Das Schicksal der Weimarer Demokratie hat allerdings deutlich gemacht, wohin es führt, wenn beides zusammentrifft: verhetzende Polarisierung und Flucht aus der Verantwortung.

Die legitimen und politisch notwendigen Spannungen im demokratischen Verfassungsstaat werden allerdings zu Zerreißproben auf Kosten der Vernunft, der gemeinsamen Interessen und derer des Staates, wenn *eine* der großen Parteien das Grundgesetz gleichsam für sich beschlagnahmt, wie es die Opposition in einer schrillen Ouvertüre zum fünfundzwanzigsten Jubiläumsjahr des Grundgesetzes versuchte. Statt in unserem Volk den Stolz darauf zu wecken, daß die zweite deutsche Demokratie ohne Erschütterungen ihrer Substanz fast schon die doppelte Lebensdauer der Republik von Weimar erreicht hat, und bewußtzumachen, daß wir gut daran tun würden, diese Beständigkeit miteinander zu sichern, wollte man dem Volk einreden, die Regierungsparteien ließen eine Aushöhlung der Verfassung zu. Auch die krisenlose Regierungsumbildung mitten in der Legislaturperiode bewies doch die Kraft der Kontinuität unseres Staates und der Parteien, die für ihn die Verantwortung innehaben.

Manche scheinen tatsächlich zu *fürchten*, daß wir mit der Verwirklichung des Grundgesetzes weiterhin Ernst machen. Manche wollen auch nicht wahrhaben, daß man Extremismus am wirksamsten dadurch bekämpft, daß man seine Voraussetzungen aus der Welt schafft und ihm so den Boden entzieht. Für uns erschöpft sich der Geist des Grundgesetzes nicht in der Abwehr. Wir begreifen ihn als konstruktiven Auftrag. Wer Polarisierung so betreiben will, wie es die Führung der Opposition zum Verfassungsjahr praktizierte, macht die demokratische Kontroverse zum destruktiven Vorgang. Bei den Bürgern bewirkt er kein politisches Engagement, sondern weckt im Gegenteil Widerwillen gegen die Demokratie, Gleichgültigkeit gegenüber dem Parlament und Abneigung gegen Parteien überhaupt. Er fordert auf zur Flucht aus der Politik.

Unser Ja zur Politisierung des Bewußtseins der Bürger, das Ja zum Auftrag der Parteien und zu einer leidenschaftlichen Kon-

kurrenz um die besseren Konzepte für unser Gemeinwesen kann nicht heißen, daß Parteienproporz und Parteiarithmetik zu ungeschriebenen Gesetzen werden, die das ganze öffentliche Leben beherrschen. Die gesellschaftlichen Kräfte außerhalb der Parteien müssen nach meiner Meinung in die öffentliche Diskussion und, wo sie demokratisch und sachkundig legitimiert sind, in die Entscheidungen einbezogen werden.
Im übrigen: Demokratie heißt nicht nur wählen; zur Demokratie gehört auch das permanente Gespräch mit den Bürgern, zwischen den Bürgern und den von ihnen Gewählten. Die Bürger in unserem Lande werden sich nicht das Recht nehmen lassen, Parteien, Fraktionen, Abgeordneten ihr Vertrauen oder, wenn sie es für richtig halten, ihr Mißtrauen auszusprechen. Ich halte es für wahrscheinlich, daß sich auch neue Organe der Meinungsbildung und der Beratung herausbilden werden. Das, worüber nach der Verfassung das Parlament zu entscheiden hat, kann jedoch nur im Parlament entschieden werden, nirgendwo sonst.

Kommunale Selbstverwaltung

Basis allen öffentlichen und staatlichen Lebens sind die Gemeinden. Ihre Selbstverwaltung schafft in vielem erst die Voraussetzungen für das, was wir uns vorgenommen haben: unseren Staat zur gemeinsamen lebendigen Einrichtung aller Bürger werden zu lassen.
Während meiner Jahre in der Bundesregierung hatte ich nicht vergessen, daß ich während eines anderen wichtigen Abschnitts meines Lebens Bürgermeister einer großen Stadt war. Das gehörte zu den Dingen, die mich mit Konrad Adenauer verbanden. Aus Berlin hatte ich Ernst Reuters nachdenkenswerten Hinweis mitgenommen, daß der Mitarbeit im nationalen Parlament am besten ein Stück kommunaler Erfahrung voraufgegangen sein sollte.
Im Laufe dieser Jahre haben die Vertreter der zuständigen Spitzenverbände mehrfach gefordert, die kommunale Selbstverwaltung müsse in der Verfassung des Bundes besser berücksichtigt werden. Sie stützen ihren Anspruch auf die unbestreit-

bar wichtige Rolle, die die Städte und Gemeinden im politischen, wirtschaftlichen und sozialen Geschehen nicht nur der Länder, sondern des Bundes insgesamt spielen. Dies ist ein Thema, das mich schon vor mehr als einem Jahrzehnt als Präsidenten des Deutschen Städtetages beschäftigt hat. Eine Enquete-Kommission befaßt sich mit diesen und anderen Fragen unseres Grundgesetzes, und man kann nur hoffen, daß sich daraus Vorschläge entwickeln, die nicht erst auf lange Sicht praktikabel sind. Im Vordergrund steht wohl die Neuordnung des Verhältnisses zwischen Bund und Ländern, aber sie kann von einer vernünftigen Einordnung der Kommunen nicht getrennt werden.

Die Gemeinden sehen sich einer Fülle von Aufgaben gegenüber, die weit in die Zukunft hineinreichen und mit denen sie allein nicht fertig werden können:

Stadterneuerung und Stadtentwicklung,

Ausbau der Infrastruktur und Erhaltung einer menschenwürdigen Umwelt,

Eingliederung und Versorgung der ausländischen Arbeitnehmer, allgemein wachsende Ansprüche der Bürger und kommunale Finanzierungslast.

Man sollte jedoch nicht übersehen, daß der Bund in den letzten Jahren nicht wenig geleistet hat, um die Arbeit in den Gemeinden zu erleichtern. Ich denke dabei nicht nur an die Möglichkeiten, die das Städtebauförderungsgesetz gibt und das neue Bundesbaugesetz geben wird, an das Raumordnungsprogramm und die Krankenhausfinanzierung, sondern besonders auch daran, daß die Finanzausstattung der Städte und Gemeinden im Rahmen des Möglichen verbessert wurde. Dabei ist mir bewußt, daß die kommunalen Finanzprobleme den Verantwortlichen weiterhin große Sorgen aufgeben.

An der Erneuerung und Entwicklung der Kommunen sollten die interessierten Bürger stärker als bisher beteiligt sein. Das heißt: Die Planungsprozesse müssen durchsichtiger und die demokratische Kontrolle und Begleitung dieser Prozesse ausgebaut werden. Wenn die Bürger bessere Chancen einer Mitwirkung fänden, würden wohl auch die Klagen aufhören, daß die Öffentlichkeit von Planungen erst zu einem Zeitpunkt unterrichtet wird, da es für Änderungswünsche und Anregungen im allgemeinen zu spät ist. Das Engagement der Öffentlichkeit gilt vor allem dem Ausbau der Infrastruktur: Wohnungen, Kindergärten und Schulen, Sportplätze und Freizeitanlagen, Krankenhäuser, ein leistungsfähiges Straßennetz und Verkehrssystem. Es liegt auf der Hand, daß hier immer wieder der Konflikt aufbricht zwischen dem, was gewünscht wird, und dem, was sich in den jeweils nächsten Jahren darstellen läßt.

Eine funktionsfähige kommunale Selbstverwaltung ist die beste Gewähr dafür, daß die Demokratie gestärkt wird und im Alltag gelebt werden kann. Wo verantwortungsbereite Bürger an der Gestaltung der örtlichen Gemeinschaft mitwirken, haben antidemokratische Kräfte geringe Chancen. Die »Wirklichkeit des Alltags« zeigt jedoch, daß auch die Praxis der kommunalen Selbstverwaltung ihre Schwächen hat. In vielen Räten und Gemeindeverwaltungen beklagt man sich über das mangelnde kommunalpolitische Engagement der überwiegenden Zahl der Bürger. Manche Mitglieder von Gemeinderäten fühlen sich allein gelassen. Ich habe nicht den Eindruck, daß wir dafür immer Interesselosigkeit verantwortlich machen können, sondern meine, daß es häufig auch an der Bereitschaft oder dem Vermögen fehlt, die gemeindlichen Angelegenheiten in der gebotenen Öffentlichkeit zu behandeln.

Die wachsende Zahl von Bürgerinitiativen ist bemerkenswert. Allein in Nordrhein-Westfalen gibt es, so berichtete man mir, über hundert Initiativen allein für den Umweltschutz; in der gesamten Bundesrepublik beziffert man sie auf über fünfhundert – nicht zu reden von den zahllosen Initiativen gegen Verkehrsbelästigungen, in Mieterfragen, für bessere Kinderspielplätze oder ähnliches. Wir sollten solche Zusammenschlüsse – sofern sie sachlich orientiert sind – ernst nehmen. Von einer Bedrohung kann hier nicht die Rede sein, ganz im Gegenteil. Wo Mißbräuche auftreten oder »poujadistische« Fehlentwicklungen erkennbar werden, muß man sich damit in der gebotenen Deutlichkeit auseinandersetzen.

Im ganzen zeigen sich aber ermutigende Entwicklungen: In den letzten Jahren ist bei zahlreichen Bürgern die Bereitschaft gewachsen, sich mit lokalen Aufgaben und Problemen aktiv zu

befassen. Man beobachtet einen engagierten Willen, gemeinsame Probleme selber aufzugreifen, statt nur nach dem Staat zu rufen. Die überkommenen Formen der kommunalpolitischen Beteiligung der Bürger reichen aber offenbar nicht aus, dem schärferen Problembewußtsein vieler Bürger und ihrem Wunsch, aktiv mitzuwirken, gerecht zu werden.
Für wichtig halte ich es auch, daß die ausländischen Arbeitnehmer stärker am kommunalen Geschehen beteiligt werden. In manchen unserer Städte hat man mit Beiräten und Kontaktausschüssen schon gute Erfahrungen gemacht.
Es sollte eine gemeinsame Aufgabe der Verantwortlichen in den Städten und Gemeinden sein, Vorstellungen und Modelle zu entwickeln, die bewährte Formen der Selbstverwaltung in ein konstruktives Zueinander mit interessierten Bürgern und Gruppen bringen. Wenn man die Bereitschaft zum kommunalen Engagement nicht ernst genug nimmt, wird die Selbstverwaltung darunter leiden. Es muß aber auch klar sein, daß Bürgerbefragungen und Bürgerinitiativen nur eine helfende Funktion haben können. Sie können dazu beitragen, daß die politischen Gremien und die Verwaltungen nicht an den Bürgern vorbeiarbeiten. Aber das Prinzip der repräsentativen Demokratie darf auch im lokalen Bereich nicht in Frage gestellt werden.

Rechtsstaatliche Sicherungen

Demokratie als Mitwirkung, Mitbestimmung, Mitverantwortung der Bürger fordert den gesicherten Rechtsstaat. Das Grundgesetz verpflichtet uns, ihn auszubauen, und es verpflichtet uns, ihn zu verteidigen. Das Thema der inneren Sicherheit reicht weiter, als es häufig umschrieben wird; es umfaßt insbesondere die vielfältigen Aspekte moderner Sozialstaatlichkeit. Aber: Die Funktionsfähigkeit des demokratischen Staates zu erhalten und die verfassungsmäßige Ordnung zu verteidigen, muß für uns eine selbstverständliche Pflicht sein und bleiben. Wer im Dienst dieser Aufgaben zu harten oder unpopulären Entscheidungen gezwungen ist, der hat Anspruch auf Solidarität. Manche rechten Kritiker hätten uns in den vergangenen Jahren nur zu gern in den Stacheldraht einer »Law and Order«-Hysterie rennen lassen. Indessen sorgten wir mit handfesten Maßnahmen für »mehr innere Sicherheit«, ohne die bürgerlichen Rechte und Freiheiten anzutasten. Man hat in unserem Lande gewiß Anlaß, zuerst nach dem Recht zu fragen, wenn von Ordnung die Rede sein soll.

Unsere Verfassung hat Feinde, und die verfassungsmäßige Ordnung muß gegen ihre Feinde verteidigt werden. Der demokratische Staat hat nicht nur das Recht, sondern die gesetzliche Pflicht, verfassungswidrige Handlungen zu verhindern. Dazu gehört, daß Personen, die sich solcher Handlungen schuldig machen, vom Staatsdienst ferngehalten werden. Um diese Frage wurde einiger Wirbel gemacht – sie wurde auch Anlaß zu sachlich berechtigtem Streit. Obwohl radikale Gruppen anderes behaupteten und vom Lager der Unionsparteien her fragwürdig operiert wurde, habe ich mich niemals von dem Kurs abbringen lassen: Keine Willkür, aber für Verfassungsfeinde auch kein Freibrief mit Pensionsanspruch!

Im übrigen sollte man nicht vergessen, daß es vor allem die Sozialdemokraten und die Gewerkschaften gewesen sind, die bei uns in der Bundesrepublik die Auseinandersetzung mit dem Kommunismus zu bestehen hatten. Mit der Kommunistenfurcht rechter Propagandisten war und ist kein Staat zu machen. Staatspolitisch besonders fragwürdig war dann der Versuch der Union und bestimmter Pressekonzerne, die Außenpolitik der sozial-liberalen Koalition mit politischem Radikalismus und mit Gewaltverbrechen in Verbindung zu bringen. Hier ist kategorisch zu sagen: Wer so argumentiert, betreibt die Zerstörung des Staates.

Schach dem Terror

In meiner Regierungserklärung vom 18. Januar 1973 machte ich deutlich, was uneingeschränkt gültig geblieben ist: Ein Gegensatz zwischen unserer freiheitlich-demokratischen Grundordnung und dem berechtigten Bedürfnis der Menschen nach Sicherheit darf nicht entstehen. Demokratie und innere Sicherheit gehören zusammen. Es konnte auch darauf hingewiesen werden, daß 1972 notwendige Gesetze zur wirksameren Verhütung und Bekämpfung von Verbrechen verabschiedet wurden. Nun kam es darauf an, die zuständigen Organe weiter zu stärken, und zwar auf der Grundlage eines Programms für die innere Sicherheit, das von dem damaligen Bundesinnenminister Hans-Dietrich Genscher und den Innenministern der Länder ausgearbeitet wurde. Neue Formen des Verbrechens und des Terrors – nicht zuletzt die Luftpiraterie – verlangten neue Formen des Schutzes der Gesellschaft.

Die Bundesrepublik Deutschland blieb vom Terrorismus nicht verschont: Ich erinnere an die Tragödie von München während der Olympischen Spiele und an die Entführungen von Lufthansa-Maschinen. Wir haben unsere relative Hilflosigkeit bei der Abwehr dieser Anschläge bitter erfahren. In anderen Staaten ist noch viel deutlicher geworden, daß auch ein lückenlos erscheinendes Netz von Sicherheitsmaßnahmen durch die Brutalität von Amokläufern zerrissen werden kann. Einen völlig zuverlässigen Schutz gibt es hier nicht.

Es geht nicht an, solche Anschläge als »politische« Handlungen zu entschuldigen. Wer so urteilt, rechtfertigt alle Greuel, die hier oder dort angeblich im Interesse einer politischen Überzeugung verübt werden: die Methode der Folter, die in einer erschreckend großen Zahl »moderner« Staaten üblich ist, oder die Ermordung von Gefangenen, die auch in den letzten Jahren in manchen Teilen der Welt registriert werden mußte. Seit den Kriegsverbrecher-Prozessen nach dem Zweiten Weltkrieg sollte man wissen, daß eine »idealistische« Motivierung krimineller Aktionen als Rechtfertigung jeder Scheußlichkeit herhalten kann.

Es wird darauf ankommen, beharrlich alle Regierungen der Welt davon zu überzeugen, daß die Geißel des Terrors eben nicht »nur andere« trifft, sondern am Ende auch jene, die sie dulden. Staaten, die politisches Banditentum protegieren, werden über kurz oder lang an ihm zugrunde gehen. Dies scheint nach und nach verstanden zu werden, denn mehrere Staaten haben ihre Haltung gegenüber Entführern von Flugzeugen geändert. Sinnvolle Abwehrmaßnahmen werden sich wohl oder

übel auf diejenigen ausdehnen müssen, die den Terrorismus dekken. Sie müssen wissen, was sie aufs Spiel setzen.
Im übrigen muß gesagt werden, daß politische Terroristen ihrer Sache auf weite Sicht noch niemals genützt, sondern immer nur geschadet haben. Sie sind dafür verantwortlich, wenn sich eine Mauer von Widerwillen aufbaut, die rasch nicht wieder abzutragen ist. Hier entstehen Störungsfaktoren für die internationale Zusammenarbeit, die lange Zeit nachwirken – mit Konsequenzen für den sozialen, wirtschaftlichen oder kulturellen Austausch. So könnte sich die Duldung terroristischer Umtriebe als ein Weg in die Isolierung erweisen.
An Lehren hat es nicht gefehlt. Die internationale Ächtung des Terrorismus dürfte nicht mehr auf sich warten lassen. Unterdessen haben wir bei uns die Bestimmungen des Ausländergesetzes konsequent dort angewendet, wo es geboten war. Wir haben deutlich gemacht: Die Bundesrepublik Deutschland darf und wird nicht zum Tummelplatz gewalttätiger Auseinandersetzungen werden, die ihre Ursache in den Konflikten anderer Staaten haben. Wir haben uns vor Verallgemeinerungen gehütet und Fremdenfeindlichkeit energisch widersprochen.

Kriminalität wirksam bekämpfen

Wir wollen keinen Polizeistaat, der wie der »große Schatten« über unserem Leben hängt. Wir haben uns, nach den Erfahrungen der Geschichte, durch unser Grundgesetz für den freiheitlich-demokratischen Rechtsstaat entschieden. Die Stimmung, die von gewissen »Law and Order«-Missionaren angeheizt wurde, steht meiner Meinung nach einer Versachlichung des Themas entgegen und wirkt eher kriminalitätsfördernd.
Ich wehre mich gegen eine ungebührliche Einengung des Themas, und ich will hier hinzufügen, daß ich mit großer Sorge sehe, wie sehr man noch dazu neigt, die alarmierend angewachsenen Wirtschaftsstraftaten als Sport wenig ehrenwerter Herren und Damen zu betrachten. Oder, um ein anderes Beispiel zu nennen, wie wenig ernst in manchen Kreisen der Gesellschaft der Rauschgifthandel genommen worden ist.

Es darf keinen Zweifel daran geben, daß der Staat für seine Ordnungshüter einsteht. Die Polizei hat selber die freiheitlich-demokratische Ordnung zu praktizieren. Sie erfüllt eine Schutzfunktion für die Bürger und darf nicht im Stich gelassen werden, wenn sie ihre Pflicht tut: Wir machten in einigen unserer Städte Erfahrungen, die dafür eine deutliche Lehre sind.
Die Aufgabe der Polizei in einem demokratischen Gemeinwesen ist schwer. Sie ist zum strikten Respekt vor allen Regeln der Rechtsstaatlichkeit verpflichtet und darf dabei doch keine Schwäche zeigen. Ihr Dienst fordert Selbstdisziplin und demokratische Überzeugung. Der Polizist hat Anspruch darauf, daß die Bürger seinen Dienst würdigen und unterstützen.
Die Sicherung des demokratischen Rechtsstaates und seiner Einrichtungen vor illegalen Übergriffen ist Voraussetzung für die Freiheit des Bürgers in der Gesellschaft. Umgekehrt findet aber auch des Bürgers persönlicher Freiheitsraum dort seine Grenze, wo Gesetze die Entfaltungsmöglichkeiten der Mitbürger wahren.
Sich zu einer Demonstration zu versammeln und in dieser Form seine Meinung zu äußern, gehört zu unseren demokratischen Grundrechten, und insoweit hat jeder das Gesetz achtende Demonstrant Anspruch auf Schutz. Es kann aber keinen Schutz geben, wenn – wie es wiederholt geschah – das Demonstrationsrecht für vorsätzliche Gewaltanwendung und andere kriminelle Handlungen mißbraucht wird. Die Polizei muß wissen, daß für ihren rechtmäßigen Einsatz die politisch Verantwortlichen ihren Teil der Verantwortung auch tatsächlich übernehmen.
Das System unserer inneren Sicherheit muß im übrigen ausgebaut und verbessert werden. Bund und Länder haben dafür eine gemeinsame Konzeption gefunden. Sie haben in der sachlichen Zusammenarbeit der Verantwortlichen in Bund und Ländern Einigkeit bewiesen, gleichviel, ob die Innenminister und -senatoren nun der einen oder der anderen Couleur angehörten.
In den Jahren seit 1970 hat der Bund für die innere Sicherheit in diesem Lande tatsächlich mehr getan als in jeder Legislaturperiode zuvor. Das Sofortprogramm von 1970, das Sicherheitsprogramm von 1973 und der Ausbau des Bundeskriminalamtes

zu einem modernen und effektiven Apparat zur Verbrechensbekämpfung markieren den Weg. Wie unsere Polizei ihre Aufgabe im allgemeinen gemeistert hat – ich weiß, daß es gelegentlich auch Mißstände gibt –, verdient hohen Respekt.

Moderner Öffentlicher Dienst

Die Gesamtreform des Öffentlichen Dienstes ist zweifellos eine der großen Aufgaben der vor uns liegenden Jahre, und ich würde nicht widersprechen, wenn man mir entgegenhielte, die Vorarbeiten dazu kämen nur allzu langsam voran. Niemand konnte überhören, was Gustav Heinemann in seiner Verfassungsrede bemerkte: Der Öffentliche Dienst sei »im ganzen nicht so leistungswirksam, wie es die Bürger verlangen dürfen«.

Nun will ich hier nicht über Tradition und Zukunft unseres Berufsbeamtentums philosophieren. Gleichzeitig will ich ausdrücklich darauf hinweisen, wieviel ausgezeichneten Mitarbeitern ich als Regierender Bürgermeister, als Bundesminister und als Bundeskanzler begegnet bin. In den Verwaltungen und in den Betrieben der öffentlichen Hand wird viel gute Arbeit geleistet.

Aber es drängt sich die Frage auf, ob das Beamtentum heute noch nach klassischen Vorbildern funktionieren kann, ob manche Sonderrechte nicht überstrapaziert werden, ob die Flexibilität dem demokratischen Staat angemessen, ob zum Beispiel die Regel der Unkündbarkeit noch durchzuhalten ist. (Man zählt 3,4 Millionen Beschäftigte im Öffentlichen Dienst – davon sind etwa 1,5 Millionen Beamte –; das ist jeder achte der 26,5 Millionen Erwerbstätigen. Und die öffentlichen Aufgaben nehmen weiter zu.)

Es geht um die Funktionsfähigkeit des modernen Staates und die sozialen Freiheiten, die wir erst noch schaffen wollen. Jede Sozialleistung braucht eine Verwaltung. Doch man wird zusehen müssen, daß neugewonnene Freiheit nicht bürokratisch überwuchert oder zugedeckt wird.

Zum anderen: Die starke Expansion der Staatsausgaben auf allen Ebenen ist zu einem wesentlichen Teil das Ergebnis der steigenden Personalkosten. Ich betrachte das nicht nur auf dem Hintergrund unvermeidlicher tarifpolitischer Auseinandersetzungen, sondern auch auf längere Sicht als eines der schwierigsten Probleme in unserer Gesellschaft. Die öffentliche Hand ist heute nicht zuletzt ein riesiges Dienstleistungsunternehmen. Wenn wir seine Leistungsfähigkeit erhalten wollen, müssen sich Besoldungs- und Arbeitsbedingungen annähernd im gleichen Rhythmus bewegen wie in der Wirtschaft. Dies ist in den letzten Jahren auch der Fall gewesen. Ich bin noch in den letzten Monaten meiner Kanzlerschaft in eine Kontroverse um das Ausmaß der notwendigen Lohn- und Gehaltsverbesserungen geraten. Die wirklichen Argumente kommen in einer solchen Auseinandersetzung leicht zu kurz. Im Kern ging es mir um nichts anderes, als übersteigerten Forderungen – wenn irgend möglich – einen Riegel vorzuschieben. Es wird auch künftig in bestimmten Situationen notwendig sein, im Interesse des Ganzen auf die Grenzen hinzuweisen, in denen sich Beamtengehälter und andere Aufwendungen für den Öffentlichen Dienst zu bewegen haben.

Die Öffentlichkeit hat die Grenzen traditioneller Verantwortlichkeit in besonderen Gruppen des Öffentlichen Dienstes schmerzhaft erfahren. Über lange Monate war die Behinderung des Flugverkehrs in der Bundesrepublik ein öffentliches Ärgernis, das viel Geld, vor allem aber Kraft, Zeit und Nerven gekostet hat. Die Geduld meiner Regierung wurde, gerade was dies angeht, hart kritisiert. Doch ich kann sagen, daß wir uns wirklich bemüht haben, dieser Herausforderung mit den uns gegebenen Mitteln zu begegnen. Allerdings muß unmißverständlich hinzugefügt werden, daß unsere Bewegungsfreiheit durch die Rechtsverhältnisse aufs äußerste eingeschränkt war. Man mag darüber streiten, ob es zu verantworten gewesen wäre, die Forderungen einer kleinen, herausgehobenen Gruppe – mit allen Konsequenzen für Berufungsfälle und für die öffentlichen Finanzen insgesamt – widerspruchslos zu erfüllen. Wir haben dies abgelehnt, denn die Ordnung des Öffentlichen Dienstes wäre durch solche Nachgiebigkeit erschüttert worden. Hier werden zumindest zwei Fragen sichtbar:

Erstens: Eine hochtechnisierte Gesellschaft wie die unsere kann von einer Handvoll Menschen, wenn sie Schlüsselpositionen besetzen – dies gilt natürlich nicht nur für den Öffentlichen Dienst –, in allen Lebensregungen behindert oder gefährdet werden. Hier ergibt sich – zumal im Dienstleistungsbereich – ein Spezialistenproblem neuer Ordnung. Es müssen Mittel und Methoden gefunden werden, um die Gesamtheit vor Pressionen zu schützen, die von Minderheiten an den Schalthebeln ausgehen. Dazu gehört, daß die Regierung künftig – und dazu haben wir die Vorarbeiten eingeleitet – über personelle und administrative Alternativen verfügen kann.

Zweitens: Wenn die besondere Rechtsverpflichtung von Angehörigen des Öffentlichen Dienstes durch den Mißbrauch der rechtlichen Sicherungen solcher Gruppen ausgehöhlt wird, dann ist es in der Tat an der Zeit, über eine Veränderung des Status nachzudenken. Es könnte naheliegen, bestimmte Funktionen aus dem Schema des Öffentlichen Dienstes herauszunehmen; gleichzeitig sollte die Möglichkeit erhalten bleiben oder neu geschaffen werden, Spezialisten mit besonderer Verantwortung im gebotenen Fall unter eine direkte Dienstverpflichtung zu stellen.

Im übrigen brauchen wir eine Öffnung der Laufbahnen im Öffentlichen Dienst für das Leistungsprinzip. Erst wenn beides zusammenwirken kann, dann haben wir eine Chance, die doppelte Gefahr der Bürokratisierung und des Gruppenegoismus zu bannen. Man mag freilich daran zweifeln, ob die Verwaltungen imstande sein werden, Rationalisierung und Modernisierung ganz aus eigener Kraft und Initiative zu leisten.

Das Beharrungsvermögen von Behörden ist zäh, und sie neigen oft zur Expansion. Kaum ein Amt hat sich je aus eigenem Willen verkleinert oder gar abgeschafft, auch wenn es völlig oder teilweise überflüssig geworden war. Hier hat das Parlament nicht nur eine kontrollierende Funktion. Nicht zuletzt die Volksvertretung hat darüber zu wachen, daß in unserer Demokratie die Beamtenpflichten ernst genommen werden und der Öffentliche Dienst nicht in eine von niemandem gewünschte Entwicklung gerät.

»Bürger in Uniform«

So, wie der inneren Sicherheit im strikten Respekt vor der Rechtsstaatlichkeit zu dienen ist, so steht der Dienst für die äußere Sicherheit unter dem strikten Gebot der Friedenspflicht. Die Soldaten unserer Bundeswehr werden mit Recht Spezialisten für Kriegsverhinderung und Friedenssicherung genannt. Von ihnen wird verlangt, für einen Ernstfall bereit zu sein, der kraft ihrer Bereitschaft nicht eintreten darf. Was hier zum Ausdruck kommt, ist wohl die höchste moralische Forderung, die je an den Soldatenberuf gestellt wurde. Sie trifft sich mit einer zweiten: Eine Armee kann auf das Gesetz von Befehl und Gehorsam nicht verzichten – und trotzdem muß es den Soldaten eines demokratischen Staates möglich sein, daß sie Bürger unter Bürgern bleiben und ihren Bürgergeist in der täglichen Einordnung in das militärische Leben behaupten.

Oft wurde gefragt, ob nicht bei uns, wie in den angelsächsischen Ländern, der Übergang zur Berufsarmee erwogen werden sollte. Dies kann schon aus Kostengründen nicht in Betracht kommen und bedürfte auch sonst sehr eingehender Prüfung. (Man darf daran erinnern, daß »Volksbewaffnung« zu den demokratischen Grundforderungen des 18. und 19. Jahrhunderts gehörte. Die allgemeine Wehrpflicht entspricht auch einer tief verwurzelten sozialdemokratischen Tradition. Das Mißtrauen gegen die »stehenden Heere« und die Söldnertruppen des Feudalismus stammte aus leidvollen Erfahrungen. Die Neigung eines Berufsheeres zur Isolierung von der Gesellschaft bestätigte sich in der Weimarer Republik mit allen bitteren Folgen.)

Indessen verlangt die Technisierung der Streitkräfte heute von den Soldaten Spezialkenntnisse, die in den üblichen Fristen der Dienstpflicht kaum erworben werden können. Daraus ergab sich die Notwendigkeit, die Kernmannschaft längerdienender Soldaten wachsen zu lassen, wodurch sich die Zahl der Wehrpflichtigen auf rund die Hälfte verminderte. Durch die Verkürzung der Dienstzeit auf 15 Monate vermochten wir inzwischen auch dem Grundsatz der Wehrgerechtigkeit besser zu genügen. Unterdessen wurde auch der Zivildienst neu geordnet. Davon wird später die Rede sein.

Zum anderen setzt sich die Tendenz zum Ausbau eines langdienenden Wehrstammes fort. Die auf Vorschlag von Bundesverteidigungsminister Georg Leber beschlossene neue Wehrstruktur der Bundeswehr mit der Neugliederung der 36 Brigaden und der Einführung der Verfügungsbereitschaft für eine große Zahl von Funktionen, also die Begründung rasch verfügbarer Reserveeinheiten, zeigt die »Marschroute« an. Auch die Reform der Streitkräfte wird ein jahrelanger Prozeß sein, der erst 1978 abgeschlossen werden kann. Umstellungen, die unsere Präsenz im Bündnis auch nur für eine kurze Frist mindern würden, können wir uns nicht leisten.

Die Bundeswehr stellt die größte Landarmee Westeuropas. Der Stand ihrer Ausbildung und ihre Kampfkraft werden respektiert. Das ist, bedenkt man die hohen Forderungen, die weit über das Technische und Organisatorische hinausgehen, eine bemerkenswerte Leistung. Sozialdemokratische Wehrpolitik hat dazu entscheidend beigetragen.

Für die Öffentlichkeit und vor allem für junge Menschen unseres Landes war es nicht immer leicht und wird es vermutlich auch weiterhin nicht immer leicht sein, die Notwendigkeit großer Rüstungslasten im Zeichen einer Politik der Entspannung zu akzeptieren. Tatsächlich aber sind Sicherheitspolitik und Entspannungspolitik voneinander abhängig. Ohne den Schutz des Bündnisses, für den wir selbst mitsorgen, würde jede deutsche Politik mit berechenbarer Automatik in die Isolierung und damit in eine Position der beschränkten Handlungsfähigkeit gedrängt. Es ist eine dialektische und zugleich realistische Einsicht, daß auch in den Augen unserer osteuropäischen Nachbarn der Wert des Friedensfaktors Bundesrepublik Deutschland an der Zuverlässigkeit gemessen wird, mit der wir unsere Aufgaben in der Atlantischen Allianz erfüllen.

Abrüstung hat nur eine Chance, wenn die gegenseitige Sicherheit auf der Basis eines Gleichgewichts der Abschreckung jederzeit garantiert ist. Das heißt, daß beträchtliche Aufwendungen für die Verteidigung, Wehrpflicht und Zivilverteidigung noch lange unabdingbare Notwendigkeiten unseres Staates sein werden. Wir betrachten sie nicht nur als unausweichliche und ehrenvolle Pflicht, sondern als Sicherung unserer Friedensarbeit.

Das demokratische Prinzip kann auch in einer Armee der »Bürger in Uniform« nicht für die Struktur und die Funktion gelten, sondern nur für die Haltung des einzelnen und den »Geist der Truppe«. Die Autorität des Vorgesetzten bedarf heute einer anderen Begründung, als sie die Mechanik des Kadavergehorsams verlangte. Der Befehl muß eine Basis in der Überzeugungskraft des Vorgesetzten haben. Die Autorität ist nicht absolut, aber sie ist unverzichtbar. Sie kann kein Mythos mehr sein, sondern wird zu einer Art Sachautorität, wie sie auch in anderen Bereichen des öffentlichen Lebens behauptet werden muß.
Aber auch die Autorität, die sich aus dem demokratischen Prozeß ergibt, muß es sich gefallen lassen, immer wieder in Frage gestellt zu werden. Es ist nicht zu verkennen, daß damit die Mühsal in der Führung verantwortlicher Geschäfte wächst. Die Versuchungen zum Mißbrauch sind nicht gering. Die Gefahr des allzu raschen Verschleißes ist offensichtlich. Aber wir sollten uns daran erinnern, daß die nicht anfechtbare Autorität mehr Unglück über die Menschheit gebracht hat als die anfechtbare. Wenn wir den Weg der Freiheit gehen wollen, müssen wir auch ihre Schwierigkeiten und Lasten akzeptieren.

Staat und Nation

Unser Staat kann dem einzelnen nicht wirklicher Besitz sein, wenn er seine Heimat nicht in der Geschichte wiedererkennt, die ihm durch die Katastrophen des Jahrhunderts ferngerückt ist. Denn in dieser Geschichte ist die Zusammengehörigkeit des deutschen Volkes verwurzelt. In ihr – wie in der weiterwirkenden Gemeinsamkeit der Sprache, der Kunst, der Kultur des Alltags, des geistigen Erbes – lebt die Nation fort, auch in der Trennung.
Nichts spricht gegenwärtig dafür, daß der zerbrochene deutsche Nationalstaat, zumal in alter Form, wiederentstehen könnte. Die Deutschen in ihrer Gesamtheit sind heute keine Staatsnation; sie sind dennoch durch mehr als nur die gemeinsame Sprache verbunden: im menschlichen Bereich noch immer durch unzählige familiäre Bande, im geistigen durch eine gemeinsame

Geschichte und Literatur. Damit nicht auch dies noch verlorengeht, bedarf es einer Politik, die der Bewahrung der Nation dienen kann. Sie muß jene Wirklichkeit erhalten helfen, die es nicht erst seit 1871 gibt und die 1945 oder 1949 nicht aufhörte zu existieren.

Zur geschichtlichen Wahrheit gehört die Erkenntnis: Die Einheit Deutschlands, die Friedrich Ebert nach den Wirren des Ersten Weltkrieges retten half, zerbrach nicht erst 1945. An die Einheit und Freiheit Deutschlands wurde im eigentlichen Sinne die Axt gelegt, als Hitler im Februar 1933 den Reichstagsbrand nutzte, um die Freiheit in Deutschland zu vernichten; als am 2. Mai 1933 die Gewerkschaftshäuser in Deutschland gestürmt wurden; als die Verfolgungen und bald danach die Kriegsvorbereitungen begannen.

Der konfliktreiche, böse Weg zu der weltpolitischen Demarkationslinie, die Berlin, die Deutschland, die Europa teilt, fing an mit dem fanatischen Ansturm der extremen Rechten gegen die Vernunft der Freiheit und des Friedens. Das fehlende Augenmaß und die beschränkte Unvernunft der extremen Linken trugen dazu bei, diesen Weg in die Zerstörung zu öffnen. Als er am 2. Mai 1945 dort endete, wo heute die Mauer in Berlin steht, hatte er Millionen von Opfern gefordert.

Die Kapitulation des Reiches am 8. Mai 1945 war in Wahrheit die Kapitulation eines Regimes, von dem ich bei der Schlußberatung des Grundvertrages am 11. Mai 1973 im Deutschen Bundestag sagte, daß es »die Summe des Verrats an allem war, das sich an Rechtlichkeit, Vernunft, moralischer Substanz im Schoß unserer Geschichte gesammelt hatte«.

Nach 1945 war es geboten, hart um die deutsche Einheit zu ringen; die Geschichte wird uns wohl den Beweis schuldig bleiben, ob nicht doch etwas zu erreichen gewesen wäre, hätte man sich damals bereit gefunden, den Empfehlungen meiner Partei zu folgen. Das Ringen um die Nation ist jedoch nicht zu Ende, auch wenn wir inzwischen von zwei deutschen Staaten auszugehen haben, nachdem mit dem »großdeutschen« Hitler-Reich auch das »kleindeutsche« Bismarck-Reich und selbst das Deutsche Reich in dem eingeschränkten Rahmen des Versailler Vertrags zerbrochen sind.

Die Väter des Grundgesetzes haben die neue staatliche Ordnung bei ihren Beratungen im Parlamentarischen Rat nicht als Bestätigung einer Teilung, sondern vielmehr als Antwort auf die faktisch vollzogene Spaltung Deutschlands entworfen. Sie hatten das Ganze Deutschlands – und hier steht bewußt der Genitiv – nicht vergessen, sondern als Auftrag gesetzt.
Ein Vierteljahrhundert nach der Gründung der Bundesrepublik Deutschland ist nüchtern festzustellen, daß wir der Einheit nicht nähergerückt sind. Im Gegenteil: Die beiden deutschen Staaten – am 7. Oktober 1949 wurde die Gründung der DDR proklamiert – haben sich seitdem immer weiter voneinander entfernt. Sie schienen einander fremder zu werden als andere Staatswesen, die einander irgendwo in der Welt benachbart sind. Diese Entfremdung schien für eine unabsehbare Zeit ein kaum zu änderndes Geschick zu werden, als die Bundesrepublik Deutschland am 5. Mai 1955 dem Atlantischen Bündnis beitrat und zugleich mit dem sogenannten Deutschland-Vertrag ihre Souveränität erlangte. Die Eingliederung der DDR in das politische, militärische und wirtschaftliche System des Ostblocks, das faktisch lange vorher begonnen hatte, folgte auch der Form nach mit automatischer Konsequenz. Konrad Adenauer hat die Entscheidung der Bundesrepublik Deutschland für den Westen, wenn wir es recht verstehen, als die Krönung seines Lebenswerkes gesehen, und er kannte den Preis, den wir dafür zahlen mußten. Wir schreiben die Geschichte nicht zurück. Wir haben die Realität dieser Entscheidung in Rechnung zu stellen.
Im Begriff der Nation sind für uns geschichtliche Wirklichkeit und politischer Wille vereint. Doch gemessen am Frieden kann die Nation heute für uns nicht das höchste aller Ziele sein. Unser Patriotismus hat sich zugleich als europäische und weltpolitische Verantwortung zu verstehen.
Wir dürfen es aber nicht zulassen, daß die deutsche Nation – als Idee, als schwierige Realität und als künftige Möglichkeit – gegen jene Mehrheit unserer Bürger ins Feld geführt wird, die als freiheitliche, soziale und europäische Demokraten den Deutschen eine Zukunft in guter Nachbarschaft nach innen und außen sichern wollen.
Wir überlassen die nationale Frage auch nicht den Kommuni-

sten, für die die DDR, ihre Gesellschaftsordnung und die Parteiherrschaft der SED das Modell für einen »sozialistischen Staat deutscher Nation« sind. Konfrontiert mit der Frage »Einheit oder Freiheit?«, behauptete sich die deutsche Sozialdemokratie in den ersten Nachkriegsjahren unter Führung von Kurt Schumacher und Ernst Reuter mit allen politischen und geistigen Mitteln gegen den Versuch der Kommunisten, hinter dem der Druck einer siegreichen Weltmacht stand, die wiedererstandene Arbeiterbewegung und die neubegründete SPD zur Aufgabe ihrer Unabhängigkeit zu zwingen. Die Ablehnung der Zwangsvereinigung dort, wo sich die Sozialdemokraten – wie in Berlin – frei entscheiden konnten, bleibt eine staatspolitische Leistung von großer Tragweite. Die deutsche und europäische Entwicklung nach dem Zweiten Weltkrieg ist dadurch stark beeinflußt worden.

West-Berlin und die Bundesrepublik

Sozialdemokratische Politik war – seit den harten Auseinandersetzungen vor, während und nach der Blockade – immer auch Politik für Berlin. Die Stadt wurde in den langen Nachkriegsjahrzehnten zum Prüfstand konkreten Friedenswillens. Im Herbst 1961 begann eine neue Phase der Überlegungen, ob man nicht zu einer Regelung für Berlin kommen könne, die verhinderte, daß alle paar Monate eine gefahrvolle Krise zu meistern sei. Ich habe über diese Frage dem damaligen Bundeskanzler ein Memorandum geschickt und darin auch betont, daß West-Berlin unter dem Dach der Drei-Mächte-Verantwortung wohl mehr als bisher seine Aufgabe als Land der Bundesrepublik erfüllen könne. Die Bundesrepublik selber müsse erklären, ob sie eine Straffung ihres Verhältnisses zu Berlin wünsche oder sie erstrebe. Ich kann nicht sagen, daß dieses Memorandum, das unter dem Eindruck des Baus der Mauer und von Gesprächen in Amerika geschrieben worden war, eine angemessene Beachtung gefunden hätte.

Als Ende 1966 die Große Koalition gebildet wurde und ich aus meinem Amt im Schöneberger Rathaus ausschied, habe ich versprochen: »Auch als Bundesaußenminister und als Vizekanzler werde ich Berliner bleiben. Ich werde auch von Bonn aus für diese Stadt arbeiten, die ich als ein Stück von mir selber empfinde. Dies bedeutet den Abschied vom Amt des Regierenden Bürgermeisters, keinen Abschied von Berlin.«

Daran habe ich mich gehalten, auch als Bundeskanzler. Nach dem Abschluß des Vier-Mächte-Abkommens, das für uns Voraussetzung für die Verträge von Moskau, Warschau und den Grundvertrag war, braucht Berlin glücklicherweise nicht mehr ein Spannungszentrum in der Mitte Europas zu sein. Der endlich geregelte Status soll dieser Stadt eine Zukunft der Stabilität und des Wachstums in einem friedlichen Europa sichern.

Der Senat von Berlin steckte seine Ziele für die innere Entwicklung der Stadt weit. Dem kontinuierlichen Aufbau und Ausbau der Stadt wurden neue Impulse gegeben. Die größere Sicherheit, die wesentlich erweiterten Bewegungsmöglichkeiten geben den Berlinern das Bewußtsein einer verläßlichen Zukunft. Der Ort härtester Konfrontation hinter uns liegender Jahre kann freilich nicht von heute auf morgen frei von Konflikten sein. Es gibt weiterhin Schwierigkeiten. Doch uns mußte es vor allem darauf ankommen, daß die Bindungen und Verbindungen zwischen dieser Stadt und der Bundesrepublik bekräftigt wurden. Das haben wir erreicht.

Viele erinnern sich an die Bemühungen Ernst Reuters und an meine eigenen Anstrengungen, Berlin zu einem gleichwertigen Bundesland werden zu lassen, mit möglichst vollem Stimmrecht in Bundestag und Bundesrat. Dem standen nicht nur die gewichtigen, jedenfalls übergeordneten Gesichtspunkte der Westmächte entgegen, sondern leider auch die nicht immer überzeugenden Einwände damaliger Bundesregierungen und, wenn ich mich recht erinnere, mancher Kreise in Berlin selber. Wir haben auf einiges – ich meine: weniges – verzichten müssen, was in den Jahren der Abwehr gegen die östliche Bedrohung von den Alliierten geduldete Praxis war: zum Beispiel gelegentliche Plenarsitzungen des Bundestages, die aber seit 1965 ohnehin nicht mehr stattgefunden hatten. Hier waren Konzessionen möglich, weil damit Fortschritte für die Sicherheit und Stabilität Berlins erzielt werden konnten.

Natürlich: Die Berlin-Regelung löst nicht das nationale Pro-

blem der Teilung Deutschlands. Das Vier-Mächte-Abkommen löst auch nicht das Problem der Spaltung Berlins. Die Mauer bleibt, die Grenze bleibt. Nur: Die Mauer hat sich mehr geöffnet, wenn auch die Tür fast nur nach der einen Seite aufgemacht worden ist. Wir arbeiten dafür, daß es mehr Öffnungen geben und der Tag kommen wird, an dem an den Grenzen innerhalb des geteilten Deutschlands nicht mehr geschossen wird.
West-Berlin hat eine tragfähige und entwicklungsfähige Zuordnung zur Bundesrepublik Deutschland gefunden. Die Fragen, die sich für das deutsche Volk aus dem Zweiten Weltkrieg und aus dem nationalen Verrat des Hitler-Regimes ergeben haben, können, wie ich in meiner Regierungserklärung vom Oktober 1969 betonte, »abschließend nur in einer europäischen Friedensordnung beantwortet werden«. Damals sagte ich weiter: »Aufgabe der praktischen Politik in den vor uns liegenden Jahren ist es, die Einheit der Nation dadurch zu wahren, daß das Verhältnis zwischen den Teilen Deutschlands aus der gegenwärtigen Verkrampfung gelöst wird.« Auch Bundesminister Egon Franke hat immer wieder darauf hingewiesen: Diese Aufgabe bleibt.

Nation und Europa

Das Grundgesetz der Bundesrepublik Deutschland enthält nicht nur einen Auftrag gegenüber dem ganzen deutschen Volk – worauf das Bundesverfassungsgericht auf seine Weise hingewiesen hat –, sondern zugleich auch eine Pflicht gegenüber Europa. Am Anfang unserer Politik für Deutschland und Europa steht die Feststellung dessen, was ist. Die Grenzen der Macht in der Mitte Europas sind für eine nicht absehbare Zeit unverrückbar, wenn der Friede auf unserem Kontinent und damit der Welt nicht gefährdet werden soll. Ausgleich und Verständigung heißen nicht, daß wir die Spaltung Deutschlands als rechtmäßig anerkennen oder die Teilung Europas als unabänderlich betrachten. Verzicht auf Gewalt heißt nicht, auf die friedliche Verwirklichung der Menschenrechte zu verzichten. Unantastbarkeit der Grenzen heißt nicht, sie als feindliche Barrieren zu zementieren. Wir sind dem Grundgesetz verpflichtet.

Nicht im Widerspruch dazu steht, daß unser Staat und seine Menschen ihre Heimat im europäischen Zusammenschluß demokratischer Staaten finden sollen. Die deutschen Fragen werden in gewisser Hinsicht »europäisiert«; nur wenn die Zusammenarbeit zwischen den Teilen Europas gesichert ist, ergibt sich für die Deutschen ein besserer Rahmen. Eine patriotische Politik in Deutschland und für Deutschland muß heute eine europäische Politik sein. Die Nationen ändern sich nicht so rasch wie die Staaten. Diese existieren in immer engerer Zusammenarbeit miteinander; keiner kann sich wirklich unabhängig fühlen.

Wenn es richtig ist, daß sich über den Zusammenschluß im *westlichen* Europa hinaus eine gedeihliche Zusammenarbeit zwischen den Teilen *ganz* Europas entwickeln wird, dann kann dies auch die DDR und das Verhältnis zwischen den deutschen Staaten nicht unbeeinflußt lassen.

Bei Carlo Schmid, diesem großen alten Mann eines neuen Geistes der deutschen Sozialdemokratie, lesen wir in einer seiner späten Abhandlungen: »So wird auch die Deutsche Nation bestehen, solange die Deutschen sie wollen.«

Manche, zumal ältere und konservativ empfindende Bürger ziehen sich gern in wehmütige Betrachtungen vergangener Zeiten zurück, in denen angeblich »alles noch seine Ordnung« hatte. In Wirklichkeit war es mit jener Ordnung nicht so weit her. Der Zusammenbruch des wilhelminischen Staates und der der Weimarer Republik kamen nicht von ungefähr. Das Unbehagen an den Beschwernissen der Politik schuf jenen apolitischen Geist der Resignation, der zur totalitären Pervertierung aller Ordnung einlud. Einer, der es wissen mußte, notierte vor gut dreißig Jahren: »Die politische Willenslosigkeit des deutschen Kulturbegriffs, sein Mangel an Demokratie haben sich fürchterlich gerächt.«

Thomas Mann schrieb diese Zeilen: ein konservativer Kulturbürger par excellence, der in der Todesstunde der ersten Republik zum wortmächtigsten Anwalt der Sozialdemokratie geworden war. »Mein persönliches Bekenntnis zur Demokratie«, sagte er, »geht aus einer Einsicht hervor, die gewonnen sein wollte und meiner deutsch-bürgerlich-geistigen Herkunft und

Erziehung ursprünglich fremd war: der Einsicht, daß das Politische und Soziale ein Teilgebiet des Menschlichen ausmacht, daß es der Totalität des humanen Problems angehört, vom Geiste in sie einzubeziehen ist ... Es mag sonderbar klingen, wenn ich die Demokratie der Politik einfach gleichsetze, sie geradehin als die politische Seite des Geistigen, als die Bereitwilligkeit des Geistes zur Politik bestimme.«

Thomas Mann warb damals, mitten in der Verfinsterung, schon für »Deutschlands Rückkehr nach Europa, seine Versöhnung mit ihm, seine freie ... Einfügung in ein europäisches Friedenssystem mit all ihrem inneren Zubehör an Freiheit, Recht, Wohlstand und Menschenanstand ... Warum nicht?« Mancher mit ihm träumte diesen Traum noch vor dem Ausbruch des Zweiten Weltkriegs. Man kann nicht sagen, daß wir ihn schon ganz in unsere Wirklichkeit herabgeholt hätten.

Recht verstandene Autorität

Es gab immer wieder Kritiker, die meinten, die europäische Einigung oder gar die deutsche Einheit seien durch Schläge auf den Tisch zuwege zu bringen. Wie sehr sie irrten und irren! Sie verwechselten kraftvolles Handeln mit fruchtloser Aufgeregtheit.

Der Prozeß der Übersetzung großer Ziele in die Realität ist mühsam. Aber was taugte eine Überzeugungskraft, die solche Mühe scheute? Die Instrumente, mit denen wirkliche Autorität wirkt, heißen: Vernunft, Geduld, Überzeugung. Ich möchte diese Gelegenheit nutzen, um den Zeitgenossen eine Antwort zu geben, die meinten, ich hätte als Bundeskanzler und als Vorsitzender meiner Partei energischer »durchgreifen« müssen. In diesem und jenem Einzelfall mag der Vorwurf nicht unbegründet sein. Aber im ganzen sage ich auch jetzt, ja gerade jetzt mit Solschenizyn (»August neunzehnhundertvierzehn«): »Nicht die Eile, mit der ein Clown in die Arena stolpert, nicht die Eile, bei der man Schuhe und Hosen verliert.«

Es gibt ein tief eingewurzeltes, subalternes Verlangen, das Autorität »kraftvoll« bewiesen sehen möchte. Das war nicht meine

Art im Amt des Kanzlers. Es wird weiterhin nicht meine Art als Vorsitzender der Sozialdemokratischen Partei Deutschlands sein. Ich bin meinen nicht immer einfachen Weg gegangen und habe meine Erfahrungen gesammelt. Manchmal brauchte ich vielleicht ein wenig länger, um die gesetzten sachlichen Ziele zu erreichen. Dafür waren die Ergebnisse im allgemeinen nicht schlecht untermauert.

Ich weiß wohl, daß vom Politiker Härte gefordert wird – aber sie beweist sich nicht durch starke Worte. Ich weiß wohl, daß Entschlossenheit unverzichtbar ist – aber sie beweist sich nicht durch kopflosen Aktivismus, sondern in der genauen Überlegung, wann, wie, wo und mit welchen Mitteln zu handeln ist. Ich weiß wohl, daß es Grenzfälle gibt, in denen ein Politiker zu einer gewissen Rücksichtslosigkeit gezwungen ist – doch auch hier beweist sich moralische Entschiedenheit nicht durch Brutalität, bei der neben der Menschlichkeit für gewöhnlich auch die Vernunft auf der Strecke bleibt. Mein Entschluß, das Kanzleramt in andere Hände zu geben, hat diese Einsichten nicht geschwächt, sondern eher noch gestärkt.

Wir begegnen im politischen Bereich öfter als anderswo dem Phänomen der intellektualisierten Dummheit. Es hat viel mit dem Wesensmerkmal aller menschlichen Torheit zu tun, nämlich dem Unvermögen, Wichtiges und Unwichtiges zu unterscheiden.

Autorität, die Bestand hat, kann nur aus Loyalitäten wachsen. Es geht nicht um die Kunst, sich Freunde oder Feinde zu schaffen: Von beiden hat man für gewöhnlich mehr, als man wünscht. Loyalität heißt: Pflicht zur Treue gegenüber Menschen und der Sache. Ohne sie ist keine Politik möglich, die Bestand hat. Ohne sie bringt man nichts zuwege.

Demokratie ist ohne Respekt vor dem anderen nicht lebensfähig; solcher Respekt muß in der Führung beginnen, gleichviel, ob des Staates oder einer politischen Gemeinschaft. Unfähigkeit zur Achtung des anderen erledigt sich fast immer über kurz oder lang von selber – in der Verachtung, die man erntet.

Der Staat der Freiheit: Das können in der Tat nur wir selber, die freien Bürger, sein, um das Wort von Gustav Heinemann noch einmal aufzugreifen. Unsere Demokratie wird die Kraft haben, die wir ihr geben.

6. Kapitel
Einunddreißig Tage

Am 6. Mai 1974 bin ich vom Amt des Bundeskanzlers zurückgetreten. Am 6. April war ich in Paris, um Georges Pompidou die letzte Ehre zu erweisen. Hier meine Notizen, durch Ausschnitte ergänzt, über jenen knappen Zeitraum von 31 Tagen:

Sonnabend, den 6. April

Morgens zur Trauerfeier nach Paris. Am Donnerstag vergangener Woche hätte der Präsident zu den halbjährlichen Konsultationen nach Bonn kommen sollen. Er hatte gebeten, den Termin um einen Monat zu verschieben. Es blieb bei der Absicht. Am Dienstag, dem 2. April, kam die Nachricht vom Tode dieses Mannes, dem ich aufrichtige Sympathien bewahren werde. Seine eiserne Selbstkontrolle zeigte sich bis zuletzt im Kampf gegen die unaufhaltsame Krankheit.

Pompidou hatte es geschafft, aus dem Schatten de Gaulles zu treten. Seine Größe lag in der Unauffälligkeit, der Zähigkeit und dem Zielbewußtsein, mit denen er Frankreichs Modernisierung auf seine Weise vorantrieb. Er war ein Mann der Vernunft, der kühlen Rationalität. Aber er war auch ein echter Sohn der Auvergne, dieser bäuerlichen Region im Herzen Frankreichs. Er repräsentierte – mit allem Anspruch – den französischen Staat und seine große Geschichte. Er tat Dienst und erfüllte seine Pflicht.

Unsere Gespräche im Laufe der letzten Jahre waren von einer Offenheit und einem Verständnis füreinander, die sich gerade dann bewährten, wenn auf einzelnen Gebieten unterschiedliche Interessen und Auffassungen deutlich wurden. Wir wußten, wie wichtig unser vertrauensvolles Verhältnis für unsere beiden Staaten und die Entwicklung der Europäischen Gemeinschaft war.

Im Dezember 1969 hatten Pompidou und ich uns im Haag darüber verständigt, England nicht vom Werk der europäischen Einigung auszusperren. Auf der Pariser Gipfelkonferenz im Oktober 1972 skizzierten wir den Weg hin zur Europäischen Union. In unserer Zusammenarbeit wurde deutlich, daß der Präsident das Verhältnis zu den Amerikanern zu entkrampfen wünschte. In der Ostpolitik knüpfte er an den General an und begegnete unseren Bemühungen mit Respekt, auch mit Hilfsbereitschaft.

Die wichtigste Frage, die mir während der eindrucksvollen Zeremonie in Notre-Dame durch den Kopf geht: Was wird aus Europa? Daran schließt sich die Frage nach dem nächsten Präsidenten – Premierminister Messmer und ich sind uns einig, daß die engen deutsch-französischen Beziehungen auf jeden Fall ihre vorrangige Bedeutung behalten werden. Aber wie wenig haben wir doch, was die Europäische Gemeinschaft angeht, auch nur annähernd das Tempo halten können, das wir uns auf der Pariser Gipfelkonferenz im Oktober 1972 vorgenommen hatten! [Von den damaligen neun Regierungschefs sind übrigens nur noch zwei im Amt. Wenige Wochen nach meinem Rücktritt und der Abwahl des luxemburgischen Ministerpräsidenten Pierre Werner ist die personelle Veränderung komplett. (d. V.)]

Wilson, Tanaka, Palme, Hartling besuchen mich im »Bristol«; mit anderen kann ich beim Nachmittagsempfang am Quai d'Orsay kurze Gespräche führen. Händeschütteln auch mit dem DDR-Präsidenten. Als mich ein Journalist danach fragt: »Ich habe Herrn Stoph guten Tag gesagt, und das lag nahe; das war auch einfach, weil es dazu keiner Art von Übersetzung bedurfte.«

Aus Bonn die Nachricht, daß der Bundesrat im ersten Durchgang das Mitbestimmungsgesetz abgelehnt hat. Das war zu erwarten. Die Ein-Stimmen-Mehrheit der Länderkammer wird von der Opposition immer rücksichtsloser dafür eingesetzt, Mehrheitsbeschlüsse des Bundestages, wie sie dem Wählerauftrag entsprechen, entweder zu verhindern oder auch über ein legitimes Länderinteresse hinaus, daß heißt nach parteitaktischen Über-

legungen, zu korrigieren. Dies kann dem bundesstaatlichen Prinzip erheblichen Schaden zufügen.
Am Abend, vor dem Rückflug, einstündiges Gespräch mit Präsident Nixon – dem man ansieht, daß er Sorgen hat – in der amerikanischen Botschaft, vor allem über die Allianz und Ost-West-Beziehungen. Ein Interviewer will hinterher wissen, wann ich mit dem angekündigten Europa-Besuch Nixons rechne (wir waren uns einig, daß vor einem neuen Gipfel mit den Russen eine Zusammenkunft mit den Westeuropäern oder in der Allianz fällig wäre): »Das könnte nur er selber bekanntgeben. Er hat ja auch sonst eine ganze Menge zu tun. Unabhängig von Treffen, von Konferenzen, von Spitzenbegegnungen glaube ich, daß die Amerikaner mithelfen wollen, Mißverständnisse, die sich in den letzten Monaten ergeben hatten, auszuräumen. Und es hat ja nicht nur Mißverständnisse von der einen Seite gegenüber der anderen, sondern auch von der anderen gegenüber der einen gegeben. Wenn die Europäer sich also auch etwas zusammennehmen, bin ich sicher, daß wir zu einer Belebung und damit zu einer Stärkung der Atlantischen Allianz kommen. Dies ist aber notwendig auch wegen der Ost-West-Beziehungen.«

Sonntag, den 7. April
Lunch auf dem Venusberg mit Senator Edward Kennedy. Wir hatten ein offenes Gespräch über die Perspektiven der deutsch-amerikanischen und der europäisch-amerikanischen Zusammenarbeit. Ob »Teddy« Präsident werden will? Ich frage ihn nicht danach, aber mir will scheinen, seine Option sei deutlich spürbar. [Tags darauf hält der Senator im Hotel »Königshof« eine konstruktive Rede. Das Wort von einer »Partnerschaft« ist ihm offensichtlich keine Phrase. Er will das Gewicht der Europäischen Gemeinschaft in der Weltpolitik eher gestärkt sehen. (d. V.)]
»Svenska Dagbladet« veröffentlicht ein Interview, in dem ich unter anderem sagte: »Die beiden Richtpunkte in unserer Westpolitik sind nicht gegeneinander austauschbar ... Sie wird immer wieder zurückkehren zu der Fragestellung: Wie kommen wir mit einem Westeuropa voran, das sich nicht gegen Amerika organisiert, sondern in der Ergänzung zu und mit Amerika lebt? Obwohl der Europa-Gedanke, wie wir ihn nach dem Krieg

erlebt haben, seinen Sex-Appeal, wenn man so sagen darf, verloren hat, ist Europa bei allem Unzulänglichen für viele Menschen schon eine selbstverständliche Wirklichkeit geworden ... Aber das organisierte Europa geht so furchtbar mühsam voran ... Und trotzdem bin ich nicht eigentlich pessimistisch, sondern setze darauf, daß wir den ökonomischen Zusammenschluß weiter voranbringen und auch politisch immer wieder nach Formen suchen werden, um enger zusammenzurücken – auch wenn es schließlich nicht genau nach dem Schema vor sich geht, das sich die ursprünglichen Europa-Föderalisten ausgedacht hatten.

Ich möchte sagen, daß die Jahre von 1970 bis 1973 in Westeuropa durch keine ungünstige persönliche Konstellation gekennzeichnet waren: Pompidou, Heath und Brandt ergänzten sich und paßten nicht schlecht zueinander, obwohl sie zu verschiedenen politischen Schattierungen in Europa gehörten. Noch bei der Pariser Gipfelkonferenz im Oktober 1972 hatte man den Eindruck, daß es durch ein enges Zusammenwirken dieser drei vorangehen würde... Was wir damals nicht wissen konnten, war, daß Pompidou so krank werden und nur noch so kurze Zeit haben sollte und daß England im Jahr 1973 in eine so schwierige wirtschaftliche Situation geraten würde. Ohne Namen zu nennen, wage ich vorauszusagen: Frankreich wird einen Präsidenten haben, für den der deutsch-französische Vertrag ein Kernstück seiner Politik sein wird.«

Weiter zur Innenpolitik: »Die CDU rechnet sich aus, gemessen an den beträchtlichen Erfolgen, die sie anderswo hatte, daß sie in Niedersachsen die Mehrheit bekommen könnte. Ich glaube, es wird einen knappen, aber deutlichen Erfolg der Sozialdemokraten zusammen mit den Freien Demokraten geben.

Sosehr ich für das vertretbare Maß an Toleranz bin, habe ich es doch für richtig gehalten, etwas stärker darauf hinzuweisen, daß keine Verwischung in dem Sinne stattfinden darf, meine Partei als etwas anderes denn als eine sozialdemokratische Partei erscheinen zu lassen und als eine, die auf dem Boden des Grundgesetzes, unserer Verfassung, steht, weil es in dieser Zeit schon Unsicherheiten genug gibt, die von außen kommen. Und es ist nicht erwünscht, wohl im Grunde auch nicht zu verantworten, daß man das Maß an Unsicherheiten noch steigert, indem man Unklar-

heiten aufkommen läßt über die demokratisch-rechtsstaatliche Substanz dieses Flügels der deutschen Politik.«
Abends in Neustadt am Rübenberge Treffen mit Alfred Kubel und den Kandidaten zur niedersächsischen Landtagswahl. Ich knüpfe an meine Zehn-Punkte-Erklärung vom 2. April an, erläuterte die Hinweise, die aus bundespolitischer Sicht für Niedersachsen gegeben werden können, und begründe, wie wichtig es ist, daß sich die Zusammensetzung des Bundesrates nicht verschlechtert.
An den folgenden beiden Tagen – im Rahmen einer Informationsreise, meiner sechsten in dieser Amtsperiode – eine größere Zahl von Versammlungen, Besuchen und Pressegesprächen.
Interview für die »Neue Osnabrücker Zeitung«, das diese am nächsten Morgen veröffentlicht: »Die Arbeit an den notwendigen Reformvorhaben wird, unter Berücksichtigung der finanziellen Möglichkeiten, zügig weitergeführt. Die Wahlergebnisse – so ernst ich sie nehme – bedeuten ja keine Absage an das Regierungsprogramm und die innenpolitischen Vorhaben. Sie sind vor allem Ausdruck der Unzufriedenheit mit der Preisentwicklung und wohl auch mit Konditionsschwächen meiner Partei. Wenn ich betrachte, welche Antworten auf wichtige Fragen die CDU/CSU nicht gibt, dann muß ich es für wünschenswert halten, daß die Partnerschaft SPD-FDP auch über 1976 hinaus erhalten bleibt.«
Ehmke auf einer Veranstaltung in Hessen: »Wer Brandt angreift, greift die Partei selbst an. Brandt ist die Verkörperung der Partei.« Nun, das habe ich für mich so nie in Anspruch genommen. Aber die Verkörperung des Willens zum solidarischen Zusammenwirken, die will ich gern sein, solange meine Kräfte reichen.

Montag, den 8. April

Vor der Landespolizeischule in Hannoversch Münden unterstreiche ich, daß kein Gegensatz aufkommen darf zwischen dem Ausbau der freiheitlich-demokratischen Grundordnung und dem berechtigten Bedürfnis der Menschen nach Sicherheit. Das Demonstrationsrecht darf nicht, wie erst kürzlich wieder in Frankfurt, für vorsätzliche Gewaltanwendung und andere kriminelle Handlungen mißbraucht werden.

Vor den Braunkohle-Bergleuten in Helmstedt: »Mir ist wohl bewußt: In unserem Land gibt es in diesen Monaten einiges an Unsicherheit, Unzufriedenheit und auch Verdrossenheit. Dafür gibt es Gründe, die hätten vermieden werden können. Natürlich hat es in dem Bereich, für den ich die Verantwortung trage, auch Fehler und Pannen gegeben. Aber wir haben allen Grund, die Lage nicht bewußt schwarzmalen oder unbestreitbare Leistungen heruntermachen zu lassen.

Mit dem Schüren von Angstgefühlen hilft man niemandem, und ich sage mit Nachdruck: Laßt euer Land nicht von der Angst regieren! Niemand kann dieses Land zu einem Paradies machen; wir können es jedoch wohnlicher, menschlicher machen, als es ist. Ich möchte, daß wir ein Land sind und es noch mehr werden, in dem es sich gut leben läßt für Menschen, die stolz sind auf ihre Freiheit.«

Teilnahme an einer Redaktionskonferenz der »Braunschweigischen Zeitung«. In Uelzen-Hanstedt ein lebhaftes abendliches Gespräch mit Landwirten.

Die »Frankfurter Rundschau« veröffentlicht meinen Brief an die Sozialdemokratische Wählerinitiative. Darin heißt es zum Schluß: »In Zukunft werde ich öfter und – wenn es sein muß – deutlich genug sagen, wie ich die Lage sehe und was meiner Meinung nach zu tun ist. Allerdings gilt für mich weiterhin, daß glaubwürdige Autorität nicht autoritär sein darf. Es ist schwieriger, durch geduldige Überredung zu überzeugen, aber am Ende ist es wirkungsvoller.

Man vermutet bei mir gelegentlich eine Neigung zur Resignation. Davon kann keine Rede sein. Vielleicht versteht man, daß ich nicht frei von Enttäuschungen bin. Aber ich kenne meine Pflicht. Wir gehen also unseren Weg. Es ist gut, daß die Freunde von der Wählerinitiative bereit sind, uns weiterhin kritisch zu begleiten.«

Im »Kölner Stadtanzeiger« spricht man von Brandt als »dem einzigen Regierungschef, dem man die Kraft zutraut, die Krise der europäischen Einigung zu überwinden«. Hier wird es nicht zum erstenmal für möglich gehalten, daß ich die Rolle eines »Schiedsmannes« spielen könnte. Aber dies ist zu hoch gegriffen. Wohl aber will, kann und muß ich Partner einer realistischen

Politik sein, der zusammen mit dem nächsten französischen Präsidenten die europäische Malaise überwindet. Auf Frankreich und uns und unsere Zusammenarbeit kommt es wieder an, das ist und bleibt die Basis.

Aus Paris kommt an diesem Montag die Meldung, daß Giscard d'Estaing seine Kandidatur angemeldet habe. Die Gaullisten stellten Chaban-Delmas auf. Ich kenne beide seit einer Reihe von Jahren und weiß, daß sie, jeder auf seine Weise, den Willen mitbringen, das europäische Einigungswerk voranzubringen. Dies gilt auch für den Sozialisten François Mitterrand, mit dem ich Anfang des Jahres im Sonderzug von Stuttgart bis Mainz ein gutes Gespräch führte. Allerdings arbeitet er mit dem besonderen Risiko, das sich aus dem Bündnis mit der KPF ergibt.

Dienstag, den 9. April

Bericht aus Bonn: Walter Scheel war während der letzten beiden Tage in Ungarn und besucht Bulgarien. Die Aufnahme voller diplomatischer Beziehungen mit diesen beiden Staaten, die – aufgrund eines anderswo bestimmten Zeitplans – erst jetzt erfolgen konnte, rundet das bilaterale Programm unserer »Ostpolitik« ab. Alles deutet darauf hin, daß sich die Beziehungen zu den ost- und südosteuropäischen Staaten gedeihlich weiterentwickeln lassen.

Auf dieser Linie: Bundesrepublik und DDR werden ihre »Ständigen Vertretungen« am 2. Mai eröffnen. Die Klippen der Akkreditierung sind umschifft. Der Prozeß der Normalisierung bleibt mühselig. Aber er hat begonnen: ein beschwerlicher Weg der Vernunft.

In Osnabrück: Gespräch mit Betriebsräten und anderen Vertrauensleuten aus Betrieben; Gespräch mit Vertretern der Industrie- und Handelskammer, der Handwerkskammer und des Einzelhandels; Teilnahme an Redaktionskonferenz der »Neuen Osnabrücker Zeitung«.

In Hildesheim: Betriebsbesuch bei Bosch-Blaupunkt. Danach Veranstaltung des DGB mit Betriebsräten und Vertrauensleuten: »Der Bundeskanzler braucht nicht nur eure Unterstützung, verehrte Kolleginnen und Kollegen, sondern immer wieder auch euren kritischen Rat. Ich brauche keine Ja-Sager, sondern selber

mitdenkende und damit natürlich auch manchmal etwas unbequeme Weggefährten. Nur darf man mir nicht übelnehmen, wenn ich aus meiner Verantwortung sage, wo ich meine, daß es langgehen sollte.«
Auf dem Marktplatz in Einbeck Solling-Leine-Treffen der SPD: »Die Opposition schürt Angst nicht nur vor der Zukunft, sondern auch vor der Demokratie und der Gerechtigkeit. Demgegenüber habe ich – unbeschadet alles dessen, was noch zu tun bleibt – den Mitbürgerinnen und Mitbürgern vor der Wahlentscheidung 1972 zugerufen: Wir sind stolz auf unser Land! Heute sage ich: Laßt euch Deutschland nicht vermiesen! Setzt Bürgersinn gegen Angstparolen!«
Abends in Springe Veranstaltung mit gewerkschaftlichen Vertrauensleuten. Danach Informationsgespräch mit Redakteuren der Gewerkschaftspresse.

Mittwoch, den 10. April
Vormittags Kabinett. Walter Scheel in New York zur Welt-Rohstoffkonferenz der Vereinten Nationen; er befürwortet den »großen Dialog« zwischen den Entwicklungsländern und den Industriestaaten. In seiner Rede fordert er die ölproduzierenden Staaten und die kommunistisch regierten Länder auf, gemeinsam mit den Industriestaaten des Westens den jetzt noch ärmer werdenden Entwicklungsländern zu helfen. Er regt eine »globale Strategie« für die internationale wirtschaftliche Zusammenarbeit in dieser kritischen Lage an.
Abends Interview für »Bilanz« im Zweiten Deutschen Fernsehen: »Es gibt eigene Schwächen des Regierungslagers, es hat sie gegeben – wer wollte das bestreiten? Es gibt auch eine wenig sachliche Propaganda im Lande, eine, die bewußt Unsicherheit verbreitet und auf die ich geantwortet habe – überall übrigens mit starker Zustimmung, wenn ich sagte: Wir wollen offen und kritisch reden über das, was wir in eigener Verantwortung in Ordnung bringen müssen, aber wir wollen uns dabei bitte unser Land mit all dem, was wir in ihm geleistet und aus ihm gemacht haben, nicht vermiesen lassen.«
Weiter: »Wir müssen versuchen, auf dem Weg zur Wirtschafts- und Währungsunion wieder in Gang zu kommen in Westeuropa.

Wir müssen die Rohstoff- und Währungsprobleme, die auf der Washingtoner Konferenz andiskutiert wurden, weiterbehandeln, weil es eben so viele wirtschaftspolitische Aufgaben gibt, die wir nicht allein meistern können. Die wir meistern können, will ich mit marktwirtschaftlichen Mitteln lösen, aber ich sage ganz offen: Die notwendige Modernisierung, Anpassung, Umstellung, Fortentwicklung unserer Volkswirtschaft erfordert auch, daß der Staat – bei der regionalen Strukturpolitik, in der Energiepolitik, in der Verkehrspolitik und auf anderen Gebieten – maßgeblich mithilft, aber auf der Basis einer sozial verpflichteten Marktwirtschaft.«
In Bonn und in der Presse schwirren wieder Gerüchte um die Kabinettsumbildung, die nach der Wahl Scheels zum Bundespräsidenten notwendig sein wird. Tatsächlich führe ich Gespräche in dieser Richtung. Und ich bin dabei, die Linien der Regierungserklärung (wesentliches Element: Straffung der Arbeit) festzulegen, die ich nach dem Revirement abgeben will.

Donnerstag, den 11. April
Mitteilung der polnischen Führung, die darlegt, daß die Vereinbarungen, die im Winter vorerörtert worden waren – vor allem auf wirtschaftlichem Gebiet und im humanitären Bereich –, noch nicht ausreichen, um das bilaterale Verhältnis positiv weiterzuentwickeln. Danach läßt sich auch noch kein Zeitpunkt für den Besuch Giereks festlegen. Es ist schade, daß die Beziehungen zu Polen nicht besser vorankommen, aber ich bin zuversichtlich, daß sich in den nächsten Monaten der tote Punkt überwinden läßt.
Vor den Feiertagen räume ich, wie es sich gehört, den Schreibtisch auf.

Karfreitag, den 12. April / Ostermontag, den 15. April
Intensive Arbeit am Buch, mit Klaus Harpprecht.
Einlesen in die Unterlagen für die Reise nach Algier und Kairo.
Scheel bei Henry Kissinger. Aufgeschlossen-freundschaftliche Atmosphäre, wie mir berichtet wird. Unser Außenminister plädierte, wie wir verabredet hatten, für eine »Denkpause« im amerikanisch-europäischen Dialog. Der amerikanische Außen-

minister: Die USA strebten kein »Vetorecht« in Europa an. H. K. betonte das gute Verhältnis zwischen den beiden Staaten. Es gibt zwischen uns in der Tat keine Probleme, die nicht ruhig diskutiert werden könnten.

Dienstag, den 16. April

Vorbereitungen von Reden und Statements für Algier und Kairo.

Interview für »Express«: »Zunächst einmal wird sich zeigen, daß die Mitte, nämlich SPD und FDP, in Niedersachsen die nächste Landesregierung bildet. Die besonnenen Konservativen haben dann die Möglichkeit, dafür zu sorgen, daß die Entwicklung der Unionsparteien zur Rechtspartei aufgehalten wird. – Wer seine Verantwortung ernst nimmt, wird das schwierige Geschäft des Regierens nicht ohne viel Nachdenklichkeit betreiben können. Politik ist nicht ohne Leidenschaftlichkeit und Engagement möglich. So besehen macht mir das, was zu meinem Beruf geworden ist, auch Spaß. Er wäre größer, wenn nicht immer wieder vergessen würde, daß es auch eine Pflicht zur Fairness gibt.«

Gespräch mit Eberhard Stammler für die »Evangelischen Kommentare«: »Ich habe mir meine Regierungserklärung vom Januar 1973 noch einmal angeschaut. Darin findet sich ganz wenig, was ich nicht wieder hineinschreiben würde. Trotzdem würde und werde ich ein andermal mehr Aufmerksamkeit darauf verwenden, in möglichst einfachen Wendungen klarzumachen, in welche Richtung unser Bemühen zielt und was – daran orientiert – in einer überschaubaren Periode von vier Jahren gemacht werden soll. Das Interessante ist nämlich, daß heute vielfach das Empfinden vorherrscht, es würde vieles verändert, und zugleich, es geschehe gar nichts.«

An anderer Stelle: »Wir haben eine Fülle von Aufgaben, bei denen ich die Kirche aus fester Überzeugung nicht nur als den ›Gastarbeiter des Staates‹ sehen möchte ... Es gibt für Kirche und Staat mehr Arbeit, als beide zusammen leisten können ... Im Grunde kreisen wir bei unseren politischen Bemühungen immer wieder um Werte und Werthaltungen, die nicht aus dem Politischen stammen. Nähmen Sie aus unserer Gesellschaft die

Idee der Menschenwürde oder der Nächstenliebe weg: Was bliebe dann übrig, wofür politisches Engagement noch lohnte?«

Mittwoch, den 17. April

Erfreuliches Gespräch mit uns politisch nahestehenden Professoren und Hochschulpolitikern: Wichtige, bis vor kurzem noch hart umstrittene Gegensätze scheinen abgeschliffen oder sogar überwunden. Es erscheint jetzt möglich, daß wir mit dem Hochschulrahmengesetz vorankommen. Offen ist allerdings noch, wie die Opposition taktieren wird.

Gerhard Schröder – mein Vorgänger als Außenminister – berichtet mir über einen Besuch in Ägypten, den eine Delegation des Bundestages unter seiner Leitung in den letzten Tagen gemacht hat.

Gestern legten die Entwicklungsländer auf der Welt-Rohstoffkonferenz Forderungen nach einer »neuen internationalen Wirtschaftsordnung« vor: Es wird eine »gerechte Verbindung« zwischen den Preisen der Exportgüter der Rohstoffländer und denen der Importgüter aus den Industrieländern verlangt. Das kann man nicht einfach beiseite schieben; aber auch hier kann die Welt leicht in eine Teufelsspirale geraten – wenn sie nicht schon auf dem Wege dazu ist. Eine »Präventivmaßnahme gegen die Inflation« ist das Steigen der Ölpreise gewiß nicht, wie der Außenminister von Kuweit behauptete.

Donnerstag, den 18. April

In einem Interview mit dem Hessischen Rundfunk warne ich davor, den Bundesrat mit parteipolitischen Kontroversen zu überziehen: Dies könnte einen antibundesstaatlichen Effekt haben.

Georg Leber mit dem amerikanischen Verteidigungsminister in Fürstenfeldbruck: Die Allianz sei voll aktionsfähig; kein Abzug von Truppen, aber Rationalisierung.

Gespräch mit Ali Amin für das ägyptische Fernsehen. Ich betone die Ausgewogenheit unserer Politik, die Ehmke gleichzeitig in Israel darlegt. Dort deutet sich mit dem Rücktritt Golda Meirs – dieser bei mancher Einseitigkeit großartigen Frau – der

Übergang zu einer neuen innenpolitischen Konstellation an. Terrorakte extremer palästinensischer Gruppen und Kämpfe auf den Golan-Höhen machen deutlich, wie schwer der Weg zum Frieden noch ist. Aber Henry Kissinger ist unermüdlich und gibt ein unvergleichliches Beispiel »persönlicher Diplomatie«.

Freitag, den 19. April / Sonnabend, den 20. April
Mit Egon Bahr und Staatssekretär Frank nach Algier. Dort sage ich unter anderem: »Als ich, damals als Regierender Bürgermeister von Berlin, im Oktober 1963 zum erstenmal diese Stadt besuchte, begann das schwergeprüfte Algerien gerade, sich ganz auf sich selbst zu besinnen. Heute ist Algerien zu einem bedeutenden Faktor der Weltpolitik geworden. Die Entwicklung dieses Landes schreitet rasch voran. Mit großem Verantwortungsbewußtsein versucht Algerien gleichzeitig den Dialog zwischen Industriestaaten und Entwicklungsländern oder, wie Präsident Boumedienne es ausdrückt, zwischen denen, die die Technologie haben, und denen, die sie noch nicht haben.
Das Gespräch mit dem Präsidenten und seinen Kabinettsmitgliedern war geprägt von einem hohen Maß an Übereinstimmung, von Intensität und Freimut. Ich habe wieder einmal bestätigt gefunden, daß in der Politik das persönliche Gespräch, das Sichkennenlernen durch nichts ersetzt werden kann.
Wir sind der Ansicht, daß es notwendig und möglich ist, das Lebensrecht aller Staaten und Völker des Nahen Ostens zu sichern und jedem von ihnen durch eine übergreifende regionale Zusammenarbeit eine erstrebenswerte Zukunft zu gewinnen. In dem Angebot der Europäischen Gemeinschaft zur Zusammenarbeit mit den arabischen Staaten sehen wir eine historische Chance, den traditionellen Bindungen zwischen beiden Regionen einen neuen Inhalt zu geben.«
Präsident Boumedienne überrascht mich nicht durch seine selbstbewußte Strenge und Präzision: Den ihm oft nachgesagten Fanatismus kann ich allerdings nicht entdecken. Er kann zuhören, geht im Gespräch rasch auf die Sache zu, und im Verlauf der Begegnungen kommt sogar so etwas wie freundliche Vertrautheit auf. Boumedienne hat ehrgeizige Ziele, aber er bleibt auf dem Boden der Tatsachen. Was er sagt, zeugt von einem starken

Willen zur Unabhängigkeit. Man könnte hier von einem »puritanisch-arabischen Sozialismus« sprechen, dem es an Effektivität nicht mangelt. Natürlich schwingt mit, daß B. gerade in New York war und vor den Vereinten Nationen als erster Sprecher der Rohstoff- und der ungebundenen Länder aufgetreten ist.
Am Samstagmorgen unterrichtete ich mich über die Gipfelkonferenz des Warschauer Paktes. Stichworte: beschleunigter Abschluß der Europäischen Sicherheitskonferenz (KSZE) und zügiger Verlauf der Abrüstungsverhandlungen (MBFR). Das zweite bleibt ein schwieriger Boden. In Genf sollte man bald zu einem Ergebnis kommen können.

Sonntag, den 21. April / Dienstag, den 23. April
In Kairo bestätigt sich wieder, daß Erfahrungen, die man durch persönliche Begegnungen gewinnt, von großem Wert sind. Präsident Sadat überhäuft uns mit Bekundungen der Freundschaft. Er ist offensichtlich zufrieden damit, daß er seine Deutschfreundlichkeit, die ihm in jungen Jahren Schwierigkeiten bereitet hat, jetzt neu einordnen kann. Sein Vertrauen zu »unserem gemeinsamen Freund Henry« ist sehr groß. Zwischendurch frage ich mich, ob man sich überall darüber im klaren ist, daß es der Mitwirkung beider Weltmächte bedarf, um eine Friedensregelung zustande zu bringen. (Daß es zum Auseinanderrücken auf den Golan-Höhen kommt, halte ich für wahrscheinlich.) Das Interesse am Frieden und an der Zusammenarbeit mit Europa wird von Sadat und seinen Ministern, auch von Mahmoud Riad, dem Generalsekretär der Arabischen Liga, überzeugend dargelegt. Was die Bundesrepublik zu leisten vermag, wird hier – wie fast überall in der Welt – wesentlich überschätzt.
Aus meinen Erklärungen: »Die Welle der Freundschaft und Zuneigung, die uns in diesen Tagen hier entgegenschlug, wird uns eine bleibende Erinnerung sein. Unsere beiden Länder sind einander durch freundschaftliche Beziehungen seit langem verbunden: Beziehungen der Geschichte, der Wirtschaft, der Kultur. Diese ursprüngliche Freundschaft war während einer gewissen Frist verdunkelt. Beide Seiten, verstrickt in die eigenen Probleme, haben vielleicht nicht zu jeder Zeit mit der notwendigen

Aufmerksamkeit wahrnehmen können, wie schwer jeder auf seine Weise an der Last der Geschichte trägt.
Meine Landsleute und ich sind erleichtert, daß in diesem Teil des Nahen Ostens die Waffen schweigen und die kriegführenden Parteien ernsthaft bemüht sind, auf der Grundlage der Resolutionen des Sicherheitsrates der Vereinten Nationen eine Lösung des Konfliktes zu finden, die es allen Beteiligten ermöglicht, in Frieden, in gesicherten, respektierten Grenzen und frei von Furcht zu leben. Wir sind bereit, zusammen mit anderen europäischen Staaten, für eine hoffentlich bald gefundene Lösung des Konflikts politische Garantien zu übernehmen. Unsere Politik ist um Ausgewogenheit bemüht – nicht nur in Europa. Für uns ist die in sich befriedete, ihr Schicksal selber gestaltende Region ein Leitbild geworden, das eine prägende Kraft in der Welt haben sollte. Die Chancen der Zusammenarbeit mit und in dieser Region sind noch nie so groß gewesen wie jetzt. Ich hoffe, man wird sie nutzen.«
In der Bilanz meiner Reise stellte ich fest: »Frieden im Nahen Osten muß natürlich auch heißen, daß Israel in gesicherten Grenzen leben kann. Ich kann zu dem stehen, was ich im vergangenen Jahr in Jerusalem gesagt habe. Es ist meine Absicht, unserer festen Verantwortung im westlichen Bündnis und unserer Entspannungspolitik in den kommenden Jahren ein ausgewogenes Engagement im Nahen Osten als logische Ergänzung hinzuzufügen. Dies kann sich nur auf alle Staaten dieser Region beziehen.«
Inzwischen hat Präsident Nixon seinen Besuch in Ägypten Ende Mai öffentlich angekündigt. Die beiden Reisen sind nicht ohne inneren Zusammenhang. Die Abstimmung zwischen uns und den Amerikanern funktioniert.
Aus Bonn: Die EG-Außenminister waren zu einem informellen »Familien«-Treffen auf Schloß Gymnich. Die Gespräche sind nach den Berichten entspannt gewesen. In der Diskussion über das Papier, das die Beziehungen zwischen der Europäischen Gemeinschaft und den Vereinigten Staaten beschreibt, haben sich die Standpunkte angenähert.
Außerdem: Die innenpolitisch wichtige Erklärung Walter Scheels, daß seine Freien Demokraten vor jeder Wahl eine ein-

deutige Koalitionsaussage machen sollen. Ich meine, das kann stabilisierend wirken, nicht nur für seine eigene Partei.

Mittwoch, den 24. April

Mittags Rückkehr aus Kairo. Ich werde noch auf dem Flugplatz durch Staatssekretär Grabert unterrichtet, daß Guillaume morgens verhaftet worden ist und sich als »Offizier der NVA« zu erkennen gegeben hat. Hieraus ergaben sich im Laufe des Tages mehrere Gespräche mit engeren Mitarbeitern. Ich betone, daß ich rücksichtslose Aufklärung wünsche.

Nachmittags gehe ich kurz ins Adenauer-Haus, wo die CDU aus Anlaß des 70. Geburtstages von Kiesinger einen Empfang gibt. – Die CDU-Führung hat sich nun doch entschlossen, Richard von Weizsäcker als Kandidaten für das Amt des Bundespräsidenten zu nominieren.

Am Abend tritt im Bungalow der um Experten erweiterte Koalitionskreis zusammen. Wir verständigen uns über das, was jetzt zur Reform des Bodenrechts möglich ist. Ein weiterer wichtiger Punkt aus der Regierungserklärung kann damit abgehakt werden. [Die Regierungsvorlage wird am 30. 4. noch unter meinem Vorsitz vom Kabinett verabschiedet. (d. V.)]

Natürlich ging mir am Abend und in der Nacht immer wieder die Verhaftung G.s durch den Kopf. Die Mitteilung, daß G. entlarvt worden ist, hätte mich nicht sonderlich zu berühren brauchen, denn mir war vor geraumer Zeit gesagt worden – mit der Hinzufügung, bitte nichts an seiner Tätigkeit zu ändern –, daß es Anhaltspunkte für einen Verdacht geben könne und man ihn daher observieren wolle. Lange Zeit hatte es dann für mich so ausgesehen, als hätte es sich um einen nichtbegründeten Hinweis gehandelt. Vor knapp zwei Monaten war mir gesagt worden, es bestehe Veranlassung, die Bundesanwaltschaft zu bemühen. Ich ging selbstverständlich davon aus, daß die Sicherheitsbehörden tun würden, was ihres Amtes ist.

Obwohl ich nicht ganz unvorbereitet war, löste der bestätigte Verdacht bei mir doch erheblichen Zorn aus: Was sind das für Leute, die das ehrliche Bemühen um den Abbau von Spannungen – auch und gerade zwischen den beiden deutschen Staaten – auf diese Weise honorieren! Wäre es in der gegenwärtigen Großwetterlage wahrscheinlich, daß sich Breschnjew und Nixon der Spitzelei im Vorzimmerbereich bedienen? Und wenn ja: Wie würde sich das auf die Ost-West-Beziehungen auswirken? Sind wir wieder einmal daran erinnert worden, daß unsere Lage eben doch eine besondere ist?

Gewiß muß ich mich fragen, ob ich leichtgläubig gewesen sei. Ein solcher Eindruck wird sich vermutlich festsetzen. Nur müßte man dann wissen, daß G. als »besonders zuverlässig« ins Kanzleramt vermittelt worden war und daß er eine besondere Überprüfung hinter sich hatte, als er ins Kanzlerbüro übernommen wurde. Sein Diensteifer und seine Geschicklichkeit in organisatorischen Dingen hatten ihn für seine Aufgabe empfohlen. Er war, in technischer Hinsicht, ein guter »Adjutant«. Wegen einer von mir oft als peinlich empfundenen Enge seiner geistigen Interessen war er für mich kein politischer Gesprächspartner, aber das war ja auch nicht seine Funktion.

Donnerstag, den 25. April

Vormittags zur Eröffnung der Hannover-Messe (kühle Aufnahme durch die Mehrheit derer, die dort »die Wirtschaft« vertreten):

»Ich habe mir vorgenommen, eine nicht schönfärberische, aber eine optimistische Rede zu halten. Nachdem der Winter vorbei ist, habe ich Grund dazu. Beifall ist kein Maßstab für die Richtigkeit einer Politik. Dies gilt auch für den Mangel an Beifall.

Die Bundesrepublik Deutschland wird weder ein Gewerkschaftsstaat noch ein BDI- oder Unternehmerstaat. Sie geht ihren Weg weiter zum modernen, freiheitlichen und sozialen Bundesstaat, dessen Wirtschaft am Markt orientiert bleibt. Ich fordere Unternehmer und Gewerkschaften auf, miteinander und mit dem Staat an der fortlaufenden Modernisierung unserer Volkswirtschaft zu arbeiten. Dies ist eine große gemeinsame Aufgabe der vor uns liegenden Jahre. Ein nostalgischer Blick zurück ist hier am wenigsten erlaubt. Im übrigen: Nostalgie ist das Gegenteil dessen, was den Unternehmer ausmacht.«

In Bonn machen Meldungen und Gerüchte über den Fall G. die Runde. In der Fraktion herrscht tiefe Niedergeschlagenheit. An anderen Stellen hat man nichts Besseres zu tun, als eine vergiftende Kampagne in Gang zu setzen.

Freitag, den 26. April

In einem Interview für die »Gewerkschaftspost«, die Zeitschrift der IG Chemie, sage ich: »Wir müssen häufig Kompromisse schließen, auch wenn wir lieber noch mehr erreichen möchten, als zu einem bestimmten Zeitpunkt erreichbar ist. Aber wir werden an dem gemessen, was wir erreicht *haben,* und nicht an dem, was wir gern erreicht *hätten* . . . Solidarität sollte die Kritik nicht blind machen, aber Kritik sollte auch die Solidarität nicht stumm machen.«

Vor dem Bundestag – in dritter Lesung – begründe ich mein Votum zur Änderung des Paragraphen 218 mit einer sorgfältig vorbereiteten Rede: Jeder soll wissen, daß ich es mir nicht leichtgemacht habe. Der Gesetzentwurf, wie er von SPD und FDP eingebracht worden war, wird mit 247 gegen 233 Stimmen bei 9 Enthaltungen angenommen.

Die Presse ist von Schlagzeilen über den Fall G. beherrscht. Im Bundestag gab es hierzu morgens eine Aktuelle Stunde. Ich äußerte kurz, nicht vorformuliert: »Es gibt Zeitabschnitte, da möchte man meinen, daß einem nichts erspart bleibt.«

Ich wies darauf hin, daß ich es mir nicht einfach machen und mich nicht auf Nichtzuständigkeit berufen würde. Jedoch: »Niemals war ein Bundeskanzler zuständig für die Sicherheitsüberprüfung von Mitarbeitern. Er geht davon aus, wie andere Behördenchefs, daß diese Sicherheitsüberprüfungen von den zuständigen Stellen im Rahmen des Möglichen gemacht werden.« Weiter sagte ich, bei genauer Überlegung sollte es im Grunde nicht überraschen, wenn man einen besonders geschickten und durchtriebenen Agenten auf mich angesetzt habe. Ich hätte zur Kenntnis genommen, daß der SED-Staat seine Feindschaft gegenüber dem SPD-Vorsitzenden – und der sei wohl das eigentliche Ziel der Agententätigkeit gewesen – auf diese Weise hervorgehoben habe. In einem vielfach mißverstandenen Satz sprach ich von einer tiefen menschlichen Enttäuschung. Dieser Satz beruhte natürlich nicht auf Illusionen über die allgemeinen Praktiken der SED-Führung, sondern darauf, daß mir dieses Ausmaß an Verstellung und Vertrauensmißbrauch ungeheuerlich vorkam.

Im übrigen stellte ich wahrheitsgemäß fest, daß ich zu einem

gewissen Zeitpunkt von einem Verdacht unterrichtet worden sei und den ausdrücklichen Rat der Sicherheitsorgane befolgt hätte, indem ich mich damit einverstanden erklärte, G. weiter zu beschäftigen und ihn auch mit mir auf Urlaub fahren zu lassen, damit eine möglichst komplette Aufklärung nicht erschwert würde. Ebenfalls wies ich darauf hin, daß zu G.s Aufgabengebiet keine Befassung mit Geheimakten gehört habe. [Dabei habe ich an seine normale Arbeit im Kanzlerbüro gedacht – der Sonderfall, daß während des Sommerurlaubs 1973 in Norwegen tatsächlich geheimzuhaltende Fernschreiben durch seine Hände gingen, war mir, als ich mich im Bundestag äußerte, nicht bewußt. (d. V.)]
Nachmittags hatte ich die sozialdemokratischen Kabinettsmitglieder bei mir, erörterte mit ihnen den Fall G. – besser: seine zu diesem Zeitpunkt allen bekannten »Oberflächen« –, bereitete sie auch auf das für die zweite Maihälfte vorgesehene Revirement des Kabinetts vor.
Abends in angenehmer Gesellschaft beim schwedischen Botschafter mit meinem alten Freund, dem Schriftsteller Eyvind Johnson, und dem Staatssekretär Thunborg. – Im Laufe des Tages hatte ich – wohl mehr instinktiv – davon gesprochen, daß sich die Agentenaffäre zu einem »Naturereignis« entwickeln könne. [Was tatsächlich daraus werden würde, war mir jedoch weiterhin nicht klar. (d. V.)]

Wochenende 27./28. April
Gespräche – neben anderen mit meinem Freund Lauritz Lauritzen – über Revirement und, auch mit Bahr, über den Fall G. Redaktion von Reden für Saarbrücken, Hamburg, Helgoland etc.

Montag, den 29. April
Im Kanzleramt »Lage«. [Es wurde die letzte, an der ich teilnahm. (d. V.)]
Gaus sagte nach Rücksprache das für den 30. April vorgesehene Treffen mit dem stellvertretenden DDR-Außenminister Nier ab.
Zusammentreffen mit Mitgliedern der Landespressekonferenz Rheinland-Pfalz: Sie versuchten, möglichst viel über G. aus mir herauszuholen.

Eine Reihe von Einzelgesprächen. In einer nächtlichen Unterhaltung mit Ehmke und Grabert wird deutlich, wie schwer es sein wird, die den Fall G. betreffenden Dispositionen zu erklären (Übernahme in meinen Bereich, Vorwarnung, Urlaubsbegleitung, Belassen in der Funktion auf Veranlassung der zuständigen Stellen). Mir beginnt klarzuwerden, daß ich weit über das tatsächlich von mir zu Vertretende hinaus Verantwortung übernehmen muß. Die Möglichkeit des Rücktritts bleibt nicht unerwähnt, aber ich ziehe sie noch nicht in Betracht.
Schon jetzt ist jedoch zu erkennen: Interessierte Kreise werden den Fall G. zum Gegenstand der heftigsten Kampagne seit unserem Regierungsantritt machen. Der Dienst des Hamburger Großverlegers versorgt sie mit – meistens unrichtigen – Informationen. Der Schaden ist ohnedies groß genug, aber hier wird eine Stimmung der öffentlichen Hysterie erzeugt. »Bild« überschlägt sich.

Dienstag, den 30. April
Kabinettssitzung [die letzte von mir geleitete (d.V.)]. Ich berichte über den Fall G. Rüdiger von Wechmar erklärt vor der Presse: »Die Plazierung eines DDR-Spions in unmittelbarer Nähe des Bundeskanzlers ist ein gravierender Vorgang, der bei der sich entwickelnden Beziehung zwischen den beiden deutschen Staaten im Auge behalten werden muß.« Ferner: Der Bundeskanzler bedauere, daß es Kräfte innerhalb der Opposition gebe, die versucht seien, aus diesem Vorgang parteipolitisches Kapital zu schlagen.
Koalitionsgespräch zunächst in der üblichen Runde, danach im engen Kreis. Ich weise auf die nachträglich schwer zu erklärenden Dispositionen hin und besonders darauf, daß – wie inzwischen klar war – klassifizierte Schriftstücke während des Urlaubs in G.s Hände gelangt seien. Auch ließ ich keinen Zweifel daran, daß ich mich wegen der von mir zu übernehmenden Verantwortung gewissenhaft prüfe.
Nachmittags Kundgebung in Saarbrücken, zu den am Sonntag stattfindenden Kommunalwahlen [bei denen sich für meine Partei eine Abflachung des Stimmenrückgangs ergab (d. V.)]: »Die politische Landschaft Europas ist weniger übersichtlich als noch

vor wenigen Jahren. Manche Erfahrungen machen uns skeptisch, manche Entwicklungen lassen uns nicht nur Chancen, sondern auch Gefahren erkennen. Trotzdem ist für mich der Kurs der Geschichte klar: Die europäische Einigung wird kommen.
Der Kampf um Stabilität, um Modernisierung und um sozialen Ausgleich wird weitergehen. Ich nehme die Verantwortung an, die dem Bundeskanzler zukommt. Die Opposition versucht allerdings, mir auch das aufzubürden, was außerhalb unserer Macht steht. Hier beginnt die tägliche Manipulation der Wirklichkeit, die bis zur Unterdrückung der Wahrheit führt. Ich setze mein Vertrauen in die Vernunft und in die Wahrheit. Sie kann zwar für eine Weile verschleiert, aber sie kann nicht aus der Welt geredet werden.
Ich verlange keine Kritiklosigkeit. Aber ich bitte um eine faire Bewertung unserer Arbeit und, gestützt darauf, um möglichst viel Unterstützung bei dem, was zum Wohle unseres Volkes und zum Nutzen Europas erst noch vor uns liegt.«
Der SPD-Vorstand setzt gegenüber »Bild« eine Gegendarstellung durch, aus der hervorgeht, daß G. nicht an Vorstands- und Präsidiumssitzungen teilnahm. Auf diese Weise wird die Verleumdungskampagne jedoch kaum aufzuhalten sein.

Mittwoch, den 1. Mai
Gemeinsam mit Heinz Oskar Vetter auf der zentralen Kundgebung des Deutschen Gewerkschaftsbundes in Hamburg: 30 000 Teilnehmer auf dem Karl-Legien-Platz. Angenehmer Unterschied zur Maiveranstaltung in Hamburg 1969, auf der Otto Brenner und ich erheblich gestört wurden und Chaoten weithin die Szene beherrschten.
Aus meiner Rede: »Natürlich haben wir kein Abonnement auf Übereinstimmung in allen Fragen. Das kann nicht sein und soll auch gar nicht sein. Doch uns einen – über das Bekenntnis zu Frieden und Freiheit hinaus – der Wille zur friedlichen Reform und die Verantwortung für den Ausbau der sozialen Demokratie. Niemand hat übrigens gefordert, diese Bundesrepublik Deutschland solle ein Gewerkschaftsstaat werden. Ich sage hier, wie auf der Messe in Hannover: Sie wird auch kein BDI- oder Unternehmerstaat sein. Diese Bundesrepublik hat für alle dazusein.

Und auf dem Weg des Grundgesetzes muß sie sich unbeirrbar als demokratischer und sozialer Rechtsstaat weiterentwickeln. Ich habe mit meiner Regierung niemandem das Paradies versprochen. Reformpolitik ist kein Wort zum Sonn- und Feiertag. Es ist kein Zauberwort, mit dem alle Probleme gelöst werden. Politik des beharrlichen sozialen Fortschritts ist die einzig zuverlässige Realpolitik. Ich beschönige keine Gefahren. Ich zeige sie vielmehr mit ganzem Ernst. Doch mir ist nicht angst um die Zukunft, um unser Volk. Die Angstmacher könnten Grund haben, die selbstgezeugte Furcht zu fürchten. Ich weiß, daß wir der Schwierigkeiten Herr werden. Dies ist nichts anderes als Ausdruck des Vertrauens. Aus diesem stammt unser Mut und unser Stolz.«

In der Angelegenheit G. Telefonate mit dem Innen- und dem Justizminister. Ich erkenne nichts, das mich veranlassen sollte, mein Programm für die nächsten Tage zu ändern (und etwa vorzeitig nach Bonn zurückzukehren). Aber ich merke wohl, daß nach den »Bild«-Schlagzeilen über den »Kanzler-Spion« noch vieles zusammengebraut wird. Auch der »Stern« macht auf: »Spion G. immer dabei.«

Horst Ehmke, Chef des Bundeskanzleramtes 1969–1972, erklärt: »Die Einstellung Guillaumes durch das Bundeskanzleramt im Januar 1970 erfolgte auf der Grundlage der amtlichen Mitteilung des Bundesamtes für Verfassungsschutz über das Ergebnis der Sicherheitsüberprüfung, deren Durchführung für das Bundeskanzleramt – wie für alle Bundesressorts – zu den Aufgaben des Bundesamtes für Verfassungsschutz gehörte. In die Sicherheitsüberprüfung durch das Bundesamt für Verfassungsschutz wurden, wie das Bundesamt heute erklärt hat, alle dem Bundeskanzleramt bekannten Tatsachen einbezogen. Wie das Bundesamt für Verfassungsschutz bereits am 28. 4. und 30. 4. mitgeteilt hat, führte seine Sicherheitsüberprüfung zu dem Ergebnis, daß gegen die Einstellung Guillaumes keine Bedenken bestünden.«

Von Hamburg mit dem Hubschrauber nach Cuxhaven. Dort eine improvisierte, stark besuchte Versammlung am Norwegen-Pier. Mit Fregatte »Köln« der Bundesmarine nach Helgoland. Freundliche Aufnahme und trotz der Sorgen gemeinsam mit Lauritzen Teilnahme an einem norddeutsch-vergnügten Abend.

Donnerstag, den 2. Mai

Von Helgoland nach Wilhelmshaven. Von dort über Neuharlingersiel, Aurich, Leer nach Nordhorn. Von Lingen am Abend zurück mit dem Zug nach Bonn.

In Wilhelmshaven befasse ich mich, auf dem Baugelände der Mobil-Oil, mit der Rolle der multinationalen Unternehmen und warne vor einseitig-voreingenommener Beurteilung. Es wäre übertrieben, wollte ich von überschwenglicher Zustimmung sprechen. Im übrigen gab es an diesem Tag starken Zulauf zu meinen Versammlungen. Besonders kräftige Zustimmung fand ich, wenn ich sagte: »Ich lasse mich dadurch, daß man mir eine Laus in den Pelz setzte, von einer insgesamt richtigen, weil notwendigen Politik nicht abbringen.«

[Hermann Schreiber schreibt einige Tage später im »Spiegel«: »Manchmal erwächst dem Kanzler Brandt aus dieser Depression wohl auch die vertraute Versuchung, zu resignieren – sich zu verlieren an die selbstmitleidige Erkenntnis, es bleibe ihm wahrhaftig nichts erspart. Aber dann steigt er auf das nächsterreichbare Wahlkampfpodium und scheucht die Versuchung mit geballten Fäusten wie einen bösen Geist. Noch erlaubt er sich keinen Rückfall.« (d. V.)]

Auf dem letzten Abschnitt der Heimfahrt begleitet mich im Zug Horst Grabert. Er berichtet über die Sitzung des Parlamentarischen Vertrauensmännergremiums. Es sieht nicht so aus, als könnte es dort zu der gebotenen sachlichen Behandlung der Fragen kommen, die – über das strafrechtliche Verfahren hinaus – durch die Agentenaffäre aufgeworfen worden sind. Wir erörtern die Möglichkeit – die Anregung dazu war Anfang der Woche gegeben worden –, eine unabhängige Gutachtergruppe einzusetzen, um die offensichtlichen Sicherheits-Pannen objektiv prüfen zu lassen.

Eine »Blitzumfrage« scheint zu ergeben: 63 Prozent der befragten Bürger meinen, es sei großer Schaden durch den DDR-Spion entstanden. 47 Prozent werden mit der Meinung identifiziert: Die Verantwortlichen sollten zurücktreten.

Freitag, den 3. Mai

Ich unterzeichne die vom Bundespräsidenten am 8. Mai ausgefertigte dritte Änderung des Gesetzes über den Finanzausgleich zwischen Bund und Ländern. [Es wurde das letzte Gesetz mit meiner Unterschrift. (d. V.)]

Finanzminister Schmidt und sein neuer Parlamentarischer Staatssekretär unterrichten mich über die großen Schwierigkeiten, denen sie sich bei der Aufstellung des Haushalts 1975 gegenübersehen. Auch über Risiken der Steuerreform wird gesprochen.

Am selben Tag Gespräche mit Justizminister Jahn und dem Präsidenten des Bundesrechnungshofes.

Am Nachmittag empfange ich den portugiesischen Sozialdemokraten Mario Soares, bis vor kurzem im Exil, der nun im Auftrag von General Spinola zu mir kommt und dem ich vielfältige Zusammenarbeit in Aussicht stelle. [Soares war der letzte meiner vielen ausländischen Besucher im Palais Schaumburg. Er wurde kurz danach Außenminister. (d. V.)] Der Umsturz in Lissabon liegt erst eine gute Woche zurück. Man kann nur hoffen, daß dies gutgeht nach einem halben Jahrhundert autoritärer Herrschaft: Gut heißt, daß die Kolonialkriege in Afrika beendet werden; gut heißt auch, daß dieses Land nach Jahrzehnten einer autoritären Herrschaft zu einer demokratischen Ordnung findet und vor dem Chaos bewahrt bleibt.

Zum Fall G. erklärt der Regierungssprecher: Das Bundesamt für Verfassungsschutz sei auch möglichen Bedenken nachgegangen, die zwei Jahrzehnte zurückdatierten. Es habe die Sicherheitsüberprüfung auf »Streng Geheim« ohne nachteiliges Ergebnis durchgeführt. Das Bundesamt übernehme die volle Verantwortung für die Überprüfung G.s bei der Einstellung.

Gleichwohl sage ich an diesem Tag Helmut Schmidt, der sehr überrascht ist: Er müsse damit rechnen, daß die Kanzlerschaft plötzlich auf ihn zukommen könne. Im Laufe des Tages habe ich eine Reihe von Einzelgesprächen, die sich am Abend jedoch auf das anstehende Revirement des Kabinetts konzentrieren.

Wochenende 4./5. Mai
Die »Frankfurter Allgemeine« fragt in der Wochenend-Ausgabe: »Konsequenzen der Affäre G. auch für die Regierungsumbildung?« »Bild am Sonntag« mit der Schlagzeile: »Todesurteil, wenn der Spion nicht ausgetauscht wird. Ostberlin droht mit Prozeß gegen westliche Agenten.« Dies ist, wie Ähnliches, eine üble Form von Stimmungsmache. Von Austausch war bei uns in der Regierung überhaupt nicht die Rede. Die »Welt am Sonntag« fabuliert von schweren Spannungen in der Koalition. Als ob der Tatbestand selber nicht gravierend genug wäre, wird genüßlich behauptet, G. sei über unsere Planungen für Verhandlungen mit der DDR und osteuropäischen Staaten informiert gewesen. Tatsächlich hat er an keinem Gespräch teilgenommen, das mit Fragen dieser Art zu tun hatte.
Ich hielt mich an diesem Wochenende in Münstereifel auf, wo wir – die engere Parteiführung – mit einigen Freunden aus den Gewerkschaften Meinungen austauschten: über wirtschaftspolitische Fragen und über solche, die Regierung, Partei und Gewerkschaften gemeinsam berühren.
Samstagabend ein paar Einzelgespräche – erst mit Wehner, dann mit Börner und Ravens – zum Fall G. Zu nächtlicher Stunde sage ich, daß mein Entschluß zum Rücktritt nahezu feststehe. Die beiden Freunde, denen ich dies sage, versuchen mich umzustimmen und meinen, die Frage der Verantwortung müsse differenzierter beantwortet werden. Sie vermuten wohl, es seien die seit Anfang des Vorjahres sich häufenden Widrigkeiten, die mich mürbe gemacht hätten. Ich will das nicht völlig ausschließen. Wer kann sich insoweit in vollem Umfang selber Rechenschaft geben? Jedenfalls kann ich, neben Fehlern, Konditionsschwächen nicht bestreiten.
Sonntagnachmittag, als das Gespräch mit den Gewerkschaftsführern beendet ist: Besprechung im Kreise der engeren Parteiführung (Schmidt, Wehner, Börner, Nau, ohne Heinz Kühn, der am nächsten Tag aus Afrika zurückkommt). Ich gebe meinen Entschluß bekannt, begründe ihn und nominiere Helmut Schmidt als meinen Nachfolger. Dieser rät mir besonders eindringlich ab. Daß ich Parteivorsitzender bleibe, steht nicht zur Diskussion.

Abends schreibe ich auf dem Venusberg, unter dem Datum des 6. Mai, meinen Brief an den Bundespräsidenten, den ich am nächsten Tag nicht mehr ändere und in dem ich darum bitte, den Rücktritt unmittelbar wirksam werden zu lassen: »Ich übernehme die politische Verantwortung für Fahrlässigkeiten im Zusammenhang mit der Agentenaffäre Guillaume und erkläre meinen Rücktritt vom Amt des Bundeskanzlers.«

Diesen Brief zeige ich am Abend ein paar meiner Vertrauten und vor allem Walter Scheel, der stark abrät (wie seine Freunde am Montag) und mit dem ich das Programm der folgenden Tage bespreche.

In der Nacht das Ergebnis der ersten Runde der französischen Präsidentschaftswahlen: Mitterrand über 43 Prozent, Giscard fast 33 Prozent, Chaban-Delmas knapp 15 Prozent. Also werden Mitterrand und Giscard die Entscheidung miteinander austragen. Hoffentlich so, daß Europa darunter nicht Schaden leidet.

Montag, den 6. Mai

Die Kommunalwahlen im Saarland bringen noch keine befriedigende Korrektur des Negativtrends für meine Partei, aber wir liegen immerhin über dem Ergebnis der letzten Gemeindewahlen. Aufmachung einiger Zeitungen heute früh:

»Süddeutsche Zeitung«: »Moskau schaltet sich im Nahen Osten in die Vermittlungsbemühungen ein.« – »Frankfurter Allgemeine Zeitung«: »Brüssel fürchtet für die Zukunft des Gemeinsamen Marktes.« – »Die Welt«: »Frankreich: Stichwahl am 19. Mai. Giscard überraschend stark.« – »Frankfurter Rundschau«: 1. »Die Welt blickt nach Frankreich.« 2. »Regierung vermutet Indiskretionen.« (Fall G.) – »Bild-Zeitung«: »40 000-Mark-Brillant auf Müllkippe gefunden. Bahr bleibt dabei: Ich habe Ehmke gewarnt.«

Meine letzte »operative« Maßnahme als Regierungschef: Direktiven zum Ministergespräch, an dem ich nicht mehr teilnehme, über die italienischen Importrestriktionen. (Die Italiener hatten angesichts ihrer katastrophalen Zahlungsbilanz protektionistische Maßnahmen ergriffen; es kam darauf an, hieraus keine Katastrophe für die Gemeinschaft werden zu lassen.)

Vormittags, mittags und am frühen Abend bin ich ganz eingebunden in Gespräche der Koalitionsrunde und der engeren Parteiführung. Neue Aspekte ergeben sich nicht – außer daß sich eine Kampagne, die auch Privates zum Gegenstand hat, deutlicher abzeichnet und daß offensichtlich mein Entschluß hier oder dort antizipiert worden ist. Unterschiedlich vorgebrachte Gegenargumente können mich nicht mehr umstimmen. Auch nicht des Außenministers Voraussage eines »mittleren außenpolitischen Erdbebens«.

Abschließendes Gespräch um 20 Uhr mit Walter Scheel, gleich anschließend noch einmal kurz in der Koalitionsrunde.

Es gibt keinen Zweifel daran, daß das sozial-liberale Bündnis unter Helmut Schmidt weitergeführt wird. Ich lasse den Bundespräsidenten in Hamburg informieren. Mein vorletzter Brief als Bundeskanzler ist an Gustav Heinemann persönlich gerichtet (den ich leider nicht vorher unterrichten konnte und der sich durch den unmittelbar vollzogenen Rücktritt mit einer völlig neuen Situation konfrontiert sah):

»Es ist mir nicht leichtgefallen, den Brief zu schreiben, den Horst Grabert überbringt. Aber es blieb für mich nach reiflicher Überlegung keine andere Wahl. Alles ist mit Schmidt, Wehner, Kühn, Börner sowie mit Scheel und seinen Freunden genau durchberaten. Ich bleibe in der Politik, aber die jetzige Last muß ich loswerden. Sei mir bitte nicht böse, versuche mich zu verstehen und übertrage Scheel die Wahrnehmung der Geschäfte, damit Schmidt dann zum Kanzler gewählt werden kann.«

Sollte ich leugnen, daß ich an diesem Abend nicht ohne Rührung das Kanzleramt verlassen habe? Ich war vor allem dankbar für das, was Dr. Wilke und Dr. Schilling und was die Vorzimmerdamen Gerda Landerer und Marga Lenzen aufopferungsvoll für mich geleistet hatten.

Auf dem Venusberg, vor der ersten von vielen Sympathiekundgebungen, ein ernstes Gespräch über die Zäsur mit Rut und Lars. Danach der »letzte« Brief, in dem ich – um Mißverständnisse auszuschließen – außer der politischen auch die persönliche Verantwortung für Fahrlässigkeiten feststelle. Er ist an Walter Scheel gerichtet: »Seien Sie bitte so gut, den Koalitionskollegen meinen aufrichtigen Dank für die Zusammenarbeit zu sagen und damit alle guten Wünsche für jeden einzelnen zu verbinden.«

In der Nacht summierte ich – in einem Zustand beträchtlicher Erschöpfung, aber großer innerer Ruhe – die Motive meines Entschlusses.

Erstens: Dem demokratischen Staat bekommt es am besten, wenn die Verantwortlichen ihre Verantwortung wörtlich verstehen. Fremde Zuständigkeit ist in einer so ernsten Lage meist kein ausreichendes Kriterium.

Zweitens: Die Kampagne von rechts hätte mir – inmitten kritischer europäischer Ereignisse – unter Umständen nicht mehr genug Zeit und Kraft für die eigentlichen Aufgaben des Bundeskanzlers gelassen; sie hätte die Koalition in Mitleidenschaft ziehen können und vielleicht meiner Partei zuviel zugemutet, zumal

drittens deutlich geworden war, daß manche nicht davor zurückschreckten, mein Privatleben mit der Affäre G. zu verknüpfen. Ich hatte und habe nichts zu verbergen; aber auch ich habe ein Recht auf den Schutz der persönlichen Sphäre. Die Heuchler werden auch nach meinem Rücktritt nicht schweigen, aber ohne die Bürde des höchsten Regierungsamtes werde ich ihnen freier entgegentreten können.

Viertens: Nach den Erfahrungen mit dem Fall G. war ich für Verhandlungen mit der DDR – und vielleicht darüber hinaus – nicht mehr unbefangen genug.

Am nächsten Morgen gehe ich in die Bundestagsfraktion. Ich hoffe, daß von meinem Schritt – über den Anlaß hinaus – heilsame Wirkungen ausgehen werden, daß es bei manchen eine größere Bereitschaft zur Einordnung geben wird und daß es für meinen Nachfolger in gewisser Hinsicht leichter werden könnte.

Aus der kurzen Rede, die ich am Vormittag des 7. Mai vor meiner Fraktion halte, trage ich nach: »Ich habe den Entschluß reiflich bedacht. Auch wäre ich nicht ehrlich, wenn ich nicht sagte, daß er mir nicht leichtgefallen ist. Und ich bitte, meinen Schritt als eine Entscheidung zu respektieren, die mir niemand abnehmen konnte.

Ich sage das ausdrücklich, weil dieser Schritt keine Kritik an

Kabinettskollegen oder anderen Mitarbeitern ist, von denen übrigens einige von sich aus gesagt hatten, sie würden – wenn ich dies für richtig hielte – ihr Amt zur Verfügung stellen. Das war aber teils von der Sache her nicht gerechtfertigt, teils hätte es meine Frage nicht beantwortet.
Zugleich bitte ich, davon auszugehen, daß mein politisches Engagement morgen nicht anders motiviert sein wird und kann als gestern. Ich bin nicht mehr Bundeskanzler, ich bleibe Vorsitzender unserer Partei.
Die Verantwortung des Regierungschefs habe ich gern getragen, aber ich habe stets auch den Druck gespürt, der von einem solchen Amt ausgeht. Und jetzt hatte ich mich in diesen letzten Tagen der Lage zu stellen, in die ich durch Verrat eines vermeintlich loyalen Mitarbeiters geraten war. Mein Rücktritt geschieht aus der Erfahrung des Amtes, aus meinem Verständnis von Respekt vor ungeschriebenen Regeln der Demokratie und um meine persönliche und politische Integrität nicht zerstören zu lassen. In dieser Reihenfolge.
Walter Scheel muß zum Bundespräsidenten gewählt werden. Helmut Schmidt sollte die Aufgaben des Bundeskanzlers übernehmen. Der neue Bundeskanzler kann meiner Hilfe sicher sein.
Jetzt ist nicht die Zeit zu jammern, sondern jetzt ist die Zeit, daß für die gute Sache unseres Volkes hart gearbeitet und mutig gekämpft wird.«

7. Kapitel
Reform — Dienst am Menschen

Nach der Sommerpause 1973 – wir hatten ein gutes halbes Jahr Regierungsarbeit in der neuen Legislaturperiode hinter uns – wies ich die Koalitionspartner auf die Aufgabengebiete hin, auf die sich die Reformarbeit 1974/1975 im besonderen Maße zu konzentrieren habe. Ich nannte:
den Ausbau der Mitbestimmung und die Humanisierung der Arbeitswelt,
die Steuerreform und neue Maßnahmen im Bereich der Vermögensbildung,
die Reform des Bodenrechts und die Weiterführung des Programms zum Schutz der Umwelt,
die Weiterentwicklung der Bildungspolitik mit dem neuen Schwerpunkt der beruflichen Bildung.
Von der Bildungspolitik wird in diesem Buch noch die Rede sein. Dies gilt auch für die Humanisierung des Arbeitslebens und den Umweltschutz. Hier sollen behandelt werden:
erstens: Mitbestimmung, zweitens: Steuerreform und Vermögensbildung, drittens: das Bodenrecht und außerdem viertens: die Modernisierung des Rechts.
Die Demokratie, von der Churchill gesagt haben soll, sie sei unter allen Übeln das kleinste, ist gewiß keine besonders bequeme Staatsform – aber in der Umkehrung des Churchill-Wortes gerade darum die beste, die unserer Gesellschaft gelingen kann. Sie verlangt die Mitverantwortung der Bürger; dies nicht nur durch den Gang zur Wahlurne, sondern in ihrer mitgestaltenden Teilnahme an den Angelegenheiten der Gesellschaft. Sie setzt den Bürger in Rechte ein, denen er nur durch die Erfül-

lung von Pflichten genügen kann. Das Problem aber ist, ob diese Rechte für ihn abstrakt bleiben oder ob sie in seinem Alltag wirksam zu werden vermögen. Mitverantwortung bieten viele Politiker in ihren Wahl- und Festreden gern an. Das Problem ist wiederum, ob der Bürger eine Chance hat – nicht nur abstrakt und prinzipiell, sondern konkret und durch die Rechtsordnung gesichert –, die Mitverantwortung vor allem in der Welt auszuüben, die über sein Geschick wesentlich bestimmt: in der Welt der Arbeit und des Berufes.

Ausbau der Mitbestimmung

Wer die Arbeitswelt – und dies heißt vor allem: die Großwirtschaft – der Mitwirkung und Mitverantwortung des Bürgers zu entziehen versucht, will vielleicht eine demokratische Staatsfassade, aber kaum Demokratie als Lebensordnung. Als im ersten Deutschen Bundestag mit der Regierungspartei von damals und Opposition von heute die paritätische Mitbestimmung in den Grundindustrien – Kohle, Eisen/Stahl – beschlossen wurde, war es auch den Christdemokraten bewußt: Mit dieser historischen Entscheidung wurde endlich die Realität respektiert, daß »wirtschaftliche Macht unter den Bedingungen der Industriegesellschaft immer auch politische Macht« ist und daß »politische Macht immer auch die wirtschaftliche Entwicklung« beeinflußt (Richard Löwenthal). Im Grunde aber ging und geht es natürlich noch um mehr: um den Abbau von Herrschaft über Menschen, um die Verwirklichung von mehr Humanität und Demokratie.

Ob man sich gern daran erinnert oder nicht: Es waren die westlichen Siegermächte – die Vereinigten Staaten, Großbritannien und Frankreich –, die von dem ersten Kanzler der Bundesrepublik Deutschland nicht nur eine Entflechtung der Montankonzerne, sondern auch politische Garantien gegen den Mißbrauch wirtschaftlicher Macht als Preis für das Ende der sinnlosen Demontagen verlangten. Es waren die deutschen Gewerkschaften – einschließlich ihrer Kollegen aus der früheren christlichen Gewerkschaftsbewegung – und die deutsche Sozialdemokratie, die zusammen mit einigen aufgeklärten Konservativen dafür das konstruktive Konzept der paritätischen Mitbestimmung anboten. Die deutsche Industrie, Arbeitnehmer wie Unternehmer, hat damit gute Erfahrungen gemacht. Das wird von der heutigen Opposition verschämt verschwiegen – so, als wollte sie die damalige Mitwirkung an einer guten Sache nicht mehr wahrhaben.

Meine Partei handelte nur konsequent, als sie die paritätische Mitbestimmung in den Großbetrieben zu einem wesentlichen Punkt ihres Programms der Demokratisierung machte – in den letzten Jahren mit der prinzipiellen, wenn auch zum Teil anders begründeten Unterstützung der Freien Demokraten, die auf eigenen Wegen sich zu einem offenen und gewandelten Verständnis für die Notwendigkeit der gemeinsamen Verantwortung durchgerungen hatten. In der Regierungserklärung konnte ich für beide Koalitionspartner feststellen:

»Den Ausbau der Mitbestimmung sehen wir als eine unserer Hauptaufgaben. Mitbestimmung gehört zur Substanz des Demokratisierungsprozesses unserer Gesellschaft. In ihr erkennen wir die geschichtliche Voraussetzung für jene Reformen, die in ihrer Summe den freiheitlichen Sozialstaat möglich machen. Mitbestimmung – als Ordnungselement im Arbeitsleben, aber nicht nur dort – heißt natürlich auch Mitverantwortung tragen; beides gehört zusammen.

Wir werden das Unternehmensrecht im Sinne der Mitbestimmung der Arbeitnehmer in dieser Legislaturperiode weiterentwickeln. Jedermann weiß, daß es zwischen den Regierungsparteien unterschiedliche Auffassungen gibt; aber genauso, wie wir uns beim Betriebsverfassungsgesetz verständigt haben, werden wir auch hier eine gemeinsame Lösung finden. Dabei gehen wir aus vom Grundsatz der Gleichberechtigung und Gleichgewichtigkeit von Arbeitnehmern und Anteilseignern.«

Als wir uns an die Arbeit für den Ausbau der Mitbestimmung machten, konnten wir auf die großen Erfolge des verbesserten Betriebsverfassungsgesetzes und des Personalvertretungsgesetzes bauen. Die Schwerpunkte dieser Gesetze sind:

Der Betriebs- beziehungsweise der Personalrat kann bei Kündigungen, Versetzungen und bei der Arbeitsplatzgestaltung mitbestimmen.
Das Initiativrecht der Betriebs- und Personalräte wurde ausdrücklich klargestellt.
Die Zugangs- und Beteiligungsrechte der Gewerkschaften wurden erheblich ausgeweitet und verbessert.
Der Schutz und die Arbeitsmöglichkeiten der Betriebsräte, Personalvertreter und Jugendvertreter wurden wirksam ausgebaut.
Die Persönlichkeitsrechte der Arbeitnehmer und ihre Rechte bei Beteiligung an Betriebs- und Personalversammlungen wurden erheblich gestärkt.
Die Altersgrenze für die Wählbarkeit zum Betriebs- und Personalrat wurde auf 18 Jahre herabgesetzt, das Mindestalter für Jugendvertreter wurde aufgehoben.
Den jugendlichen Beschäftigten wurden über eigene Vertretungen vorteilhafte Mitwirkungsrechte eingeräumt.
Die ausländischen Arbeitnehmer erhielten nach dem aktiven auch das passive Wahlrecht.
Die Rechte der Vertrauensmänner der Schwerbeschädigten wurden erweitert und klarer umrissen.
Die Arbeitsmöglichkeiten der Betriebs- und Personalratsmitglieder wurden verbessert (Freistellung vom Dienst, drei Wochen Schulungsurlaub, stärkerer Kündigungsschutz).

Beide Gesetze definierten und sicherten zugleich die Rechte der Arbeitnehmer. Indessen berührten sie noch nicht (oder nur am Rande) das zentrale Problem der Verfügung und Verwaltung der Produktionsmittel, die bis jetzt – von den Montanindustrien abgesehen – praktisch nur von der Kapital- und Arbeitgeberseite kontrolliert waren. Der Faktor Arbeit – dem im Grundsatz kaum jemand einen gleich hohen Rang bestreitet – und mit ihm die Arbeitnehmer waren von der Mitverfügung und Mitverwaltung ausgeschlossen. Unsere Auffassung von Demokratie schließt aber eine ausgewogene Verfügungsgewalt über die Großwirtschaft notwendigerweise ein.

Das Regierungsmodell

Anfang 1974 verständigten sich die Bonner Koalitionspartner nach schwierigen Verhandlungen auf Modalitäten, unter denen die qualifizierte Mitbestimmung auf den wesentlichen Teil der Großbetriebe ausgedehnt werden soll. Zu Recht hat man diese Entscheidung einen historischen Durchbruch genannt.
Die Grundlinien des Koalitionsmodells – wie es in die Regierungsvorlage übernommen und im Bundestag vor der Sommerpause 1974 in erster Lesung behandelt wurde – sind:

> Die vereinbarte Mitbestimmungsregelung gilt für die Kontrollorgane der größeren Kapitalgesellschaften, die mehr als 2000 Arbeitnehmer beschäftigen. Es sind etwa 650 Unternehmen mit insgesamt über fünf Millionen Arbeitnehmern.
>
> Montan-Mitbestimmung und Betriebsverfassungsgesetz bestehen weiter.
>
> Die nach dem neuen Gesetz zu regelnde Verteilung der Aufsichtsratsmandate erfolgt nach dem Grundsatz der Gleichberechtigung und Gleichgewichtigkeit von Arbeitnehmern und Anteilseignern. Das würde heißen: Bei einem Aufsichtsrat von zwanzig Mitgliedern sind zehn Mitglieder der Anteilseigner und zehn Mitglieder der Arbeitnehmer vertreten. Auf der Arbeitnehmerseite sind dies sieben unternehmensangehörige Arbeitnehmervertreter, darunter einer der »leitenden Angestellten«, und drei Vertreter der in den Betrieben des Unternehmens vertretenen Gewerkschaften.
>
> Die Wahl der Arbeitnehmervertreter erfolgt durch ein Wahlmännergremium, das sich aus den Wahlmännern aller Betriebe des Unternehmens zusammensetzt; auch der »leitende Angestellte« wird von diesem Gremium gewählt.
>
> Die Vorstandsmitglieder werden mit einfacher Stimmenmehrheit durch den Aufsichtsrat gewählt. Der Vorstand soll als Kollegialorgan handeln. Ein Mitglied muß vorwiegend für Personal- und Sozialangelegenheiten zuständig sein.

Gegen den Regierungsentwurf gab es zahlreiche Einwände, von denen sich allerdings einige gegenseitig aufhoben. Ich will auf die wesentlichen Einwände eingehen und dabei nicht verschweigen, daß der mit den Freien Demokraten gefundene Kompromiß auch meiner Meinung nach Wünsche offenläßt. Aber es gehört zum Wesen des Kompromisses, daß die Beteiligten Abstriche von ihren ursprünglichen Positionen machen müssen. Die Alternative zum sachlichen Kompromiß ist nur zu oft, daß nichts geschieht; das gilt auch auf diesem Gebiet.

In der Kritik am Regierungsentwurf wurde von der einen Seite geltend gemacht, hier sei das freie Unternehmertum in Gefahr, durch eine Herrschaft der »Funktionäre« abgelöst zu werden. Dies wurde im besonderen damit begründet, daß die Vertreter der Arbeitnehmer für den Aufsichtsrat – übrigens einschließlich der gewerkschaftlichen Repräsentanten – nicht durch Urwahl, sondern mit Hilfe eines Wahlmännergremiums bestellt werden sollen. Die vorgesehene Wahlform entspricht jedoch den praktischen Erfordernissen großer Unternehmen, in denen meist mehrere Einzelwerke zusammengeschlossen sind. Es wird sich erweisen, daß die Arbeitnehmer ihr Wahlrecht intensiv wahrnehmen. Sie werden feststellen, daß von der neuen Form der Unternehmensverfassung viel für sie abhängt. Was den Vorwurf der heraufsteigenden »Funktionärsherrschaft« angeht, so wird man darauf hinweisen dürfen, daß auch die Vertreter der Kapitalseite, zumal der Banken, delegierte Verantwortung tragen und daß es unter diesen Funktionären ein hohes Maß an personellen Verflechtungen gibt (ganz abgesehen davon, daß manche von ihnen über die Jahre hinweg auch einen erheblichen Einfluß zugunsten des rechten Flügels der deutschen Politik ausübten).

Die Aufsichtsräte auf der einen Seite des Tisches werden Vertrauensleute der Arbeitnehmer, und sie werden demokratisch legitimiert sein. Wer sie eine »Gegenmacht« nennt, sollte den sachlichen Zwang zum Ausgleich der Interessen nicht unterschätzen. Jedenfalls vermag ich nicht einzusehen, wieso die Bundesrepublik Deutschland auf diesem Wege – oder überhaupt – zu einem »Gewerkschaftsstaat« werden sollte.

Die Gewerkschaften ihrerseits bemängelten, daß der Regierungsentwurf keine wirkliche Parität zustande bringe. Zum Teil wurde auch gefordert, daß die Gewerkschaften das Recht haben müßten, ihre Vertreter selber in die Aufsichtsräte zu entsenden.

Vor allem wurde geltend gemacht – was überwiegend auch der Meinung in meiner Partei entspricht –, daß die Parität im eigentlichen Sinne des Wortes durch die gesonderte Beteiligung der leitenden Angestellten in Frage gestellt werde; außerdem spreche die Vermutung dafür, daß der Vertreter dieser Gruppe häufig an der Seite der Kapitaleigner zu finden sein werde.
Weiter wurde eingewandt, daß der Letztentscheid durch die Hauptversammlung – falls im Aufsichtsrat bei der Berufung eines Vorstandsmitgliedes trotz aller Bemühungen keine Verständigung erfolgt – nicht der gebotenen Ausgewogenheit entspreche.
Ich halte es für wünschenswert und möglich, daß in den parlamentarischen Beratungen noch eine bessere Antwort auf das hier vorausgesetzte Patt gefunden wird. Allerdings will ich nicht verhehlen, daß ich die vermuteten Gefahren für nicht sehr real halte. Ein Manager, der etwas auf sich hält, wird sich nicht durch die Hauptversammlung wählen lassen, nachdem er im Aufsichtsrat mehrfach die Stimmenmehrheit verfehlt hat. Der Zwang zur Verständigung wird gerade hier stark sein.
Schwieriger ist die Problematik der leitenden Angestellten. Dabei war nie strittig, daß diese zu Vertretern der Arbeitnehmerseite gewählt werden können. Aber die Freien Demokraten hatten, was diese Gruppe angeht, wesentlich weiter gehende Vorstellungen, als sie in dem gemeinsamen Entwurf sichtbar werden. Nun wird sich zeigen müssen, ob der von der FDP geforderte Sonderstatus sich in der Vertretung von Sonderinteressen ausdrücken wird oder ob es nicht doch zu einer Einordnung in die Interessen der Arbeitnehmer insgesamt kommt. In dieser Perspektive kann der Sachverstand der »Leitenden« eine Bereicherung sein. Auch wird es seine Auswirkungen auf das Betriebsklima haben können, daß sich der jeweilige Vertreter des gehobenen Managements um Stimmen der Arbeiter und Angestellten bemühen muß.

Schrittmacher des Fortschritts

Ein französischer Journalist sprach im Zusammenhang mit unserem Gesetzentwurf von einem Schrittmacher des »moralischen« Fortschritts in Europa. Eine deutsche Wochenzeitung zog den Vergleich zwischen den Verhältnissen in der Bundesrepublik und dem von Krisen und Streiks überzogenen Großbritannien: »Begriffe wie Mitbestimmung oder Vermögensbildung in Arbeitnehmerhand blieben auf der Insel Fremdworte ... Den Ursachen der ›britischen Krankheit‹ auf den Grund zu gehen, ist deshalb nicht nur für die Briten selber wichtig.« Ich wage vorauszusagen:

> Der Ausbau der Mitbestimmung wird insgesamt die Tendenz zu leistungsfähigeren Unternehmen stärken, weil die Arbeitnehmer mindestens das gleiche Interesse an kluger Betriebsführung und Investitionen haben wie die Anteilseigner: Mitbestimmung ist sozial und produktiv zugleich.
>
> Das oft unerfreuliche Klima im Betrieb zwischen »Oben« und »Unten« wird sich ändern. Die Kapitalseite wird nicht mehr das letzte Wort haben. Die Verständigung wird durchweg im Interesse des wirtschaftlichen und technologischen Fortschritts erfolgen.
>
> Die Verantwortlichen in anderen europäischen Ländern werden in den nächsten Jahren die Einführung ähnlicher Modelle diskutieren – dann nämlich, wenn sie unsere guten Erfahrungen vor Augen haben.

Wenn der jetzt vorliegende Entwurf, mit welchen Modifizierungen auch immer, vom Bundestag beschlossen ist, werden wir neben der Montan-Mitbestimmung das hier erörterte Modell in den größeren Unternehmen verwirklicht sehen. Wir werden weiterhin nach dem Betriebsverfassungsgesetz in einer beträchtlichen Anzahl von Firmen die Drittelbeteiligung an den Aufsichtsräten haben. Außerdem gibt es besondere Formen der Mitbestimmung in öffentlichen Betrieben und schließlich die Regelungen nach dem Personalvertretungsgesetz.

Ich bin sicher, daß die auf den verschiedenen Gebieten gesammelten Erfahrungen in eine Debatte einmünden werden, die in kommenden Jahren das Thema eines der Zeit und der Zukunft gemäßen Unternehmensrechts zum Gegenstand haben wird. Auch überbetriebliche Formen der Mitbestimmung werden zur Diskussion stehen. Die europäische Entwicklung wird uns nicht unbeeinflußt lassen; wir werden sie unsererseits mitprägen, und sie wird auf uns einwirken.

Die Stellung der multinationalen Unternehmen wirft auch in diesem Zusammenhang zusätzliche Probleme auf. Nicht zuletzt wird man darüber nachzudenken haben, wie die öffentlichen Interessen – das heißt: die Interessen der Allgemeinheit und des sie vertretenden Staates – wahrgenommen werden können. Denn man wird – denken wir nur an Großbanken oder an öffentliche Betriebe – sich nicht ohne weiteres darauf verlassen dürfen, daß die Summierung der Interessen von Anteilseignern und Arbeitnehmern schon *automatisch* die allgemeinen Interessen des Staates und seiner Wirtschaftspolitik mit zum Ausdruck bringt.

Hier stellen sich neue Fragen. Es wird darauf ankommen, sie im Geiste der Demokratie, der Effektivität, des Gemeinwohls zu beantworten. Mitbestimmung muß – wie Demokratisierung überhaupt – als ein Prozeß des Lernens und der Erfahrung verstanden werden.

Steuerkompromiß und Vermögenskonzept

Als Helmut Schmidt, damals Finanzminister, dem Bundestag im Januar 1974 das dritte Paket der Steuerreform vorlegte – es wog, schwarz auf weiß gedruckt, immerhin 850 Gramm –, wies er darauf hin, die Ankündigung einer umfassenden Steuerreform sei fast so alt wie die Bundesrepublik selber. Es ist darum nicht erstaunlich, daß auch die sozial-liberale Koalition ihren ursprünglichen Termin für das Inkrafttreten der Reform – nämlich Jahresanfang 1974 – um ein Jahr überschreiten (und dann noch wesentliche Abstriche von ihrer Konzeption hinnehmen) mußte. Doch sie machte Ernst mit einer überaus komplizierten Arbeit, von der andere jahrelang nur geredet hatten.

Der Bundestag verabschiedete das Werk Anfang Mai dieses Jahres. Allerdings verhinderte der Widerstand der Opposition durch die Vertretung der Länder – in der CDU/CSU eine Mehrheit von einer Stimme haben –, daß das Reformwerk in der vom Parlament beschlossenen Form Wirklichkeit werden konnte. Nach mühseligen Verhandlungen stimmten die Koalitionsparteien einem Kompromiß zu, der immerhin dafür sorgt, daß wichtige Erleichterungen für die Bürger mit kleinen und mittleren Einkommen und auch andere Verbesserungen unseres Steuersystems wirksam werden konnten.

Ich will mich hier nicht auf den Versuch einlassen, dieses unendlich komplizierte, vielschichtige und mühselige Unternehmen in einer Spezialabhandlung zu beschreiben. Doch ich will versuchen, die wichtigsten Elemente sichtbar zu machen.

Nach Vorarbeiten einer Kommission, die noch in der Großen Koalition berufen wurde, verabschiedete die erste sozial-liberale Koalition unter der Federführung von Professor Alex Möller ein Gesamtkonzept, das die sogenannten »Eckwerte« setzte. Sie korrigierten eine Steuergesetzgebung, die allzu einseitig in den Dienst der gewiß notwendigen Ermutigung der Investitionsbereitschaft gestellt war, doch die genauso wichtige Steuergerechtigkeit vernachlässigt hatte. Unsere Änderungen lagen zum großen Teil schon in der ersten Legislaturperiode der sozialliberalen Koalition vor, doch die vorzeitige Auflösung des Parlaments verhinderte eine abschließende Beratung. Meine zweite Regierung legte die Entwürfe unverzüglich wieder vor.

Zu*erst* trat das *»Außensteuerreformgesetz«* in Kraft, das der skandalösen Steuerflucht privilegierter Bürger einen Riegel vorschieben soll.

Als *zweites* wurde das Gesetz zur *Grundsteuerreform* verabschiedet, mit dem für den Grundbesitz die – wahrhaftig überholten – Einheitswerte von 1935 abgeschafft und durch die des Jahres 1964 ersetzt wurden. Das war ein Akt der Gerechtigkeit, denn nirgendwo wurden größere Wertsteigerungen erzielt als bei dem nicht vermehrbaren Grund und Boden.

Als *drittes* schickte der Bundestag Ende 1973 das Gesetz zur Reform der *Erbschafts- und Schenkungssteuer* auf den Weg. Es reduziert die bisherigen fünf Steuerklassen auf vier. Kleinere und mittlere Vermögen bleiben bei der Vererbung an den Ehepartner bis zu einer halben Million Mark steuerfrei. Für Kinder und Enkel gilt ein Freibetrag von 90 000 DM. Außerdem erhalten Kinder bis zum 27. Lebensjahr einen Versorgungsfreibetrag. Die Erbschaftssteuer für große Vermögen wurde dagegen maßvoll erhöht: Bei 100 Millionen DM Erbschaft gilt ein neuer Höchstsatz von 35 Prozent (statt 15 Prozent) für Ehegatten und Kinder, für nicht oder entfernt verwandte Erbschaftsberechtigte ein Höchstsatz von 70 (statt 60) Prozent. Umgehungsmöglichkeiten durch »Schenkungen« oder »Familienstiftungen« wurden blockiert.

Als *viertes* wurde das Gesetz zur Reform der *Vermögenssteuer* vom Bundestag verabschiedet. Auch hier wurden kleinere und mittlere Vermögen stärker entlastet: Der Vermögenssteuersatz wurde generell auf 0,7 Prozent gesenkt. Ein- oder Zweifamilienhäuser oder Eigentumswohnungen werden von der Vermögenssteuer in der Regel nicht betroffen. Der Grundfreibetrag wurde von 20 000 DM auf 70 000 DM erhöht. Eine Familie mit zwei Kindern kann ein Vermögen von 320 000 DM (bisher 100 000 DM) besitzen, ohne dafür Vermögenssteuer zahlen zu müssen. Vom 60. Lebensjahr an gilt ein zusätzlicher Freibetrag von 10 000 DM, vom 65. Lebensjahr an sind es 50 000 DM für jeden Ehegatten. Dafür kann diese Steuer nicht mehr von der Einkommenssteuer abgezogen werden; das betrifft allerdings nur die gutverdienenden Steuerzahler (mit einem Steuersatz von mehr als 30 Prozent).

Das *fünfte* Element der Steuerreform war die Erhöhung des Freibetrages der *Gewerbesteuer* von 7200 DM auf 15 000 DM. Damit wird ab 1975 jeder zweite Gewerbetreibende von dieser Steuer völlig befreit sein: 800 000 von 1,6 Millionen unserer Bürger. Das ist eine Gesamtentlastung von etwa einer dreiviertel Milliarde DM.

Das *sechste* Element ist der Gesetzentwurf der neuen *Abgabenordnung*, die das allgemeine Steuerrecht und die Verfahrensvorschriften vereinfacht.

Siebtens wird die steuerliche Regelung zur Verbesserung der *betrieblichen Altersversorgung* durch ein eigenes Gesetz vorgenommen.

Die neuen Gesetze

Was den wesentlichen Teil der Reform angeht, der am 1. Januar 1975 in Kraft treten soll, so standen Bundesregierung und Koalitionsfraktionen – angesichts der Blockade durch die Mehrheit des Bundesrats – vor der Frage, alles liegen zu lassen oder herauszuholen, was herauszuholen war. Das Resultat kann sich durchaus sehen lassen.

Die Steuerbeschlüsse, wie sie im Juli 1974 vom Vermittlungsausschuß empfohlen und von den beiden gesetzgebenden Körperschaften – von denen auf diesem Gebiet keine die andere überstimmen konnte – beschlossen wurde, enthalten folgende Hauptpunkte:

Erstens: zum *Einkommensteuer-Tarif*:

Der steuerfreie Grundfreibetrag wird von 1680 DM auf 3000 DM jährlich (bei Verheirateten von 3360 DM auf 6000 DM) erhöht.

Die Steuerprogression für kleine und mittlere Einkommen wird durch Ausdehnung der Proportionalzone beseitigt (Erhöhung der Proportionalzone auf ein zu versteuerndes Einkommen von 16 000 DM, bei Verheirateten von 32 000 DM).

Der Steuersatz in der Proportionalzone beträgt künftig 22 Prozent (bisher 19 Prozent).

Die Steuerprogression – über die Proportionalzone hinaus – beginnt künftig mit einem Satz von 30,8 Prozent.

Der Spitzensteuersatz, der ab einem zu versteuernden Einkommen von 130 000/260 000 DM gilt, wird von 53 auf 56 Prozent erhöht.

Die Ergänzungsabgabe zur Einkommenssteuer wird für natürliche Personen aufgehoben.

Zweitens: zur *Reform des Familienlastenausgleichs*:

Allgemeine Gewährung von Kindergeld (50 DM monatlich für das erste Kind, 70 DM für das zweite Kind, 120 DM für das dritte und jedes weitere Kind).

Das einheitliche Kindergeld bedeutet eine einheitliche finanzielle Entlastung, unabhängig von der Höhe des Einkommens der Eltern.

Drittens: Bei den *Vorsorgeaufwendungen* werden die Höchstbeträge, die als Sonderausgaben vom Einkommen abgezogen werden können, beträchtlich erhöht. Diese Erhöhung bleibt allerdings wesentlich hinter den Sätzen zurück, die der Bundestag mit den Stimmen der Koalition beschlossen hatte.

Viertens: Der *Arbeitnehmer-Freibetrag* wird von 240 DM auf 480 DM erhöht; er kann wie bisher vom Einkommen abgezogen werden. Auch hier blieb der durch die Opposition erzwungene Kompromiß hinter den Beschlüssen der Koalition zurück.

Fünftens: zur *Sparförderung*:

Die Förderung des Sparens durch Prämien wird auf untere und mittlere Einkommensschichten konzentriert. Für Einkünfte aus Kapitalvermögen wird ein bescheidener Sparer-Freibetrag eingeführt.

Sechstens: Die *Vermögenssteuer* kann bei der Einkommenssteuer künftig nicht mehr als Sonderausgabe abgezogen werden.

Siebtens: zu *sozialpolitischen Regelungen*:

Alleinstehende mit Kindern erhalten künftig einen besonderen Freibetrag von 3000 DM statt bisher 1200 DM.

Die nach dem Grad der Erwerbsminderung gestaffelten Pauschalbeträge für Körperbehinderte werden auf 600 bis 2700 DM (bisher 420 bis 1920 DM) angehoben.

Wer das 65. Lebensjahr vollendet hat, erhält künftig für andere Einkünfte als Renten und Pensionen einen zusätzlichen Freibetrag.

Von Versorgungsbezügen werden künftig 40 Prozent, höchstens aber 4800 DM, steuerfrei gelassen (bisher 25 Prozent, höchstens 2400 DM).

Bewohner von Altenheimen können zum erstenmal einen besonderen Freibetrag von 1200 DM erhalten.

Der Höchstbetrag, bis zu dem Unterhaltsaufwendungen als außergewöhnliche Belastung abgezogen werden können, wird von 1200 DM auf 3000 DM erhöht.

Achtens: Besondere *Ausbildungs-Freibeträge* werden ab 1977 eingeführt.

Neuntens: *Ungerechtfertigte Steuervergünstigungen* werden auf verschiedenen Gebieten beseitigt.

Die Reform bringt also insgesamt eine wesentliche Entlastung und verteilt die Steuerlast gerechter. Sie paßt das Steuerrecht an die wirtschaftliche Entwicklung an. Sie beseitigt ungerechtfertigte Vergünstigungen und Möglichkeiten des Mißbrauchs. Sie schafft Vereinfachungen und Erleichterungen für die Verwaltung.

Zum letzten Punkt kann festgestellt werden: Von 8,5 Millionen Anträgen auf Lohnsteuerermäßigung, mit denen nach der Entwicklung zu rechnen wäre, werden etwa 7,5 Millionen wegfallen. Durch die Ausdehnung der Proportionalzone werden mehr als 2 Millionen Arbeitnehmer-Veranlagungen entbehrlich. Und dadurch, daß die Ergänzungsabgabe zur Einkommenssteuer wegfällt, werden Finanzämter, aber auch die Betriebe in rund 3 Millionen Fällen von zusätzlicher Arbeit entlastet.

Gleichzeitig soll und darf nicht verschwiegen werden, daß die neuen Regelungen dem Grundsatz der Gerechtigkeit in mindestens einem wesentlichen Punkt nicht genügen. Wir waren von dem Grundsatz ausgegangen, daß Großverdiener bei Steuervergünstigungen gegenüber Beziehern von kleinen und mittleren Einkommen nicht länger bevorzugt werden dürften. Bei der Kindergeldregelung wurde dieses Prinzip durchgesetzt. Bei den Vorsorgeaufwendungen wurde jedoch die von uns gewünschte »Systemumstellung« verhindert. Aus sozialdemokratischer Sicht wird man sagen müssen, daß das Bemühen um ein möglichst hohes Maß an steuerlicher Gerechtigkeit nicht als abgeschlossen betrachtet werden kann.

Arbeit für das »Volksvermögen«

Als wir in meiner ersten Regierung die Eckwerte für die Steuerreform festlegten, verbanden wir damit ein vermögenspolitisches Konzept. Darauf gestützt wurde ein Programm für die Vermögensbeteiligung ausgearbeitet. Bundeskanzler Schmidt stellte, wofür ich durchaus Verständnis habe, dieses Vorhaben fürs erste zurück, um sich mit seiner Mannschaft auf die noch vordringlicheren Probleme konzentrieren zu können. So ist Zeit zu gründlicherer Vorberatung gewonnen. Und das mag gut sein.

Mir liegt hier daran, zum einen auf die prinzipielle Bedeutung der Vermögenspolitik hinzuweisen und zum anderen zu berichten, welches Modell für einen »neuen Einstieg« vorbereitet worden war.

Mitbestimmung ist *eine* Antwort auf das Problem der »Entfremdung«. Mitbesitz wäre die *zweite*, nicht weniger wichtige Antwort. Wir wissen, daß man das Ziel einer echten Beteiligung am Produktivvermögen verfehlt, wenn man es sich damit zu einfach macht. Die scheinbar radikale Lösung der Verstaatlichung hat erwiesen, daß sie dem einzelnen keinen realen Gewinn an Rechten, Freiheiten oder auch nur an materiellem Ertrag garantiert. Sie kann vielmehr zu einem Instrument der Ausbeutung werden. (Erfahrungen in den sogenannten »sozialistischen Staaten« haben dies gezeigt.) Zum anderen erwies es sich, daß der »Volkskapitalismus«, von dem Ludwig Erhard schwärmen mochte, ein Traum war; die »Volksaktie« wird in der Sozialgeschichte nicht als ein geglücktes Experiment vermerkt werden. Darum suchte man mit einem Programm der »Vermögensbildung« nach neuen Wegen.

Unterdessen darf festgestellt werden, daß in den letzten Jahren schon durch »konventionelle« Methoden und mit Hilfe des Staates nicht wenig geschehen ist, um die Vermögensbildung der breiten Schichten zu fördern: Meine erste Regierung stockte das »312-DM-Gesetz« zum »624-DM-Gesetz« auf. Über siebzehn Millionen Arbeitnehmer machen von den Vorteilen dieses Gesetzes Gebrauch. Der Gesamtbetrag dieser vermögensbildenden Anlage erhöhte sich von 1969 bis 1972 von 1,6 auf 8,7 Milliarden DM.

Freiwillige vermögenswirksame Leistungen von Unternehmen kommen gegenwärtig etwa einer Million Arbeitnehmern zugute.

Sparprämien und die Begünstigung von Bauspareinlagen sind in starkem Maße in Anspruch genommen worden; auch die Sicherung des Wohnbesitzes gehört in diesen Zusammenhang.

Aber so erfreulich es sein mag, was sich in diesen Ziffern ausdrückt: Das Produktivvermögen in unserem Land sammelt sich

nach wie vor in wenigen Händen. Und Produktivvermögen ist nicht einfach aufzurechnen gegenüber anderen privaten Vermögen, auch zum Beispiel in der Form der Rentenansprüche. Die Beteiligung der Arbeitnehmer am Produktivvermögen bedeutet ein Mehr an Freiheit für viele Millionen Menschen.
Bei den Beratungen innerhalb der Koalition herrschte von Beginn an Einigkeit darüber, daß bestehendes Vermögen nicht aufgeteilt werden sollte. Die Beteiligung breiterer Schichten am Produktivvermögen sollte über die jährlichen Vermögens*zuwächse* der Wirtschaft erfolgen. Ebenso war man sich einig, daß auch Arbeitnehmer solcher Betriebe, die keine Gewinne erarbeiten, und die Angehörigen des Öffentlichen Dienstes die gleichen Chancen haben sollten wie ihre Kollegen in den gewinnbringenden Unternehmen. Daher kam nur eine *überbetriebliche* Lösung in Frage. Schließlich ging man davon aus, daß die angestrebte Regelung die Investitionsfähigkeit nicht negativ beeinflussen dürfe und zu keinen Konflikten zwischen Lohn- und Verteilungspolitik führen solle. Im Kern muß es also darum gehen, Besitztitel, die aufgrund der Unternehmensgewinne allein den Kapitaleignern zugewachsen wären, teilweise umzuverteilen.
Darum war in den Vorschlägen der Koalitionsexperten vorgesehen, daß Unternehmen, die pro Jahr (nach Abzug der Betriebssteuer) einen Gewinn von 400 000 DM (oder 500 000 DM bei Personengesellschaften) und mehr erzielen, eine Abgabe in Form von Beteiligungswerten in gestaffelter Höhe – je nach Gewinn – entrichten: bei einer Million DM Gewinn etwa zehn Prozent.
Die Abgaben, die maximal auf knapp fünf Milliarden DM in Aktien oder bar geschätzt wurden, sollten an dezentralisierte Fonds (oder »Pools«) fließen, die von genossenschaftlichen, gewerkschaftlichen und öffentlichen Kreditinstituten, aber auch mit Beteiligung der Privatbanken zu begründen wären. Darüber redete man sich lange die Köpfe heiß. Die Fonds sollten miteinander konkurrieren – also auf möglichst hohen Ertrag arbeiten. Doch sollten die Aufsichtsräte zu zwei Dritteln von »Bezugsberechtigten« der Vermögensbildung (Zertifikationsinhabern), also von Arbeitnehmern, besetzt sein. Die angelegten

Mittel sollten auch für öffentliche Investitionen zur Verfügung stehen.

Ein Recht auf Beteiligung sollten alle Arbeitnehmer, Selbständigen und freiberuflich Tätigen haben, die keine Vermögenssteuer zahlen müssen und im Jahr weniger als 36 000 DM verdienen; für Verheiratete wären es (wenn nur ein Partner erwerbstätig ist) 54 000 DM, wenn beide Partner verdienen, 72 000 DM; für jedes Kind weitere 9000 DM. Für jeden, der ein Recht an der Vermögensbeteiligung hat, sollten Anteilscheine ausgegeben werden. Sie wären Aktien oder anderen Wertpapieren vergleichbar. Zunächst sollten sie für sieben Jahre unverkäuflich sein.

Von Beginn der Laufzeit an würde sich bei einem Durchschnittsaufkommen für die Anlagefonds für jeden Erwerbstätigen ein Jahresbetrag ergeben, der den Betrag von 200 DM nicht erheblich überschreiten würde. Das sind gewiß kleine Brötchen. Aber bei einem Steigerungssatz der Jahresbeträge um zehn Prozent und einer Durchschnittsrendite von 3,5 Prozent ergäbe sich für jeden Beteiligten innerhalb von zwölf Jahren ein Wert von 5300 DM, nach zwanzig Jahren mehr als 20 000 DM, nach 25 Jahren mehr als 27 000 DM. Dieser Ertrag kann sich bei Verheirateten mit Kindern mehr als verdoppeln und so mehr als einen Notgroschen darstellen, nämlich den Grundstock zu einem Vermögen bilden.

Ich unterschätze die praktischen Schwierigkeiten keineswegs, und ich bin ziemlich sicher, daß das hier skizzierte Modell Abwandlungen erfahren wird. Jedenfalls ist es gut, daß ein Anlauf zu diesem Reformwerk gemacht wurde. Die Chance, sich ohne Hast über offene Fragen und über möglicherweise bessere Wege zu verständigen, sollte genutzt werden.

Mir schien es richtig zu sein, über die Vorarbeiten zu berichten. Es bleibt eine nicht zu leugnende Tatsache, daß der Anteil der Arbeitnehmer am Volksvermögen in den Nachkriegsjahren insgesamt nur geringfügig vergrößert worden ist. Auch hier zu mehr Ausgewogenheit zu gelangen, bleibt eine wichtige Aufgabe kommender Jahre.

Wir brauchen ein soziales Bodenrecht

Es wäre gut, wenn unser Parlament über Parteigrenzen hinweg von Zeit zu Zeit die Courage zu einmütigen Feststellungen über gemeinsame Erfolge, aber auch über gemeinsame Versäumnisse deutscher Politik fände. So mit Notwendigkeit beim Bodenrecht. Denn es gibt keinen Zweifel, daß hier eine der fundamentalen Reformen zur Erleichterung und Humanisierung unseres Zusammenlebens lange überständig ist.

An Bekenntnissen dazu hat es freilich seit langem nicht gefehlt. Die Reihe glanzvoller Zitate ist stattlich und schließt große Namen der frühen Bodenreformbewegung ebenso ein wie Päpste und christdemokratische Bundeskanzler. Die Geschichte der Reform des Bodenrechts ist also alt. Aber trotz aller Einsichten: Es ist im Grunde die Geschichte vielfältigen Widerstandes eines breiten Interessenspektrums *gegen* diese Reform und nicht der Nachweis ihres Erfolges.

Grund und Boden heißt konkret für viele: Wohnen, Freizeit, Erholung. Dagegen aber stehen oft: öde Vorstadtwüsten, durch Zersiedlung entstellte Landschaft, private Seeufer hinter Stacheldraht und ein manchmal unerhört beschwerlicher Weg zu den eigenen vier Wänden.

Für andere wiederum heißt Grund und Boden konkret: ein vielfältiges Angebot an öffentlichen Einrichtungen, sei es nun ein Schulbau für die Kinder in der Nähe, ein Postamt oder eine bequem erreichbare Bushaltestelle. Dagegen aber stehen oft: das alltägliche Verkehrschaos bei der Fahrt zur Arbeit auf völlig überlasteten Ausfallstraßen oder Nahverkehrssystemen, unzumutbar lange Pendlerstrecken von den »billigen Vierteln« in die City und eine schon chronisch schlechte Versorgung mit den wichtigsten Gemeinschaftseinrichtungen wie Kindergärten, Krankenhäusern und Schulen.

Überall fehlen dann die geeigneten Grundstücke, oder (was ökonomisch dasselbe ist) sie sind nur zu unerschwinglichen Preisen zu haben. Grund und Boden ist eben keine beliebig vermehrbare Ware, deren Preis sich ohne Schaden für den Bürger ausschließlich nach Angebot und Nachfrage regeln darf. Im Gegenteil:

Allein der Bedarf an Stadtfläche wuchs zwischen 1930 und 1960 von 80 auf 140 Quadratmeter pro Einwohner. Hier werden strukturelle Verschiebungen deutlich, die zur Spekulation, zum Horten knappen Baubodens einladen. Dies um so mehr, als ausgerechnet Grund und Boden steuerlich außerordentlich begünstigt waren. Dem Nutzungsinteresse vieler – sei es nun der kleine Bausparer oder die Gemeinde, die beispielsweise ein Hallenbad bauen wollte – stand ein anderes, nämlich das spekulative, auf Vermögensvorteile setzende Interesse einiger weniger entgegen, das sich im übrigen durchaus legaler Mittel bedienen konnte. Grundvermögen erwies sich stets als besonders rentierliche Form der Vermögensanlage: Völlig veraltete steuerliche Einheitswerte beim Grundvermögen, die oft nicht einmal zehn Prozent des wahren Wertes steuerlich auswiesen, ließen, etwa im Fall der Erbschaftssteuer, beträchtliche reale Vermögensmassen vor den Augen des Finanzamtes verschwinden. Das allein schon mußte die Begehrlichkeit nach Grund und Boden – und damit die Bodenpreisentwicklung – anfachen.

Kamen dann planerische Maßnahmen hinzu, so die rechtliche Feststellung einer Gemeinde, nach der Ackerland zur Bebauung (Bauland) freigegeben wurde, öffneten sich naturgemäß erheblich ergiebigere Renditemöglichkeiten. Dies wiederum mit der unausweichlichen Folge beträchtlicher Preissteigerungen und also völlig leistungsloser Wertzuwächse.

Allein die Wertzuwächse der letzten zehn Jahre, die beim Übergang von Ackerland zu Bauland entstanden sind, werden von Experten vorsichtig auf mindestens 50 Milliarden DM geschätzt. Das ist soviel wie die Summe aller Darlehen, die seit Kriegsende für den sozialen Wohnungsbau gewährt wurden.

Solche Wertsteigerungen sind nun keineswegs bloße Rechnungsgrößen. Sie mußten real aufgebracht werden

vom kleinen Bausparer, der unter oft großen Opfern sein Häuschen oder seine Eigentumswohnung zusammensparen mußte;

von Gemeinden – und damit vom Steuerzahler –, die den notwendigen Bedarf an Gemeinschaftsflächen zu decken suchten;

vom Bürger, der mit vielerlei realen Nachteilen dafür zu zahlen hatte, daß seine Stadt sich nicht oder zu langsam nach seinen wirklichen Bedürfnissen entwickelte.

Einige wenige Großeigentümer machten dagegen den Schnitt. In München beispielsweise stiegen die Bodenpreise von 1950 bis 1971 im Durchschnitt um über 2800 Prozent. In Bielefeld brachte die bloße Entscheidung für den Aufbau einer Universität allein zwei Eigentümern einen Erlös von 10 Millionen DM, weil sich die Preise bis zu 146 Prozent – über Nacht! – erhöht hatten.

Zahllose krasse Spekulationsfälle wie diese, aber auch einschneidende Behinderungen beim Fortgang wichtiger öffentlicher Bauvorhaben durch bloßen Trotz und Spekulationssucht einzelner Eigentümer, sie alle sind Ausdruck einer überkommenen Bodenordnung, in der sich ein veralteter und egoistisch verzerrter Eigentumsbegriff etabliert hat, den unsere Verfassung nach Artikel 14 des Grundgesetzes mit der Feststellung einer Sozialbindung des Eigentums ausdrücklich zurückweist.

Ich kann es deshalb verstehen, daß bei der Suche nach konstruktiven Lösungsansätzen für diese Probleme zum Teil sehr engagiert und manchmal wohl auch recht kategorisch argumentiert wurde. Dies um so mehr, als bis zum Antritt meiner ersten Regierung im Jahre 1969 eine wirkliche Veränderungsbereitschaft bei den politisch Verantwortlichen nicht zu erkennen war.

Kein Verständnis allerdings habe ich für die Diffamierung der schon seit Jahren bekannten Vorschläge, die meine Partei zur Reform der Bodenordnung unterbreitet hatte. Auch heute noch – da manches inzwischen auf den Weg gebracht ist – dauert die Kampagne an.

Ich bin mir dabei bewußt, daß die beträchtliche Kompliziertheit der Rechtsmaterie im einzelnen es ziemlich leicht macht, dem »kleinen Häusler« einzureden, ausgerechnet Sozialdemokraten hätten sich vorgenommen, ihm »alles wegzunehmen«. Angst ist schnell eingepflanzt, und eine Immunisierung durch Detailwissen ist kaum zu befürchten; denn dafür sind die Dinge in der Tat zu kompliziert.

Wir haben uns vorgenommen, eine eigentumsfeindliche, bürgerfeindliche und landschaftsfeindliche Bodenordnung in ein soziales Bodenrecht umzuwandeln. Niemandem soll sein Häuschen genommen werden. Im Gegenteil: Möglichst viele sollen die

Chance erhalten, Wohnungseigentum zu erwerben. Oder: Niemand soll ohne Grund Abgaben auf sein Grundvermögen leisten müssen. Aber – wie Hans-Jochen Vogel, der in meinem zweiten Kabinett Minister für Wohnungsbau und Raumordnung war, es ausdrückte –: Eine Reform des Bodenrechts wird »leistungslose Riesengewinne einzelner Bodeneigentümer auf Kosten der Gemeinschaft künftig verhindern und zugleich ermöglichen, daß über die Nutzung des einzelnen Grundstücks nicht in erster Linie der höchste Ertrag, sondern das Interesse der Gemeinschaft mit entscheidet«.

Im einzelnen waren oder sind gesetzgeberisch vorzubereiten:

ein fortschrittliches Bau- und Planungsrecht, das sicherstellt, daß knapper Boden so verwendet wird, wie es die Bevölkerung braucht;

ein Abbau der steuerlichen und Bewertungs-Vorteile für Grundvermögen, damit das Horten wertvollen Baubodens nicht zusätzlich noch belohnt wird und die Bodenpreissteigerungen gedämpft werden;

die gerechte Abschöpfung von Gewinnen beim Grundvermögen, die ausschließlich auf Leistungen der Gemeinschaft zurückgehen (Planungswertausgleich, Bodenwertzuwachssteuer für sehr hohen Wertzuwachs).

Das Gesetz über die Förderung des Städtebaus war ein Durchbruch, den die sozial-liberale Koalition gegen den erbitterten Widerstand der Union 1971 erzwang. Es gab den Städten endlich die Chance, eine planvolle Entwicklung von Aufbau, Ausbau und Sanierung zu beginnen, ohne sich dabei von vornherein in dem Geflecht von Einzelinteressen zu verheddern. Vor allem aber: Es formulierte schon damals die Struktur für ein modernes Bundesbaugesetz, das über den begrenzten Anwendungsbereich von Stadtentwicklung und Sanierung hinaus eine allgemeine, umfassende Regelung schaffen sollte.

Dieser Anfang wurde 1973 durch einen Gesetzentwurf über »Sanierungs- und Entwicklungsgemeinschaften« sinnvoll ergänzt. Auch hier wird das Recht auf Eigentum strikt respektiert, zugleich aber dafür gesorgt, daß bei den Entschädigungen die Interessen der Allgemeinheit und die wirtschaftliche Vernunft gewahrt bleiben.

Neues Bundesbaugesetz

Ein großer Schritt voran ist die Änderung des Bundesbaugesetzes, wie sie das Kabinett Ende April 1974 auf den Weg der parlamentarischen Beratung gebracht hat. Diese Novelle schafft verbesserte Planungsinstrumente für die Gemeinden – nicht durch *Verbote*, sondern in erster Linie durch *Gebote*. Die Kommunen haben künftig das Recht, ein Bauvorhaben, die Modernisierung, den Abbruch oder die Erhaltung eines Baus (zum Beispiel von historischem Wert) zu gebieten. Bebauungspläne und Flächennutzungspläne können so rascher in die Realität umgesetzt werden. Zum anderen gibt dieses Gesetz die Möglichkeit, die Zerstörung von historischen Städten und Dörfern durch rücksichtslose Kommerzialisierung zu verhindern oder doch aufzuhalten.
Ferner sieht das Gesetz eine Entwicklungsgenehmigung vor: Wenn die Gemeinde so beschließt, darf nur noch gebaut werden, wenn die erforderlichen Erschließungsanlagen vorhanden sind. Dies bedeutet: Die Einsicht, daß »Wohnen« nicht nur Häuser verlangt, sondern ein Geflecht von Vorleistungen, wird endlich respektiert. Der Mieter wird nicht mehr auf der »grünen« Wiese im Schlamm sitzen, ohne Telefonzelle, ohne Straßenbeleuchtung, ohne Buslinie; die Gemeinde wird nicht mehr unvorbereitet überrollt durch die Bedürfnisse der Bewohner von neuen Häusern, die Schulen, Straßenbeleuchtung und vieles andere fordern. Die Entwicklungsgenehmigung soll überdies dafür sorgen, daß Wohn- und Industriegebiete nicht durch eine zu dichte Bebauung überlastet, daß Verkehrs- und Umweltbedingungen nicht über das Zumutbare hinaus geschädigt werden.
Ein anderes notwendiges Element ist, daß Enteignungsverfahren beschleunigt werden können. Besonders wichtig ist: Entschädigungsprozesse werden von Enteignungsprozessen getrennt. Kein Eigentümer kann mehr aus mangelnder Einsicht über Jahre den Bau einer wichtigen Straße verhindern und auf diese Weise sogar eine höhere Entschädigung herausschlagen.
Ferner sieht das Gesetz einen sogenannten Planungswertausgleich vor und ein neugeregeltes Vorkaufsrecht, das – zu in der Höhe begrenzten Preisen – durch die Gemeinden wahrgenom-

men werden kann. Ausschließlich planungsbedingte, also absolut leistungslose Wertsteigerungen sollen bis zu 50 Prozent abgeschöpft werden. Dies ist ein Gebot ausgleichender Gerechtigkeit, denn bebaubar wird der Boden nur, weil die Gemeinde in vieler Hinsicht durch Vorleistungen dafür sorgt (zum Beispiel durch allgemeine Erschließung, aber auch durch Verkehrsbauten, Schulen, Bäder und anderes). Es ist also die Gemeinde, das heißt, es sind die Steuerzahler, die insgesamt die Wertsteigerungen geschaffen haben und deshalb an ihnen auch teilhaben müssen.
Da außerdem schon seit eh und je planungsbedingte Wertminderungen entschädigt wurden, ist die Herabsetzung der Enteignungsentschädigung in diesem Fall nur das notwendige und gerechte Spiegelbild zum Planungswertausgleich. Ein preisbegrenzendes Vorkaufsrecht schließlich verfolgt die gleiche Absicht: Spekulative Preiszuschläge, die bisher immer angemeldet wurden, wenn die Gemeinde ihr Vorkaufsrecht wahrnehmen wollte, sollen künftig unterbleiben.
Die Änderung des Bodenrechts wird die Spekulation beträchtlich behindern. Die Folge wird sein, daß die Bodenpreise künftig nicht mehr so rapide steigen wie bisher und daß sich damit auch die Chancen der weniger Begüterten verbessern, Grund und Boden zu erwerben. Vor allem wird dies auch den Gemeinden nützen, die jetzt ein rechtliches Instrumentarium erhalten, um einem rein kommerziellen Bauen wirksamer als bisher in unseren Städten und Dörfern entgegentreten zu können. Stadtplanung und Stadtentwicklung können jetzt den Interessen der Bevölkerung gerechter werden, denn es ist vorgesehen, die Bürger in einem viel größeren Umfang an der Planung zu beteiligen.
Eine kurze Bemerkung zu einem Gedankenkomplex, der in diesem Zusammenhang oft – vor allem polemisch – vor der Öffentlichkeit ausgebreitet wird: Ich meine Überlegungen innerhalb meiner Partei, die außerhalb unserer konkreten Lösungsvorstellungen und bereits eingeleiteter gesetzlicher Maßnahmen das Bodenproblem von einer ganz anderen Seite angehen. Die Kernfrage ist, ob bestimmte Mißstände bei der tatsächlichen Nutzung von Grund und Boden nicht dadurch am besten korrigiert werden können, daß neben die bislang bekannten Eigentumsformen – ich sage ausdrücklich: zusätzlich –

eine weitere neu zu schaffende Eigentumsform tritt, die man Nutzungseigentum und Verfügungseigentum genannt hat. Ich will das hier nicht weiter ausbreiten. Entscheidend ist dies: Hier handelt es sich um erste Ansätze zu einem Lösungskonzept, das gewisse Ähnlichkeiten mit dem bereits üblichen Erbbaurecht hat. Die Experten versprechen sich davon eine noch bessere Steuerungsmöglichkeit von Nutzungsentscheidungen bei Grund und Boden. Dies alles steckt noch sehr in den Anfängen. Von der Sache her haben diese Erwägungen nichts mit einer plumpen Verstaatlichungstheorie zu tun. Wie überhaupt eine Verstaatlichung von Grund und Boden nirgendwo in meiner Partei ernsthaft diskutiert wird. Verstaatlichung wäre ökonomisch sinnlos; wir leben in einem Rechtsstaat, dessen Verfassung in jedem Falle Entschädigungen vorschreibt. Wer könnte die vielleicht 600 Milliarden DM aufbringen, die das gegenwärtige Grundvermögen nach Expertenschätzung etwa wert ist!

Ein schwieriges Feld für die weitere politische Arbeit ist die im Gesamtkonzept einer Reform der Bodenordnung unverzichtbare Reform des Bewertungsrechtes und die darauf aufbauende Einführung einer Zuwachssteuer für den Bodenwert zur Erfassung extrem hohen Zuwachses. Ich habe bereits angedeutet, in welchem folgenschweren Zusammenhang eine steuerlich zulässige Unterbewertung des Grundvermögens mit der Bodenpreisentwicklung schlechthin steht. Es leuchtet auch unmittelbar ein, daß die Spekulation überall da neu aufflackern wird, wo ein unkontrolliert hoher Wertzuwachs entsteht, der nicht nur durch Planungsakte, sondern auch durch viele andere Entwicklungen entstehen kann. Deshalb ist hier noch viel zu tun.

Wir haben in diesem Zusammenhang einen nicht einfachen Einigungsprozeß mit unserem Koalitionspartner hinter uns, zumal auch hier der Teufel im Detail steckt. Immerhin: Im Prinzip sind wir nicht so weit auseinander. Auch die FDP spricht in ihren Freiburger Thesen von einer Bodenwertzuwachssteuer. Sie will diese allerdings nur auf unbebaute Grundstücke anmessen. Es ist zu bezweifeln, ob dies, zumindest im Sinne einer generellen Regelung, ökonomisch hilfreich ist. Nach allem aber, was wir bisher schon gemeinsam auf den Weg gebracht haben, habe

ich Anlaß zu hoffen, daß die sozial-liberale Bundesregierung auch in diesen Fragen zu konkreten Ergebnissen kommt.
Alle Beteiligten sind sich darin einig: Unsere Bürger, unsere Städte brauchen das neue Bodenrecht rasch. Die Gefahr, daß ein großes Anliegen durch Schwierigkeiten in Teilbereichen politisch gelähmt und damit diskreditiert wird, kennzeichnet die im Grunde bisher recht mühselige Entwicklungsgeschichte eines sozialen Bodenrechts. Wir sollten diese Erfahrungen nutzen; denn die Probleme sowohl in den Verdichtungsgebieten als auch auf dem flachen Land dulden keinen weiteren Aufschub.

Wohnungsbau

Die Lösung der Wohnungsfrage war jahrzehntelang eine zentrale sozialpolitische Aufgabe. Immer wieder wurde die Wohnungsnot der Arbeiterfamilien oder der Rentner in deutlichen Farben beschrieben und kritisiert. Gegenwärtig wird aber in der Öffentlichkeit zum erstenmal von einer gewissen Sättigung des Wohnungsmarktes und von einem Überangebot gesprochen.
Seit dem Krieg wurden in der Bundesrepublik etwa 13,5 Millionen Wohnungen gebaut; das ist, auch für ein 60-Millionen-Volk, eine eindrucksvolle Zahl. 1950 mußten noch mehr als fünf Personen in einer Wohnung leben. Diese Zahl ist heute auf knapp 2,8 gesunken. Durch die Steigerung des Wohnungsangebotes konnte – daran besteht kein Zweifel – die allgemeine akute Wohnungsnot gemindert werden. Die Wohnungspolitik steht deshalb nicht mehr unter dem Diktat großer Fertigstellungszahlen. Sie ist heute mehr als ein Wettlauf um Baurekorde. Es kommt darauf an, neue Akzente zu setzen.
Ausgangspunkt aller Überlegungen bleibt dabei die Feststellung, daß die Wohnung keine beliebige Ware ist und sein darf. Lernen, Arbeiten, Erholen, Schlafen, Essen, Spielen – das alles vollzieht sich ganz oder teilweise in der Wohnung. Von ihrer Qualität, Größe und Ausstattung hängt es ab, ob Familien frei von räumlichen Beengungen oder umweltbedingten Belastungen und Belästigungen leben können. Deshalb bleibt es zentrale Aufgabe der Wohnungspolitik, für ein Wohnungsangebot zu sorgen,

das allen Haushalten eine Wohnungsqualität bietet, wie sie dem Leistungsstand unserer Volkswirtschaft entspricht. Gerade weil der Gesamtbestand an Wohnungen sich so unerwartet rasch ausgeweitet hat, kommt es in Zukunft darauf an, daß die Wohnungspolitik auch eine mehr ausgleichende Funktion übernimmt. Es geht immer mehr darum, die weiterhin unzumutbaren Unterschiede der Versorgung mit Wohnungen, die gleichzeitig auch Unterschiede der Lebenschancen und des Lebensstandards bedeuten, Schritt für Schritt zu überwinden oder doch erträglicher zu machen.

Wenn immer größere Gruppen sich aufwendige Eigenheime oder gar Zweitwohnungen leisten können, ist es unzumutbar, daß gleichzeitig noch etwa die Hälfte aller Kinder von Arbeiterfamilien ohne eigenen Wohnraum aufwachsen müssen. Vor allem in Ballungsgebieten herrscht Mangel an preiswerten Großwohnungen. Es kann auch nicht einfach hingenommen werden, daß noch zwölf Millionen Haushalte ohne Bad oder Sammelheizung – oft sogar ohne WC in der Wohnung – sind.

Es ist nicht zu erwarten, daß der freie Wohnungsmarkt allein schon für eine Besserung sorgt. Unterschiede brechen vielmehr immer wieder neu im Prozeß des wirtschaftlichen Wachstums auf, weil die Baukosten nach aller Erfahrung parallel mit dem Durchschnittseinkommen wachsen. Mittlere und untere Einkommensschichten können hier nicht mithalten; sie bleiben auf eine ausgleichende und ihre Chancen verbessernde Förderung durch die Wohnungspolitik angewiesen.

Erstens geht es also darum, für die unteren und mittleren Einkommensschichten, die nicht ausreichend mit Wohnungen versorgt sind und die aus eigener Kraft am Markt keine angemessene Wohnung finden, den sozialen Wohnungsbau fortzusetzen. Dabei muß die öffentliche Förderung sicherstellen, daß ein Arbeitnehmer mit durchschnittlichem Einkommen in der Lage ist, eine Sozialwohnung zu erträglichen Bedingungen zu mieten. Die Programme müssen in erster Linie für die kinderreichen Familien, für alte Menschen und auch für die Behinderten sorgen.

Zweitens: Das Wohngeld soll an die veränderten Preis- und Einkommensverhältnisse angepaßt werden. Es macht für Bürger mit sehr niedrigem Einkommen die Sozialmieten billiger. Im freien Wohnungsmarkt erhalten viele Familien durch das Wohngeld erst die Möglichkeit, eine angemessene Wohnung zu mieten.

Drittens: Stärker als in der Vergangenheit muß aus sozialpolitischen, aber auch aus städtebaulichen Gründen die Modernisierung des vorhandenen Wohnungsbestandes gefördert werden. Hier zeigt sich, daß Investitionen, die auf Gewinn angelegt sind, allein eine ausreichende Erhaltung des Wohnungsbestandes nicht sichern. Es muß verhindert werden, daß wertvolle Bausubstanz vorzeitig entwertet wird; gleichzeitig können alte, traditionelle Wohnviertel in ihrer Funktion und in ihrem Charakter erhalten bleiben.

Modernisierung des Rechts

Wir stellten eben fest, das Bodenrecht sei den sozialen Forderungen anzupassen, die sich aus dem Grundgesetz ergeben.

Rechtspolitik insgesamt gehört zur Gesellschaftspolitik. Und so, wie sich die Gesellschaft verändert, muß die Rechtspolitik dafür sorgen, daß unsere Gesetze nicht einen längst überholten gesellschaftlichen Entwicklungsstand konservieren und den Ausbau des Sozialstaates blockieren. Hiervon läßt sich Bundesminister Vogel ebenso leiten, wie es seine Vorgänger Jahn, Ehmke und Heinemann getan haben.

Es war und ist unmöglich, im knappen Zeitraum von ein oder zwei Legislaturperioden eine übersichtliche neue Rechtsordnung zu schaffen. Die »große Justizreform«, die Gerhard Jahn so energisch und erfolgreich begonnen hat, wird uns unter neuer Federführung bis weit über 1976 hinaus beschäftigen.

Das neue Familienrecht

Das bisher geltende Eherecht entspricht – vor allem was die Beziehungen von Mann und Frau angeht – nicht mehr unserer sozialen Wirklichkeit. Die rechtliche Stellung der Frau in der Gesellschaft ändert sich mit der Reform des Ehe- und Familienrechts, die 1976 in Kraft treten soll, auf grundlegende Weise. Die Institutionen der Ehe und der Familie werden durch unsere Reformen nicht abgewertet – das Gegenteil ist der Fall. Man mag hier von der Emanzipation der Ehe selber sprechen. Ich bin sicher, daß ein Beharren auf der traditionellen Vorstellung von der »Hausfrauen-Ehe« die Partner nicht enger aneinander bindet, sondern im Gegenteil durch eine Verfestigung der Ungleichheit, die nicht mehr dem Lebensgefühl der Epoche entspricht, häufig Konfliktstoff schafft und so eher zerstörend wirkt.
Wir können ein gutes Familienbewußtsein und den Willen zur Zusammengehörigkeit nur stärken, wenn auch die rechtliche Grundlage von Ehe und Familie fair und den Entwicklungen der Zeit angepaßt ist. Nur so können Würde und Wert der Lebensbindung gewahrt werden. Rechtliche Basis der Ehe soll künftig die Gleichberechtigung beider Partner sein.
Bei Scheidungsverfahren – es waren 1971 etwa 80 000 – wird die Würde der Partner durch die Tatsache geschützt, daß künftig nicht mehr das Prinzip der Schuld, sondern das der Zerrüttung einer Ehe ausschlaggebend sein wird. Die »Schuldfrage« ist, wie wir wissen, oft komplex – und sie wird meist formalistisch geklärt. Dies führt nur zu tieferen Spannungen, unter denen vor allem die Kinder leiden.
Wenn eine Ehe aufgelöst werden soll – nach einjähriger Trennung beim Einverständnis beider Partner, nach dreijähriger Trennung, wenn nur einer der Ehegatten die Scheidung beantragt –, dann ist der wirtschaftlich Stärkere verpflichtet, dem wirtschaftlich Schwächeren zu helfen. Diese Regelung erzwingt Rücksicht auf Alter und Krankheit, sie nimmt Rücksicht auf die Notwendigkeit der Erziehung und Pflege der gemeinsamen Kinder oder einer Wiedereingliederung ins Berufsleben, und sie garantiert einen Übergangsunterhalt für den erwerbsfähigen Partner, bis er eine angemessene Arbeit gefunden hat. Die Tei-

lung der Verantwortlichkeit gilt auch für die Erziehung der Kinder. Bei einer Wiederheirat haben die Ansprüche des geschiedenen Partners Vorrang vor denen eines neuen Ehepartners.
Die Versorgungsansprüche der Partner, die während der Ehe erworben wurden, sollen ausgeglichen werden; auch das ist ein Schritt zur eigenständigen Alterssicherung der Frau.
Alle Rechtsverfahren, die mit einer Scheidung zusammenhängen – es gab bisher bis zu vierzehn verschiedene Verfahren –, sollen vor einem Familiengericht zusammengefaßt werden.
Mit dieser Reform werden ganz gewiß nicht die Probleme aus der Welt geschafft, die Ehe- und Familienleben in dieser Zeit bedrohen. Das kann auch das beste Gesetz nicht. Doch die Ehe- und Familienrechtsreform der sozial-liberalen Koalition befreit ungezählte Bürger von der Entwürdigung durch die bisherige Scheidungspraxis und vom familien- und persönlichkeitsfeindlichen Zwang, aus Gründen materieller Abhängigkeit eine Scheinehe aufrechtzuerhalten. Das Recht wird endlich die Partnerschaft erwachsener Menschen berücksichtigen. Es fördert nicht den Mißbrauch der Freiheit, sondern schafft freie Verantwortlichkeit, indem es der Bindung zweier Menschen wieder ihre ganze Würde bestätigt.
Das neue Adoptionsrecht setzt die Altersgrenze der Adoptiveltern auf 25 Jahre herab. Kinder sollen möglichst früh nach der Geburt zu ihren neuen Eltern kommen, aber auch die Adoptiveltern sollen möglichst jung zu ihren Adoptivkindern finden. So entspricht es den Einsichten moderner Psychologie. Ein modernes Kindschaftsrecht (Recht der elterlichen Sorge) soll helfen, ein Verhältnis der gestärkten Verantwortung zwischen Eltern und Kindern zu begründen; die Befugnisse der Vormundschaftsgerichte werden zum Wohl des Kindes vermehrt.

Gegen Muff und Unrechtszöpfe

Viele Bestimmungen unseres Strafrechts sind mehr als hundert Jahre alt. Unsere Rechtsordnung schleppt alte Zöpfe mit, die oft genug ein Symbol für etabliertes Unrecht sind.
Unsere Rechtsprechung steckte in der Tat voller Vorurteile,

gegen die der entscheidende Einwand nicht der ist, daß sie nicht in unser Jahrhundert gehören, sondern der, daß durch sie Unrecht geschaffen wurde, das Menschen oft zur Verzweiflung trieb und das Existenzen ruinieren konnte. Ich denke hier vor allem an die im wesentlichen schon abgeschlossene Modernisierung des Sexualstrafrechts, einschließlich des Paragraphen 175, das dringend einer Entrümpelung bedurfte. Auch hier gilt, was auf andere Weise zur Revision des Paragraphen 218 zu sagen ist: Kirchen und andere Gemeinschaften sind nicht daran gehindert, strengere Maßstäbe anzulegen als der Staat mit seinen Gesetzen. Es verhält sich durchaus nicht so, daß der Staat billigt, was nicht verboten und nicht mit Strafe belegt ist. Der Staat aber kann und soll nicht Sittenrichter sein; er muß in weiten und zumal in privaten Bereichen des Lebens dem freien Gewissen seiner Bürger vertrauen, solange ihre Freiheit nicht die Rechte anderer berührt oder beeinträchtigt.

Das vierte Gesetz zur Reform des Strafrechts bestimmt denn auch, daß die sogenannte »Intimsphäre« von staatlichen Eingriffen freigehalten wird. Andererseits erfahren Kinder und Jugendliche mehr Schutz vor sexuellen Übergriffen und vor Pornographie. Es gibt freilich nicht nur sexuelle, sondern auch politische, soziale und inhumane »Pornographie«. So ist es wichtig, daß zu diesem Gesetz auch ein Herstellungs- und Verbreitungsverbot für Publikationen zur Verherrlichung von Gewalt und zur Aufstachelung zum Rassenhaß gehört. Dieses Gesetz dient damit zugleich dem Schutz von Minderheiten.

Aus der vordergründigen Anklage, wir begünstigten Libertinage und Sittenverfall, spricht wenig Zutrauen in die sonst mit so hohem Pathos beschworene Freiheit – eher ein abgrundtiefes Mißtrauen gegen die sittliche Urteilsfähigkeit des Bürgers, ohne die keine Freiheit denkbar ist. Wir trauen der oft zitierten »Selbständigkeit«, der Unabhängigkeit in der sittlichen Entscheidung, der sozialen Disziplin des einzelnen mehr zu. Allerdings haben wir hier auch strikt für den Schutz junger Menschen zu sorgen.

Unsere Gesellschaft lebt mit einer Fülle von sozialen Konflikten. Die »heile Welt« ist gerade für den, der Reformen will, ein gefährlicher Traum. Rechtspolitik muß die unvermeidbaren Konflikte und Spannungen im Zusammenleben der Menschen

auf friedliche, faire, realistische Weise ausgleichen. Aus diesem Auftrag ergibt sich die Notwendigkeit zentraler Reformen unserer Rechtsordnung.
Vom Bodenrecht war schon die Rede. Wir brauchen es ebenso wie etwa die Entwicklung sozialen Mietrechts zu einem Dauerrecht. Das zweite Gesetz zum Kündigungsschutz berührt die Rechte von Millionen in einem elementaren Lebensbereich.
Ein erstes Gesetz zur Bekämpfung der Wirtschaftskriminalität wird vorbereitet und noch vor 1976 vorgelegt.
Der Schutz der Verbraucher vor Übervorteilung und vor irreführender Werbung wird rechtlich gesichert. Es geht hier um die »allgemeinen Geschäftsbedingungen« des Bürgerlichen Rechts, um das sogenannte »Kleingedruckte« bei Kaufverträgen und um den »Gerichtsstand«, der meist der Wohnsitz des Verkäufers war – oft weit vom Wohnsitz des Käufers entfernt, dem dadurch große Nachteile entstehen konnten. Auch die Widerrufbarkeit von Teilzahlungsverträgen, die in anderem Zusammenhang erwähnt ist, gehört hierher.

Für die Sicherheit der Bürger

Dem Schutz des Bürgers vor Kriminalität dient eine Fülle von Maßnahmen der vorbeugenden Verbrechensbekämpfung – von der genauen Erforschung der gesellschaftlichen Ursachen der Kriminalität über die Strafrechtsreform, von der Modernisierung der Strafverfahren bis zu einem Strafvollzug, der das Ziel hat, den Täter wieder in die Gesellschaft zurückzuführen und ihn so vor Rückfall in strafbares Verhalten zu schützen. Die Modernisierung des Strafvollzugs wird durch ein Gesetz, das die Bundesregierung 1973 vorgelegt hat, zum erstenmal im gesamten Staatsbereich einheitlich geregelt. Es schafft Klarheit über die Rechte und Pflichten der Gefangenen, die Pflichten und die Autorität der Vollzugsbehörden. Es soll dafür sorgen, daß Strafgefangene menschlich behandelt werden, daß die Gefängnisse und Zuchthäuser aufhören, Lehrwerkstätten des Verbrechens zu sein, sondern vielmehr dem straffällig Gewordenen tatsächlich die Chance einer Besserung vermitteln.

Im Zusammenhang mit der Reform des Strafvollzugs steht die Vorbereitung eines Strafrechtsänderungsgesetzes, durch das die Gerichte auch bei lebenslanger Freiheitsstrafe die Befugnis erhalten sollen, Verurteilte nach Ablauf einer angemessenen Frist, etwa nach fünfzehn Jahren, bedingt zu entlassen.

Der reformierte Strafvollzug soll damit zugleich der Sicherheit unserer Bürger dienen, die zuletzt nicht durch harte Bestrafung, sondern besser durch die Verhinderung von Verbrechen gestärkt werden kann. Gerade dieses Gesetz, das Vorurteilen begegnet, verlangt das Verständnis des mündigen Bürgers. Ferner arbeitet die Regierung an einer Regelung für die Entschädigung der Opfer von Straftaten, die nach versorgungsrechtlichen Grundsätzen ausgerichtet werden soll. Schon seit 1971 ist ein Gesetz in Kraft, das die Haftentschädigung für Bürger, die in einem zweiten Verfahren freigesprochen werden, wesentlich verbessert. Damit wird ein traditionelles Unrecht endlich beiseite geräumt.

Das »Einführungsgesetz zum Strafgesetzbuch« wurde vom Bundestag im Dezember 1973 verabschiedet. Hinter dieser – auf den ersten Blick nichtssagenden – Bezeichnung verbirgt sich eines der umfangreichsten Gesetzgebungswerke, die das deutsche Parlament je beschäftigt haben: Es handelt sich hier um die Anpassung aller strafrechtlichen Bestimmungen an die Strafrechtsreform. Einige wichtige Gebiete des Strafrechts wurden hier neu geordnet. Erst dieses Werk wird die Voraussetzung dafür schaffen, daß der neue Allgemeine Teil des Strafgesetzbuches zum Jahresanfang 1975 in Kraft treten kann. Darin wird unter anderem geregelt, daß geringe Gesetzesverstöße (die »Übertretungen«) nicht mehr als kriminelles Unrecht behandelt und ins Strafregister eingetragen, sondern nur als Ordnungswidrigkeiten behandelt werden. In Fällen, in denen bisher Freiheitsstrafen unter einem Monat verhängt wurden, gibt es künftig nur Geldstrafen nach den wirtschaftlichen Verhältnissen der Betroffenen: Für Arme wird es billiger, für Begüterte teurer. Diese Vereinfachung kommt den Bürgern zugute – und sie mildert die chronische Überbelegung der Strafanstalten.

Zugang zum Recht

Das Selbstbewußtsein der Bürger ist in einem Maße, das nicht unterschätzt werden darf, davon abhängig, wie einfach oder schwierig es für sie ist, Zugang zu ihrem Recht zu finden. Es ist gesagt worden, daß Richter nicht besser sein könnten als das Recht. Aber es muß hinzugefügt werden, daß auch das beste Recht wenig taugt, wenn der Weg zu ihm versperrt ist. Es darf vor allem nicht eine Frage des Geldbeutels sein, ob und wie rasch der Bürger zu seinem Recht kommt. Darum wird an einer Regelung für die Verbesserung des Zugangs zum Recht gearbeitet, die hauptsächlich Bürgern mit geringem Einkommen helfen soll.

Wie wichtig das ist, zeigt auch eine Umfrage, nach der etwa die Hälfte unserer Bevölkerung der Meinung ist, mit viel Geld sei ein Prozeß leichter zu gewinnen. Darum werden die kostenpflichtigen Grundregeln der Zivilprozeßordnung und das System des sogenannten Armenrechts geprüft. Der sozialdemokratische Parteitag 1973 forderte überdies eine Rechtsschutz-Pflichtversicherung.

Den Klagen über die mangelnde Leistungsfähigkeit der Justiz können wir nicht mehr mit Behelfsmaßnahmen begegnen. Eine gründliche Neuordnung der gesamten Rechtspflege muß begonnen werden. Sie kann allerdings nur schrittweise und über längere Zeiträume Wirklichkeit werden. Das Ziel ist: Jeder Bürger muß sein Recht durchsetzen können.

Wir brauchen ein gutes und schnelles Gerichtsverfahren, rationelle und leistungsfähige Gerichte und ein modernes Prozeßrecht.

> Das erste Gesetz zur Reform des Strafverfahrensrechts soll die Verfahren straffen und beschleunigen. Vor allem sollen schnellere und gründlichere Ermittlungsverfahren möglich werden. Die bisher nur periodisch tagenden Schwurgerichte sollen nach den Vorschlägen des Bundesjustizministeriums durch ein permanent tagendes Gericht ersetzt werden.
>
> Eine Änderung des Zivilrechts soll den Zugang zu den Revisionsgerichten erleichtern. Das Recht zur Revision darf nicht länger von der Höhe des Streitwertes abhängig

sein – das ist unsozial und ungerecht. Jeder Bürger soll künftig die Chance haben, bis zum obersten Gericht durchzudringen.

Die Verfahren im Zivilrecht insgesamt sollen schließlich – durch die »Vereinfachungsnovelle« – rascher und übersichtlicher werden: größere Zuständigkeit des Einzelrichters, Konzentration der mündlichen Verhandlung, Erleichterung für die Protokollführung durch Tonbandprotokolle und Erleichterung der Vollstreckung.

Das erste Justizreformgesetz schafft einheitliche und leistungsfähige erste Instanzen, größere Entscheidungsbefugnis für den einzelnen Richter, und es sorgt für die notwendige Spezialisierung der Richter. Der Aufbau der Gerichte soll für den rechtsuchenden Bürger durchschaubar werden: drei Instanzenstufen statt vier wie bisher, mit klaren Zuständigkeiten für Berufung und Revision.

Nach einer Umfrage des Jahres 1974 haben 32 Prozent der befragten Bürger kein Vertrauen zur deutschen Justiz, dreißig Prozent kein ungeteiltes, also nur 38 Prozent volles Vertrauen. Das gibt zu denken. Eine Erklärung bietet zweifellos die Undurchschaubarkeit der juristischen Sprache, aber auch – und daran ist die Justiz selber am wenigsten schuld – die verwirrende Vielfalt und Unübersichtlichkeit der Gesetze und schließlich der Mangel an Wirklichkeitsnähe bei vielen Rechtsbestimmungen. Die Reform des Justizwesens, die der Modernisierung und der Transparenz dienen muß, kann nur ein Werk jahrelanger Mühe sein. Aber ein Anfang ist gemacht.

Ich habe in diesem Versuch einer Zusammenfassung unsere Rechtspolitik verhältnismäßig breit dargestellt. Das hat seinen guten Grund. In der Tat ist kaum ein Feld für den Bürger schwerer zu übersehen. Und doch wird von hier aus entscheidend in sein Leben eingegriffen. Nicht zuletzt die Justiz bestimmt das öffentliche Klima eines Staates. Sie praktiziert Freiheit oder Unfreiheit. Sie hat wesentlich dazu beizutragen, daß wir ein Staat mündiger Bürger sind.

Ziel unserer Rechtspolitik ist es, der sozialen Demokratie zur Wirklichkeit zu verhelfen. Das bedeutet: Veränderung zugunsten der Schwachen und Benachteiligten. Wer dies will, hat mit

Widerständen zu rechnen. Wo grundsätzliche Fragen der Wertordnung in Staat und Gesellschaft berührt werden, sind – oft harte – Auseinandersetzungen nicht zu vermeiden.

Voltaire sagte, ein Vaterland gebe es nur unter einem guten König. In unsere Zeit übersetzt heißt dies: Nur der gerechte und freie Staat kann seinen Bürgern Heimat sein. Darum geht es.

8. Kapitel
Bericht vom deutschen Alltag

Zentrale Reformvorhaben, von denen die Rede war oder die noch behandelt werden, fordern sicher auch in den kommenden Jahren noch viel Umsicht und Energien. Aber praktische, der Zukunft zugewandte Politik kann sich nicht allein auf einige große Themen konzentrieren; sie hat sich von Tag zu Tag und von Jahr zu Jahr der Gesamtheit der Bürger und ihrer Interessen zuzuwenden.
Auf den folgenden Seiten will ich durch eine Reihe von Beispielen darstellen, woran und wofür wir gearbeitet haben – und unverdrossen weiterarbeiten. Dabei handelt es sich um Ausschnitte; ganze Personengruppen und Sachbereiche müssen ausgespart bleiben. Und vieles, was eine eingehendere Erläuterung verdiente, wird nur in Stichworten erscheinen. Trotzdem hoffe ich, daß der Leser dies als eine nützliche Unterrichtung betrachtet. Vor allem soll deutlich werden: Unsere Politik wird weder vom Zufall noch durch Opportunität bestimmt – Einzelmaßnahmen haben ihren Platz in zusammenhängenden, abgestimmten Konzepten.

Zum Beispiel: selbstbewußte Frauen

Die Frauen stellen die Mehrheit der Bevölkerung, wenn auch nur mit einem winzigen Vorsprung. Aber ihr Weg zu Verantwortung und staatsbürgerlichem Einfluß scheint so mühselig zu sein, als müßte sich eine Minderheit Geltung und Anerkennung verschaffen. Sie beeinflussen jede Wahl so nachhaltig wie die Männer (und manchmal stärker), aber sie stellen nur sechs Prozent der Abgeordneten des Bundestages und nicht viel mehr in den Landtagen. In den Gemeinderäten sind sie besser vertreten, aber die Zahl der Bürgermeisterinnen in der Bundesrepublik kann man an ein paar Händen aufzählen.

Die Frauen sind nach der Verfassung gleichberechtigt, aber in der Wirklichkeit unseres Lebens sind ihnen Chancen verwehrt, die für den männlichen Teil der Bevölkerung selbstverständlich sind; das gilt für die Ausbildung wie für die Entlohnung. Ihre Probleme, die die Hälfte der Gesellschaft unmittelbar angehen, werden oft noch mit einem gewissen Unterton als »Frauenfragen« behandelt. Aber die Entwicklung eines verständigeren Denkens ist unübersehbar, und der Prozeß tatsächlicher Veränderungen geht in manchen Bereichen rasch voran. Immerhin waren im Jahr 1971 schon 43,1 Prozent der Abiturienten Mädchen (in Bayern freilich nur 32 Prozent). Das ist eine bemerkenswerte Fortentwicklung in zwei Jahrzehnten: 1951 betrug der Anteil der Abiturientinnen im Bundesdurchschnitt noch 32 Prozent. Unter den Studierenden waren bis vor kurzem nur ein knappes Viertel junge Frauen. Ihr Anteil an Berufen, die eine Fachausbildung verlangen, ist etwa 30 Prozent. Aber nur 16 Prozent der »leitenden Positionen« in der Wirtschaft, wenn man diesen Begriff sehr weit spannt, werden von Frauen verwaltet.

Das zweithöchste Amt im Staat, das des Bundestagspräsidenten, nimmt eine Frau ein. Zwei Frauen gehören der Bundesregierung an, eine als Ministerin, eine andere als Staatssekretärin. Der Parteivorstand der SPD hat zwei weibliche Mitglieder. Eine Frau gehört zu den stellvertretenden Vorsitzenden der CDU, ebenso ist es bei der FDP. Nur etwa 15 bis 18 Prozent der Mitglieder unserer Parteien und Gewerkschaften sind Frauen. Freilich wächst die Zahl der weiblichen Betriebs- und Personalräte.

Mit Sorge habe ich erlebt, daß es in den letzten Jahren nicht einfacher wurde, sondern manchmal noch schwieriger zu werden schien, geeignete Bewerberinnen bei der Nominierung von Bundestags- und Landtagsabgeordneten zu berücksichtigen. Ich habe meinen Parteifreunden wiederholt geraten, es nicht dazu kommen zu lassen, daß wir mit einem weiblichen Wahlboykott oder anderen Formen des Protestes rechnen müssen. Gewiß halte ich nichts von einem schematischen Frauen-Männer-Proporz bei Kandidatenaufstellungen. Aber ich bin ganz und gar nicht der Meinung, daß es gegen das Prinzip der Gleichberechtigung verstieße, wenn die politisch aktiven Männer mehr Einsicht zeigten und Klugheit übten.

Katharina Focke hat im übrigen mit Recht darauf hingewiesen, daß die Gleichberechtigung nicht das Privileg einer bevorzugten Gruppe von Frauen sein darf. Die Entwicklung zu gleichem Recht an der »Basis« läßt in der Tat noch viel zu wünschen übrig. Frau Focke fand diese ironische Formulierung: »Wer viel verdient, leistet auch viel und hat ein Recht auf viel Freizeit. Wer wenig verdient, kann das durch zusätzliche Arbeit im Haushalt wieder ausgleichen.« Dies ist eine ziemlich genaue Beschreibung der wirklichen Lage.

Die Beschränkung fraulicher Existenz auf »Kinder, Kirche, Küche« war zum einen nie ein Idyll und ist zum anderen von der Wirklichkeit längst überholt. Tatsächliche Ungleichheit ist jedoch vielfach geblieben. Neue Formen der Ungleichheit für die Frauen haben sich hinzugesellt.

Frauen werden mehr und mehr in die Arbeitswelt einbezogen. Im Jahr 1971 waren 36 Prozent – das sind 10 Millionen – der Erwerbstätigen in der Bundesrepublik Frauen. Das ist zwar gegenüber 1961 ein Rückgang um mehr als drei Prozent, doch er erklärt sich vor allem durch die Verlängerung der Ausbildungszeit. 57 Prozent der erwerbstätigen Frauen waren verheiratet. Jungverheiratete Frauen ziehen sich aus verständlichen Gründen zeitweilig aus der Berufsarbeit zurück. Die Gesamtzahl der verheirateten berufstätigen Frauen hat in jener Frist zugenommen. 41 Prozent dieser Frauen haben Kinder. 1969 standen 36,5 Prozent aller Mütter mit Kindern unter 15 Jahren im Arbeitsprozeß.

Der Anteil der Frauen – verheiratet oder nicht – am Arbeitsleben wird weiter wachsen, und so ihr Anteil am Volkseinkommen und am Erwerb der Familien. Auch hier kann aber von Gleichberechtigung weithin noch keine Rede sein, und den Gewerkschaften kann man nur wünschen, daß sie ihre Aktivitäten auf diesem Gebiet verstärken. Zwar wurden die sogenannten »Frauenlohngruppen« abgeschafft, aber man ersetzte sie durch »Leichtlohngruppen«. Bei näherem Hinsehen entdeckt man dann oft keinerlei qualitative Unterschiede bei der konkreten Arbeit – es sei denn, daß sie im einen Fall von Männern, im anderen aber von Frauen gemacht wird. Letztere ist dann »leichter«. Im übrigen: Daß die sogenannte Leicht- und Feinarbeit genauso anstrengend wie das, was man Schwerarbeit nennt, und für die Nerven sogar belastender sein kann, drückt sich auf den Lohnstreifen nicht aus.

So liegen die Verdienste der Frauen im Durchschnitt unter denen der Männer. Dazu tragen natürlich auch andere Gründe bei; die erheblichen Differenzen erklären sie nur zu einem Bruchteil. Dabei ist es auch wenig beruhigend, daß sich der Abstand zwischen den Verdiensten verringert. 1950 verdienten die Arbeiterinnen durchschnittlich 46 Prozent weniger als die männlichen Arbeiter, 1960 waren es 40 Prozent, 1972 rund 35 Prozent; bei den Angestellten waren es 1960 rund 43 Prozent und 1972 rund 37 Prozent.

Es war an der Zeit, daß die Präsidentin des Bundestages im Sommer 1974 eine Enquete-Kommission »Frau und Gesellschaft« konstituierte. Die Kommission hat den Auftrag, Empfehlungen auszuarbeiten, wie die rechtliche und soziale Gleichberechtigung der Frau in unserer Gesellschaft erreicht und gesichert werden kann.

Ein wesentlicher Ansatz zur Verbesserung der Chancen in den Berufen ist natürlich in der Ausbildung zu suchen.

Das einseitige Verständnis der Aufgaben und Lebensziele von Frauen, wie es in der Kindheit und durch das herkömmliche Bild der Familie vorgeprägt wird, blockiert für viele eine gute Ausbildung oder verwehrt ihnen die Gleichheit der Bewerbungschancen. Später erschwert die Doppelbelastung durch Haushalt und Beruf gleichermaßen Fortbildung und Aufstieg.

Wir waren gewohnt (und sind es weithin auch heute), daß die verheiratete Frau in den meisten Fällen nicht im Arbeitsprozeß steht und daß sie ihren Beruf – wenigstens für geraume Zeit – aufgibt, wenn sie Kinder zur Welt bringt. Die Unterbrechung der beruflichen Arbeit macht einen Aufstieg schwer; Teilzeitarbeit, wie sie für Frauen mit Familie oft üblich ist (bei etwa zwei Millionen), macht eine berufliche Fortentwicklung fast unmöglich. Zwar bieten die Gesetze zur Förderung der Arbeit und zur Förderung der Ausbildung gerade auch Frauen in dieser Lage eine Chance: Das Arbeitsamt übernimmt die Kosten der Umschulung, wenn Frauen nach einer Unterbrechung der Erwerbstätigkeit einen anderen Beruf anfangen wollen; überdies zahlt das Arbeitsamt dem Arbeitgeber einen Ausgleich, wenn er Frauen die Gelegenheit zur Einarbeitung bei gleichem Lohn bietet.

Aber das ist nur ein Teil des Problems. Ein anderer wesentlicher Aspekt: Es ist nach wie vor die Regel, daß Frauen fast allein die Lasten der Hausarbeit und der Kindererziehung tragen. Das muß nicht so sein, wird aber wohl auf absehbare Zeit bei den meisten so bleiben. Dies entspricht aber nicht der Partnerschaft, in der sich eine Gemeinschaft zwischen Menschen erfüllen und bewahren soll. Erfreulicherweise ist das mittlerweile die Einsicht vor allem vieler junger Leute in diesem Land geworden. Das künftige Familienrecht, an dem das Parlament arbeitet, soll feststellen, daß die Verantwortung für Haushaltsführung und Kindererziehung beiden Ehepartnern zufällt.

Die Verantwortung für die Kinder ist als moralische Aufgabe zwischen Vätern und Müttern unteilbar; als praktische Aufgabe muß sie gerechter verteilt werden. Die Bürgerin von morgen darf nicht länger gezwungen sein, ihre Mutterpflichten in einer fast totalen Abhängigkeit zu erfüllen. Zum anderen sollte es den »unsichtbaren Vater«, von dem Alexander Mitscherlich sprach, nicht mehr geben. Aber ich weiß aus eigener Erfahrung, wie leicht sich das sagen läßt und wie weit man hinter dieser Maxime zurückbleiben kann.

Unser neues Familienrecht macht mit besseren Voraussetzungen der Gleichberechtigung Ernst. Die gegenseitige soziale Verantwortung wird hier bestätigt. Bei der Heirat können die Partner wählen, ob sie den Namen des Mannes, den der Frau oder einen Doppelnamen tragen wollen. Das kann ein psychologisch wichtiger Einschnitt sein. Er verändert mehr als eine »Äußerlichkeit«, nämlich eine tiefverwurzelte paternalistische Tradition –

und er schafft die Freiheit, neue individuelle Traditionen zu begründen. Der gleiche Anteil der Frau an dem in der Ehe erarbeiteten Besitz wird bereits seit geraumer Zeit gesichert, gleichviel, ob sie Hausfrau ist oder in der sogenannten Zugewinngemeinschaft mitverdient. Erreicht werden soll darüber hinaus, daß die Versicherungsansprüche in Scheidungsfällen zwischen den Partnern geteilt werden. (Vom neuen Familienrecht war schon unter dem Stichwort »Modernisierung des Rechts« die Rede.)

Hausfrauen haben nun die Möglichkeit, sich eine selbständige Rentenversorgung zu sichern, freilich nur, wenn der Mann bezahlt. Diese Öffnung der Rentenversicherung ist ein erster Schritt – doch bis zur selbständigen sozialen Sicherung der Frauen ist es noch ein weiter Weg. Erhard Eppler bemerkte drastisch: »Obwohl wir wissen, daß in achtzig Jahren nicht nachzuholen ist, was eine Mutter in den ersten drei Jahren an ihrem Kind versäumt, wird die Leistung einer Mutter nicht honoriert, im Gegenteil, in der Rentenversicherung wird noch im Alter bestraft, wer sich um seine Kinder gekümmert hat.« Eine »Hausfrauenrente«, die von der Berufsarbeit unabhängig ist, liegt jedoch nicht in den Grenzen dessen, was sich auf kürzere Sicht finanziell im Rahmen des Staatshaushalts verwirklichen läßt. Dieses Konzept kann unseren Rentenversicherungen nicht einfach aufgepfropft werden. Es bedürfte hoher Zahlungen aus der Staatskasse, die durch Steuern aufgebracht werden müßten. Für völlig abwegig, ja sogar zynisch halte ich allerdings den Einwand, die (relative) materielle Unabhängigkeit der Frauen würde den Zusammenhalt der Familien gefährden. Abhängigkeit soll sich nach unserer Einsicht in Bindung verwandeln, die von den Partnern aus freiem Willen gelebt wird.

In der gleichberechtigten wirtschaftlichen Mitverantwortung wird sich bei den Frauen übrigens auch die Kritik gegen jene Welt der Werbung verschärfen, die ihr die Rolle einer »Konsumdienerin« zuweist. Es gibt keinen Zweifel, daß eine aggressive Werbepsychologie gerade auf (und gegen) die Frauen gerichtet ist, von denen man meint, man könne sie ohne zu große Widerstände überreden, auch unnötigen oder schlechten Produkten eine Marktchance zu verschaffen. Man nimmt an, sie seien der Verführung zum »Status«-Denken und der Schmeichelei durch Luxusträume noch leichter zugänglich als Männer. Gerade Frauen werden jedoch mehr und mehr »kritische Konsumentinnen«. In diesem Zusammenhang sind für sie Gesetze und Verordnungen zum Schutz der Verbraucher besonders wichtig. Es kann damit gerechnet werden, daß das Verbraucherschutzgesetz vom Kabinett Ende 1974 verabschiedet und dem Parlament zugeleitet werden wird.

Man kann gute Ware für gutes Geld verlangen. Die Aufhebung der Preisbindung der zweiten Hand gehört ebenso hierher wie die Pflicht der Geschäfte, Preise deutlich auszuzeichnen, das Verbot von »Mogelpackungen« und der Schutz bei Abzahlungsgeschäften, die nun innerhalb einer Woche widerrufen werden können, wenn man sich zu rasch oder falsch entschied oder sich eine Ware aufdrängen ließ. Vor allem aber ist die Gesamtreform des Lebensmittelrechts von Bedeutung, die im Frühsommer 1974 verabschiedet werden konnte und den Verbraucher im Umgang nicht nur mit Lebensmitteln im engeren Sinne, sondern auch mit Kosmetika, Tabakerzeugnissen und allgemeinen Bedarfsgegenständen schützen soll.

Tiefere Wandlungen

Hier war bisher von den mehr formalen, den rechtlichen, den materiellen Bedingungen der Gleichberechtigung die Rede. Sie sind wichtig. Sie bestimmen in hohem Maße den Alltag der Frauen. Und doch scheinen tiefergehende geistige und seelische Wandlungen, die das Verhältnis der Geschlechter und die Rolle der Frau in der Gesellschaft neu bestimmen, im Gange zu sein. Hier deutet sich etwas an, das man als Umdenken und Umfühlen einer neuen Generation bezeichnen könnte. Mit der Industrialisierung ist die Stellung der Großfamilie (der »Sippe« alter Prägung) gebrochen worden. Die – bei uns in Deutschland besonders ausgeprägte – Vaterautorität hat beide Weltkriege nicht unbeschädigt überstanden. Unter den Lasten, die Frauen in Krieg und Nachkrieg zu tragen hatten, hat sich ihre Rolle nicht wenig verändert. Frauen haben begonnen, ihre gesellschaftliche Verantwortung ernster zu nehmen. Sie begreifen das Verhältnis zum anderen Geschlecht nicht mehr viel anders als die jungen Männer der heranwachsenden Generation.

Die Familienplanung beginnt, soziale Norm zu werden. Die Größe der Familie dürfte auch heute schon vielfach dem Willen der Eltern entsprechen. Heute werden in unserem Volk – verglichen mit früher – nicht mehr so viele »ungewünschte« Kinder zur Welt gebracht. Das empfangene Kind soll, so muß es unser Ziel sein, nach Möglichkeit immer ein »Wunschkind« sein.

Diese Feststellung hat eine Schattenseite. Es gab – und gibt – Jahr um Jahr Hunderttausende »unerwünschter Kinder«, die nicht zur Welt gebracht wurden und werden. Die Eingriffe waren nach dem bisher geltenden Recht überwiegend illegal.

Die Debatte über eine Revision des alten Paragraphen 218, der den Schwangerschaftsabbruch unter Strafe stellte, beherrschte unser Parlament so intensiv wie kaum ein anderes Problem, und die Bevölkerung nahm mit einer verständlichen Leidenschaft – wenn auch weniger ausgeprägt, als es manche Kreise empfohlen hatten – am Für und Wider teil.

Der Streit um den Paragraphen 218

Die Abstimmungen des Bundestags im Frühjahr und Frühsommer 1974 forderten – nach der Wiedereinführung der Wehrpflicht – die vielleicht schwierigste Gewissensentscheidung, mit der sich viele Mitglieder des Bundestages konfrontiert sahen. Es gibt kein gebundenes Mandat über das Gewissen, und hier durfte die Parteiloyalität keinesfalls das letzte Wort behalten. Jeder Abgeordnete war – das machten wir deutlich – mit seiner Verantwortung allein, mußte es sein.

Der alte Paragraph 218 hat, ohne seine Funktion, werdendes Leben zu schützen, erfüllen zu können, viel Leid über Menschen gebracht. Er trieb verzweifelte Frauen zur objektiven Kriminalität. Er setzte sie Depressionen, Krankheiten, oft genug der Todesgefahr aus. Einen Arzt, der die Operation ausführte, konnten sich für gewöhnlich nur Frauen leisten, die Geld hatten.

Die Gesetzgeber, Rechts- und Ordnungshüter wußten wohl, wie oft die »strafbaren Eingriffe« erfolgten. Es stand häufig in ihrer Willkür, ob sie sich blind stellen wollten oder nicht.
So zwang man nicht nur den Frauen – und ihren Partnern – eine »doppelte Moral« auf. Auch der Staat richtete sein Verhalten nach einer doppelten Moral – »er ließ den Armen schuldig werden, dann überließ er ihn der Pein«.
Dieser Zustand war unerträglich geworden. Mein erstes Kabinett legte mit Mehrheit einen Gesetzentwurf vor, der eine erweiterte Indikationslösung vorsah. In den Fraktionen von Freien Demokraten und Sozialdemokraten bildete sich indessen eine Mehrheit für die sogenannte »Fristenregelung«, das heißt: Frauen soll die Möglichkeit gegeben werden, sich ohne Androhung einer Strafe beraten zu lassen und sich dann zu entscheiden, ob sie einen Eingriff innerhalb der ersten drei Monate vornehmen lassen wollen. Eine kleinere Gruppe suchte nach einem Kompromiß zwischen den »Lösungen«, von denen wir sehr genau wußten, daß keine völlig genügend sein kann. Im Gegenteil: Kein Problem hat uns die Unvollkommenheit jeden Versuchs einer gesellschaftlichen oder gar juristischen Ordnung so schwieriger persönlicher Entscheidungen auf so radikale und manchmal beschämende Weise sichtbar gemacht.
Was sich in unserer Diskussion andeutete, ist für viele Frauen – manchmal auch für ihre männlichen Partner – Ursache innerer Kämpfe bis an den Rand der Verzweiflung und oft darüber hinaus. Aber hier liegt ein Grundirrtum vor: Der Staat kann und soll durch das Gesetz nicht den unausweichlichen Gewissenskonflikt des einzelnen Menschen auflösen. Das wäre Vermessenheit. Der Staat kann und muß allerdings dafür sorgen, daß Menschen nicht ohne Not in die Kriminalität gedrängt werden.
Meine zweite Regierung hat auf die Wiedervorlage eines eigenen Gesetzentwurfes verzichtet. Ich wies darauf hin, eine Antwort auf dieses Problem müsse aus der Mitte des Parlaments gesucht und gefunden werden. So geschah es. Ich vermied für mich selber bis zur parlamentarischen Entscheidung die öffentliche Festlegung auf ein bestimmtes Modell, weil ich eine Signalwirkung vermeiden wollte. Es durfte auch nicht den Anschein einer Gewissensbeeinflussung geben.

Meine Entscheidung für die Fristenlösung geschah nach gründlicher Prüfung. Ich habe es mir auch damit nicht leichtgemacht. In einer Bundestagsrede, in der ich die Notwendigkeit der Veränderung einer in Wahrheit nicht menschenfreundlichen, sondern lebensfeindlichen Gesetzgebung begründete, hob ich das entschiedene Nein zur leichtfertigen Abtreibung und ein ebenso klares Ja zum Leben hervor:

»Wenn Strafbestimmungen den Schutz des Lebens nicht wirksam genug gewährleisten können, müssen bessere, dem Staat mögliche Schutzmaßnahmen ergriffen werden. Ich bin der Überzeugung, daß dem Nein zur Abtreibung und dem Ja zum Leben besser als die bestehende unbedingte Strafandrohung eine Regelung gerecht wird, die für einen bestimmten Zeitraum Straffreiheit vorsieht. Wenn uns die verzweifelte Lage vieler Frauen wirklich berührt, dann gibt es aus meiner Sicht keinen ehrlicheren Weg zu einer Regelung, als den Weg zur Beratung ohne Angst und ohne Instanzen frei zu machen. Wo soziale Mißstände als Herausforderung an die politische Ethik erkannt werden, können wir einer Entscheidung nicht ausweichen, so schwer sie ist.

Wir müssen uns fragen: Was ist wichtiger, der Mensch oder die Aufrechterhaltung starrer Prinzipien? Im Falle des Paragraphen 218 überschneiden sich Ethik und Politik in klassischer Weise, jedoch unter klarer Grenzziehung zwischen Strafrecht und Sittengesetz. Wo die Straffreiheit für einen bestimmten Zeitraum den Charakter einer sozialen Hilfe bekommt, nämlich Frauen ohne Angst vor der Abweisung zur Beratung zu bewegen, da ist ethisches Handeln zum Inhalt der Politik geworden. Die Rechtsgemeinschaft geht das Wagnis einer Entscheidungshilfe für die Frau da ein, wo Strafandrohung, Reglementierung und Instanzen bisher versagt haben.«

Damit wies ich auf die Hilfen hin, von denen wir einen wirksamen und humanen Schutz des werdenden Lebens erwarten: medizinische, soziale, der Erhaltung des Lebens dienende Beratung und Aufklärung durch möglichst viele Institutionen – Gemeinden, Kirchen, Verbände –; Sexualerziehung, die schon in den Schulen auf die Verantwortung für den Partner und werdendes Leben aufmerksam machen muß; sorgsame Belehrung über Methoden der Verhütung, die vermutlich ohnedies durch Fortschritte der pharmazeutischen Industrie von Jahr zu Jahr verbessert werden. Ich verwies auch auf den sozialen Schutz für Schwangere und Mütter kleiner Kinder: die Freistellung zur Krankenpflege von Kindern unter acht Jahren, die wir gesetzlich sicherten; auf die gesetzlich einzuführende Haushaltshilfe für kranke Mütter; auf die Hilfe für behinderte Kinder; auf die Modellversuche mit »Tagesmüttern«, die berufstätigen Frauen während der Arbeitszeit die Sorge für die Kinder abnehmen sollen.

In diesem Zusammenhang nenne ich auch erneut die Änderung des Adoptionsrechtes, das es nun auch jüngeren Ehepaaren leichtermachen soll, Kinder womöglich schon im Säuglingsalter anzunehmen.

Es ist eine der guten Folgen der Debatte um den Paragraphen 218, daß alle diese Probleme sehr viel deutlicher in unser Bewußtsein rückten. Obwohl wir mancher bösen Demagogie begegneten: Es wurde deutlich, daß wir uns keine falsche Frontstellung zu den Kirchen aufzwingen ließen. Ich erklärte, daß es Sache der Kirchen sei, die Gewissenhaftigkeit nach ihren strengen Maßstäben zu schärfen. Der Staat konnte und kann ihnen diese Aufgabe nicht abnehmen. Ich begrüße es, daß die leidenschaftliche Debatte neue soziale Impulse auch im kirchlichen Raum freigesetzt hat: Miteinander müssen wir jahrhundertealtes, tief eingefressenes Unrecht durch eine relativ bessere Ordnung widerlegen. Miteinander müssen wir auch die Verkrampfung lösen, die so lange jenen menschlichen Bindungen im Wege stand, die nicht der bürgerlichen Norm entsprachen.

Wie viele Mütter, die ihre Kinder gern ausgetragen hätten, scheiterten am Vorurteil der Nachbarn, an materieller Not, der sie die Ungeborenen nicht glaubten ausliefern zu können, an Geld-, an Wohnungsproblemen, am Widerstand der Vermieter, an der Kinderfeindlichkeit ihrer Umwelt! Wie viele Väter verrannten sich in die Vorstellung, sie könnten sich ein Kind »nicht leisten«, denn es sei ihrer Reputation oder ihrem Fortkommen im Wege – und oft war dies so! Wie viele Kinder wurden nicht zur Welt gebracht, weil eine – in Wirklichkeit familienfeindliche – Scheidungsgesetzgebung es nicht erlaubte!

Das alles war mitzubedenken. Bei der Reform des Paragraphen 218 geht es um das Vertrauen, das der Staat und seine Verantwortlichen in die Bürger, in die Frauen, auch in die Ärzteschaft setzen müssen. Sie haben ein Gewissen, das nicht weniger Anspruch auf Achtung hat als das der Gesetzgeber. Der Staat konnte und kann sich gerade hier nicht zum Richter über Moral und Gewissen machen. Er konnte und kann nur moralischem Verhalten den Weg bahnen. Im Bundestag sagte ich es so:
»Wer Ethik und Politik auseinanderreißt, wer glaubt, Ethik sei in Wirklichkeit eher ein Element ohne Chance, den Anforderungen der heutigen Politik gerecht zu werden, der wird ein Gefangener des politischen Opportunismus. Andererseits werden unter dem Deckmantel ethischer Positionen immer wieder sehr bewußt einseitige politische Forderungen erhoben. Die sie erheben, müssen sich die Rückfrage gefallen lassen, ob ihre Prinzipien die Not und die Bedürfnisse der Menschen angemessen berücksichtigen. Hier wird man häufig nicht nur Unzulänglichkeiten festzustellen haben, sondern manchmal auch mangelnde Aufrichtigkeit. Für mich ist die grundlegende ethische Position einer ehrlichen Reform des Paragraphen 218 das uneingeschränkte Ja zum Leben. Das steht über allem.«
Während dies geschrieben wird, ist noch nicht abzusehen, zu welchem Ergebnis die Normenkontrollklage beim Bundesverfassungsgericht führen wird. Die Zwischenentscheidung zum Begehren, eine einstweilige Verfügung zu erlassen, hat schon klargemacht, daß die alte Gesetzeslage nicht wiederhergestellt wird.

Zum Beispiel: junge Bürger

Eine gesonderte Betrachtung über die junge Generation – das könnte der Anfang eines Mißverständnisses sein. Es ist fragwürdig, junge Menschen in einem allzu direkten Sinne als »Gruppe« verstehen zu wollen. Von kaum einem der Themen, die in diesem Buch behandelt werden, könnte man sagen, es gehe die junge Generation nicht an.

Überdies: Was ist eine Generation? Wo hört sie auf, eine junge zu sein? Wo zieht man den Schnitt? Die Erfahrung zeigt, daß die generationsmäßige Identifizierung durch äußere Umstände – zum Beispiel einen Krieg oder eine Hungerperiode – mitbestimmt wird und unterschiedliche Einflüsse hinterläßt.
Das Jahr 1968 mit seiner Revolte war ein deutlicher Einschnitt. Die Wort- und Aktionsführer der Außerparlamentarischen Opposition jenes Jahres sind zum guten Teil längst Väter oder Mütter geworden. Ihr Einfluß auf die Studenten- und Schülerschaft von heute, von jungen Arbeitern nicht zu reden, ist gering. Manche haben sich in eine ganz private Existenz zurückgezogen. Viele wählten die Mitarbeit in sozialdemokratischen Organisationen, in denen sie oppositionelle Meinungen formulierten. Eine kleine Gruppe flüchtete in den radikalen, in einigen Fällen kriminellen Widerstand gegen den demokratischen Staat und befindet sich damit in einer hoffnungslosen Isolierung.
Aber die Mehrheit der älter Gewordenen und der heutigen Jugend lebt in der Normalität: in der industriellen Arbeit, in der Ausbildung, in den Universitäten, in den Schulen, in der Bundeswehr, manche auch in ersten Verantwortlichkeiten für die Gemeinden oder den Staat.
Diese Mehrheit geht uns hier vor allem an. Ihr »Generationserlebnis« – falls es das gibt – wird kaum deutlich zu definieren sein. Ich habe meine Zweifel an der Legende vom »neokonservativen« Trend unter den Jungen. Genaue Studien liegen darüber nicht vor. Im übrigen kann von einer einheitlichen, geistig uniformierten Entwicklung keine Rede sein. Die heranwachsende Generation ist in ihrem Wahlverhalten, wohl auch in ihrem Denken nicht weniger von differenzierten Motiven geleitet, als es die Älteren sind. Die Aufmerksamkeit und das Engagement junger Menschen lassen sich – gleichviel, von welcher Partei – heute nur gewinnen, wenn ihnen klare Antworten gegeben, konkrete Aufgaben gezeigt, aber auch weiterreichende Ziele deutlich gemacht werden.
An manchen Orten rühren sich selbst in Gruppen der »Schüler-Union« deutlich sozialdemokratische Gedanken. Ich beschwere mich darüber nicht – im Gegenteil, ich sehe darin auch einen gewissen Erfolg unserer Arbeit (wenn auch einen Mißerfolg unse-

rer Selbstdarstellung). Das aber ist doch wohl kaum als »neokonservativ« zu verstehen. Vielmehr ist eine deutlicher sich artikulierende Abneigung der Mehrheiten gegen fanatisierten Extremismus zu erkennen, auch gegen den Versuch von Meinungs- und Modediktaten kleiner Minderheiten. Es scheint mir hier eher ein Geist der kritischen Vernunft zu herrschen, der sich auf natürliche Weise mit den Zielen des demokratischen Sozialismus verbinden lassen sollte. Freilich verkenne ich dabei nicht, daß sich aufgrund der objektiven Schwierigkeiten auf dem Ausbildungs- und Arbeitsmarkt auch eine wenig erfreuliche Ellbogen-Mentalität herkömmlicher Art wieder breitmachen könnte.

Jugendpolitische Beschlüsse

Es entsprach dem Lebensgefühl der jungen Menschen und unserer gesellschaftlichen Entwicklung, daß wir zunächst (1970) das aktive Wahlalter von 21 auf 18 Jahre senkten. Einem jungen Mann, der für erwachsen genug gehalten wird, Militärdienst zu leisten, muß man zutrauen, daß er auch seine staatsbürgerlichen Rechte und Pflichten zu erfüllen in der Lage ist. Das passive Wahlalter, also die Wählbarkeit, wurde auf 21 Jahre gesenkt. Konsequent wurde von der sozial-liberalen Koalition 1974 das Volljährigkeitsalter auf 18 Jahre herabgesetzt, und zwar für beide Geschlechter. Jungen und Mädchen können nun vom 18. Geburtstag an heiraten, und sie können Rechtsgeschäfte abschließen.

Mit dem Betriebsverfassungsgesetz erhielten jugendliche Arbeitnehmer mehr Rechte der Mitwirkung und Mitbestimmung. Den Betriebsräten gehören Jugendvertreter an – ebenso den Personalräten im Öffentlichen Dienst. Die gewählten Jugendvertreter sind dank eines neuen Gesetzes unkündbar und müssen am Ende der Ausbildung in ein Arbeitsverhältnis übernommen werden. Ihnen kommt für die Ausbildungsbetriebe eine besonders verantwortliche Funktion zu.

Das neue Jugendarbeitsschutzgesetz sichert 1,5 Millionen jungen Menschen die Vierzig-Stunden-Woche und die Fünf-Tage-Woche. Der Urlaubsanspruch wurde erhöht. Das alte Jugendarbeitsschutzgesetz stammte aus dem Jahr 1960. Es bedurfte über die kleinen, inzwischen vorgenommenen Korrekturen hinaus einer Revision. Die wöchentliche Arbeitszeit für junge Menschen muß nach dem Regierungsentwurf vom Februar 1974 künftig auf vierzig Stunden beschränkt, der Urlaubsanspruch von 24 auf 30 Tage erhöht werden. Der Schulpflicht angepaßt, soll die Zulassung zur Arbeit von 14 auf 15 Jahre, bei gefährlichen Arbeiten auf 16 Jahre heraufgesetzt werden. Das Gesetz wird sichern, daß alle Jugendlichen in den Betrieben an den Berufsschultagen mit wenigstens fünf Schulstunden vom Betrieb freigestellt werden.

Jedes Jahr werden im Bundesgebiet mehr als 50 000 Verstöße gegen das Jugendarbeitsschutzgesetz amtlich festgestellt. Wie viele Vorgänge dieser Art werden erst gar nicht gemeldet? Wo fortlaufende Verstöße durch eine Unternehmensleitung festgestellt werden, hilft schließlich nichts anderes, als ihr die Ausbildung von Lehrlingen zu untersagen.

Besondere Sorge verlangen jene jungen Menschen, die in keinem Ausbildungsverhältnis herkömmlicher Art stehen – dies betrifft 250 000 Jugendliche. Auch für sie muß es Chancen der Weiterbildung geben; dafür braucht man konkrete Programme. Meine Regierungserklärung hatte darauf nicht ohne Grund hingewiesen; die Reform der Berufsbildung wird dafür gezielte Maßnahmen enthalten.

Im Rahmen des Gesetzes über die Förderung der Ausbildung wurden die finanziellen Sicherungen zum erstenmal auch für Berufsschüler aufgebessert.

Für Schüler und Studenten besteht (übrigens vom Kindergartenalter an) nun eine gesonderte Unfallversicherung, die vor allem auch wegen der Gefährdungen auf den Schulwegen notwendig wurde. Nicht allzu viele unserer Bürger wissen, daß Kinder und Schüler von einer der höchsten Unfallquoten aller Bevölkerungsschichten betroffen sind: 1971 starben 2049 Kinder im Straßenverkehr; mehr als 25 000 erlitten schwere, mehr als 43 000 leichtere Verletzungen. Der Staat kann den Eltern wenigstens die materiellen Sorgen zu einem Teil abnehmen.

Anfang 1974 legte das Bundesministerium für Jugend, Familie und Gesundheit den ersten Entwurf eines »Jugendhilfe-Geset-

zes« vor, mit dem das mehr als fünfzig Jahre alte Jugendwohlfahrtsgesetz reformiert werden soll. In den Vorschlägen, die noch eingehender Diskussion bedürfen, findet sich ein ganzer Katalog von Erziehungshilfen: für Kinder von Familien, in denen der Vater oder die Mutter fehlt; für behinderte, gefährdete, gestörte junge Menschen. Sie sollen nicht auf eine behördliche Gnade angewiesen sein, sondern einen Rechtsanspruch haben. Hierher gehört auch die Förderung von Kindergärten, von Erziehungsberatungsstellen, von Einrichtungen für behinderte Kinder. Die zwangsweise Heimerziehung – deren Geschichte sehr viel frühes Leid in einer problematischen Ordnung kennt – soll soweit wie möglich durch Unterstützung von geeigneten Familien überflüssig gemacht werden. Die erzieherischen Maßnahmen aus dem Jugendgerichtsgesetz sollen in das neue Jugendhilfe-Gesetz herübergenommen werden. Gerichtliche Strafen für junge Menschen unter 16 Jahren sollen abgeschafft, für 16- bis 18jährige auf außergewöhnliche Fälle beschränkt werden.
An den Willen zur Mündigkeit, auch der Erwachsenen, appelliert zum anderen die neue Fassung des Jugendschutzgesetzes, die Tendenzen zur Bevormundung junger Menschen realistisch beschränkt und damit Kräfte des moralischen Selbstschutzes stärken soll. Genau dies strebten die von der Regierung geförderten Aufklärungskampagnen an, zum einen in der Sexualerziehung, zum anderen gegen den Mißbrauch von Drogen und Rauschmitteln. Man kann hier erste Erfolge registrieren. Die Zahl der Rauschgiftsüchtigen scheint sich nicht zu erhöhen. Allerdings nimmt die Zahl der Alkoholiker zu, auch unter jungen Leuten, ja sogar bei Kindern. Hier bedarf es einer intensiveren Aufklärung der Öffentlichkeit.
Wichtige Entscheidungen fielen im Bereich des Bildungswesens. Davon wird in einem besonderen Kapitel die Rede sein.

Dialog der Generationen

Allen diesen Initiativen und Beschlüssen ist eines gemeinsam: Junge Menschen werden nicht in falscher Weise patronisiert. Der Staat oder die Welt der »Erwachsenen« kommen ihnen nicht »von oben herab« entgegen. Junge Menschen werden in ihrer Eigenart und Entwicklung als Mitglieder der Gesellschaft betrachtet, die um ihres Jungseins willen weder ein Privileg der Verwöhnung genießen noch einer Benachteiligung ausgesetzt sein sollen. Hieraus ergeben sich Pflichten in beiden Richtungen. Die erwünschte Unbefangenheit der Jungen kann nur aus der Freude am Dasein stammen, die freilich kein Staat stellvertretend für seine Bürger, keine Partei für ihre Mitglieder stiften kann. Doch wir vermögen einige Voraussetzungen zu schaffen: zum Beispiel durch die Sicherung der Freizeit; durch den Schutz der Natur; durch die Ermutigung zur musischen Erziehung; durch die Förderung des Sports, der für unsere in die Normen einer oft monotonen Arbeitswelt eingepferchte Existenz so wichtig geworden ist. Hier helfen die Mittel des Bundesjugendplanes; für die Sportförderung wurden und werden beträchtliche Mittel aufgebracht.

Zum Lebensgefühl der Jungen – wenn auch gewiß nicht der Jungen allein – gehören die Lust an der Kritik und der Wille, Neues zu schaffen. Jugend kann in der Tat mit der ihr eigenen Unbefangenheit unsere Gesellschaft auf ihre strukturellen und alltäglichen Mängel abklopfen. Junge Menschen können oft leichter die Probleme der Gegenwart erspüren, die für die Zukunft entscheidend sind; sie können sie in ihrer Weise leidenschaftlich formulieren. Immerhin waren es Impulse aus ihren Reihen, die dazu beitrugen, daß Aufgaben wie die des Umweltschutzes, der Rettung unserer Städte, der Nachbarschaftshilfe, der Mitverantwortung für die Schwachen deutlicher in unser Bewußtsein gerückt wurden. Viele arbeiten in ihrer Freizeit mit bewundernswerter Hingabe im Feld der tätigen Hilfe für den benachteiligten Mitmenschen.

Der Dialog der Generationen muß in Offenheit und Freiheit geführt werden. Er kann nur fruchtbar sein, wenn die Jungen zur Kenntnis nehmen, was die Älteren nach dem Krieg aus Trümmern und Asche aufgebaut haben. Aber die Leistungen der Vergangenheit sind noch keine Garantie, daß man auch die Probleme von morgen erkennt, noch weniger, daß man ihnen gewachsen ist. Darum müssen die Generationen gemeinsam Lösungen suchen, die neue Wege nach vorn öffnen. Eine gute Poli-

tik darf die jungen Menschen nicht erst auf dem Weg zur Wahlurne entdecken.
Ob älter oder jünger – wir müssen gesprächsbereit bleiben. Wenn das soziale und politische Klima den Dialog der Generationen nicht mehr duldet, dann drängt sich Haß nach vorn, oder es entwickelt sich sogar Gewalt.
Die jungen Menschen sind in ihrer großen Mehrzahl anders, als sie eine einseitig veröffentlichte Meinung beschreibt. Sie haben ein Gespür, daß Autorität heute nicht mehr in erster Linie auf Amt und Hierarchie gegründet sein kann, sondern Glaubwürdigkeit, überlegenes Können und Leistung voraussetzt. Glaubwürdigkeit und Wahrhaftigkeit verlangen dann freilich, daß man Jugend nicht wie ein Banner vor sich herträgt oder zum Fetisch macht. Glaubwürdigkeit und Wahrhaftigkeit beweisen sich an einem realistischen Verständnis von Menschlichkeit.
Ein starkes moralisches Engagement mit einem noch nicht genügend ausgeprägten Sinn für die Realitäten ist mir lieber als ein Ellbogen-Pragmatismus ohne moralisches Engagement.

Zum Beispiel: besserer Rentenschutz für die Alten

Von den Problemen der älteren Menschen – in einer Gesellschaft, in der sie an Zahl zunehmen, sich aber nur zu oft an den Rand gedrängt sehen – wird in diesem Buch an anderer Stelle berichtet.
Hier soll vom Rentenschutz die Rede sein. Ich möchte zunächst darauf hinweisen, daß viele Bürger das Ziel der Pensions- oder Altersgrenze mit 65 Jahren oft nur erschöpft oder ausgelaugt erreichen. Ihnen soll die Rentenreform von 1972/1973 helfen, die mit der »flexiblen Altersgrenze« den Rückzug aus dem Arbeitsleben nun vom 63. Lebensjahr an erlaubt. Frauen können sich schon mit 60 Jahren zurückziehen, wenn sie 15 Beitrags- und Ersatzjahre und 121 Pflichtbeiträge zur Rentenversiche-

rung in den letzten zwanzig Jahren nachweisen können. Für Schwerbehinderte, Berufs- oder Erwerbsunfähige gilt für den Beginn der Rentenzahlungen nun das 62. Lebensjahr.

Wir wissen, daß ein plötzliches Ausscheiden aus der Arbeitswelt für viele Menschen eine seelische Belastung ist, die sie nur schwer überwinden und an der sie oft scheitern. Eine Studie, die im Auftrag des Arbeits- und Sozialministeriums von Nordrhein-Westfalen gefertigt wurde, empfiehlt darum einen gleitenden Übergang ins Rentnerdasein: Teilzeit-Arbeitsplätze für die Älteren, die einen Achtstundentag nicht mehr durchhalten können oder wollen.

Für die Menschen, deren Berufsjahre sich zum Ende neigen, ist unser Gesetz über die arbeitsrechtliche Sicherung der Betriebsrente eine wesentliche Hilfe.

Schätzungsweise die Hälfte (12 Millionen) der Arbeitnehmer besitzen eine solche Zusage. Jeder Arbeitnehmer erhält nach diesen Plänen einen gesetzlich verbrieften Anspruch auf die ihm zugesagte betriebliche Altersversorgung. Die Betriebsrente ist künftig immer zu zahlen, wenn die Versorgungszusage seit mindestens zehn Jahren besteht oder der Arbeitnehmer dem Betrieb seit mindestens 15 Jahren angehört. Dies ist das Wichtigste: Der Arbeitnehmer nimmt seinen Rentenanspruch mit, wenn er den Betrieb wechselt (vorausgesetzt, daß er das 35. Lebensjahr vollendet hat). Die Betriebsrente wird der flexiblen Altersgrenze angepaßt. Sie kann bei einer Erhöhung der gesetzlichen Rente nicht mehr gekürzt werden.

Wir wollen auch dafür sorgen, daß die Betriebsrente beim Konkurs des Unternehmens nicht verlorengeht. (Ein weiteres Gesetz soll die Lohn- und Gehaltsansprüche bei Zahlungsunfähigkeit oder bei der Auflösung eines Unternehmens sichern.)

Man muß sich vergegenwärtigen, was das für den Arbeitnehmer heißt, dessen gesamte Altersversorgung von der Betriebspension stark beeinflußt wird. Wieviel Zwang zur Anpassung, ja selbst wieviel Unterwerfung forderte die Sorge um den Rentenanspruch im Betrieb! Es geht ja nicht nur um die versäumten Chancen durch den Verzicht auf einen Wechsel des Arbeitsplatzes, sondern mehr noch um die Kritik, die lieber ungesagt blieb, solange man nicht nur die Entlassung, sondern auch den Verlust des Rentenanspruchs fürchtete, bis hin zur Preisgabe von Selbstbewußtsein und Würde. Es ist wahr, daß durch dieses Stück Reform tiefergreifende Abhängigkeiten nicht aufgelöst werden. Aber bisher widerrufliche Zusagen werden in ein Recht verwandelt. Das ist die konstruktive Veränderung, die den Willen zur Unabhängigkeit bestärkt. Damit wird etwas mehr sozialer Freiheitsraum geschaffen.

Notwendige Anpassungen

Die Angst vor dem Alter war und ist bei vielen unserer Mitbürger zunächst: Angst vor der Isolierung, aber auch vor möglicher Not. Darum haben wir die materiellen Sicherungen für die Älteren konsequent gestärkt. Etwa 8,5 Millionen Bundesbürger erhalten ein Renteneinkommen – unter ihnen sind 77 Prozent »Haushaltsvorstände«; in diesen Familien ist also die Rente die wichtigste oder einzige Einnahme.

Die gesetzlichen Altersrenten stiegen 1973 um 11,35 und 1974 um 11,2 Prozent – also doch wesentlich über die Erhöhung der Lebenshaltungskosten hinaus. Gegenüber 1969, dem Jahr, in dem die sozial-liberale Koalition die Verantwortung übernahm, haben sich die Renten um 65 Prozent erhöht, gegenüber 1957 um das Dreieinhalbfache. Anders: Aus 100 DM Rente im Jahr 1957 sind bis 1974 genau 347,40 DM geworden. Ende 1972 betrug die *durchschnittliche* Altersrente eines 65jährigen Arbeiters 618,20 DM, die eines gleichaltrigen Angestellten 920,20 DM. Einem monatlichen Netto-Arbeitsentgelt von DM 1115,07 DM (brutto 1519,17 DM) entsprach 1973, wenn die entsprechenden Versicherungszeiten vorlagen, ein monatliches Altersruhegeld von 668,60 DM – das sind 60 Prozent.

Der Abzug von zwei Prozent Krankenversicherungsgeld bei sämtlichen Renten wurde gestrichen (bereits geleistete Beiträge wurden zurückgezahlt). Das heißt: Die Krankenversicherung der Rentner ist wieder frei.

Unter dem Stichwort Rentner steht in unserer Zwischenbilanz die »Transparenz der Rentenversicherung«. Dies scheint nur auf einen verwaltungstechnischen Vorgang hinzudeuten: eine Vereinfachung der verwirrend komplizierten Rentenvorschriften. Auch das ist gemeint. Aber wichtiger: Für jeden Rentner wird nun ein einsehbares individuelles Konto geführt. Seine Lage wird übersichtlicher. Er kann klaren Einblick in die Berechnung seines »Falls« gewinnen.

Die sozial-liberale Bundesregierung hat schon 1970 die Renten der 2,4 Millionen Kriegsopfer dynamisiert und 1973 die Vorverlegung des Rentenanpassungstermins beschlossen; das bedeutete Erhöhungen um 11,4 Prozent zum Jahresanfang und um 11,2 Prozent zum Herbst 1974. Eine weitere Steigerung um mehr als zehn Prozent zum 1. Juli 1975 wird folgen. Der durchschnittliche Versorgungsaufwand je Berechtigten beläuft sich 1974 auf 3902 DM.

Auch das – gewiß nicht üppige – Altersgeld für die selbständigen Landwirte wurde in den Prozeß der »Dynamisierung« eingeschlossen. Landwirte, die mehr als 15 Beitragsjahre nachweisen können, erhalten einen Zuschlag von drei Prozent für jedes weitere Beitragsjahr. Der monatliche Grundbetrag des Altersgeldes beträgt 1974 für Verheiratete 264 DM und für Unverheiratete 176 DM.

Schließlich sind im Jahr 1974 die Unterhaltshilfen aus dem Lastenausgleich »dynamisiert« worden. Auch sie werden also weiterhin der Wirtschaftsentwicklung entsprechend erhöht.

Ferner wurde zum Jahresanfang 1974 die Einkommensgrenze für das Wohngeld heraufgesetzt. Auch die Einkommensgrenze für das Anrecht auf eine Sozialwohnung wurde erhöht. Diese Regelungen betreffen vor allem Bürger mit geringem Einkommen – sie kommen also wiederum in erster Linie Alten und Rentnern zugute.

Zum Beispiel: Gesundheitspolitik

Der Wunsch, gesund zu sein oder wieder gesund zu werden, ist für die meisten unserer Bürger der wichtigste Wunsch an das Leben; er ist ja auch die Voraussetzung fast aller Erwartungen.

Unsere Bürger verlangen eine ausreichende und für alle verfügbare medizinische Versorgung. Sie darf nicht davon abhängig sein, ob man zufällig dort wohnt, wo es genügend Ärzte gibt. Ich denke hier zum Beispiel an die Vernachlässigung ländlicher Gebiete. Aber es wird häufig übersehen, daß auch die Versorgung psychisch Kranker ganz ungenügend ist.

Seit dem 1. Juli 1971 haben rund 27 Millionen unserer Bürger Anspruch auf kostenlose Früherkennungsuntersuchungen, bei denen bestimmte Krebserkrankungen in einem möglichst frühen Stadium erkannt werden sollen. Die Heilungschancen bei den meisten Krebsarten sind bei einer frühen Erkennung der Krankheit etwa doppelt so hoch. Aus den ersten Erfahrungsberichten ergibt sich leider, daß die Gelegenheit zur Früherkennungsuntersuchung von Krebs (bei Frauen über 30 und Männern über 45) und zur Untersuchung bei Kleinkindern längst nicht in dem Maße genutzt wird, wie es vernünftig wäre. Wie ich meine, zeigt die Scheu vor solchen vorsorglichen Untersuchungen aber nicht nur einen Mangel an Information an – sie zeigt auch, wie sehr man es hier mit verborgenen Ängsten zu tun hat. Ich habe darum im Bundestag und an anderer Stelle mehr als einmal gemahnt, die Bürger sollten um ihrer selbst und um ihrer Familien willen die Chancen nutzen, für die ihnen hier der Staat Hilfe bietet.

Auch die Regierungserklärung Helmut Schmidts nannte die medizinische Grundlagenforschung, vor allem die Erforschung der Krebskrankheiten, als wichtiges Arbeitsgebiet. Dafür wurde unterdessen ein detailliertes Programm vorgelegt.

Eine Sachverständigenkommission beschäftigt sich mit der Weiterentwicklung der gesetzlichen Krankenversicherung, vor allem mit dem Ziel, die Vorsorge bei Herz- und Kreislauferkrankungen zu verbessern, die zur Hauptursache der Frühinvalidität

geworden sind und unter den Todesursachen nun an erster Stelle stehen.
Im Konzept der Vorbeugung gegenüber allen gesundheitlichen Schäden hat die Gesamtreform des Lebensmittelrechts eine wichtige Funktion. Es geht hier nicht nur um den Schutz des Verbrauchers vor Täuschung und Übervorteilung, sondern vor allem auch um den Gesundheitsschutz, dem Vorrang vor den wirtschaftlichen Überlegungen gegeben wurde. Das heißt: Ein Produkt darf nicht auf den Markt kommen, wenn es gefährliche Stoffe enthält; auch harmlose chemikalische Zusätze müssen ausgewiesen werden. Irreführende Werbung, die sich vor allem auf eine »gesundheitsfördernde Wirkung« von Produkten bezieht, soll unterbunden werden.
In diesen Zusammenhang gehört die geplante Reform des Arzneimittelgesetzes, die im Juli 1974 vom Bundeskabinett verabschiedet wurde. Der Entwurf soll noch 1974 dem Parlament zugehen.
Etwa 30 000 Medikamente sind registriert. Die Selbstkontrolle der pharmazeutischen Industrie ist mit den Problemen, die sich aus der Fülle dieses Angebots ergeben, nicht fertig geworden. Die Arzneimittelsicherheit muß darum verbessert werden. Die Wirksamkeit und die Unschädlichkeit aller neuen Arzneimittel auf dem Markt müssen vor der Einführung nachgewiesen und gesichert sein. Nach und nach muß dies auch für die bereits auf dem Markt verkäuflichen Medikamente nachgeholt werden. Es fehlte bisher das richtige Instrument, des Risikos, das mit der Vielzahl der Medikamente angedeutet ist, Herr zu werden. Mögliche Gefahren eines Arzneimittels müssen künftig nach genauen Richtlinien ermittelt werden.
Ein paralleles Gesetz soll die Verwendung von Tierarzneimitteln überwachen, damit die zum Teil skandalösen Zustände in diesem Bereich beseitigt werden.
Vorsorge ist auch das entscheidende Stichwort für das Aktionsprogramm der Bundesregierung gegen den Mißbrauch von Drogen und Rauschmitteln, das sie im November 1970 beschlossen hat. Wesentliche Punkte sind verwirklicht. 118 Beratungs- und Behandlungseinrichtungen wurden in einem »Großmodell« gefördert. Wir müssen die Sucht bekämpfen, ehe sie akut wird:

durch Aufklärung, Forschung, Dokumentation, vor allem auch durch die rigorose Überwachung, Bestrafung und damit Lähmung des Rauschgifthandels, den wir nicht als ein Kavaliersdelikt, sondern als Anstiftung zum Selbstmord auf Raten betrachten, wie ich es in meiner Regierungserklärung sagte.
Dabei dürfen wir nicht die Gefahren des Alkohols als »Rauschmittel« verkennen. Die Zahl jugendlicher Alkoholiker ist etwa zehnmal so hoch wie die der Drogensüchtigen. Die Reform des Lebensmittelrechts wird auch ein Verbot der Werbung für Alkoholprodukte enthalten, sofern sich die Reklame direkt an Jugendliche wendet oder verharmlosenden Charakter hat.

Moderne Krankenhäuser

Die Behandlung der Kranken läßt häufig zu wünschen übrig. Es gilt also, sie zu verbessern. Schon in der vergangenen Legislaturperiode hat die Bundesregierung durch das Gesetz zur Krankenhausfinanzierung eine wesentliche Grundlage geschaffen, denn zu einer guten ärztlichen Versorgung gehören wirtschaftlich gesicherte Krankenhäuser. Sie sollen dem Bedarf entsprechend eingerichtet und nach modernen Erkenntnissen der Wissenschaft ausgestattet sein.
Bund und Länder übernehmen gemeinsam die vollen Kosten für den Neubau und die Modernisierung von Krankenhäusern sowie deren Ausstattung mit modernen Geräten. Nach den Planungen von Bund und Ländern sollen mehr als 500 000 Krankenhausbetten durch die Förderung mitfinanziert werden. Der Bund wird dafür jährlich rund 900 Millionen DM zur Verfügung stellen.
Man schätzt die Aufwendungen der gesetzlichen Krankenkassen für das Jahr 1973 (ohne Verwaltungskosten) auf etwa 40 Milliarden DM. Im Sozialbudget von 1972 war der Faktor »Krankheit« mit 48 Milliarden der stärkste neben den Aufwendungen für »Alter«. In den Krankenhäusern wurden 1971 etwa 223 Millionen Pflegetage registriert. Die Häufigkeit des Aufenthalts im Hospital nimmt zu – die Dauer nimmt ab.
Die Verordnung zum Pflegesatz, die am 1. Januar 1974 in Kraft

getreten ist, schreibt vor: Für alle Patienten gilt – unabhängig von ihrem Einkommen – der gleiche Pflegesatz; er gilt auch für alle medizinisch notwendigen Leistungen. Individuelle Wünsche werden auch weiterhin berücksichtigt, allerdings nur, wenn dadurch die Versorgung anderer Patienten nicht beeinträchtigt wird.

Es kann keinem Zweifel unterliegen, daß die meisten unserer Krankenhäuser einer gründlichen Reform bedürfen. Dies gilt für ihre innere Organisation. Vor allem aber muß die am Einkommen orientierte Klasseneinteilung überwunden werden.

Ein Gesetzentwurf der beiden Koalitionsparteien zur Verbesserung des Leistungsrechts der Krankenversicherung, der mit der Auflösung des letzten Bundestages zunächst scheiterte, wurde dem Parlament wieder vorgelegt und verabschiedet. Er gibt jedem Versicherten seit dem 1. Januar 1974 den Anspruch auf zeitlich unbegrenzte Krankenhauspflege – bisher galt dieses Recht nur für höchstens 78 Wochen innerhalb von drei Jahren. Das Gesetz schreibt ferner den Krankenkassen vor, eine Haushaltshilfe zu stellen oder zu finanzieren, wenn die versicherte Mutter oder der versicherte Vater ins Krankenhaus muß und zu Hause für ein Kind unter acht Jahren zu sorgen hat. Das Gesetz garantiert bei bestimmten Voraussetzungen ferner eine Freistellung von der Arbeit für die Pflege eines kranken Kindes; bis zu fünf Tage im Jahr zahlt die Kasse in diesen Fällen Krankengeld. Gerade für berufstätige Mütter bringt dieses Gesetz eine gewisse Entlastung.

Arzt und Patient

Gewiß ist das Verhältnis zwischen Patient und Arzt von großer Bedeutung für eine gute gesundheitliche Fürsorge. Die Erwartungen, die in die Ärzte gesetzt werden – das Verhältnis des Patienten zum Arzt überhaupt –, sind, wie es nicht anders sein kann, von der wachsenden Aufklärung der Bevölkerung über medizinische Fragen und von einer Art »Gesundheitsbewußtsein« geprägt. Der Patient wünscht sich einen gut ausgebildeten (und sich fortbildenden) Arzt, aber auch einen, der ihm mensch-

lich begegnet. Er möchte keinen bloßen »Gesundheitsmechaniker«, auch keinen ausgeprägten »Einkommensmaximierer«.
Ich begrüße es, daß innerhalb der Ärzteschaft selber die Diskussionen darüber begonnen haben, wie die verkrusteten Strukturen im Gesundheitswesen erneuert werden können. Dabei werden neben Vorurteilen auch manche Sonderinteressen zu überwinden sein.
Die Zunahme psychosomatischer Erkrankungen, die Belastung durch Arbeits- und Umweltbedingungen, der Wunsch nach einer Vorsorgeberatung, die auf individuelle Risikofaktoren bezogen ist, der gerade auch vom Arzt erhoffte Rat in Konfliktsituationen: Alles das erfordert Ärzte mit einem größeren Ausbildungs- und Erfahrungshorizont und – mehr Zeit für die einzelne Beratung der Patienten. Das ist nur möglich durch Rationalisierung und Kooperation: Rationalisierung der technischen Leistungen, Kooperation in Ärzteteams und zwischen allen Einrichtungen der gesundheitlichen Versorgung.
Die ärztliche Versorgung mancher ländlichen Gebiete ist ein deprimierendes Kapitel unserer Wirklichkeit. Es muß in regionalpolitische Planungen stärker einbezogen werden. So strikt die Standesorganisationen auf die hergebrachten Ordnungen ihres Berufes halten: Sie haben aus eigener Einsicht nichts daran zu ändern vermocht, daß eine Landflucht der Ärzte stattgefunden hat und in vielen abgelegenen Regionen nur noch wenige Kollegen zur Versorgung der Bevölkerung bereit sind. Das Leben in der Stadt ist gewiß angenehmer, und eine städtische Praxis bringt auch mehr Geld.
Es ist vermutlich unrealistisch, auf eine Wiederkehr des Land- und Hausarztes alter Prägung zu hoffen. Um so dringender sind Überlegungen in Richtung auf fortentwickelte Formen ärztlicher Versorgung wie Gruppen- und Gemeinschaftspraxen, Polikliniken und Ambulatorien. Daran führend mitzuwirken, wäre die Antwort des Ärztestandes auf einen Notstand.
Offenkundige Mängel des Gesundheitssystems – mit dem Ärztemangel als wichtiger Teilfrage – stellen uns vor Aufgaben, an denen wir in den nächsten Jahren zu arbeiten haben. Dazu gehört die Forderung nach größtmöglicher Wirtschaftlichkeit und Rationalisierung in unserer Medizin.

Ich weiß, daß der wissenschaftliche und technologische Fortschritt, die Veränderungen unserer Umweltbedingungen, die Vereinsamung vieler Menschen in der modernen Zivilisation Ursachen neuer Krankheiten geworden sind. Sie fordern von uns neue Anstrengungen und Methoden: Kampf gegen die Krankheit ist ein Kampf gegen immer neue, unbekannte Gegner. Darum müssen wir immer neue wissenschaftliche Erkenntnisse, aber auch einfachen menschlichen Opferwillen aufbieten, wenn wir nicht unterliegen wollen. Aber wir dürfen dabei die Finanzlage der öffentlichen Haushalte nicht außer acht lassen. Und wir dürfen die angedeuteten strukturellen Fragen nicht unterschätzen.

Zum Beispiel: Schutz der Behinderten

Die Sicherung der Gesundheit auch am Arbeitsplatz hat die sozial-liberale Bundesregierung von Beginn an als eine ihrer dringenden Aufgaben betrachtet. (Unter den 2,2 Millionen Arbeitsunfällen des Jahres 1972 wurden 72 000 Fälle mit schweren Verletzungsfolgen registriert.)
Viele derer, die Opfer der Arbeit geworden sind, können nur durch die Fortschritte der Rehabilitationspraxis wieder ins Berufsleben eingegliedert werden. Die Sozialgesetzgebung des Staates und die Hilfsbereitschaft der Gesellschaft müssen hier unmittelbar ineinanderwirken.

Einheitliche Regeln

Es geht darum, daß allen Behinderten nach einheitlichen Regeln und Leistungen geholfen wird, ob sie nun Opfer von Arbeitsunfällen wurden, Opfer von Verkehrsunfällen oder ob sie zu den 1,5 Millionen Frühinvaliden zählen, die ihren Beruf noch im arbeitsfähigen Alter aufgeben mußten. Dies ist ein konkretes

Beispiel für unsere Forderung an die Sozialpolitik, daß nicht die Ursache der Schäden für die Hilfen und ihre Mittel allein bestimmend sein darf, sondern daß sich die Hilfen an dem für alle geltenden Ziel der Wiederherstellung auszurichten haben.

Die Behinderten und Beschädigten unterstehen einem Sonderrecht zum Schutz des Arbeitsplatzes. Die Arbeitgeber sind verpflichtet, sechs Prozent ihrer Arbeitsplätze für Schwerbehinderte bereitzuhalten oder eine Ausgleichsabgabe für den anders besetzten Arbeitsplatz zu zahlen. Die so gewonnenen Einnahmen kommen der Eingliederungshilfe zugute.

Der Bund hat zwar keine unmittelbare Zuständigkeit. Er kann jedoch die Arbeit und die Leistungen der beteiligten Institutionen harmonisieren, und er kann sich – nach seinen Möglichkeiten – finanziell engagieren. Die Beteiligung so vieler verschiedener Instanzen (Sozial- und Arbeitsämter, Krankenkassen, Versorgungsämter, Berufsgenossenschaften, öffentliche Versicherungsanstalten) hat den Vorzug, daß sie die differenzierte Behandlung unterschiedlicher Probleme erlaubt. Doch sie hat auch den Nachteil, daß die Leistungen, dem jeweils Üblichen entsprechend, mitunter ungerecht auseinanderklaffen. Hier soll das Gesetz über die Angleichung der Leistungen zur Rehabilitation für einen Ausgleich sorgen.

Im Bundesgebiet gibt es zehn Berufsförderungswerke, die sich auf Rehabilitationsarbeit konzentrieren, zwei Zentren für Querschnittgelähmte (in Heidelberg und Wildbad) und zwei für Blinde (in Düren und Mainz). Sechs weitere Schulungswerke sind geplant; davon sind vier bereits im Bau. In wenigen Jahren wurde hier wichtige und bahnbrechende Arbeit geleistet.

Im Jahr 1971 wurden 139 000 Rehabilitationsfälle »vorgelegt« und 90 000 Fälle »abschließend bearbeitet«. Von diesen Menschen arbeiten 34 000 inzwischen wieder in ihren Berufen. Der Bund gab von 1970 bis 1972 für Einrichtungen der beruflichen Wiedereingliederung fast 90 Millionen DM aus; von 1962 bis 1969 waren es nur 30 Millionen.

Sozialgesetzbuch

In Januar 1974 richteten Minister Walter Arendt und seine Mitarbeiter einen Telefon-Service zur Beantwortung sozialpolitischer Fragen ein. Vier Tage lang, jeweils von 10 bis 22 Uhr, klingelten im großen Sitzungssaal des Arbeitsministeriums pausenlos die Apparate. Der Telefon-Andrang signalisierte ganz deutlich: Dem Bedürfnis der Bürger nach Beratung, nach Information, nach verständlicher und gründlicher Auskunft wird in sozialpolitischen Bereichen – vermutlich aber auch in anderen – noch längst nicht so breit und gründlich genügt, wie es sein sollte. Viele Bürger wissen zuwenig über ihre sozialen Rechte und Ansprüche; sie finden sich im Gewirr der Paragraphen und Zuständigkeiten nicht zurecht. Das geplante »Sozialgesetzbuch« soll dem Bürger eine Übersicht über die manchmal irritierende und jedenfalls komplexe Vielfalt der Gesetze verschaffen.
Die Summe der Veränderungen, die bewirkt wurden, wird in der Tat erst ganz sichtbar sein, wenn das Sozialrecht, das heute in so vielen Einzelgesetzen festgehalten ist, nach einheitlichen Grundsätzen zusammengefaßt sein wird. Den »Allgemeinen Teil des Sozialgesetzbuches« hat meine Regierung im April 1973 verabschiedet. Walter Arendt nannte dieses sich langsam zusammenfügende Werk die »Sozial-Charta für den Bürger« und wies darauf hin, daß hier zum erstenmal soziale Leistungen nicht als Gunst- und Gnadenbezeigungen beschrieben werden, sondern als Ansprüche der Bürger, die sie als ihr gutes Recht einfordern können: nicht als »Objekte« der Behörden, sondern als ihre Partner. Es bedarf ganz gewiß noch mehr und immer wieder wirksamer Aufklärung über Zusammenhänge und über Details der Sozialpolitik. Die Information muß so sein, daß sie bei denen ankommt, die es angeht.
Wenn es obendrein gelänge, die Sprache dieses Gesetzbuches für den Bürger verständlich zu halten, dann wäre das mehr als nur ein Beitrag zur klaren Selbstdarstellung der Gesellschaft: Es würde die praktische Wirksamkeit verstärken. Der Bundesarbeitsminister hat mit Recht nicht nur moderne, sondern auch einfache und allgemein verständliche Gesetze gefordert, denn »das beste Gesetz nützt nichts, wenn die Betroffenen es nicht

verstehen. Nur wer seine Rechte kennt, kann sie auch wahrnehmen.«
Die Aktivposten in einer kurzen sozialpolitischen Bilanz der sozial-liberalen Koalition sind überzeugend.
Der Anteil der sozial- und gesellschaftspolitischen Veränderungen an der gesamten Gesetzgebungsarbeit läßt sich kaum in Prozenten errechnen. Aber es läßt sich leicht ablesen, daß jede sozialdemokratisch geführte Bundesregierung eine Regierung innerer Reformen ist, wie ich es im Herbst 1969 versprach.
»Moderne Sozialpolitik handelt nicht mehr nur davon, die Furcht vor materieller Not und sozialem Abstieg zu beseitigen. Sie strebt nach mehr Gerechtigkeit, und sie will bewirken, daß in unserer Gesellschaft mehr reale Freiheit herrscht.« So begann ich in meiner Regierungserklärung vom Januar 1973 das Kapitel Gesellschafts- und Sozialpolitik. Diese Sätze zeigen, daß noch viele Aufgaben bleiben.

Zum Beispiel: die Rolle des Bauern heute

Es hat seinen Sinn, daß die Landwirtschaft in diesem Versuch einer gewissen Bilanzierung innen- und gesellschaftspolitischer Vorstellungen besondere Aufmerksamkeit finden soll. Die Landwirtschaft ist wichtig für unser Volk und bleibt es auch dann, wenn die Zahl der Landwirte noch weiter abnimmt. Was sich in der deutschen Landwirtschaft vollzog – und der Prozeß ist nicht abgeschlossen –, scheint mir aus drei Gründen bemerkenswert:
Erstens begegnen wir hier – im Zuge des Strukturwandels, der Modernisierung und der sozialen Anpassung – dem Wandel eines ganzen Berufsstandes. Die tiefgreifenden Veränderungen sind nicht schmerzlos, sie können es nicht sein. Aber sie geschehen trotz mancher Protestaktion geordnet.
Zweitens beobachten wir in diesem Wandlungsprozeß, was Unabhängigkeit und Selbständigkeit konkret bedeuten. Wir erleben

das Ende einer Schulbuchlegende. Denn das eigentliche Thema ist nicht die »freie Scholle«, sondern die Abhängigkeit von den wirtschaftlichen Bedingungen der Umwelt, von den Konsequenzen des westeuropäischen Agrarmarktes und von der kostspieligen Technik. Gleichzeitig haben wir es hier mit einer großen Gruppe von Menschen zu tun, die zum erstenmal erfährt, was soziale Freiheit in der Gesellschaft dieser Zeit bedeuten kann.

Drittens haben wir auch erfahren, welcher Schaden angerichtet werden kann, wenn einem Berufsstand jahre- und jahrzehntelang die Wahrheit über seine Lage und seine Chancen vorenthalten wird. Dadurch sind die Schwierigkeiten größer geworden, als es unvermeidlich war. Deshalb sind die heftigen Reaktionen auf die schwankende Entwicklung der bäuerlichen Einkommen zwar nicht immer überzeugend, aber auch nicht unverständlich. Und um dies gleich hinzuzufügen: Das Ziel muß sein, daß die Bauern, über schmerzliche Anpassungen hinweg, zu einem im Vergleich zu anderen Wirtschaftszweigen gleichwertigen Einkommen gelangen.

Nüchterne Ziffern machen den bereits erfolgten Wandel deutlich. Von 1949 bis 1973 nahm die Zahl der landwirtschaftlichen Betriebe um 41,2 Prozent ab (sie sank von 1,65 Millionen auf weniger als eine Million). Sie hat sich also fast halbiert. Die durchschnittliche Betriebsgröße dagegen wuchs von 8,06 Hektar im Jahr 1949 auf 13,01 Hektar im Jahr 1973. Die Zahl der in der Landwirtschaft Beschäftigten wiederum verminderte sich allein zwischen 1960/1961 und 1971/1972 von 2,219 Millionen Menschen auf 1,336 Millionen.

Wer das ganze Ausmaß dieser Entwicklung überblicken will, sollte sich daran erinnern, daß zur Zeit der Reichsgründung vor gut einem Jahrhundert etwa zwei Drittel der deutschen Bevölkerung auf dem Lande lebten und mit der Landwirtschaft unmittelbar oder mittelbar verbunden waren.

Alle Kundigen wußten und wissen, daß die Zahl der in der Landwirtschaft Beschäftigten noch weiter zurückgehen wird. Dennoch zog man es allzulange vor, den Bauern zu verbergen, daß die industriellen und gesellschaftlichen Umwälzungen ihre Existenz nicht nur von der Zahl, sondern auch vom Inhalt her verändern mußten. Nur wer dieser Wahrheit ins Gesicht sah,

konnte den Bauern wirkliche Hilfe bieten: denen, die an ihrem Hof aus vernünftigen wirtschaftlichen Gründen festhielten, und auch denen, die ein Auskommen in neuen Berufen suchten.
Vor acht Jahren übrigens, in einer Zeit also, als man noch landauf, landab die fahrlässige Zusicherung hören konnte, wer immer Bauer sein wolle, werde es auch bleiben können, fragte eine Denkschrift der Evangelischen Kirche, wo denn die Zukunftschancen lägen. Es sei, so hieß es, »erforderlich, daß alle sich nüchtern und fernab von Schlagworten die wirtschaftlichen und sozialen Tatbestände der Landwirtschaft vor Augen führen. Sodann gilt es zu bedenken, welche Aufgaben die Landwirte in einer so gewandelten Welt wirtschaftlich, technisch und geistig zu bewältigen haben.« Dazu müsse besonders beachtet werden, »daß der gute Wille einzelner fruchtlos bleibt, wenn nicht Staat und Gesellschaft Maßnahmen ergreifen, die den bäuerlichen Familien die Anpassung an die neuen Verhältnisse möglich und erträglich machen«. Genau das ist ernsthaft begonnen worden. Für die einen mußte eine solide Basis geschaffen werden: Kranke Betriebe nützen niemandem. Den anderen mußte man den Übergang in die industrielle Arbeitswelt erleichtern, wobei Nebenerwerbsbetriebe eine neue Bedeutung gewannen und sie auch behalten werden.

Konkrete Hilfen

Das waren die Voraussetzungen, auf die unsere agrarpolitische Konzeption baut. Sie wurde in enger Partnerschaft mit den Freien Demokraten, vor allem mit Landwirtschaftsminister Josef Ertl, Schritt für Schritt als Beginn einer ehrlichen Landwirtschaftspolitik in die Realität übersetzt. Nur so läßt sich, wie es unser Wille ist, die Landwirtschaft als gleichrangiger Teil unserer modernen Volkswirtschaft entwickeln. Unsere Bauern haben ihre Freiheit allzuoft nur unter negativen Vorzeichen erfahren. Die sozial-liberale Koalition hat für sie konkret positive Freiheiten geschaffen, die uns in der weiteren Entwicklung das Recht geben werden, von einer sozialen Gleichberechtigung der Menschen in der Landwirtschaft zu reden.

Unsere landwirtschaftliche Strukturpolitik muß zunehmend die Unterschiede zwischen den verschiedenen Regionen berücksichtigen. Sie muß ebenso im Zusammenhang mit der Einkommenspolitik gesehen werden. Aber diese Politik, wenn sie etwas weiter entwickelt ist, gibt uns vielleicht zum erstenmal das Recht – trotz aller Fragwürdigkeiten und Verzerrungen des Europäischen Agrarmarktes –, von einer »gesünder« werdenden Landwirtschaft zu reden. Darüber entscheidet freilich die Wirtschaftlichkeit der Betriebe nicht allein. Es geht hier in hohem Maße um die Menschen, die in den bäuerlichen Betrieben ihr Lebtag sich abmühen. Denn trotz aller Maschinen: Bauernarbeit bleibt harte Arbeit, vor allem für die Frauen.

Wenn man den Bauern und den Bäuerinnen helfen wollte, dann genügte es nicht, sie nur in einen modernen Wirtschaftsprozeß einzubeziehen – dann mußten sie endlich mit prinzipiell gleichen Rechten wie andere ins System moderner Sozialpolitik aufgenommen werden.

Krankheit konnte früher eine wirtschaftliche Katastrophe für eine Bauernfamilie bedeuten, denn viele unserer Landwirte waren gar nicht oder nicht ausreichend versichert. Darum haben wir sie – zum 1. Oktober 1972 – in die gesetzliche Krankenversicherung einbezogen, die einen vollen Versicherungsschutz gewährt. In dem angeblichen Idyll des Bauerntums herrschte oft die Angst vor der teuren Krankheit; man zögerte, den Arzt zu rufen. Heute ist eher der unverantwortliche Mangel an Ärzten auf dem Land zu einem Problem geworden.

Die Pflichtversicherung gilt für alle selbständigen Landwirte, für die mithelfenden Familienangehörigen und für die Menschen auf dem Altenteil, die in vergangenen Zeiten oft genug Grund hatten, die Last zu fürchten, die sie ihren Kindern aufbürdeten; gerade hier gab es viel verborgenes Elend. Wir verbesserten darum die landwirtschaftliche Altershilfe – sie wurde am Jahresanfang 1974 um zehn Prozent angehoben (und beträgt nun 264 DM für Verheiratete und 176 DM für Alleinstehende; das ist nicht viel, aber da Essen und Wohnung im allgemeinen gesichert sind, steht diese Summe für andere Bedürfnisse zur Verfügung). Das Altersgeld soll von 1975 an – wie die Rentenversicherung, die Kriegsopferversorgung, die Unfallversicherung, die Sozial- und Unterhaltshilfe – »dynamisiert«, das heißt der wirtschaftlichen Gesamtentwicklung angepaßt werden. Übrigens kann jeder Landwirt Beiträge für die Altersversicherung nachzahlen – der Bund gibt ihm dafür unter bestimmten Bedingungen einen Zuschuß bis zu 70 Prozent. Die landwirtschaftlichen Unfallrenten wurden 1973 um 18 Prozent erhöht. Auch hier wird die Finanzierung durch einen Zuschuß des Bundes gesichert. Diese Verbesserung ist wichtig, denn die Zahl der Betriebsunfälle auf Bauernhöfen ist groß.

Weitere Modernisierung

Die Wirtschaftlichkeit vieler Bauernbetriebe mußte – und muß auch weiter – modernisiert werden, wenn dieser Stand sich mit guten Chancen behaupten will. Die »Gemeinschaftsaufgabe Verbesserung der Agrarstruktur und des Küstenschutzes« – die im Januar 1973 begonnen wurde – hilft bei Neuerungen der Wasserwirtschaft, der Flurbereinigung, bei Investitionen in bestimmten bäuerlichen Betrieben, bei Verbesserungen der Märkte für die Land- und Forstwirtschaft, seit 1974 auch für die Fischerei. Bund und Länder teilen sich hier die Ausgaben nach einem Schlüssel von sechzig zu vierzig Prozent. 1973 und 1974 wurden gemeinsam jeweils fast zwei Milliarden DM aufgebracht. Diese »Gemeinschaftsaufgabe« führte das »Programm der Förderung und sozialen Ergänzung für die Land- und Forstwirtschaft« weiter, das vor allem den entwicklungsfähigen Betrieben bei überbetrieblichen Zusammenschlüssen und bei Überbrückungsmaßnahmen geholfen hatte; es bot auch den Bauern Unterstützung, die ihren Betrieb aufgaben oder ihr Land langfristig verpachteten.

Man könnte dieses Programm die »große Flurbereinigung« nennen. Sie ist noch nicht abgeschlossen. Es wäre eine Illusion, wollten wir annehmen, daß damit die Bauern von allen Problemen befreit wären. Ihr Kampf um die Selbstbehauptung gegenüber einer oft übermächtigen Konkurrenz wird auch künftig nicht einfach sein. Sie werden immer – manchen berechtigten, manchen unberechtigten – Ärger und Zorn laut werden lassen.

Ich kann hier nicht die höchst komplizierte Problematik des Europäischen Agrarmarktes darstellen, der ganz gewiß vieler Verbesserungen bedarf, aber auch nicht nur negative Aspekte aufzuweisen hat. Mir kommt es jetzt mehr auf die Feststellung an, daß wir bei uns zu Haus die Aufgabe eines Strukturwandels mit Energie und sozialer Umsicht vorantreiben. Dabei werden Umweltschutz und Landschaftspflege eine zunehmende Rolle spielen. Eine große Anzahl von Bauern erkennt das an.

Wir haben deutlich gemacht, daß die Bauern im Prozeß des Wandels und der Modernisierung nicht zurückbleiben dürfen, daß sie aber auch an der Sozialgemeinschaft des Volkes gleichberechtigt teilnehmen müssen. Wir haben die Abhängigkeiten, denen das Bauerntum unterworfen ist, nicht länger verdrängt und geleugnet. Wir haben begonnen, den Bauern Sicherungen zu verschaffen, die sie früher nicht hatten. Damit haben wir für sie mehr konkrete Unabhängigkeit geschaffen und so zum Schutz ihrer selbstbewußten Existenz beigetragen.

Zum Beispiel: fremde Mitbürger

Etwa vier Millionen ausländischer Bürger leben auf dem Boden der Bundesrepublik Deutschland. Knapp zweieinhalb Millionen nehmen am Arbeitsprozeß teil. Das sind über elf Prozent der Beschäftigten.

Diese Zahlen mögen sich ändern. Realismus aber verlangt die Feststellung, daß unsere Wirtschaft ausländische Hilfe auf nicht absehbare Zeit brauchen wird. Die Anwesenheit von Millionen fremder Bürger ist ein Element unserer deutschen Existenz geworden, das von uns den sozialen Willen und auch die materiellen Voraussetzungen für eine gute Nachbarschaft verlangt. Die Ausländer haben jedoch keineswegs nur Lücken gefüllt, wo wir es mit eigenen Arbeitskräften nicht mehr schaffen. Wir haben es vielmehr mit ganzen Wirtschaftssektoren zu tun, aus denen Deutsche abgewandert oder für die Deutsche nicht mehr zur

Verfügung stehen. Hier liegt der Ausgangspunkt jener Gettobildung, die in den Ballungsgebieten zum Teil beängstigende Formen angenommen hat und der es energisch entgegenzuwirken gilt.

Lange überließen die Verantwortlichen dieses Problem – das uns in diesem Buch auch an anderer Stelle beschäftigt – sozusagen sich selber. Man hatte die Tore unseres Staates und unserer Fabriken weit geöffnet, als das stürmische Wachstum der Wirtschaft den Arbeitsmarkt völlig erschöpft zu haben schien. In vielen Ländern draußen gab es Arbeitslosigkeit. Bei uns herrschte Mangel an Arbeitskräften. Die natürlichste Antwort schien hier die unbeschränkte Zuwanderung von Arbeitnehmern zu sein.

Zwischen den Ländern der Europäischen Gemeinschaft herrscht das Prinzip der Freizügigkeit, das zweifellos ein Fortschritt ist. Das ist vor allem für Italien wichtig, dessen südliche Regionen unter einer chronischen Arbeitslosigkeit leiden, die auch durch die gewaltige inneritalienische Wanderungsbewegung von Süden nach Norden nicht beseitigt wurde. So kamen im Lauf der Jahre mehr als eine Million italienische Bürger zu uns. Zur Zeit arbeiten über 450 000 in der Bundesrepublik Deutschland.

Die stärkste Gruppe der fremden Mitbürger sind Türken mit mehr als 600 000, nach ihnen Jugoslawen mit mehr als 530 000, danach Griechen mit über 250 000, Spanier mit etwa 190 000 und Portugiesen mit etwa 85 000 Menschen.

Insgesamt ist die Quote der Ausländer unter den unselbständig Erwerbstätigen, wie erwähnt, höher als zehn Prozent. Die regionalen Unterschiede sind freilich stark: Die Anteile betragen in ländlichen Bezirken zum Teil nur zwei Prozent, in Bezirken der Arbeitsämter von Großstädten wie Frankfurt und Stuttgart sind sie höher als zwanzig Prozent. Unter den Arbeitern im engeren (oder altmodischen) Sinne des Wortes sind die Ausländer in der einen und anderen Stadt ebenso zahlreich wie die Deutschen.

Alle diese Menschen brachten die Besonderheiten ihrer Heimat mit, und man erwartete von ihnen zugleich, daß sie sich dem Milieu des Gastlandes möglichst reibungslos anpaßten. Indessen erwies es sich, daß es weder human noch vernünftig war, das

Geschick von Menschen einfach dem so oft bemühten »Mechanismus des Marktes« zu überlassen. Vorhersehbare Konflikte, die man nicht zur Kenntnis nehmen wollte, mußten spätestens aufbrechen, wenn Wachstum und Konjunktur an Grenzen stießen. Damit wurde auch sichtbar, welche Pflichten uns mit der Aufnahme von Millionen Menschen zugefallen sind. Viele hatten sich allzulange blind gestellt.

Eine neue Situation?

Als in der Energiekrise von einer möglichen Bedrohung der Arbeitsplätze die Rede war, erschienen die Dinge manchen unserer Landsleute in einem anderen Licht. Sie erkannten in den italienischen, griechischen, türkischen Kollegen plötzlich – wie 1966/1967 – die Konkurrenten, und es wurde ihnen gegenwärtig, daß die Ausländer durch ihre Verträge unter Umständen besser gesichert sein könnten als sie selbst. Über Nacht wurde deutlich, von welcher Beschaffenheit die Toleranzprobe sein kann, die man hier von uns erwartet.

Die Tiefe der potentiellen Spannungen wurde im Herbst 1973 für einen Augenblick besonders deutlich sichtbar, als während eines wilden Streiks in den Kölner Ford-Werken eine Front türkischer Arbeiter der Front deutscher Kollegen gegenüberstand. Dieser Konflikt – ein wichtiges Beispiel neben anderen – wurde durch sprachliche Mißverständnisse unnötig verschärft. Es zeigte sich, wie wenig vorbereitet unsere Wirtschaft das Experiment mit den ausländischen Helfern begonnen hatte. Zunächst schien es für alle Beteiligten nur Vorteile zu haben. Dank des Angebots immer neuer Heere von Arbeitskräften glaubte man da und dort sogar auf gewisse technische Entwicklungen verzichten zu können; übrigens blieb damals auch einheimische Arbeitskraft ungenutzt. Viel zu spät wurde erkannt, daß in den Kalkulationen der Wirtschaft die »sozialen Kosten« fehlten und das soziale Risiko auf den Staat, auf die Gemeinschaft abgeschoben wurde. Erst allmählich lernen wir, ökonomischen Nutzen und »soziale Kosten« gegeneinander abzuwägen. Erst allmählich setzt sich die Erkenntnis durch, daß die Beschäftigung ausländischer Arbeitnehmer auch soziale Verantwortung fordert.

Die »Krise« hat die Haltung der sozial-liberalen Koalition nicht geändert. Zwar wurde die Anwerbung ausländischer Arbeitskräfte angehalten. Durch normale Rückwanderung soll sich die Zahl der fremden Bürger in unseren Betrieben allmählich um einige Hunderttausend Menschen verringern. Aber wir lehnten übertriebene Maßnahmen ab. Wir betrachten die ausländischen Arbeitnehmer in der Bundesrepublik Deutschland nicht als industrielle Reservearmee, die man nach Belieben ins Land holen und wieder abschieben kann. Das wäre unsozial – und obendrein unwirtschaftlich. Nein, es wäre gar nicht möglich, denn mancher Wirtschaftszweig würde schlicht zusammenbrechen.

Ob deutsche oder ausländische Arbeitnehmer: Menschen dürfen für uns kein »Material« sein, mit dem man eine Wirtschaftsmaschine nach Belieben antreibt. Wir brauchen vielmehr eine soziale und fortschrittliche Ordnung des Prozesses der Wanderung und Eingliederung, um die Integration der ausländischen Kollegen in die kulturellen und gesellschaftlichen Verhältnisse der Bundesrepublik leichter zu machen. Wir müssen auch dafür sorgen, daß Wanderarbeitnehmer nicht nur bei uns, sondern überall in der Europäischen Gemeinschaft ein gewisses Maß an sozialer Sicherheit vorfinden. Das ist eine der Aufgaben einer künftigen Sozialen Union Europas, die wir unseren Partnern vorgeschlagen haben.

Hier setzt auch das »Aktionsprogramm für ausländische Arbeitnehmer« an, das die Bundesregierung 1973 auf Vorschlag von Bundesminister Walter Arendt beschlossen hat. Aus sozialer Verantwortung haben wir die von einigen Bundesländern befürwortete »Zwangsrotation«, das heißt die Methode des Abschiebens nach einer bestimmten Frist, abgelehnt. Auch die starre Festlegung auf eine Höchstzahl – ein »globale Plafondierung« also – ist, zumal im europäischen Zusammenhang, keine Lösung, obwohl es irgendwo gewiß eine »kritische« Grenze der Aufnahmefähigkeit gibt.

Man wird für die kommenden Jahre die Frage nach der Aufnahmefähigkeit unserer Gesellschaft und unserer sozialen Einrichtungen unter der Erfahrung der Energiekrise sehr viel präziser beantworten müssen. Doch dies läßt sich ohne Prophetie schon jetzt feststellen: Von der Leistungsfähigkeit unserer Industrien und von unseren Kapitalverhältnissen wird es abhängen, ob wir künftig – wie wir es planen – mehr Produktionsstätten in jenen Ländern ansiedeln können, in denen brachliegende Arbeitskraft vorhanden ist, statt die Arbeitskraft mit riesenhaften Investitionen in unsere Gesellschaft zu ziehen, um mit ihrer Hilfe den Warenexport auf traditionelle Weise zu steigern. Der Zusammenhang mit der geplanten – und so mühsam zu ordnenden – regionalen Entwicklungspolitik in der Gemeinschaft und in den assoziierten Ländern ist deutlich.

Langfristige Regelungen

Was immer die Antwort sein wird: Unser Land wird auf unabsehbare Zeit fremdsprachige Minderheiten beherbergen. Also muß dieses Land ihnen zu einer – wenigstens zeitweiligen – Heimat werden. Eine pauschale Einbürgerung, die man als die menschlichste und glaubwürdigste Lösung betrachten könnte, wird aus vielen Gründen nicht möglich sein. Immerhin aber wurden 1972 fast 80 000 Ausländer Bürger der Bundesrepublik.
Unser Staat kann sich nicht zum Einwanderungsland erklären. Unsere Aufnahmefähigkeit ist begrenzt. Überdies soll noch in diesem Jahrzehnt ein Europäischer Arbeitsmarkt entstehen. Es ist nicht länger mehr ausschließlich Sache unserer Entscheidung, ob die Bundesrepublik als ein Partnerland der künftigen Union Europas sich dem Zustrom von draußen öffnet oder verschließt. In der Gemeinschaft herrscht, ich wies darauf hin, Freizügigkeit. Man sollte allerdings die Assoziierungsverträge prüfen, ob sie die soziale Anpassungsfähigkeit der Aufnahmeländer auch im Interesse der Wanderarbeitnehmer genügend berücksichtigen. Nach unserer Erfahrung muß man sehr sorgfältig darüber reden, ob wir beispielsweise tatsächlich von der Mitte der achtziger Jahre an einen ungehinderten Zustrom von Menschen aus der Türkei verkraften können (1974 lagen 1,5 Millionen Arbeitsanträge von Bürgern dieses Landes vor). Es wäre niemandem gedient, wenn Arbeitslosigkeit zu uns oder nach Frank-

reich importiert würde und riesenhafte Ansammlungen von notleidenden und beschäftigungslosen Fremden entstünden.
Ein anderer Einwand gegen eine generelle Einbürgerungspolitik stammt aus den Heimatländern der Gäste selber. Jugoslawien zum Beispiel würde wohl eine systematische Einbürgerungspolitik keinesfalls dulden. Es fürchtet, mit gutem Grund, die Konsequenzen für die eigene wirtschaftliche Entwicklung, für sein soziales Gefüge, auch für seine militärische Sicherheit. Allen sogenannten Herkunftsländern gemeinsam ist das Interesse am Devisengewinn durch die Arbeit ihrer Landsleute in der Bundesrepublik: Vom stetigen Zufluß der Millionen-DM-Beträge profitieren nicht nur die Staaten, sondern – das ist wichtiger – von ihm lebt die Bevölkerung ganzer Regionen. Sie hoffen überdies, Kenntnisse und Fertigkeiten der Rückwanderer für die eigene Wirtschaft zu gewinnen.
Dennoch: Ein Teil der ausländischen Arbeiter wird bei uns bleiben. Für sie sollte es ein klares Aufenthaltsrecht geben. Von hier aus müssen die Probleme der Eingliederung im Wohnungsbau, in den Schulen, im Sozialbereich geprüft und angepaßt werden. Nach einer Studie über italienische Arbeitnehmer erklärten elf Prozent von ihnen, sie wollten sich in der Bundesrepublik für immer niederlassen – 17 Prozent möchten »möglichst lange« bei uns sein. Bei anderen Nationalitäten sieht es ähnlich aus. Insgesamt möchten von allen ausländischen Arbeitnehmern etwa zwanzig Prozent für dauernd in der Bundesrepublik bleiben. Wir müssen darum eindeutige Kriterien für das Recht auf Einbürgerung finden. Hier darf Bürokratismus nicht das letzte Wort haben. Eine Initiativgruppe schlug dem Bundesarbeitsminister und dem Bundesinnenminister vor: Erteilung der Aufenthaltserlaubnis für jeweils zwei Jahre; nach fünfjährigem Aufenthalt soll die Genehmigung unbefristet sein, wenn der ausländische Bürger Deutsch spricht und sich in unserem Land in den letzten zwei Jahren nicht strafbar gemacht hat. Erleichterungen für die Zusammenführung von Familien sind getroffen. Wir dürfen andererseits keinen Zweifel daran lassen, daß man mit dem Daueraufenthalt und zumal mit der deutschen Staatsbürgerschaft Pflichten übernimmt – Pflichten auch in der Solidarität der Bürger einer künftigen Europäischen Union.

Unser Land darf nicht zum Tummelplatz fremder Interessen werden. Böse Erfahrungen zwangen uns zu deutlichen Maßnahmen gegen den Mißbrauch des Gastrechts durch extremistische Gruppen. Wir haben nicht gezögert, unsere Sicherheit mit allen gesetzlichen Mitteln zu schützen. Es ist allerdings auch Sache der ausländischen Mitbürger selber, dafür zu sorgen, daß nicht durch kriminelle Aktivitäten einiger weniger die Gefahr einer Diskriminierung ganzer Gruppen heraufbeschworen wird. Wer sich in unserem Lande als Gast aufhält, genießt unser Gastrecht. Wer es mißbraucht oder wer sich mißbrauchen läßt, hat das Gastrecht verwirkt. Aber auch wir müssen uns vor Vorurteilen hüten. Die große Mehrheit der ausländischen Arbeitnehmer und Studierenden verhält sich ebenso gesetzestreu wie die große Mehrheit unserer Staatsbürger. Jede Form des Fremdenhasses wäre ohnehin unwürdig.

Unsere Gesellschaft steht den Fremden gegenüber vom Tag ihrer Einreise an in der Verantwortung. Es war notwendig, die Arbeitgeber im Sommer 1973 durch Gesetz zu verpflichten, den Arbeitnehmern – in der Regel sind es Ausländer – Unterkünfte zur Verfügung zu stellen, die sich von Lagern ohne Stacheldraht unterscheiden. Sie müssen angemessen und menschenwürdig ausgestattet und sie dürfen nicht überbelegt sein. Die sanitären Verhältnisse müssen dem mitteleuropäischen Standard entsprechen. Die Bestimmungen des »Aktionsprogramms« der Bundesregierung setzten neue, schärfere Maßstäbe:

> Vor der Vermittlung eines ausländischen Arbeitnehmers muß geprüft werden, ob eine angemessene Unterbringung sichergestellt ist.
>
> Die Zulassung ausländischer Arbeitnehmer in überlastete Siedlungsgebiete soll von der Aufnahmefähigkeit der sozialen Infrastruktur abhängig gemacht werden.
>
> Die illegale Beschäftigung ausländischer Arbeitnehmer und damit verbundene Mißstände sind wirksamer zu bekämpfen.
>
> Am 1. September 1973 wurde die Gebühr, die die Unternehmen für die Vermittlung ausländischer Arbeitnehmer an die Bundesanstalt für Arbeit entrichten müssen, von 300 DM auf 1000 DM erhöht. Die Mehreinkommen sollen für Eingliederungshilfen verwendet werden.

Dies gehört zu den Voraussetzungen für eine langsame Besserung oft unhaltbarer Zustände. Die ausländischen Mitbürger haben ein Recht auf Wohnungen. Ohne eine Mitfinanzierung durch die Unternehmen werden sie kaum geschaffen werden können. Die Kinder brauchen Plätze in unseren Schulen und in unseren Kindergärten (an denen ohnehin ein Mangel in unserem Land herrscht). Sie müssen ein Bett im Krankenhaus und ärztliche Versorgung finden können. Die Erfüllung all dieser Bedürfnisse bringt Kosten mit sich, die vermutlich in wenigen Firmenleitungen bedacht wurden, die das »Arbeitskraftproblem« durch Menschenimporte lösten. Die Gemeinden, die Länder, der Bund sind an den Mißständen nicht unschuldig. Über die materiellen Probleme hinaus: Die politisch Verantwortlichen hätten mehr tun müssen, um einer weitverbreiteten Verweigerung der Integration entgegenzuwirken.

Die meisten Wohnungen außerhalb der Betriebsunterkünfte sind zu klein. In vielen gibt es kein Bad. Die Heizungsmöglichkeiten sind oft schlecht. Dafür sind die Mietpreise überhöht: Sie liegen meist über fünf, vielfach über zehn Mark pro Quadratmeter. Im Frühjahr 1973 fehlten nach den Angaben des Wohnungsbauministeriums 150 000 bis 200 000 Familienwohnungen, 100 000 bis 150 000 Einzelwohnungen für ausländische Arbeitnehmer. Das Entstehen von Gettos in den Städten wurde nicht verhindert; ihre Auflösung ist sehr schwierig geworden, aber vor diesem Problem darf man nicht kapitulieren.

Konkrete Vorschläge

Eine Kommission beim Parteivorstand der SPD hat verschiedene Maßnahmen zur Integration ausländischer Arbeitnehmer vorgeschlagen. Sie empfiehlt neben menschenwürdigen Unterkünften und Wohnungen unter anderem:

stufenweise Festigung des Aufenthaltsstatus – bis die Reform des Ausländerrechts eine endgültige Regelung erlaubt;

keine Erschwerung der Einbürgerung durch lange Bearbeitungsdauer und hohe Gebühren;

Berücksichtigung der sozialen Belange der ausländischen Arbeitnehmer – ähnlich wie im Kündigungsschutzgesetz – und Wahrung ihrer Rechte aus der Arbeitslosenversicherung auch in den Fällen, in denen eine Arbeitserlaubnis unter arbeitsmarktpolitischen Gesichtspunkten überprüft wird;

Intensivierung und Verbesserung des Sprachunterrichts, Entwicklung von Sprachkursmethoden und mehr Sprachkurse in öffentlicher Verantwortung;

ausreichende Gelegenheit zur beruflichen Bildung und zur weiteren Qualifikation durch Betriebe und öffentliche Einrichtungen;

bessere Chancengleichheit für ausländische Kinder bei der Vergabe von Kindergartenplätzen entsprechend dem ausländischen Bevölkerungsanteil, ebenso bei der Sicherung der Schulpflicht;

in allen Gebieten Einrichtung öffentlich finanzierter Ausländerberatungsstellen, in denen auch nichtorganisierte Arbeitnehmer in arbeits- und sozialrechtlichen Angelegenheiten durch die Gewerkschaften beraten werden;

Beratung durch sprachkundige Sozialarbeiter;

engere Zusammenarbeit zwischen ausländischen Kollegen und Betriebsräten, vor allem auf dem Gebiet der Arbeitssicherheit; ein besonders geeignetes Mitglied des Betriebsrates soll sich um die ausländischen Kollegen kümmern;

Verschärfung der Strafen bei illegaler Anwerbung, bei wucherischer Ausnützung der Notlage von ausländischen Arbeitnehmern;

eine Aufklärungskampagne für die Solidarität zwischen in- und ausländischen Arbeitnehmern; anschauliche Darstellung der bisherigen Leistungen der Ausländer für unsere Wirtschaft;

Bildung von kommunalen Ausländerbeiräten;

Erfahrungsaustausch mit Vertretern der befreundeten europäischen Parteien und Organisationen über Fragen wie die politischen Rechte und die politische Beteiligung der ausländischen Arbeitnehmer in der Bundesrepublik; über Wege der demokratischen Mitarbeit; über die Öffnung zur

Doppelbürgerschaft oder zu einem europäischen Staatsbürgerrecht.

Unsere Gesellschaft hat vor dem Problem der Eingliederung von Millionen fremder Bürger partiell versagt. Wir werden viele Jahre brauchen, um die Fahrlässigkeiten, Nachlässigkeiten, Rücksichtslosigkeiten und Versäumnisse der Vergangenheit zu reparieren – sofern das überhaupt gelingen kann. Wir müssen es versuchen, nicht nur um der menschlichen Gerechtigkeit gegenüber unseren ausländischen Mitbürgern, sondern auch um unser selbst willen. Denn eine Gesellschaft der Humanität erweist sich nicht zuletzt daran, wie Minderheiten in ihrer Mitte leben.

9. Kapitel
Mehr Demokratie wagen

Mein Programm für die zweite Legislaturperiode der sozial-liberalen Koalition begann mit dem Satz, mit dem ich die Regierungserklärung im Oktober 1969 geschlossen hatte: Wir wollen ein Volk der guten Nachbarn sein, im Innern und nach außen. Das Bemühen um gute Nachbarschaft ist – bei allen Kontroversen und manchem Kontroversen – das Leitmotiv unserer Politik in diesen Jahren geblieben.

An den Beginn meiner Kanzlerschaft stellte ich neben die Nachbarschaft die andere Forderung: Wir müssen mehr Demokratie wagen. Diese Formel ist – sei es mit oder ohne Absicht – auch mißverstanden, sie ist teilweise mißbraucht, verballhornt und verlästert worden. Aber, ob man es wahrhaben will oder nicht: Wir haben in diesen Jahren den Raum der Demokratie erweitert; wir haben ihn auch gesichert.

Der Wille zu einer Kontinuität, der sich im Wort von der guten Nachbarschaft ausdrückt, hat den Inhalt unserer Politik der aktiven Friedenssicherung und des gesellschaftlichen Wandels – der inneren Reformen – bestimmt. Über einige dieser Reformen habe ich berichtet, von anderen wird noch die Rede sein.

Der europäische Friede wurde, mit durch unsere Arbeit, wesentlich gefestigt; die Beziehungen zwischen Ost und West sind durchaus nicht befriedigend, aber jeder Vergleich mit den Verhältnissen, die wir am Anfang der sozial-liberalen Koalition vorfanden, zeigt, daß sich hier ein grundsätzlicher Wandel angebahnt hat. Als ich das Programm der zweiten sozial-liberalen Koalition vorlegte, konnte ich diese Einsicht mit der Feststellung verbinden: »Niemals lebte ein deutscher Staat in einer vergleichbar guten Übereinstimmung mit dem freien Geist seiner Bürger, mit seinen Nachbarn und den weltpolitischen Partnern.« Das Empfinden, daß die Nachkriegsepoche zu Ende gehe, durfte uns allerdings den Blick nicht verschließen vor Unfrieden, Gewalt und Leiden in vielen Teilen der Welt. Aber, so sagten wir: Nicht nur Spannungen, auch Entspannungen können sich übertragen; nicht nur der Unfriede, auch der Friedenswille kann ansteckend sein. Dabei war uns bewußt: Die Entspannung produziert auch ihre eigenen Probleme.

Die Arbeit meiner Regierung unterstellte ich nach der Zäsur des Jahres 1969 – und nach der überzeugenden Bestätigung durch die Wähler vom November 1972 – bewußt der Forderung: In der täglichen Arbeit soll die geistige Fundierung unseres Programms stets sichtbar bleiben. Dies war – und konnte für mich nur sein – ein Programm der lebendigen und sozial verankerten Demokratie.

Ich sagte in diesen Jahren jedoch auch bei mehr als einer Gelegenheit, unser Ziel sei es nicht, den »neuen Menschen« zu schaffen. Aus Ungeduld geborener Zwang hebt Entfremdung nicht auf, er verstärkt sie. Worauf es ankommt, ist mehr Sicherheit und Gerechtigkeit für den Menschen – und die Erweiterung seines Entfaltungsspielraums.

Darum arbeiten wir für die Veränderung menschlicher Verhältnisse – ein Auftrag, den wir auch aus dem Grundgesetz und seiner Verpflichtung zum Aufbau eines demokratischen und sozialen Bundesstaates ableiten. Wir übersehen nicht die Grenzen des Menschen, aber wir glauben – ich betone es immer wieder –, daß er fähig ist, sich in Freiheit vernünftig zu entscheiden.

Warum mehr Demokratie?

Ich habe vor kurzem nachgelesen, was Franklin D. Roosevelt im Rückblick auf seinen Amtsbeginn, als er die Vereinigten Staaten aus der Depression herausführte, festzustellen hatte. Er sagte: »Was die Amerikaner 1933 wollten, war nicht weniger Demokratie, sondern mehr Demokratie.«

So empfanden es auch viele der Freunde und politischen Partner, mit denen gemeinsam ich den Regierungswechsel im Jahr 1969 herbeigeführt habe. Ob sich damit nicht auch übertriebene oder den Möglichkeiten weit vorauseilende Vorstellungen verbanden, will ich für den Augenblick dahingestellt lassen.

Das von vielen meiner Mitstreiter – nicht nur aus der jungen Generation – bejahte Wagnis der Demokratie ist eine Herausforderung der Freiheit des einzelnen in der sozialen Vernunft, und zwar als ein Impuls zur Gerechtigkeit und als ein Appell an die Solidarität.

Kein Zweifel, daß sich hier neues Bewußtsein formt. In unserem Land haben mehr Menschen als zuvor verstanden: Demokratisierung (auf die entwickelten Industriegesellschaften bezogen) ist und bleibt eine der großen Forderungen des Jahrhunderts. Demokratisierung heißt hier: politische Entscheidungsprozesse durchschaubarer machen und die Bürger ermutigen, bei der Neugestaltung der Verhältnisse selber mitzuwirken. Anders ausgedrückt: Demokratie darf nicht als etwas betrachtet werden, das nur auf Bezugsschein zu haben ist.

In diesem Buch ist, wenn auch manchmal nur in kurzen Hinweisen oder Zusammenfassungen, von zahlreichen Initiativen die Rede, die unsere Arbeit in den letzten Jahren bestimmten. Aber es kann nicht der Sinn dieses Berichtes sein, kataloghaft alles zusammenzufassen, was in den Jahren meiner Kanzlerschaft durch Gesetze und auf andere Weise neu eingeleitet oder vernünftig weiterentwickelt wurde. Allerdings habe ich immer wieder beobachtet, daß angeblich wohlinformierte Parteigänger, Opponenten und – allen voran – kritische Freunde zuweilen überrascht zur Kenntnis nahmen, was wirklich geleistet worden ist.

Wenn man dann mit dem einzelnen spricht, räumt er meist ein, daß unsere Arbeit nicht erfolglos war und daß sie zu etwas mehr Demokratie geführt hat. War es am Ende schon zuviel? Manchen schien es zuwenig. Es mag wohl so sein, daß mancher junge und ältere Schwärmer glaubte, in ein oder zwei Legislaturperioden könnte sozusagen die Welt auf den Kopf gestellt, könnten die Versäumnisse von Jahrzehnten aufgeholt werden. Solcher Überschwang korrigiert sich meist von selber. Aber es ist auch wahr (und wichtiger), daß wir – auch aufgrund der Einblicke, die uns die Teilnahme an der Großen Koalition seit 1966 gewährt hatte – nach Aufgaben nicht lange zu suchen brauchten: Sie drängten sich uns auf. Man hatte Probleme vor sich hergeschoben, von denen heute auch die Opposition weiß, daß sie Lebensfragen der Nation, der Gesellschaft, der Wirtschaft sind. Es ging nie um Veränderungen um der Veränderung willen, sondern darum, das Notwendige gerade noch rechtzeitig zu tun.

Wir haben in der Tat mehr Demokratie gewagt. Wir haben, im kleinen wie im großen, Wichtiges in Gang setzen können. Wir haben selbstverständlich auch Fehler gemacht und haben gelegentlich übermächtige Gegenkräfte zur Kenntnis nehmen müssen. Aus meiner Sicht kann es sich bei der Arbeit der letzten Jahre denn auch nur um einen ersten Abschnitt eines umfassenden Prozesses der Erneuerung handeln.

Veränderungen in vielen wichtigen Bereichen vollzogen sich meist ohne Pauken und Trompeten, manchmal fast unbemerkt. Auch wenn das für eine Regierung ärgerlich sein kann, für den Staat ist es kein schlechtes Zeichen. Wo Beharrung gefährlich wird, muß Reform das Normale sein.

Ich mußte es in Kauf nehmen, daß manche Kommentatoren und manche unserer intellektuellen Freunde einen gewissen Glanz vermißten. Der Normalzustand der Politik duldet jedoch keinen Überschwang der Gefühle. Reformen sind ein nüchternes Geschäft.

Die in Gerechtigkeit und Solidarität verwobene Freiheit der deutschen Bürger, die das Grundgesetz beschreibt, konnte nicht in einem einmaligen historischen Akt aus der Taufe gehoben werden, nämlich dann, als die Verfassungsväter das Gründungsdokument unseres Staates unterzeichneten. Freiheit, Gerechtigkeit und Solidarität müssen täglich neu gewonnen werden. Sie sind keine »fortzuschreibenden«, auf einen unveränderlichen Zustand der Gesellschaft fixierten Leistungen, sondern ergeben sich aus einem kontinuierlichen Prozeß, der im fünfundzwanzigsten Jahr des Grundgesetzes ganz gewiß nicht abgeschlossen ist, sondern eine neue Etappe erreicht hat und von hier aus einen neuen Anfang nehmen muß.

Auf dem Hannoverschen Parteitag vom April 1973 sagte ich,

sozialdemokratische Politik sei, die Verfassungswirklichkeit aus dem Geist des Grundgesetzes zu gestalten. »Sozialdemokratische Politik macht Ernst mit dem Grundgesetz. Das Grundgesetz zementiert nicht gegenwärtige wirtschaftliche und soziale Verhältnisse. Es enthält für uns nicht nur die Duldung, es enthält vielmehr die Pflicht zur Reform. Es verbietet nicht allein, es gebietet auch. Das Grundgesetz verwirklichen heißt also den Rechtsstaat ausbauen, der Verfassung widersprechende Zustände abbauen, den Sozialstaat durchsetzen, mehr Demokratie in Staat und Gesellschaft verwirklichen.«

Demokratisierung als Weg der Freiheit

Professor Helmut Schelsky hat in Reden (zum Beispiel bei einem CSU-Parteitag) und Aufsätzen, die in einem vielbeachteten Buch gesammelt wurden, die Vorbehalte gegen unser Verständnis von Demokratisierung präzisiert. Die Auseinandersetzung mit seinen Thesen kann der allgemeinen Klärung zugute kommen. Allerdings haben seine Verkürzungen des Problems manche konservativen Propagandisten beim Aufbau einer ideologischen Front in einer Weise ermutigt, die den Gelehrten wieder nachdenklich gemacht haben könnte.

Ein früherer CDU-Generalsekretär, den das »Glück der großen Zahl« schreckte, wollte Demokratie auf das staatliche Leben beschränkt wissen. Er wies sie als Ordnungsprinzip für Gesellschaft und Wirtschaft zurück. Hier setzte nun Professor Schelsky ein: Aus der Spannung zwischen dem egalitären Anspruch der Demokratie und dem Postulat der individuellen Freiheit macht er einen unversöhnlichen Gegensatz und gelangt zu dem Trugschluß, »mehr Demokratie« müsse notwendig zu einer Beschränkung der Freiheit führen.

Ich halte dies für eine falsche Fragestellung und für eine politisch gefährliche Konstruktion. Ja, ich muß denjenigen recht geben, die den Versuch, Freiheit und Demokratie als gegensätzliche Prinzipien aufzubauen, als »systemsprengend« bezeichnet haben.

Es könnte nicht schaden, wenn die neokonservativen Partner

dieser Diskussion nachlesen würden, was ein deutscher Geist durchaus konservativer Herkunft vor Jahrzehnten zu diesem Thema zu sagen hatte. Ich meine Thomas Mann und zitiere ihn hier und anderswo nicht nur, wie man vielleicht meinen könnte, aus lübscher Sympathie. Er behandelte das Spannungsverhältnis von Demokratie und Sozialismus, von Freiheit und Gleichheit und schrieb: »Aber die Logik ... hat keine letzte und oberste Lebensgültigkeit, und für das Gefühl des Menschen, für sein sittliches Bedürfnis bilden Freiheit und Gleichheit tatsächlich keinen Widerspruch.«

In Zusammenhang mit seiner Definition, die soziale Demokratie sei »an der Tagesordnung« als »eine zum Sozialen gereifte Freiheit«, heißt es weiter: »Die Lösung der Freiheitsfrage ist dadurch erschwert, daß es ein dreifaches Verhältnis zur Freiheit gibt. Sie hat echte Feinde – und mit denen kann man fertig werden. Sie hat echte Freunde – und zu denen möchten wir alle uns zählen dürfen. Aber dazwischen hat sie falsche Freunde, und die stiften Verwirrung, weil sie bewußt oder unbewußt die Liebe zur Freiheit mit dem Interesse an ihr, mit ihrem Interesse verwechseln und ausrufen, die Demokratie sei in Gefahr, sobald man der Freiheit rät, sich selbst in eine heilsame soziale Zucht zu nehmen – da es doch gerade umgekehrt sich so verhält, daß die Demokratie nur zu retten ist durch eine reif und weise gewordene, dem Stadium unsozialer Libertinage entwachsene Freiheit.«

Horst Ehmke zitierte im Bundestag in einer Demokratie-Debatte Max Weber, der klagte, Bismarck habe das deutsche Volk und vor allem das deutsche Bürgertum ohne politische Erziehung gelassen; die Mischung von Obrigkeitsstaat und Rechtsstaat, wie sie für die deutsche Entwicklung typisch gewesen sei, habe zu einem verkürzten Freiheitsbegriff des deutschen Bürgertums geführt. Von dorther rühre der Freiheitsmangel im deutschen Staatswesen, nämlich der Mangel an einer Freiheit, die auch sozial begründet und gesichert sein müsse. Ehmke fragte darum mit Recht nach den »gesamtgesellschaftlichen Voraussetzungen der Freiheit«, die bei Schelsky übersehen oder mißachtet werden.

Gegen eine liberalistische Verengung des Freiheitsbegriffs setze ich die Einsicht: Es ist nur die vernünftig verstandene und sachgerecht praktizierte Demokratie, die unter den Bedingungen der modernen Industriegesellschaft die Freiheit des einzelnen gegen die erdrückende Macht wirtschaftlicher Interessen, anonymer Organisationen und bürokratischer Bevormundung schützen und stärken kann. Demokratie schafft den Raum, in dem Freiheit praktiziert werden kann.

Die Sicherung der Freiheit des einzelnen in der Gesellschaft bedarf gesellschaftlicher Voraussetzungen. Man kann sich nicht auf das angeblich freie Spiel der Kräfte verlassen, wenn es um das Recht, die Sicherheit und die Freiheit der Bürger geht, vor allem der Schwachen und der Benachteiligten.

Demokratie soll, wenn nicht schematisch, so doch funktional für alle wesentlichen Bereiche des Lebens gelten. Über die besten Methoden mag man sich streiten; man tut es ja auch. Sie mögen von Feld zu Feld verschieden sein. Es geht um sachgerechte Demokratisierung. Doch es gilt: Wer Demokratie gegen Freiheit ausspielt, gerät mit dem in Konflikt, was in meinem Verständnis ein Kernstück unserer Verfassung ausmacht. Sie will Freiheit durch Demokratie. Sie versteht Demokratie als praktische Freiheit.

Aktive Freiheit

Vor der Evangelischen Akademie Bad Segeberg stellte ich im Frühherbst 1973 mein Publikum ein wenig auf die Probe, als ich zitierte: »Die Deutschen hatten wenig Gelegenheit, an den Wendepunkten ihrer Geschichte sich die für ihr nationales Selbstverständnis wesentlichen Grundwerte bewußt zu machen und durch alle Wechselfälle durchzuhalten. Das war lange die Ursache politischer Schwäche; es ermöglicht aber auch einen neuen, gemeinsamen Anfang im Zeichen künftig gemeinsam verbindlicher Werte. Als solche Werte, in denen sich die Deutschen zusammenfinden können, seien der Frieden, die Freiheit, die Gleichheit und die Solidarität genannt.«

Ich fuhr fort: »Nicht von ungefähr stehen diese Grundwerte ähnlich, ohne allerdings den Anspruch letzter Wahrheit zu erheben, im Godesberger Programm ganz obenan. Aber nicht daraus habe ich zitiert, sondern aus der Studie ›Friedensaufgaben der Deutschen‹, die von der Kammer für öffentliche Verantwortung der Evangelischen Kirche in Deutschland (EKD) 1968 herausgegeben wurde. Die Wertvorstellungen der Sozialdemokratie stehen ihnen nicht entgegen, sondern sie sind hier mit ihnen so gut wie deckungsgleich. Solche Grundwerte ergeben noch lange kein geschlossenes System der Welt- und Lebensbetrachtung, keine Ideologie und keine Ersatzreligion. Sie sind die Maximen verantwortlichen Handelns, nicht mehr, aber auch nicht weniger. Was sich auf diesen Grundwerten an Programmatik aufbaut, sind klar umrissene politische Ziele, keine Ideologien.«

Träger von Ideologien fühlen sich berechtigt, die Menschen zu einem Glück zu zwingen, das andere sich für sie ausgedacht haben. Das kennzeichnet totalitäre Systeme: Menschen werden unter das Joch einer von oben verfügten Linie gezwungen, ohne Alternative, ohne die Chance der Mitbestimmung und der freien Selbstverwirklichung.

Freiheitliche Demokratie dagegen folgt der entgegengesetzten Methode: Nicht letzte Wahrheiten werden verkündet, sondern ausgehend von unseren Grundwerten versuchen wir durch freie Diskussion der Bürger herauszufinden, was für die Menschen einer bestimmten Gesellschaft in einer bestimmten Situation wichtig und richtig ist. Wir wissen, daß dies keinen vollen Schutz gegen Fehlentwicklungen bietet. Aber wir wissen auch, daß es Mittel gibt, die jeden Zweck entheiligen, daß Freiheit nur in Freiheit erstritten und erweitert werden kann.

Das große Gespräch der Gesellschaft ist das Essentiale der Demokratie. Dieses Gespräch ersetzt nicht den politischen Streit und die Sachauseinandersetzung. Es setzt sie sogar voraus, damit dann in einer möglichst breiten Diskussion ein Höchstmaß an Übereinstimmung erzielt werden kann. Und die breite Diskussion wird um so fruchtbarer sein, je mehr Bürger sich daran beteiligen, je mehr mitwirken und mitentscheiden. Gerade das aber will man in manchen Kreisen durch Sturmläufe gegen eine fortschreitende Demokratisierung der Gesellschaft möglichst verhindern.

Ich kenne kein relevantes Beispiel dafür, daß Demokratisierung meine und wolle, was Schelsky und andere ihr unterstellen: nämlich die simple Mehrheitsentscheidung ohne Rücksicht auf Sachverstand, Funktion und differenzierte Verantwortung. In Wirklichkeit bedeutet Demokratisierung nichts anderes als Teilung der Macht: Mitsprache derer, die bisher nur zu parieren hatten.

Demokratie selber bedeutet nicht einfach Mehrheitsentscheidung, sondern umfaßt mehr: den Minderheitenschutz; das Ausklammern von Bereichen, in denen und über die nicht abgestimmt werden kann; die Freiheit der Diskussion und die Chance des Arguments; die klare Beschreibung von Verantwortlichkeiten. Sicher: Demokratisierung, wie ich sie verstanden wissen möchte, engt möglicherweise den Entscheidungsraum einiger ein, die bisher allein zu entscheiden hatten. Aber sie vergrößert den Entscheidungsraum der vielen, die bislang wenig oder gar nichts entscheiden konnten. Zur Freiheit, ohne die Demokratie nicht denkbar ist, gehört unabdingbar, daß der freie Bürger die Chance erhält, nicht überwiegend oder gar nur Objekt von Weisungen, sondern mehr und mehr Subjekt von Entscheidungen zu sein.

Die Grundgedanken, die ich hier deutlich zu machen versuche, bestimmen die verschiedenen Phasen dessen, was man nicht nur beifällig, sondern von mancher Seite auch abschätzig Reformpolitik genannt hat. Folgte man unseren neokonservativen Kritikern, dann handelte es sich freilich nicht um den Versuch, mehr Freiheit durch größere Sicherheit und Gerechtigkeit zu schaffen, sondern im Gegenteil um die Beschränkung von Selbständigkeit. Richard Löwenthal entgegnete Schelsky: »Der Versuch, die gegenseitige Unabhängigkeit der Politik und der verschiedenen Sphären des gesellschaftlichen Lebens für einen unabdingbaren Bestandteil der Gewaltenteilung des freiheitlichen Rechtsstaates zu erklären, widerspricht ... den grundlegenden Tendenzen der modernen Entwicklung zu einer zunehmenden Verflechtung von Gesellschaft und Staat.«

Denkt man Schelsky zu Ende, so müßte man konsequent jede Mitbestimmung in jedem Bereich der Gesellschaft ablehnen. Der konservative Aberglaube von der Wahl zwischen »mehr Freiheit« und »mehr Demokratie« rührt an die Wurzeln unseres

Staates. Es sind, wie Richard Löwenthal feststellt, »die in der öffentlichen Meinung verankerten Freiheitsgarantien der Grundrechte, die dem demokratischen Bürgerrecht zur Teilnahme an Entscheidungen die Grundlage einer echten Wahlfreiheit sichern«.

Aus dieser Einsicht stammt unser Wille, durch den Prozeß der Demokratisierung der »aktiven Freiheit« des Bürgers in der Wirtschaft, beim Ausbau der sozialen Sicherungen, in der Ordnung des Bildungswesens und auf anderen Gebieten mehr Raum zu schaffen.

Wir werden uns auch den reaktionären Scheinwiderspruch von Demokratie und Autorität nicht aufzwingen lassen. Daran ist, unter anderem, die erste deutsche Republik zugrunde gegangen. Die verstockten Rechten wollten damals von einer Autorität im Dienst der Freiheit ebensowenig wissen wie die linksradikale Orthodoxie. Die extreme Rechte wie die extreme Linke weigerten sich, eine in der Demokratie selber, nämlich in der Mitbestimmung des Bürgers, begründete Autorität anzuerkennen.

Wer unseren Willen zu »mehr Demokratie« in der Gesellschaft gegen die angeblich bedrohte Freiheit auszuspielen versucht, gerät in die Nähe derer, die auch heute noch (oder heute wieder) die nichtdemokratische Autorität meinen. Er weist den mündigen Bürger – im Namen der »Selbständigkeit« – zurück. Er wird, ob er es genauso will oder nicht, im Namen einer unverbindlichen und sogenannten »Freiheit« der Gesellschaft konkrete Freiheitsrechte entziehen.

Freiheit und Gerechtigkeit

Erhard Eppler hat in einem bemerkenswerten Beitrag vom Frühsommer 1974 gesagt: »Wo die Freiheit als Chance zu freier Selbstverwirklichung verstanden wird, geraten wir schon in die Nähe der Gerechtigkeit. Wir wissen zwar nicht, was absolute Gerechtigkeit ist. Und das ist möglicherweise gut so. Aber wir wissen im Einzelfall sehr wohl, was ungerecht ist.« Absolute Gleichheit gebe es – glücklicherweise – auch dann nicht, wenn wir sie wollten. Aber in der gleichwertigen Chance der Selbstverwirklichung träfen sich Gerechtigkeit und Freiheit. Eppler führte weiter aus: »Am Schnittpunkt zwischen Freiheit und Gerechtigkeit liegt, was wir mit Demokratisierung meinen. Ist es nur gerechter, wenn das Betriebsverfassungsgesetz dem einzelnen Arbeitnehmer und seinen Vertretern im Betriebsrat mehr Rechte der Mitwirkung gibt? Oder ist es nicht ebenso eine Chance, Freiheit zu praktizieren? Will die Mitwirkung von Eltern und Schülern in der Schule nur eine gerechtere Verteilung der Befugnisse, oder soll damit ein neuer Raum geschaffen werden, in dem Freiheit sich üben und bewähren kann?

Wo immer sie praktiziert wird, in der Universität, in der Kirche, im Betrieb, in der Verwaltung: Demokratisierung soll durch Teilung von Befugnissen, durch Gewaltenteilung, neue Freiheitsräume öffnen, vor allem für die Bürger, die bisher wenig Chancen hatten, ihre Freiheit zu nutzen. Daß überall, wo neue Freiheitsräume geschaffen werden, andere gefährdet sind, will ich nicht leugnen. Auch die Aufhebung der Leibeigenschaft hat den Freiheitsraum des Gutsbesitzers eingeschränkt.

Daß der Unternehmer, der Leiter eines Instituts, der Medizinprofessor an der Klinik, der Schulleiter, der Minister, der Bischof, der Oberbürgermeister mehr als bisher ihre Befugnisse teilen sollen, bedeutet für die Gesellschaft insgesamt mehr Freiheit. Sicher gibt es auch hier eine Grenze. Sie liegt aber nicht in der Freiheit, sondern in der Funktionsfähigkeit der Institutionen ...«

Immer auch die Freiheit des anderen

Beim Parteitag in Hannover wandte ich mich gegen den Trugschluß, die Prinzipien der Demokratie im staatlichen Bereich sollten oder könnten schematisch auf das soziale und wirtschaftliche Leben übertragen werden; so ist es nicht. In drei Punkten machte ich die Notwendigkeit für die differenzierte Expansion der Demokratie in der Gesellschaft deutlich.

Der *erste* Grund ist der gewaltige quantitative und qualitative Zuwachs der Angelegenheiten, die in jeder modernen Gesellschaft zu Recht als öffentlich angesehen werden. Dieser Prozeß ist nicht umkehrbar. In lebenswichtigen Bereichen sind auch autonome Vereinbarungen, die nicht einer staatlichen Regelung unterliegen, ihrem Charakter nach öffentliche Angelegenheiten. Die Prinzipien, nach denen in solchen Bereichen entschieden wird, können daher nur demokratische Prinzipien sein.

Der *zweite* Grund ist die Weigerung moderner Menschen, Autorität einfach hinzunehmen, ohne sie nach ihrer Rechtfertigung zu befragen. Diese Weigerung ist nicht mehr Auflehnung von einzelnen oder Gruppen, sondern Signal eines weltweiten Prozesses der Emanzipation. Das aber heißt: Autorität, ohne die keine Gesellschaft und keine Institution funktionieren kann, muß sich durch die Qualität der Art rechtfertigen, mit der sie erworben wird.

Fachautorität kann nicht durch Wahlen erworben werden. Wer beispielsweise darüber zu entscheiden hat, wie man zweckmäßig eine Brücke baut, muß sich durch erprobte Sachkenntnis ausweisen. Doch überall dort, wo es nicht um fachliche oder exekutive Leistung geht, sondern um das Abwägen zwischen verschiedenen Zwecken, um den Vorrang verschiedener Werte oder Interessen, überall dort soll in einer modernen freiheitlichen Gesellschaft meiner Meinung nach nicht anderes als demokratisch entschieden werden.

Ein *dritter* Grund: Unsere Bürger werden sich über viele Einzelinteressen hinaus immer deutlicher der großen Entwicklungsfragen des gesellschaftlichen Ganzen bewußt. Die Fragen von Stabilität und Vollbeschäftigung sind Lebensfragen des gesellschaftlichen Ganzen; auch das Zusammenwachsen Europas zu einer wirtschaftlichen, sozialen und politischen Einheit; ebenso die Kontrolle des wirtschaftlichen Wachstums, zumal dort, wo dieses die Umwelt gefährdet oder unersetzbare Rohstoffreserven und Energiequellen zu erschöpfen droht.

Wenn Menschen in freier Einsicht bereit sind, aus der Verantwortung für das Ganze eigene Sonderinteressen und nicht nur die der anderen zu überwinden, dann schaffen sie Demokratie, dann sichern sie die Freiheitsrechte von Generationen, die ihnen folgen.

Unser Freiheitsbegriff schließt immer die Freiheit des anderen ein. Er ist von Gerechtigkeit nicht zu trennen. Gerechtigkeit kann sich den Menschen nur durch die Sicherheit ihrer Rechte und ihrer materiellen Verhältnisse mitteilen. Wir sehen diese Grundbegriffe unserer sozialen Existenz in ihrer natürlichen Spannung. Indessen sind wir noch weit von einem Zustand der Gerechtigkeit (oder gar der Gleichheit) entfernt, der uns in Konflikt mit dem Freiheitsrecht des einzelnen brächte. Wir sind, im Gegenteil, noch immer und noch lange damit beschäftigt, der individuellen Freiheit auf dem mühsamen Weg zu größerer Gerechtigkeit Raum zu schaffen. (Davon handelten auch einige unserer Überlegungen, die das Verhältnis zum Staat betreffen.) In unserem Willen zu einer aktiven und expansiven Demokratie, einer expansiven und aktiven Freiheit lassen wir uns nicht beirren: durch mehr Demokratie mehr Gerechtigkeit und Sicherung; durch mehr Gerechtigkeit und Sicherheit mehr Freiheit. Man mag dies ein anspruchsvolles Programm nennen. Aber diesen Anspruch haben nicht wir gesetzt. Er wird von der Lage der Gesellschaft am Ausgang dieses Jahrhunderts, von ihren Gefahren und ihren Chancen gestellt. Wir müssen versuchen, ihm gerecht zu werden.

10. Kapitel
Moderne Wirtschaftspolitik

Neue Fragestellungen und Zwänge begegnen uns immer wieder in diesem Buch. Ich habe betont, daß wir der Gefahr krisenhafter Erscheinungen ausgesetzt sind. Und ich unterstreiche, daß wir alles tun müssen, um diese Gefahr abzuwenden oder doch zu zähmen: vor allem durch rascheren strukturellen und industriellen Wandel.

Wir haben gezeigt, daß wir Gefahren abzuwenden in der Lage sind, was allerdings nicht allein mit unserer Tüchtigkeit, sondern auch mit objektiven Faktoren zusammenhing. Wir können nur hoffen, daß wir stärkeren Erschütterungen von außen – sollten sie kommen – gewachsen sein werden. Inzwischen machten wir die Erfahrung, daß Außenfaktoren es nicht erlaubten, daß die 1973 in der Bundesrepublik Deutschland so erfolgreich angesteuerte Tendenzwende bei den Preisen in dem erhofften Maße gelang. Die Verteuerung der Erdölprodukte um etwa dreihundert Prozent und der gesamten Rohstoffe um zweihundert Prozent drückte den Preisindex um gut zwei Prozent nach oben. Mehr, als uns im Geleitzug des Preisauftriebs aller Industrienationen des Westens am günstigen letzten Platz zu behaupten, war nicht zu erreichen. Dies freilich ist schon eine Leistung, die unsere Nachbarn mit Lob zur Kenntnis nahmen.

Neue wirtschaftspolitische Aspekte

Die Zeit, in die wir eingetreten sind – mit hohen, wenn auch im Verhältnis zu anderen niedrigeren Preissteigerungen und sektoralen und regionalen Beschäftigungsrisiken –, enthält Gefahren, die über das Ökonomische hinausreichen. Wir haben gesehen, welchen Belastungen sich die politische Demokratie in einer Reihe anderer Länder ausgesetzt sah und sieht. Für uns gibt es keinen Anlaß, Katastrophenstimmungen nachzugeben. Wohl aber gibt es Grund, die vorliegenden Sorgen ernst zu nehmen; sie zwingen zu gründlicher Prüfung unserer Lage und unserer Aufgaben. Es scheint mir bemerkenswert zu sein, daß die Apostel eines rosigen Optimismus, die naiv oder egoistisch das unkontrollierte Wachstum verherrlichten, heute die Angst als politisches Programm verkaufen wollen.

Meine politischen Freunde und ich haben uns niemals dem Sog einer gewissermaßen blinden wirtschaftlichen Expansion überlassen, die nicht nach den Bedürfnissen der Menschen fragt. Und gerade nach den Erfahrungen der letzten beiden Jahrzehnte sollte es leichter geworden sein, zu einem wirtschaftspolitischen Konzept zu finden, das von gesellschaftspolitischen Überzeugungen ausgeht, wie sie auch im Godesberger Programm zu finden sind.

Man darf ohne Übertreibung feststellen: Dank der Lehren dieser beiden Jahrzehnte betrachten die Deutschen zum erstenmal die wirtschaftlichen Abläufe – mit den Risiken für das Leben des einzelnen – nicht mehr als ein unbegreifliches Schicksal, das auf geheimnisvolle Weise Glück oder Unglück über sie verhängt, ihrem Verständnis und ihrem Einfluß entzogen. In keinem anderen Lebensbereich fühlten sich die Menschen früher so unwissend dem »Walten« übergeordneter Mächte ausgeliefert: sei es der Staat, seien es nationale Gesellschaften oder gar die »überstaatlichen Mächte«, die über Wohl und Wehe, Wohlstand oder Notstand der Völker verfügten. Nirgendwo empfand sich der einzelne so sehr als Objekt und Opfer der Verhältnisse – und derer, die über sie bestimmten.

Die Ängste sind geblieben, aber das Interesse für wirtschaftliche Zusammenhänge ist größer geworden. Manchmal hat das Denken in rein materiellen Kategorien – oder Illusionen – sogar alles andere überwuchert. Hinter der Wandlung stand die Erfahrung zweier Katastrophen, die unser Volk, seine Leistungen, einen großen Teil seines Besitzes, seiner Ersparnisse zu

Opfern einer brutalen Willkür machten. Das Mißtrauen, das daraus resultierte, wirkt zumindest in der älteren Generation noch lange als Trauma nach. Doch wichtiger noch ist die andere Erfahrung: daß unsere Bürger sich aus eigener Kraft – als Ergebnis harter Arbeit – eine neue wirtschaftliche Existenz aufzubauen vermochten; sie wurde ihnen nicht geschenkt. Was an materieller Sicherheit und relativem Wohlstand geschaffen wurde, ist ihr Werk. Unsere Bürger selber haben die Bundesrepublik Deutschland zu dem gemacht, was sie heute in der Reihe der großen Industrienationen darstellt.

Im Laufe der Jahre hat sich ein verändertes Bewußtsein ergeben. In großer Zahl wollen unsere Bürger nicht mehr bloßes Objekt des ökonomischen Geschehens sein; sie wollen vielmehr, daß auch in der Wirtschaft mehr Demokratie zur Geltung komme. Der Wille zur Mitsprache, zur Teilnahme, zur Mitbestimmung verdichtet sich in konkreten Ansprüchen. Manchmal werden allerdings die Abhängigkeit unseres Wohlstandsniveaus von weltweiten Entwicklungen und die objektiven Grenzen des Wachstums unzutreffend eingeschätzt.

Die konkreten Ansprüche stellen sich in solchen Dimensionen dar:

gleichrangige Partnerschaft von Arbeit und Kapital;

wachsende Inanspruchnahme der Gesellschaft für das wirtschaftliche Schicksal des einzelnen;

Anerkennung der Verantwortung des Staates für das wirtschaftliche Geschehen, für Konjunktur, Wettbewerb, moderne Struktur und technologischen Fortschritt;

Schutz und Erweiterung der Freiheit des einzelnen durch ein umfassendes System sozialer Sicherungen;

immer engere Bindung der nationalen Wirtschaft an die größere europäische Wirtschaftseinheit, die sich allen Widerständen zum Trotz herausbildet.

Die fortschreitende Verschmelzung der nationalen Wirtschaftsinteressen im europäischen – und darüber hinaus im internationalen – Rahmen mag für manchen ein dem persönlichen Bereich weit entrückter Vorgang gewesen sein, bis die Energieschwierigkeiten mit einem Schlag deutlich machten, wie tief die weltweiten Abhängigkeiten unser staatliches Geschick und das fast jedes einzelnen unserer Bürger beeinflussen. Die »Weltwirtschaft« war plötzlich für viele kein abstrakter Begriff mehr, sondern etwas, was sie konkret erlebten. Und die europäische Solidarität stand über Nacht vor einer großen Bewährungsprobe, der sie sich allerdings noch nicht gewachsen zeigte.

Fortschritte auf dem Weg zur europäischen Gemeinschaft der Stabilität, des Wohlstandes und des sozialen Fortschritts können in der Tat nur gelingen, wenn die nationalen Entscheidungen stärker aufeinander abgestimmt werden. Die italienischen Schwierigkeiten gegenüber der Gemeinschaft vom Frühjahr 1974 wurden eine drastische Lehre für alle Partner. Die Gefährlichkeit der Lage war nicht zu übersehen. Zwischen dem neuen französischen Präsidenten Giscard d'Estaing und meinem Nachfolger Helmut Schmidt wurde jedoch über die Notwendigkeit einer aufeinander abgestimmten Stabilitätspolitik eine nüchterne Verständigung erzielt. Es wird nun endlich stärker anerkannt, daß wirtschaftspolitische Solidarität eine unverzichtbare Voraussetzung ist für die Konsolidierung des Erreichten und für den schwierigen Prozeß des weiteren Hineinwachsens in den Gemeinsamen Markt, der zum anderen – was nicht immer erkannt wurde – den nationalen Entscheidungsraum wiederum erheblich einschränkt. Die Verflechtung ist vielfältiger Art. Um so enger sind die Partner aufeinander angewiesen. Wir dürfen nicht vergessen, daß sich etwa zwei Drittel unserer Aus- und Einfuhren auf die Partner der Europäischen Gemeinschaft und die Mitglieder der früheren Europäischen Freihandelszone (EFTA) konzentrieren. Dies zeigt – in einem wichtigen Ausschnitt – das Maß unserer wirtschaftlichen Abhängigkeit.

Wir bleiben uns freilich bewußt, daß es nicht nur ein Europa der weiter verbesserten wirtschaftlichen Beziehungen zu schaffen gilt, sondern mit ihm ein Europa, das den arbeitenden Menschen ihre soziale Sicherheit gewährleistet und ihnen zu einer höheren Qualität des Lebens verhilft. Ich komme auf dieses Thema zurück, will aber schon hier betonen, daß ich den Beschluß vom Herbst 1972 zum gesellschaftspolitischen Ausbau der Gemeinschaft, für den wir selber die Initiative gegeben haben, als europäisches Ziel für besonders wichtig halte.

Elemente der Stabilitätspolitik

Die von mir geführte Bundesregierung legte Ende Oktober 1972 – nach der Pariser Konferenz und vor den Bundestagswahlen – ein 15-Punkte-Programm für eine gemeinsame europäische Stabilitätspolitik vor, das von einigen Partnern in wesentlichen Teilen mißachtet wurde. Sie mögen heute darüber anders und nüchterner urteilen, und man kann nur hoffen, daß sich die Besinnung hier und dort gerade noch rechtzeitig einstellt – ehe es zu spät ist.

In diesem Programm stellte die Bundesregierung fest, die enge Verflechtung der europäischen Volkswirtschaft verlange, die nationalen Maßnahmen gegen die Preissteigerungen in der Gemeinschaft wirksam zu koordinieren und durch gemeinsame Aktionen zu ergänzen. Wir hielten es damals für notwendig, vor allem den zu großen monetären Spielraum schrittweise einzugrenzen, expansive Impulse der öffentlichen Haushalte zu vermeiden, das Warenangebot zu erweitern, außerdem die Wettbewerbsordnung und die Markttransparenz zu verbessern.

Bundesregierung und Bundesbank waren sich einig, den außenwirtschaftlichen Spielraum der Kreditpolitik so zu nutzen, wie es die Stabilitäts- und die Konjunkturpolitik erforderten. Wir planten eine Neufassung des Bundesbankgesetzes mit dem Ziel, das kreditpolitische Instrumentarium zu verbessern.

Steuermehreinnahmen sollten von der öffentlichen Hand zur Reduzierung der Kreditaufnahme verwendet werden. Außerdem sollte – nach einer Empfehlung der Gemeinschaft für alle Mitgliedsstaaten – die Ausgabensteigerung, besonders beim Bund, nicht den Anstieg des Sozialprodukts übertreffen. In der Handelspolitik wurde bei uns die Einfuhr aus Drittländern, vor allem aus Entwicklungsländern und den osteuropäischen Staatshandelsländern, gefördert. Das neue Kartellgesetz, das die Bedingungen des Wettbewerbs verschärft, wurde beschlossen, die Preisbindung zweiter Hand abgeschafft.

Auch zu Beginn der zweiten sozial-liberalen Koalition lag das Schwergewicht der Konjunktursteuerung bei den klassischen Instrumenten: der Geld- und Kreditpolitik und der gezielten antizyklischen Gestaltung der öffentlichen Haushalte.

Gegenüber früheren Jahren gab es aber zwei entscheidende Verbesserungen:
Der Übergang zu flexiblen Wechselkursen erhöhte die Effizienz der außenwirtschaftlichen Absicherung und gab damit der Geld- und Kreditpolitik den verlorengegangenen Handlungsspielraum zurück.
Die Konjunktursteuerung über die öffentlichen Haushalte wurde vorwiegend auf die Einnahmeseite verlagert (Stabilitätszuschlag und Investitionssteuer).
Beide Maßnahmen erhöhten die Wirksamkeit der Stabilitätspolitik und verringerten gleichzeitig die mit jeder harten Konjunkturbremsung verbundenen negativen Nebenwirkungen. Das neue Wechselkurssystem erlaubte der Bundesbank, ihre Zinspolitik auf die konjunkturellen Bedingungen des Binnenmarktes zu konzentrieren; die beweglichen Kurse schützen (wenn auch nicht vollkommen) vor unerwünschten Liquiditätszuflüssen. Und die Konzentration der Stabilitätspolitik auf die Einnahmeseite des Haushalts gab die Möglichkeit, gezielt dort zuzugreifen, wo die Konjunktur besonders heftig »kochte« (in der Investitionsgüterindustrie), und gleichzeitig eine mit jeder Ausgabenkürzung unvermeidbare Zurückstellung öffentlicher Investitionen zu begrenzen. Natürlich fand dieses Konzept bei konservativen Wirtschaftsbeobachtern wenig Beifall – welch eine Sünde wider den Geist der fünfziger und sechziger Jahre, die öffentlichen Investitionen besser zu behandeln als die privaten! –, doch es erwies im Laufe des Sommers 1973 seine Wirksamkeit.

Im Vorfeld der Währungsunion

Im einzelnen zur Geld- und Kreditpolitik, dem *ersten* Element der Konjunktursteuerung: Sie war, was die Beeinflussung des Konjunkturablaufs angeht, jahrelang kaum verwendbar, weil jede Verteuerung und Verknappung des Kredits durch Devisenzuflüsse wirkungslos gemacht wurde. Seit dem Sommer 1972 schien sich die Situation zu verbessern, nicht zuletzt als Folge der damals von der Bundesregierung beschlossenen Maßnahmen.

Was wir damals nicht voraussehen konnten, war das internationale Währungschaos, dem wir uns Anfang 1973 gegenübersahen. Eine gewisse Klärung gelang, als wir uns im Frühjahr 1973 vom Dollar abkoppelten (das heißt: die Bundesbank von der Ankaufpflicht für die amerikanische Währung befreiten) und uns mit einem Teil unserer Partner als sogenannte europäische »Schlange« formierten. Zusammen mit Frankreich, den Benelux-Ländern, den Dänen (indirekt noch mit einigen anderen) verbanden wir unsere Währungen zu einer begrenzten Einheit, die ihre Werte gegenüber dem Dollar und anderen Valuta nach Angebot und Nachfrage regulierte. Innerhalb der »Schlange« selber wurden nur minimale Schwankungen erlaubt, die nach einem vereinbarten System ausgeglichen werden konnten. (Einer Übersetzung dieser Ausgleichbewegungen in ein graphisches Bild verdankt die »Schlange« ihren Namen.)
So ergaben sich Solidarität und eine neue Festigkeit europäischer Währungen – und von hier aus hofften wir, einen Schritt zu einer Europäischen Währungsunion wagen zu können. Es wäre überzeugend und wirkungsvoll gewesen, hätten Großbritannien und Italien damals die Kraft gefunden, sich unseren Maßnahmen anzuschließen. Statt dessen entschloß sich leider Frankreich Anfang 1974 – in seiner Zahlungsbilanz von der Ölkrise besonders betroffen – zum Austritt aus dem Währungsverbund. Der Weg zur gemeinsamen europäischen Währungspolitik wurde für eine zunächst nicht absehbare Zeit faktisch gesperrt, und er wird sich erst mit mühseliger Geduld wieder öffnen lassen.
Die Gemeinschaft hatte zunächst die Aufgabe, ihre wichtigste Errungenschaft zu retten: nämlich die Zollunion, die von protektionistischen Maßnahmen der Partner mit den schlimmsten Zahlungsbilanzdefiziten bedroht ist. Sie mußte darüber hinaus den problematischen Agrarmarkt konsolidieren und eine Antwort auf die Forderungen Großbritanniens nach einer Revision seiner Mitgliedsbedingungen finden.
Das Bemühen um eine Neuordnung des Weltwährungssystems – das durch die weltweite explosionsartige Geldvermehrung der letzten Jahre so dringend notwendig geworden ist – kostete viel Geduld und Mühe. Bei den internationalen Verhandlungen setzte sich die Bundesregierung – mit Erfolg – für eine

Währungsordnung ein, die flexibel genug sein sollte, Krisen nach Möglichkeit zu vermeiden, und in der die Ausweitung der Liquidität unter Kontrolle bleiben kann.

Schließlich gelang im Juni 1974 eine partielle Einigung über ein System, das die längst verfallene Regelung von Bretton Woods (aus dem Kriegsjahr 1944) ablöst: Die festen Wechselkurse, die mit der Aufkündigung der Umtauschbarkeit von Dollars in Gold durch die Regierung Nixon sinnlos geworden waren – und gegen die auch sonst manches spricht –, kehren nicht wieder. Die Hauptwährungen regulieren ihr Verhältnis untereinander im Zustand des »floating«, das heißt des »Schwebens« nach Angebot und Nachfrage. Gleichzeitig wurde die Arbeit an einer Art fiktiver Weltwährung der »internationalen Ziehungsrechte« fortgesetzt, deren Wert sich durch eine Bündelung oder aus einem »Korb« der wichtigsten nationalen Währungen ergibt.

Inzwischen ist – in einem weiterhin labilen Zustand der Währungen – die Stellung der Bundesrepublik Deutschland relativ stark. Die Deutsche Mark vermehrte ihre Kaufkraft gegen Außenwährungen durch Aufwertungen seit dem Regierungsantritt der sozial-liberalen Koalition Ende 1969 um 25,7 Prozent, gegenüber dem Dollar um 43,4 Prozent. Unsere Wirtschaft büßte dabei – trotz pessimistischer Voraussagen interessierter Kreise – nichts von ihrer Exportkraft ein. Diese konnte sogar noch gesteigert werden, was man allerdings nicht einschränkungslos als Vorteil feiern kann.

Die Bundesrepublik Deutschland konnte so der Unruhe in der Weltwirtschaft und auf den Währungsmärkten gelassener als andere begegnen. Die realen Überschüsse unserer Leistungsbilanz und damit die hohen Devisenreserven verschafften uns in gewisser Hinsicht eine Sonderstellung. Aber es ist nicht zu übersehen, daß übersteigerte und andauernde Exportüberschüsse auch ihre Schattenseite haben: Sie gehen bis zu einem gewissen Grade zu Lasten dessen, was im eigenen Land verbraucht werden kann. Und außerdem: Eine zeitweilige Besserstellung ändert nichts an den Sorgen unserer Nachbarn, die wir – über den Tag hinaus – immer auch als unsere Sorgen auffassen müssen. Wirtschaftliche und monetäre Erschütterungen machen an unseren Grenzen nicht halt, selbst wenn sie uns ein wenig später treffen. Außerdem entläßt uns niemand aus unserem Teil der Pflichten gegenüber der Dritten (und Vierten) Welt.

Haushalten

Das *zweite* Element der traditionellen Stabilitätspolitik ist die Gestaltung des öffentlichen Gesamthaushalts. Der hier mögliche Beitrag wird häufig überschätzt oder falsch eingeschätzt, denn es wird leicht übersehen, was der Staat gerade in angespannten Zeiten zugunsten seiner benachteiligten Bürger zu leisten hat. Aber gewiß kommt der öffentlichen Finanzwirtschaft eine besondere Verantwortung für den Wirtschaftsablauf zu. Doch muß hier gleich hinzugefügt werden, daß der Bund über den öffentlichen Gesamthaushalt nur zu einem Teil entscheiden kann und daß es außerordentlich schwierig ist, Länder und Gemeinden zu einem hinreichend abgestimmten Verhalten zu veranlassen. Der Anteil der Bundesausgaben am Bruttosozialprodukt ist von 13,8 Prozent im Jahr 1964 auf 13,5 Prozent im Jahr 1974 leicht gesunken, während der Anteil der Länder von 11,4 Prozent auf 13,2 Prozent, jener der Gemeinden von 8,5 auf 9,5 Prozent stieg. Im übrigen wäre es wirklichkeitsfremd, die öffentlichen Etats dort unverantwortlich zu beschneiden, wo unverzichtbare Interessen der Bürger zu wahren sind.

Wir haben, obwohl es uns wegen der Auswirkung auf unsere Reformpolitik nicht leicht wurde, die Ausgaben des Bundes immer wieder kritisch geprüft und im Rahmen des Möglichen zurückgedrängt. Mit Rücksicht auf die Dringlichkeit der öffentlichen Aufgaben wurde das Schwergewicht allerdings auf die Einnahmeseite des Haushalts verlegt. Und Stabilitätsabgabe und Investitionssteuer erwiesen sich als höchst wirkungsvolle, gezielt einsetzbare Instrumente.

Zwar wurde im Frühsommer 1973 unser nationales Stabilitätsprogramm von vielen als Bürde empfunden. Aber es zeigte schon nach wenigen Monaten seine korrigierende Kraft. Noch im Herbst 1973 – bei der Einbringung des Haushalts 1974 – konnten wir feststellen, daß das konjunkturelle Klima kühler geworden war. Die währungs-, steuer- und ausgabenpolitischen

Entscheidungen der Bundesregierung und die kreditpolitischen Maßnahmen begannen sich auszuwirken und führten zu einer Dämpfung der gesamtwirtschaftlichen Nachfrage.
Bei den Preisen zeichnete sich eine Besserung ab. Im September 1973 war der Index für die Lebenshaltung zum erstenmal seit vielen Monaten wieder auf unter sieben Prozent – auf 6,4 Prozent – zurückgegangen. Die Chance, mit der Preissteigerungsrate auf sechs Prozent herunterzukommen, war nicht gering. Das wäre ein begrenzter, aber inmitten einer stark inflationistischen Umwelt doch ein deutlicher Erfolg gewesen. Wieviel er wiegt, das beweist ein vergleichender Blick auf die Steigerungsraten anderer Länder. Während für unser Land im Juli 1974 eine Preissteigerung um 6,9 Prozent festgestellt wurde, zeichnete sich im Frühjahr dieses Jahres für andere Staaten meist eine sehr viel schärfere Aufwärtsentwicklung ab, zum Beispiel in

Jugoslawien	19 %	März	1974
Japan	23,9 %	April	1974
Italien	15,6 %	Mai	1974
Großbritannien	15,2 %	Mai	1974
Schweiz	8,7 %	April	1974
Niederlande	8,9 %	April	1974
Österreich	9,7 %	April	1974
Kanada	9,9 %	April	1974
Norwegen	8,9 %	April	1974
Frankreich	13,2 %	April	1974
Belgien	10,4 %	April	1974
USA	10,9 %	Mai	1974

Helmut Schmidt konnte noch als Bundesfinanzminister mit vollem Recht sagen: »Wenn man sich selbst nichts vormachen will, muß man die Tatsache akzeptieren, daß wir heute und auch in der Zukunft an der Preisfront immer nur relative Erfolge erzielen können. Das heißt: Unsere Abhängigkeit von der Entwicklung der Weltwirtschaft und der Europäischen Gemeinschaft setzt unserer binnenpolitischen Wirksamkeit Grenzen.«

Gegen Demagogie

Ein *dritter* Faktor ist zu erwähnen; er betrifft alle, die in der Praxis über Preise und Kosten entscheiden, nämlich die Produzenten, den Handel, die Tarifvertragsparteien und die Verbraucher. Ich habe nie einen Zweifel daran gelassen, daß ich zur Tarifautonomie – also zum freien Aushandeln der Löhne und Gehälter – stehe. Aber ich habe damit stets die Erwartung verbunden, daß alle Beteiligten diese Freiheit verantwortungsbewußt nutzen.

Das ist auch bei uns in der Bundesrepublik ganz überwiegend der Fall gewesen. Trotzdem hat es – mal von der einen, mal von der anderen Seite – Übertreibungen gegeben. Vor ihnen gilt es weiterhin auf der Hut zu sein.

Vielleicht sollte ich hier daran erinnern, daß mir Ende 1971 von führenden Industriellen – nicht nur in Zeitungsannoncen, sondern auch im Gruppengespräch – gesagt wurde, wir befänden uns in der ökonomisch ungünstigsten Lage seit 1933. (So – und schärfer – wurde dann auch mit erheblichem Geldaufwand im Wahlkampfherbst 1972 argumentiert.) Ich konnte mit der in einem solchen Fall gebotenen Ironie darauf verweisen, daß man wohl in gewissen Kreisen den Nazismus, den Krieg und die bitteren Nachkriegsjahre vergessen habe. In Wirklichkeit war die Entwicklung der Wirtschaft, entgegen allen Kassandra-Rufen und trotz mancher Schwierigkeit, im ganzen erfreulich und ermutigend.

Dies galt für die Beschäftigungslage, für die Zahlungsbilanz, im ganzen gesehen auch für das soziale Klima. Die Realeinkommen der Arbeitnehmer und der Rentner ebenso wie der Selbständigen einschließlich der Landwirte haben sich in den letzten Jahren nicht ungünstig entwickelt. Ein Blick über die Grenzen zeigte, daß dies durchaus nicht selbstverständlich war. Aber dieser Blick über den eigenen Zaun fiel manchem nicht leicht. Und es gibt natürlich, jenseits der notwendigen Opposition, eine Demagogie, der an einer sachlichen Beurteilung nichts gelegen ist.

Die Tatsachen kann freilich alle Demagogie nicht korrigieren: Der Zustand unseres Landes ist gut. Die Bundesrepublik Deutschland ist inmitten weltweiter krisenhafter Entwicklungen ein Element wirtschaftlicher Stabilität – und sie wird es bleiben, wenn wir den Gefahren mit Umsicht und Energie begegnen.

Ohne Leistung geht es nicht

Es war mir bewußt, daß ich nicht nur Beifall finden würde, als ich in der Regierungserklärung vom Januar 1973 feststellte: »Wer nur neue Forderungen stellt, ohne zu neuen Leistungen bereit zu sein, der wird der Lage, auch der eigenen Interessenlage, nicht gerecht, und er kann nicht erwarten, ernst genommen zu werden. Wem es wirklich am Herzen liegt, daß die Gemeinschaftsaufgaben vorangebracht werden, und wer den soliden Fortschritt will, der muß im Zuwachs des persönlichen Verbrauchs auch einmal langsamer treten.«

Und weiter: »Reformgerede, hinter dem sich nur Gehaltsforderungen tarnen, taugt wenig. Niemand soll glauben – und ich sage dies keineswegs nur an *eine* Adresse –, wir könnten mit selbstverständlicher Automatik mehr verdienen, wenn wir weniger leisten.« Es war kein Geheimnis, daß ich diesen Hinweis nach einem Gespräch mit Bundespräsident Heinemann in meine Regierungserklärung aufgenommen hatte; es ging damals um durchaus unangemessene Forderungen, die für einige Teile des Öffentlichen Dienstes erhoben wurden.

Ich will das damalige Thema aufgreifen, um Mißverständnisse auszuräumen und mich auch von einem unehrlichen Umgang mit dem Wort Leistung abzugrenzen. Ich spreche bewußt nicht von der »Leistungsgesellschaft«, denn in diesem Begriff steckt die Gefahr einer Verabsolutierung: Leistung schlechthin kann nicht Ziel und Sinn der Gesellschaft sein. Wir brauchen, aus meiner Sicht, eine Gesellschaft, die den natürlichen Willen zur Leistung versteht und auch die Freude an der Leistung honoriert. Aber wir wollen keine Gesellschaft, die für eine – zumal eng ausgelegte – Arbeitsleistung lebt, denn die könnte kaum human sein. Und wir können keine Gesellschaft wollen, in der es sich bestimmte Minderheiten »leisten« können, leistungslose Vorrechte zu konservieren.

Eine humane Gesellschaft muß frei von Leistungsterror sein. Als Maß für Leistung kann auch nicht nur gewertet werden, was sich in Arbeitsstunden niederschlägt oder was in Mark und Pfennig berechnet werden kann. Leistung ist gerade auch vermehrte Erzeugung durch erhöhte Produktivität unter verbesserten Lebens- und Arbeitsbedingungen. Die Bedingungen, unter denen Arbeit geleistet wird, lassen sich weithin ändern. Deshalb wollen wir humane Arbeitsverhältnisse und mehr Mitbestimmung. Dies sind die Stichworte, die signalisieren, daß sich Leistung in Zukunft für eine bessere soziale Umwelt zu bewähren hat. Die Existenz des Menschen und das Wesen der Gesellschaft sind auch in der Tradition der deutschen Arbeiterbewegung niemals losgelöst von der Arbeit und ihren Bedingungen betrachtet worden.

Leistung bedeutet für mich vor allem auch das selbstgewollte Engagement vieler Bürger. Hierin steckt: was vom Bürger als Beitrag für die Gemeinschaftseinrichtungen, für die öffentlichen Aufgaben erwartet werden kann, wenn seine Forderungen beispielsweise an das Bildungswesen, an das Gesundheitswesen, für die soziale Infrastruktur nur annähernd erfüllt werden sollen. Ich denke hier nicht zuletzt an die vielen, die Dienst am Nächsten tun und die genau wissen, daß es noch andere Maßstäbe gibt als nachzählbaren Gewinn.

Im November 1973 jährte sich das Datum des tragischen Todes von Präsident Kennedy zum zehntenmal. Die Lage in der Welt und in Amerika ließ es nicht zu, daß diesem Datum allzuviel Beachtung geschenkt wurde. Aber was von Kennedy weiterlebt, ist doch nicht zuletzt das Wort: Frage nicht nur, was dein Land für dich tun kann, sondern frage auch, was du für dein Land tun kannst! Die Gesellschaft kann ihre Leistungen für den einzelnen, vor allem für den Schutzbedürftigen, in der Tat nicht steigern, wenn nicht der leistungsfähige Bürger seinen angemessenen Beitrag zum Wohl des Ganzen zu leisten bereit ist.

Hier stellen sich in der Tat viele Fragen: Welchen Wert hat welche Arbeit? Sind ihre Erträge einigermaßen gerecht verteilt? Erfährt sie die Anerkennung, die ihr gebührt? Es kommt gewiß darauf an, den Begriff der Leistungsbereitschaft nicht eng zu fassen, sondern ihn neu zu motivieren. Und trotzdem: Von nichts kommt nichts. Die Erneuerung von Staat und Gesellschaft vollzieht sich nicht aus sich selber heraus – sozusagen automatisch. Es versteht sich eigentlich von selber, daß wir auch in Zukunft Leistung brauchen und auf weitere wirtschaftliche und schöpferische Entfaltung nicht verzichten können.

Arbeitsplätze, Preise, Haushalte

Durch die ungünstigen Entwicklungen, denen wir von außen ausgesetzt waren, sahen wir uns veranlaßt, Ende 1973 und Anfang 1974 Maßnahmen einzuleiten, die den hohen Beschäftigungsstand sichern sollten. Dem Anwachsen der Zahl ausländischer Arbeitnehmer mußte also ein Riegel vorgeschoben werden. Vor allem aber wurden Hilfen für einige besonders strukturschwache Landstriche notwendig. Trotzdem war nicht sicher, daß wir das Ziel der Vollbeschäftigung weiterhin in gleichem Maße wie in den letzten Jahren würden erfüllen können.
Hier muß noch einmal daran erinnert werden, wie besonders anfällig wir gegenüber Störungen im weltwirtschaftlichen Geschehen sind. Wir exportieren 22 Prozent des Bruttosozialprodukts, die Vereinigten Staaten nur 4 Prozent. Seit dem Winter 1973/1974 haben wir es nicht allein mit abrupt gestiegenen Energiepreisen zu tun, sondern auch mit strukturellen Anpassungen bei besonders öl- oder energieabhängigen Produkten; in den betroffenen Bereichen zeichnete sich Arbeitslosigkeit ab.
Nicht allein die mittlerweile bekannten Unsicherheiten, sondern gerade auch die industriellen Umstellungen sind mit Beschäftigungsrisiken verbunden. Und je länger notwendige Strukturveränderungen hinausgezögert werden, desto schwieriger wird dann die Veränderung. Meiner Überzeugung nach mußte und muß die Sicherheit der Arbeitsplätze eine hohe Priorität behalten. Es gelang uns auch, die Quote der Arbeitslosigkeit 1973 auf 1,2 Prozent, also nahe der untersten Grenze, zu halten. Dennoch bedeutet dies für jeden Betroffenen eine harte Prüfung – das dürfen wir niemals vergessen, wenn wir mit abstrakten Zahlen arbeiten, vor allem dann nicht, wenn die Arbeitslosenquote vorübergehend steigen sollte und natürlich die Problemgebiete sehr

viel härter treffen würde, als es ein Bundesdurchschnitt von wenigen Prozenten zum Ausdruck bringt.

Aus der Verpflichtung, im Rahmen unserer Möglichkeiten gegen die Entwertung der Arbeitslöhne durch permanent steigende Preise zu kämpfen, sind wir durch das energische Bemühen um die Sicherung der Arbeitsplätze keineswegs entlassen. Freilich können wir in diesem Kampf isoliert immer nur begrenzte Erfolge nach Hause tragen. Ich wies darauf hin, daß wir bei unseren westeuropäischen Partnern unermüdlich für eine gemeinsame Stabilitätspolitik gestritten haben. Hier allerdings blieben uns Erfolge versagt. Das erklärt sich, wenigstens zum guten Teil, durch die wirtschaftliche und soziale Lage mancher unserer Partner und aus den anderen – durchweg weniger stabilitätspolitisch ausgerichteten – Prioritäten, denen sie ihre Wirtschaftspolitik unterstellen.

Wir haben unseren Partnern auch im schwierigen Winter 1973/1974 dargelegt, daß wir uns selbst durch den Druck einer Krise nicht dazu verleiten lassen, die Europäische Gemeinschaft als Inflationsgemeinschaft zu verstehen. Zum anderen muß unseren eigenen Landsleuten klar sein, daß die europäische Gemeinsamkeit nicht »zu ausgedachten Preisen« zu haben ist. Man kann sich nicht für die europäische Integration entscheiden und gleichzeitig erwarten, die Bundesrepublik Deutschland könne in dieser größeren Gemeinschaft eine unabhängige »Insel der Stabilität« sein. Nicht alle Länder haben, wir müssen uns dies noch einmal klarmachen, die gleichen wirtschaftspolitischen Präferenzen, obwohl sich – vor allem in Frankreich – ein Wandel anbahnte und andere Partner sich zu gründlichem Nachdenken gezwungen sahen. Man mag bedauern, daß die objektiven Schwierigkeiten so groß sind und daß die Überprüfung so lange auf sich warten ließ, aber man muß die Tatsachen sehen, wie sie sind.

Die Möglichkeiten einer nationalen Stabilitätspolitik in einer inflationären Umwelt sind begrenzt. Nach den Erfahrungen der letzten Jahre sollte jeder, der sich selber und anderen gegenüber ehrlich ist, zugeben, daß es in einer so eng mit der Welt verflochtenen Wirtschaft wie der unsrigen – bei partiell festen Wechselkursen, freiem Austausch von Waren und Dienstleistungen und auf dem Boden der Tarifautonomie – durch nationale Maßnahmen nur Teilerfolge im Kampf gegen die Preissteigerungen geben kann. Sie sind – wie jedes unbefangene Urteil bestätigt – nicht erfolglos, und sie verlangen zähe Unbeirrbarkeit; wenn wir die Dinge treiben ließen, würden sie kraft ihrer Wirkung auf die wirtschaftliche Umwelt um so härter auf uns zurückschlagen. Einfach wirklichkeitsfremd ist es jedoch, so zu tun, als handele es sich bei den strukturellen Preissteigerungen um ein spezifisch deutsches Problem.

Die Suche nach Sündenböcken ist beliebt; aber sie führt zu nichts. Ins erste Glied der Sündenböcke wird gern die öffentliche Haushaltswirtschaft geschoben. Nun, man wird nicht behaupten können, daß sich die Gebietskörperschaften bei ihren Ausgaben immer konjunkturgerecht verhalten haben. Doch wenn »die Wirtschaft« sagt, der Export sei kein Ventil, das man je nach Konjunkturlage auf- und zudrehen könne, so gilt das natürlich erst recht für die Ausgaben des Staates. Der weitaus größte Teil der Staatsausgaben ist ohnehin gesetzlich festgelegt. Als Manövriermasse bleiben praktisch nur die Investitionen. Auch unabhängig von der Lage, die uns im Winter 1973/1974 riet, die Bremsen vorübergehend zu lockern, durfte man der prinzipiellen Frage nicht ausweichen, ob es angesichts des dringenden Bedarfs an öffentlichen Einrichtungen wirklich zu verantworten sei, die öffentlichen Ausgaben über Jahre hin gewissermaßen als Lückenbüßer der Konjunkturpolitik leiden zu lassen.

Wir hatten Anlaß, darüber nachzudenken, ob das Konzept der »Globalsteuerung« in diesem Punkt nicht ohnedies revisionsbedürftig sei. Wenn ein betriebswirtschaftlicher Vergleich erlaubt ist: Kein Unternehmen in der deutschen Wirtschaft kann mit einer so hohen Selbstfinanzierungsquote aufwarten, wie sie der Bund in den letzten Jahren aufgewiesen hat. Es gibt keinen vernünftigen Grund, warum nicht auch der Staat einen Teil seiner langfristigen Investitionen mit langfristigen Krediten finanzieren sollte, so, wie das in der Wirtschaft in sehr viel höherem Maße üblich ist.

Die starke Expansion der Staatsausgaben auf allen Ebenen ist zu einem wesentlichen Teil das Ergebnis höherer Personalkosten. Ich betrachte dies – auf längere Sicht – als eines der schwierigsten wirtschaftlichen Probleme in unserer Gesellschaft, in der die öffentliche Hand zu einem riesigen Dienstleistungsunternehmen geworden ist.

Im Winter 1973/1974 ergaben sich Meinungsverschiedenheiten darüber, welche Lohn- und Gehaltsverbesserungen dem Öffentlichen Dienst in der gegebenen Situation zugestanden werden könnten. Dies ist einer der unvermeidbaren »Konflikte«; ich begegnete ihnen nicht erst als Bundeskanzler, sondern auch schon als Bürgermeister, und sie haben nichts mit der Frage zu tun, wieviel man wem gönnt. Der öffentliche Arbeitgeber kann die Forderungen der für den Öffentlichen Dienst zuständigen Gewerkschaften und Verbände nicht einfach übernehmen. Er hat die Interessen der Steuerzahler zu vertreten und ist durch Millionen Stimmen legitimiert. Außerdem: Den Tarifabschlüssen durch Bund, Länder, Gemeinden, öffentliche Betriebe kann eine Schrittmacherfunktion für die Gesamtwirtschaft zufallen. Man muß sich fragen, ob das sinnvoll ist. Es gibt noch andere sachliche Gründe, die dafür sprechen, die Methodik der Tarifvereinbarungen in diesem Bereich einer nüchternen Überprüfung zu unterziehen.

Die Bürger müssen jedoch verstehen: Wenn immer mehr Aufgaben durch den Staat und die Gemeinde wahrgenommen werden sollen, so ist das mit weniger Beschäftigten nicht möglich. Die Angehörigen des Öffentlichen Dienstes müssen ihrerseits verstehen: Sie sollen nicht schlechter gestellt sein als die Beschäftigten in vergleichbaren Berufen, aber sie können auch nicht erwarten, daß ihnen aus dem Rahmen fallende Sonderrechte zuerkannt werden.

Im übrigen kann für mich kein Zweifel daran sein, daß weite Bereiche des Mammutunternehmens »Öffentlicher Dienst« stärker an den Kriterien der Leistungsfähigkeit und der Notwendigkeit zur Rationalisierung gemessen werden sollten. Hier und da schlummern Produktivitätsreserven. Die nachhaltige Rationalisierung des Staatsapparates ist freilich eine Aufgabe, die uns die Taten des Herkules wie ein Kinderspiel erscheinen läßt. Aber wir müssen an ihr arbeiten, auf allen sogenannten »Ebenen«, denn wir können dem Bürger nicht höhere Preise – gleich Steuern – für öffentliche Dienstleistungen zumuten, wenn wir nicht gleichzeitig alle Anstrengungen unternehmen, diese Leistungen so rationell wie möglich zu organisieren und zu liefern. Das Wort von der Reform des Öffentlichen Dienstes (und seines Rechtsgefüges) darf nicht zu einem Merkposten von Regierungserklärungen werden, den man am besten liegenläßt.

Kritische Verbundenheit mit den Gewerkschaften

Was die Sündenböcke angeht: Neben der öffentlichen Hand sind die Gewerkschaften und ihre Lohnpolitik eine beliebte Zielscheibe der Kritik. Nun ist sicher nicht zu bestreiten, daß die Entwicklung der Lohnkosten zu den Preissteigerungen der letzten Jahre mit beigetragen hat. Aber wer es mit der Marktwirtschaft ernst meint, der darf auch hier nicht gleich nach der starken Hand des Staates rufen.

Die Unabhängigkeit der Tarifvertragsparteien ist und bleibt ein wesentlicher Bestandteil unseres Wirtschafts- und Gesellschaftssystems. Es gab immer wieder Stimmen, die meiner Regierung nahelegen wollten, mehr oder weniger stark in die Tarifautonomie einzugreifen. In vielen Ländern ist dies in den letzten Jahren praktiziert worden, auch in den Vereinigten Staaten. Die Erfahrungen, die man anderswo mit Lohn- und Preisstopps gemacht hat, regen jedoch nicht zur Nachahmung an. Sie scheinen eher die Untauglichkeit dieser robusten Methode zu beweisen.

Eine Sache ist, daß der Staat auf verschiedenen Gebieten immer wieder zusätzliche Verantwortung zu übernehmen haben wird. Eine andere Sache: daß man vor falschen staatlichen Eingriffen auf der Hut sein sollte.

Nun ist mir der Vorwurf gemacht worden, ich hätte als Bundeskanzler eine »Vollbeschäftigungsgarantie« abgegeben, und gestützt darauf seien die Lohnforderungen und die Tarifabschlüsse unnötig stark gestiegen. Natürlich konnte ich die Vollbeschäftigung gar nicht »garantieren«, aber ich habe – auf der Hannoverschen Frühjahrsmesse 1970 und danach – unmißverständlich erklärt, daß Vollbeschäftigung für uns ein ebenso wichtiges Ziel sein müsse wie Preisstabilität und wirtschaftliches

Wachstum. Anders ausgedrückt: daß eine bewußt herbeigeführte Arbeitslosigkeit für uns kein Mittel der Wirtschaftspolitik sein kann. Davon ist nichts zurückzunehmen.

Immer wieder habe ich auch darauf hingewiesen, daß Vollbeschäftigung nicht dasselbe ist wie Überbeschäftigung. Zwar kann jedermann das Recht auf einen Arbeitsplatz geltend machen, aber nicht das Recht auf einen bestimmten Arbeitsplatz. Strukturwandel ist notwendig. Ebenso notwendig ist ein nicht verkrustetes Spiel von Angebot und Nachfrage auf einem einigermaßen ausbalancierten Arbeitsmarkt. Daß wir die Zahl der Ausländer in unserer Wirtschaft nicht beliebig steigern konnten und durften, ist schließlich auch den Zeitgenossen deutlich geworden, die hier den Weg des geringsten Widerstandes und der einfachsten Lösungen suchten.

Übrigens wäre eine gewollte Arbeitslosigkeit noch längst keine Garantie, daß Lohnkosten und Preise stabil blieben. Das zeigt uns ein Blick in jene Länder, in denen die Verhältnisse wesentlich ungünstiger sind als bei uns, weil sie unter hoher Arbeitslosenzahl und unter hohen Preissteigerungsraten leiden.

Was unsere unabhängigen Gewerkschaften gesellschafts- und staatspolitisch bedeuten, wird manchem erst dann ganz deutlich, wenn er einen Vergleich mit anderen Ländern anstellt. Zu den Erfolgen des Aufbaus bei uns in der Bundesrepublik Deutschland haben die Leistungen der unabhängigen Einheitsgewerkschaften maßgeblich beigetragen. Für die Arbeitnehmer haben sie, ohne große Arbeitskämpfe, einen Lebensstandard erreicht, der in den unteren Gruppen noch zu wünschen übrig läßt, im ganzen aber keinen europäischen Vergleich zu scheuen braucht.

In der Bundesrepublik Deutschland streikten 1973 noch nicht einmal ein halbes Prozent aller Arbeitnehmer. Damit gingen zwar über 500 000 Arbeitstage verloren. Aber wie wenig das ist, wird deutlich, wenn wir uns die verlorenen Arbeitstage anderer Länder ansehen: Belgien 650 000, Frankreich fast 3,5 Millionen, Italien gar 26 Millionen. Dabei muß man berücksichtigen, daß diese Länder viel weniger Beschäftigte haben. 650 000 Streiktage in Belgien, zu den 500 000 Streiktagen bei uns in Relation gesetzt, bedeuten etwa das Zehnfache.

Gleichzeitig verschob sich das Verhältnis von Gewinn- und

Lohnquoten während der Verantwortung der sozial-liberalen Koalition zum erstenmal vorsichtig zugunsten der Löhne. Von 1964 bis 1973 stieg der Anteil der Arbeitnehmer am Volkseinkommen von 64,3 auf 69,9 Prozent. Hinter diesem Anstieg bleibt freilich die Tatsache verborgen, daß im gleichen Zeitraum auch die Zahl der Arbeitnehmer gestiegen, die der Selbständigen zurückgegangen ist (Arbeitnehmer von 21,5 auf 22,6 Millionen, Selbständige von 3,1 auf 2,8 Millionen). Doch auch die in einem komplizierten rechnerischen Prozeß von den Statistikern vorgenommene »Bereinigung« der Lohnquote um die Veränderungen der jeweiligen Anteile an der Gesamtzahl der Erwerbstätigen macht den Anstieg deutlich, wenn auch bescheidener: Die »bereinigte Lohnquote« stieg von 62,1 Prozent im Jahr 1964 auf 63,6 Prozent 1972.

Meine Regierungserklärung vom 18. Januar 1973 enthielt im übrigen einen Hinweis, über den bisher wenig diskutiert worden ist. Ich sagte, nach der Ankündigung dessen, was sich die Koalition auf dem Gebiet der Mitbestimmung vorgenommen hatte: »Außerdem wird die Bundesregierung in engem Kontakt mit den beteiligten Gruppen erörtern, ob und wieweit es sinnvoll ist, die Konzertierte Aktion und die Sozialpolitische Gesprächsrunde zu einem gemeinsamen Konsultationsorgan weiterzuentwickeln.« Dies ist vermutlich ein Thema für die kommende oder übernächste Legislaturperiode. Aber ich will keinen Zweifel daran lassen, daß ich den Gedanken eines – konsultativen und zahlenmäßig nicht zu großen – Bundeswirtschaftsrats für prüfenswert halte; ein solcher Gedanke liegt in der Logik unserer kooperativen Politik. (Godesberger Programm: »Nicht durch zentrale Bürokratie, sondern durch verantwortungsbewußtes Zusammenwirken aller Beteiligten wird der Gemeinschaft am besten gedient.«)

Unseren Gewerkschaftsführern wird angedichtet, sie erstrebten einen »Gewerkschaftsstaat«. Auf der anderen Seite wird es von den Kritikern als selbstverständlich betrachtet, daß sie fähig sind, mit extremen, demokratiefeindlichen Kräften fertig zu werden. Wenn sie das nicht wären, hätte die deutsche Demokratie in den Nachkriegsjahren nicht so rasch und so stark verankert werden können.

Als Bundeskanzler habe ich mich auf die kritische Solidarität der Gewerkschaften verlassen können. Und ich habe stets darauf vertraut, daß sie sich ihrer großen Verantwortung bewußt blieben. Sozialdemokratie und Gewerkschaften sind aus ein und derselben Arbeiterbewegung hervorgegangen. Ihre Aufgaben sind nicht identisch, aber ich bin sicher, daß sie weiterhin die Gemeinsamkeiten der großen Ziele erkennen.

Reformpolitik und Leistungsfähigkeit

Manchmal ist gefragt worden: Führt die Reformpolitik nicht zur Einengung der unternehmerischen Dispositionsfreiheit? Wird sie nicht die Leistungsfähigkeit der Wirtschaft schwächen? Kann sie nicht sogar dazu führen, daß das System der Marktwirtschaft ausgehöhlt wird?

Diese Sorgen waren und sind nicht begründet. Gewiß, die neuen Prinzipien der Betriebs- und Unternehmensverfassung verlangen Umstellungen. Steuerreform, Bodenrecht, Auflagen des Umweltschutzes, Berufsbildung und anderes berühren die Wirtschaft direkt und indirekt. Aber hier handelt es sich doch um ein durchweg positives Betroffensein – zumindest dann, wenn über den Tellerrand hinaus gedacht wird. Daß Reformen auf vielen Gebieten unseres gesellschaftlichen Lebens weiterhin notwendig sein werden, steht zudem heute nicht mehr in Frage. Bei vielen Auflagen geht es ja auch gar nicht um zusätzliche Belastungen, sondern nur um die Verlagerung von Kosten auf jene, die die Kosten in Wirklichkeit verursachen. Dies ist ein auch unter überzeugten Anhängern der Wettbewerbswirtschaft anerkanntes Verfahren, wobei zuzugeben ist, daß mancher auf die Chance der raschen Abwälzung hofft. Aber dagegen steht dann wieder der Wettbewerb. Die Leistungsfähigkeit der Volkswirtschaft wird dadurch nicht geschmälert, sondern auf längere Sicht gestärkt.

Wie müssen die Reformen aussehen, damit sie einerseits ihre Aufgabe erfüllen, auf der anderen Seite jedoch die Leistungsfähigkeit der Wirtschaft nicht schmälern, sondern sie nach Möglichkeit steigern? Die Wirtschaft wird natürlich immer den

Belastungseffekt besonders betonen. Doch es hat sich oft gezeigt, daß die Befürchtungen übertrieben oder grundlos waren. Wer das nicht glauben will, sollte nachlesen, was 1957 bei der Einführung der dynamischen Rente gesagt und geschrieben worden ist. Ähnliche Argumente konnte man bei der Lohnfortzahlung hören. Die Beispiele ließen sich beliebig vermehren. Zu früheren Zeiten war es nicht anders. Bei der Abschaffung der Kinderarbeit, bei der Begrenzung der Nachtarbeit, bei der Einführung des Zehn- und dann des Achtstundentages – die Sprachmuster sind zeitlos –: Immer hieß es, die Wirtschaft würde daran zugrunde gehen.

Nicht alle Reformen kosten Geld, aber sie haben oft ihren Preis, der von der Wirtschaft und damit – das sollte man nicht ganz vergessen – letztlich von den Arbeitnehmern und den Verbrauchern zu bezahlen ist. Das ist die eine Seite der Medaille. Auf der anderen Seite steht jenes Maß an sozialer Befriedung, um das unsere Bundesrepublik in vielen anderen Ländern beneidet wird.

Soziale Stabilität kommt jeder produktiven Entwicklung zugute. Mitbestimmung und Vermögensbildung, ein leistungsfähiges Bildungswesen, ein modernes Steuersystem und manches andere dienen auch dem inneren Frieden. In diesen Zusammenhang gehört die Humanisierung der Arbeitswelt. Obwohl manche Unternehmen auf diesem Gebiet Beachtliches geleistet haben, bleibt – auf das Ganze gesehen – viel nachzuholen und vieles besser zu machen. Investitionen für menschliche Arbeitsbedingungen sind mindestens so wichtig wie Investitionen für eine Modernisierung und Erweiterung der Betriebe.

Wir müssen uns darüber klar sein, daß unsere demokratische und soziale Ordnung nur Bestand haben wird, wenn die breiten Schichten unseres Volkes sich mit ihr identifizieren können.

Es bedarf auch – durch vernünftigen Wandel – unablässiger Arbeit an der sozialen Stabilität, die über wirtschaftliche Stabilität wesentlich mitentscheidet. Die Wirtschaft sollte sich immer wieder notwendigen Veränderungen nicht verschließen, sondern konstruktiv an ihnen mitarbeiten.

Ja zur Marktwirtschaft

Längst nicht alles, was sich uns in den vergangenen Jahrzehnten als »soziale Marktwirtschaft« offerierte, war marktwirtschaftlich gedacht oder gar sozial gemeint. Im Gegenteil – dieser Begriff drohte bei manchen zu einer bloßen Tarnformel für ihr in Wahrheit antisoziales Handeln zu werden: Er verschleierte die Umgehung des Wettbewerbs, wo dieser marktbeherrschenden Interessen weh und den Verbrauchern gut getan hätte. Er deckte oft genug den Rückzug auf das, was man den risikolosen Kapitalismus nennen kann. Es handelt sich um jene Handlungsweise, die das Etikett »unternehmerisch« nur begrenzt verdient, denn sie möchte sich gern alle Vorteile der bestehenden Verhältnisse sichern, aber alles Risiko am liebsten auf den Staat, auf die Gemeinschaft der Bürger, abschieben. Häufig meinten die Interessierten nur die Privatisierung der Gewinne und die Sozialisierung der Verluste.

Gelegentlich ist versucht worden, in unser Grundgesetz etwas hineinzuinterpretieren, was in den Verfassungstext bewußt nicht aufgenommen wurde. Unsere Verfassung schützt das Eigentum, aber sie verbindet es auch mit der Pflicht zum sozialen Handeln. Über die Formen der wirtschaftlichen Ordnung sagt unser Grundgesetz in seiner Weisheit nichts.

Für mich ändert das nichts an der Einsicht, daß ich dem Markt – aufgrund der Erfahrung in unserem Lande und anderswo – eindeutig den Vorzug gegenüber anderen Formen der wirtschaftlichen Organisation gebe. Aber: Nicht alles kann dem Gesetz von Angebot und Nachfrage unterworfen werden. Wir können heute nicht mehr naiv und gläubig sagen, was Adam Smith aus der Sicht seiner Zeit geschrieben hat: daß »der Markt für alle Dinge eine Antwort« habe und wie eine »unsichtbare Hand« die Gesellschaft zum besten lenke. Doch eines bleibt wahr: Dem Wettbewerb sollten nicht nur sowenig Hindernisse wie möglich in den Weg gelegt werden, er muß auch vor den »Wettbewerbern« selber geschützt werden. Dies ist auch die Position des Godesberger Programms.

Die vom Grundgesetz gebotene soziale Verpflichtung des Wirtschaftens muß mehr sein als eine weltanschaulich aufgeputzte

Theorie. Das haben die Unionsparteien in den langen Jahren ihrer Regierungsverantwortung nicht hinreichend beachtet. Unterdessen wurden wir mit den schwer reparablen Folgen einer verantwortungslosen Blindheit und Borniertheit konfrontiert, besonders empfindlich beim Umweltschutz und beim Bodenrecht.

Die sozial-liberale Koalition hat begonnen, aus der Sozialbindung des Eigentums Konsequenzen zu ziehen. Sie hat deutlich gemacht, daß dieser Verfassungsauftrag nicht allzu restriktiv verstanden werden darf. Eigentum muß, wo es für das Gemeinwohl notwendig ist, jenen Nutzungseinschränkungen unterworfen werden, die der Verfassung gemäß sind. So hatten es auch die beiden großen Kirchen in ihrem Memorandum über die soziale Gestaltung der Bodenordnung empfohlen. Hartköpfige Vertreter der CSU und der CDU hielt auch dies nicht davon ab, mit dem »Kommunismus-Schock« zu spielen, wo von sozialer Anpassung und Erneuerung die Rede ist.

Manche unserer Zeitgenossen haben unter »sozialer Marktwirtschaft« eine Art Neuauflage des Laisser-faire verstehen wollen, die dem Staat nicht viel mehr als die berühmte Nachtwächterrolle läßt. Doch viele Bürger haben verstanden, daß Verzicht auf planvolles Handeln in unserer Zeit nicht für Freiheit und Liberalität steht, sondern für Mangel an Verantwortungsbewußtsein; daß Verzicht auf Planung nicht freies Spiel der Kräfte, sondern Chaos heißt und daß ein solches Chaos gefährlich ist. Gefährlich für alle, weil Planlosigkeit keine Antwort bietet auf die von außen aufgedrängten Probleme, wie zum Beispiel die Energieverknappung oder die weltweite inflationäre Entwicklung; gefährlich zum Beispiel für den gewerblichen Mittelstand und die Selbständigen, weil ein Wirtschaften im Sinne des Laisser-faire – auch Erhardscher Prägung – zu Wellen der Konzentration und zu wirtschaftlichen Machtballungen geführt hat.

Unter dem Deckmantel marktwirtschaftlicher Ideologie hat sich so in den fünfziger und sechziger Jahren eine beispiellose Konzentration der Wirtschaft vollzogen. Es ist erstaunlich, daß es den damals politisch Verantwortlichen trotzdem gelungen ist, den gewerblichen Mittelstand zum Teil emotional zu binden.

Wenn irgendwo, dann war hier die Macht der Ideologie am Werk. Mit ihr wurde eine Wirklichkeit überlagert und getarnt, die den Selbständigen feindlich war und ihre Existenz immer schwieriger und fragwürdiger machte.

Uns geht es nicht um weltanschaulich gesicherte Formeln der Wirtschafts- und Sozialpolitik zwischen Planung und Wettbewerb, sondern um die Formung der Lebenswirklichkeit zugunsten der Freiheit und der Sicherheit. Jahrelang wurde immer nur ideologisch von einer dem Wettbewerb offenen Marktwirtschaft gesprochen. Tatsächlich gab es zuwenig wirklichen Wettbewerb und zu viele Privilegien. Unter der sozial-liberalen Koalition gingen wir daran, Marktwirtschaft nüchterner zu praktizieren, ohne Ideologisierung. Ein handfestes Ergebnis des Entschlusses, mit dem Wettbewerb Ernst zu machen, war das neue Kartellgesetz, das dem Bundestag nach der Wahl von 1972 unverzüglich wieder vorgelegt und im Sommer 1973 beschlossen wurde. So überraschend das für manche sein mag: Dieses Gesetz zur Förderung des Wettbewerbs und damit einer praktizierten Marktwirtschaft wäre ohne das Drängen der Sozialdemokraten nie Wirklichkeit geworden. Es räumt mit manchen Unklarheiten und faulen Kompromissen der Vergangenheit auf durch

die Einführung einer vorbeugenden Fusionskontrolle ab 500 Millionen DM Gesamtumsatz; damit wurde ein Instrument zur Kontrolle gefährlicher Konzentrationsbewegungen geschaffen;

das Verbot von sogenannten »Frühstückskartellen«; damit werden die »abgestimmten Verhaltensweisen« untersagt, mit denen Preise »unter der Hand« auf dem Rücken des Bürgers (in der Regel nach oben) reguliert werden;

die Abschaffung der sogenannten »Preisbindung der zweiten Hand«; damit wurde den Produktionsfirmen untersagt, dem Groß- und Einzelhandel die Verkaufspreise vorzuschreiben. Hartnäckig hatte man sich früher geweigert, diesen Teil einer gesunden Konkurrenz auf dem Markt zu erfüllen. Das Gesetz von Angebot und Nachfrage und die Notwendigkeit einer scharfen Kalkulation haben hier wieder den Rang gewonnen, der ihnen in einer Marktwirtschaft zukommt.

Wenn irgendwo, dann wurde hier sichtbar, daß unser Wirtschaftsdenken nicht dogmatisch eingeengt ist, sondern sich schlicht nach den wirklichen Interessen der Bürger richtet. Von ultralinks wurde uns gelegentlich der Vorwurf des »grundsatzlosen« Pragmatismus entgegengeschleudert. Mich läßt dieser Vorwurf kalt, denn er liegt neben der Wirklichkeit.

Weder die Verfassung noch das sozialdemokratische Grundsatzprogramm verbieten uns allerdings, nach unseren Erfahrungen und nach den Entwicklungen dieser Jahrzehnte weiterzudenken. Wir sind dazu verpflichtet, denn jedem Einsichtigen – auch der Opposition – ist deutlich, daß die Wettbewerbsordnung allein noch nicht den »Ausgleich von Eigeninteressen und Gemeininteressen« garantiert. Davon wird zu reden sein.

Doch auch in Volkswirtschaften mit verstaatlichten Produktionsmitteln wird im übrigen der Markt zunehmend als Steuerungsinstrument entdeckt. Meine politischen Freunde und ich waren und sind uns darüber einig, daß eine Marktwirtschaft, die diesen Namen verdient, mehr sein muß als Kapitalismus mit beschränkter Haftung und damit Deckblatt für die Unantastbarkeit von Privilegien.

Marktwirtschaft und Planung

Nach einer Epoche beispielloser Wohlstandssteigerung ist – bei uns wie in anderen Ländern – die Zahl derer gewachsen, die an der »mechanischen Vernunft« des marktwirtschaftlichen Systems zweifeln. Dabei handelt es sich keineswegs nur um »zornige junge Männer«. Wir finden Kritiker marktwirtschaftlicher Positionen in der Wissenschaft ebenso wie in der Praxis. Es wäre unklug, wenn man diese Kritik an gewissen Erscheinungen unseres wirtschaftlichen und gesellschaftlichen Lebens ignorieren wollte.

Mir will scheinen, das Denken in den Kategorien des geschichtlichen Wandels und der gesellschaftlichen Weiterentwicklung komme oft zu kurz. Dabei sollten wir alle wissen, wie weit unsere gesellschaftliche Wirklichkeit von der des vorigen Jahrhunderts entfernt ist. Die Unternehmer wissen, daß die Wirtschaft durch den Achtstundentag nicht zusammengebrochen ist. Die Gewerkschaftsführer wissen, daß sie nicht an der Spitze entrechteter Proletarier stehen. Andere wissen, daß der Anteil des Sozialprodukts, über den heute die »öffentlichen Hände« verfügen, vor ein paar Generationen noch für phantastisch gehalten worden wäre.

Im Godesberger Programm sind freie Konsumwahl und freie Arbeitsplatzwahl als entscheidende Grundlagen, Wettbewerb und Unternehmerinitiative als wichtige Elemente unserer Wirtschaftspolitik beschrieben. Wir haben in diesem Programm – mit der Begrenzung, die auch das Grundgesetz nennt: Rücksicht auf die Sozialbindung – den Anspruch des privaten Eigentums an Produktionsmitteln auf Schutz und Förderung festgestellt. Das sozialdemokratische Grundsatzprogramm enthält aber auch diese Hinweise:

»Die Unternehmen der freien Gemeinwirtschaft, die sich am Bedarf und nicht am privaten Erwerbsstreben orientieren ... erfüllen eine wertvolle Funktion in der demokratischen Gesellschaft und haben Anspruch auf Förderung.«

»Wirksame öffentliche Kontrolle muß Machtmißbrauch der Wirtschaft verhindern. Ihre wichtigsten Mittel sind Investitionskontrolle und Kontrolle marktbeherrschender Kräfte.«

»Jede Zusammenballung wirtschaftlicher Macht, auch die in Staatshand, birgt Gefahren in sich. Deshalb soll das Gemeineigentum nach den Grundsätzen der Selbstverwaltung und der Dezentralisierung geordnet werden.«

In der volkswirtschaftlichen Diskussion der letzten Jahre hat das Thema Investitionslenkung oder Investitionskontrolle zunehmend an Aktualität gewonnen. Die gelegentliche Übersteigerung dieser Diskussion erklärt sich wohl auch damit, daß dieses Thema fast zwei Jahrzehnte lang gründlich tabuisiert worden ist. Es wurde gleichgesetzt mit Enteignung und Verstaatlichung. In Wirklichkeit wird aber natürlich eine gewisse Investitionslenkung heute schon in vielen Bereichen als selbstverständlich und notwendig akzeptiert: in der regionalen und sektoralen Strukturpolitik, im Wohnungsbau, beim Bergbau, in der Landwirtschaft, in der öffentlich finanzierten Forschung, beim Umweltschutz. Es ist vorherzusehen – ob man dies nun sozialistisch nennt oder nicht –, daß es in Zukunft nicht weniger solcher lenkenden Maßnahmen geben wird, daß es aber sehr darauf ankommt, die anzuwendenden Instrumente zu verbessern.

Auch unter den Ideologen der Marktwirtschaft hat der Staat nach Branchen und Regionen in die Strukturen der Wirtschaft eingegriffen – aber mit schlechtem Gewissen und deshalb meist ziellos und mit ungenügendem Ergebnis. Mit Recht ist kritisiert worden, daß Strukturpolitik und Regionalpolitik zu lange nur als »staatliche Subventionspolitik« mißverstanden worden sind, zum wesentlichen Teil als Gefälligkeitspolitik gegenüber Regionen oder Gruppen. (Von den Marktordnungen des Europäischen Agrarmarktes mag man halten, was man will – marktwirtschaftlich sind sie nicht.) Strukturpolitik in der marktwirtschaftlichen Ordnung wird vorwiegend als Hilfe zur Selbsthilfe verstanden werden müssen. Sie sollte nicht bei der Unterstützung von Betrieben ansetzen, über die die Entwicklung hinweggegangen ist, sondern bei der Erschließung der Infrastruktur einer Region für die geeigneten Formen der Industrialisierung oder der Rationalisierung der Landwirtschaft.

Für Sozialdemokraten gibt es an der Notwendigkeit gewisser Investitionslenkungen keinen Zweifel. Dies ist kein ernsthafter Diskussionsgegenstand – denken wir nur an Raumordnung und Strukturpolitik. Die eigentliche Diskussion beginnt dort, wo es sich um das Instrumentarium handelt. Ich möchte den Austausch der Argumente offenhalten. Gleichwohl will ich keinen Zweifel daran lassen, daß es meiner Meinung nach bei einer »Lenkung mit leichter Hand« bleiben sollte, die zwar planvoll, aber nicht im Detail, sondern in erster Linie durch entsprechende staatliche Datensetzung und durch steuernde Rahmenbedingungen zu erfolgen hat.

Die Frage der Investitionslenkung liegt auch im Zentrum der Diskussion der zur Zeit intensiv arbeitenden Kommission, die im Auftrag des sozialdemokratischen Parteitags von Hannover im April 1973 die zweite Fassung des »Orientierungsrahmens '85« erarbeitet. Ich will und kann das Ergebnis der Meinungsbildung auf diesem wichtigen und zugleich kritischen Gebiet nicht vorwegnehmen. Mir scheinen – auch nach den ausländischen

Erfahrungen – die besseren Argumente nicht für die Detailkontrolle von Investitionen zu sprechen.
Sinnvolle Beeinflussung der Investitionen in Umfang und Richtung fordert vor allem eine planvollere und umfassend koordinierte Ausrichtung dessen, was öffentlich investiert wird. Herbert Ehrenberg hat die dazu notwendige, vorausschauende Infrastrukturpolitik einmal die »Priorität aller Prioritäten« für die siebziger und achtziger Jahre genannt. Nach seinem noch eingehend zu diskutierenden Vorschlag ist die Erarbeitung eines langfristigen Programms, das den Ausbau der Infrastruktur in den verschiedenen Bereichen regional und sektoral miteinander verzahnt – angelegt als reversibles Konzept mit der Bereitschaft zu ständiger Anpassung –, gleichzeitig das wichtigste Instrument zur Beeinflussung der gewerblichen Investitionen.
Von einem so gestalteten Infrastrukturprogramm wären wesentliche Orientierungshilfen für die einzelwirtschaftlichen Investitionsentscheidungen zu erwarten. Im übrigen muß der Staat durch entsprechende Veränderungen des Datenkranzes Richtung und Qualität der Produktion beeinflussen (das reicht von Umweltschutz- und Standortauflagen bis zur Arbeitsschutzgesetzgebung).
Alex Möller hat in einem Aufsatz mit Nachdruck darauf hingewiesen, daß der Staatseinfluß schon heute größer ist, als man meistens denkt: »Einerseits muß es darum gehen, durch Koordinierung und Planung mehr Übersicht zu schaffen sowie das System transparenter zu machen. Andererseits bezeichne ich es als Illusion, divergierende Meinungen, Interessen und Forderungen, die sich in der weitgespannten Skala wirtschaftspolitischer Zielsetzungen ausdrücken, durch eine Zentralinstanz mechanisch zu beseitigen oder auszugleichen oder in Form von Prioritätskoeffizienten zu mathematisieren. Politik kann man nicht zu einem Rechenexempel degradieren. Demokratische Beteiligung bleibt unverzichtbar.«
Weiter bei Alex Möller: »Staatliche Investitionslenkung kann nicht einfach mit dem Umfang eines Instrumentariums gleichgesetzt werden. Sie ist auch keine Frage eines einmaligen Willensaktes oder der Entscheidung für ein starres Wirtschaftssystem. Sie stellt uns die allerdings schwierige Aufgabe, einen

ständigen Prozeß demokratischer Entscheidungen, die sich aus der gesellschaftlichen Entwicklung und dem uns enteilenden technologischen Fortschritt ergeben, so zu beschleunigen, daß wir bestehen können.«

Auch unter neoliberalen Wirtschaftspolitikern bezweifelt niemand, der ernst genommen werden will, daß man sich für den Ausbau der Infrastruktur nicht am Markt orientieren kann. Wir werden dahin kommen müssen – und ich denke, wir sind auf dem Wege dahin –, auch die Energieversorgung als Teil der dem Staat gestellten Infrastrukturaufgabe anzusehen. In anderen Bereichen, zum Beispiel dem der notwendigen Rohstoffbevorratung, werden die Grenzen fließend.

Zusammenfassend wird man sagen können: Marktwirtschaft ist eine gesellschaftliche Einrichtung. Ihr soll (und muß) überlassen bleiben, was nur sie befriedigend leisten kann. Das gilt vor allem für die Vermittlung jener Vielzahl individueller Konsumentenwünsche mit den Möglichkeiten und Anstrengungen der Produzenten. Der Staat (das heißt bei uns: die öffentliche Hand in ihren verschiedenen Bereichen) muß aber der marktwirtschaftlichen Dynamik die Daten setzen und darauf achten, daß nicht die wirtschaftlich Schwachen unter die Räder der wirtschaftlichen Entwicklung kommen, daß überdies natürliche Umwelt und individuelle Entfaltungsmöglichkeiten der Bürger nicht beeinträchtigt werden.

Marktwirtschaft muß begleitet sein von
ernstgenommener Sozialbindung,
strikter staatlicher Datensetzung und
konsequenter Wettbewerbspolitik.

Sie schafft wichtige Voraussetzungen für
mehr Chancengleichheit,
menschengerechtere Lebens- und Arbeitsbedingungen,
mehr Demokratie in Wirtschaft und Gesellschaft,
Vervollkommnung der sozialen Sicherung und
eine gerechtere Einkommens- und Vermögensverteilung.

Chancen für kleine und mittlere Betriebe

Die Selbständigen werden in ihrer großen Mehrheit zustimmen, wenn ich sage: Die moderne Gesellschaft kann sich unrationelle Betriebe, die nur künstlich mit staatlicher Hilfe am Leben erhalten werden, nicht leisten. Aber ich bin sicher, die große Mehrheit unserer Bürger wird auch zustimmen, wenn ich feststelle: Wir erkennen die Aufgaben der Selbständigen und bejahen die Existenz von kleinen und mittleren Unternehmen. (Godesberger Programm: »Leistungsfähige mittlere und kleine Unternehmen sind zu stärken, damit sie die wirtschaftliche Auseinandersetzung mit den Großunternehmen bestehen können.«) Gerade durch eine Vielfalt solcher Unternehmen wird eine ausreichende und vielfältige Versorgung der Bevölkerung mit Gütern und Dienstleistungen gewährleistet. Solche Unternehmen sind vielfach auch wichtige Träger von Neuerungen und Fortschritt. Sie sichern dadurch den Leistungsstand unserer Volkswirtschaft. Die Erhaltung der Wettbewerbsfähigkeit und Existenzfähigkeit – und damit die konsequente Modernisierung – der kleinen und mittleren Unternehmen, die in den verschiedenen Bereichen unterschiedlichen Schwierigkeiten begegnen, bleibt eine wichtige wirtschaftspolitische Aufgabe.

Meine Regierung hatte eine ganze Anzahl von Maßnahmen zugunsten der Selbständigen eingeleitet:

Kartellnovelle und Anreize zur Kooperation unter kleinen und mittleren Unternehmen,

Berücksichtigung dieser Gruppen bei der Strukturpolitik und im Entwurf der Steuerreform (zum Beispiel weitgehende Freistellung von der Gewerbesteuer),

Einbeziehung in die gesetzliche Rentenversicherung.

Es kann uns nicht um eine Politik gehen, die unter dem Stichwort »Mittelstandspolitik« den Wettbewerb aushöhlt, überholte Traditionen konserviert und Subventionen zahlt, statt Strukturen zu verbessern. Das wäre Etikettenschwindel. Manche nennen hier als Beispiel das »Ladenschlußgesetz«, das Kaufhäusern wie Kleinhandel gleiche Öffnungs- und Schließungszeiten auferlegt. Ist es nicht arbeitnehmerfeindlich, wenn es vor allem den berufstätigen Frauen am Feierabend oft nur eine halbe Stunde zum gehetzten Einkauf läßt und durch den Einkaufszwang am Samstagmorgen das freie Wochenende schmälert? Ist es nicht überdies mittelstandsfeindlich, wenn man weiß, daß gleitende Öffnungszeiten dem Kleinhandel eine gute Chance böten, sich neben den Kaufhausriesen zu behaupten? Warum sollte es einem Familienbetrieb nicht erlaubt sein, den Laden zu öffnen oder zu schließen, wie man es als richtig empfindet oder wie die Konkurrenzlage es empfiehlt? Für die Angestellten wären, nach dem Prinzip der Freiwilligkeit, mit den Gewerkschaften Sondertarife auszuhandeln. Wenn sich der Handel dagegen wehrt, dann entwertet er seine Hinweise auf eine Existenzkrise und den Wettbewerb. Die betroffenen Gewerkschaften wären vermutlich gut beraten, ihre Haltung zu dieser Frage und damit gegenüber der großen Anzahl von Kolleginnen und Kollegen zu überdenken. Die Qualität des Lebens im Alltag würde durch eine Revision dieses Gesetzes – und darum handelt es sich – für Millionen unserer Bürger spürbar verbessert.

Ich bin unabhängig hiervon der Meinung, daß wir uns in einem Zeitabschnitt befinden, in dem dem Handwerk eine deutliche Ermutigung zu moderner Kooperation gegeben werden sollte. Dies würde gesamtgesellschaftlichen Notwendigkeiten wie individuellen Bedürfnissen gleichermaßen Rechnung tragen.

Insgesamt muß es uns um eine Politik gehen, die durch bewußte Anerkennung und Förderung der wichtigen Funktionen kleiner und mittlerer Unternehmen für die Gesamtwirtschaft die Selbständigen in den Mittelschichten stärkt. In diesem Sinne werden wir uns um die Zukunft dieser Gruppe weiterhin intensiv zu kümmern haben.

Dogmenfreie Diskussion

Viele Bürger in unserem Land richten kritischere Blicke auf die Mächtigen, seien es einzelne, Gruppen oder Institutionen, die über Investitionen und Arbeitskräfte verfügen. Der Sinn für soziale Verantwortung ist geschärft worden. In diesem Zusammenhang hält es eine wachsende Anzahl von Bürgern für schlicht unzulässig, als einzig wertvolles Leistungsmotiv das individuelle

Erwerbsstreben gelten zu lassen. Die soziale, die gesellschaftliche Motivation fordert zumindest gleichen Rang.
Während bisher immer neue Produktionsrekorde zu verzeichnen waren, hat die Kritik an der bestehenden wirtschaftlichen Ordnung zugenommen. Vor allem waren es junge Menschen, die ihr Unbehagen drastisch formulierten. Es wäre ein Irrtum, dies als ein spezifisches oder isoliertes Problem meiner Partei zu betrachten. Man sollte ernst nehmen, was uns hier an Einwänden begegnet. Vieles, das uns etwas angestrengt als »Kapitalismuskritik« geboten wird, ist für einen Mann meiner Erfahrung und Überzeugung allerdings zu undifferenziert und auch zuwenig durchdacht. Manche Kritiker ahnen nicht einmal die Gebrechen von Verwaltungswirtschaften und sind sich wohl auch nicht annähernd über die Gefahren im klaren, die sich aus einer Verfilzung von politischer und wirtschaftlicher Macht ergeben; dies gilt eben nicht nur für Privatbesitz, sondern auch für den Staat. Aber andererseits sollte man die moralischen Einwände junger Leute gegen ein nahezu absolutes Produktivitätsdenken nicht als eine weltanschauliche Motivierung von Faulheit betrachten. Oft stammen solche Einwände aus der neugewonnenen Überzeugung, daß es gut wäre, verschütteten menschlichen Grundwerten wieder zum Durchbruch zu verhelfen. Die Sensibilität unserer Gesellschaft gegenüber den Forderungen der Gerechtigkeit, der humanen Umwelt und der Demokratisierung ist größer geworden; und das ist gut.
Ich meine, daß eine dogmenfreie Diskussion nicht schwer zu führen sein sollte – zum Beispiel über die im Grundgesetz verankerte Sozialbindung des Eigentums. Diese Sozialbindung des Eigentums soll dessen Nutzung im einseitig kapitalistischen Sinne verhindern, und sie gibt dem Gesetzgeber ein breites Feld für die notwendigen »Nutzungseinschränkungen«. Das Bodenrecht und der Umweltschutz bieten hier anschauliche Beispiele.
Eine wichtige Frage in der Diskussion mit Konservativen und Altliberalen ist, ob sie den Wettbewerb auch dort bejahen, wo ihm starke privatwirtschaftliche Interessen im Wege stehen; und ob sie zustimmen, wenn gesagt wird, daß Machtmißbrauch und marktbeherrschende Konzentration gerade im Interesse einer freiheitlichen Wirtschaftsordnung bekämpft werden müssen.

»Linke« Kritiker übersehen häufig, daß unsere wirtschaftliche Wirklichkeit den vielfältigen Formen gemeinwirtschaftlicher Unternehmungen einen bedeutsamen Platz einräumt. Diese stehen neben den privaten Produktions- und Dienstleistungsunternehmen, und alle stehen im Wettbewerb miteinander. Es soll eines der Hauptmerkmale dieser marktwirtschaftlichen, aber sozialgebundenen Wirtschaftsordung sein, daß sie den Wettbewerb intensiviert und notfalls erzwingt. In der Intensivierung und Förderung des Wettbewerbs sehen wir auch im internationalen Bereich ein wesentliches Element der freiheitlichen Wirtschaftsordnung.
Die klassisch-kapitalistische Wirtschaftsordnung will, daß die Verfügungsgewalt über Produktionsmittel – und über die daran beschäftigten Menschen – völlig an die Eigentumsrechte an diesen Produktionsmitteln gebunden ist. In der Wirtschaftsordnung unserer Bundesrepublik werden diese Verfügungsrechte durch eine gezielte Arbeitsschutzgesetzgebung, durch eine breite und in den letzten Jahren verbesserte soziale Sicherung eingeschränkt. Ergänzungen zum Schutz allgemein menschlicher Interessen sind, wie die Umwelt-Problematik deutlich macht, unerläßlich geworden.

Ein besseres Gleichgewicht

Die Zukunft sollte bestimmt sein durch ein Gleichgewicht der Kräfte zwischen Arbeitnehmern und Kapitaleignern. Weiter muß man wissen: In jeder Industriegesellschaft findet eine Auseinandersetzung um die Verteilung und Verwendung des Volkseinkommens statt. Auch darüber wird es noch heftige Auseinandersetzungen geben.
Bisher gibt es in keiner Wirtschaftsform unanfechtbare Maßstäbe, nach denen man die Aufteilung des Sozialprodukts vornehmen oder »steuern« könnte. Für die Bundesrepublik Deutschland hat die SPD in dem ersten Entwurf ihres »Orientierungsrahmens '85« Perspektiven für einen zunehmenden Anteil der öffentlichen Leistungen am Sozialprodukt aufgezeigt. Diese Perspektiven – die überarbeitet und weiterentwickelt werden –

lassen sich in unserem marktwirtschaftlichen, aber sozialgebundenen System erfüllen.
Man versucht unserem Volk einzureden, der Staat wolle dem Bürger in die Tasche greifen, um ihn ärmer zu machen. Man unterschlägt dabei bewußt die Tatsache, daß die Verbesserung der Lebensqualität, daß mehr öffentliche Leistungen für soziale Sicherheit, Bildung, Gesundheit, Umweltschutz und anderes ja gerade den einzelnen Bürgern zugute kommen. Und man unterschlägt, daß wir die Einkommen nicht verringern, sondern lediglich ihren Zuwachs in angemessener Weise umlenken wollen. Der wachsende Wohlstand muß zum Teil dazu beitragen, daß eben nicht ein anonymer »Staat«, sondern seine Bürger mehr und bessere Krankenhäuser, Verkehrsmittel und Straßen, Schulen und öffentliche Einrichtungen erhalten. Wissenschaftler in der ganzen westlichen Welt suchen nach einer neuen Kalkulationsgrundlage zur volkswirtschaftlichen Gesamtrechnung, die diesen letztlich sozialen Wertänderungen gerecht werden kann. Der Amerikaner Samuelson schlug als Formel das »Net Economic Welfare (NEW)« vor, das sich nur ungenau als »wirtschaftlich-sozialer Netto-Nutzen« übersetzen läßt. Diese Formel soll nicht nur Zuwachs und Wertgewinn, sondern auch Wertminderungen im Wachstum (zum Beispiel durch Umweltgefährdung) enthalten. Von dieser Problematik wird noch an anderer Stelle die Rede sein.
In diesen Zusammenhang gehört freilich die zentrale Frage nach der Struktur unserer Volkswirtschaft, die durch einen besonders hohen Anteil der exportorientierten Industrien gekennzeichnet ist. Zwischen der Abhängigkeit vom Export unserer industriellen Güter, damit der Einseitigkeit unserer Zahlungsbilanz-Entwicklung (und der Sicherheit vieler Arbeitsplätze) und der nachhinkenden Entwicklung der Dienstleistungen besteht eine bedenkliche Relation. Wir verbrauchen – anders als manche unserer Partner – nicht mehr, als wir produzieren; darum ist die Bundesrepublik in einer vergleichsweise günstigen Lage. Aber: Die chronischen Exportüberschüsse verringern zum anderen das Güterangebot auf dem Binnenmarkt; sie treiben so indirekt – letztlich in der Form überschüssiger Exporterlöse – die Preise in die Höhe. Wir müssen hier zu einer besseren

Balance finden. Unsere Exporterfolge könnten freilich über den erwünschten Ausgleich hinaus eines Tages gefährdet sein, wenn wir nicht vorsorgten – zum Beispiel, wenn die Rohstoffe noch knapper und teurer werden oder wenn wir auf die härtere Konkurrenz sogenannter »Billigländer« stoßen, die unsere Produktion durch die Leistungen niedriger bezahlter Arbeitskräfte teilweise mattsetzen können. Selbst wenn man diese Gefahr für wenig akut hält (weil es ausgleichende Faktoren gibt): Wir stehen dennoch unter dem Zwang zur Modernisierung und Strukturwandlung unserer Wirtschaft, ja nach der Einsicht vieler Wissenschaftler vor der Notwendigkeit, einen »technologischen Sprung« zu vollziehen, der uns hilft, die Strukturkrisen im Fahrzeugbau, in der Bekleidungsindustrie, im Maschinenbau und in Teilen der chemischen Industrie zu überwinden. In der Tat arbeiten wir noch zu oft auf der Basis von Techniken, die dreißig, vierzig Jahre alt oder noch älter sind. Ohne planende, fördernde und lenkende Unterstützung des Staates – zum Beispiel bei der Forschung – werden uns die unabdingbaren Fortschritte kaum gelingen. Dies gilt auch dort, wo Regionen oder Industriebereiche von den Veränderungen der Außenwirtschaft besonders betroffen sind. Hier bedarf es vor allem einer vorbeugenden Aufklärung. Und es bedarf einer wissenschaftlichen Ausrüstung der Wirtschaft und des Staates, die uns überhaupt befähigt, unvermeidbare Anpassungen vorauszukalkulieren und vorzubereiten.

Die Wandlungen können tiefgreifend sein, und sie werden Geduld verlangen. Wir werden sicherlich ein Land mit hohem Handelsvolumen bleiben; dies ist aber nicht das gleiche wie ein Land mit langandauernden Exportüberschüssen. Unsere Exporte, auch wenn sie sich in Teilen von der Ausfuhr von Fertigwaren zur Vermittlung ganzer industrieller Ausrüstungen oder von technischem »know-how« hinentwickeln werden, müssen eine Vermehrung binnenwirtschaftlicher Anstrengungen nach sich ziehen, zum Beispiel durch die Verbesserung der Infrastruktur ebenso wie durch den Aufbau von Gemeinschaftseinrichtungen, die dem Sozialstandard (und damit einem umfassend verstandenen Lebensstandard) der Bürger dienen.

Diese Aufgabe setzt freilich nicht nur geeignete »Instrumente«

voraus, sondern sie braucht vor allem Menschen, die mit ihnen umgehen können. Ein führender Mann der Wirtschaft, der sich freiwillig für geraume Zeit in den Dienst des Staates gestellt hatte, bedauerte zu Recht den Mangel an personeller Flexibilität in den Bereichen der staatlichen Planung, und er regte an, man möge nach Wegen suchen, für die wirtschaftlichen Pflichten des Staates die Mitarbeit erfahrener Praktiker zu gewinnen. Dies ist ein guter Vorschlag. Die Qualität der Leistungen wird wesentlich davon abhängen, ob ein harmonisches Zusammenwirken wissenschaftlicher Analyse, praktischer Wirtschaftserfahrung und umsichtiger Verwaltung gelingen kann.

Ein solches Programm, durch das unsere Wirtschaft ein besseres Gleichgewicht und eine festere Basis fände, verlangt Opfer, daran ist kein Zweifel. Es verlangt vor allem Mut. Mut zu einer Vermehrung der Leistungen im eigenen Land – das ist Wirtschaftspolitik für vernünftiges Wachstum, für Reformen und sozialen Fortschritt. Mut zu gerechten Steuerbeschlüssen, Entschlossenheit bei der Sicherung des Wettbewerbs und bei der Verhinderung der Bodenspekulation, Entschiedenheit bei der Konzeption regionaler und sektoraler Strukturpolitik, Forschungspolitik im Interesse industrieller Erneuerung – diese und andere Maßnahmen können gleichzeitig für ein höheres Sozialprodukt, für eine höhere soziale Qualität des Wachstums und für eine gerechtere Verteilung zwischen öffentlichen Leistungen und privatem Reichtum sorgen. So werden Freiheit und Sicherheit nicht gefährdet, sondern gefestigt.

Chancen

Von welchen persönlichen Erfahrungen, von welchen geistigen Prägungen, von welchen materiellen Notwendigkeiten unsere Fragen an die Gesellschaft und unsere Antworten für die Gesellschaft auch bestimmt sein mögen: Wir sollten nie vergessen, daß es sich nicht darum handeln kann, »absolute Wahrheiten« zu verkünden. Es gibt für mich nicht die eine, alles beherrschende Wahrheit; es gibt sie schon gar nicht im Feld wirtschaftlicher Entwicklungen, die fast täglich von tausend Faktoren einer veränderten Wirklichkeit mitverändert werden. Selbst dort, wo wir zu schlüssigen Einsichten gefunden haben und sie mit ganzer Überzeugung in die politische Realität übertragen, muß in unserer Antwort noch die Offenheit des Weiterfragens spürbar werden.

Wir haben beobachtet, daß nirgendwo so rasch ein fast hohepriesterlicher Anspruch angemeldet wird wie in den Tempelbezirken der nationalökonomischen Theorien (schon der Terminus »nationalökonomisch« muß fast grotesk altmodisch erscheinen – und mit der »Volkswirtschaft« steht es nicht viel besser). Und wie oft hat man die Lehrmeinungen innerhalb von Jahren oder Jahrzehnten in sich zusammenfallen sehen! Wir haben Anlaß, den von Tag zu Tag wechselnden Verkündigungen zu mißtrauen. »Eherne Gesetze« ohne geschichtlichen Bezug gibt es in der Wirtschaft noch weniger als in anderen Bereichen.

In einer undogmatischen Haltung der Aufgeschlossenheit sehe ich die entscheidende der Chancen unserer Gesellschaft – und mit ihr öffnet sich die Tür für alle anderen. Wir haben gelernt, daß es Grenzen des Wachstums gibt, die wir respektieren müssen, die aber auch zu neuen Anstrengungen auf der Suche nach Ersatzstoffen und nach neuen Methoden des »recycling« ermuntern. Sie können vom Mangel an Rohstoffen oder von der Gefahr der Umweltzerstörung diktiert sein. Eine Grenze setzt die Weigerung der jungen Generation, sich durch das, was sie Leistungszwang nennt, versklaven zu lassen. Daraus kann nur folgen, daß ihr der Weg zu sinnvoller Leistung gezeigt werden muß.

Wir haben auch gelernt, daß »Wachstum« noch nicht die Tugend einer Gesellschaft beschreibt. Es verhält sich zum anderen gewiß nicht so, daß Verzicht auf Wachstum die höhere Moral eines gereiften Volkes darstellte. Im Gegenteil: Wir werden zu einer planvollen, gezielten und differenzierten Expansion verpflichtet sein. Diese Pflicht ergibt sich nicht nur aus der Tatsache, daß die Entwicklungswelt ihrer schrecklichen Not nur halbwegs Herr werden kann, wenn sie mit der wachsenden Wirtschaft der Industrienationen mitwachsen kann; sie ergibt sich vor allem auch aus einem realistischen Blick auf die ökonomischen und sozialen Probleme in unserem Volk.

Der Weg zu einer wirklichen Gleichheit der Chancen, zur sozialen Gerechtigkeit, zur Demokratisierung der Wirtschaft und Gesellschaft ist noch weit. Wir haben erste Schritte getan – und sie waren schwer genug.

Trotz dieser großen Schwierigkeiten halte ich nichts von revolutionären Patentrezepten. Staatswirtschaft würde nach den Modellen, die uns vorexerziert wurden, für die Bundesrepublik Deutschland Rückschritt und nicht Fortschritt bedeuten. Jede bürokratisch gelenkte Wirtschaft widerspricht unseren Zielen der Mitbestimmung und der Demokratisierung; das Problem der »Entfremdung der Arbeit« würde so gewiß nicht gelöst.

Für den sozialen Demokraten, der den Auftrag des Grundgesetzes zum Aufbau des sozialen und freiheitlichen Rechtsstaates erfüllen will, gibt es nur den Weg der schrittweisen Veränderung. Wir müssen Station für Station eine wachsende Gleichheit der Chancen erkämpfen, für humane Arbeitsbedingungen sorgen, Schritt für Schritt die Demokratisierung von Wirtschaft und Gesellschaft vorantreiben; wir müssen durch Ausbau der sozialen Sicherungen und eine gerechtere Verteilung von Einkommen und Vermögen mehr Freiheit schaffen, die nicht nur in Wahlen und auf dem Papier geübt wird, sondern die den Alltag unserer Bürger erfüllt.

11. Kapitel
Chronik einer Krise

Wenn wir die Energiekrise als eine Ouvertüre oder auch nur als die Ankündigung künftiger Entwicklungen betrachten, dann lohnt es sich, jene schwierigen Wochen Ende des Jahres 1973 noch einmal gründlicher ins Bewußtsein zurückzuholen. Daß im Zusammenhang mit einem Krieg im Nahen Osten das Öl als Waffe eingesetzt werden würde, ist – jedenfalls bei uns – von niemandem vorausgesehen worden. Die Erfahrungen, die wir sammelten, waren neu und behalten ihren Wert.

Ich behaupte nicht, die Bewältigung jener Krise sei »beispielhaft« gewesen. Genauer: Künftige Schwierigkeiten müßten uns in gleicher Weise oder nach einem ähnlichen »Drehbuch« begegnen. So einfach wird es kaum zugehen.

Zunächst haben wir festzustellen, daß die »Krise« tatsächlich als solche verstanden und akzeptiert wird. Manche Zeitgenossen, vor allem einige Strategen der Opposition, hielten es, kaum war die erste Atempause gewonnen, für opportun, die Existenz der Krise schlicht zu leugnen. Sie bestritten, daß sein konnte, was nach ihren Vorstellungen eben nicht sein durfte, weil es ihnen nicht ins Konzept paßte.

Selbstverständlich war die Opposition genauso überrascht worden wie die Bundesregierung (und die Regierungen anderer Länder). Mit Vorwürfen war da nicht viel zu erreichen. Aber kaum waren die akuten Schwierigkeiten überwunden, da versuchte man mit Hilfe der nahestehenden Presse auf resolute Weise, Ursachen und Wirkungen im Bewußtsein der Bevölkerung zu trennen. Nun hatte es angeblich gar keine Ölkrise gegeben, und der Regierung wurde in die Schuhe geschoben, was an Preisschub und vielfältiger Unsicherheit von außen auf unsere Wirtschaft zukam. Ergebnisse von Umfragen zeigten bald, daß diese Strategie Erfolg hatte.

Was die Bundesregierung in jener Zeit tat, lief zu Recht unter der Formel »Krisen-Management«. Man wird aus den Aufzeichnungen, die in dieses Kapitel aufgenommen wurden, rasch ersehen können, welche Vielzahl von kurzfristig wirksamen Faktoren die Regierung in dieser Lage zu berücksichtigen hatte: die politischen Bedingungen der ölproduzierenden Länder in all ihrer Unterschiedlichkeit, das Verhalten der Hauptmächte in West und Ost, die Entscheidungen der Partner und Nachbarn in der Europäischen Gemeinschaft, die internationale Koordination und ihre Mängel, der objektive Bedarf der eigenen Industrien und der privaten Haushalte, die Stimmung im Lande, die möglichen Folgen für die Arbeitsplätze, die sozialen Notlagen von einzelnen oder Gruppen der Bevölkerung, die Folgen für Zahlungsbilanz und Währung, die Konsequenzen für den Staatshaushalt, die Operationsfähigkeit der Industrieführung und der Staatsmaschine, die Kooperationswilligkeit des Parlaments, der Länder – um nur das Wichtigste zu nennen und ohne hier alles ausführlich erläutern zu können.

Wer sich jedoch – die Wirklichkeit bedenkend – »Krisen-Management« als eine Serie von Kommando-Beschlüssen und Knopfdruck-Entscheidungen ausmalt, geht fehl. Wer – wie es notwendig ist – die Wege politischer Willensbildungs- und Entscheidungsprozesse berücksichtigt, wird kaum erstaunt sein, daß im Kampf mit der Krise nicht alles »wie am Schnürchen« funktionierte. Gewiß, es wurden Fehler gemacht (aus denen nicht nur wir zu lernen vermochten). Dennoch: Die Versorgung mit lebenswichtiger Energie wurde nicht eine Stunde lang unterbrochen, weder für die Wirtschaft noch für den privaten Bedarf. Die Einschränkungen blieben erträglich. Auswege wurden geöffnet. Weder ein sozialer noch ein politischer Notstand trat ein – und beides waren konkrete Gefahren, die wir ernst zu nehmen hatten. Wir waren – im ganzen gesehen – erfolgreich, denn unsere kurzfristigen Maßnahmen waren erfolgreich, und die Vorbereitungen auf eine, wenn auch erst mittelfristig erwartete, kritische Situation im Energiebereich kamen uns zugute.

Man wußte nicht erst seit der Vorausberechnung der »Grenzen des Wachstums«, daß sich die Frage einer ausreichenden und preiswerten Energieversorgung der Industriestaaten immer drängender stellen würde. Als »Verteidiger der Kohle« hatte ich vor Jahren gelegentlich den Spott von Experten auf mich gezogen, ohne daß sie begriffen, daß es mir nicht zuletzt um die energiepolitischen Abhängigkeiten ging. Schon vor meiner Amtszeit als Berliner Bürgermeister hatte ich mich auch für Gewinnung von Kernenergie eingesetzt.

Wie auf anderen Gebieten meinten die früheren Bundesregierungen, sich auch auf dem der Energieversorgung weitgehend auf das »freie Spiel der Kräfte« verlassen zu können. So blieb es der von mir geführten Bundesregierung überlassen, sich um diese vernachlässigte Aufgabe – spät, aber wohl nicht zu spät – energisch zu kümmern. So kündigte ich im Januar 1973 an, die Bundesregierung werde sich der Energiepolitik besonders annehmen: »Wenn sich unsere Volkswirtschaft gesund weiterentwickeln soll, muß die Energieversorgung langfristig gesichert sein. Bei der Strukturanpassung werden wir dafür sorgen, daß die deutsche Steinkohle als wichtigste einheimische Energiequelle eine angemessene Aufgabe in der Energieversorgung unseres Landes behält. Wir werden unsere Vorstellungen von einem energiepolitischen Gesamtkonzept den gesetzgebenden Körperschaften noch in diesem Jahr darlegen.«

Schon im September 1973 hatten wir – unter der Federführung von Bundesminister Friederichs – das langfristige Energie-Programm verabschiedet. Es konnte dem, was sachlich notwendig war, nur teilweise gerecht werden. Ein abrupter Übergang zu einer neuen Politik war nicht möglich.

Auch in zahlreichen Gesprächen – in West und Ost – hatte ich das Energieproblem zu einem immer wiederkehrenden Thema gemacht, so bei Beratungen mit Präsident Pompidou und Premierminister Heath, mit dem amerikanischen Präsidenten Nixon, arabischen Besuchern und der israelischen Ministerpräsidentin, mit Breschnjew und Gästen aus Afrika.

Daß wir dann im Spätherbst 1973 mit solcher Dramatik und solcher Plötzlichkeit mit diesem Problem konfrontiert werden würden, hat man weder in Washington noch in Moskau, noch in

Bonn vorausgesehen. Daß das Öl als politische Waffe nicht nur entdeckt wurde, sondern auch zum Einsatz kam, wurde für uns alle zu einer tief einschneidenden Erfahrung.
In jenen Tagen machte ich mir, inmitten der Konferenzen und Verhandlungen, einige ausführliche Notizen. Ich zitiere daraus, weil so die Auseinandersetzung mit einem Lebensproblem unserer Zivilisation sichtbar gemacht werden kann.

Aufzeichnungen November 1973

Montag, den 5. November

Eben zurück von einem achttägigen schönen Kurzurlaub – Arbeitsurlaub, wie man heutzutage sagt und wie ich gewiß auch sagen kann – an der Côte des Maures. Mein letzter Eindruck auf französischem Boden: Ohne ausdrückliche Anordnung wurde hier an den Tankstellen kein Treibstoff mehr in Kanister abgefüllt. Am Abend ein Appell des Industrieministers. Er rief seine Landsleute auf, mit Energie vorsichtig umzugehen.
Alle Achtung! Dabei ist die Lage der Franzosen günstiger als die vieler Länder. Sie stehen sich besser mit den arabischen Ölproduzenten – oder behaupten es jedenfalls. Und sie haben etwas mehr Erfahrung mit jener Art von Planung, die jetzt unausweichlich sein dürfte.
Abends in Bonn, nach Unterrichtung durch meine engeren Mitarbeiter: Wir nehmen uns vor, im Lauf der Woche – das wäre eine kleine Sensation! – das Energiesicherungsgesetz, für das beim Wirtschaftsminister ein Entwurf schon vorliegt, nach den dortigen Vorstellungen aber erst später wirksam werden soll, zur Verabschiedung zu bringen. Es spricht bereits jetzt vieles dafür, daß man es brauchen wird; und es muß möglich sein, eine dringende Gesetzgebung auch einmal in wenigen Tagen zustande zu bringen.

Mittwoch, den 7. November

Gestern haben die Außenminister der Neun in Brüssel zum Nahostkonflikt eine Entschließung formuliert, die sich um die notwendige »Ausgewogenheit« bemüht. Unnötigerweise gibt es eine

Reihe von Kommentaren, die aus der Stellungnahme der Neun eine antiisraelische Tendenz heraushören. Im Kabinett wurde – heute früh noch einmal – völlig klar, daß eine solche Tendenz von uns nicht akzeptiert werden würde. Im übrigen hat sich in Brüssel leider gezeigt, daß von westeuropäischer Solidarität in Sachen Öl leider noch nicht die Rede sein kann.
Es wird später einmal schwer verständlich sein, daß eine westeuropäische Gipfelkonferenz – aufgrund früherer Absprachen – erst für Mitte Dezember nach Kopenhagen einberufen wird, während eine solche Konferenz jetzt, am kommenden Wochenende, fällig gewesen wäre. Europa wird nur das sein, was es in der Auseinandersetzung mit der Energiekrise durch gemeinsamen Willen zu beweisen vermag.
Übrigens – bei allem sonstigen Ärger: Die Opposition verschließt sich den Notwendigkeiten nicht. Ich war gestern nachmittag im Bundestag bei der CDU/CSU. Carstens und Stücklen sicherten mir in der Frage des Energiesicherungsgesetzes sachliche Unterstützung zu. Ich respektiere ihren Wunsch, gehört zu werden, bevor die Regierung Verordnungen erläßt.

Freitag, den 9. November
Dies ist, was die Wirksamkeit unserer staatlichen Ordnung angeht, ein gutes Ergebnis: Bei der Energiesicherung handelt es sich um ein nicht ganz einfaches Gesetz, und der Regierung werden damit erhebliche Vollmachten eingeräumt. Zum erstenmal in der Geschichte unserer Bundesrepublik hat ein solches Gesetz in nur drei Tagen die drei Lesungen des Bundestages und zudem noch den Bundesrat passiert. Ich halte fest, wie ich vor der Länderkammer das Gesetz von der Sache her begründete:
»Es besteht kein Anlaß, die gegenwärtige Situation zu dramatisieren. Sie wissen aber, meine Damen und Herren, daß Störungen der Mineralöl- und Erdgaseinfuhren nicht auszuschließen sind. Und das kann, wenn wir nicht rechtzeitig Vorsorge treffen, zu einer Gefährdung der Energieversorgung führen. Mineralöle und Erdgas haben mit rund 55 Prozent bei Öl und neun Prozent bei Erdgas einen hohen Anteil an unserer Energieversorgung . . .«
Ich spreche weiter von der – in unserer Öffentlichkeit viel

diskutierten – Frage, wie sich Schwierigkeiten bei der Energieversorgung auf die Konjunktur auswirken könnten und wie die Konjunkturpolitik darauf reagieren sollte. Nun, es war nicht möglich, dazu jetzt eine Vorhersage zu machen. Wir halten es für richtig, von unseren Bemühungen um mehr Stabilität nicht abzulassen. Schwierigkeiten in einzelnen Branchen und Regionen werden unsere besondere Aufmerksamkeit erfordern. Wo in einzelnen Bereichen ernsthafte ökonomische und soziale Probleme sichtbar werden, wird gezielt einzugreifen sein. Und tatsächliche Schwierigkeiten bei der Energieversorgung müssen selbstverständlich in der Konjunkturpolitik berücksichtigt werden:

»Der dem Bundesrat vorliegende Entwurf eines Energiesicherungsgesetzes, der in diesem Augenblick in dritter Lesung vom Bundestag behandelt und, wie ich erwarte, gebilligt wird, soll die Bundesregierung in die Lage versetzen, auf der Grundlage von Rechtsverordnungen zu arbeiten. Das in diesem Gesetz vorgesehene Instrumentarium schließt alle Bereiche der Energieversorgung ein, die Produktion, den Transport, die Lagerung, die Verteilung, die Verwendung. Es versteht sich von selbst, daß neben einer Begrenzung der Energiemengen auch die Festsetzung von Höchstpreisen notwendig werden kann. Ich sage nicht ›notwendig werden muß‹, sondern ›notwendig werden kann‹. Dieses sieht das Gesetz ebenfalls vor. Das Ausmaß der Maßnahmen richtet sich natürlich nach den möglichen Störungen der Versorgung. Selbstverständlich denkt niemand daran, bei geringfügigen Störungen sofort mit dem schwersten Geschütz aufzufahren. Der Fächer der geplanten Maßnahmen reicht von leichten Einschränkungen des Verbrauchs bis hin zur Rationierung, wenn es nicht anders gehen sollte.

Aber gleichgültig, was auch geschehen mag: Die wichtigen Bereiche des öffentlichen Lebens, wie zum Beispiel der Verkehr oder das Gesundheitswesen, werden in jedem Fall Vorrang haben.«

Meine Intervention im Bundestag, die sich der Rede im Bundesrat anschloß, mußte sich darauf beschränken, Fehldeutungen unserer Nahostpolitik zu korrigieren. Es war rührend zu beobachten, wie sich Ludwig Erhard bei der Schlußabstimmung als einziger demonstrativ der Stimme enthielt. Er befürchtet offensichtlich, daß marktwirtschaftliche Prinzipien Schaden nehmen könnten. Als ob sich solche Prinzipien in reiner Form verwirklichen ließen oder jemals verwirklicht worden wären. Als ob es etwas wie den »freien« Ölmarkt überhaupt gäbe. Und als ob es nicht um die Frage gehe, wie man sinnvolle, gesellschaftlich vernünftige Ergebnisse erzielt. Mit Dogmen kann man, wie das Beispiel des Tages zeigt, leicht am Rand des tatsächlichen Geschehens landen.

Sonnabend, den 10. November

Kommentatoren, die meinen, mich in die Geheimnisse der internationalen Energiepolitik einführen zu müssen, sind auf dem Holzweg. Ich habe mich in diesen Tagen und Wochen – ohne es an die große Glocke hängen zu können – mit einer Reihe von Staats- und Regierungschefs in Verbindung gesetzt. Das Problem beschäftigt mich seit langem in durchaus konkreter Weise.

1968/1969, noch als Außenminister, habe ich mit dem damaligen sowjetischen Botschafter das Erdgas-Röhren-Geschäft auf den Weg gebracht. Mit meinen norwegischen Freunden war ich darüber im Gespräch, wie wir bei ihren Öl- und Gasfunden in der Nordsee berücksichtigt werden können. Anfang 1972 reiste ich in den Iran, um mit dem Schah über künftige bilaterale Möglichkeiten im Erdöl- und Erdgas-Bereich zu sprechen. Die Frage, wie wir von draußen mehr Erdöl bekommen könnten, hat uns darüber hinaus beschäftigt, als die Staats- und Regierungschefs bei der »Gipfelkonferenz« der Neun im Herbst 1972 nach einem Mittagessen ohne ihre Mitarbeiter miteinander sprachen. Oder als Heath im Frühjahr 1973 bei uns in Bonn war; als ich Ende April in Washington mit Nixon konferierte; als wir mit der Sowjetunion und Polen über gemeinsam zu errichtende Kraftwerke berieten; als das Problem bei Unterredungen mit Ceausescu, mit Suharto oder mit Senghor – hier im Hinblick auf die vermutlich noch wichtiger werdende westafrikanische Küste – zur Sprache kam. Oder auch, als der japanische Ministerpräsident Tanaka zu mir von der Möglichkeit sprach, Sonnenenergie wirtschaftlich nutzbar zu machen, eine Möglichkeit, die er für sein Land – für mich überraschend – positiv beurteilt.

Dienstag, den 13. November

Sonntag in London: Eine eher bedrückende, von Frau Meir eingeleitete Aussprache mit Vorsitzenden sozialdemokratischer Parteien und sozialdemokratischen Regierungschefs.

Gestern vormittag Gespräch mit Premier Ted Heath, das sehr nützlich war, zur Energiekrise allerdings nichts Neues ergab. Nachmittags: Ehrendoktor in Straßburg und dabei willkommene Gelegenheit, nicht nur mein allgemein europäisches, sondern besonders auch mein deutsch-französisches Engagement zu begründen.

Heute vormittag Rede vor dem Europäischen Parlament. Präsentation eines Programms, das andeutet, was auf kurze Sicht geschehen sollte, damit die Europäische Union schrittweise Wirklichkeit werde. [Manches spricht dafür, daß ich gut beraten gewesen wäre, die energiepolitische Passage meiner Rede noch stärker herauszuarbeiten. Aber auch so mußte jedem klar sein: Hieran wird sich viel entscheiden. (d. V.)]

Donnerstag, den 15. November

Auf Schloß Gymnich hatte das Bundeskabinett seine Klausurtagung (Modewort für ganztägige Veranstaltungen mit nicht zu schlechtem Essen und ohne zu große Ablenkungen). Thema: Europa- und Bündnispolitik. Eine nützliche Aussprache. Allerdings fällt mir auf, daß sich die zuständigen Kollegen in Sachen europäischer Wirtschafts- und Währungspolitik noch immer in einem gewissen Abstand von den Auswirkungen der Energiekrise äußern.

Außerhalb der Tagesordnung beschließen wir etwas, das noch wenige Jahre zuvor nicht durchsetzbar gewesen wäre: Mit Hunderten von Millionen DM wird die Voraussetzung dafür geschaffen, daß – im Zusammenhang mit Gelsenberg und Veba – endlich eine ernstzunehmende bundesdeutsche Mineralölgesellschaft entstehen kann.

Meinem Vorschlag entsprechend wird beschlossen, das Sonntagsfahrverbot schon für den 25. November zu erlassen.

Freitag, den 16. November
Auf der Bundespressekonferenz kündige ich an, mit welchen – bescheidenen – Einschränkungen wir beginnen werden. Ich sage, in Beantwortung einer Frage, daß ich Rationierungen im Januar für unwahrscheinlich halte. Ganz so sicher bin ich mir natürlich nicht. Eine Sache ist, was man nach außen sagen darf, und eine andere, worauf man sich selber einstellen muß – schon die Ankündigung der vorsorglichen Vorbereitung einer Maßnahme kann bewirken, daß sie notwendig wird.
Bei meinem wöchentlichen Arbeitsessen mit einem Kreis engerer Mitarbeiter kann ich deutlicher werden. Ich beauftrage sie erneut, alle Eventualitäten zu prüfen, aber auch an die Energiefrage im Sinne der damit verbundenen Chancen heranzugehen. Also nicht nur an die konventionellen Lösungen, sondern auch an die Möglichkeiten zu denken, die einen »Sprung nach vorn« bedeuten würden. Mein Auftrag ist, alles zu prüfen – auch bisher nicht beachtete Methoden. Beiläufig haben wir uns gefragt, was es bedeuten wird, wenn sich Millionen jüngerer Menschen zum erstenmal einem gewissen Mangel gegenübersehen werden: ein Test für unser Volk.

Soweit dieser Teil meiner Notizen.

Nicht dramatisieren

Kurz vor der kleinen Atem- und Denkpause Ende Oktober 1973 hatte mich das Buch von Herbert Ehrenberg »Zwischen Marx und Markt« erreicht. Damit ging es dann wie mit anderer aktueller Literatur: Ich las Teile davon, wann immer sich mir – meist spät am Abend – eine Gelegenheit bot. Was er zum Energieproblem schreibt, bestätigte unsere Einsichten, vor allem sein Rückblick auf die Unfähigkeit der »Laisser-faire«-Politik, mit dem Problem Kohle auch nur halbwegs zu Rande zu kommen. Auch stellt er die interessante Frage nach einem einheitlichen Energiepreis, unabhängig von der Energiequelle.
Immerhin, auch bei Herbert Ehrenberg ist noch von der »zu be-

fürchtenden ›Energielücke‹ der achtziger, spätestens der neunziger Jahre« die Rede. Mit Sinn für die Bedeutung des Themas zitiert er dann die »Energiebotschaft« Präsident Nixons an den Kongreß der Vereinigten Staaten vom 18. April 1973, die dieser angesichts einer sich abzeichnenden Situation – nicht auf die unsrige zu dieser Zeit zu übertragen – abgegeben hatte. Aber die Maßnahmen wurden später, nach der politisch bedingten Ölkrise, auch für uns und die übrigen Industrienationen aktuell:

Steigerung der Energieproduktion,
Sparsamkeit im Energieverbrauch,
Sicherung niedriger Energiekosten und Schutz der Umwelt,
Beseitigung administrativer Hemmnisse beim Bau von Energie-Anlagen,
Intensivierung der internationalen Energieforschung,
Engagement aller staatlichen und privaten Kapazitäten von Wirtschaft und Technologie zur Nutzung aller verfügbaren Energiequellen.

Allerdings gibt es einen bemerkenswerten Unterschied: Während die Vereinigten Staaten 80 Prozent ihres Energieverbrauchs aus eigenen Quellen zu decken vermögen, sind wir zu gut 60 Prozent auf den Import von Energie angewiesen (bei Mineralöl zu 97 Prozent). Der von außen gesetzte Engpaß mußte also in unserem Land schon nach den Spielregeln von Angebot und Nachfrage erhebliche Preissteigerungen zur Folge haben. Daß dann darüber hinaus die multinationalen Ölkonzerne die Situation ausnutzen konnten (und daß sie auch von den hochgeschnellten Preisen der Ölförderländer profitierten), läßt sich vorläufig nur konstatieren. Die nationalen Regierungen sind hier bis auf weiteres weitgehend machtlos. Hieraus ergibt sich, daß jeder »Engpaß«, was immer seine Ursache sein mag, Preissteigerungen zur Folge haben kann, unter denen wir inzwischen ja auch erheblich zu leiden hatten.

Wir erlebten manches, das höchst unerfreulich war: unbillige Preiserhöhungen an den Autobahnen, Austrocknen der freien Tankstellen, Benachteiligung von Heizölverbrauchern. Andererseits: Die prinzipiell nicht zu beanstandende Antwort auf kurzfristig nicht zu verhindernde Verknappungen sind steigende Preise. Die sich hieraus ableitende Frage ist, inwieweit das abrupte und dabei erhebliche Ansteigen von Preisen gesellschaftspolitisch und sozialpolitisch verantwortet werden kann. Von manchen meiner politischen Freunde wurde unter diesem Gesichtspunkt ein Preisstopp für alle Erdölerzeugnisse gefordert. Das wäre zu jenem Zeitpunkt zweifellos eine populäre Maßnahme gewesen; allerdings wären in der konkreten Situation die Nachteile größer gewesen als der erhoffte Vorteil: Manche noch offene Quelle im Ausland wäre zugestopft worden, was den Mangel verschärft hätte. Das Bundeskabinett zog es vor, den Wirtschaftsminister in Zusammenarbeit mit dem Bundeskartellamt mit einer strikten Preisüberwachung zu beauftragen – wohl wissend, daß dies nur von begrenztem Erfolg sein konnte; die Preispolitik der Mineralölfirmen in Deutschland, soweit sie Töchter multinationaler Konzerne sind, wird überwiegend im Ausland gemacht.

Unsere Bürger – und dies ist eine positive Erfahrung – begegneten der Möglichkeit eines »kalten Winters« mit bemerkenswerter Gelassenheit. Zwar gab es Benzin- und Ölhamsterkäufe, aber sie hielten sich unter den Grenzen des an sich zu erwartenden Ansturmes. Es muß allerdings offenbleiben, ob man solche Gelassenheit auch dann bewahrt hätte, wenn uns tatsächlich – wie angedroht war – im Vergleich zu dem aus dem Vorjahr hochgerechneten Bedarf eine Kürzung der Ölzufuhr um zwanzig Prozent getroffen hätte.

Die Bundesregierung hatte die Pflicht, sich auf solche ernsten Drosselungen einzustellen. Sie mußte sich damit auf einen erheblichen wirtschaftlichen Rückschlag – konkret: auf einen durch die Energieknappheit verursachten Beschäftigungseinbruch – einstellen, der härter sein konnte als die Rezession von 1966/1967.

Einerseits mußten wir uns auf diesen bedrohlichen Fall vorbereiten und den Bürgern unseres Landes den Ernst der Lage zeigen; andererseits durften wir nicht riskieren, durch »Ankündigungseffekte« die Situation zu verschärfen und eine tiefere Krise mit herbeizureden. Deshalb wurde von seiten der Bundesregierung bewußt nicht dramatisiert; deshalb habe ich die Bürger unseres Landes aufgefordert, sich bei ihren Einkäufen zu Weihnachten 1973 zu verhalten wie in den Jahren zuvor. Und man kann sagen: Trotz aller kritischen Begleitstimmen ist es gelungen, die Mitte der Vernunft, die Mitte zwischen Dramatisierung und Verharmlosung zu halten.

Schaden abwehren, Produktion sichern

Es war gut, daß für die ersten Dezembertage 1973 eine jener »Informationsreisen« des Kanzlers geplant war, die ich mit Regelmäßigkeit unternahm, um möglichst engen Kontakt mit einer großen Anzahl unserer Bürger zu halten. 1973 war es das dritte dieser zuweilen anstrengenden und für mich dennoch immer erfrischenden Unternehmen – das erste führte mich Ende Juni nach Franken und Westfalen, das zweite, nach der Sommerpause, in norddeutsche Gebiete; nun standen der badisch-pfälzische Raum und das Saarland auf dem Programm.
Bei den Badischen Anilin- und Soda-Werken (BASF), einem der großen chemischen Betriebe in der Bundesrepublik, erwarteten mich in einem Riesenzelt mehr als 20 000 Werksangehörige. Es hatte sich in meinen Berliner Bürgermeisterjahren immer als eine gute Krisenmedizin erwiesen, in schwierigen Stunden unmittelbar mit und zu den Menschen zu sprechen, deren Sorgen die meinen sein mußten. Ich hatte von solchen Begegnungen stets ebenso viele Ermutigungen mitgenommen, wie ich zurücklassen konnte. In Ludwigshafen war es, nach einigen Äußerungen von Unmut am Anfang, nicht anders. Man hörte genau zu, als ich das Problem ohne Diplomatie gleich beim Namen nannte:
»Als dieser Besuch geplant wurde, konnte niemand wissen, daß wir es in der Welt, in der wir leben, praktisch über Nacht mit einer völlig veränderten Situation zu tun haben würden. Genau das ist in den letzten Wochen geschehen. Alle Länder der westlichen Welt und fast alle großen Industrienationen stehen zum erstenmal seit langem miteinander vor einer echten Mangelsituation – vor jenen Schwierigkeiten, die sich auf dem Gebiet der Erdölversorgung ergeben haben.
Ich will ganz offen sagen, daß ich die Entwicklung nicht nur mit Sorge, sondern ebenso auch mit Zuversicht sehe. Zu hyste-

rischem Verhalten besteht jedenfalls überhaupt kein Anlaß. Wir müssen der Herausforderung nüchtern und besonnen begegnen. Und dazu gehört, daß wir erkennen: Es konnte wohl nicht gut gehen, immer nur Wachstumsprozente addieren zu wollen und zu meinen, es könne immer nur noch besser werden. Wir waren nicht unvorbereitet, als das Bundeskabinett jetzt Leitlinien für eine beschleunigte Weiterentwicklung des Energiekonzeptes beschlossen hat. Einige der wichtigen Punkte sind:

Stein- und Braunkohle sollen in einem gewissen Umfang Erdöl ersetzen, vor allem in der Elektrizitätswirtschaft, bei der Rohstahlproduktion und bei der Wärmeerzeugung.

Es werden zehn neue Kraftwerke errichtet, die mit deutscher Kohle arbeiten.

Die Mittel für Energieforschung – unter anderem Kohleverflüssigung und -vergasung – werden erneut aufgestockt.

Auch mit der Nutzung der Atomenergie müssen wir, rascher als bisher geplant, vorankommen. Und deshalb muß über Genehmigungen – dies gilt übrigens auch für Kraftwerke konventioneller Art – rascher entschieden werden, und zwar ohne gewichtige Bedenken hinsichtlich des Umweltschutzes vom Tisch zu wischen.

Unsere ganz besondere Sorge gilt den sozial Schwachen. Einigen einkommensschwachen Bevölkerungsschichten, wie Empfängern von Sozialhilfe und Kriegsopferfürsorge, kann im Rahmen der bestehenden Gesetze geholfen werden. Für jene Bürger, die diesem Kreis nicht angehören und die trotzdem, gemessen an ihrem Einkommen, hart betroffen werden, bemühen wir uns um geeignete Hilfen.« (Eine entsprechende Beihilfe ist unmittelbar danach vom Kabinett beschlossen worden.)

Das harte und auf die Verursacher zielende Stabilitätsprogramm, das wir im Frühjahr 1973 auf den Weg gebracht hatten, zeitigte Erfolge, die gerade sichtbar zu werden begannen. Nun geriet vieles wieder ins Wanken, nicht nur durch die zusätzlich importierten Preissteigerungen. Wir mußten damit rechnen, daß die Zuwachsraten unserer Wirtschaft schrumpfen würden (was noch keine Katastrophe bedeutet hätte). Wichtigste Pflicht der Bundesregierung wurde es, die Arbeitsplätze zu sichern und dort, wo sie – in bestimmten Branchen – durch strukturelle

Veränderungen nicht voll zu sichern waren, wie in der Textil- und Bekleidungswirtschaft, für einen gewissen Ausgleich zu sorgen oder entsprechende Anpassungen zu empfehlen. Es galt freilich, auch dies nicht zu vergessen: Trotz des Preisauftriebs durch die Energiekrise waren wir aus der Pflicht zum Ringen um Stabilität nicht entlassen; von der Vernunft und dem Augenmaß der Tarifpartner hing jetzt viel ab.

Sicherung der Arbeitsplätze

Die Entscheidungen zur Sicherung der Arbeitsplätze wurden, wie es sich gehört, der jeweilig absehbaren Entwicklung angepaßt. Erste Maßnahmen für die Sicherung der Beschäftigung wurden bereits am 23. November 1973 getroffen: Wir stoppten die Zuwanderung ausländischer Arbeitnehmer aus Gebieten außerhalb der Europäischen Gemeinschaft. Dadurch blieben 60 000 »gebuchte« Arbeitsplätze unbesetzt. Man erwartete, daß sich durch ohnehin ständig erfolgende Rückwanderungen die Zahl der ausländischen Arbeitnehmer 1974 um etwa 400 000 verringern könnte.
Für besonders bedrohte Bereiche der Industrie beschlossen wir Ende des Jahres gezielte Maßnahmen: Ein Sonderprogramm für den sozialen Wohnungsbau wurde verabschiedet, und die Länder wurden aufgefordert, nunmehr alle Mittel für die »Gemeinschaftsaufgaben« voll einzusetzen.
In der Woche vor Weihnachten faßte die Bundesregierung wichtige weitere Beschlüsse: Wir nahmen einen Teil der harten Restriktionsmaßnahmen zurück. Darüber hinaus wurde die Konkretisierung eines Programms gezielter Maßnahmen mit dem Ziel in Auftrag gegeben, gefährlichen Beschäftigungseinbrüchen entgegenwirken zu können.

»Kollektiver Wille«

Ende November war ich Präsident Pompidou und seiner Regierung zum dritten deutsch-französischen Konsultationsgespräch innerhalb eines Jahres begegnet. Ich sagte in klarer Sprache: »Rascher, als es mancher geahnt oder gefürchtet haben mag, begegnet unser Wille zur Gemeinsamkeit einer Herausforderung, die uns im ganzen Sinn des Wortes eine Lebensfrage stellt. Ich rede von der Energiekrise. Nicht jeden Mitgliedsstaat unserer Gemeinschaft trifft sie im Augenblick mit gleicher Härte. Aber wir täuschen uns nicht: In Wirklichkeit sind wir alle betroffen, und keinem von uns ist erlaubt, den einen oder anderen Partner dieser künftigen Union mit seinen Sorgen allein zu lassen. Wenn wir die Schwächung eines Landes hinnehmen, schwächen wir in Wirklichkeit die Gemeinschaft selber und darum auf lange Sicht jedes ihrer Mitglieder.«

Weiter sagte ich an jenem 26. November 1973 in Paris: »Dies ist in der Tat die Stunde, in der wir die Welt davon überzeugen müssen, daß die europäische Solidarität keine Fiktion und daß man darum gut beraten ist, mit der Einheit Europas schon jetzt zu rechnen. Sie ist ja in Wirklichkeit kein Traum von morgen. Im Unglück war dieses Europa schon lange eine Einheit. Im Erleiden entging keines seiner Völker dem gemeinsamen Schicksal. Wenn dies so ist, dann muß es auch die Kraft finden, das Geschick der Gemeinsamkeit ins Positive zu wenden, dann kann es das bloße Hinnehmen in Handeln, die Passivität in Aktivität verwandeln. Dies wird uns nur miteinander gelingen. Wenn wir uns furchtsam zeigen, dann hat die Welt von uns in der Tat nichts anderes als jenes Geständnis der Ohnmacht zu erwarten, das uns der Krieg vor unserer Tür, in der Nachbarregion des Nahen Ostens, abgepreßt hat.«

Ich kann nicht behaupten, daß sich diese Erwartungen erfüllten, als sich die Staats- und Regierungschefs am 14. Dezember 1973 in Kopenhagen zur ersten jener relativ formlosen Präsidentschaftskonferenzen trafen, die die Staats- und Regierungschefs der Gemeinschaft – von Zeit zu Zeit, unter Umständen sogar zweimal im Jahr – zusammenführen sollen, um dem Einigungswerk notwendige Impulse zu geben. Immerhin einigten wir uns auf ein Minimal-Programm von Maßnahmen in der Energiekrise.

Aber es bleibt eine Wahrheit: Wenn Europa ernst genommen werden will, muß es mit Europa Ernst machen! In diesen kritischen Wochen mußte es versuchen, jene Einheit auszuformen, die der amerikanische Außenminister Kissinger mit einem Unterton leiser Ironie herausgefordert hatte, als er Mitte Dezember 1973 bei einem Festvortrag in London die Begründung einer »Energie-Aktionsgruppe« der Länder Nordamerikas, Europas und Japans vorschlug – und es den »Neun« überließ, ob sie sich daran als Europäische Gemeinschaft oder als einzelne Partner beteiligen wollten.

Anfang Januar erhielt ich einen Brief des amerikanischen Präsidenten, der eine Einladung zu der von Außenminister Kissinger angekündigten Konferenz bestätigte. Ich zitiere dieses Dokument in Auszügen.

»Lieber Herr Bundeskanzler:

... Zwei Wege liegen vor uns. Wir können unsere eigenen getrennten Wege gehen, mit der Aussicht auf eine immer größere Entfernung voneinander, der Aussicht auf eine Aushöhlung der lebenswichtigen Zusammengehörigkeiten und wachsende politische und wirtschaftliche Konflikte; oder wir können in Übereinstimmung ans Werk gehen, indem wir eine aufgeklärte Einheitlichkeit und Zusammenarbeit entwickeln – für das Wohl der ganzen Menschheit, die Produktionsländer ebenso wie die Verbraucherländer.

Ich ging von diesen Gedanken aus, als ich Außenminister Kissinger bat, in seiner Dezember-Rede vor der Londoner Pilgrims' Society die Gründung einer Energie-Aktionsgruppe vorzuschlagen und auf ein abgestimmtes Aktionsprogramm von Konsumenten und Produzenten zu drängen, das dem Energiebedarf der Welt in einer Weise begegnen soll, die legitime Interessen sowohl der Verbraucher- wie der Produktionsländer befriedigt ...

Wie schon im ursprünglichen Vorschlag gezeigt wurde, möchten wir es der Europäischen Gemeinschaft überlassen, selber darüber zu entscheiden, ob und wie sie an der Konferenz in Washington teilzunehmen wünscht. Ich lenke darauf Ihre Aufmerksamkeit in Ihrer Eigenschaft als Chef der Regierung, die jetzt die Präsidentschaft der Gemeinschaft führt, und ich würde gern die Einladung auf einen Repräsentanten der Gemeinschaft ausdehnen ...

Unser Vorschlag ist es, daß sich eine Konferenz der Außenminister auf eine Analyse der Situation und der anstehenden Aufgaben einigen sollte. Sie sollte eine Aktionsgruppe [›task force‹] bilden, die sich aus Mitgliedern der Verbraucherländer zusammensetzt, die ein Aktionsprogramm für die Verbraucher zu formulieren hat. Ein Teil dieses Programms würde sich mit neuen kooperativen Maßnahmen befassen, die geeignet sind, mit dem explosiven Wachstum des globalen Energiebedarfs fertig zu werden, und die eine koordinierte Entwicklung neuer Energiequellen beschleunigen müssen. Eine andere Aufgabe sollte die Entwicklung einer abgestimmten Position der Verbraucher für eine neue Ära in den Beziehungen zwischen Konsumenten und Produzenten sein, die den legitimen Interessen der ölproduzierenden Länder gerecht würde und zugleich den Verbraucherländern eine angemessene Versorgung zu fairen und vernünftigen Preisen sichern sollte.
Wenn wir nun eine Konferenz der größeren industriellen Verbraucherländer einberufen, sind wir uns völlig bewußt, daß das Energieproblem von entscheidender Wichtigkeit für alle Verbraucherländer ist, besonders für die der Entwicklungswelt, deren Hoffnung auf ein besseres Leben in besonderem Maß von der Verfügbarkeit von Energie unter vernünftigen Bedingungen abhängt ... Mit diesem Ziel sollte eine Konferenz von Vertretern der Konsumenten und Produzenten innerhalb von neunzig Tagen abgehalten werden ...«

Diese Konferenz – besser sollte man wohl sagen: die erste Stufe einer Serie von Konferenzen – fand im Frühjahr 1974 in Washington statt. Europa konnte dabei keineswegs in jener Abstimmung agieren, wie es von der Lage und vom Verhandlungsgegenstand gefordert war. Uns hatte der – noch immer gezähmte – Einbruch des Mangels deutlich gemacht, daß die grundlegenden wirtschaftspolitischen Entscheidungen Teil europäischer Innenpolitik geworden sind und die Probleme der Rohstoffversorgung wie der Währungen nur in einer weltweiten Kooperation der Industrienationen beantwortet werden können. Nur im Zusammenwirken der Europäischen Gemeinschaft und der Vereinigten Staaten kann der »kollektive Wille« einen »Rückfall ins Jahr 1931 vermeiden« (so ein kritischer Beobachter). Der Schatten der großen Depression streifte tatsächlich für einen Augenblick unsere Völker. Aber sowohl im nationalen wie im internationalen Bereich hat man Erfahrungen in der Kunst des »Krisen-Managements« gesammelt.

Auch unsere Landsleute zeigten eine erstaunliche Gelassenheit. Am 25. November, als die energiesparenden Maßnahmen der Bundesregierung den Sonntagsverkehr zum erstenmal stillegten, regte sich bei vielen ein neues Gefühl der Zusammengehörigkeit.

Mir liegt fern, die vorübergehende Verwandlung der ganzen Bundesrepublik in eine »riesige Fußgängerzone« mit falschen Tönen als Chance der »Verinnerlichung« zu preisen. Aber der Blick für das Wesentliche wurde in dieser – noch harmlosen – Konfrontation mit dem Mangel geschärft. Damit meine ich die Besinnung, die uns gewiß nicht schaden konnte. Ich meine vor allem auch die Einsicht in wirtschaftliche Notwendigkeiten, die den gebotenen Vorrang haben müssen: zuerst und zuletzt die möglichst umfassende Sicherung der Arbeitsplätze, die uns – im direkten und im übertragenen Sinne des Wortes – das tägliche Brot geben.

Aufzeichnungen Dezember 1973

In den ersten beiden Dezemberwochen beschäftigten uns neben den Steuerungsmaßnahmen im Innern vor allem die Vorbereitungen zur Präsidentschaftskonferenz in Kopenhagen. Ich zitiere aus meinen Aufzeichnungen:

Donnerstag, den 13. Dezember

Vormittags und nachmittags Arbeitsgespräche zur Vorbereitung der »Gipfel«-Konferenz, die am Freitag/Sonnabend in Kopenhagen stattfinden wird. Telefonate unter anderem mit dem gastgebenden Ministerpräsidenten Anker Jörgensen.

Als diese Konferenz nach der Sommerpause vereinbart wurde, hatten wir es noch nicht mit einer Ölkrise zu tun. Jetzt wird man vor allem darüber sprechen müssen. Ich kündige meinen

Kollegen an, daß ich Vorschläge unterbreiten werde. In dem Papier, das ich für Kopenhagen mitnehme, gehen wir von diesen grundsätzlichen Überlegungen aus.

Erstens: Für die wirtschaftliche und soziale Entwicklung in der Europäischen Gemeinschaft sind ein uneingeschränktes und geordnetes Funktionieren des Gemeinsamen Marktes auf dem Energiegebiet sowie der ungehinderte Zugang zum Weltmarkt von zentraler Bedeutung.

Zweitens: Auf dieser Grundlage sind jene gemeinsamen Aktionen zu ergreifen, die zu einer dauerhaften Überwindung der Schwierigkeiten bei der Energieversorgung führen sowie die rasche Realisierung einer gemeinsamen Energiepolitik sicherstellen.

Drittens: Dabei wird es notwendig sein, in geeigneter Form und mit zweckdienlichen Instrumenten eine langfristige, koordinierte Zusammenarbeit sowohl mit den ölproduzierenden Ländern als auch mit anderen Verbraucherregionen anzustreben.

Mir kommt es darauf an, daß die Probleme der Energieversorgung als eine Frage von vorrangigem gemeinsamem Interesse und als eine Herausforderung an die Solidarität der Europäischen Gemeinschaft verstanden werden. Um dieser Herausforderung gewachsen zu sein und die gemeinschaftliche Solidarität zu praktizieren, kommt es auch darauf an, daß die Verbraucher in den Mitgliedsstaaten durch die in den einzelnen Ländern getroffenen Einsparungsmaßnahmen in etwa gleichwertig belastet werden.

Freitag, den 14. Dezember

Der Kopenhagener »Gipfel« – ich kann dieses Wort in unseren europäischen Zusammenhängen nicht leiden und versuche deshalb, die Bezeichnung »Präsidentschaftstreffen« durchzusetzen – ist anders, als ich es mir vorgestellt hatte. Statt möglichst vertraulicher Gespräche im möglichst engen Kreis: das ganze Drum und Dran eines Konferenzbetriebes mit viel Papier, zahlreichen Journalisten und großen Delegationen – auch wenn diese zunächst ganz und dann zum größeren Teil von ihren »Chefs« getrennt bleiben. Andererseits: Es ist schon imponie-

rend, was ein kleineres Land als neues Mitglied in den letzten sechs Monaten im Vorsitz der Gemeinschaft geleistet hat. Was die Mitglieder der Kopenhagener Regierung und ihre tüchtigen Beamten in der Gemeinschaft und in der außenpolitischen Zusammenarbeit zustande brachten, nötigt Respekt ab.
Es gibt Begleiterscheinungen, mit denen wir nicht gerechnet haben. Unser Freund Jörgensen hat die Wahl verloren, eine neue Regierung ist noch nicht gebildet. Das wird auch nicht so einfach sein, denn das Wahlergebnis hat keiner der traditionellen Parteien Freude bereitet; es zeigt stark poujadistische Züge.
Die andere Besonderheit: Es haben sich einige arabische Außenminister eingefunden und das Interesse der Journalisten auf sich gezogen. Wir verständigen uns darauf, daß unsere Außenminister mit ihnen zusammentreffen.
Unter uns Neun macht es keine Schwierigkeiten, das von den Außenministern vorbereitete eindrucksvolle Dokument über »europäische Identität« zu verabschieden. Wir verständigen uns darauf, daß die Vorbereitungen für die Europäische Union konkretisiert werden sollen. Auch darüber, wie wir damit beginnen wollen, ein außenpolitisches Krisen-Management wirksam werden zu lassen. Im übrigen gibt es keinen Einwand dagegen, daß der Präsident der Brüsseler Kommission an allen Erörterungen teilnimmt, die die Gemeinschaft als solche betreffen.

Sonnabend, den 15. Dezember

K. B. Andersen, der dänische Außenminister, berichtet über die nächtliche Sitzung mit den arabischen Kollegen. Die Aussprache zu Nahost zeigt wieder einmal, daß bis zu gemeinsamer Außenpolitik der EG-Länder noch eine beträchtliche Wegstrecke zurückgelegt werden muß. Ich lasse keinen Zweifel daran, daß ich an einer antiisraelischen Stellungnahme nicht mitwirken werde. Die hat zwar niemand vorgeschlagen, aber die Stellungnahme der Außenminister vom 6. November war ja auch schon als leicht schlagseitig interpretiert worden. [Leider mußte ich später feststellen, daß man den Arabern einen diskret-indiskreten Hinweis zuspielte, ich hätte die »gebotenen fortschrittlichen Beschlüsse« verhindert. Ich betrachte solche Einfälle einer recht kurzsichtigen »Diplomatie« als Nachspiele der Vergangenheit,

die vor der Pflicht zur Solidarität nur lächerlich sind. Auch die Araber können sie nicht ernst nehmen. (d. V.)]
Viele Stunden kostet es – wie so oft bei Konferenzen, nicht nur internationalen –, um eine gemeinsame Verlautbarung zustande zu bringen. Ich glaube, wir haben eine Reihe von Aufträgen zu Papier gebracht, die in Brüssel, also in der Gemeinschaft, weiterhelfen können. Lange Diskussionen gab es über den Regionalfonds. Wir waren uns einig, daß er zum 1. Januar errichtet werden soll. Ob das möglich sein wird? Die an uns gerichteten Erwartungen, was die Beiträge zu einem solchen Fonds angeht, überschreiten bei weitem – und ich habe daran keinen Zweifel gelassen – unsere Möglichkeiten.
Die Kommission wurde gebeten, bis Ende Januar 1974 dem Rat Vorschläge für einen gemeinsamen Energiemarkt und eine »konzertierte Aktion« zu machen, doch auch jeder Mitgliedsstaat sollte dafür sorgen, daß der Energieverbrauch durch gleichwertige und miteinander abgestimmte Maßnahmen eingeschränkt wird. Wir fordern ein Gesamtprogramm der Gemeinschaft für alternative Energiequellen; wir dachten dabei an die Nutzung der verschiedenen vorhandenen Energiequellen (und damit an eine Entlastung des Ölverbrauchs), die unverzügliche Erforschung neuer Energiequellen, die Schaffung neuer Produktionskapazitäten, auch an europäische Uran-Anreicherungsanlagen.
[Eine Pressekonferenz im Kopenhagener Kongreßzentrum begann 23.05 Uhr. Als sie abgeschlossen war, fuhren wir schnurstracks zum Flugplatz. Kurz nach 2 Uhr morgens landete unser Jetstar in Wahn. Auf meinem Terminzettel stand: Rückkehr später Nachmittag. (d. V.)]

Rückschlag in Brüssel

Soweit diese Hinweise aus meinen Aufzeichnungen. Die Konferenz in Kopenhagen hatte die Richtung zu gemeinsamen Eckwerten eines Energieprogramms und das – zugegeben: vage – Ziel einer gemeinsamen Energiepolitik gewiesen. Wir durften hoffen, daß der Ministerrat noch vor dem Ende des Jahres oder gleich danach fähig sein würde, unsere Beschlüsse zu konkretisieren. Freilich: Der Weg zu den europäischen Lösungen ist nicht nur mit guten Vorsätzen gepflastert, sondern von genauso vielen Hindernissen verstellt.

In Brüssel brach zunächst ein Konflikt um die Regionalpolitik aus, die mit dem Jahresbeginn 1974 hätte in Kraft treten sollen. Einige unserer Partner machten sich illusionäre Vorstellungen von der Höhe des deutschen Beitrags. Wir freilich hatten ein Recht – worauf der damalige deutsche Verhandlungsführer und heutige Bundesfinanzminister Hans Apel nachdrücklich hinwies –, unsere Bereitschaft zur Mitarbeit als beträchtliche Vorleistung zu werten, denn ursprünglich war vorgesehen, daß der Regionalfonds in Verbindung mit der zweiten Stufe der Wirtschafts- und Währungsunion geschaffen werden sollte. Davon konnte nun keine Rede mehr sein. Auch in der Sache waren wir nicht überzeugt: Die Beamten in Brüssel hatten nicht weniger als die Hälfte des gesamten Territoriums der Gemeinschaft zu förderungswürdigen Regionen erklärt, auf die der Segen nach dem Prinzip der Gießkanne niedergehen sollte.

Während über den Regionalfonds zäh gestritten wurde, stockten auch die in Kopenhagen vereinbarten energiepolitischen Maßnahmen. Die einzelnen Regierungen versuchten, in Direktverhandlungen mit Ölförderländern möglichst günstige Lieferzusagen zu erreichen. So wurden Tatsachen geschaffen, die im Laufe der Jahre wohl nur mühsam in einem gemeinsamen Energieprogramm der Gemeinschaft aufgefangen werden können – abgesehen davon, daß auf diese Weise das Bemühen um eine gemeinsame Außenpolitik schwieriger wurde.

Eine Schwierigkeit kommt in Europa selten allein. Mitte Januar 1974 löste sich Frankreich – eine direkte Folge der Verteuerung der Öl- und Rohstoffpreise – aus der sogenannten »Schlange« der westeuropäischen Währungen; England und Italien hatten sich ohnehin nicht angeschlossen. Wir waren bereit, Frankreich mit einem hohen Dollarkredit Währungsbeistand zu leisten. Aber Paris wollte ein höheres Maß an Bewegungsfreiheit erreichen. Es blieb nichts anderes, als dies zu respektieren; allerdings wurde unsere nationale Stabilitätspolitik dadurch leichter.

Mit anderen Worten: Wir haben uns damit von der Europäischen Währungsunion ein Stück entfernt, statt uns ihr zu nähern. Doch Frankreich will zuerst in einem stabileren Zustand seiner Zahlungsbilanz Boden unter den Füßen gewinnen, ehe mit dieser großen Aufgabe der Gemeinschaft Ernst gemacht wird.

Auf der Weltwährungskonferenz von Nairobi im Dezember 1973 hatten die Finanzminister der beteiligten Länder eine Verabschiedung der schon weit gediehenen Arbeiten für ein neues Weltwährungssystem zunächst bis 1975 vertagt – indessen fand man doch schon ein halbes Jahr später zu einer gewissen Einigung (wie es an anderer Stelle dieses Buches angedeutet wurde).

Ein entscheidender Faktor für jede neue Balancierung der Weltwährungen werden die ungeheuren Devisen-, vor allem Dollarreserven sein, die in den Kassen der Olländer durch die drastische Erhöhung ihrer Preise zusammenströmen. Die wichtigste Voraussetzung, um das Währungsgefüge der Welt einigermaßen in Ordnung zu halten, ergibt sich aus der Frage, ob und wie es gelingt, die Überschüsse durch Kredite und Investitionen nutzbar zu machen, die das enorme Defizit decken können, das auf der Seite der ölverbrauchenden Länder entstehen wird. Die Bundesrepublik Deutschland konnte dieser Situation mit einiger Gelassenheit entgegensehen, denn sie verfügte über die größten Devisenbestände aller Staaten und brauchte sich deshalb über ihre Zahlungsbilanz zunächst keine Sorgen zu machen.

In den Währungskrisen der vergangenen Jahre waren Spekulationen mit den Olgewinnen schon mehrfach ein Faktor der Unsicherheit (neben den spekulativen Unternehmungen der multinationalen Korporationen). Man wird in der Tat zu prüfen haben, wie diese gewaltigen Bestände auf vernünftige Weise genutzt werden können. Investitionen – das heißt: Kauf von Beteiligungen – der Staaten des Nahen und des Mittleren Ostens in europäischen und amerikanischen Industrien zeigen eine Möglichkeit an. Eine andere ist der Kauf industrieller Anlagen durch die Olländer – unter Verwendung der Technologie der Industriestaaten. Eine dritte Möglichkeit sollte man nicht außer acht lassen: das Zusammenwirken westlicher Technik und orientali-

schen Ölgeldes bei der Entwicklung von Industrien in kapitalarmen Ländern der Dritten (oder Vierten) Welt, die nicht mit kostbaren Schätzen wie Petroleum gesegnet sind und um so mehr unter der Verteuerung der Ölimporte leiden.
Aus alldem ergab sich die vernünftige Forderung nach einer gemeinsamen Politik der ölverbrauchenden Länder nicht nur *gegenüber*, sondern *mit* den ölproduzierenden Staaten. Unser französischer Partner unterstrich dieses »mit« besonders deutlich. Den Vereinigten Staaten schien zunächst vor allem daran zu liegen, die gemeinsame Interessenfront der Verbraucher zu festigen – während Außenminister Henry Kissinger in einem diplomatischen Kraftakt Israel, Ägypten und später auch Syrien zu einem Auseinanderrücken ihrer Streitkräfte hinter einen von Truppen der Vereinten Nationen geschützten Streifen von Demarkationsland zu überreden vermochte.
Während dieser aufregenden Verhandlungen bestätigte Ägypten deutlicher als zuvor das Existenzrecht des Staates Israel. In Genf hatten die Weltmächte und die Staaten der Konfliktzone über einen dauerhaften Waffenstillstand zu verhandeln begonnen. Damit gewann eine Friedensregelung im Nahen Osten zum erstenmal eine realistische Chance. So konnte man von einer heilsamen Ernüchterung auf allen Seiten sprechen, unter der die Öl-Konferenz der wichtigsten Industrienationen des Westens am 11. Februar in Washington begann. Für uns war wichtig, daß nicht nur die einzelnen Mitgliedsstaaten der Europäischen Gemeinschaft, sondern die Gemeinschaft selber als eine Einheit dort vertreten wurde.

Einige weitere Erfahrungen

Das Energieproblem begleitete mich fast Tag für Tag, bis ich am 6. Mai das Palais Schaumburg verließ. Die Diskussion um eine verkehrspolitisch begründete Fortdauer von Geschwindigkeitsbegrenzungen, die auf den Autobahnen aus energiepolitischen Gründen eingeführt worden waren, wurde mit großer Leidenschaft geführt – leider auch mit viel Gehässigkeit und Rücksichtslosigkeit.

Die Rechtslage für die Bundesregierung war klar. Nach einem halben Jahr – also im Mai – endete ihr Verordnungsrecht, das aus dem Sondergesetz zur Sicherung der Energieversorgung resultierte. Jede Verlängerung der Maßnahmen – damit vor allem des Tempolimits – brauchte die Zustimmung des Bundesrates. Es gab keinen Zweifel, daß sie von der CDU/CSU-Mehrheit in der Länderkammer verweigert würde, denn die Opposition hatte es sich in den Kopf gesetzt, eine Begrenzung der erlaubten Geschwindigkeiten sei ein Anschlag auf die Freiheit der Deutschen. Es war wieder viel Demagogie im Spiel – und auch das Kalkül, den Bundesverkehrsminister scheitern zu lassen, um ihn für die Landtagswahlen in Schleswig-Holstein unmöglich zu machen.

Keiner der forschen Anwälte der zynischen Parole »Freie Fahrt für freie Bürger« fragte nach den Verkehrsopfern – den 19 000 Toten und den mehr als 300 000 Verletzten pro Jahr. Unsere Gegner ließen sich vom jähen Absinken dieser Zahlen in den Monaten der Geschwindigkeitsdrosselung nicht beeindrukken. Sie fragten auch nicht danach, ob es uns wohl gut anstehe, als einziges Volk des Westens auf eine Limitierung des Tempos zu verzichten, wie sie aus Sicherheitsgründen in vielen anderen Ländern seit Jahr und Tag üblich ist. Alle Einsicht schien über den Haufen gerast zu werden. Wir hatten unter Abwägung aller Gesichtspunkte (auch der Arbeitsplatzsicherheit in den Autofabriken) eine relativ hoch angesetzte Geschwindigkeitsbegrenzung vorgeschlagen. Vergebens.

Für die Bundesregierung gab es keine Chance, ihre Vorstellungen gegen die Mehrheit der Opposition im Bundesrat durchzusetzen. So mußte man sich auf den Kompromiß einer unverbindlichen Richtgeschwindigkeit einigen. Die einzelnen Länder – nicht zuletzt solche, die generelle Opposition betrieben hatten – machten von ihrem Verordnungsrecht Gebrauch, die Geschwindigkeiten auf Teilstrecken der Autobahn zu begrenzen. Dennoch gingen die Unfall- und Todesziffern wieder nach oben.

Ich habe mich nachträglich gefragt, ob die Bundesregierung einem Kompromiß, der den Notwendigkeiten so wenig gerecht wurde, nicht ihre Zustimmung hätte verweigern sollen. Freilich:

Hätten wir damit die formelle Verantwortung für den Verzicht auf jede Regelung auf uns genommen, dann hätte die Opposition kaum gezögert, uns die zu erwartenden Opfer zur Last zu legen. Parteitaktik ist hier zu weit getrieben worden; sie darf nicht auf Kosten von Leben und Gesundheit betrieben werden.

Wir werden die Probleme nur in den Griff bekommen, wenn sich manche unserer Wirtschafts- und Konsumgewohnheiten ändern. Es müßten sich einige Grundeinstellungen verschieben. Ansatzpunkte für ein verändertes Bewußtsein und für die Bereitschaft, neue Anstrengungen zu unternehmen, waren im vorigen Spätherbst durchaus vorhanden. Die Bundesregierung hat damals große Zustimmung gefunden, als sie in einem Eilverfahren, das in der Geschichte des deutschen Parlamentarismus einzigartig ist, das Energiesicherungsgesetz durchbrachte.

Kaum konnten (und mußten) die Sparmaßnahmen aufgrund dieses Gesetzes wegen der verbesserten Versorgungslage wieder aufgehoben werden, war fast alles vergessen. Die Bundesregierung mußte auf die von der Bundesratsmehrheit vorgeschlagene unverbindliche Richtgeschwindigkeit eingehen. Hätten wir dies nicht getan, so hätte nach der zwingenden Aufhebung der Verordnung (aufgrund des Energiesicherungsgesetzes) wieder ohne Abstriche »Freie Fahrt bis in den Tod« gegolten. Das war nicht zu verantworten.

Indessen ist zugunsten der deutschen Autofahrer zu sagen, daß sie nun meist die Bonner Opposition durch Vernunft beschämen: Sie fahren im allgemeinen disziplinierter als vor der Energiekrise – aus Rücksicht auf den Nächsten oder die hohen Benzinpreise.

Aufzeichnungen Frühjahr 1974

14./15. April (Ostern)

Vorbereitung auf meine Besuche in Algier und Kairo. Dabei geht es nicht primär, aber doch auch um Öl und Gas. Im Falle Ägyptens mehr indirekt oder auf längere Sicht (Exploration). Immerhin: Sadat hat, als ich mich im vergangenen Herbst in der

Ölfrage an ihn wandte, erfreulich mäßigend auf einige seiner Nachbarn eingewirkt.
Algerien steht an der dritten Stelle unserer Öllieferanten (nach Libyen und Saudi-Arabien): zwölf Prozent unseres Verbrauchs im zurückliegenden Jahr. Ab 1977/1978 werden wir jährlich etwa zwanzig Milliarden Kubikmeter Gas von dort beziehen. Außerdem sind deutsche Firmen an großen Verträgen beteiligt, um neue Erdölvorkommen ausfindig zu machen und die algerischen Erdgasvorräte verwerten zu helfen.
In den letzten Wochen ließ mich die Energiepolitik kaum je völlig los:
Besuche des iranischen Ministerpräsidenten Hoveida und des libyschen Ministerpräsidenten Dschallud;
Gespräche Egon Bahrs in Moskau, hier: dreiseitige Absprache über iranisches Erdgas und Stromlieferungen aus in der Sowjetunion (oder in SU und DDR) zu errichtenden Kernkraftwerken;
gemäßigte Euphorie unserer britischen und norwegischen Freunde in Erwartung dessen, was (wer hätte das vor einer Generation gedacht!) die Nordsee (vielleicht auch die Irische See) anzubieten hat.

Sonntag, den 21. April

Flug von Algier nach Kairo. Besonders freundliche Aufnahme, auch durch die Bevölkerung. Die Gespräche mit der algerischen Führung waren beeindruckend. Im Staat Boumediennes wird, mit preußisch anmutender Disziplin, ein gewaltiges Investierungstempo gehalten. Der Wille zur Unabhängigkeit von den Supermächten ist ebenso deutlich wie der Wunsch nach Zusammenarbeit mit Europa. Der Staatschef ist mit den zusätzlichen Gasprojekten einverstanden; er wird uns auch sonst objektiv begegnen und setzt darauf, daß er aus der industriell-technologischen Kooperation Nutzen zieht. Die Forderungen, die er vor Ostern auf der Sonderversammlung der Vereinten Nationen (Welt-Rohstoffkonferenz) zugunsten der Dritten Welt und zu Lasten der Industriestaaten unterbreitete, wirken allerdings auch im vertraulichen Gespräch überzogen.

Mittwoch, den 24. April

Rückflug Kairo–Bonn: In den freundschaftlichen, fast herzlichen Gesprächen mit Sadat hat, wie erwartet, das Öl keine zentrale Rolle gespielt. Mir ist aber interessant, wie sehr er die erst wenige Monate zurückliegenden Boykottdrohungen aus Teilen der arabischen Welt herunterspielt und sie als eine »message« interpretiert. Kissinger scheint erstaunliche Veränderungen des politischen Klimas bewirkt zu haben.

Riad, der langjährige Außenminister – jetzt Generalsekretär der Arabischen Liga –, zeigt sich völlig up to date: Eines der großen Probleme werde sein, was man vernünftigerweise mit den Ölmilliarden tun solle. Ägyptische Gesprächspartner sind unter anderem an der Zusammenarbeit bei der Errichtung kleinerer Reaktoren interessiert – eines der Themen für die zwischen Sadat und mir vereinbarte gemischte Regierungskommission. Außerdem lerne ich einiges darüber, daß die Energiegewinnung durch Wind ernst zu nehmen sein wird. Von Kairo aus bot sich die Möglichkeit, König Feisal wissen zu lassen, daß uns sehr daran gelegen ist, die Verbindungen mit seinem Land zu verstärken.

Sonntag, den 9. Juni

Ein Freund aus der Fraktion schickte mir ein bemerkenswertes Zitat aus einem Rundfunk-Kommentar: »Die jüngsten Debatten des Bundestages hatten etwas Gespenstisches, fast möchte man sagen, Unverantwortliches an sich, indem die eigentlichen Probleme fast überhaupt nicht zur Debatte standen. Die Regierungsparteien begnügten sich mit Andeutungen über weltwirtschaftliche Zusammenhänge, die Oppositionsparteien schwiegen sich über diese Zusammenhänge aus und suggerierten den Bürgern, die Regierung sei schuld. Auf solche Weise erzeugen und erhalten wir Unwissenheit über die auf uns zukommenden weltwirtschaftlichen Probleme, die auf lange Sicht gefährlich werden können. Die Gefahr ist, daß die Bürger erst die Regierungen verantwortlich machen und dann die Demokratie als Staatsform. Immer aus derselben Unwissenheit heraus. Dieses Problem ist für die Stabilität des Grundgesetzes viel ernster als die Verfassungsfeinde von links und rechts, die ernstlich kaum eine Chance haben.«

Die Gefahr, die hier angedeutet wird, muß ernst genommen werden. Wir können ihrer Herr werden, wir müssen es. Aber dies setzt die Verantwortlichkeit aller Demokraten voraus. Ich denke, wir haben in diesen Monaten der Krise (die eine Realität war und nicht aus der Welt geredet werden kann) unsere Pflicht nach bestem Wissen und Gewissen getan.

12. Kapitel
Lebenswichtige Forschung

Kaum je zuvor war so vielen Bürgern in gleicher Weise gegenwärtig, wie sehr Forschung über die Lebensfähigkeit unserer Gesellschaft mitentscheidet. Man hatte es fast als selbstverständlich hingenommen, daß Denkfähigkeit, Forschungsdrang, Neugier und erfinderisches Talent für nahezu jede Not eine Lösung zu finden und nahezu jedes Bedürfnis schließlich zu erfüllen vermögen. Es war uns auch deutlich, daß der unabhängige Forschertrieb – losgelöst von den Herausforderungen des Tages – eine der großen Antriebskräfte der menschlichen Entwicklung ist und unserer technischen Zivilisation immer neue Horizonte öffnet. Zunehmend setzt sich die Erkenntnis durch, die Bundesminister Matthöfer in den Worten zusammenfaßte: »Wir müssen unser heutiges Wissen anwenden, um die Probleme von morgen zu erkennen und zu lösen.«

Die Energiekrise des Spätjahres 1973 rückte die lebenswichtige Notwendigkeit der Forschung über Nacht ins öffentliche Bewußtsein. Die drohende Verknappung und die tatsächliche Verteuerung des Rohstoffs Öl zeigten uns, wie rasch wir an die Grenzen von Wohlstand und Wohlfahrt, ja des Funktionierens unseres zivilisatorischen Alltags stoßen müssen, wenn es der Forschung nicht gelingt, innerhalb von wenigen Jahren Ersatz für diese Hauptenergiequelle zu schaffen, die sich nach den Berechnungen der Fachleute in gut drei Jahrzehnten erschöpft. 55 Prozent unserer Energieversorgung hängen vom Erdöl ab, das wir zu 97 Prozent importieren.

Niemand zweifelt mehr daran, daß Forschung und Technologie für den Frieden und für friedliche Zwecke mit ähnlicher Strenge in den Dienst der Gesellschaft genommen werden müssen, wie sie zuvor nur der Staat für Rüstung und Krieg anzumelden gewagt hatte. In der Bundesrepublik Deutschland stehen Forschung und Technik in der Friedenspflicht – nun mehr denn je, denn sie haben den Auftrag, uns bei der Linderung und Lösung eines latent kritischen Zustands mit friedlichen Mitteln zu helfen.

Bundesregierung und Wirtschaft konnten in dieser Lage auf ihre Vorbereitungen bauen. Es bestätigte sich, daß wir gut daran getan hatten, bei der Bildung der zweiten sozial-liberalen Koalition ein eigenes Ministerium für Forschung und Technologie zu schaffen. Von der Forschungspolitik, die mit diesem Konzept angekündigt wurde, soll später die Rede sein. Der neue Forschungsminister Hans Matthöfer fand hier eine gute Arbeitsbasis vor. Die Lage an der Jahreswende 1973/1974 verlangte einen raschen Ausbau wichtiger Elemente dieses Konzepts. Anfang Januar 1974 legte das Ministerium ein Rahmenprogramm für Energieforschung bis 1977 vor. Für das erste Etatjahr sind 160 Millionen DM vorgesehen. Die Durchführung des gesamten Programms wird rund 1,5 Milliarden DM kosten.

Energie einsparen

Die Entwicklung auf dem Ölmarkt, aber auch die wachsende Bedrohung unserer Umwelt haben jedem einzelnen Bürger deutlich gemacht, daß eine bloße Verlängerung erkennbarer Entwicklungslinien zu unüberwindlichen Schwierigkeiten führen würde. Diese Herausforderung mußte von einer aktiven Forschungspolitik angenommen werden. Dabei gab es drei Problembereiche, in denen neue Lösungen zu suchen waren:

Beim Verbrauch der Energie sind Einsparungen notwendig; etwa im Nahverkehr durch Entwicklung neuer, bedarfsgerechter Verkehrssysteme, die den öffentlichen Nahverkehr im Vergleich zum Individualverkehr attraktiver machen.

Bei der Ausnutzung der Energie können neue Technologien – etwa durch Weltraum-Isoliertechniken im Hausbau – maßgebend zur Verringerung des Energiebedarfs beitragen.

Bei der Suche nach neuen Energiequellen hat die Forschung eine wichtige Funktion.
Es versteht sich, daß auch die hohe Intensität, mit der die Pläne im Bereich der Energieforschung vorangetrieben werden, bedeutsame Ergebnisse erst in einer Reihe von Jahren produzieren kann. Die Bürger in unserem Land fragten zunächst natürlich nach den Öl- und Erdgasvorkommen in der geographischen Nachbarschaft, von denen schon in den vergangenen Jahren sehr viel in der Presse zu lesen war, seit an der niederländischen Küste nach langen Bohrversuchen die ersten großen Erdgasfelder erschlossen wurden. Die Vorkommen von Öl und Gas im Nordsee-Bereich der Bundesrepublik erwiesen sich als kümmerlich, und es ist kaum zu hoffen, daß man hier noch in überraschenden Größenordnungen fündig wird.
Aber unter dem Boden der Nordsee bis weit hinauf in den Nordatlantik hat man beträchtliche Öl- und Gasfelder zu erschließen begonnen, vor allem vor der Küste Norwegens. Zweihundert Kilometer westlich von Stavanger fand sich zum Beispiel ein Ölvorkommen von schätzungsweise 700 Millionen Tonnen (Jahresverbrauch der Bundesrepublik: über 150 Millionen Tonnen). Die Produktion ist noch gering, doch sie soll rasch gesteigert werden. Die Bundesregierung sicherte durch Verträge, daß wir daran partizipieren. Die Öl- und Erdgasschätze vor der englischen Ostküste dürften mit gleichem Tempo erschlossen werden. Inzwischen wurden auch aus Irland bedeutende Reserven unter dem Meeresboden gemeldet, und manche Bürger dieses Landes erhoffen sich davon eine Wende der wirtschaftlichen Lage ihrer Insel.
Man schätzt die Erforschungs- und Erschließungskosten für Erdöl und Erdgas im europäischen Bereich auf 80 Milliarden DM. Die Bundesrepublik wird davon einen Anteil von etwa zehn Milliarden DM zu übernehmen haben.

Kostbare Kohle

Die Bundesrepublik Deutschland verfügt nur über *eine* große Energiereserve: die Kohle. Unter der Konkurrenz des billigeren Öls schien sie mehr und mehr an Bedeutung zu verlieren. Die Förderung war zu teuer geworden. Man schränkte die Produktion von rund 150 Millionen Tonnen im Jahr 1957 auf rund 100 Millionen Tonnen im Jahr 1973 ein; es ging darum, die Förderung zu rationalisieren. In unserem Energieprogramm vom Herbst 1973 indessen stellten wir fest, daß die Kohle wieder wichtiger werden würde. Das gilt nicht nur für uns: Die Kohlevorräte auf der Welt sind etwa zehnmal größer als die Erdölreserven. Freilich besitzt die deutsche Industrie die vielleicht größten Erfahrungen bei der Nutzung der Kohle; die wichtigsten Verfahren der Kohlechemie sind in unserem Land entwikkelt worden. Sie bildete für lange Zeit die eigentliche Basis unserer Kunststoffindustrie, bis die Kohle auch hier von der Konkurrenz des Öls verdrängt wurde.

Doch unsere Forschung hat sich nie völlig von der Aufgabe ablenken lassen, an neuen Verfahren zu arbeiten, mit denen Kohle als Rohstoff und als Energiequelle in wirtschaftlichen Methoden wieder nutzbar gemacht werden kann. Man erinnert sich, daß während des Krieges die deutsche Rüstungsindustrie erst dann völlig gelähmt wurde, als die teure, aber effektive Produktion von synthetischem Treibstoff aus Kohle durch Bombardements zerstört worden war.

So muß es eine der wichtigsten Aufgaben der Forschung sein, die bekannten Verfahren der Kohlenutzung zu verbessern, sie billiger zu machen und nach neuen Verfahren der Aufbereitung von Kohle Ausschau zu halten. Man darf darauf keine übertriebenen Hoffnungen setzen, denn nach den Berechnungen des Forschungsministeriums könnten aus der gesamten heutigen Steinkohleförderung theoretisch nur etwa 25 Prozent, tatsächlich eher nur 15 Prozent des Verbrauchs an Erdölprodukten gedeckt werden. Aber schon dies ist ein großes Wort.

Seit den Entwicklungsarbeiten, die in den zwanziger Jahren im Kaiser-Wilhelm-Institut, bei der IG-Farben und bei der BASF geleistet wurden, weiß man, daß man aus Kohle Erdöl gewinnen kann. Die Experimente wurden in den dreißiger Jahren für die Rüstungsindustrie des Dritten Reiches genutzt. Man hat diese Methoden nicht vergessen, sondern verbessert und verfeinert. Entscheidend freilich ist die Kostenfrage. Ein Liter Benzin würde nach einer der heute anwendbaren Methoden auf den Gestehungspreis von 45 Pfennig oder mehr kommen. Das darf uns nicht abschrecken. Es wird daran gearbeitet, die Produktionsverfahren wirtschaftlicher zu machen. Wenn die Laborversuche, mit denen schon begonnen wurde, gute Erfolge zeitigen, dann würde man ab 1980 Schweröl aus Kohle zu vernünftigen Preisen gewinnen können. Für Kohlevergasung und Kohleverflüssigung sollen bis 1977 mehr als 600 Millionen DM aufgewendet werden.

Kohleveredlung durch Vergasung ist das wirtschaftlich wohl produktivere Feld als die Verflüssigung, denn vergaste Kohle kann billiger und effektiver in Energie umgesetzt werden. Ein Hauptproblem ist hier der Schutz der Umwelt. Zunächst müssen Steinkohlekraftwerke gebaut werden, die ihre Umgebung möglichst wenig durch Rauch und Asche belästigen. Das giftige Schwefeldioxyd in den Rauchgasen muß durch Filterung beseitigt werden. Dafür ist eine Methode erprobt: Der Schwefel bindet sich mit Kalziumoxyd, doch aus der Verbindung entsteht Gipsschlamm, der die Umwelt verwüstet, wenn es nicht gelingt, aus dieser Masse Baustoffe, zum Beispiel Kunststeine oder Straßenbaumaterial, zu gewinnen.

Eine andere Chance bietet die sogenannte »Druckvergasungsanlage«, bei der Steinkohle unter einem Druck von 20 Atmosphären mit Hilfe von Dampf und Luft in Gas verwandelt würde. Eine Kombination von Gas- und Dampfturbinen unter druckgefeuerten Kesseln würde mehr als ein Drittel der Kohlewärme in elektrische Energie umsetzen.

Ein anderes und neueres Verfahren kombiniert Kokerei, Kraftwerk, Gasturbine und Hochtemperaturreaktor. Dabei würde Kohlestaub vergast und die Energie in einem Kettensystem von Dampf, Gas, Atomenergie und – als Endprodukt – Elektrizität genutzt.

Für alle Produktionsverfahren ist gleich wichtig, daß die Bergbautechnik und die Aufbereitung der Kohle wesentlich verbes-

sert werden. Die Förderung in guten Schachtanlagen soll durch die begonnenen Entwicklungsarbeiten verdreifacht werden.
Ein Schwerpunkt des Forschungs- und Technologieprogramms ist ferner der Kampf gegen die Verluste bei der Umwandlung, bei Transport und Anwendung von Energie; mehr als die Hälfte der freigesetzten Energie geht dabei verloren. Die größten Energieverluste verzeichnen wir im Verkehr und in den privaten Haushalten, während im industriellen Bereich die Verluste mit etwa 45 Prozent die geringsten sind. Hier müssen neue Systeme entwickelt werden, die wirtschaftlicher sind und gleichzeitig einen besseren Schutz der Umwelt garantieren.

Kernenergie

»Saubere Energiegewinnung« ist ein übergeordnetes Ziel. Die Hoffnungen richten sich hier vor allem auf die Kernenergie. Sie wird in gut zehn Jahren nach unseren heutigen Überlegungen etwa 15 Prozent unseres Energiebedarfs decken können, zunächst durch Elektrizität. Aber die Entwicklung von Hochtemperaturreaktoren soll auch die unmittelbare Nutzung von Kernenergie in industriellen Prozessen erlauben. Die Kohlevergasung durch nukleare Prozeßwärme wird eine neue Energiequelle schaffen, die genauso vielfältig anwendbar ist wie Mineralöl.
Die schnellen Brutreaktoren, an denen man arbeitet, würden die Energieversorgung bis ins nächste Jahrtausend sichern können. In der Bundesrepublik sind zur Zeit zehn Kernkraftwerke in Betrieb; 22 andere befinden sich im Bau oder sind geplant. Wenn 1980 neun Prozent des primären Energieverbrauchs durch Kernenergie bestritten werden, dann bedeutet dies, daß schon etwa 25 Prozent unseres Strombedarfs damit gedeckt werden könnten.
Neben der Sicherung vor Strahlengefahr ist das schwierigste Problem die »Abfallproduktion« an Wärme, die nicht in unsere Gewässer abgeleitet werden darf, weil dies den biologischen Tod unserer Flüsse und Seen bedeuten würde. Das gilt ganz besonders für die »schnellen Brüter«. Man plant eine Verdunstung durch Kühltürme, die allerdings riesenhafte Ausmaße haben

würden. Durch die permanente Abgabe von Wärme in die Luft drohen indessen Klimaveränderungen. Die Verhinderung einer Energiekatastrophe darf keinesfalls mit der Gefahr einer Umweltkatastrophe bezahlt werden. Wie bei noch keiner anderen Technologie stand bei der Entwicklung und Anwendung der Kernenergie der Schutz der Bevölkerung und der Umwelt im Vordergrund aller Überlegungen.

Erdwärme, Gezeiten-, Sonnenenergie

Um so intensiver wendet sich die Phantasie der Techniker und Forscher anderen »natürlichen« Energiespendern zu, die wirtschaftlich nutzbar gemacht werden sollen. Es liegt nahe, sich daran zu erinnern, daß die Erde in ihrem Innern einen unermeßlichen Vorrat an Wärme speichert, die in vulkanischen Gebieten an die Oberfläche drängt. Da und dort wird von alters her die vulkanische Wärme genutzt: in vielen Thermalbädern oder etwa bei der Warmwasserversorgung und Heizung der isländischen Hauptstadt Reykjavik. In Sibirien haben sowjetische Techniker begonnen, heißes Wasser aus fast zweitausend Meter Erdtiefe zu bohren. In den Vereinigten Staaten ist man mit ähnlichen Versuchen beschäftigt. Auch in der Bundesrepublik werden die Möglichkeiten erforscht, unterirdische Wärmeenergie zu nutzen. Eine industrielle Anwendung dieses Energievorrats dürfte so rasch nicht möglich sein.
Ebenso begrenzt sind die Chancen, die Energie der Meeresgezeiten im Wechsel von Ebbe und Flut produktiv zu machen. Frankreich hat an einer Flußmündung in der Bretagne ein Musterprojekt gebaut, das allerdings wegen der relativ hohen Gestehungskosten noch nirgendwo Schule gemacht hat.
Realistischer scheinen die Hoffnungen auf Sonnenenergie zu sein – freilich wohl erst nach eigenen Entwicklungen der Technik für unsere sonnenarmen Zonen. Vor allem japanische Techniker sind von dieser Chance fasziniert. Im Herbst 1973 ist mir, wie ich erwähnte, im Gespräch mit dem japanischen Ministerpräsidenten Tanaka deutlich geworden, wie wichtig ihm die Erforschung dieser Möglichkeiten für sein Land zu sein scheint.

Die Berechnungen, die von den Wissenschaftlern über die Solarenergie angestellt wurden, sind auf den ersten Blick in der Tat bestechend. Der winzige Teil der Sonnenenergie, den die Erde einfängt, ist etwa zehntausendmal so groß wie sämtliche anderen Energievorräte der Menschheit. Die Technik hat das Problem zu lösen, wie diese Energie konzentriert und – weil es die Nacht und sonnenlose Tage gibt – gespeichert werden kann.

Eine erste Antwort wurde für die Raumfahrt durch die Solarzellen gefunden, die pro Quadratmeter etwa hundert Watt an Energieleistung produzieren. Auf der Erde bedürfte es für die gleiche Leistung einer zehnmal so großen Fläche. So schätzt man, daß für ein Kraftwerk von einer Million Kilowatt etwa zehn Quadratkilometer an Solarzellen nötig wären. Ein solches Ungetüm ließe sich höchstens in den Wüsten Afrikas, Asiens oder Amerikas bauen. Amerikanische Techniker haben das Problem der Konzentration durch eine Treibhaustechnik etwas vereinfacht. Doch wiederum brauchte eine »Sonnenfarm«, wie sie in Arizona entworfen wurde, etwa acht Quadratkilometer, um in einem Kraftwerk eine Million Kilowatt zu erzeugen. Der reine Gestehungspreis freilich wäre dort eminent billig. Nach anderen Plänen sollen »Sonnenkraftwerke« als Satelliten im Raum kreisen und ihren Strom über Mikrowellen an die Erde liefern.

Realistischer sind zunächst die bescheidenen Nutzungsformen, wie wir sie etwa aus Israel kennen. Dort sind auf vielen Häusern Spiegel angebracht, die konzentrierte Sonnenwärme einfangen und so das Haus mit heißem Wasser versorgen.

In Belgien – also in unseren wolkenreichen Zonen – wurde ein Modellhaus gebaut, das zwei Drittel seiner Heizwärme-Energie von der Sonne gewinnt: Vor schwarzen Hauswänden fangen Glasscheiben die reflektierte Sonnenwärme auf und leiten die erhitzte Luft durch Schlitze ins Haus. Die Anlage kostet allerdings noch immer viel Geld. Indessen wird an Speichermethoden gearbeitet – auch in deutschen Ingenieurbüros –, die es erlauben werden, Sonnenenergie zur Erwärmung, aber auch zur Kühlung zu nutzen. Erste Modellhäuser, die Sonnenenergie zur Beheizung nutzen, sind jetzt auch in der Bundesrepublik in der Erprobung.

Appell an den Erfindergeist

Dies sind nicht nur Spielwiesen für einfallsreiche Phantasten. Noch gibt es hier keine Projekte, die eine planvolle Technologie oder gar eine industrielle Nutzung in naher Zukunft anbieten. Doch wir sollten sehr aufmerksam beobachten, zu welchen Resultaten man in anderen Ländern gelangt.

Zunächst kommt es darauf an, die im Rahmenplan der Energieforschung beschriebenen Maßnahmen in die Wirklichkeit umzusetzen. Die Energiekrise hat auf dramatische Weise gezeigt, daß auch in Forschung und Technologie über Lebens- und Überlebensfragen unserer Gesellschaft entschieden wird. Nach unserer Einsicht muß neben den drei klassischen »Produktionsfaktoren« Arbeit, Kapital und Boden als vierter das »technische Wissen« und die »Produktionskraft der Wissenschaft« stehen. Bundesminister Ehmke erläuterte dies im Bundestag im Januar 1974: »Wenn wir diese Herausforderung meistern wollen, werden wir künftig noch mehr als bisher eine unserer größten Ressourcen nutzen müssen: den Erfindergeist und die Forschungs- und Entwicklungskapazität unserer Wissenschaftler, unserer Techniker und unserer Facharbeiter.«

Schon vor der »Krise« besetzten Kernforschung und Kerntechnik – mit dem Ziel, Energie zu schaffen – in der Aufteilung der (begrenzten) Mittel des Haushalts den ersten Rang mit 1,33 Milliarden DM; das sind etwa 40 Prozent gegenüber 47 Prozent im vorhergehenden Etat. Die großen Nuklearprojekte der Bundesrepublik Deutschland, nämlich

die Entwicklung gasgekühlter Hochtemperaturreaktoren,

die Entwicklung natriumgekühlter schneller Brutreaktoren und

die Entwicklung von Anreicherungsanlagen für Uran durch Gaszentrifugen,

entstehen in internationaler Zusammenarbeit; dabei kommt es immer wieder zu neuen Koalitionen bei den Projekten, weil die Interessen der betroffenen Länder recht vielfältig sind. Es konnten dabei noch nicht alle Meinungsverschiedenheiten ausgeräumt werden. Doch alle Nachbarn und Partner wissen, daß diese Programme beschleunigt werden müssen. Darum stellten wir mit

Erleichterung fest, daß auch die Programme von Euratom, die an einer politisch motivierten Blockade zu ersticken drohten, wieder aktiviert werden konnten. In all diesen Bereichen muß sich die europäische Zusammenarbeit bewähren, denn vor der gemeinsamen Bedrohung sind die nationalen Egoismen nur noch lächerlich – und sie sind lebensgefährlich.

In diesem Zusammenhang muß an die absurden Argumente erinnert werden, mit denen Teile der Opposition den deutschen Beitritt zum sogenannten »Nichtverbreitungsvertrag« (für militärische Nuklearrüstungen) bekämpften. Es wurde behauptet, dieses Abkommen diene vor allem auch dazu, unsere Chancen im Bereich der friedlichen Nutzung der Kernenergie zu verhindern. Diese Bedenken, die ich schon als Außenminister zurückwies, sind von der Entwicklung völlig ausgeräumt worden. Damals vermuteten manche Kritiker dunkle Machenschaften der Sowjets – heute warnen sie uns, in einer Verkehrung ihrer Befürchtungen, vor sowjetischen Uranlieferungen.

Es versteht sich, daß mit dem Aufbau eines nuklearen Energiesystems die Sicherung vor der gefürchteten Strahlenwirkung wachsen muß (die Förderungsmittel für Forschungen mit diesem Ziel wurden um 57 Prozent vermehrt).

Zusammenarbeit von Staat und Forschung

Innerhalb unseres eigenen Staates steht hier die – im ganzen funktionierende – Zusammenarbeit zwischen Bund und Ländern auf dem Prüfstand; die Bundesregierung bemüht sich um eine Rahmenvereinbarung mit den Ländern über die Förderung der Forschung. Doch mehr denn je kommt es auf das gute Zusammenwirken von Wirtschaft und Staat an, die etwa je die Hälfte der Mittel für Forschung und Technologie aufbringen: 1972 waren es 2,4 Prozent des Bruttosozialprodukts. Sie wurden zu 60 Prozent in Einrichtungen der Wirtschaft, zu 40 Prozent in Einrichtungen des Staates (oder staatlich geförderter Institutionen) investiert. Staat und Wirtschaft beschäftigten in der Forschung insgesamt mehr als 350 000 Personen, darunter mehr als 100 000 Wissenschaftler und Ingenieure.

Das Zusammenwirken von staatlichen Institutionen und Wirtschaft könnte rationeller und effektiver sein, und es ist nicht leicht, sich im Dschungel der Finanzierungspraxis zurechtzufinden. Mit Sicherheit kann man erkennen, daß bisher nach dem Prinzip der Einbahnstraße der Staat gezahlt hat, jedoch nicht an den Ergebnissen beteiligt worden ist, mit Ausnahme einiger staatlicher Sonderrechte an den gemeinsam finanzierten Forschungsergebnissen. So einseitig sollte man Forschungsförderung nicht verstehen.

Der zuständige Bundesminister handelt nach dem einleuchtenden Prinzip, die Kosten von Forschung und Erneuerung jenen Industrien nicht abzunehmen, die erstens selber über die nötigen Mittel verfügen und zweitens aus den Resultaten unmittelbaren Gewinn ziehen können. Die Norm, daß 50 Prozent des notwendigen Kapitals als »Fördersatz« von staatlichen Institutionen gestellt werden, sollte zugunsten flexibler Lösungen geprüft werden – die Großen brauchen oft weniger, die Kleinen meistens mehr. Es geht auch hier nicht an, Verluste zu sozialisieren und Profite einzustecken.

Kleinere und mittlere Industriebetriebe mit der Fülle ihrer Talente dürfen von Forschung und technologischer Erneuerung nicht ausgeschlossen werden (auch das ist, wenn man so will, handfeste »Mittelstandspolitik«, denn hier geht es um die Lebenschancen der Klein- und Mittelbetriebe). Darum will man bei der Bereitstellung des sogenannten Wagniskapitals großzügiger verfahren, und man überlegt die Gründung von sogenannten »Wagnisfinanzierungs-Gesellschaften«.

Jede nur mögliche und rationelle Form der Gemeinschaftsforschung muß noch sehr viel stärker ermutigt werden, auch über die Grenzen der Bundesrepublik hinaus. Nationale Egoismen und juristische Schwierigkeiten standen dieser vernünftigen Einsicht bis jetzt allzuoft im Wege. Die Begründung eines Europäischen Patentamtes – das seinen Sitz in München haben wird – und eines europäischen Patentrechts können einige der Schwierigkeiten aus dem Weg räumen. Wichtiger aber ist der politische Wille, der die Zusammenarbeit bestimmt. Wir werden uns Arbeit und Kosten teilen müssen, um das Notwendige leisten zu können. Es gilt hier der einfache Grundsatz, daß wir die

Lasten nur zusammen tragen können. Wir entgehen ihnen nicht: Sie werden, wenn die Kooperation nicht vorankommt, den einzelnen nur um so härter treffen. Das Risiko der Nichtzusammenarbeit ist für jeden bedeutend größer als das Wagnis der Zusammenarbeit.

Die Ziele unserer Forschungspolitik können wir in fünf Felder abstecken, die selbstverständlich nicht streng gegeneinander abzugrenzen, sondern in einem System der Übergänge miteinander verbunden sind.

Das *erste* umgreift den geschilderten Bereich der Energieforschung und -technik.

Das Rohstoffproblem

Das *zweite* große Feld ist die Erforschung von Bodenschätzen, Rohstoffen und ihrer Nutzung – der Gesamtkomplex der Rohstoffpolitik, dessen Dimensionen durch die Ölkrise zum einen, zum anderen durch die Welt-Rohstoffkonferenz im Frühjahr 1974 sichtbar geworden sind. Hier ist der Weg zu einer Solidarität zwischen den rohstoffproduzierenden und den rohstoffverarbeitenden Ländern noch weit; das Problem ist um so schwieriger, als die armen Entwicklungsländer, die über keine Rohstoffe und keine Industrie verfügen, von der Krise der Rohstoffpreise am härtesten betroffen sind. Ich kann hier die Lösungen, die man debattiert, nicht beschreiben.

Sicher ist nur dies: Die Rohstoffe, auf die wir angewiesen sind, werden kaum mehr billiger, und die Vorräte werden geringer. Also gilt es, die vorhandenen Schätze so sorgsam und gerecht wie möglich zu nutzen und zu verteilen – und dafür bessere technische Möglichkeiten oder Substitute, also Ersatzlösungen, zu entwickeln. Die Vorräte, die noch unentdeckt oder unerschlossen sind, können zum Beispiel durch Satelliten besser erkundet und durch neue Verfahren besser und billiger ans Tageslicht geholt werden. Aber das kann den Mangel nur lindern, nicht beseitigen. Die besondere deutsche Abhängigkeit von ausländischen Rohstoffen wird eine Tatsache bleiben. Dies war Thema eines wichtigen Gesprächs, das noch Bundespräsident

Heinemann mit Vertretern der Wirtschaft und der unmittelbar beteiligten Ministerien geführt hat. Konkrete Vorschläge der Wirtschaft sollen in neuen Begegnungen geprüft werden. Wir werden es uns, wie es in diesem Buch mehr als einmal gesagt wurde, nicht mehr leisten können, eine »Wegwerfwirtschaft« großen Ausmaßes zu betreiben. Techniken des »recycling« gewinnen angesichts der Rohstoffknappheit und der drohenden Erschöpfung der Ressourcen eine entscheidende Bedeutung. Wir werden uns zum Beispiel in Zukunft wieder gründlicher zu überlegen haben, wieviel Geld, Energie, Zeit und Arbeitskraft wir an die Aufmachung und Verpackung unserer Produkte verschwenden können.

Neue Verkehrstechnologie

Als *drittes* Feld nenne ich den Bereich der Infrastruktur im breitesten Verständnis des Begriffs. Auch hier ergeben sich aus der radikal veränderten Lage neue Aufgaben und neue Chancen. Wir haben in unserer Diskussion über die Verkehrspolitik schon lange mit aller Entschiedenheit darauf hingewiesen, daß der sogenannte »Individualverkehr« – auf deutsch: der Autoverkehr – eine natürliche Grenze der Expansion findet. Wir sind nicht »autofeindlich«, wie man es uns – aus durchsichtigen Gründen – da und dort nachsagte, denn wir sind keine Narren. Wir wollen niemandem seinen Wagen fortnehmen, wir wollen niemandem den Spaß an seinem Vehikel verleiden – und wir wissen, welch beträchtliche Bedeutung die Autoindustrie für die Volkswirtschaft insgesamt gewonnen hat. Aber natürliche Grenzen sind nicht nur durch die Beschränkung der Energiereserven gesetzt, sondern durch die Beengtheit städtischer Siedlungsgebiete, durch die Schranken, die dem Ausbau des Straßennetzes im Wege sind (nicht nur aus finanziellen Gründen), und schließlich durch die Gefährdung der Umwelt, der wir durch die Entgiftung der Motoren – ein langwieriger und kostspieliger Prozeß – niemals völlig Herr werden können.

Die Forschung, die neben dem Straßenbau und dem Straßenverkehr vor allem der Entwicklung besserer Massentransportmittel und dem Nahverkehr dient, hat nun eine Aktualität gewonnen, die Anlaß sein sollte, im Augenblick teure, auf lange Sicht billigere Lösungen zu prüfen, zu erproben und, wann immer es die Mittel erlauben, auch durchzusetzen. Es muß jetzt entwickelt werden, was in den achtziger Jahren nutzbar sein soll.

Das Problem ist nicht, mit welchem Tempo wir uns in welchen Gefährten bewegen, sondern, ob unsere Gesellschaft sich selber zur Bewegungslosigkeit verurteilt oder nicht. Hier muß – auch für die Forschung und die Erprobung neuer Technologien – der Grundsatz gelten, daß möglichst viele unserer Bürger möglichst viele Ziele sicher, schnell, billig und bequem erreichen. Neben der Verbesserung der Nahverkehrsmittel (Stadt-, Untergrundbahnen, Omnibusse und die neuen Transportsysteme, die es zu entwickeln gilt) ist ein Schnellverkehrssystem Gegenstand umsichtiger Vorklärung, mit dem vielleicht in den achtziger Jahren die »Lücke zwischen Eisenbahn und Luftverkehr« geschlossen werden könnte. Dies müßte ein *kontinentales* Verkehrsnetz sein, sollte es seinen Zweck erfüllen.

Ich kann hier nicht die Alternativen schildern, die uns die Technik anbietet. Aber man muß von Wirtschaft und öffentlichen Institutionen fordern, diese Alternativen in nächster Zeit so zu präzisieren, daß wir zusammen mit unseren europäischen Partnern Entscheidungen treffen können. Unter dem Druck der Verhältnisse könnten Fortschritte gelingen, die von der Einsicht aller Beteiligten, allerdings auch von den Möglichkeiten eines finanziellen Engagements abhängig sind. Daß hier Grenzen gesetzt sind, versteht sich. Bloße Luxusprojekte wird sich niemand mehr leisten können.

Unsere Beteiligung an Projekten des Luftverkehrs und der Weltraumforschung erfährt damit gewiß auch eine andere Akzentuierung. So sehen wir, daß der Mangel an Brennstoffen den Bau von Verkehrsmaschinen mit Überschallgeschwindigkeit noch problematischer macht, als er es ohnedies war.

Alle Forschung und jede Technologie, die der Entwicklung der Infrastruktur dienen, greifen mit offensichtlicher Logik in die gesamte regionale Strukturpolitik ein, im deutschen wie im europäischen Feld. Damit haben Kommunikationsforschung und -technik unmittelbar zu tun. Ich denke hier nicht nur an das

Telefonsystem und die Datenverarbeitung, sondern auch an neue Dienste wie Faksimilezeitung und Kabelfernsehen. Das sind nur zum Teil technische Entwicklungsfragen. Damit sind zugleich auch wirtschaftliche und rechtliche Fragen angesprochen, die die »publizistische Gewaltenteilung« zwischen Presse und Rundfunk betreffen. Der Sicherung der Meinungsvielfalt hat unsere besondere Aufmerksamkeit zu gelten.
Forschung steht auch im Dienst unseres kommunalen Lebens – nämlich unter anderem dort, wo Systeme für die Sauberhaltung von Luft und Wasser verbessert oder neu entwickelt werden müssen. Die Bundesregierung hat diese Entwicklungen in einem neuen Förderungsprogramm »Kommunale Technologien« zusammengefaßt. Gerade in diesem Bereich gilt: »Die quantitative Leistungsfähigkeit unserer Volkswirtschaft muß auch qualitativ auf die Bedürfnisse der Menschen ausgerichtet sein« (Hans Matthöfer).

Kampf gegen Krankheit und Hunger

Das *vierte* Feld unserer Forschungs- und Technologiepolitik bedeuten die notwendigen Maßnahmen für den Schutz des Menschen. Die Bundesregierung unterstützt:

medizinisch-biologische Arbeiten für die Bekämpfung der Zivilisationskrankheiten, die Jahr um Jahr mehr Opfer fordern,

den Kampf gegen den Krebs, vor allem durch Früherkennung,

die Unfallforschung,

die Entwicklung neuer Rehabilitationsverfahren,

den Kampf gegen Drogen- und Medikamentenmißbrauch.

Hier arbeitet das Bundesministerium für Forschung und Technologie aufs engste mit dem Bundesministerium für Jugend, Familie und Gesundheit zusammen. Die qualitative Verbesserung der Nahrungsmittel ist ein gemeinsames Programm. Während wir mit dem Überfluß zu kämpfen scheinen, ist für die großen Hungergebiete der Welt – angesichts eines immer bedrohlicheren Mangels an Nahrungsmitteln – die Erforschung neuer

Methoden zur Steigerung der Produktion eine Überlebensfrage. Die stille Katastrophe des Welthungers ist Wirklichkeit. Das stellt auch unserer Forschung große Aufgaben. Sie arbeitet zum Beispiel an der Gewinnung von Eiweiß und Futterzusatzstoffen aus Mikroorganismen.

Forschung für Arbeitswelt und Umwelt

Die Humanisierung der Arbeitswelt läßt sich nicht nur als Organisationsproblem erledigen. Sie ist vielmehr auch für Forschung und Technik eine große Herausforderung. Aber hier muß neben dem Forschungsprogramm, das eine Erleichterung körperlicher Schwerarbeit, die Ablösung monotoner Tätigkeiten nach Fließbandrhythmus und die Verbesserung unzuträglicher Arbeitsverfahren zum Ziel hat, vor allem ein Gebiet genannt werden: Umgang mit schädlichen Stoffen, der immer wieder, vor allem im Bereich der Chemie, schwere Schädigungen oder tödliche Krankheiten zur Folge hat. Ich weise nur auf den Zusammenhang von Leberkrebs und der Verarbeitung bestimmter Kunststoffe hin.

Als *fünftes* Feld muß die Umweltforschung genannt werden – mit den großen, schwierigen, im ganzen Sinn des Wortes lebenswichtigen Notwendigkeiten, die an einer anderen Stelle dieses Buches beschrieben werden: Erkundung, Erprobung und Entwicklung neuer Methoden des Luft-, Gewässer-, Lärmschutzes, der Abfallbeseitigung und der Möglichkeiten einer Nutzung des sogenannten Abfalls, der im Zeichen des Mangels an Rohstoffen schon für die Technologen eine Aufgabe erster Ordnung ist.

Bei allen Maßnahmen der Rationalisierung, die allzu lange und allzu einseitig als Einsparung an – wie ich wohl weiß: teurer – menschlicher Arbeitskraft verstanden wurde, wird man sich wieder mehr an die Notwendigkeit des Sparens von Material und Energie erinnern müssen. So scheint es mir der mithin wichtigste Auftrag der Forschung zu sein, die Grenzen der sogenannten »Überflußgesellschaft« auszumessen und der »Wegwerfgesellschaft« die Schranken zu zeigen.

Hier gilt stärker noch als auf anderen Gebieten unsere Einsicht, daß Forschung und Technologie im Dienst der Gesellschaft und ihrer Forderungen stehen müssen. Horst Ehmke stellte im Januar 1974 fest: »Dem Prinzip der Sozialstaatlichkeit entspricht es, wenn wir, wie in der Regierungserklärung ausgeführt, Forschung und Technologie auf ihre gesellschaftlichen Möglichkeiten und Aufgaben verpflichten, indem wir sie zur Verbesserung der persönlichen, gemeinschaftlichen und wirtschaftlichen Lebensbedingungen und zur Früherkennung möglicher Nachteile der wissenschaftlich-technischen Entwicklungen einsetzen.«

Freiheit der Forschung

»Wir haben uns – wie ich meine mit Erfolg – bemüht, die Forschungspolitik auf eine demokratischere Grundlage zu stellen. In den staatlich geförderten Forschungseinrichtungen sind Planung und Bewertung der Vorhaben stärker der Mitwirkung der Mitarbeiter geöffnet worden.« So sagte es meine zweite Regierungserklärung, und Bundeskanzler Schmidt bestätigte diese Politik in seinem Programm.

Die Freiheit der Forschung, gleichviel, ob in der Wirtschaft oder in wissenschaftlichen Institutionen, ist unverzichtbar. Dennoch kann keine Forschung völlig autonom von der Gesellschaft sein. Sie ist in völliger Isolation von den Bedürfnissen und Notwendigkeiten der Umwelt nicht denkbar. Also müssen ihre Ziele immer auch am Nutzen und am möglichen Segen für die Gemeinschaft der Bürger gemessen werden.

Im Bereich der wissenschaftlich-technischen Forschung heißt das konkret: Forschung und Entwicklung vieler dürfen nicht in erster Linie oder gar ausschließlich den Egoismen einzelner Industrien oder Gesellschaftsgruppen, sondern sie müssen dem Ganzen dienen. Es gibt auch die gegen den Menschen, gegen unsere Gesellschaft, gegen die Freiheit, gegen das Recht, gegen die Sicherheit gerichtete Forschung, zum Beispiel bei der Entwicklung von Giftgasen oder – noch fragwürdiger – bei der Herstellung von Psychopharmaka, die als Massenrauschgifte angewendet werden können. Es ist in diesem Zusammenhang unvermeidlich, an die Leichtfertigkeit bei der Herstellung und beim Vertrieb chemischer Produkte wie Contergan und an die schrecklichen Folgen zu erinnern.

Aus der Gemeinschaftsverpflichtung der Forschung ergibt sich, daß Veränderungen der Gesellschaft untersucht werden, die Konsequenzen für die Formung unserer wirtschaftlichen und staatlichen Ordnungen fordern. Hierher gehört auch die Feststellung der Kriterien für das, was wir als »Qualität des Lebens« erkennen. Und hier sind unsere Bemühungen einzuordnen, die Gesellschaftswissenschaften stärker für die Lösung gesellschaftlicher Probleme zu engagieren.

Doch niemand denkt daran, die technische, wirtschaftliche und soziale Grundlagenforschung dem sogenannten »gesellschaftlichen Bedarf« zu unterwerfen, unter anderem, weil wir – wie Ehmke realistisch feststellte – »über die längerfristigen Bedürfnisse und Probleme der Gesellschaft noch nicht genug wissen«. Nur eine freie, unabhängige Grundlagenforschung ist der »wissenschaftlichen Überraschung«, nämlich einer nicht vorhersehbaren Entdeckung, fähig. Dazu braucht man auch das Forschen um des Forschens willen. Unsere Forschungspolitik ist jedoch – in aller Freiheit – auch Gesellschaftspolitik, die an den Veränderungen der Wirklichkeit teilnimmt und, wo sie es vermag, der Wandlung der Verhältnisse für die Wohlfahrt und Freiheit des Bürgers den Weg bahnt.

13. Kapitel
Bildungsreform als fortdauernde Aufgabe

»Bildung, Ausbildung, Wissenschaft und Forschung stehen an der Spitze der Reformen, die es bei uns vorzunehmen gilt.« So sagte es meine Regierungserklärung vom Oktober 1969.
Wir haben seitdem – nicht nur, aber auch wegen der geringen Zuständigkeiten des Bundes – erfahren, wie schwierig die Bildungsreform in der Sache ist und wie langfristig diese Aufgabe sein wird. Wir hatten es in diesen Jahren auch mit einer anderen, so nicht vorauszusehenden Schwierigkeit zu tun: Wir mußten gegenüber dem Eindruck bestehen, es bewege sich nichts, weil die tatsächlichen Leistungen in der Bildungspolitik zeitweise fast verstellt wurden von der vielfältigen Sach- und Interessendiskussion auf den verschiedensten Schauplätzen des gesamten Bildungswesens. Aber jene, die von der einen oder anderen Seite mit einer allzu pauschalen Kritik aufwarten, müssen sich klarwerden, daß die Bildungsreform nicht mehr vor uns liegt, sondern daß wir uns mitten im Prozeß einer relativ raschen Veränderung befinden.
Drei Jahre lebhafter Auseinandersetzungen konnten im Herbst 1973 damit abgeschlossen werden, daß Bundeskanzler und Länderchefs dem Bildungsgesamtplan zustimmten. Das Hochschulrahmengesetz, über das der vorige Bundestag nicht mehr entscheiden konnte, wurde 1973 wieder eingebracht und befindet sich bei der Durchsicht dieser Seiten in der wichtigsten Phase seiner parlamentarischen Beratung. Die berufliche Bildung ist als Schwerpunktgebiet in den Vordergrund gerückt worden, auf dem wesentliche Verbesserungen erzielt werden müssen.
In keinem anderen Bereich – dies ist die Kehrseite der Medaille

– wurden 1969 in die neue Bundesregierung höhere Erwartungen gesetzt als im Feld der Bildungspolitik. Sie wurde, noch ehe ein Satz der Regierungserklärung formuliert war, Ziel von Hoffnungen, die weit über das Mögliche, in manchen Fällen zudem weit über das Vernünftige hinausreichten. Ich räume ein, daß wir solchen Hoffnungen nicht immer entschieden genug entgegengetreten sind.

Andererseits durfte uns der hohe Erwartungshorizont nicht erstaunen. Der Wille zu Veränderung der Gesellschaft hatte in der zweiten Hälfte der sechziger Jahre die politisch bewußten Studenten in Bewegung gebracht und auch die fortschrittlichen Professoren stark beeinflußt. Die Weigerung der jungen Menschen, sich mit den bestehenden Verhältnissen abzufinden, erzwang – gegen den Widerstand etablierter Hierarchien – eine Initiative zur Reform der Hochschulen. Sie konnte freilich nicht ohne den Einfluß des Staates durchgesetzt werden – gegen konservatives Besitzstands-Denken, das den Staat lediglich als Zahlvater ansah und im übrigen für Festredner den Begriff »Autonomie« bereithielt. Und diese Reform wird auch nicht ohne Hilfe und Einfluß des Staates erfolgreich fortentwickelt werden. Das Hochschulrahmengesetz macht das deutlich. Wir können in der Bildungspolitik weder konservativem Lamentieren nachgeben noch den Versuchen kleinbürgerlicher Radikaler, die mühsamen Reformschritte totzureden.

Eine kleine Minderheit versuchte da und dort die extreme Flucht nach vorn: in die Gewalttätigkeit. Diese Auseinandersetzung ist – wie die Situation an einigen Universitäten zeigt – bis heute nicht abgeschlossen.

Für den selbstbewußten demokratischen Staat sind diese Stoßtrupps einer unhistorischen, gegenaufklärerischen Revolution dann keine Gefahr, wenn er – ohne in Hysterie zu verfallen und ohne rational begründbare Konflikte abzuwürgen – politisch Flagge zeigt und die Freiheit von Lehre und Forschung sichert. Deshalb sagte ich in meiner Regierungserklärung vom Januar 1973, Intoleranz schade Wissenschaft und Lehre, auch dem Lernen. Die Stätten von Lehre und Forschung dürfen nicht in politische Kampfstätten umfunktioniert werden. Es müssen vielmehr alle gangbaren Wege zur Erkenntnis geöffnet werden.

Darum soll es nicht nur erlaubt sein, es ist sogar geboten, daß über Marx oder von Marx her an den Universitäten gelehrt wird. Kein Weg des Forschens und Erkennens darf einen anderen blockieren: Alle Wege müssen offen sein. Die Anerkennung dieser Prinzipien der Toleranz entscheidet in der Tat darüber, ob die Demokratisierung der Hochschulen gelingt und ob sich an den Universitäten die Kräfte der Reform behaupten können. Sie sind in den letzten Jahren bei der mühseligen Sisyphusarbeit der Reform leider zuweilen rasch ermüdet.

Wir begingen nicht den Irrtum, die geistigen Spannungen, die auch bei der Mehrheit der jungen Leute sichtbar wurden, zu unterschätzen oder gar zu unterdrücken. Wir erkannten ihre produktiven Energien. Wir wußten: Die Gesellschaft braucht sie.

Mir war von Anfang an klar, daß Bildungsreform nicht isoliert Hochschulreform heißen konnte. Der Lärm an den Universitäten hat der Öffentlichkeit diesen Irrtum manchmal aufgedrängt. Aber selbst die Mehrheit der Studenten sieht ein, daß der Wandel umfassender sein muß. Gerade für die Lehrlinge und ihre älteren Kollegen in den Betrieben gibt es Bildungsfragen, die unsere gesamte Gesellschaft angehen. Und die Erkenntnisse der modernen Psychologie sind so weit ins allgemeine Bewußtsein vorgedrungen, daß man sich immer intensiver mit der Prägung der Persönlichkeit in den entscheidenden Kindheitsjahren *vor* der Schule und damit mit der Vorschulerziehung beschäftigt.

Geist der Toleranz

Die Bildungsreform ist so zu einer Aufgabe geworden, die nicht länger nur bestimmte Altersgruppen oder Bevölkerungsschichten angeht. Sie betrifft die *ganze* Gesellschaft. Damit hat bei uns ein Prozeß begonnen, den man vielleicht eine geistige Umwälzung nennen könnte, eine Revolutionierung des Bewußtseins, die viele Paten hat. Hier ist jedenfalls eine wichtige Voraussetzung jeder wirklichen Reform in Gang gesetzt: die Veränderung des Denkens.

Da Bildungsaufgaben in so verschiedene Bezirke des Menschenlebens hineinwirken, glaubten einige Schwärmer (oder auch: Dogmatiker), es sei unsere Sache, in der Vielfalt der Erziehungsprozesse den »neuen Menschen« zu schaffen. Wir können und wollen Verhältnisse ändern, die den Menschen in der freien Entfaltung seiner Persönlichkeit in der Gemeinschaft behindern. Der »neue Mensch« aber kann nicht das Ziel unseres politischen Handelns sein; die SPD ist kein eingeschworener Verein zur Durchsetzung einer »Weltanschauung«, die sozial-liberale Regierung schon gar nicht. Einen solchen Totalitätsanspruch machen wir weder geltend, noch können wir ihn akzeptieren.
Für die Sozialdemokraten sagt das Godesberger Programm, die Jugend sei »in den Schulen und Hochschulen im Geiste gegenseitiger Achtung zur Freiheit, zur Selbständigkeit, zum sozialen Verantwortungsbewußtsein und für die Ideale der Demokratie und der Völkerverständigung zu erziehen, um in unserer an weltanschaulichen Überzeugungen und Wertordnungen vielgestaltigen Gesellschaft eine Gesinnung und Haltung des Verstehens, der Toleranz und der Hilfsbereitschaft zu erreichen«. Das gilt auch 1974.

Gleichheit der Chancen

Im Dortmunder Wahlprogramm vom Oktober 1972 präzisierten wir: »Bildung und Ausbildung stellen die Weichen für die Entfaltung des einzelnen, für seine menschliche und berufliche Entwicklung. Eine demokratische Gesellschaft verlangt nicht nur den chancengleichen Zugang aller Bürger zu allen Bildungseinrichtungen, sondern auch Bildungsinhalte, die jeden Bürger befähigen, in der Politik, am Arbeitsplatz und in anderen gesellschaftlichen Bereichen verantwortlich mitzubestimmen.«
Das Dortmunder Programm verpflichtet uns, mehr Kindern, besonders aus Arbeiterfamilien und aus ländlichen Gebieten, den Zugang zu allen Bildungswegen zu öffnen, Ungerechtigkeiten in der Verteilung der Chancen zu beseitigen, damit junge Menschen an ihren besonderen Fähigkeiten und Begabungen wachsen. Allerdings wurde auch in aller Klarheit gesagt, das Bil-

dungswesen könne dem einzelnen die Verantwortung dafür nicht abnehmen, was er aus seinen Chancen macht.
Diese Feststellungen entsprechen der sozialen Realität und den Aufgaben, die sich aus ihr ergeben. Der konservative Vorwurf der »Betreuungsphilosophie« ist ebenso falsch wie der progressistische Anspruch auf den »neuen Menschen«. Der Bildungsgesamtplan ist vielmehr ein bedeutender Schritt auf Ziele hin, die wir im Godesberger Programm, aber auch im Wahlprogramm von 1972 formuliert haben.

Keine Geheimwissenschaft

Vielen Experten kann man freilich den Vorwurf nicht ersparen, daß sie diese umfassende Aufgabe dem Verständnis entzogen und die Öffentlichkeit dafür mit vielen Untugenden des Spezialistentums bekannt machten. Bildungspolitik drohte eine Art Geheimwissenschaft zu werden. Ohnedies komplizierte Sachverhalte der Bildungsfragen wurden so noch schwieriger gemacht. Ich weiß, daß geübter Sachverstand erforderlich ist, um sich in diesem unübersichtlichen Gelände zurechtzufinden. Eine Spezialisierung ist unvermeidlich, will man Konkretes ausrichten; wenn irgendwo, dann steckt hier der Teufel im Detail. Doch im Eifer vergißt man da und dort, daß – so viel oder so wenig die Allgemeinbildung taugen mag – Bildung noch immer etwas mit dem Allgemeinen zu tun hat und Bildungsfragen darum allgemein verständlich diskutiert werden sollten.
Klaus von Dohnanyi, in meinen beiden Regierungen Bundesminister für Bildung und Wissenschaft – in der ersten als Nachfolger von Professor Hans Leussink –, hat in seiner Rede vor dem Essener Bildungskongreß des Deutschen Gewerkschaftsbundes im Herbst 1973 mit gebotener Schärfe auf sichtbare Schwächen hingewiesen, als er sagte, die gesellschaftspolitischen Gesamtziele der Bildungsreform würden heute zunehmend von Einzelvorschlägen, Plänen, Modellen, Versuchen und Berichten verstellt: »Hier kann sich nur noch auskennen, wer fachkundiger Spezialist ist.«

Minus-Konto

Die heutige Wirklichkeit stellt sich den Kultusministerien der Länder so dar:
Es fehlen in der Bundesrepublik etwa 550 000 Kindergarten- und Vorschulplätze;
noch immer sind viele Schulklassen zu groß;
noch immer haben Eltern und Lehrer für die Zehn- und Zwölfjährigen – also um Jahre zu früh – die Lebensentscheidung für den Bildungsweg und damit für das berufliche und soziale Schicksal der Kinder zu treffen;
im Jahr 1973 waren die Hochschulen, nach Fächern verschieden, um 15 bis 25 Prozent überbelegt;
der sogenannte zweite Bildungsweg fordert auch heute noch Belastungen über die Grenzen des Zumutbaren hinaus (Abendunterricht, Anpassung des Lehrinhalts an die Gymnasialbildung, kein Zusammenhang mit dem erlernten Beruf – daher oft schlechte Prüfungsergebnisse);
in der Berufsbildung bleibt vielen der 1,3 Millionen Lehrlinge eine dem geforderten fachlichen Standard und dem Allgemeinwissen angemessene Ausbildung vorenthalten; ein besonderes Problem sind die 200 000 jungen Menschen ohne Ausbildungsvertrag.
Das sind ungerechte Verhältnisse. Sie waren, als wir im Herbst 1969 mit der Arbeit begannen, noch wesentlich düsterer.
Ich habe nicht die Absicht, unsere bisherigen Teilerfolge zu verschweigen. Doch es liegt im Interesse der Sache, zunächst die Etappen des »langen Marsches« zu zeigen, die noch vor uns liegen: Der Weg geht bergauf, und er ist steinig.
Alle Energien konzentrierten sich zunächst darauf, die Summe der notwendigen Einzelreformen im Aufriß eines Bildungsgesamtplanes zu sammeln. Nur so wurden wir der *umfassenden* Problematik gerecht, nur so konnte eine Übersicht gelingen, und nur so hatten wir eine Chance, uns vor einer Zerfaserung der Arbeit zu bewahren.
Eine Hauptschwierigkeit mußte für die gesamte Planung vorausgesetzt werden und ist in jeder Phase der Entwicklung mitzubedenken: Die Kulturhoheit ist nach dem Grundgesetz »Sa-

che der Länder«. Erst seit der Aufnahme der Gemeinschaftsaufgaben in das Grundgesetz im Mai 1969 ist der Bund für die Bildungsplanung mitverantwortlich.
Diese planerischen Kompetenzen wurden ihm nur nach großem Zögern und mit vielen Vorbehalten zugestanden. Indessen war auch der verantwortlich denkenden politischen Führung der meisten Länder deutlich geworden, daß partikularistische Interessen vor dem Riesenmaß dieser Aufgaben nicht bestehen konnten.
Ich betrachte den Kulturföderalismus nicht als Ballast, sondern als etwas, das uns reicher machen kann. Aus der kulturellen Vielfalt, auf die ich nicht verzichten möchte, folgert allerdings noch nicht, daß das Schulwesen so zersplittert bleiben müßte, wie es in Deutschland der vielen Sonderentwicklungen wegen immer gewesen ist. Im übrigen: Die bundesstaatliche Ordnung ist eine schwierige Staatsform. Aber es lohnt sich, die mit ihr verbundenen Reibungsverluste hinzunehmen. Die Nachteile einer übertriebenen Vereinfachung durch einheitsstaatlichen Zentralismus, der über die Gegebenheiten gewachsener Institutionen hinweggeht, sind auf lange Sicht größer. Ein föderatives System ist allerdings in der modernen Industriegesellschaft nur lebensfähig, wenn alle Chancen zur Zusammenfassung der Kräfte – die schließlich in dem Wort Föderalismus vorgezeichnet sind – auch genutzt werden. Wenn dies nicht geschieht, ist – daran möchte ich keinen Zweifel lassen – kein Kraut dagegen gewachsen, daß schließlich auf dem Gebiet des Schulwesens eine Veränderung des Grundgesetzes zugunsten des Bundes verlangt wird. Pauschale Forderungen helfen nicht weiter; wer glaubt, daß eine bloße Kompetenzverschiebung das bildungspolitische Heil bringen würde, irrt sich. Aber man wird über die Strukturprobleme der Bildungsplanung noch gründlicher nachdenken müssen. So bin ich sicher, daß auf die Dauer eine Bundeskompetenz für Abschlüsse und Berechtigungen notwendig sein wird, damit Fehlsteuerungen vermieden werden.

Bildungsgesamtplan

Der Bildungsgesamtplan, dessen Umrisse in einem ersten Zwischenbericht 1971 sichtbar wurden, war ein zäh ausgehandelter Kompromiß, in dem manche Vorbehalte, vor allem der konservativ regierten Länder, einzementiert sind. Er konnte nichts anderes als das Produkt mühseliger bundesdeutscher »Binnendiplomatie« sein. Doch der Plan, der im Herbst 1973 von mir und den Ministerpräsidenten verabschiedet wurde, bestätigte die hohe Priorität der Reformziele. Er zeichnet die Wege für lange Fristen auf.
Hier sind sämtliche Bereiche des Bildungswesens zusammengefaßt, wie sie in den ursprünglichen Konzepten meiner Partei (zum Beispiel im ersten Entwurf des sogenannten Orientierungsrahmens) übersichtlich geordnet sind: vom Kindergarten (Elementarbereich) über die Vorschule (Eingangsstufe) und Grundschule (Primarbereich) bis zum »Sekundarbereich I«, in dem Hauptschule, Realschule und Gymnasium zusammengefaßt sind. Daran fügt sich der »Sekundarbereich II«, also die Oberstufen in allen Bildungsgängen. Dazu zählt auch die Berufsbildung. Daneben steht der »Tertiärbereich« (die Hochschule). In voller Gleichberechtigung schließt sich daran die Weiterbildung an.
Man mag sich fragen, ob es vernünftig ist, die Übersichtlichkeit dieses Bildungssystems ausgerechnet in Kategorien darzustellen, die für den unvorbereiteten Bürger abstrakt bleiben. (Das Vernünftige muß sich wohl auf die Dauer nicht mit solcher Beharrlichkeit tarnen. Wir haben es hier mit einem eigenartigen Sachverhalt zu tun: Gewisse Erscheinungen der sich ausdehnenden Demokratie können sich offenbar nur in einer schwer zugänglichen Sprache ankündigen.)
Ich will versuchen, in meinen Worten die bildungspolitische Entwicklung der letzten Jahre zu schildern. Der hier skizzierte Entwurf enthält zwei Grundziele der Schul- und Hochschulreform, für die eine offene Zustimmung der christlich-demokratischen Landesregierungen (noch) nicht zu gewinnen war: die Gesamtschule und die Gesamthochschule. An diesen beiden Projekten entzündete sich ein leidenschaftlicher, noch immer andauernder Kampf der Geister. Die Idee der Gesamtschule ist, nüchtern be-

trachtet, keineswegs revolutionär; es gibt ähnliche Lösungen in einer Reihe anderer Staaten.

Gesamtschule

Nach der vierjährigen Grundschule sollen die Kinder in einem fünften und sechsten Schuljahr noch gemeinsam lernen – allerdings mit der Chance, sich hier, unter der Autorität der Eltern und Lehrer, auf die Entscheidung für die später differenzierten Bildungswege vorzubereiten.

In der Oberstufe, in der die Mädchen und Jungen zwei bis drei Jahre bleiben sollen, müßte nach dieser Planung der Unterricht drei unterschiedlichen Zielen dienen: der Vorbereitung auf das Hochschulstudium, dem vorbereitenden Unterricht zum Übergang in vielfältige Berufe, schließlich der Vorbereitung auf den direkten Eintritt ins Erwerbsleben. In diesen zweiten »Sekundarbereich« wird ein Teil der Berufsbildung eingeschlossen.

Die Gesamtschule ist noch ein fernes Ziel. Vor allem in sozialdemokratisch geführten Ländern gibt es dafür Modelle verschiedensten Charakters. Man befindet sich also im Stadium des Experiments. Trotzdem: Man wird hier nur mit viel Geduld weitergehen können. Das Tempo wird durch die Übereinstimmung aller Hauptbeteiligten und vor allem durch die verfügbaren finanziellen Mittel bestimmt. So wird man sich realistisch auf Annäherungen und Übergänge einrichten müssen. Klaus von Dohnanyi hat dazu festgestellt, der Streit zwischen integrierter und kooperativer Gesamtschule könne 1974 für zumindest eine Dekade begraben werden, wenn sich Länder und Bund darauf einigten, einerseits nur noch Schulzentren zu bauen, andererseits das bestehende Schulsystem schrittweise in ein durchlässiges Schulsystem von der ersten bis zur neunten/zehnten Klasse umzuwandeln. Wer die integrierte Gesamtschule wolle, könne sie verwirklichen. Die anderen würden über das kooperative System bald zu den gleichen Schlußfolgerungen kommen. Er hat recht.

Die Grundmodelle umschließen vier Stufen:

die Eingangsstufe, in der die Vorschulerziehung mit dem ersten Grundschuljahr zusammengefaßt werden soll;
die Orientierungsstufe für das fünfte und sechste Schuljahr;
die Gesamtschule, die – wie im Sekundarbereich I – Hauptschule, Realschule und Gymnasium organisatorisch zusammenfaßt, doch in sich differenziert bleibt und bis ans Ende der Schulpflicht führt;
die integrierte Berufs- und Gymnasialbildung, in der Berufsvorbereitung und allgemeine Schulbildung vom 10. bis zum 13. Schuljahr organisatorisch und in den Unterrichtszielen ineinander verflochten sind.

Die Gesamtschule soll den Kindern eine bessere Chance vermitteln, sich nach ihren Gaben für einen Bildungsweg vorzubereiten und zu entscheiden. Sie gibt die scharfen Trennungen des bisherigen Systems auf, ist »durchlässiger« und kann ein breiter fundiertes Gemeinschaftsgefühl schaffen.

Bildungsinhalte

So notwendig die organisatorischen Reformen für das Schulwesen sind, die Schulreform kann sich darin nicht erschöpfen. Wie die Studienreform ein, wenn nicht *der* entscheidende Teil der Hochschulreform ist, so muß auch die Schulreform eines ihrer Hauptaufgabengebiete in der Reform der Bildungs*inhalte* finden. Anfänge wurden vor allem in sozialdemokratisch regierten Ländern gemacht. Sie haben aber zugleich die Schwierigkeiten dieser Reform deutlich werden lassen, denn leider hat die pädagogische Wissenschaft diesem Bereich bisher nicht genügend Aufmerksamkeit gewidmet.

Das Hauptproblem der Bildungsinhalte ist heute die Stoff-Fülle. Immer neue Erkenntnisse und Themen wurden in der Vergangenheit einfach zusätzlich in die Stoffpläne aufgenommen. Ganze Bereiche aber, etwa die Rechtskunde und die Wirtschaftskunde, harren der Aufnahme oder müssen zumindest ausgebaut werden. Soll der Bildungsauftrag unserer Schulen nicht am Übermaß des Stoffes ersticken, muß ausgewählt und ausgesondert werden. Voraussetzung dafür ist ein Überdenken und

Neufestlegen der Lernziele. Sie müssen sich endlich nach den Forderungen der modernen Industriegesellschaft richten. Dabei kann der Schule nicht die abschließende und umfassende Wissensvermittlung zugewiesen werden. Sie muß vielmehr bestrebt sein, durch Vermittlung eines Grundlagenwissens, durch Einüben der Methoden planmäßigen Lernens und durch Erziehung zur Bereitschaft zum selbständigen Weiterlernen die Voraussetzungen zu einem lebenslangen Weiterbildungsprozeß zu schaffen. Pädagogen und Bildungspolitiker müssen deshalb moderne Lernziele formulieren und den notwendigen Umfang des Grundwissens festlegen. Diese Arbeit wird den eigentlichen Kern der Bildungs- und Schulreform der nächsten Jahre darstellen.

Das soziale Ansehen der Lehrer ist in den vergangenen Jahren – zweifellos auch dank der breiten Diskussion über die Erziehungsprobleme – bemerkenswert gewachsen. Für junge Menschen ist es längst keine berufliche Notlösung mehr, Lehrer zu werden. Zu keinem anderen Studium ist der Andrang stärker. Wir haben das Ziel der einheitlichen Hochschulausbildung für alle Bereiche des Lehrerberufs noch nicht erreicht. Doch wir sind diesem Plan ein entscheidendes Stück näher gekommen. Die Zahl der Lehrer in der Ausbildung stieg von 170 000 im Jahr 1970 auf etwa 250 000 im Jahr 1973/1974. Die Gesamtzahl der Lehrer – 1970 etwas unter 400 000 – wird 1975 eine halbe Million und 1980 fast 600 000 betragen. Allerdings ist es richtig, daß wir 1980 mehr ausgebildete Lehrer in der Bundesrepublik haben werden, als beim Staat beschäftigt werden können. Auch wenn wir die drastischen Senkungen der Klassenstärken, die der Bildungsgesamtplan auf allen Stufen unseres Schulwesens vorsieht, streng durchführen – und dafür werden wir sorgen –, wird es, wie Prognosen sowohl der Kultusministerkonferenz wie auch des Bundesministeriums für Bildung und Wissenschaft sagen, 1980 zwischen 15 000 und 70 000 Lehrer geben, die keine Stellung beim Staat finden können. Unbestreitbar ist dies ein ernstes Problem.

Ganz falsch wäre es allerdings, aus diesen Zahlen die Folgerung zu ziehen, man hätte eben die Bildungswerbung von vornherein unterlassen sollen. Unsere Aufgabe war und bleibt es, möglichst vielen Menschen möglichst viele Möglichkeiten zum Lernen zu bieten. Wir konnten uns aber niemals dazu verpflichten – und haben dies auch nie getan –, allen Leuten mit einer akademischen Ausbildung die Besoldung eines Regierungsrats mit der sicheren Aussicht auf eine Karriere bis zum Regierungsdirektor zu garantieren. Und es ist reiner Zynismus, wenn heute mancher offen oder unterschwellig zu erkennen gibt, man hätte Leute, für die man keinen Studienplatz hat, eben gar nicht bis zum Abitur führen sollen. Die Maxime, man dürfe nur so vielen Menschen die Chancen zum Erreichen einer Führungsposition geben, wie Führungspositionen vorhanden sind, ist sicher falsch.

Um zum Problem der sogenannten Lehrerschwemme zurückzukommen: Natürlich wäre es sinnvoll, die Schüler-Lehrer-Relation noch stärker zu verbessern, als es der Bildungsgesamtplan ohnehin vorsieht, und natürlich könnte man auch daran denken, die Pflichtstundenzahl der Lehrer zu verringern. All diese berechtigten Reformwünsche sind aber von der Finanzkraft dieses Staates abhängig. Und man muß auch diesen Zusammenhang erkennen: Je besser man den einzelnen Lehrer besoldet, desto weniger Lehrer wird man einstellen können. Ich habe immer dafür geworben, daß der Lehrerberuf in unserem Land besser geachtet werden soll. Jetzt müssen wir dafür sorgen, daß aus der Bildungsreform nicht nur eine Besoldungsreform wird. Ich weiß, daß mit solchen Sätzen auch Schindluder getrieben werden kann. Ich verbinde sie deshalb mit einer notwendigen Warnung vor einseitiger Auslegung. Wer sich indessen an diesen Problemen heute vorbeimogeln wollte, würde in der Bildungsreform schnell Schiffbruch erleiden.

Die Reform unserer Hochschulen

Neben der beruflichen Bildung, von der noch die Rede sein wird, geben das schwierigste Problem die Universitäten und Hochschulen auf. Von ihnen ging der Anstoß zur Bildungsreform aus. Bei ihnen setzte sie mit dem größten Elan und freilich auch mit den heftigsten Spannungen an. Das Hochschulrahmengesetz – das trotz der Widerstände in den Unionsparteien Wirklichkeit werden wird – enthält die Grundsätze der Studienreform, die hier im Detail zu schildern niemand von mir erwarten wird. Es sichert die Freiheit von Forschung und Lehre und beschreibt Grundsätze der Demokratisierung des Hochschulwesens, die nach dem Grundsatz der funktionsgerechten Mitbestimmung die sachverständige Mitwirkung nicht nur aller Hochschullehrer und der wissenschaftlichen Mitarbeiter, sondern auch der Studenten und des nichtwissenschaftlichen Personals gewährleistet. Entsprechend dem Urteil des Bundesverfassungsgerichts vom 29. Mai 1973 ist sichergestellt, daß die Hochschullehrer bei Entscheidungen über Fragen der Forschung, der Lehre und der Berufung von Hochschullehrern den ausschlaggebenden Einfluß haben.

Im Jahr 1951/1952 zählte man 110 000 Studenten an wissenschaftlichen Hochschulen, 1965 waren es 384 000, 1969 immerhin 473 000, im Wintersemester 1972/1973 schon 650 000 – eine Steigerung gegenüber dem Vorjahr um etwa zehn Prozent (bei den ersten Semestern um 15 Prozent).

Der Ausbau der Hochschulen, den wir nach der Übernahme der Regierungsverantwortung im Bund mit Energie vorantrieben, macht beachtliche Fortschritte. Die Zahl der Studienplätze wurde pro Jahr um etwa 50 000 vermehrt. Die Anstrengungen entsprachen einer Notwendigkeit. Aber man muß auch darauf hinweisen, daß die Mittel begrenzt bleiben werden und daß es mit bloßer Ausweitung nicht getan ist. Mit Geld ist nicht alles auszurichten. Wir haben festgestellt, daß die Belegung der Studienplätze keineswegs gleichmäßig ist. In den medizinischen Fächern, vor allem in der Zahnmedizin, sind die Ausbildungskapazitäten noch völlig unzureichend – also werden sich darauf zusätzliche Anstrengungen zu konzentrieren haben. In den Naturwissenschaften, auch bei den Ingenieurwissenschaften, ist die Lage schwierig. Doch bei den Geisteswissenschaften scheinen Studentenzahl und Ausbildungsplätze ziemlich ausgewogen zu sein. Im übrigen unterscheidet sich die Situation von Universität zu Universität. Insgesamt mußten wir inzwischen einsehen, daß der sogenannte Numerus clausus in absehbarer Zeit nicht abgebaut werden kann. Der Bildungsgesamtplan sieht vor, daß

22 bis 24 Prozent eines Geburtenjahrgangs die Hochschulen beziehen sollen. Eine Überschreitung der Zielzahlen ist in absehbarer Zeit nicht sinnvoll – darüber sind sich alle politisch Verantwortlichen einig. (Wir werden die Zielzahlen im übrigen früher erreichen, als der Bildungsgesamtplan vorsah.)
Diese Feststellung ist kein Rückzug von der Grundidee, möglichst vielen Menschen möglichst viele Bildungschancen zu bieten. Die Frage ist ja: *Welche* Bildungschancen bieten wir an? Es wäre falsch, einseitig nur akademische Bildungsgänge zu fördern; vielmehr müssen wir das Gleichgewicht auch und gerade durch eine Förderung der beruflichen Bildung herstellen.

Hochschulzugang

Eine Begrenzung der Zahl der Studienanfänger hängt von der Zahl aller Studenten und von der gegebenen Kapazität ab. Das heißt: Die Dauer des Aufenthalts an der Hochschule hat maßgeblichen Einfluß auf die Zahl der Studienanfänger. Dabei sind die »ewigen Studenten« nicht so wichtig – drastisch ausgedrückt: »Karteileichen« belasten die Hochschule kaum. Viel einschneidender ist die Verlängerung der Studiendauer beim durchschnittlichen Studenten, der durchschnittlichen Fleiß und durchschnittliche Begabung mitbringt. Deutsche Studenten studieren heute im Durchschnitt 12,5 Semester.
Das ist der zentrale Zusammenhang von Studienreform und Zulassungskapazität, genau der Punkt, an dem die Interessen der Studierenden und die der Wartenden aufeinanderprallen. Das Thema Regelstudienzeit ist damit nicht nur ein Thema für die Studenten, sondern auch eines für diejenigen, die ohne Studienplatz vor der Hochschule warten müssen.
Sieht man von den Sonderquoten für die Zulassung von Ausländern und für soziale Härtefälle ab, haben wir im wesentlichen zwei Zugangskriterien: den Notendurchschnitt im Abiturzeugnis und die Dauer der Wartezeit seit Erwerb der Hochschulreife.
Selbst wenn man von allen anderen Schwächen dieses unter enormem Zeitdruck zustande gekommenen Verfahrens absieht:

Unbegründbar bleibt, daß der künftige Apotheker einen wesentlich besseren Durchschnitt als 2,0 braucht, während der künftige Philosophieprofessor mit dem Durchschnitt »ausreichend« noch seinen Studienplatz bekommen kann. Genauso unbefriedigend ist die Honorierung eines bloßen Wartestudiums. Viele »parken« in der Biologie, um später Medizin studieren zu können. Wenn wir dies weiter dulden, werden schließlich alle Fächer überfüllt sein – viele mit unbefriedigten, eben nur »wartenden« Studenten.

Demgegenüber versucht der Entwurf des Hochschulrahmengesetzes, neben die Abiturleistungen die berufspraktische Bewährung zu setzen. Es ist besser, wenn der einzelne Bewerber seine Wartezeit in berufspraktischer Arbeit statt durch bloßes »Überwintern« an der Universität verbringt – besser vor allem dann, wenn die Wartezeiten immer länger werden und mancher gar keinen Studienplatz finden wird.

Für Studiengänge mit besonders tiefgreifenden Zulassungsbeschränkungen und für solche, bei denen die Schulleistungen kaum etwas über die Studieneignung aussagen, ist ein eigenes Zugangsverfahren vorgesehen, in dem ergänzend zu den Abiturleistungen Gesichtspunkte der Studien- und Berufseignung berücksichtigt werden sollen. Dies wird besonders für Fächer wie Medizin gelten, für die in anderen Ländern auch schon vernünftige Zugangsverfahren entwickelt worden sind.

Ich bin davon überzeugt, daß diese Veränderungen des Zugangsverfahrens dringend notwendig sind. Wenn die Menschen erst einmal realisieren, daß es in wenigen Jahren nur noch junge Ärzte gibt, die »Einser-Schüler« sind, werden sie erstaunt fragen, wie wir die derzeit geltende Regelung überhaupt praktizieren konnten.

Studienreform

Der Entwurf des Hochschulrahmengesetzes bestimmt als einheitliches Studienziel, und zwar für alle Studiengänge, unabhängig von der Art der Hochschuleinrichtung:

die Vorbereitung auf ein berufliches Tätigkeitsfeld;

die Vermittlung der erforderlichen fachlichen Kenntnisse, Fähigkeiten und Methoden;
die Befähigung zu wissenschaftlich-kritischem Denken und zu gesellschaftlich verantwortlichem Handeln.

Damit rückt neben die fachwissenschaftliche Dimension die der beruflichen Praxis.

Dieser inhaltlichen Zielsetzung entspricht das vorgesehene Verfahren: Zur Förderung der Reform von Studium und Prüfungen sollen Kommissionen eingesetzt werden, die innerhalb einer bestimmten Frist Grundsätze für die Neuordnung der einzelnen Studiengänge ausarbeiten sollen. Diese Kommissionen sollen neben Vertretern der Hochschulen und Vertretern der sachlich beteiligten Stellen auch Vertreter aus der Berufswelt umfassen. Voraussetzung für eine Reform der Studieninhalte ist eine klare, staatlich zu treffende Vorgabe für die Intensität beziehungsweise den Umfang des Studiums: die Regelstudienzeit.

Die Einführung von Regelstudienzeiten ist nicht nur bei Studenten auf heftigen Widerspruch gestoßen. In der Debatte wird regelmäßig gefordert, zunächst die inhaltliche Entwicklung voranzutreiben und anschließend über die zeitliche Bemessung der Studiengänge zu entscheiden. Hier wird verkannt, daß man beinahe jedes Studium sinnvollerweise auf zwölf oder mehr Semester ausdehnen könnte. Wenn man eine Entrümpelung und Entschlackung der Studiengänge will, wird man also der Inhalts-Diskussion die Frage nach einer gewissen zeitlichen Begrenzung voranstellen müssen.

Dabei soll nicht ausgeschlossen werden, daß sich die gesetzte Begrenzung im Verlauf der Diskussion der Studienreformkommission als unzureichend erweist. Und noch etwas anderes muß man sich im Zusammenhang mit der Regelstudienzeit klarmachen: Trotz der beliebten These von der studentischen »Bummelei« wird man davon ausgehen müssen, daß die meisten Studenten ein dringendes Interesse daran haben, ihr Studium innerhalb angemessener Zeit abzuschließen. Warum studieren Studenten denn so lange?

Die Gründe sind vielfältig: Neben unzureichenden Informationen über Aufbau, Forderungen und Inhalte der Studiengänge sind es Überfrachtung sowie das Fehlen der organisatorischen und zeitlichen Abstimmung des Lehrangebots und der Studien- und Prüfungsordnungen; oft fehlen sogar quantifizierte Studienordnungen; Studienempfehlungen gehen meist von einer unrealistischen zeitlichen Belastung aus; Lehrangebot und Prüfungsanforderungen sind nicht aufeinander abgestimmt; Lehrveranstaltungen weisen didaktische Mängel auf; hinzu kommen unter Umständen Ungleichgewichte in der sächlichen Ausstattung der Hochschulen.

Wir sehen also klar, daß an der langen Dauer des Aufenthalts an der Hochschule die Studenten zuallerletzt schuld sind. Trotzdem oder gerade deswegen ist die Regelstudienzeit notwendig: Nur wenn wir die Fachbereiche zwingen, den Studenten einen entrümpelten Studieninhalt, einen klar gegliederten Studiengang und eine ausreichende Anzahl von Lehrveranstaltungen anzubieten, können die Studenten in der Regelstudienzeit abschließen. Wir werden den Universitäten künftig bei ihren Kapazitätsanforderungen nur noch die Studenten anrechnen, die innerhalb der Regelstudienzeiten liegen. Die Regelstudienzeit ist also ein Instrument, das die Bedingungen sichern soll, unter denen man ein Studium in einer vernünftigen Zeit abschließen kann.

Es ist kein Privileg, studieren zu können, sondern für den Fähigen und Tüchtigen ein Recht. Der Gesellschaft kommt dies auch wieder zugute. Aber dieses Recht, durch das sich jungen Menschen ein soviel weiterer Lebenskreis öffnet, muß durch Leistung erarbeitet und bestätigt werden. Es bedeutet eine Verpflichtung gegenüber den vielen, die von den durch das Hochschulstudium erworbenen Berufschancen ausgeschlossen bleiben. In diesem Sinn ist und bleibt der Zugang zu den Universitäten eine Auszeichnung. Sie stellt eine Leistung der Gesellschaft – konkret: der großen Masse von Arbeitnehmern – für den einzelnen dar. Man sollte die Leistung, die die Gesellschaft auf diesem Gebiet erbringt, nicht als pure Selbstverständlichkeit betrachten und daraus nicht auch noch Ansprüche auf Gehaltsstufen im Öffentlichen Dienst ableiten.

Es wäre gut, wenn sich manche unserer Studenten – und der Professoren – von Zeit zu Zeit daran erinnerten, daß die Allgemeinheit für sie aufzukommen hat und daß dem eine Gegen-

leistung entsprechen muß. Das Leistungsprinzip, so verstanden, bewirkt keinesfalls eine automatische und starre »Verschulung«; es könnte vielmehr für eine gewisse Offenheit sorgen, die nach meinem Urteil noch durch keine der Reformen garantiert wird: Offenheit gegenüber den Leistungsfähigen und -willigen, gleichviel, ob er Lehrender oder Lernender ist.
Unsere Hochschulen, hineingestellt in eine sich nahezu täglich verändernde Gesellschaft, können nicht Sanatorien sein. Sie müssen, das ist unvermeidlich und sogar notwendig, die Spannungen dieser Zeit spiegeln. Wo aber unter falschen oder verschlissenen ideologischen Fahnen kleine Gruppen das Lernen und Lehren mit Gewalt zu vereiteln suchen, sind rechtliche Instrumente erforderlich, die durchzusetzen die Kräfte der Vernunft unter Studenten und Professoren dann allerdings auch den Mut haben müssen.

Keine Gefahr einer Bildungsinflation

Unsere Hochschul-Planungen können dank der Einsichten, die wir durch die Arbeit am Rahmengesetz und gemeinsam mit den Ländern im Planungsausschuß für den Hochschulbau gewannen, in Zukunft differenzierter sein; vor allem gehen sie nun von einer geschärften Analyse gesellschaftlicher Entwicklungen aus, die 1969 – vor fünf Jahren – in gleicher Weise noch nicht überschaubar waren. Die Richtung, in die sich unsere Wirtschaft und unsere Gesellschaft bewegen, deutet darauf hin, daß der »Markt« für Berufe, die eine akademische Ausbildung verlangen, aus heutiger Sicht begrenzt sein wird.
Von den Studenten und ihren Eltern her gesehen – das weiß ich wohl, und mein Hinweis auf die Leistungen der Allgemeinheit ändert hieran nichts – ist die Hochschulbildung vor allem ein finanzielles Problem. Auch von daher ergab sich ein Zwang, die Studienzeit zu verkürzen. Ich bin mir darüber klar, daß die Mittel, die der Staat in Form von Stipendien zur Verfügung stellen kann, nicht genügen, wenn ein Studierender ganz auf sie angewiesen ist. Sie werden kaum je völlig ausreichend sein. Das skandinavische Beispiel der Studiendarlehen ist in einer Ände-

rung unseres Bundesausbildungs-Förderungsgesetzes unter etwas anderen Voraussetzungen aufgenommen worden.

Im ersten Entwurf des »Orientierungsrahmens« meiner Partei für die Jahre 1973 bis 1985 findet sich die prägnante Aussage: »Mehr Chancengleichheit bedeutet auch mehr Wettbewerb. Der Abbau der Bildungsbarrieren und die Demokratisierung unseres Bildungswesens würden zur Farce, das Bildungssystem würde zu einer riesigen leerlaufenden Maschinerie, wenn die Leistungskraft und die Leistungsbereitschaft der Lernenden und Lehrenden nicht in hinreichendem Maße gefördert würden.« Das entspricht ganz der Einsicht des Dortmunder Wahlprogramms, daß dem einzelnen nicht die Verantwortung dafür abgenommen werden kann, was er aus seinen Chancen macht und was er leistet. Man darf freilich nicht aus den Augen verlieren, was das Godesberger Programm im Geist sozialdemokratischer Tradition verlangt: »Organisation des Schulwesens und Lehrpläne müssen so gestaltet werden, daß sich alle Begabungen auf allen Stufen der Entwicklung entfalten können. Jedem Befähigten muß der Weg in weiterführende Schulen und Ausbildungsstätten jederzeit offenstehen.«

Recht verstandene Gleichheit der Chancen setzt voraus, daß nicht länger der Geldbeutel der Eltern für den Bildungsgang bestimmend sein darf. Entscheidend müssen Talent und Leistungswille sein. Darum setzte auch die Regierungserklärung vom Januar 1973 bewußt ein Signal für die Förderung der besonders Begabten.

Erste Schritte sind getan: Die Mittel für die Ausbildungsförderung sind von 1971 bis 1974 von 800 Millionen auf 3,2 Milliarden DM gesteigert worden. Allerdings wird zu prüfen sein, ob die Ausbildungsförderung nicht auf eine ganz neue Basis gestellt werden muß. Helmut Rohde, der als erfahrener Sozialpolitiker in die Bildungspolitik übergewechselt ist, arbeitet an diesem komplizierten Problem.

Nach großen Erfolgen – und es ist ein einfach nicht zu leugnender Erfolg, daß heute nicht mehr 5 Prozent, sondern mehr als 12 Prozent der Studenten aus Arbeiterhaushalten kommen – steht die Bildungspolitik heute allerdings vor schwerwiegenden Strukturproblemen. Es hat keinen Zweck, sie zu verschweigen.

Das wichtigste ist ohne Zweifel die rasch größer werdende Lücke, die in der zweiten Hälfte der siebziger Jahre zwischen den Hochschulberechtigungen und der Kapazität unserer Hochschulen entstehen wird.
Die Gründe für dieses Strukturproblem sind verschiedenartig. Als wichtigste nenne ich das Fehlen wirksamer Steuerungsmechanismen auf der Oberstufe unserer höheren Schulen, das Versagen der Konzeption der Fachoberschule, die weiter zunehmende Studiendauer an unseren Hochschulen, die Entfremdung der Fachhochschulen zu einer Durchgangsstation der wissenschaftlichen Hochschulen und die zu geringe Bewertung beruflicher Ausbildungsgänge. Diese Probleme haben alle politischen Kräfte in unserem Land – die Sozialdemokraten eingeschlossen – nicht rechtzeitig gesehen und nicht entschlossen genug angepackt.
Gleichzeitig hat sich die »Bedarfslage« verändert. Niemand hat den überaus starken Geburtenrückgang vorausgesehen, den wir heute konstatieren müssen; deswegen ist ja für die achtziger Jahre ein »Lehrerüberschuß« (ich weiß, ein falscher Begriff) prognostiziert worden. Die Lage wird verschärft durch die Starrheit der Forderungen und Berechtigungen im Öffentlichen Dienst, aber auch in der Berufswelt der Wirtschaft. Immer noch werden längere und formalisierte Ausbildungsgänge stärker honoriert als Bewährung in Praxis und Beruf. All diese Tendenzen können in einer schweren Krise unseres Bildungssystems Ende der siebziger Jahre kulminieren.
Dieser Krise ließe sich auf zweierlei Weise begegnen. Wir könnten entweder die Auslese für die zum Studium führenden Schulen bereits bei den Zehn- bis Zwölfjährigen extrem verstärken – das wollen manche konservativen Bildungspolitiker – oder wirksame Steuerungsmechanismen für den Übergang in die Oberstufe unserer höheren Schulen und für den Übergang in den Hochschulbereich schaffen. Die Sozialdemokraten wollen eindeutig den zweiten Weg gehen, weil der erste die Ungerechtigkeiten einer verfrühten Auslese verewigen und zu mehr Berechtigungen und Erwartungen führen würde, als einzulösen wir in der Lage wären; auch der zweite Weg verlangt allerdings schwierige Entscheidungen.

Die Regierungserklärung vom 18. Januar 1973 stellte fest: »Die Chancengleichheit verlangt für die berufliche Bildung den gleichen Rang, wie ihn andere Bildungsbereiche haben.« Dieser Satz war die Mahnung zu neuem Realismus in der Bildungspolitik. Der Wille, Jahr für Jahr eine größere Zahl von Abiturienten und von akademisch Gebildeten vorzuweisen, ist nicht unproblematisch. Ein unkontrollierter Massenandrang zum Abitur und die Glorifizierung der akademischen Bildung freilich könnten, ob es so gemeint ist oder nicht, eine Diskriminierung der vielen bedeuten, die sich für einen anderen Weg entscheiden oder die es trotz aller Offenheit der Bildungswege nicht schaffen. Eine pauschale Aufwertung der sogenannten »höheren Bildungsgänge« bietet de facto nicht mehr Gleichheit, sondern größere Ungerechtigkeit. Es überrascht mich nicht, daß wir gerade bei den Diskussionen um diese Probleme eine verkrampfte, überanstrengte und im falschen Sinn elitäre Sprache feststellen können. Hier gibt es Zusammenhänge, die uns nachdenklich machen sollten. Ich frage mich, ob die so lange einseitig wirkende Begünstigung der höheren Schulbildung und der Hochschulen eigentlich gut demokratisch war.

Reform der Berufsbildung

Für die Entwicklung der Gesellschaft ist entscheidend, daß die sogenannte höhere Schulbildung und die akademische Bildung nicht auf Kosten anderer Bildungswege und anderer Bildungsschichten einseitig gefördert werden. Der Schlüssel zu diesem Problem ist die Berufsbildung. Mit ihrer Gleichstellung muß Ernst gemacht werden. Dies ist mit Recht zu einem Schwerpunkt der Regierungsarbeit geworden, dessen sich nun Bundesminister Helmut Rohde besonders annimmt. Für den Rang der Aufgabe ist es wichtig, daß »berufliche und allgemeine schulische Bildung stärker miteinander verflochten werden«, wie es die Regierungserklärung sagte.

Die Große Koalition hatte 1969 ein Berufsbildungsgesetz verabschiedet, das von den Sozialdemokraten als ein Kompromiß akzeptiert wurde, der immerhin die Verhältnisse besserte. Es blieben Mißstände genug:

Noch immer fehlen 15 000 Berufsschullehrer;

noch immer ist nicht garantiert, daß den Lehrlingen die vorgeschriebene Mindestzahl an Berufsschulstunden geboten wird;

noch immer ist das Ansehen der Berufsschullehrer zum Teil geringer als das ihrer Kollegen in anderen Bildungszweigen;

noch immer gibt es kein gerechtes Ausbildungs- und Auswahlsystem für Berufsschullehrer.

Die Reform der beruflichen Bildung setzt eine Wandlung des Interesses an den Lernenden voraus. Das Angebot an Lehrstellen ist ein Grundproblem des gesamten Ausbildungswesens geworden. Schon hier stehen junge Menschen vor den ersten Sperren, die Chancengleichheit verhindern. Dies wurde in der deutschen Öffentlichkeit ebenso aufmerksam registriert wie manche Mängel der traditionellen Ausbildung. Hier zeigte sich eine Wandlung des öffentlichen Bewußtseins, von der die Reform der beruflichen Bildung wie jede andere große Veränderung getragen sein muß. Es gibt dafür keinen besseren Ansatz als die Öffnung der Haupt- und Oberschulen in den höheren Klassen für die Vorbereitung auf das Berufsleben. Hier muß sichtbar werden, daß Bildung nicht in abgeschlossene Bereiche gepfercht werden kann. Sie soll ein System von Übergängen werden.

Hier setzten die Leitlinien des Bundesministeriums für Bildung und Wissenschaft für die Gesetzgebung an, die im Herbst 1973 dem Kabinett als »Markierungspunkte« vorgelegt wurden; sie werden als Diskussionsgrundlage weiterhin nützlich sein:

Zum ersten: Die Verantwortung des Staates für die berufliche Bildung muß verstärkt werden.

Zum zweiten: Die Berufsbildung in den Schulen und in der Praxis muß ein Ganzes sein. Die Ausbildungspläne in den Betrieben und die Rahmenlehrpläne in den Schulen müssen aufeinander abgestimmt werden.

Zum dritten: Die Ausbildung im Betrieb und außerhalb des Einzelbetriebes muß finanziell besser gesichert werden, Unterschiede des Angebots an Ausbildungsplätzen zwischen Regionen und den verschiedenen Industrien und Handwerken müssen ausgeglichen werden.

Ich möchte zwei wichtige Aufgabengebiete in diesem Zusammenhang wenigstens erwähnen.
Erstens: Man muß sich mit sorgsam der Wirklichkeit angepaßten Programmen um die in den Betrieben tätigen jungen Menschen kümmern, die, aus welchen Gründen auch immer, in keinem Ausbildungsverhältnis herkömmlicher Art stehen. Sie sind bisher vernachlässigt worden.
Zweitens: Man muß sich um die berufliche Fortbildung der jungen (und auch der älteren) ausländischen Arbeitnehmer kümmern. Auch hier gilt der Grundsatz, daß sie weder als Parias noch als ein Leihproletariat behandelt werden dürfen. Sie haben ein Recht auf Gleichheit der Chancen.
Das Gewicht der Zuständigkeit liegt auch hier bei den Ländern. Also verlangt auch hier unser föderatives System ein enges Zusammenwirken. Der Bund muß sich mit Zustimmung der Länder vermehrten Einfluß verschaffen.
Es ist nur natürlich, daß die Bundesregierung dabei auf Widerstände stößt. Doch man weiß in den Ländern gut genug, daß es ihr nicht darum zu tun ist, »Kompetenzen« nach Bonn zu ziehen und die Autorität der Länder auszuhöhlen. Die Notwendigkeit einer Koordinierung stammt aus der Sache selber; jeder, der sich mit diesen Problemen herumschlägt, wird das einsehen.
Die Schwierigkeit ergibt sich eher aus der Tatsache, daß sich in den Vorbehalten einiger Länderregierungen politischer Widerstand anmeldet, der wiederum handfeste wirtschaftliche Interessen vertritt. Sie begegnen dem Einfluß des Staates auf die Berufsbildung mit tiefem Mißtrauen und mit lautstarkem Protest. Man berief sich auf »Eigenständigkeit« des Berufsbildungswesens, aber es entsprach immer unserem Willen, daß Betriebe und Staat hier eng zusammenarbeiten müssen. Die Große Koalition hatte schon 1969 der Erkenntnis Rechnung getragen, daß es ohne den Staat nicht geht, wenn ein großer Teil unserer jungen Menschen nicht durch die Mängel der Berufsbildung diskriminiert werden soll. In Wirklichkeit bedarf es hier des Zusammenwirkens von drei Faktoren, und so will es unsere Konzeption:
Die Länder führen die Aufsicht über die Berufsschulen.

Die Wirtschaft stellt die Lernorte im Betrieb zur Verfügung.
Der Bund wirkt mit den berufsständischen Organisationen bei der Kontrolle der betrieblichen und überbetrieblichen Ausbildung zusammen.
Die »eigentliche Gretchenfrage«, wie es ein Kommentator ausdrückte, ist das Problem der Kontrolle. Durchführung und Überwachung der Ausbildung waren bisher allein Aufgabe der berufsständischen Kammern. Ihre Zusammensetzung und ihre Interessen garantieren nicht immer und nicht überall für jene Qualität der Ausbildung, die man den Lehrlingen schuldig ist. Die Notwendigkeit einer Fortentwicklung leugnet niemand im Ernst. Darum müssen hier neue Formen der Zusammenarbeit mit dem Staat gefunden werden.
In Prüfungsausschüssen müssen die Sachverständigen vertreten sein, die an der beruflichen Bildung beteiligt sind, nämlich Vertreter der Arbeitgeber, der Arbeitnehmer und des Schulwesens. Die Kammern sollen keineswegs von der Berufsbildung ausgeschlossen werden.
Wir dürfen es uns nicht billig machen. Es ist zwar immer noch die bittere Wahrheit, daß Lehrlinge in manchen Betrieben einen guten Teil ihrer Zeit darauf verwenden, für die Kollegen und Vorgesetzten Besorgungen zu machen und aufzuräumen, nicht nur im Betrieb. 1970 wurden allein 70 000 Verstöße gegen das Jugendarbeitsschutzgesetz gezählt. Aber die ganze Wahrheit ist das nicht. Die berufliche Qualität, die junge Menschen in unseren Betrieben zeigen, beweist, daß sie etwas lernen. Dennoch kann die Ausbildung insgesamt rationeller und umfassender sein. Man wird es sich abgewöhnen müssen, Lehrlinge als billige Arbeitskräfte zu betrachten. Unsere Wirtschaft wird schließlich mit davon abhängig sein, daß die Qualität des Lernens die denkbar beste ist; so bestimmt es ihr eigenes Interesse.
Weil nicht jeder Betrieb die Ausbildungschancen bieten kann, auf die ein junger Mensch Anspruch hat, müssen mehr überbetriebliche Ausbildungsstätten eingerichtet werden, und sie müssen möglichst vielen Lehrlingen zur Verfügung stehen. Eindrucksvolle Modelle sind entwickelt worden. Der Bund hat sich dabei wesentlich an den Kosten beteiligt.

Berufsschul-Probleme

Erwägenswert scheint mir der Vorschlag zu sein, den Unterricht in den Berufsschulen, der durch die zeitliche Aufteilung niemals die notwendige ganze Konzentration der jungen Menschen erlaubt, zeitlich zusammenzufassen. Damit würde auch das Verhältnis zwischen den Berufsschülern und ihren Lehrern verbessert. Der Lehrer könnte sich mehr auf die Probleme des einzelnen konzentrieren. Zusammenhänge eines Unterrichtsfaches ließen sich dann leichter darstellen. Das gilt besonders für die Allgemeinbildung. Gerade hier ist der Wissensstand, wie die Erfahrung zeigt, in vielen Fällen erschreckend gering.

Dies zeigt eindrucksvoll ein Brief, den mir eine junge Berufsschullehrerin schrieb. Ihre Schilderungen sind vielleicht nicht typisch – ich hoffe es nicht –, aber sie deuten die Probleme an, denen wir gewiß an vielen Berufsschulen gegenüberstehen. Sie berichtet: »Die Ausbildungsberufe an der Schule für Kraftfahrzeugtechnik – Automechaniker, Schlosser, Lackierer, Tankwart – markieren eher eine ›untere Berufsskala‹. In kaufmännischen Berufsschulen sieht es wohl anders aus. Meine Erfahrungen beziehen sich auch lediglich auf die etwas anmaßend so genannten ›allgemeinbildenden Fächer‹ Wirtschaftslehre, Politik und Deutsch.

Ein grundsätzliches Problem der Berufsschule: Ihr Besuch ist obligatorisch, und sie wird von den meisten nicht dazu benutzt, um zu lernen oder dazuzulernen, sondern als willkommene Gelegenheit zur Entspannung zwischen anstrengenden achtstündigen Arbeitstagen betrachtet. Die Berufsschule nimmt jeden Schüler auf, der ›in einem Ausbildungsverhältnis‹ steht, und diejenigen, die keinen Ausbildungsvertrag haben, aber jünger als achtzehn Jahre sind. Außerdem Jugendliche ohne Schulabschluß. Der zunehmende Anteil von Ausländern – in manchen Klassen bereits ein Viertel aller Schüler –, die Deutsch nicht in dem Maße verstehen, um dem Unterricht ohne Mühe folgen zu können, macht die Arbeit nicht leichter.

Die Übung mit dem gesprochenen oder geschriebenen Wort – nicht literarischer Texte, sondern Alltagssprache – müßte in der Berufsschule viel intensiver als bisher betrieben werden, um überhaupt eine Gewöhnung an die Sprache als Mittel der Kommunikation zu erreichen. Die orthographischen Schwierigkeiten sind groß.

Der eingeschränkte Wortschatz bereitet – ebenso wie im Schriftlichen – Schwierigkeiten im Mündlichen, im Gespräch, in der Beantwortung von Fragen. Mit wenigen Ausnahmen habe ich den Unterricht in Frage-und-Antwort-Form führen müssen, um ein Mitwirken der Schüler zu erreichen. Gleiches gilt wiederum für schriftliche Arbeiten, für die ich nach gescheiterten Versuchen mit anderen Formen hauptsächlich auch Frage und Antwort gewählt habe. Meist kamen die Antworten nicht als vollständige Sätze, sondern in Stichworten.

Wenn man mit allen Zweifeln der These zustimmt, die Bildung der Persönlichkeit sei weitgehend abhängig vom Gebrauch der Sprache, dann ist das Ziel noch in deprimierend weiter Ferne, aus diesen jungen Leuten ›mündige Bürger‹ zu machen oder nach den Empfehlungen des Deutschen Bildungsrates ›kritisches Verständnis des arbeitenden Menschen für technische, wirtschaftliche und soziale Prozesse im Betrieb sowie bewußte Mitwirkung an diesen Prozessen‹ zu erreichen.«

Die in diesen gewiß subjektiven Schilderungen beschriebenen jungen Menschen sind Produkte unserer Schulen. Das gibt zu denken. Und es zeigt, wie groß die Aufgabe der Berufsschulreform ist. Das entscheidende Instrument, um das Niveau zu heben, ist ohne Zweifel die Erhöhung des Anreizes, der sich aus besseren Chancen ergibt. Auch das Berufsschulsystem muß gegenüber den anderen Bildungswegen »durchlässiger« sein. Dieses modische Wort meint das Gegenteil einer Abkapselung – nämlich Offenheit.

Kein Bildungsweg darf eine Sackgasse sein. Es muß immer Durchgänge geben, die weiterführen. Auch der Übergang von der Berufsschule zum Studium an einer Hochschule muß möglich sein – nicht als ein Geschenk des Staates, sondern als Ergebnis von Begabung und Leistung. Dabei darf nicht die Gymnasialbildung Richtschnur sein, sondern die durch die berufliche Bildung erreichte Qualifizierung muß ein wesentliches Kriterium werden.

Weiterbildung

Das gleiche Prinzip der Durchlässigkeit und Ergänzung soll für den gesamten großen Bereich der Weiterbildung gelten. Dafür hat das Bundesarbeitsministerium Leitlinien formuliert. Die Berufstätigen sollen die Chance haben, sich in Lehrgängen weiterzuqualifizieren. Dafür wurde ein »Baukastensystem« erdacht, das eine geplante Fortentwicklung der Kenntnisse (und Qualifizierung durch Prüfungen) erleichtert. Allein die Bundesanstalt für Arbeit hat im Jahr 1971 für die Fortbildung und Umschulung 1,2 Milliarden DM aufgewandt.

Ein großes Ziel auf weitere Sicht ist der bezahlte »Bildungsurlaub« für alle daran interessierten Arbeitnehmer. Diese Errungenschaft werden wir uns so rasch nicht leisten können, doch schrittweise Annäherungen sind erreicht worden. Das Betriebsverfassungsgesetz zum Beispiel gibt schon jetzt über 100 000 Betriebsräten einen gesetzlichen Anspruch auf Bildungsurlaub. Dies gilt auch für Personalräte und – durch besondere tarifliche Vereinbarung – für bestimmte Gruppen von Arbeitnehmern.

Die moderne Medientechnik öffnet zusätzlich breite Lernchancen – für die Schule so gut wie für die Berufsschule, für die Hochschule ebenso wie für die Weiterbildung. In Großbritannien wurde eine ganze Universität mit Hilfe des Staates auf Fernsehkurse aufgebaut (»open university«), die sich für viele Menschen als ein ideales Mittel der Fortbildung und damit des sozialen Aufstiegs erwies. Sie hat überdies den Vorteil, daß sie, obwohl nicht ganz so billig wie ursprünglich berechnet, den Staat nur die Hälfte der normalen Universitätszuschüsse kostet.

Eine Reihe des WDR-Fernsehens, in der die »Einführung in die elektronische Datenverarbeitung« gelehrt wurde, fand zum Beispiel mehr als 100 000 regelmäßige Zuschauer. Von ihnen erwarben 42 000 ein Zertifikat. Manche unter ihnen haben sich durch die Teilnahme an diesem Fernkurs die Voraussetzung für eine Umschulung geschaffen.

So können Massenmedien breiten Gruppen der Bevölkerung die Möglichkeit vermitteln, ohne große finanzielle Belastungen und ohne zuviel Zeitaufwand spezialisiertes Wissen zu gewinnen. Sie bieten zudem allen Bürgern wenigstens Anhaltspunkte für die »allgemeine Bildung«, die ihnen in den Schulen nicht vermittelt wurde. Damit man mich richtig versteht: Ich meine nicht, daß die Funkhäuser in pädagogische Anstalten verwandelt werden sollen. Doch für viele ersetzen sie auch das, was vor dem Ersten Weltkrieg die Arbeiterbildungsvereine geleistet haben, später (und auch heute noch) bis zu einem gewissen Grade die Volkshochschulen und Abendschulen. Die Medien als Bildungsinstrumente können kaum überschätzt werden.

»Schule der Nation«

Da wir uns hier im Milieu der Schule aufhalten, ist gewiß der Ausdruck erlaubt, daß wir als Nation noch ein wenig nachsitzen müssen. Für einen besonderen Kulturdünkel gibt es keinen Anlaß. Unser Anspruch, ein Volk der Dichter und Denker zu sein, war insofern immer fragwürdig und ein idealistisches Mißverständnis der gesellschaftlichen Wirklichkeit, die man verdrängen zu können glaubte. Es ist hohe Zeit, daß wir nach den Jahren einer wirtschaftlichen Überanstrengung vieler einzelner und vielleicht des ganzen Volkes auch hier wieder zu neuen (oder sehr alten) Qualitäten des Lebens zurückfinden: nämlich den geistigen.

Der »lesende Arbeiter« ist kein Traumbild einer Sozialromantik, der ein fester Boden unter den Füßen fehlt. Der arbeitende Mensch, der nicht nur die Zeit zum Lesen hat, sondern sie sich auch nimmt, ist für mich eines der wichtigen Ziele, in denen sich die Bildungsreform erfüllen muß.

Die Wandlung des gesellschaftlichen Milieus ist dafür eine wichtige Voraussetzung. Es macht sehr wohl einen Unterschied, ob alle Kinder im Kindergarten und in der Vorschule die Möglichkeit finden, auf spielende Weise ihre Fähigkeiten zu entdecken.

Ich habe vor der Totalität gewisser Erziehungsideale gewarnt – und ich werde es immer wieder tun, wenn es mir notwendig zu sein scheint. Aber ich hörte auch aufmerksam den Eltern zu, die sich da und dort beklagten, daß ihre Kinder in den Schulen zu Objekten von pädagogischen Experimenten gemacht würden, die sich mit dem Pathos der Fortschrittlichkeit tarnten. In der Tat sollte man sich besinnen, ob Übereifer in der Veränderungsbereitschaft im vielleicht verletzlichsten Bereich der Gesellschaft, nämlich im Schulwesen, nicht gerade einer schlechten deutschen Tradition entspricht. Es bedarf der Aufgeschlossenheit, gerade im Schulbereich. Aber es ist auch das Wort von der Reformhuberei gefallen. Kinder haben ein Recht auf die Behutsamkeit der Erwachsenen. Damit soll auf Grenzen des »Leistungsdrucks« hingewiesen werden, die bei unseren Kindern nicht ohne Schaden überschritten werden dürfen. Die Entwicklung ihres Denkens ist die kostbarste Verantwortung, die uns anvertraut ist. Die »Herrschaft des Menschen über den Menschen« darf nicht in der Schule beginnen, auch dann nicht, wenn sie nur an Freiwilligkeit zu appellieren meint.

Keine überdrehten Bildungsideale

Wir wollen die jungen Menschen aus den Zwängen des Konformismus lösen. Wir wollen sie vor der »autoritären Autorität« schützen, die nach konservativer Gewohnheit nur den blinden, fraglosen Gehorsam, das heißt aber die unangefochtene Ausübung der Macht (von Eltern und Lehrern), will. Die Begründung von »nichtautoritärer Autorität« verlangt mehr Geduld, mehr Toleranz, größere geistige Anstrengung – kurz: Sie setzt eine Selbsterziehung der Erziehenden voraus. Dennoch wird der Prozeß der unvermeidbaren Einordnung für die Kinder niemals schmerzlos sein. Unser Bildungsideal kann es nicht sein, die »heile« alte Lesebuchwelt durch ein System der möglichst reibungslosen sozialen Anpassung zu ersetzen. Chancengleichheit verlangt auch, dem Schwierigen seine Chancen zu geben. Zu ihr gehört der Mut, die Entwicklung junger Menschen zu dulden, die anders sein wollen als die anderen.

Unser Ziel ist weder die angepaßte Gesellschaft noch der angepaßte Mensch. Unsere veränderte Gesellschaft, ich sagte es, wird keine konfliktlose Gesellschaft, sie wird nicht frei von Spannungen sein. Wir müssen auch die Widerstandskräfte wecken, die notwendig sind, Spannungen auszuhalten. Und mehr noch: Wir müssen das Unsere tun, Generationen heranzubilden, die Recht, Gerechtigkeit und Demokratie leidenschaftlich verteidigen. Die Entschlossenheit, für die Freiheit zu kämpfen, ist die Voraussetzung, daß Freiheit wachsen kann.

Wenn uns die Bildungsreform dem Ziel näher bringt, Talent und Begabung, Talent und Leistung, unabhängig von Herkunft und finanziellen Voraussetzungen, den Weg ins Leben zu öffnen und damit durch die Wirkung in die Breite die geistige und berufliche Qualität der Gesellschaft insgesamt zu mehren – dann hat die sozial-liberale Koalition Beispielhaftes geleistet, und zwar an den Fundamenten der Gesellschaft.

Die Europäisierung muß ein Ziel unserer Bildung sein. Es setzt die Befreiung von solchen nationalen Leitbildern voraus, die zu Klischees und zu Vorurteilen degenerierten. Der Ansatz muß in der Arbeit für ein gemeinsames Geschichtsbild gefunden werden. Hier hat das Internationale Schulbuchinstitut in Braunschweig unter der Leitung des im Januar 1974 verstorbenen Professors Georg Eckert Vorbildliches geleistet. Es begann seine Arbeit 1949 mit der Revision der deutschen und der englischen Unterrichtsbücher für Geschichte: Gemeinsam wurden Irrtümer, Vorurteile, Legenden und Klischees ausgeräumt. Schwieriger und noch fruchtbarer war diese Zusammenarbeit bei der Prüfung der Geschichtsbücher für das deutsch-französische Verhältnis; hier galt es, die unselige »Erbfeind«-Theorie zu überwinden. Die Kooperation setzte sich mit Norwegen und anderen nordeuropäischen Nachbarstaaten fort. Jugoslawien war der erste osteuropäische Partner. Ihm folgte Polen, zu dem unsere Beziehungen auch historisch so bitter belastet waren. Andere werden, wie wir hoffen, folgen. Das Beispiel von Braunschweig sollte Schule für die Schulen der Welt machen.

So brauchen wir auch hier nach außen und nach innen den Geist der Nachbarschaft. Europäisierung heißt nicht Verlust der nationalen Identität. Eine rationale Ordnung und Verbesserung des Bildungssystems im nationalen Bereich heißt nicht Verzicht auf gewachsene Eigenarten und gute Traditionen. Im Gegenteil, sie können hier mit neuer Kraft sichtbar gemacht werden. Die

Gesellschaft braucht auch die Toleranz gegenüber dem Bewährten.

Offenheit und Durchlässigkeit der Bildungswege sind Prinzipien der Bildungsreform. Sie machen das Leben nicht einfacher, sondern vermutlich im guten Sinn schwieriger. Es kommt auch darauf an, wie diese Schwierigkeiten ausgetragen werden. Darum ist für mich nicht nur der Inhalt neuer Bildung, sondern auch – ich scheue mich nicht vor dem Wort – ihr Stil wichtig. Ich wünschte, wir Deutschen hätten die Fähigkeit, uns als rücksichtsvolle Gesellschaft zu entwickeln und zu bewähren.

14. Kapitel
Zur Qualität des Lebens

Innerhalb weniger Jahre hat unsere Öffentlichkeit mit bemerkenswerter Aufgeschlossenheit die Erkenntnis aufgenommen, daß ein bloßes Mehr an Produktion, Ertrag und Konsum nicht automatisch mehr Zufriedenheit, Freiheit und Entfaltungsmöglichkeit für den einzelnen bedeutet. Vielen ist bewußt, daß zur Qualität des Lebens mehr gehört.

Verständlicherweise wurde das Wort von der »Lebensqualität« nicht überall ohne Widerspruch und Ressentiment aufgenommen. Aber die vielen Einwände und kritischen Anmerkungen ändern nichts an der Tatsache, daß dieses Wort in der Bedeutung, die es bei uns gewann, bereits Geschichte gemacht hat. Denn es ist mehr als eine modische Vokabel. (Dabei gibt es Zweifel daran, ob die Ableitung dieses Begriffs von dem angelsächsischen «quality of life« überhaupt korrekt ist. Andererseits: Der neue französische Staatspräsident hat sich durch die auch in seinem Land aufgetauchten philologischen Zweifelsfragen nicht davon abhalten lassen, ein eigenes Ministerium für Fragen der Lebensqualität zu schaffen.)

Worum geht es bei der Qualität des Lebens? Antwort: Um das Wofür und Wie eines Wachstums, das in manchen Bereichen an Grenzen stößt. Um die Bedingungen der Arbeitswelt. Um das Verhältnis zwischen privatem Verbrauch und dem Aufwand, der für gemeinschaftliche Einrichtungen notwendig ist. Um die Umweltbedingungen der Produktion und des Wohnens. Um die Freizeit und kulturelle Werte, die das Leben über materiellen Konsum hinaus bereichern.

Und doch ließe sich noch leichter beschreiben, was die Qualität des Lebens mindert, was sie bedroht – die Definition aus der Negation.

Eine anfängliche Vieldeutigkeit mag der Preis sein, den die Breite und das Umfassende des Begriffs fordern. Aber die Vieldeutigkeit ist erträglich, wenn es gelingt, die Gefahr der Mißdeutung und des Mißbrauchs durch eine Konkretisierung dessen, was gemeint ist, zu vermeiden. Hier braucht es den Hinweis auf die Gefahr, daß unser Leben im Alltag immer mehr von Kategorien bestimmt wird, die geeignet sind, die eigentlichen Werte unseres Daseins verlorengehen zu lassen.

Über die qualitativen Kriterien des Ökonomischen ist bis vor einigen Jahren zu wenig nachgedacht worden. Zumal bei uns in der Bundesrepublik waren die Kräfte sehr stark und sehr einseitig durch den Wiederaufbau und danach durch den Ausbau der Wirtschaft und der Städte in Anspruch genommen. Aber bei weitem nicht alle nahmen am Wohlstand teil, ganze Gruppen blieben zurück. Und die Gutsituierten setzten Maßstäbe, die überwiegend materiell bestimmt waren. Unsere Gesellschaft insgesamt war im Begriff, ihre geistigen und moralischen Ressourcen teils zu vernachlässigen, teils zu überfordern.

Entbehrungen und ein verständlicher Lebenshunger forderten in den ersten Jahrzehnten nach dem Krieg die Wiederherstellung der Existenzgrundlagen und die Steigerung des Lebensstandards. Nun sind sich viele bewußt geworden, daß die Erwartung des Menschen auch auf anderes gerichtet ist – das sich allein durch quantitative Kategorien in Produktion und Konsum eben nicht befriedigen läßt. Diese Erwartung konzentriert sich auf die Qualität des Lebens.

Dortmunder Programm und Regierungserklärung

Im Dortmunder Wahlprogramm meiner Partei wurde nach meinem Verständnis zutreffend beschrieben, welcher Anspruch mit diesem Wort gesetzt wird:

»Lebensqualität ist mehr als höherer Lebensstandard. Lebensqualität setzt Freiheit voraus, auch Freiheit von Angst. Sie ist Sicherheit durch menschliche Solidarität; die Chance zur Mitbestimmung und Selbstverwirklichung; zum sinnvollen Gebrauch der eigenen Kräfte in Arbeit, Spiel und Zusammenleben; zur Teilhabe an der Natur und den Werten der Kultur; die Chance, gesund zu bleiben oder zu werden. Lebensqualität meint Bereicherung unseres Lebens über den materiellen Konsum hinaus.

Die Verantwortung für die Qualität seines Lebens kann niemandem abgenommen werden. Aber es liegt in der Verantwortung der Politik, positive Bedingungen für die Lebensqualität zu schaffen.«

Vier Monate später, in der Regierungserklärung vom 18. Januar 1973, wurde der gedankliche Anschluß formuliert, gemeinsam mit den Freien Demokraten:

»Wirtschaftliches Wachstum und steigender Wohlstand haben seit dem Zweiten Weltkrieg den Lebensstandard unserer Bürger wesentlich verbessert. Mehr Produktion bedeutet aber nicht automatisch mehr Freiheit für den einzelnen. Lebensqualität ist mehr als Lebensstandard. Sie ist Bereicherung unseres Lebens über Einkommen und Konsum hinaus. Sie setzt ein neues Verständnis von Allgemeininteressen voraus. Sie hängt immer mehr davon ab, wieviel gute Nachbarschaft es bei uns gibt und was die Gemeinschaftseinrichtungen zu leisten vermögen ... Weder die einzelnen noch die Gemeinschaft können auf Kosten der Natur leben. Sonst wird die Entwicklung unserer Umwelt inhuman, zumal dort, wo die Experten von ›Verdichtungsräumen‹ sprechen.«

Bessere Gemeinschaftseinrichtungen

Als Sozialdemokrat kann ich mich, gerade wo es um die Lebensqualität geht, auf die Tradition einer politischen Bewegung stützen, die über ein Jahrhundert hinweg stets die Erfüllung der Bedürfnisse der Menschen als Ziel der Politik betrachtet hat. Die ersten Generationen der Arbeiterbewegung haben dafür gekämpft, daß der Zerstörung von Gesundheit und Lebenskraft durch unmenschliche Arbeitszeiten, schlechte Ernährung und miserable Wohnverhältnisse ein Ende gesetzt wurde. Sie verhinderten, daß unter den Rädern der industriellen Revolution, die in Deutschland ja erst relativ spät – etwa Ende der dreißiger Jahre des vorigen Jahrhunderts – einsetzte, Tausende zugrunde gingen. Nachdem – teilweise schon im Kaiserreich, vor allem aber während der kurzen Periode der ersten deutschen Republik – manche der elementaren Forderungen erfüllt worden und im Laufe der Jahrzehnte neue Bedürfnisse entstanden waren, mußten fortschrittliche und freiheitliche, sozial verantwortliche Kräfte sich die Frage stellen, was zu geschehen habe, damit Mensch und Natur nicht durch eine ungezügelte Technologie und eine mißverstandene Verabsolutierung des ökonomischen Prinzips gefährdet oder zerstört würden.

Beim Kölner Parteitag im Mai 1962 hatte ich ein Thema meines voraufgegangenen Bundestagswahlkampfes systematisiert, und ich sprach nun von den beiden Komponenten des Lebensstandards, der individuellen und der gemeinschaftlichen: »Der individuelle Lebensstandard muß gesichert bleiben. Und wir müssen den gesellschaftlichen Lebensstandard erhöhen. Den Lebensstandard liest man nicht nur an der Lohntüte und dem Gehaltsstreifen ab. Er ist mindestens so sehr eine Frage der gesellschaftlichen Möglichkeiten des Menschen in guten und der gesellschaftlichen Sicherheit des Menschen in schlechten Zeiten.«

Aus der Frage nach dem gesellschaftlichen Lebensstandard ergab sich zwingend die nächste Frage nach den großen Gemeinschaftsaufgaben – ihrer Finanzierung und Organisation, den Möglichkeiten ihrer Durchsetzung –, die meine Partei im Herbst 1962 in Berlin auf einem Kongreß in Vorträgen und Fachgesprächen von bedeutenden Experten prüfen und debattieren ließ. Dort wurden die großen Themen, die inzwischen unsere Regierungsarbeit bestimmen, schon sichtbar; neben dem Problemkreis Gesundheit war »Aufstieg durch Bildung« eines der elementaren Themen. Die Familienpolitik stand in einem dritten Arbeitskreis zur Diskussion, wobei die Probleme der älteren Menschen besonders geprüft wurden. Ein vierter Themenkreis umschloß die Fragen der Urbanisierung.

An der Tagung nahmen 31 Wissenschaftler aus den Vereinigten Staaten, Großbritannien und Schweden, den Niederlanden, der Schweiz und der Bundesrepublik Deutschland teil, ferner 500 so-

zialdemokratische Politiker und 2000 Ärzte, Lehrer, Sozialarbeiter, Architekten und Wissenschaftler. Ich konnte am Schluß feststellen, daß die Wissenschaftler in ihrer Kritik an der Gegenwart durchweg radikaler waren als die meisten Politiker. Es lohnt sich auch heute, in den fünf Dokumentationsbänden zu blättern, die von diesem Kongreß berichten (sie wurden von der Friedrich-Ebert-Stiftung im Auftrag des Vorstandes der SPD herausgegeben). Gerade hinsichtlich der Verbesserung der Lebensqualität finden sich hier die entscheidenden Ansätze für die spätere Arbeit.
Zehn Jahre später, im Jahr 1972, hielt dann die Industriegewerkschaft Metall ihren Kongreß in Oberhausen ab, der wesentlich dazu beigetragen hat, die Probleme der Lebensqualität und der Gemeinschaftsleistungen einer breiteren Öffentlichkeit bei uns in der Bundesrepublik bewußt zu machen.

Ist Lebensqualität meßbar?

Blanker Unsinn wäre es, die Forderung nach mehr Lebensqualität als konsumfeindliche Ideologie zu verketzern. Mein Verständnis gilt freilich allen, die es nicht für notwendig halten, die komfortable Existenz der Gutsituierten durch immer mehr Luxus noch angenehmer zu machen.
Nun müssen wir bei all unseren Überlegungen davon ausgehen, daß uns die Grenzen des Wachstums auf harte Weise deutlich werden. Es wird kaum ernsthaft bestritten, daß die Menschheit nicht im unbegrenzten Überfluß, sondern, aufs Weltganze gesehen, in einer Perspektive des Mangels lebt. Wir können nicht länger der Einsicht ausweichen, daß auch die begünstigten Industrienationen Gesellschaften der begrenzten Möglichkeiten sind.
Hieraus folgt, wie Hans-Jochen Vogel sagte, »beileibe keine Verteufelung der ... ökonomischen Prinzipien einer sozialgebundenen und sozial verantwortlichen Wirtschaftsordnung«. Aber der materielle Wohlstand ist dennoch, wie er hinzufügte, nur ein Teil, ein wichtiger Teil der Lebensqualität und das Bruttosozialprodukt nur ein Teil, ein wichtiger Teil des sozialen Nutzens.

Erhard Eppler sagte es so: »Lebensqualität kann nicht mehr Funktion von Wirtschaftswachstum sein. Wirtschaftswachstum muß Funktion von Lebensqualität sein.«

Lebensqualität ist eine Werteordnung, mit der wir den Lebensstandard besser beurteilen können. Aber: Ist Lebensstandard überhaupt meßbar? Und gar erst Lebensqualität?

Die Frage nach dem Lebensstandard der Menschen eines Landes wurde oft recht undifferenziert mit dem stolzen Hinweis auf die Höhe des Bruttosozialprodukts und seiner Steigerungsraten beantwortet. Das Wachstum des Bruttosozialprodukts schien über Erfolg oder Mißerfolg einer Regierung oder eines »Systems« zu entscheiden. Inzwischen ist überall bekannt, daß dieser Maßstab in seiner Vereinfachung nicht genügt. Ich habe diese Problematik schon bei den wirtschaftspolitischen Überlegungen gestreift.

Hier soll darauf hingewiesen werden, daß sich – in der Kritik am Bruttosozialprodukt als Indikator für »Wohlstand« – zwei »Schulen« herausgebildet haben:

Die einen wollen den überkommenen Indikator korrigieren und etwa die Umweltschäden abziehen. (Der Yale-Professor Paul Samuelson hat dafür den Begriff des »Net Economic Welfare« – NEW – eingeführt.)

Zwei junge deutsche Nationalökonomen errechneten, daß Lebensstandard, nach Kategorien der Lebensqualität begriffen, durchaus absinken kann, während das Bruttosozialprodukt wächst – ja daß es an Lebensqualität ein »Nullwachstum« geben kann, während das Sozialprodukt weiter zunimmt.

Die anderen meinen, daß man überhaupt differenzieren und »Sozialindikatoren« einführen müsse.

In der Tat geht es hier um Fragen, denen weit mehr als theoretisches Interesse zukommt. In einer neuen, realistischen Rechnung müßte vieles stehen, was bisher in den volkswirtschaftlichen Bilanzen nicht sichtbar war. Warum wird nicht alle Arbeit berücksichtigt? Ist es sinnvoll, daß öffentliche Leistungen zu Kosten bewertet werden? Soll man und wie soll man das einbringen, was die Lebenslage der Menschen wesentlich verändert? Ich nenne als Beispiel die Arbeit der Hausfrauen, die man bisher in diesem Zusammenhang nicht bewertet hat. Das gilt auf

andere Weise für die Leistungen im Bildungsbereich, in der Gesundheitsfürsorge, zur Verbesserung der Arbeitswelt, zum Schutz der Umwelt.
Es wird bestimmt nicht leicht sein, neue, verläßliche Meßwerte – differenzierende Indikatoren – zu schaffen, die der ganzen Wirklichkeit gerecht werden und geeignete Grundlagen für politische Entscheidungen bilden können. Doch ich erkenne hier eine Notwendigkeit, der man nicht ausweichen darf, obwohl die Wissenschaft vor großen theoretischen Schwierigkeiten steht – und darüber vielleicht manchmal vergessen mag, daß sie auch ein praktisches Instrumentarium für den politischen Alltag vorausdenken sollte.

Brauchbare Sozialindikatoren?

Wissenschaftler in vielen Ländern arbeiten an der Entwicklung von »Indikatoren« – der Feststellung möglichst genauer Anhaltspunkte –, an denen man menschliche Grundbedürfnisse messen kann. Ein Institut der Vereinten Nationen leistete Vorarbeit. Danach entwickelten japanische Experten in einem 1969 veröffentlichten »Weißbuch zum Lebensstandard« 35 Kennziffern, die alle wichtigen Lebensbereiche decken sollen. Sie teilten diese Indikatoren in 13 Gruppen auf – sieben Gruppen für das, was sie den »individuellen« Lebensstandard nannten, und sechs Gruppen für das, was sie als den »sozialen« Lebensstandard bezeichneten. (Der Anteil von Abiturienten an der Bevölkerung ist zum Beispiel ein Faktor, die Quadratmeterzahl der Grünanlagen pro Kopf der Bevölkerung ein anderer.)
Eine Kommission der Organisation für wirtschaftliche Zusammenarbeit und Entwicklung (OECD) in Paris teilte die Aspekte der Lebensqualität in folgende große Bereiche auf:

Gesundheit und persönliche Sicherheit,
Entfaltung der Persönlichkeit durch Lernen,
berufliche Fortentwicklung und berufliche Zufriedenheit,
Zufriedenheit und Selbsterfüllung in der Freizeit,
Verfügung über Güter und Dienste,
Kontakt, Kommunikation und Schutz intimer Bereiche,

Qualität der natürlichen Lebensgrundlagen,
persönliche Freiheit und Mitgestaltung im politischen Bereich.

Bei genauem Hinschauen wird nun freilich auch deutlich: Auf der Suche nach Anhaltspunkten für Lebensqualität werden die Einordnung und Bewertung der Faktoren und die Schlußfolgerungen, die man aus dem Festgestellten zieht, wohl immer umstritten sein. Kennziffern, statistische Angaben haben nur einen bedingten Aussagewert, wo es sich um die Zusammenhänge zwischen Ursache und Wirkung handelt. Sie können leicht fehlinterpretiert werden. Und außerdem haben wir es mit dem logisch kaum lösbaren Problem zu tun, Quantitäten zum Maß von Qualitäten machen zu müssen. Trotzdem hat die »Sozialindikatoren-Bewegung«, die in verschiedenen Ländern entstanden ist, wichtige Diskussionen ausgelöst.

Ohne Zweifel ist die Feststellung interessant, wie viele Ärzte jeweils für tausend Menschen sorgen. Diese Auskunft sagt aber noch wenig über den Gesundheitszustand der Menschen. Würde man Ärzte fragen, wie sie den Gesundheitszustand der von ihnen versorgten Bürger beurteilen, so wäre die Antwort schon eher geeignet, etwas über diesen Teil der Lebensqualität mitzuteilen. Wichtig für die Beurteilung wäre aber auch die Frage an den einzelnen Bürger selber, ob er sich gesund und wohl fühle oder nicht und ob er davon überzeugt sei, daß im Krankheitsfall alles Menschenmögliche für ihn getan werde.

So sagt auch die Zahl der Telefonanschlüsse pro tausend Einwohner nicht viel über das Maß der Kommunikation in einer Gesellschaft aus. Oder kann gar die Versorgung mit großen Überlandstraßen ein Indikator für Lebensqualität sein? Eher vielleicht ein gut ausgebautes Nahverkehrsnetz? Kann man die Lebensqualität der älteren Bevölkerung an den Altersheimplätzen allein messen, oder zeigen Altersheime zum Teil die mangelnde Integrationsfähigkeit einer Gesellschaft? Würde hieraus also ein Indikator für ein wenig menschengerechtes Verhalten? Wie entscheidend für die Lebensqualität ist es, daß sich die Bürger frei fühlen?

Gewisse Anhaltspunkte für die Beantwortung solcher Fragen können durch die Meinungsforschung ermittelt werden. Ihre Er-

kenntnisse sind allerdings mit der gebotenen Vorsicht zu verwerten. Auch in diesem unsicheren Gelände gilt, was Erhard Eppler formulierte: Wo immer Lebensqualität elitär ermittelt werden soll, wird sie im Ansatz zerstört.
Mit Fachwissen allein ist es ohnehin nicht getan. Ohne einen Kompaß, der durch Werte bestimmt wird, kommt man nicht aus.

Kampf gegen die Angst

Lebensqualität ist nicht dem Glück gleichzusetzen, was immer der einzelne darunter verstehen mag. Aber sie hat auch mit dem Recht zu tun, nach jenem »Glück« zu streben, von dem Thomas Jefferson in der Unabhängigkeitserklärung schrieb und das Immanuel Kant mit der »Bewerbung um Glückseligkeit« (in der »Kritik der praktischen Vernunft«) meinte. Als politische, soziale oder wissenschaftliche Kategorie ist dieses Glück nicht faßbar. Dennoch – das Verlangen des Menschen danach gehört zu seiner Existenz.
»Glück« ist nicht machbar. Aber staatliche Institutionen und Regierungen können den Bürgern helfen, die Fundamente zu schaffen, auf die sie das bauen können, was sie als ihr Glück betrachten wollen. Wir können die Ordnung der Dinge gerechter machen. Wir können die Freiheitsrechte schützen und mehren. Wir können jene Angst bannen, die oft genug unser gefährlichster Feind ist.
Wer den blinden Fortschrittsglauben des vorigen Jahrhunderts hinter sich gelassen hat, kann sich der Arbeit an einer besseren Zukunft mit um so stärkerem Willen zuwenden. Wer heute noch glaubt, wirkliche Stabilität sei garantiert, indem man neuen Gedanken ausweiche, Ordnung durch Reformen ablehne und Veränderungen prinzipiell bekämpfe, stellt sich außerhalb des eigentlichen Geschehens. Er wird nicht bewahren, er wird zerstören – unsere Städte, unsere Landschaft und das, was für die Menschen davon abhängt. Wer unsere Lebensgrundlagen erhalten will, muß den Mut haben, im Interesse aller den Kampf gegen Sonderinteressen zu führen. Wer nur Furcht vor jeder

Veränderung empfindet und verbreitet, verspielt unsere Zukunft.
Ich will hier versuchen, am Beispiel einiger Bereiche aufzuzeigen, was sich uns konkret als Qualität des Lebens darstellt.

Humanisierung der Arbeitswelt

Der beherrschende Faktor des Alltags der Menschen ist die Arbeit. Ihre Bedingungen sind vor allem durch den Kampf der Gewerkschaften und die Sozialpolitik des Staates menschlicher geworden. Die Bezahlung ist besser. Dafür wird oft größere Leistung verlangt, nicht notwendig durch physische Anstrengung, doch um so mehr durch den Aufwand an geistigen und seelischen Kräften. Die Grenze zwischen notwendigem Leistungsprinzip und inhumanem Leistungsdruck ist schwer zu ziehen. Hinzu kommt dies: Wo die Bedingungen gegenüber früher verbessert wurden, wächst die Diskrepanz zwischen neuen Erwartungen und deren Realisierung. Wo die Arbeitsvorgänge atomisiert werden, wirkt sich dies im Bewußtsein zumeist als eine Verschlechterung aus.
Lange hat man sich in der Sozialpolitik vor allem darum gekümmert, was *außerhalb* der Arbeit geschieht; die Arbeit *selber*, die noch immer den größten Teil des bewußt erlebten Menschenlebens ausmacht, wurde oft ausgeklammert. Menschenwürde soll sich aber nicht allein auf die Freizeit oder den Urlaub beschränken; sie muß gerade auch am Arbeitsplatz geschützt oder geschaffen werden.
Wo Arbeit fortdauernd und fast ausschließlich als Zwang und Last erfahren wird, die man nur erträgt, weil man auf eine Art Entschädigung durch Konsum und Freizeit hofft, kann nicht von einer menschenwürdigen Arbeitswelt gesprochen werden. (Und doch wird man in vielen Bereichen hiermit auf absehbare Zeit leben müssen.)
»Qualität des Lebens beginnt mit der Qualität der Arbeit«, sagte Erhard Eppler in Tutzing. »Zur Qualität der Arbeit gehört das Mitdenken und Mitentscheiden.«
Die klassischen Forderungen nach höherem Lohn und kürzerer

Arbeitszeit stehen neben der immer wichtigeren Forderung, dem Arbeitnehmer in seiner Arbeit mehr Mitgestaltungs- und Mitverantwortungsrechte einzuräumen und eben auch möglichst gute Arbeitsbedingungen zu schaffen.
Ich habe Hunderte von Betrieben besucht und mit Tausenden von Arbeitnehmern gesprochen. Dabei habe ich oft erfahren, daß Lebensqualität untrennbar mit der Qualität des Arbeitslebens verbunden ist. Arbeit hat einen so hohen Rang im menschlichen Leben, daß Unmenschlichkeiten und Unzufriedenheit in der Arbeit unmittelbar in alle anderen Bereiche der Existenz ausstrahlen müssen. Wer es ernst meint mit den Verbesserungen der Lebensbedingungen, muß den Hebel bei den Arbeitsbedingungen und bei den Arbeitsinhalten ansetzen. Bei uns hat der Streik der Metallarbeiter in Nordwürttemberg-Nordbaden über einen neuen Manteltarif im Herbst 1973 zum erstenmal das Thema Humanisierung der Arbeitswelt zum Gegenstand von Tarifauseinandersetzungen gemacht.
Bei meinen Aufenthalten im Ausland konnte ich feststellen, daß auch in anderen Industrienationen eine Unzufriedenheit mit den Arbeitsbedingungen um sich greift. Sie ist nach meinem Eindruck zum Beispiel in Skandinavien und den Vereinigten Staaten eher stärker als bei uns. Eine wesentliche Ursache der Unzufriedenheit scheint dort wie bei uns in erster Linie ein besseres Bildungsniveau der Arbeitnehmer zu sein, ganz besonders der Jungen unter ihnen, die nicht mehr bereit sind, sich den Bedingungen bestimmter Formen industrieller Arbeit zu unterwerfen, die ihre Väter und Großväter notgedrungen auf sich nahmen. Die zunehmende Tendenz, von der Schulbank in die Büroarbeit überzuwechseln (und Fabrikarbeit ausländischen Gastarbeitern zu überlassen), ist dafür ein Beispiel. Dabei mag offenbleiben, zu welchem Grad von Zufriedenheit monotone Büroarbeit führt.
Nach Umfragen, die in dem Handbuch »Statistische Daten« des Bundespresse- und Informationsamtes vermerkt sind, leiden 28 Prozent der Facharbeiter und 33 Prozent der an- und ungelernten Arbeiter unter Arbeitstempo und Streß. Diese Zahl steigt mit der Betriebsgröße. 19 Prozent der Facharbeiter sind mit der Mitbestimmung am Arbeitsplatz nicht zufrieden, mehr als 30

Prozent klagen über die nervliche Belastung, 35 und 25 Prozent über Hektik und Zeitdruck, 26 Prozent der an- und ungelernten Arbeiter über die Routine, 25 Prozent über den Lärm, dem sie ausgesetzt sind. In großen Unternehmen sind die Auskünfte wesentlich negativer als in kleinen Betrieben.
Ähnliche Hinweise konnte man einer vom Arbeitsministerium in Auftrag gegebenen Umfrage entnehmen, die im Sommer 1974 veröffentlicht wurde. Nach den Bedingungen am Arbeitsplatz gefragt, klagten 42 Prozent der Arbeitnehmer über nervliche Belastung, 36 Prozent über Hektik und Zeitdruck.

Die Beziehung zur Arbeit

Die Beziehungslosigkeit zwischen dem Arbeiter und seiner Arbeit beeinträchtigt – neben Monotonie und Streß – nach wie vor entscheidend die Humanität der Arbeitswelt. Diese Grundfrage ist weder in der kapitalistischen noch in der kommunistischen Welt gelöst. Sie hat nicht nur mit der Frage zu tun, wer über die Produktionsmittel verfügt und für wen produziert wird, sondern auch damit, wie produziert wird. Alle diese Elemente sind wichtig für die Situation der Arbeitnehmer, das dritte wohl am wichtigsten.
In mehr als einem Land gab es in den letzten Jahren Revolten am Fließband; auch die Gewerkschaften wurden dadurch aufgerüttelt. Carlo Schmid hat einmal die Situation, die sich insoweit seit dem vorigen Jahrhundert nicht prinzipiell geändert hat, folgendermaßen beschrieben: »Die traditionellen, in langer Lehrzeit erworbenen Kenntnisse und Handfertigkeiten des Berufsarbeiters verloren an Bedeutung. Für die Bedienung der neuen Spezialmaschinen genügt die Ausführung schematischer Handgriffe, die jeder angelernte, auf die Bedienung gerade dieser Maschine spezialisierte Arbeiter vornehmen kann. Der Mensch arbeitet fortan an der Maschine, nicht mit der Maschine am Werkstück. Der Fertigungsprozeß wird so immer weiter atomisiert; er ist in seinen Einzelphasen immer einfacher zu bewältigen. Darum vertieft sich bei der Fertigung der Graben zwischen Gestaltung und Ausführung. Der Abstand zwischen Kon-

strukteur und Organisator einerseits und ausführendem Arbeiter andererseits wird immer größer. Die Einheit und Überschaubarkeit der Arbeit verschwindet. Der Spielraum für Spontaneität und Eigeninitiative des Arbeiters wird immer geringer.«

Unsere Arbeitswelt ist zum guten Teil vom Fließband (und Akkord) beherrscht. Wer immer seine Erfahrungen mit dieser Art des Arbeitens gemacht hat, wird zugeben: Die Mechanisierung des Menschen in seiner Abhängigkeit von den technischen und zeitlichen Abläufen der Maschine ist in ihrer zermürbenden Regelmäßigkeit eine starke Belastung der Nerven; und sie erzieht zu einem Stumpfsinn, der von keiner noch so liebenswürdigen Unterhaltungs- und Freizeitindustrie wirklich ausgeglichen werden kann. Man weiß heute, daß nicht etwa nur »Bosse« einem Streß unterliegen, sondern daß viele Arbeiter den Streßfolgen im besonderen Maße ausgesetzt sind – eine Feststellung, an die ein Kommentator die sarkastische Anmerkung fügte, irritierend wirke da oft »nur die Optik, etwa im Format der Todesanzeigen«.

Es gibt Versuche, zu neuen Formen zu gelangen. Der schwedische Konzern Volvo etwa nahm die erste Automobilfabrik der Nach-Fließband-Ära in Betrieb. Die Arbeiter sind zu Gruppen zusammengefaßt, die ein Auto fast komplett montieren. Die Gruppenmitglieder sind vielseitig ausgebildet und wechseln jeweils in freier Verantwortung die Arbeitsplätze im Team. Sie garantieren nicht nur die Einhaltung der mit der Werksleitung gemeinsam erarbeiteten Produktionszahlen, sondern sie überwachen auch die Qualität ihrer Produkte selber. Wesentlich abgewandelte Formen des Gruppenakkords mögen sich hierbei herausbilden.

Auch andere Firmen, etwa Fiat, Renault, Ford und Opel, haben mit der Einführung solcher Gruppenarbeit in einzelnen Teilbereichen bereits gute Erfahrungen gemacht. Die Abwesenheitsquote liegt unter dem Durchschnitt, die Qualität regelmäßig über der bisherigen Norm. Die Produktivität steigt an. Ähnliches wird von Siemens berichtet.

Es ist in vielen Bereichen durchaus möglich, die Produktionsvorgänge so zu differenzieren, daß ein Arbeiter oder eine Arbeiterin nicht fünf oder zehn Handgriffe stets in gleichem Tempo machen muß, sondern an einem Produktionsvorgang arbeitet, der in sich abgeschlossen ist. Auch Beispiele aus der überseeischen Industrie beweisen, daß komplette Arbeitsvorgänge, Gruppenarbeit, Veränderung von Tempo und Rhythmus nicht nur von den Arbeitern selber als eine Erleichterung empfunden werden, sondern daß sich auch die Leistungen entschieden steigern können. Die Unternehmensleitungen würden also gut beraten sein, wenn sie eine Neuordnung der Arbeitsprozesse sehr viel aufgeschlossener prüften.

Es gibt keinen zuverlässigen Leistungswillen ohne wenigstens ein Minimum an Arbeitsfreude. Bei uns sind – wenn man den Umfragen glauben darf – zwei Drittel der Arbeitnehmer mit ihrem Beruf zufrieden, und sie würden, bei freier Entscheidung (oder auch aus Resignation?), zu ihm zurückkehren. Aber: Nur 46 Prozent der ungelernten und angelernten Arbeiter gaben die gleiche positive Auskunft (gegenüber 82 Prozent der Angestellten in gehobenen Positionen). Die Unzufriedenheit ist bei den Jungen (bis zu 25 Jahren) – also in einem Alter, in dem man noch nicht so leicht resigniert – größer als im Durchschnitt. Sie ist bei Frauen größer als bei Männern. Und sie wächst, wie wir eben sahen, mit der Größe der Betriebe (von hundert Arbeitsplätzen aufwärts) um drei Prozent. Ferner: 35 Prozent der Facharbeiter und 44 Prozent der an- und ungelernten Arbeiter sind mit ihren Aufstiegschancen unzufrieden. Auch dies sind Beobachtungen, die man nicht übersehen sollte.

Ein Bericht des Ministeriums für Gesundheit, Erziehung und Wohlfahrt der Vereinigten Staaten, der von Elliot L. Richardson herausgegeben wurde, stellt in einfachen Worten fest: »Was die Arbeiter am meisten wünschen ..., ist das Gefühl, daß sie ihre unmittelbare Umwelt meistern und daß sie selber und ihre Arbeit wichtig genommen werden: Dies sind die beiden Zwillingssubstanzen der Selbstachtung.« Jener Bericht gibt eine Rangfolge der Forderungen wieder, die Arbeiter bei einer sorgfältigen Umfrage nannten:

interessante Arbeit,

genügend menschliche und technische Hilfe, die Aufgabe gut zu erledigen,

genügend Information über die Aufgabe,

genügend Autorität, um mit der Aufgabe fertig zu werden,
gute Bezahlung,
Chancen, besondere Fertigkeiten (Kenntnisse wie Talente) zu entwickeln,
Sicherheit der Arbeit,
die Möglichkeit, ein Ergebnis der Arbeit zu sehen.

Vielleicht wäre bei uns die Rangfolge eine etwas andere. Aber mit den elementaren Wünschen ist es bei uns wie in anderen entwickelten Ländern. Wenn Arbeitsbedingungen und Arbeitsinhalte nicht verbessert werden, müssen Spannungen und Unzufriedenheit am Arbeitsplatz wachsen. Die Neigung zum Arbeitsplatzwechsel, körperliche und seelische Erkrankungen, Leistungsabfall, Frühinvalidität und Arbeitsunfälle sind die Folgen.

In der Bundesrepublik Deutschland verzeichnen wir jährlich mehrere Millionen Einstellungen und Entlassungen von Arbeitnehmern. Es ist unbekannt, wie oft Resignation, Unzufriedenheit, Krankheit oder Frühinvalidität die Gründe sind. Es ist zu vermuten, daß der Anteil dieser Motive nicht gering ist. Das zeigen einige Fakten:

Erstens: Im Jahr 1972 mußten mehr als eine Viertelmillion Arbeitnehmer wegen Erkrankungen ihren Beruf aufgeben. Allein die Tatsache, daß es »anerkannte Berufskrankheiten« gibt, ist ein deutlicher Hinweis auf gesundheitsschädigende und inhumane Arbeitsbedingungen.

Zweitens: Obwohl dank der Maßnahmen zur Arbeitssicherheit, die wir in den letzten Jahren durchsetzten, die Zahl der schweren oder tödlichen Arbeitsunfälle zurückging, verzeichnete man 1971 rund 2,2 Millionen Arbeitsunfälle im Jahr; davon waren mehr als 4000 tödlich. Dies bedeutet: In unseren Betrieben ereignete sich alle 13 Sekunden ein (gemeldeter) Arbeitsunfall; alle sieben Minuten ein Arbeitsunfall, aus dem sich eine Entschädigungsforderung ergab; alle zwei Stunden ein tödlicher Arbeitsunfall. Dies sind schockierende Zahlen. Zwar ist die Tendenz abnehmend, aber die Ausmaße bleiben erschreckend. (Die Aufwendungen der gesetzlichen Unfallversicherung und die Folgekosten für die Betriebe werden auf mehr als zehn Milliarden DM jährlich geschätzt.)

Walter Arendt sagte: »Wir wollen Arbeitsplätze, die modernen

Forderungen genügen.« Und er fügte hinzu: »Umweltschutz beginnt für den Arbeitnehmer am Arbeitsplatz.«
Der Humanisierung der Arbeitswelt dient das in einem anderen Kapitel erwähnte Forschungsprogramm der Bundesregierung für eine »konstruktive Gestaltung der Arbeitsplätze«. Es handelt sich um ein Programm, das die Belastungen durch Schadstoffe, Staub, Hitze, Lärm, unzureichende Belüftung prüft, das Automatisierung und technische Hilfen fördert, Arbeitsrhythmen untersucht, ebenso Sicherheitsbedrohungen, kurz: alle bedeutenden Faktoren von Arbeitsorganisation und Arbeitstechnik.
Es stellt sich hier die Frage nach den Sozialinvestitionen am Arbeitsplatz. Wie wird bewirkt, daß Arbeitnehmerrechte die Wirklichkeit des Alltags bestimmen können? Noch längst nicht überall werden die gesetzlich geforderten Normen für Arbeits-, Erholungs- und Umkleideräume, sanitäre Anlagen, Erste-Hilfe-Räume, Lager- und Abstellräume erfüllt. Noch längst nicht jede Arbeitsstätte kann menschenwürdig genannt werden. Nach wie vor wird vielen Arbeitern ein Acht-Stunden-Tag in abbruchreifen oder provisorischen Gebäuden zugemutet. Ich verkenne nicht, wie vieles besser geworden ist. Moderne Unternehmer wissen, daß Investitionen am Arbeitsplatz und für anständige Arbeitsbedingungen Voraussetzung eines guten Betriebsklimas und damit auch ihres eigenen Erfolges sind. Wo das noch immer nicht verstanden wird, muß der Gesetzgeber, müssen die Gewerkschaften, muß die demokratische Kontrolle für eine Besserung sorgen.
Der Zustand der Unzufriedenheit, der sich nur etwas umständlich als »Depression im blauen Anton« (»Blue Collar Blues«) übersetzen läßt, wird auch in der Welt des Bürgers von morgen niemals ganz auszulöschen sein. Auch dann wird es zahlreiche Tätigkeiten geben, die beim besten Willen nicht als »sinngebend« empfunden werden. Eine Kompensation können nur bessere Bezahlung und mehr Freizeit bieten. In Umkehrung unserer Gewohnheit werden wir zu der Einsicht gelangen müssen, daß »niedrige« und stumpfsinnige Arbeit besser entlohnt werden müßte als vergleichsweise »höhere« und befriedigende Arbeit. Und vielleicht schaffen wir es mit der Zeit sogar, diese auch sprachliche Diskriminierung verschiedener Arbeitsniveaus zu vergessen.

Eine kurze Bilanz

Die beiden sozialdemokratisch geführten Bundesregierungen haben bessere Voraussetzungen geschaffen, damit das Arbeitsleben humaner werden kann. Das beginnt mit der Mitbestimmung, die den Forderungen der Arbeitnehmer nach einer menschlicheren Arbeit bei unternehmerischen Entscheidungen mehr Gewicht verleiht. Und das neue Betriebsverfassungsgesetz verstärkt die Einflußmöglichkeiten des Betriebsrats auf die Gestaltung der Arbeit und der Arbeitsumwelt.

Wir haben die Position der Arbeitnehmer und ihrer Vertreter gestärkt, die ein zentrales Interesse an dem »Wie« der Produktion haben, und ihnen zu den dazu notwendigen staatlichen Rahmenbedingungen und Ordnungsmechanismen verholfen:

> Ein neues Arbeitssicherheitsgesetz schreibt vor, daß Betriebe Betriebsärzte, Sicherheitsingenieure, Sicherheitstechniker und Sicherheitsmeister haben müssen.
>
> Eine neue Arbeitsstättenverordnung legt staatliche Mindestanforderungen fest.
>
> Ein neues Jugendarbeitsschutzgesetz soll die jungen Arbeitnehmer vor gesundheitlichen Gefahren und Belastungen am Arbeitsplatz bewahren.
>
> Auch die Forschungspolitik der Bundesregierung wird zu einer humaneren Arbeitswelt beitragen: Die Bundesregierung bereitet ein Forschungsprogramm »Humanisierung des Arbeitslebens« vor, um die Entwicklung menschengerechter Arbeitsmittel und Arbeitsverfahren zu fördern.

Nach internationalen Maßstäben sind die Anstrengungen der Bundesregierung zur Humanisierung des Arbeitslebens, angefangen bei der Mitbestimmung bis hin zur Forschung, bemerkenswert. Aber die Instrumente allein reichen nicht aus, wenn die Verantwortlichen in Wirtschaft und Gesellschaft sich diese Einsichten nicht zu eigen machen, so daß es aufwendiger Kontrollen bedarf, um sie effektiv werden zu lassen. Lösungen, Verbesserungen können nicht etwa durch eine pseudosoziale Gestaltung der Unternehmenspolitik bewirkt werden. Sie müssen von einer verantwortlichen Haltung des Managements gegenüber dem gesellschaftlichen und sozialen Umfeld der Produktion getragen werden. Ich sage dies gerade auch an die Adresse der multinationalen Unternehmen, die sich hier für die Ausbreitung sozialen Fortschritts über Grenzen hinweg verdient machen könnten. Hier geht es um Bausteine des sozialen Friedens. Dafür zu streiten lohnt sich gewiß auch aus wirtschaftlicher Sicht.

Qualitätsfaktor Zeit

Die Entwertung des Daseins in der modernen Zivilisation hat viel mit dem Mangel an Zeit zu tun, der Zeit, die wir für uns selber haben, für unsere Familie, für unsere Freunde. Zwar wurden die Arbeitszeiten durch eine konsequente Politik, an der die Gewerkschaften den hauptsächlichen Anteil hatten, wesentlich verkürzt. Doch zum anderen ist der Alltag in der Zivilisation unserer Städte und zu einem guten Teil auch in den Landgebieten so kompliziert geworden, daß uns die geschenkte Zeit zum Beispiel durch die Schwierigkeiten des Verkehrs – weite Wege zum Arbeitsplatz und zum Einkauf – zu einem gewissen Teil wieder gestohlen wird. Das Angebot an Aufgaben und auch an Ablenkungen ist für den Städter, in zunehmendem Maße aber auch draußen auf dem Land in fast bedrückender Weise gewachsen. So entstand vielfach eine Atmosphäre des Gehetztseins, der Nervosität, der inneren Spannung, die viel von dem wegnimmt, was Freude am Leben sein könnte. Die Familien spüren die Konsequenzen. Chronische Unzufriedenheit frißt sich in die Gesellschaft. Es wächst ein Unbehagen, das krank macht. Die Ärzte wissen darüber zu berichten.

Man darf freilich nicht nur eine anonyme Zivilisation unter Anklage stellen. Vor solcher Naivität sollten wir uns hüten. Wir wissen, daß uns selber ein guter Teil der Verantwortung für die »Krankheit der Zivilisation« zufällt, aus der viele der sogenannten »Zivilisationskrankheiten« stammen.

Die Qualität unseres Lebens wird entscheidend davon bestimmt, ob wir uns Zeit nehmen können für das, was ein bloßes Erfolgsdenken für überflüssig hält. Das erwachte Wertgefühl meldet berechtigte Zweifel daran an, ob unsere überkommenen Maßstäbe von Erfolg nicht eine Irreführung unser selbst waren.

Viele haben ja in Wirklichkeit schon mehr freie Zeit, als ihnen selber bewußt sein mag. Dennoch wuchs das Gefühl, die Zeit sei immer beengter. Die Erklärung findet sich nicht nur in der Fülle der Angebote und Notwendigkeiten für den Konsum von Zeit. Hartmut von Hentig sah in einem bemerkenswerten Aufsatz eine Beziehung zwischen der Entwertung der »Arbeit als Strafe«, die »unfrei, ungeliebt, unpersönlich, uninteressant ist«, und der Qualität der Freizeit. Der schwedische Wirtschaftswissenschaftler Steffan B. Wieder prägte die Formel vom »Rohstoff Zeit«. Das ist ein mißverständlicher Begriff, der als Wortschöpfung die Gefahr enthält, die ein Kommentator als das »Zerhacken« von »Freizeitpartikeln« beschrieb. Zeit wird hier wie Material betrachtet.

So gesehen kann »konsumierte Freizeit« allerdings niemals zu dem »immateriellen Lebensstandard« beitragen, der uns wichtiger werden muß als die bloße Steigerung des materiellen Lebensstandards.

Arbeiten, um zu leben

Die Fünf-Tage-Woche ist bei uns in fast allen Bereichen sozialer Standard. Die Gewerkschaften streben weitere Verkürzungen der Arbeitszeit an. Man diskutierte – weiter vorausblickend – da und dort die Vier-Tage-Woche (in einigen Betrieben wurde und wird sie nicht ohne Erfolg erprobt). Sinnvoller sind Forderungen nach längeren Urlaubszeiten, mit zwei Ferienperioden im Jahr, die aus gesundheitlichen Gründen wichtig sein mögen. So wird für große Gruppen unserer Bevölkerung die Freizeit – die nicht unbedingt freie Zeit ist – vermutlich wachsen. Im Bundesarbeitsministerium sind gerade mit dem Blick auf die Beschäftigungsentwicklung eine Reihe von hypothetischen Modellen entworfen worden, die unseren Blick für die Probleme schärfen können. Eine Entwicklungsskizze setzt für das Jahr 1985 die 37-Stunden-Woche ein, senkt die flexible Altersgrenze schrittweise auf 60 Jahre und sieht einen Acht-Wochen-Urlaub für sämtliche Arbeitnehmer vor, überdies einen Bildungsurlaub von zwei Wochen. Gleichzeitig wird – in diesem »Szenario« – die

Zahl der ausländischen Arbeitnehmer auf 2,6 Millionen im Jahr 1976 und 2,9 Millionen im Jahr 1985 begrenzt. Damit würde – wenn sonst alle Faktoren gleich blieben – die gesamtwirtschaftliche Leistung gesenkt. Mangel an Arbeitskräften zwänge die Industrie, die Produktivität durch technische Neuerungen zu steigern. Die Einkommenssteigerung pro Kopf wäre etwas geringer, aber der Gewinn an Lebensqualität erheblich. Dieses Konzept würde viele Hoffnungen erfüllen (und manche Ängste der Futurologen bannen). Es ist kaum realistisch.

Gewinn an Freizeit ist allen diesen Überlegungen gemeinsam. Man macht sich kaum übertriebene Hoffnungen, wenn man einen Vier-Wochen-Urlaub für alle Arbeitnehmer im nächsten Jahrzehnt für eine Mindestregelung hält. Diese Aussicht allein wird ein Impuls für die wachsende Freizeitindustrie sein, die dem Bereich der Dienstleistungen zugehört.

1969 betrug der durchschnittliche Urlaubsanspruch der Lohnabhängigen 20 Tage. Vor dem Ersten Weltkrieg gab es in den Tarifverträgen im allgemeinen keinen Urlaub. In der Geschichte der Bauarbeitergewerkschaft von Karl Anders habe ich gelesen, daß dort 1921 durch Schiedsspruch ein dreitägiger Urlaub eingeführt wurde, der aber an längere Beschäftigungszeiten gebunden war. Nur etwa jeder Fünfte konnte ihn in Anspruch nehmen.

Im Jahr 1971 unternahmen 38,5 Prozent der Arbeiter Urlaubs- oder Erholungsreisen; diese Zahl ist kleiner, als man sie nach dem Bild der Autobahnen in Ferienzeiten vermutet, und sie korrigiert die Vorstellungen mancher aus den Katalogen der Reisebüros, die uns den Eindruck vermitteln, die Deutschen seien stets zwischen Mallorca und Thailand fröhlich unterwegs. Die Weltkenntnis und selbst die Kenntnis des eigenen Landes sind weit geringer, als mancher von uns es sich vorstellt. Das zu wissen ist auch für den Politiker wichtig. Denn in der wachsenden internationalen Abhängigkeit ist die »Erweiterung des Horizonts« der Bürger für das Gesamtklima einer Politik alles andere als gleichgültig. Die Nachbarschaft zum Beispiel in Europa muß von möglichst vielen lebendig erfahren werden.

Der Bürger von morgen wird die Freizeitwelt nicht nur als ein Geschenk betrachten können, das auf selbstverständliche Weise zu seinem Glück beiträgt. Es geht darum, daß Freizeit zur freien und frei genutzten Zeit wird – darum zu einer Zeit, die wirklich frei macht und nicht nur körperliche und geistige Abhängigkeit von den Angeboten (oder den heimlichen Zwängen) der Freizeitindustrie schafft. Hier hat der Sport eine Funktion, die gar nicht zu überschätzen ist.

Es gibt in diesem Zusammenhang keinen Zweifel, daß die Qualität der Freizeit von der Qualität unserer Arbeit mitbestimmt wird. Der Sinn und die Freude, die der Mensch immer noch von neuem in der Arbeit finden kann, übertragen sich auf seine gesamte Existenz – und so umgekehrt auch Unsinn und Freudlosigkeit. Auch Hentig hat darauf hingewiesen.

Über Wert von Arbeit und Freizeit entscheiden wesentlich die Chancen der Bildung, die sich uns hier wie dort vermitteln. Damit ist zunächst die zweckgebundene Bildung oder Ausbildung gemeint, die uns hier wie dort – und in ergänzender Wirkung – eine Erweiterung unseres Wissens und unseres Horizonts vermittelt, die uns, mit anderen Worten, hilft, unsere Fähigkeiten zu entwickeln und das aus uns zu machen, was wir sein können.

In diesem Zusammenhang haben Fortbildungsmöglichkeiten und nicht zuletzt der erstrebte Bildungsurlaub eine Funktion, die nicht nur die Leistungskraft, sondern auch den »geistigen Haushalt« einer Gesellschaft wesentlich beeinflussen kann.

Aber darüber hinaus soll sich uns der Reichtum einer nicht unmittelbar zweckgebundenen Bildung öffnen – zum Beispiel die Welt der Literatur, der Musik, des Theaters, der bildenden Kunst. Hierher gehört das Nachdenken, das man braucht, um die Beziehungen zur Wirklichkeit zu erkunden; das »Forschen«, das die unauslöschliche Neugier der Menschen erfüllt; und schließlich die Muße, die der Besinnung und der Freude dient.

Schutz der Umwelt

Aber es gibt weniger erfreuliche Aspekte: Die drohende »ökologische Katastrophe« ist neben dem Hunger in der Welt das entscheidende Problem, das uns in den letzten Jahrzehnten dieses Jahrhunderts gestellt ist.

In einer Rundfunksendung wurden die komplexen Fragen, mit denen wir uns hier konfrontiert sehen, in aller Klarheit beschrieben: »Nachdem man sich jahrelang darauf beschränkt hatte, einzelne Symptome isoliert zu betrachten, beginnt nun das Verständnis dafür zu wachsen, daß zwischen den Faktoren, die die Umwelt des Menschen bestimmen, vielfache Verbindungen und Abhängigkeiten bestehen.

Ein wichtiges Indiz für die besonderen Gefahren der Umweltverschmutzung ist die Tatsache, daß Schäden, die durch Immissionen oder durch Eingriffe in die Biosphäre entstehen, nicht nur dort auftreten, wo sie verursacht werden. Das heißt nicht nur: Wer den Oberlauf eines Flusses verunreinigt, schädigt damit fast automatisch die Bewohner am Unterlauf. Sondern es heißt beispielsweise auch: Durch DDT verursachte Schäden können sich, teils direkt, teils durch Wechselwirkung mit anderen Prozessen, in Gebieten zeigen, in denen dieses Insektenbekämpfungsmittel nie verwendet wurde.

Die Auswirkungen von Umweltschädigungen erscheinen, wie das Beispiel DDT zeigt, jedoch häufig nicht nur räumlich, sondern auch zeitlich verschoben, so daß eine erhebliche Zeitspanne zwischen der Verursachung und der schädlichen Wirkung liegen kann. Die Gefahren werden häufig erst erkannt, wenn sie sich bereits millionenfach vervielfältigt haben.

Man sollte daraus die Lehre ziehen, daß es schon viel später ist, als wir denken möchten. Maßnahmen, die wir heute ergreifen, werden unheilvolle Prozesse unter Umständen erst in Jahren unter Kontrolle bringen können.«

Unsere großen Flüsse tragen fast nur noch Abwässer ins Meer. Fast nur noch in Rand- und Naturschutzgebieten finden wir unversehrte Bäche. Seen sind vom biologischen Tod bedroht.

Es kann uns zum Beispiel nicht gleichgültig lassen, daß die Ostsee ein totes Meer zu werden droht. Ihre Verschmutzung beeinträchtigt nicht nur die Freude der vielen hunderttausend Menschen, die an den Stränden Erholung suchen. Die Fischerei kommt nach und nach zum Erliegen. Diese Sorgen teilen Staaten des Westens und des Ostens miteinander. Sie sind für die DDR so ernst wie für die Bundesrepublik. Darum sollte hier eine Zusammenarbeit in der Sache möglich sein.

Für die Ostsee haben sich die Anliegerstaaten auf das Verbot der Versenkung von Giftstoffen, Munition, Bioziden, Industrieabfällen, des Ablassens von Öl, auf die Kontrolle von Radioaktivität und vieles mehr geeinigt. Die Anregungen der Bundesregierung wurden in ähnlicher Weise in die Oslo-Konvention vom Februar 1972 aufgenommen.
Auch der Atlantik, heute zu einem guten Teil ein verschmutzter Ozean, gilt längst nicht mehr als ein unerschöpflicher Fischgrund. Der »Kabeljau-Krieg« vor den Küsten Islands ist – auch nach dem Spruch des Haager Gerichts – kein Kabarettstück der Zeitgeschichte, sondern spiegelt harte Interessenkonflikte: nämlich den Kampf um die rarer werdenden Fänge.

Kleine Fische und große Politik

Ich möchte hier für einen Augenblick über »Nebendinge« reden, über ein Seitenthema, das vielleicht nicht ganz so nebensächlich ist – also nicht, um zu bestätigen, daß ich den Jüngern Petri zugerechnet werden kann, sondern vielmehr, um am Beispiel des Nordatlantiks zu zeigen, wie die Überforderung natürlicher Ressourcen mit politischen Spannungen zusammentrifft oder diese überhaupt erst hervorruft.
Zunächst: Der Nordatlantik gehört zu den Meeresgebieten der Welt, die am ertragreichsten sind und zugleich am intensivsten befischt werden. Die Fachleute sagen mir, die Gefahr der Ausrottung bestimmter Fischarten (so, wie bestimmte Walarten fast schon ausgerottet sind) sei »einstweilen« nicht gegeben. Denn die meisten Nutzfischbestände erneuern sich (anders als bei den Walen) schon bei vorübergehender Schonung durch wenige, gute Nachwuchsjahrgänge. So weit, so gut. Aber dennoch ist es eine Tatsache, daß der Heringsbestand im Nordatlantik und in der Nordsee auf ein Geringes reduziert wurde; die Heringsfischerei mußte fast eingestellt werden. Auch der Kabeljaubestand ist zu stark reduziert worden, und dies gehört zur Erklärung für die Konflikte, die man mit unangebrachter Geringschätzung den Kabeljau-Krieg um Island genannt hat. Auch die

früher sehr starken Bestände an Schellfisch, Makrelen und anderen Fischarten sind dezimiert worden.
Im November 1969 – ich war kaum einen Monat Bundeskanzler – suchte mich der frühere Hohe Kommissar und langjährige Präsidentenberater John McCloy in einer »besonderen Angelegenheit« auf. Es handelte sich – um Lachse. Das ist in der Tat ein besonderes Problem für den Sportfischer: die Frage, ob der Lachs im Nordatlantik durch Fangbeschränkungen geschützt werden kann oder ob er abgefischt und damit auch für die Gewässer der Küstenländer praktisch ausgerottet werden soll. Die Amerikaner bemühten sich um ein Quotensystem oder um andere Fangbeschränkungen (die sich im Nord*west*atlantik, aber noch nicht im Nord*ost*atlantik durchgesetzt hatten). McCloy bat mich, ich möge bei einer geplanten Besprechung in London Anfang 1970 möglichst kooperativ sein. An meinem guten Willen fehlte es nicht, aber die eigene Regierung hatte andere Vorstellungen. Die Richtlinienkompetenz des Bundeskanzlers wollte und konnte ich hier nicht bemühen – also gab ich bei jener Konferenz in London den Vorsitz der deutschen Delegation ab, als die Lachse an die Reihe kamen; ich erklärte, ich könne mir hier den Standpunkt meiner Regierung nicht zu eigen machen. Im Protokoll wurde vermutlich Heiterkeit verzeichnet.
Aus Furcht vor einem gefährlichen Präzedenzfall, so sagte man, hat die Bundesrepublik – wie Dänemark, Polen und die UdSSR – bisher die angestrebten Vereinbarungen für den Nord*ost*atlantik vereiteln helfen. Gut finde ich das nicht. Allerdings muß ich hinzufügen, daß wir an der Dezimierung des Fischbestandes, verglichen mit den eigentlichen Fischereinationen, nur in geringem Maße beteiligt waren.
Was nun die politischen Folgen angeht: Das Empfinden, die Interessen der Fischerei seien nicht genügend berücksichtigt, trug ohne Zweifel dazu bei, daß die Norweger im Herbst 1972 den Beitritt zur Europäischen Gemeinschaft ablehnten. Die mit Dänemark verbundene Inselgruppe der Färöer sollte bis Ende 1975 entscheiden, ob sie zur Gemeinschaft gehören wollte. Das lokale Parlament aber fällte schon im Januar 1974 eine negative Entscheidung – auch unter Hinweis auf die Fischereifragen.

Man kann nicht ausschließen, daß sich Grönland ähnlich verhält. Wenn die Isländer um ihre Fischereigrenzen kämpfen, dann steht auch immer die Position des Inselstaates innerhalb der Atlantischen Allianz zur Debatte. Wie gesagt: kleine oder nicht so kleine Fische – und politische Folgen, die für die betroffenen Völker groß sind und die darum auch von uns nicht ganz nebensächlich behandelt werden sollten.

Rettung der Gewässer

Das Problem der Verschmutzung unserer Gewässer ist den meisten unserer Bürger in den vergangenen Jahren bewußt geworden, aber in Wirklichkeit ist es fast so alt wie der Prozeß der Industrialisierung selber. Dafür gibt es ein überraschendes Dokument. In seinen »Memoiren eines Sozialdemokraten« zitierte Philipp Scheidemann aus seiner Jungfernrede im Reichstag am 8. November 1904: »Ich wies auf Petitionen hin, durch die um Hilfe gerufen wurde gegen die Verunreinigung der Flüsse. Durchgreifende Hilfe könne nur ein Reichswassergesetz bringen. Ein solches zu erlassen, sei allerdings sehr schwierig, denn der Artikel 65 der Einführungsbestimmungen des Bürgerlichen Gesetzbuches habe das Wasserrecht ausdrücklich der Reichsgesetzgebung entzogen und der Landesgesetzgebung überlassen. Ich meine aber, wo ein Wille, da ist auch ein Weg! ... Über die Wupper hat schon im Jahre 1885 der preußische Gewerbeinspektor Dr. Wolf das allerschlimmste berichtet. Er hat damals ausgerechnet, daß die kleine Wupper täglich 150 Tonnen Schmutz mitführt und daß die 150 Tonnen Schmutz einen großen Gestank verbreiten, geradezu die Gegend verpesten ... Die Gesundheit wird aber auch außerordentlich gefährdet ... Der schöne deutsche Fluß, die Wupper, die früher so fischreich war, hat seit Jahrzehnten keinen Fisch mehr aufzuweisen. Was man an Lebewesen darin jetzt noch findet, sind Wasserratten ... Dieselbe Industrie, der wir gewiß freundlich gegenüberstehen, dieselbe Industrie, die die Natur in wunderbarer Weise korrigierte, hat auch die Naturschönheiten verwüstet ...«

Soweit Philipp Scheidemann. Siebzig Jahre später stand zwischen Bund und Ländern das Wasserrecht erneut zur Debatte. Das Problem ist inzwischen sehr viel drängender geworden. Denn nun geht es beim Umweltschutz um die Sicherung unserer Lebensgrundlage.

Ein menschenwürdiges Dasein beginnt in der Tat beim Einfachsten: beim sauberen Wasser und bei der sauberen Luft. Es verlangt darum saubere Industrien, saubere Motoren und die Beseitigung des Abfalls und des Schmutzes, den unsere Zivilisation hinterläßt. Es wird manchen erstaunlich sein, hier zu erfahren, daß 1969 im Bundesgebiet nur 38 Prozent der Abwässer ausreichend geklärt wurden und 24 Prozent ungeklärt abflossen.
Es verhält sich nun nicht so, daß uns nichts anderes bliebe, als die sich hier ankündigende Katastrophe dumpf zu erwarten. Wir verfügen über die Mittel, unsere Umwelt zu retten. Das gilt in erster Linie für die Gewässer. Der Bodensee kann gerettet werden – ich bin sicher: er wird gerettet werden –, wenn die Uferstaaten die im Auftrag der »Internationalen Gewässerschutzkommission für den Bodensee« erarbeiteten Sanierungspläne in die Tat umsetzen. Wichtige Vorarbeiten für diese Pläne hat das von 1960 bis 1968 von der Deutschen Forschungsgemeinschaft geförderte »Bodensee-Projekt« geleistet, das zudem ein konkretes Beispiel einer »Ökosystem-Forschung« ist.
Was auf diesem Gebiet – erfolgreich – getan werden kann, zeigt ein schwedisches Beispiel: Der Mälarsee bei Stockholm war wie viele unserer Binnengewässer durch die Überdüngung mit Stickstoff und Phosphor völlig veralgt (Eutrophierung). In einer riesenhaften Kläranlage – 120 Kilometer Kanalisation und 12,5 Kilometer Tunnelleitungen – werden nun täglich 370 000 Kubikmeter Abwässer in drei Stufen gereinigt (die Phosphate werden dabei chemisch gefällt). Ein Jahr nachdem diese Anlage in Betrieb genommen wurde, konnte das Baden im Mälarsee wieder erlaubt werden; Fische können in seinem Wasser wieder leben. Auch in Großbritannien hat man energisch und erfolgreich mit der Rettung der Binnengewässer begonnen. Sogar in der Themse, die eine Kloake war, gibt es wieder Fische.
Der Rhein könnte – wenn die schon vorliegenden Pläne von allen Anliegerstaaten des Stromes realisiert würden – am Ende

dieses Jahrzehnts wieder ein Fluß sein, in dem man vielleicht sogar ohne Vergiftungsgefahr schwimmen könnte. Die Rettung des Flusses setzt die Zusammenarbeit aller »Rhein-Staaten« voraus. Es geht hier um eine europäische Aufgabe. Für die Sanierung von Bodensee und Rhein hat die Bundesregierung in einem Fünfjahresprogramm, das von 1972 bis 1977 reicht, zunächst 150 Millionen DM bereitgestellt.

Für die Rettung der Meere muß der Kampf gegen die Ölverschmutzung die erste Notstandsmaßnahme sein. Wir brauchten – auch zur Verhinderung der Veralgung – internationale Schutzbestimmungen, für deren Einhaltung nationale und internationale Autoritäten rigoros zu sorgen hätten. Ein Umweltschutzprogramm der Vereinten Nationen verdiente den gleichen Rang wie ihre Entwicklungsprogramme – sie sind für die Lebenschancen der Völker genauso wichtig.

Ein geeignetes Forum bot die erste Umweltschutz-Konferenz der Vereinten Nationen in Stockholm. Sie war bisher der aufwendigste und vielleicht wichtigste Versuch, Umweltschutz als weltweites Problem sichtbar zu machen. Die Konferenz zeigte, wie sehr die Diskussion um einen zunächst fachlichen Fragenkreis von politischen Akzenten bestimmt ist. Die Länder der Dritten Welt verschafften sich unter der Führung der Volksrepublik China Gehör mit ihrer Forderung, Umweltschutz in den Industrieländern dürfe nicht als Ausrede für die Verschiebung der Prioritäten finanzieller Mittel auf Kosten der Entwicklungsländer dienen. Die Entwicklungshilfe müsse im Gegenteil erhöht werden, um die Nachteile aufzuwiegen, die den Entwicklungsländern aus einem konsequenten Umweltschutz erwachsen könnten. Der Umweltschutz dürfe das wirtschaftliche Wachstum in Ländern der Dritten Welt nicht behindern und damit – indirekt – den Industrieländern zu einem Vorteil verhelfen.

Diese Sorge ist verständlich. Die Konferenz bewies jedoch in ihren Ergebnissen, daß Vernunft auch den Sinn für Solidarität schärfen kann: Der Vollversammlung der Vereinten Nationen wurden Empfehlungen für Umweltprogramme, Vorschläge für ein Umweltsekretariat, für ein System globaler Überwachung und für den Schutz der natürlichen Hilfsquellen zugeleitet. Das politisch wichtigste Ergebnis war wohl die Verabschiedung einer Erklärung zur Umwelt des Menschen, die eine bis dahin kaum gekannte Gemeinsamkeit in der Diagnose und im Bewußtsein kollektiver Verantwortung erkennen ließ.

Wieviel Erde braucht der Mensch?

Auch bei uns zu Hause bedarf es intensiver Aufklärung, um die Probleme im Bewußtsein unserer Bürger wachzuhalten und so die Voraussetzungen für notwendige staatliche Maßnahmen zu schaffen, aber auch das nötige Verantwortungsbewußtsein bei den Industrien zu wecken, von denen die Gefährdung der Umwelt ausgeht.

Vor zehn, zwölf Jahren dominierten noch Widerstand und Hohn. Ich darf an eine persönliche Erfahrung erinnern: 1960 und 1961, vor der damaligen Bundestagswahl – ich war Berliner Bürgermeister und Kanzlerkandidat meiner Partei –, habe ich gesagt, die Umweltprobleme und die Fragen der Infrastruktur würden für uns ein ebenso ernstes Problem werden, wie es die Massenarbeitslosigkeit in den dreißiger Jahren gewesen sei. Kritiker aus den Unionsparteien hörten nur den bewußt zugespitzten Satz, daß der Himmel auch über der Ruhr wieder blau werden müsse; darüber machten sie sich lustig, oder sie sagten mir nach, ich verspräche das Blaue vom Himmel. Manchen wurde dann eher schwarz vor den Augen.

Die Borniertheit unsachlicher Gegner war ärgerlich. Doch skandalös bleibt, daß der durch solche Harthörigkeit entstandene Zeitverlust unser Volk Riesensummen gekostet hat und noch kosten wird – und mehr: viel verlorene Freude am Leben. Vielleicht haben wir damals nicht energisch genug gedrängt, die »vernachlässigten Gemeinschaftsaufgaben« zum Zentralthema unserer Innenpolitik zu machen.

Man hat zu Recht gesagt, daß auch in unserem Land schon die Anfänge einer Zerstörung sichtbar sind, die das Leben in Weltstädten wie New York, Los Angeles oder Tokio unerträglich zu machen droht. In der japanischen Hauptstadt drängen sich auf 577 Quadratkilometern neun Millionen Menschen zusammen. In den Untergrundbahnen bleibt für den einzelnen Fahrgast während der Hauptverkehrszeiten 0,14 Kubikmeter Raum. Die Luft in der Riesenstadt wird nicht nur von der Industrie, sondern vor allem von 2,5 Millionen Autos verpestet. Den Ausstoß an Kohlenoxyd schätzt man auf jährlich 716 Millionen Kubikmeter. Es müssen jährlich vier Millionen Tonnen Privatmüll und elf Millionen Tonnen Industriemüll beseitigt werden. In den kleinen Sumida-Fluß fließen täglich eine Million Tonnen Abwässer und Industrieabfall.

Den Anfängen haben auch wir nicht gewehrt. Unsere »Ballungsgebiete« zeigen schon manche Symptome ähnlicher Wucherungen einer aus den Fugen geratenen Zivilisation, die sich immer weiter auch ins Land hineinzufressen drohen.

Vor einer Zerstörung der Landschaft kann man sich hüten, wie moderne, sorgfältig der Landschaft angepaßte Siedlungsmodelle beweisen. Frankreich, das unter diesen Problemen und vielen Fehlentwicklungen nicht weniger leidet als wir, bietet mit seinen sorgfältig ausgearbeiteten »Regionalplänen« manche guten Beispiele, wie die Entwicklung einer Landschaft vernünftig gelenkt und sie zugleich davor bewahrt werden kann, ihren Charakter zu verlieren. Im Süden des Landes wird nun genau zwischen urbanen Zonen, landwirtschaftlichen Zonen und Parkzonen unterschieden, in denen eine lockere Bebauung möglich ist. Die Weinfelder an den südfranzösischen Küsten dürfen, wie ich gelernt habe, in der Regel nicht als Bauland verkauft werden, und Parkzonen, die für den Bau erschlossen werden, müssen noch genug »Landschaft« offen lassen. Der Stil der Häuser muß in diesen Zonen – wie wir es auch in einigen Teilen der Bundesrepublik kennen – dem Stil der Landschaft angepaßt sein.

Besiedlung muß also nicht Zersiedlung sein. Aber der Raum, der für die Natur bleibt, ist knapp geworden. Um so wichtiger wurden für die Menschen Naturparks, wie ich sie seit vielen Jahren befürwortet und gelegentlich auch – wie im Bayerischen Wald und in der Lüneburger Heide – näher kennengelernt habe. Es gibt in der Bundesrepublik Deutschland immerhin 48 solcher Naturparks mit 95 Wildgehegen (die meisten übrigens in Nordrhein-Westfalen, nämlich dreizehn, erst dann folgt Bayern mit elf); sie umfassen insgesamt 14,5 Prozent unserer Gesamtfläche.

In diesen Gebieten befinden sich 180 Jugendherbergen, 100 Jugendzeltplätze, 1500 Bauernpensionen, 65 Naturfreundehäuser, 80 Reiterhöfe und 3 Feriendörfer. Die Verwaltung liegt bei den Ländern, doch hilft der Bund bei der Finanzierung.

Was erreicht wurde

Eine vernünftige Raumordnung ist inzwischen (Sommer 1974) durch Verständigung mit der Mehrheit der Länder ein gutes Stück vorangebracht worden. In meiner Regierungserklärung vom Januar 1973 führte ich aus:
»Umweltschutz, Raumordnung, Stadtentwicklung, Verkehrsausbau und damit die Verbesserung der Lebens-, Arbeits-, Freizeit- und Erholungsmöglichkeiten müssen in engem Zusammenhang gesehen werden ... Im Alltag muß durchgesetzt werden, daß die Verursacher von Umweltschäden die Kosten für die Beseitigung zu tragen haben. Und auch dies muß generelle Leitlinie sein: Schädigungen der Umwelt sind keine Kavaliersdelikte; sie müssen als kriminelles Unrecht bestraft werden ... Wir brauchen umweltfreundliche Produkte und neue Technologien, aber auch Siedlungsstrukturen, die das notwendige Gleichgewicht des Naturhaushalts beachten und die Lebensbedingungen der Menschen verbessern. Die Menschen insgesamt haben ein elementares Recht auf eine menschenwürdige Umwelt, dem Verfassungsrang zukommen sollte.«
Hieraus lassen sich wichtige Fragen ableiten: Ist es nicht vernünftig, durch Beeinflussung der Investitionen dafür zu sorgen, daß Umweltschutz schon vorher und nicht erst nachher stattfinden kann? Was bedeutet das Verursacherprinzip konkret, auch auf den Verbraucher bezogen? Wer kann sich aufgrund unzureichender Gesetze der Haftung entziehen? Wer kann Millionenschäden tatsächlich abdecken? Wie sieht es mit den strafrechtlichen Konsequenzen aus?
Ich kann zunächst nur registrieren, was – gestützt auf das Regierungsprogramm – geschehen ist (und ich lasse dabei den Streit beiseite, den die östliche Seite vom Zaun gebrochen hat, als das Umweltbundesamt in West-Berlin etabliert wurde):

Für den Umweltschutz gilt jetzt das Prinzip: Wer die Umwelt schädigt, muß für die Beseitigung des Schadens aufkommen.
Für eine Verhinderung von Schäden im Kleinen wie im Großen sorgt das am Jahresanfang 1974 verabschiedete Bundesimmissions-Schutzgesetz, das jeden Bürger verpflichtet, Luftverschmutzung zu verhindern oder auf ein Minimum zu beschränken. Das gilt für die Großindustrie wie für den einzelnen Haushalt. Umweltgefährdung wird als kriminelles Unrecht mit Strafen bis zu 100 000 DM oder zehn Jahren Zuchthaus geahndet.
Für eine bessere Luft in unseren Städten und auf den Straßen sorgt das Benzin-Blei-Gesetz, das seit 1. Januar 1972 den zulässigen Bleigehalt im Benzin auf 0,4 Gramm pro Liter Benzin und vom 1. Januar 1976 an auf 0,15 Gramm pro Liter begrenzt. Bis Ende 1969 war die Menge des freigesetzten Bleis in der Luft auf annähernd 7000 Tonnen pro Jahr gestiegen.
Eine »Technische Anleitung zur Reinhaltung der Luft«, die im Sommer 1974 von der Bundesregierung als Verordnung erlassen wurde, beschreibt die betroffenen Betriebe von der Chemie über Eisen-, Stahl- und Kraftwerke bis zur Massentierhaltung und Tierkörperverwertung; die Vorschriften legen die Grenzwerte für Schadstoffe (50 Staub-Arten und 130 Gase) nach letzten wissenschaftlichen Erkenntnissen fest; sie beschreiben den Stand der Reinigungstechnik, der gefordert wird.
Für besseres Wasser soll eine Gesetzesvorlage die Voraussetzungen schaffen, die dem Bund ungeteilte Zuständigkeit für den Wasserhaushalt gibt. Diese Initiative wird von der CDU/CSU blockiert. Aber erst die von uns vorgeschlagene Ordnung erlaubt eine einheitliche Regelung für das Lagern und Abfüllen wassergefährdender Stoffe. Auch für die Verschmutzung von Gewässern gilt nach einem vorbereiteten Gesetz künftig der Grundsatz, daß die Kosten für die Reinigung und die Schäden vom Verursacher getragen werden müssen.
Für Schutz vor Baulärm sollen verschärfte Bestimmungen sorgen, die Normen für Baumaschinen festsetzen. Die Schutzforderungen werden innerhalb gewisser Fristen gesteigert.
Für Schutz gegen Fluglärm sorgt seit dem 3. April 1971 ein Gesetz, das Lärmschutzbereiche für 50 zivile und militärische Flugplätze festsetzt.

Für Müllbeseitigung gibt es seit dem 11. Juni 1972 ein Gesetz, das wilde Müllkippen oder private Autofriedhöfe verbietet und die Beseitigung des Industriemülls kontrolliert. Es soll dafür sorgen, daß Skandale bei der Lagerung von Giftmüll, wie sie in mehreren Bundesländern registriert wurden, in Zukunft nicht mehr möglich sind; doch noch im Jahr 1974 hatten Zeitungen Anlaß, von regelrechten »Giftmüll-Kartellen« zu reden. Neue Methoden der Müllbeseitigung sollen helfen, den Abfallberg abzutragen, der allein mit dem Müll des Jahres 1971 (etwa 350 Millionen Kubikmeter) die Höhe der Zugspitze erreichte.

In diesen Zusammenhang gehört auch das im Sommer 1974 verabschiedete »Lebensmittelrecht«, das den Konsumenten vor Gesundheitsschäden und Täuschungen bewahren soll. Es bezieht sich auf Reinigungsmittel, Kosmetika, gefährliches Kinderspielzeug, aber auch auf Tabakerzeugnisse. Nichtraucher werden besser geschützt. Rundfunk- und Fernsehwerbung für Zigaretten und andere Tabakerzeugnisse ist verboten.

Für eine Kontrolle der Umweltprobleme sorgt ein Umwelt-Statistik-Gesetz, mit dessen Hilfe Fakten und Daten gesammelt werden. Es wird Aufgabe des Umweltbundesamtes sein, bei der Koordinierung aller Umweltprogramme in Bund und Ländern zu helfen.

Für den Umweltschutz werden von 1971 bis 1975 folgende Mittel aufgebracht:

Abwasserreinigung	20,2 Milliarden DM
Luftreinigung	4,3 Milliarden DM
Abfallbeseitigung	3,7 Milliarden DM
Naturschutz und Landschaftspflege	2,4 Milliarden DM
Lärmminderung	1,7 Milliarden DM
Sonstiges	3,7 Milliarden DM

Das sind in fünf Jahren rund 36 Milliarden DM – oder knapp ein Drittel eines jährlichen Bundeshaushalts. Dies bezeichnet einen Anfang – das bisher Mögliche, das freilich noch längst nicht mit dem Notwendigen übereinstimmt.

Es ist hier von einem »Vollzugs-Defizit« die Rede. Es fehlt in der Tat noch an vielen Ausführungsbestimmungen, an sachgemäßer Kontrolle. Interessengruppen verstehen es, die Vorschriften zu umgehen. Auch in den Gemeinden gibt es, wegen der Gewerbesteuer, immer wieder bedauerliche Entscheidungen einer kurzfristigen Opportunität. Da und dort macht sich Resignation breit. Die Hindernisse, die aus dem Weg zu räumen sind, werden immer deutlicher sichtbar.

Vielleicht nicht einmal das Schlimmste ist dabei schlechter Wille – damit wird man fertig. »Objektive« Schwierigkeiten sind viel größer: Finanzmittel, technische Probleme, wirtschaftliche Folgen und nun auch Bedenken, die uns von der Energiekrise auferlegt wurden. Es besteht schon jetzt eine Kluft zwischen der Gesetzgebung und den Chancen, ihr Geltung zu verschaffen.

Unsere gesetzlichen Maßnahmen müssen in der Tat ein Gleichgewicht zu den Möglichkeiten der Wirtschaft finden, wenn das Ganze nicht Schaden nehmen soll. Dennoch: Ich kann die Führung der Industrien nicht unterschiedslos von dem Vorwurf ausnehmen, daß man die Lösung dieser Probleme schon vor einem guten Jahrzehnt hätte vorbereiten müssen und können. Die Politik muß auch hier nachhelfen.

Wenn die Verantwortlichen in Politik und Wirtschaft nicht vorauszudenken vermögen, dann muß ihnen das öffentliche Bewußtsein auf die Sprünge helfen. Umweltschutz und Forderungen nach Lebensqualität werden in unserer Bevölkerung als Aufgaben der Gemeinschaft aller Bürger verstanden – über sonstige Trennungslinien hinweg. Hier berührte sich zum Beispiel das Engagement junger Sozialisten durchaus mit Interessen, die aus einem konservativen Lebensgefühl stammen.

Am Beispiel der Rohölverknappung ist unseren Bürgern wenigstens für einen Augenblick klargeworden, was knappe Ressourcen bedeuten. Dies gilt ohne jede Einschränkung auch für die natürlichen Ressourcen unseres Landes. Eine Krise in der Wasserversorgung zum Beispiel würde nicht minder einschneidende Folgen haben.

Verkehrspolitik überdenken

Mobilität hat nicht nur mit dem Freiheitsgefühl der Gesellschaft zu tun: Sie ist für die meisten unter uns Voraussetzung des Berufs geworden.

Das ist ja der eigentliche und »vernünftige« Zweck des Automobils: nicht die Multiplizierung der eigenen Kraft durch die Pferdestärken, die man kommandiert – sondern das Bewußtsein, daß man sich nach eigenem Entschluß, oder wie es der Beruf verlangt, fortbewegen kann. Diese Mobilität kann und darf der Gesellschaft nicht genommen werden, wenn man nicht die beruflichen Chancen von vielen Millionen und ihren Freiheitsraum einengen will.

Doch wenn es noch eines letzten Anstoßes bedurft hätte, dann hätte uns spätestens die Energiekrise gezwungen, über Vernunft und Unvernunft unserer Verkehrsgewohnheiten nachzudenken. Denn die Erdölkrise wird – zunächst zumindest als Preiskrise – von Dauer sein. Der einzelne wird nicht nur mit dem Blick auf die Benzinpreise genauer abwägen müssen, ob es für die Routine der täglichen Fortbewegung (zum Arbeitsplatz und zurück) nicht besser ist, sich der öffentlichen Verkehrsmittel zu bedienen statt des eigenen Fahrzeugs, dessen Bewegungsmöglichkeit durch die Verkehrsdichte ohnedies schon beschränkt worden ist.

Eine Umfrage im Februar 1974 ergab, daß 56 Prozent aller Bundesbürger eine Förderung des öffentlichen Nahverkehrs befürworten – nur noch 27 Prozent hielten den Bau von Straßen für vorrangig. Dabei wich die Meinung der Autobesitzer kaum mehr von dem Urteil der anderen Bürger ab (das war gegenüber früheren Umfragen eine Meinungsverschiebung um fast zwanzig Prozent). Voraussetzung für ein solches Umdenken (es handelt sich dabei fast um ein »Umfühlen«) ist allerdings die Verbesserung der Massenverkehrsmittel.

Ich bin mir dabei bewußt, daß gerade für den »kleinen Mann« das Auto ein Stück Privatheit – und Erholung von der Monotonie seiner Arbeitswelt – bedeutet. Massenverkehrsmittel werden als Alternative nicht aufgedrängt werden dürfen, sondern sie müssen sorgfältig erprobt werden.

Der Bürger von morgen und übermorgen sollte sich im innerstädtischen Verkehr vielleicht auch neuer Taxi-Systeme bedienen können, die ihn (und die Gemeinden) von den Parksorgen befreien und uns zugleich vor der Luftverschmutzung durch die vielen Hunderttausend privater Autos in den Cities bewahren.

Der Bürger von morgen sollte auch lange Strecken in bequemen und raschen Transportmitteln zurücklegen können. Das jährliche Viel-Milliarden-Defizit der nicht ausgelasteten Bundesbahn zeigt die Grenzen der finanziellen Entwicklungsmöglichkeiten. Aber wir müssen auch erkennen, daß es sich um einen Teufelskreis handelt: Ein Verzicht auf Modernisierungen würde die Verluste auf die Dauer steigern – und die Bürger würden doppelt bezahlen: nicht nur mit ihren Steuergeldern, sondern auch durch Mängel unseres Transport- und Verkehrssystems, von dem mehr als nur Bequemlichkeit, nämlich die effektive Mobilität im Alltag, abhängt.

Ich empfinde – um es noch einmal deutlich zu machen – keine modische Abneigung gegen das Auto. Ich weiß, wie wichtig es für unsere Bürger ist und welche Bedeutung es auch für unsere Volkswirtschaft hat; wer dies auch nur einen Augenblick unterschätzte, dem konnte die Absatzkrise der Autoindustrie in der Konsequenz der Energiekrise die Augen öffnen. (Zwischen 1970 und 1974 wurden übrigens – doch gewiß nicht aufgrund einer »autofeindlichen« Haltung – fast 1500 Kilometer neue Autobahnen gebaut.)
Doch hier läßt sich sinnfällig nachweisen, was der anzustrebende Ausgleich zwischen Gemeinschaftsaufgaben (Nahverkehr) und individuellem Anspruch (Auto) meint. Voraussetzung ist freilich, daß für ein besseres Nahverkehrssystem genügend Energie zur Verfügung steht – und für das Auto Benzin. Wiederum hat uns hier die Erfahrung des Winters 1973/1974 darüber aufgeklärt, daß unsere Forderungen nach einer größeren Anstrengung für die gemeinschaftlichen Aufgaben eher zu zögernd als zu radikal formuliert waren.
In diesem Zusammenhang muß auch das Problem der Verkehrssicherheit gesehen werden. Die Unfälle mit tödlichem Ausgang und die Zahl der Schwerverletzten im Straßenverkehr hatten sich in den Wochen des Fahrverbots und in den Monaten der Geschwindigkeitsbeschränkungen drastisch reduziert. (Allerdings wirkte hier auch das seit Sommer 1973 gültige »0,8-Promille-Gesetz« gegen Alkohol am Steuer segensreich.) Auch wenn bei der Niederschrift dieses Buches noch keine exakten Zahlen ver-

fügbar sind, so besteht doch kein Zweifel daran, daß die Zahlen der Verkehrsopfer weiterhin erschreckend hoch liegen. Und es bleibt eine erstaunliche Tatsache, daß die Bundesrepublik Deutschland als einzige Industrienation ohne gesetzliche Geschwindigkeitsbeschränkungen existieren zu können meint. Die Autoindustrien anderer Länder sind im übrigen durch die Limitierung des Tempos keineswegs existenzunfähig geworden.
Die Frage der Lebensqualität stellt sich auf dem Friedhof nicht mehr, das ist wahr. Und vom Rollstuhl aus wird man sie anders, nämlich mit berechtigter Bitterkeit, beantworten. Um so dringlicher ist der Ausbau des Verkehrs-Rettungswesens, dem nun auch mehr und mehr moderne Mittel, etwa Hubschrauber, dienen.

Kein Kulturpessimismus

Zwischen dem Stichwort »Lebensqualität« und dem Reichtum kulturellen Lebens besteht eine natürliche Verbindung. Denn »Qualität des Lebens« schließt, wie ich sagte, gerade auch die nichtmateriellen Güter ein.
In einer Düsseldorfer Theater-Diskussion – es war im Vorfeld des Wahlkampfes von 1972 – sprach ich, in Anlehnung an ein Wort Heinrich Heines, vom Hunger nach »Geistesbrot«. Wenn mich meine Beobachtungen nicht täuschen, dann entdecken mehr und mehr Menschen unserer Zeit schöpferische Möglichkeiten, die ihnen gegeben sind. Vielleicht wurde nie außerhalb der Ateliers und Akademien, in denen Kunst als Beruf geübt wird, so viel auch in Bürgerwohnungen gemalt, gezeichnet und modelliert. Hausmusik lebt, wenn ich nicht irre, wieder auf.
Im Gegensatz zu einer manchmal hochmütigen Kulturkritik kann ich es nicht bedauern, sondern halte es für eine bedeutende Veränderung, daß die Teilnahme an den Kunstereignissen – auch den unkonventionellen – heute nicht mehr Sache einer dünnen Schicht von »Gebildeten« ist. Die Musik von Bach und Bartók, Beethoven, Brahms und Strawinsky dringt in breitere Schichten als jemals zuvor. Und neben ihnen haben neue und zugleich uralte Musikformen zwischen Folklore und Jazz – und darüber hinaus – das Interesse von Millionen gefunden.

Die Besucherzahl der Museen wächst. Ereignisse wie die große Picasso-Ausstellung in München wurden nahezu Massenerlebnisse, die nicht weniger Menschen anzogen als ein großes Fußballspiel. Das im Herbst 1973 eröffnete neue Römisch-Germanische Museum in Köln erlebte einen beispiellosen Andrang von Besuchern.

Bei der Eröffnung der Bonner Ausstellung des Deutschen Künstlerbundes im Jahr 1970 – damals unter der Leitung von Georg Meistermann – kündigte ich »ein deutlicheres Zeichen« dafür an, daß der zeitgenössischen Kunst ein besserer Platz in unserer repräsentativen Demokratie eingeräumt werde. Ich habe mich an dieses Wort gehalten. Seit dem Jahr 1971 verfügt die Bundesregierung über eine zwar nicht überwältigende, aber auch nicht unbedeutende Summe, mit der sie zeitgenössische Werke der bildenden Kunst kaufen kann. Dies soll keine sogenannte »Maßnahme zur Kunstförderung« sein. Eine solche Formel käme den Begriffen der Kunstverwaltung verdächtig nahe. Wir wollen aber Kunst keineswegs verwalten. Wir wollen mit ihr leben. So war es zu verstehen, was ich 1970 im Kreis des Künstlerbundes zu sagen versuchte: Die zeitgenössische Kunst und ihre Inhalte sollen bewußter in das politische Leben einbezogen werden.

Nicht jeder der Künste wird die neue Aufmerksamkeit gleichmäßig zuteil. Unsere Theater quälen sich mit Existenzsorgen, bei deren Lösung Länder und Gemeinden trotz großer finanzieller Anstrengungen nur bedingt helfen können. Man kann nicht länger darüber hinwegsehen, daß sich unsere Theater mitten in einer Publikumskrise befinden. Der »Betrieb« wird in den alten Formen mit einer gewissen Künstlichkeit aufrechterhalten. Die Entfremdung vom Publikum wird dadurch nur stärker, denn man ist in Gefahr, sich entweder in ein populäres Operettenprogramm zu flüchten – oder sich mit fragwürdigen Eliteansprüchen in einen unzugänglichen Avantgardismus zurückzuziehen. Beides, Operette und Experimentierstück, hat ein Lebensrecht, das niemand bestreiten darf. Aber um die breite, lebendige Beziehung zwischen Theater und Publikum zu schaffen, bedarf es wohl anderer Wege.

Eines allerdings kann ich mit aller Klarheit sagen: Der Ruf nach der Staatshilfe wird das Problem nicht lösen. Dem Bund sind, auch wenn er anders wollte, die Hände gebunden: Die Sorge um die Theater als Elemente des kulturellen Lebens ist nach dem Grundgesetz Sache der Länder; sie ist überdies meist eine unmittelbare Aufgabe der Kommunen. Niemand wird garantieren können, daß jede größere Stadt auf unbefristete Zeit über ihr eigenes Theater verfügen wird, so froh wir auch über die Vielzahl unserer kulturellen Zentren sind – es sei denn, die Theater selber schafften sich eine breitere Basis. Der Staat jedenfalls kann kein Automat sein, dessen Funktion sich darauf beschränkt, auf Abruf die Finanzierungslücken zu schließen. Vielleicht bedarf es sogar der Stimulanz der Krise, um zu neuen Formen der Kooperation – vor allem mit dem Publikum – zu finden.

Ich meine, daß der Gefahr einer staatlichen Gängelung der Kunst – und dieser Gefahr ist jede staatliche Kunstförderung ausgesetzt – unter anderem durch die bundesstaatliche Gliederung vorgebeugt wird. Das entbindet Bund, Länder und Gemeinden miteinander jedoch nicht von ihrer Verpflichtung, sich um eine sinnvolle Koordinierung und um gegenseitige Ergänzung ihrer kulturellen Anstrengungen zu bemühen.

Die Lage der Theater ist, wie die der Filmindustrie, schwieriger geworden, weil durch das Fernsehen auch Darstellungen dramatischer Kunst unmittelbar ins Haus gebracht werden. Das Fernsehen erschließt zum anderen dem Schauspiel oder dem Film ein neues, oft junges Publikum. Wir wissen, welche Informationsarbeit die Massenmedien leisten. Die Gefahren der elektronischen Dauerunterhaltung oder -belehrung sind zum anderen deutlich genug, zumal ihre Einladung zur Passivität.

Ich habe auch zur Kenntnis genommen, daß nach einer demoskopischen Studie angeblich die »Lesekultur« der Deutschen zerfällt. Zwar sind nur noch sechs Prozent der Haushalte ohne Bücher (1962 waren es noch zwanzig Prozent), zwar wuchs die Zahl der Haushaltungen mit mehr als einhundert Büchern von 13 auf 31 Prozent. Aber wiederum wird das Fernsehen dafür verantwortlich gemacht, daß der (Frei-)Zeitanteil für Lektüre von 13 auf 9 Prozent zurückging und daß jeder fünfte Bürger nie zu einem Buch greift.

Man könnte von hier aus eine kulturpessimistische Rechnung aufmachen. Doch man sollte nicht vergessen, daß das Fernsehen selber einer »Bildungsoffensive« dienen kann. Indessen neige ich weder zum Kulturpessimismus noch zum Kulturoptimismus; ich mißtraue beidem. Ich bin davon überzeugt, daß die Chancen unseres Zeitalters auch eine Spiegelung seiner Gefahren sind – und umgekehrt. Die Entscheidung zum Positiven oder Negativen steht bei uns. Das sich verändernde Wertbewußtsein in unserer Gesellschaft begegnet einem Reichtum des kulturellen Angebots, das von der Weltliteratur im Taschenbuch bis zum Heimkino des Fernsehens reicht. Und ich erkenne unter unseren jungen Menschen eine Bereitschaft, den produktiven Sinn der Muße zu entdecken.

Ich wage nicht zu beurteilen, ob unsere Kulturepoche von späteren Geschlechtern als eine der »großen« unserer Geschichte betrachtet wird. Doch ich erkenne die Fülle der vorwärtsdrängenden Begabungen, die in jeder Kunstform alle Möglichkeiten bis an die Grenze der bewußt gewählten Absurdität ausschöpfen, und ich sehe zugleich die Ansätze zu einer veränderten Wirklichkeitsnähe, die sich vor allem in der Sprache und in der darstellenden Kunst ausdrückt. Kunstbetrieb und Kunstlärm mögen weniger intensiv, weniger aufgeregt, vielleicht auch weniger inspiriert sein als in den sogenannten »goldenen zwanziger Jahren«. Das beweist noch nicht viel. Ich halte die Breite des aktiven und passiven Kunsterlebnisses für einen der unbestreitbaren Vorzüge unserer Zeit.

Vielleicht schafft sie eine Atmosphäre des öffentlichen Interesses, die notwendig ist, um eine Gemeinschaftsleistung wie die in der Regierungserklärung angeregte »Deutsche Nationalstiftung« ins Leben zu setzen. Dieser Gedanke fand weithin Zustimmung. Freilich hört man nun Stimmen der Ungeduld. Man will wissen, was wann geschehen wird. Die Vorarbeiten, bei denen wie so oft ein Dickicht juristischer Schwierigkeiten zu durchdringen ist, sind auf dem Weg. Die Anfänge mögen bescheiden sein; auch im weiten Feld der Kulturpolitik müssen wir haushalten. Aber wenn auch nur der Ansatz gelänge, eine repräsentative Institution für unsere kulturelle Gegenwart und für das deutsche kulturelle Erbe zu schaffen, dann wäre uns viel geglückt. Es geht nun darum, für die »Nationalstiftung« eine juristisch und finanziell solide Basis zu finden. Sie muß lange halten; wir müssen sie uns leisten können.

Das repräsentative Verständnis, das man bei vielen unserer Nachbarn (und zum Beispiel auch in der Sowjetunion) der Kunst entgegenbringt, erklärt sich zu einem guten Teil durch das lebendige Verhältnis zu einer Geschichte, die sich am klarsten und bewegendsten in der Kunst einer Epoche spiegelt. Denn Kunst übersetzt Macht- und Staatsgeschichte immer zugleich in Menschengeschichte: die Geschichte von den Hoffnungen und den Leiden der einzelnen und der Völker.

Unsere Geschichte

Unser Volk muß lernen, mit seiner Geschichte zu leben. Wir haben sie zeitweilig nur als eine Last empfunden. Ich kenne die Bürde so gut wie jeder andere. Und ich darf sagen, daß ich sie vor der Welt nicht verborgen habe. Ich habe unseren Partnern in West und Ost zu zeigen versucht, daß wir ihre Realität akzeptieren und daß sich darauf der gemeinsame Mut gründen muß, miteinander das Wagnis der guten Nachbarschaft zu beginnen.

Wir haben allerdings auch gelernt, daß Geschichte noch etwas anderes ist und sein muß als bürgerliche Nationalgeschichte im Sinne des 19. Jahrhunderts. Sie ist – Bundespräsident Heinemann wies darauf besonders ausdrücklich hin – nicht nur eine Geschichte der Siege, sondern auch eine Geschichte der Niederlagen: eine Geschichte der vergeblichen Hoffnungen, der besiegten Revolutionen, in denen sich der Geist der deutschen Demokratie heranbildete. Gustav Heinemann konnte seine Amtszeit mit der Eröffnung des »Freiheitsmuseums« in Rastatt abschließen, in dem vor allem Dokumente der Revolution von 1848/1849 gesammelt sind. Dort wird deutlich: Geschichte ist immer auch Sozialgeschichte, in der sich das Geschick der verschiedenen Schichten unseres Volkes auf sehr unterschiedliche Weise spiegelt. Nur wenn wir diese Wirklichkeit fassen, können wir noch zu einem gemeinsamen Geschichtsbewußtsein gelangen.

Wir haben das geschichtliche Erbe häufig als lästig betrachtet. Vielleicht räumten wir darum oft mit solcher Rücksichtslosigkeit auch jene Spuren beiseite, in denen sich der Reichtum und die Schönheit der Vergangenheit mitteilen.
Die Zerstörung unserer alten Städte setzte sich nach dem Bombenkrieg im Wiederaufbau teilweise fort. Es wird oft kritisiert, daß unsere Gemeinden da und dort in einem wahren Bautaumel über die notwendigen »Sanierungen« hinaus durch gedankenlose und milieuwidrige Neukonstruktionen den Charakter der Dörfer und Kleinstädte zerstört haben. Die Landesämter für Denkmalschutz, die ja das Erbe behüten sollen, sind arm und ohnmächtig. Bürgerinitiativen haben unterdessen manche der schlimmsten Saubermann-Aktivitäten blockiert.
Der Europarat erklärte das Jahr 1975 zum »Europäischen Jahr des Denkmalschutzes« und stellte es unter das Leitwort: »Eine Zukunft für unsere Vergangenheit«. Man will durch Aufklärung die Bereitschaft wecken, unersetzliches architektonisches Erbe und damit die Individualität und Unverwechselbarkeit von Stadtbild und Stadtstruktur zu retten. Es wird angeregt, immer wieder zu prüfen, ob eine Modernisierung eines alten Gebäudes nicht Abriß und Neubau vorzuziehen ist, ob Kirchen, Schlösser, Bauernhäuser und Denkmäler nicht durch Umgestaltung für eine andere Verwendung bewahrt werden können.
Das sind wichtige Anregungen. Denn die glatte Wirtschaftlichkeitsrechnung geht nicht immer auf. Was rational zu sein scheint, ist es nicht immer. Wir bedürfen für die Rettung der sichtbaren Zeugnisse unserer Geschichte einer Bereitschaft zur Bewahrung des Bewahrenswerten, die ich den historischen Umweltschutz nennen möchte. Er muß Sache des öffentlichen Bewußtseins werden.

Der Wille zur Bewahrung

Hier möchte ich ein Wort wiederaufgreifen, das ich vor ein paar Jahren an die Adresse der Mitbürger gerichtet habe, die sich – unabhängig von Parteibindungen – als konservativ empfinden. Ich achte diese Gesinnung und Haltung. Der Respekt davor darf nicht bedeuten, daß man die Augen vor jenem bornierten und aus der Art geschlagenen Konservativismus zu schließen hätte, der in so verhängnisvoller Weise zum Heraufkommen des Nazismus beigetragen hat. Doch mir ist seit den dreißiger Jahren zunehmend klargeworden, daß eine konservative Aufgabe im ursprünglichen, unverfälschten Sinn des Begriffes weiterbesteht: nämlich die Notwendigkeit, auf die Bewahrung der wesentlichen Grundwerte des Lebens zu achten. Das gehört zur »Lebensqualität«, und dafür wird man manches zu verändern haben. Reaktionäre Verkrampfung bewahrt nicht, sondern versteinert.

Der Wille zur Bewahrung verlangt den Mut zur Wandlung. Die Industriegesellschaft kann ihre Energien nicht mehr den ungebändigten Wucherungen materialistischer Instinkte überlassen, die sich heute konservativ drapieren, doch in Wahrheit nur vorgestrig sind. Sie sind es, die den Fortschritt ohne Kontrolle ließen und ihn damit zum Teil menschenfeindlich machten. Sie appellieren noch immer an den krassen Egoismus, an dem jede Gemeinschaft zugrunde geht. Sie stellen sich nach wie vor blind gegenüber den Gefahren einer Technisierung der Zivilisation, an der die Welt zu ersticken droht: die Welt, die wir zu bewahren versuchen; in der die Erde nicht bloß Objekt der Bodenspekulation ist, sondern Natur bleiben kann; in der der Wohnungsbau nicht nur Teilbereich der Industrialisierung des Alltags ist, sondern Heime schafft, in denen Menschen zu Haus sein können; in der die Arbeit nicht nur vom Leistungsdiktat bestimmt wird, sondern sich auch mit der Freude verträgt.

Nur die Bereitschaft zur wohlbedachten Reform kann das retten, was uns allen – oder den allermeisten von uns – lieb und teuer ist. Es darf nicht dahin kommen, daß die Werte des Lebens der Mehrheit zwar lieb, aber zu teuer sind – und daß nur einige Privilegierte sie sich leisten können.

Erneuertes Wertbewußtsein

Die kritische Auseinandersetzung mit den Bürgern, die ein Gefühl für die Ursachen einer weltweiten Unruhe haben, war für mich immer wichtig und meist auch hilfreich. Kritik und Warnungen darf man auch dann nicht in den Wind schlagen, wenn sie weit über vernünftige Ziele hinausschießen.

Mit sogenannten »Bekenntnissen« zur besseren Lebensqualität ist es allerdings nicht getan. Man kann nicht jeder Interessengruppe nach dem Munde reden und trotzdem eine höhere Lebensqualität beschwören. Es geht – wie wir beobachtet haben – um neue Wertvorstellungen, die sich nicht von heute auf morgen durchsetzen lassen.

Das Wort von den Gemeinschaftseinrichtungen sollte jedes romantische Mißverständnis des Begriffs »Lebensqualität« ausschließen. Es geht nicht allein um die Rückbesinnung auf »innere Werte«. Es handelt sich nicht um die Rückkehr zum »einfachen Leben« im Sinne zivilisatorischer Anspruchslosigkeit. Gute Politik kann nicht mehr einfach das sein, was den unkontrollierten Fortschritt oder isoliert mißverstandenes Wirtschaftswachstum fördert – schlechte Politik ist nicht, was an das Wachstum kritische Maßstäbe anlegt.

Die Wirtschaft wird sich stärker als bisher fragen lassen müssen, was sie – negativ oder positiv – zur Qualität des Lebens beiträgt. Sie wird es lernen müssen, dies nicht als Zumutung zu betrachten, denn Politik wird sich stärker darauf einzustellen haben, Lebensqualität und das gesellschaftliche Gesamtinteresse gegenüber eigennützigen Sonderinteressen zu verfechten. Die Probleme, die vor uns liegen, können mit einer *isolierten* wirtschaftlichen Rationalität nicht mehr gelöst werden. Es bedarf zusätzlich der gemeinschaftlichen Zielsetzungen und Anstrengungen.

Worauf es ankommt, ist dies: aus dem Beweismaterial der Gegenwart die Handlungskriterien für die Zukunft zu ermitteln; es wäre verhängnisvoll, das Beweismaterial schlichtweg zu leugnen. Hier liegt auch die Aufgabe der Wissenschaft: noch mehr an Beweismaterial vorzulegen und noch stärker an den sachlichen Klärungen mitzuwirken, die den politischen Entscheidungen vorausgehen müssen.

Wenn man die Summe der Aufgaben überblickt, die sich unmittelbar aus der Forderung nach einer höheren Qualität des Lebens stellen, dann ergibt sich daraus ein Konzept, das nahezu alle entscheidenden Bereiche unserer politischen und sozialen Exi-

stenz aneinanderbindet. Es bedarf keiner kunstvollen und angestrengten philosophischen Überhöhung. Lebensqualität meint ein neues, sagen wir lieber: erneuertes Wertbewußtsein. Es geht von der Achtung vor der unverwechselbaren Individualität des Menschen aus, die den Schutz der Gemeinschaft verlangt.
So wird das Verlangen nach mehr Lebensqualität eine der großen Antriebskräfte, die wir künftig als einen der wesentlichen Faktoren in jede politische und wirtschaftliche Kalkulation einzusetzen haben. Es wird auch Maßstäbe für die geistige und moralische Beschaffenheit einer Gesellschaft, ihrer Parteien, ihrer Politik und ihrer Führung setzen.

Neue Verantwortung

Aus der Erfahrung von neuer Freiheit und neuer Verantwortung im privaten wie im gesellschaftlichen Leben müßte eine nichtautoritäre Autorität wachsen; ich benutze diesen Ausdruck hier nicht zum erstenmal. Die Menschen werden immer weniger bereit sein, Führung zu akzeptieren, wenn sie nicht durch Sachkenntnis begründet und von Integrität bestimmt ist. Autorität nur kraft eines Amtes wird schwieriger auszuüben sein. Die Begründung einer neuen Form von Autorität wäre vielleicht die tiefste, zweifellos aber die beste Veränderung in unserem Volk. Sie wäre ein entscheidender Bruch mit unseligen Traditionen – und ein gutes Fundament, um eine stolzere Tradition zu begründen, die auch in unserer Geschichte Vorbilder fände.
Die gewandelte – nichtautoritäre – Autorität müßte über die Familien hinaus ins Leben der Nachbarschaft, in die Gemeinde, die Verwaltungen, die Parteien, in unser Regierungssystem, zugleich aber auch in die Gewerkschaften, in die Betriebe und ihre Führung hinüberwirken. Sie wäre die organische Entsprechung des Prozesses der Demokratisierung des öffentlichen Lebens und der Wirtschaft, die wir uns zum Ziel gesetzt haben.
Hier ergäbe sich wenigstens eine Teilantwort auf die Grundfrage, die uns die Verhaltensforschung (und unsere eigene Erfahrung) mit großer Hartnäckigkeit stellt: Wie wird unsere Gesell-

schaft der zerstörenden menschlichen Aggressivität Herr, ohne die produktive Aggressivität zu lähmen?
Durch die Wandlung der Ideale, die nicht mehr ausschließlich von altmodisch-maskuliner Aggression geformt sind, durch neue soziale Leitbilder der Gemeinschaft, durch das entspanntere Verhältnis der Geschlechter, durch die Veränderung von Lebensgewohnheiten wächst in Teilen der jungen Generation langsam ein Klima der Toleranz. Ich stelle in diesem Zusammenhang fest:
Nicht nur die tatsächlichen Freiheiten des einzelnen – nämlich in seiner materiellen Sicherung, in seinem Bewegungsraum und im Schutz seiner Rechte – sind gewachsen. Es wuchs auch ein neues Freiheitsgefühl, das seiner Ausdrucks- und Lebensformen vielleicht noch nicht sicher ist – nicht sicher sein kann, denn es befindet sich in Neuland. Ich denke auch an die neue Freiheit in der Beziehung der Geschlechter, die für unser gesellschaftliches Klima so wesentlich ist. Sie hat keineswegs, dies läßt sich jetzt schon übersehen, einen Zusammenbruch der Moral bewirkt. Wir beobachten Auswüchse, doch wohl mehr Unsicherheit. Ich beobachte aber auch das Wachsen einer neuen, nämlich freien Bindungsfähigkeit zwischen jungen Menschen; sie ist am Ende zuverlässiger als manche brüchig gewordene Konvention. Ich sehe das neue Freiheitsgefühl vor allem auch zwischen Eltern und Kindern und, von dort hinübergewachsen, in größeren Familienzusammenhängen. Vielleicht wurden Kinder – nehmt alles in allem – niemals so ernst genommen wie heute; gewiß wurden sie nie zuvor so sehr als Geschöpfe betrachtet, in denen man von Anfang an die unverwechselbare Persönlichkeit und damit das Recht auf Schutz erkennt.
Für Ausgang und Ziel hat Albert Schweitzer vor mehr als einem halben Jahrhundert das Wort gefunden: »Ehrfurcht vor dem Leben«.
Die Gesellschaft des Friedens, die wir für den Bürger von morgen bauen wollen, kann keine konfliktlose Gesellschaft sein. Ich mahnte wieder und wieder zu der Einsicht, daß der Bürgerstaat kein bequemer Staat sei. Die demokratisierte Gesellschaft kann und soll keine Gesellschaft der glatten, reibungslosen Anpassung sein, sondern uns offen – wenn es sein muß, hart – mit Pro-

blemen und Schwierigkeiten konfrontieren, die unsere Geduld und unsere Kraft oft stark herausfordern.

Manche dieser Probleme mögen Produkte des Prozesses der Demokratisierung selber sein. Doch in der Regel handelt es sich um Schwierigkeiten und Fragen, die in der nichtdemokratischen, der nichtoffenen Gesellschaft lediglich unterdrückt – und darum jeder Kontrolle entzogen werden. So wirken sie, gleichsam aus dem Untergrund, zerstörerisch.

Wir werden Konflikte – in denen immer ein produktives Element steckt – nicht beseitigen können; aber wir können sie durch Aufmerksamkeit mildern und Mechanismen entwickeln, die es leichter machen, diese Konflikte durchzustehen. Selbst die religiös oder philosophisch bestimmte Skepsis darf uns nicht davon abhalten, das Menschenmögliche zu tun, um das Schicksal des einzelnen und der Gesamtheit zum Besseren zu lenken.

Demokratisierung – als Begründung der nichtautoritären Autorität – fügt sich hier zusammen mit der Kraft zur Vernunft und mit der neuen Sicht der Qualität des Lebens.

15. Kapitel
»Compassion«

Politik umfaßt für mich das Ganze der menschlichen Existenz. Ich habe nie etwas von der bei uns zulande populären Meinung gehalten, daß »gute« Politik kalt, hart und listig sein müsse. Von dieser Art deutscher Realpolitik hatte nicht nur die Welt, sondern hatten wir auch selber genug – und niemand kann behaupten, daß sie von besonderem Erfolg gesegnet gewesen sei. Ein jüngerer Mitarbeiter meiner Partei bemerkte kürzlich: Für den »christlichen« wie für den »sozialistischen« Politiker sei der Impetus der Barmherzigkeit und Solidarität wichtig; und ich stimme mit ihm auch darin überein, daß es dabei nicht nur um den Wortlaut der Verfassung gehen kann, sondern noch mehr um den Geist, mit dem wir sie erfüllen.

Politik ohne Menschlichkeit ist am Ende dazu verurteilt, Unmenschliches zu bewirken. Auch als Bundeskanzler habe ich nicht gezögert, darauf hinzuweisen, durch welche Beispiele ich mich ermutigt fühlte. Davon sprach ich im September 1972 bei der Gedenkfeier für Leo Bauer, den geplagten Weggenossen arbeitsreicher Jahre, dem Günter Grass in seinem »Tagebuch einer Schnecke« ein Denkmal gesetzt hat. Ich versuchte auszudrücken, was mir das Wesentliche an der Lebensleistung des Toten zu sein scheint: »Wir werden uns oft, zur Selbstkorrektur, an seine Bescheidenheit erinnern und an seine Fähigkeit zum Mitleiden am Leid und an der Not des Nächsten – zur ›compassion‹.«

Auf dem Wahlparteitag von Dortmund im Oktober 1972 trug ich diese Gedanken in eine breite Öffentlichkeit: »Für John F. Kennedy und seinen Bruder Robert gab es ein Schlüsselwort, in dem sich ihre politische Leidenschaft sammelte, und es wird von ihren Landsleuten, die ihre Trauer um den Tod dieser beiden Männer noch nicht abgeschüttelt haben, wieder und wieder zitiert: es heißt ›compassion‹. Die Übersetzung ist nicht einfach Mitleid, sondern: die Bereitschaft, mitzuleiden; die Fähigkeit, barmherzig zu sein, ein Herz für den anderen zu haben. Ich sagte und sage meinen Mitbürgern: Habt den Mut zu dieser Art Mitleid. Habt Mut zur Barmherzigkeit. Habt Mut zum Nächsten. Besinnt euch auf diese so oft verschütteten Werte. Findet zu euch selbst.«

Dieses Mitleiden, das ich als »Mit-Leidenschaft« deutlicher zu machen versuchte, ist das Gegenteil des nur sentimentalen und im Grunde unverbindlichen, des sogenannten »falschen« Mitleids. Mit-Leidenschaft ist im höchsten Maße verbindlich; sie beweist sich nur im Engagement.

Was ich hier zu sagen versuchte, muß in politische Realität übersetzt werden. Die Menschlichkeit braucht zuletzt immer den einzelnen. Aber die Gemeinschaft muß die Voraussetzungen schaffen, damit der einzelne seinen Wunsch, menschlich zu handeln und den Schwachen zu schützen, besser erfüllen kann.

Die Themen, die so von und mit meinen sozialdemokratischen Freunden geprägt wurden, fanden ein positives Echo bei unseren freidemokratischen Partnern. Unser erstes Regierungsprogramm hatte auch hier schon Richtpunkte gesetzt. So konnte die zweite Regierungserklärung das Gespräch mit den Parteien und in der Koalition auch unter dem Stichwort »compassion« wiederaufgreifen. Vitaler Bürgergeist fordert – so heißt es dort –, daß in unserer Gesellschaft die Aufmerksamkeit für die Not des Nächsten nicht verkümmert. Die moralische Kraft eines Volkes beweist sich in seiner Bereitschaft zum Mitleiden – in seiner Fähigkeit, denen zu helfen, die Hilfe brauchen – und in seiner Toleranz gegenüber dem anderen:

»Unsere Gesellschaft hat sich ein neues Selbstbewußtsein erarbeitet, es ist durch Leistung erdient. Wir denken nicht daran, die Leistung zu verachten, doch sie kann ihren Sinn nicht in sich selbst finden. Wir vergessen nicht, was ihr eigentlicher Maßstab ist: die Sorge für die, denen der Atem ausgeht; für die vielen, deren Leben noch immer Mühsal und Last ist; die wir in der

Verkrampfung unserer Energien zu oft erschöpft am Wegrand des Fortschritts zurücklassen.«

»Compassion« oder Mit-Leidenschaft wünsche ich mir als einen breiten Grundstrom, der unser ganzes soziales Leben trägt. Beweis muß freilich immer die Hinwendung des einzelnen und der Gemeinschaften, also auch des sozial verantwortlichen Staates, zu den Gruppen der Schwachen, Benachteiligten und den Minderheiten sein.

Ein langer Weg

Demokratischer Sozialismus darf sich nicht zu formalistischen Leitbildern verengen oder in bürokratischen Gebilden erstarren. Vor Jahren habe ich einmal gesagt, daß ich mir Sozialismus nicht als eine riesenhafte Allgemeine Ortskrankenkasse vorstelle.

Das ist keine herablassende Kritik an unserem System der Krankenversicherung, die ich für eine der segensreichen Einrichtungen unserer Gesellschaft halte. Im Gegenteil: Die sozialen Sicherungen in unserem Staat reichen noch nicht aus. Auch die, die nach uns kommen, werden Arbeit genug haben, um den Schutz der Schwachen und Bedrängten so zu stärken, daß sich (möglichst) alle Bürger in unserem Gemeinwesen geborgen fühlen können. Auf das Geborgensein, das Einbezogensein, das Nicht-allein-gelassen-Werden kommt es mir hier an. Das mag als ein bescheiden formuliertes Ziel erscheinen, aber es umreißt gewaltige Aufgaben. Eine perfektionistische Verbürokratisierung kann dabei gewiß nicht das Ziel unseres Handelns sein. Es geht darum, benachteiligte Mitbürger von Existenzsorgen, von jener Not, von jenen Bedrückungen und Ängsten zu befreien oder zu entlasten, die anderen erspart bleiben. Und wir haben dafür zu sorgen, daß institutionelle Voraussetzungen geschaffen werden – aber auch dafür, daß ihre Leistungen den Hilfsbedürftigen unmittelbar zugute kommen. Das heißt: Wir müssen die Wege der Vermittlung von bürokratischen Überwucherungen frei- und den menschlichen Impuls im sozialen Handeln der Institutionen wachhalten.

Die Erfahrungen haben gezeigt, daß soziale Grundsicherungen ohne die verantwortliche Mitwirkung des Staates nicht geschaffen werden können. Der moderne Staat faßt nun freilich durch seine demokratische Verankerung in sich selber die Interessen der breiten Schichten der Bevölkerung zusammen. Er trägt viele ihrer Gegensätze unmittelbarer in seinen eigenen Institutionen aus. Seine Eingriffe ins soziale Gefüge sind demokratisch legitimiert. Seine Autorität ist in der Volkssouveränität verwurzelt. Man hat das Recht, vom sozialen Auftrag des Staates an seine Funktionsträger und von seiner sozialen Autorität zu sprechen. Er kann soziales Recht schaffen. Er muß darüber wachen, daß es geachtet und befolgt wird. Er muß für äußere und innere Sicherheit sorgen. Aber Geborgenheit verordnen, das kann er nicht.

Oder er kann es nur, wenn man so will, wenn ihm viele einzelne dabei helfen. Und dazu bedarf es nicht nur eines gesellschaftlichen Klimas der Hilfsbereitschaft, sondern auch konkreter organisatorischer und finanzieller Voraussetzungen. Der Staat muß die Rahmenbedingungen schaffen, die mehr Geborgenheit sich entwickeln lassen.

Wir haben gelernt, daß auch ein annähernd voll ausgebautes System der sozialen Gerechtigkeit und Sicherheit allein die Menschlichkeit einer Gesellschaft nicht garantieren würde. Iring Fetscher bemerkte in einem Aufsatz, die Begründer des Sozialismus hätten stillschweigend eine »natürliche Güte« vorausgesetzt. Wie immer man das theoretisch begründen mag: Es gibt kein »System«, das spontane Güte und Menschlichkeit ersetzen könnte. Sie bezeichnen menschliche Qualitäten, ohne die die Gesellschaft zum Alptraum oder zur Hölle werden kann.

Die Macht der Interessen als Motor der Entwicklung unterschätze ich nicht. Die Qualitäten der Gerechtigkeit, der Solidarität und der Güte können ebenfalls eine bewegende Macht sein. Sie mögen häufig scheitern. Doch dieses Scheitern ist niemals ein endgültiges – es gibt stets Herausforderungen, die diese moralischen Werte zum Leben erwecken. Wir müssen hier immer wieder neue Ansätze suchen. Moralische Appelle genügen dafür gewiß nicht. Hier bedarf es zweierlei: des unverzichtbaren und spontanen Engagements des einzelnen, aber auch der organisatorischen Instrumente, mit denen die individuelle Initiative erst wirksam werden kann. Das aber bedingt ein drittes: die soziale Pflicht, in der die Gesellschaft als Ganzes steht. Was die einzelnen und was die Gemeinschaft leisten können, ergibt sich in Wahrheit aus einer Wechselwirkung. Dies kann hier nur beispielhaft deutlich gemacht werden.

Hier ist eines der Beispiele: Es ist Ziel sozialdemokratischer Politik, jedem jungen Menschen im Bildungsbereich, aber auch im Arbeitsbereich seine Chance zu geben. Aber mir scheint, daß gerade wir mit besonderer Gewissenhaftigkeit nach den Menschen fragen müssen, die ihre Chance *nicht* wahrnehmen können – aus welchen Gründen auch immer. Ich denke an die weniger Begabten, an die Behinderten, an alle, die sich schwer oder gar nicht in der Gesellschaft zurechtfinden, an die nicht mehr Leistungsfähigen.

Das Netz der sozialen Sicherungen, das eine sozialdemokratisch geprägte Gesellschaft allen Bürgern zur Verfügung stellt, wird diese Gruppen vor wirtschaftlicher Not sichern. Aber das genügt nicht. Sie sind genauso darauf angewiesen, daß sich Verwandte, Freunde, Nachbarn ihrer annehmen. Eine Gesellschaft, die Chancengleichheit will und damit in letzter Konsequenz die Leistungen des einzelnen nur in diesem Zusammenhang zum entscheidenden Faktor macht, braucht eine neue soziale Tugend: das Verständnis für jene Mitmenschen, die sich nicht behaupten oder nicht mit gleicher Leistung bewähren können. Dieses Verständnis gibt es nicht ohne den Mut, verstehen zu wollen.

Solidarität als lebendige Nachbarschaft

So müssen wir also versuchen, dem Begriff der Solidarität, der in der Geschichte der Arbeiterbewegung stets ein starkes Element der Kampfbereitschaft gewesen ist, eine neue Dimension zu geben: Wir dürfen Solidarität nicht nur als Instrument zum Durchsetzen eigener, berechtigter Interessen begreifen. Wir müssen sie stärker noch als bisher als Hinwendung zu denen verstehen lernen, die auf der Strecke zu bleiben drohen – als die Selbstüberwindung, die notwendig ist, sich von den Schwachen nicht abzuwenden, sondern mit Respekt gerade auf sie zuzugehen. Wir sollten uns nicht täuschen lassen: Der relative Wohlstand, dieses Produkt einer großen Anstrengung des ganzen Volkes, hat auch seine Opfer gefordert. Es ist nicht unbegründet, von einer seelischen Überanstrengung zu sprechen. Der Kampf um die Selbstbehauptung in den ersten Nachkriegsjahren und der Wettbewerb um den Anteil am wachsenden Wohlstand der Gesellschaft haben die Menschen oft isoliert.

Im Massenbetrieb der Städte, auf dem Weg zum Arbeitsplatz oder zum Einkauf sind sie in Gefahr, sich in der Anonymität zu verlieren. Zu Hause sind sie oft isoliert in kleinen Wohnungen, vielfach in Schlafstädten, in denen kaum nachbarschaftliche Beziehungen entstehen.

Die Realität der guten Nachbarschaft – ein Leitmotiv meines ersten und zweiten Regierungsprogramms – war allzu lange in Vergessenheit geraten. In den Zeitungen finden sich immer wieder Berichte, daß lange Wochen, unbemerkt von Nachbarn, Freunden oder Verwandten, ein Toter in seiner Wohnung lag, der so einsam gestorben war, wie er vermutlich gelebt hatte. Solche Nachrichten sind ein schrilles Signal für die wachsende Anonymisierung unserer Gesellschaft.

Die Sonne des Erfolgs scheint nicht über allen. Die Schwachen, die erschöpft, krank oder vergessen an der Straße von Leistung, Erfolg und Fortschritt liegenblieben, zählen nach Hunderttausenden. Viele haben lange darauf gewartet, daß die Segnungen des sogenannten Wohlfahrtsstaates endlich auch sie erreichen würden – und viele vergebens. (Die Selbstmordziffern – jährlich nehmen sich in der Bundesrepublik etwa 13 000 Menschen das Leben – zeigen, daß der Anteil älterer und einsamer Menschen überwiegt.) Viele, denen der Sozialstaat ein Existenzminimum, vielleicht sogar ein wenig mehr sichert, bleiben einer Einsamkeit ausgeliefert, an der Menschen auch zugrunde gehen können.

Die Duldung vermeidbaren individuellen Unglücks zeigt eine tiefere Unordnung in unserer Gemeinschaft selber: Mangel an Nachbarschaftsgeist, Sympathie und Güte, oder genauer: unsere Unfähigkeit, diese natürlichen menschlichen Qualitäten sichtbar und wirksam zu machen. Damit aber auch: eine bedauerlich

verkürzte Sicht dessen, was unser eigenes wohlverstandenes Interesse gebietet.
Mancher öffentliche Appell bei Katastrophen im eigenen Land oder unter Völkern weit entfernter Kontinente hat bewiesen, welche Reserven an Hilfsbereitschaft darauf warten, mobilisiert zu werden; die Aktion einer Illustrierten für die hungernden Menschen in Äthiopien war dafür ein guter Beweis. Wir scheinen aber verlernt zu haben, diese Kräfte auch im Alltag und in unserem unmittelbaren Umkreis zu beweisen. Man muß sie wekken – doch freilich genügt es nicht, die Menschen in Katastrophenfällen zu alarmieren und sie dann wieder in die übliche Teilnahmslosigkeit zu entlassen. Es kommt vielmehr darauf an, ein öffentliches Klima zu schaffen, in dem der Nachbarschaftsgeist und die Sorge für den Nächsten wach und gegenwärtig sind.
Diese Empfindung teile ich mit vielen meiner Landsleute. Sie sehen wie ich die zahllosen Aufgaben, die ihr tägliches Leben im Rhythmus von Produktion und Konsum mit einem neuen, in Wirklichkeit alten Sinn erfüllen würden: der Einsicht, daß man nicht nur für sich selber, sondern auch für den anderen, vor allem den Schwächeren, den weniger Glücklichen, da ist. Ich frage mich oft, ob jene kritischen Geister recht haben, die immer wieder behaupten, »Glück« mache uns arrogant. Die Entwicklung unserer Gesellschaft scheint diesem Vorurteil gelegentlich recht zu geben. Doch ich weigere mich, dies als eine volle Wahrheit zu akzeptieren.

Die Behinderten

Meine Regierung hatte ihr Wort gegeben, daß sie den Behinderten helfen werde. Nicht jedem war klar, wieviel Not sich hier angestaut hatte. Viel Einfallsreichtum und die Überwindung manchen Vorurteils werden beispielsweise weiterhin notwendig sein, um Behinderte in den Arbeitsprozeß einzugliedern. Hier und in verwandten Bereichen bedarf es gemeinsamer Anstrengungen des Staates, der karitativen Organisationen *und* der individuellen Hilfsbereitschaft.

Im Frühjahr 1970 wurden mit dem »Aktionsprogramm Rehabilitation« wichtige Verbesserungen für Menschen geschaffen, die zu lange außerhalb der traditionellen Sozialpolitik geblieben sind. Ich möchte einige der konkreten Maßnahmen nennen, die wir auf den Weg bringen und verwirklichen konnten:

Das »Gesetz zur Weiterentwicklung des Schwerbeschädigtenrechts«, seit Mai 1974 in Kraft, bringt etwa 650 000 Schwerbehinderten in der Bundesrepublik – unabhängig von der Art und Ursache ihrer Behinderung – ein Sonderrecht auf Beschäftigung, einen erweiterten Kündigungsschutz und sechs Tage Zusatzurlaub.

Das »Gesetz über die Angleichung der Leistung zur Rehabilitation« wurde im Sommer 1974 verabschiedet. Ziel ist, die bisher unterschiedlichen Leistungen der Rehabilitationsträger – wie Renten- und Unfallversicherung, Bundesanstalt für Arbeit oder die Krankenversicherungen – im Interesse der Behinderten einander anzugleichen. Wir wollen darauf hinwirken, daß einheitliche Leistungen für medizinische und psychische Rehabilitation in den Schulen und im Beruf gewährt werden.

Als drittes wurde das »Gesetz über die Sozialversicherung der Behinderten« geschaffen. Behinderte, die in Werkstätten oder anderen wettbewerbsgeschützten Einrichtungen tätig sind, sollen endlich in die Kranken- und Rentenversicherung einbezogen werden. Das ist ein erster Schritt in Richtung auf eine Sozialversicherung für alle Behinderten.

Es ist beschämend, daß die Behinderten in diesem »aufgeklärten« Jahrhundert oft nicht viel besser beurteilt und behandelt werden als in Zeiten, die wir längst überwunden glaubten: isoliert von der Gemeinschaft, ihrem eigenen Schicksal überlassen. Der Staat kann hier nicht alleine weiterhelfen; auch die Kirchen und die Verbände der freien Wohlfahrtspflege können immer nur einen Teil dessen leisten, was auf sie zukommt. Was also not tut, ist das Engagement vieler einzelner Bürger. Einige haben die Sozialarbeit »das schlechte Gewissen der Leistungsgesellschaft« genannt. Wir sollten uns davon nicht beirren lassen, sondern froh sein, daß es dieses Gewissen gibt.

Seit dem 31. Oktober 1972 existiert – eine Initiative meiner Regierung – die Stiftung »Hilfswerk für behinderte Kinder«, die bei der Eingliederung von behinderten Kindern helfen und die Forschung in diesem Bereich fördern soll. Für die etwa 60 000 Kinder, die jedes Jahr mit schweren körperlichen, geistigen oder seelischen Schäden geboren werden, soll ein »Aktionsprogramm« der Bundesregierung wirken.

Hilfe für Kinder

Mancher glaubt, Jugend sei heute so glücklich wie nie zuvor und Kinder hätten es besser denn je. Materiell mag das in mancher Hinsicht sogar richtig sein. Aber die Tatsache, daß – laut Statistik – in der Bundesrepublik Jahr für Jahr fast 1,5 Milliarden DM für Kinderspielzeug ausgegeben werden, daß mancher Zehnjährige stolzer Besitzer eines Rennrades, eines Kassettenrecorders, eines Plattenspielers oder gar eines Fernsehapparates ist, hat nichts mit dem Schlagwort vom »Jahrhundert des Kindes« zu tun. Schaut man genau hin, sieht man eine andere Wirklichkeit, die oft fragwürdig und erschreckend ist.

»Jahrhundert des Kindes« – das ist weitgehend Schönfärberei, nicht viel mehr. Die Bundesministerin für Jugend, Familie und Gesundheit, Katharina Focke, fragte mit bewußter Zuspitzung, weshalb der Tierschutzverband in unserem Vaterland sehr viel mehr Mitglieder (nämlich eine halbe Million) habe als der Kinderschutzbund (etwa 15 000). Einige Beispiele:

In Großstädten und Industriezentren gibt es für die meisten Kinder nicht genügend Spiel- und Freiheitsraum: Parkplätze und Garagen haben den Vorrang vor Spiel- und Tummelplätzen – vielfach auch noch in baurechtlichen Vorschriften und kommunalen Planungen.

Nur für etwas mehr als 40 Prozent unserer drei- bis fünfjährigen Kinder gibt es Plätze in Kindergärten – in Belgien sind es 90, in Holland 82, in Frankreich immerhin 70 Prozent.

Die Unfallquoten der kleineren Kinder sind die höchsten aller Altersgruppen.

Kindern ohne Vater oder Mutter, behinderten und sozial

benachteiligten Kindern begegnet unsere Gesellschaft noch oft mit Abneigung und Vorurteilen. (Imponierende Sammelergebnisse bestimmter Institutionen wie der »Aktion Sorgenkind« dürfen darüber nicht hinwegtäuschen.)
Kindesmißhandlungen, von denen wahrscheinlich nur 10 Prozent bekannt werden, haben in dieser angeblich so fortschrittlichen Zeit noch ein erschreckendes Ausmaß.
Das Unverständnis, das bis zur Kinderfeindlichkeit geht, kann allerdings nicht allein durch die individuelle Fürsorge, es muß durch Maßnahmen auf vielen Gebieten überwunden werden. Beim Besuch eines katholischen Kinderdorfes in Ellwangen im Sommer 1973 hatte ich Gelegenheit, die Arbeit der Kinderdorf-Bewegung zu würdigen. Ich gewann den Eindruck, daß dort eine Umwelt geschaffen wird, die Kindern gemäß ist.
Für das Wohlbefinden der Kinder ist es von entscheidender Bedeutung, ob wir neue Wege finden: bei der Stadtsanierung, im Wohnungsbau, in der Verkehrsplanung, beim Umweltschutz, in der Landschaftspflege. Unmittelbar wirken auf sie die Jugendhilfe und die Bildungsreform. Aber nicht einmal das ist genug: Wir müssen die vielen Bürger in unserem Land wachrütteln, damit sie ihre Aufmerksamkeit mehr als bisher den Kindern widmen. Wir brauchen, so hat es Katharina Focke formuliert, »eine geistige und seelische Gegenbewegung, den Platz, die Zeit, die Menschlichkeit, den persönlichen Kontakt« zu den Kindern und für die Kinder.
Das Desinteresse und die Rücksichtslosigkeit, die da und dort in der Gesellschaft gegenüber ihren jüngsten Mitgliedern zu beobachten sind – vor allem bei manchen Hausbesitzern, die nur an kinderlose Ehepaare vermieten wollen –, stehen in einem paradoxen Mißverhältnis zu der übersteigerten Hervorhebung des Jungseins, die zu den Kennzeichen unserer Zeit gehört. Ihre Entsprechung findet sie in einer weitverbreiteten Mißachtung des Alters.

In Würde alt werden

Es stellt unserer Gesellschaft kein gutes Zeugnis aus, daß Fortschritt und Leistungsverhalten es zugelassen haben, daß in den beiden Lebensbereichen Kindheit und Alter so viele vernachlässigt werden. In der Einstellung zu ihren »Randgruppen« aber zeigt sich, was eine Gesellschaft von Menschenwürde hält.
Die Untersuchung eines demoskopischen Instituts zeigt, daß ein großer Teil unserer Bürger sich dieses Problems bewußt ist. Es heißt dort: »Die alten Menschen gehören nach dem Urteil der Bevölkerung zu den am stärksten benachteiligten Gruppen ... und sie sehen sich auch selbst so.«
Man mag darüber streiten, was in vergangenen Zeiten die Großfamilie – mit den Alten in ihrer Mitte – bedeutet haben mag. Sie hat sich in den vergangenen hundertfünfzig Jahren aufgelöst, im Gefolge der Urbanisierung und der Industrialisierung. Die heutige Wirklichkeit ist, daß mehr als die Hälfte der älteren Bundesbürger – das gilt für die Frauen noch mehr als für die Männer – allein leben. (Allerdings beobachtet man auch gewisse Rückwandlungen – und sei es nur, weil es willkommen ist, daß die Oma auf die Enkelkinder aufpaßt.)
Die Sozialpolitik der Gemeinden versucht denen zu helfen, die ohne die Fürsorge einer Familie sind, die nicht in Heimen, sondern zu Hause leben: mit Gesprächen und persönlichen Beratungen, bei Hausbesuchen oder mit Veranstaltungen in Altentagesstätten und Seniorenklubs. Jene älteren Mitbürger, die sich nicht mehr allein und mit der Unterstützung dieser mobilen Dienste versorgen können, sollten einen Anspruch auf volle Versorgung und Pflege in einem Heim haben; die Wirklichkeit ist davon weit entfernt.
Aber wir wissen auch, daß alle öffentlichen Maßnahmen und Einrichtungen letztlich nur den materiellen Rahmen für den Lebensabend bestimmen können. Sie können mangelnde Mitmenschlichkeit nur bedingt ersetzen und das Altwerden in unwürdiger Isolation kaum verhindern. Sicher ist jedoch: Wir können – und müssen – mehr für jene Integration tun, von der für viele Alte der Sinn ihres Lebens abhängt.
Wir dürfen in unserem Land nicht einen Zustand dulden, in dem

sich der ältere Mensch fragt, ob es sich überhaupt für ihn noch lohnt, alt zu werden. Darum sagte ich in meiner zweiten Regierungserklärung, auch für die älteren Mitbürger sei nicht allein die Sicherung der materiellen Existenz wichtig – es gehe ihnen ebenso um die Hilfe zur menschlichen Selbstbehauptung: »Gelingen kann sie nur, wenn staatliche und private Kräfte über ihre Pflichten hinaus für die ältere Generation zusammenarbeiten. Ich zögere nicht, hier unmittelbar an den Familiensinn zu appellieren, der da und dort zu verkümmern droht. Man muß es wieder lernen, Solidarität gegenüber den Nächsten zu üben – es sind oft die Eltern, die Großeltern.«

Jeder weiß, daß wir es hier mit einem elementaren Problem der Gesellschaft zu tun haben. Die Lebenserwartung ist innerhalb eines Jahrhunderts von 36 Jahren (1871) auf etwa 71 Jahre (1970) gestiegen. Der Anteil der über 65jährigen lag 1871 bei 4,6 Prozent, 1970 machte er 13,2 Prozent der Bevölkerung aus. Er wird sich bis 1990 auf 13,7 Prozent steigern.

Wir haben es zu lange geduldet, daß hier von einer »Belastung« der arbeitenden Bevölkerung und der Steuerzahler gesprochen wurde. Es ist wahr: Das Rentensystem ist teurer geworden. Jeder fünfte lebt von einer Rente. Im Jahr 1973 betrugen die Gesamtausgaben der gesetzlichen Rentenversorgung 71,7 Milliarden DM – 7,8 Milliarden mehr als 1972. Man schätzt eine Steigerung auf 230 Milliarden bis 1988. Aber dies sind Leistungen für Menschen, die darauf angewiesen sind. Und man vergißt allzuoft, was die meisten dieser Menschen für ihr Alter vorgeleistet haben: Für die Renten und Pensionen, die ihnen später bezahlt werden, haben sie meist jahrzehntelang hart gearbeitet.

Die »Dynamisierung« der Rente – das heißt: die ständige relative Anpassung der Altersrente an das jeweilige Lohnniveau – und die »flexible Altersgrenze« sowie die Öffnung der Rentenversicherung für Selbständige, Hausfrauen und andere Gruppen haben materiell beträchtliche Verbesserungen gebracht. Aber noch immer beziehen 62 Prozent der männlichen Arbeiter und 30 Prozent der Angestellten eine Rente von nur 600 DM und weniger. Bei Frauen sieht es düsterer aus: Fast keine Rente einer Arbeiterin ist höher als 600 DM im Monat.

Dies entspricht geltendem Recht, aber es steht häufig in keinem Verhältnis zu Jahrzehnten harter Arbeit.
Um ihrer Lebensleistung willen hätten die alten Menschen sehr wohl ein Recht, dem privilegierten Lebensgefühl der Jungen ein eigenes Selbstbewußtsein entgegenzusetzen. Es gibt dazu Ansätze. In manchen Staaten scheint sich so etwas wie eine Bürgerrechtsbewegung der alten Menschen zu formieren. Sie scheint allerdings die zunehmende Isolierung der Älteren nicht aufhalten zu können. Es gibt in Florida immer noch ein St. Petersburgh, wo in den Straßen fast nur Greise zu sehen sind, die während ihrer letzten Jahre, manchmal Jahrzehnte meist zu einem dürftigen Auskommen in schäbigen Hotelzimmern gezwungen sind. Mit den Seniorensiedlungen unter dem euphemistischen Namen »Sun Cities« hat man etwas bessere Erfahrungen gemacht: Hier wurden Gemeinden gegründet, in denen alle Einrichtungen den besonderen Bedürfnissen und dem Komfort alter Menschen dienen. Sie scheinen sich dort wohl zu fühlen, obwohl es in weitem Umkreis kaum ein junges Gesicht gibt. Aber sie leben wenigstens in einer Gemeinschaft, in der der Nachbar am Schicksal des Nachbarn teilnimmt. Diese Lösung ist freilich nur für wenige möglich. Es kostet viel Geld, sich in diese Siedlungen einzukaufen. Auch dies ist keine Antwort auf das Problem der Massenheimatlosigkeit alter Menschen.
Wir indessen haben zum Hochmut keinen Anlaß. Teure Privatwohnungen in kommerziellen Seniorensiedlungen sind auch bei uns nur für wenige erschwinglich. Außerdem können wir unsere Augen nicht davor verschließen, daß gerade in diesem Bereich Geschäftemacher immer wieder alte Menschen um ihre letzte Habe bringen. Darum beschlossen die Länder im Bundesrat, künftig strenge Kontrollen über die Verwaltung von Altersheimen auszuüben. Im Sommer 1974 wurde das »Heimgesetz« beschlossen, das dem gewissenlosen Geschäft mit Alten und Pflegebedürftigen einen Riegel vorschieben soll. Altersheime und Pflegeheime dürfen nicht mehr ohne staatliche Erlaubnis geführt werden; die Aufsicht wurde verschärft.
Bei einem meiner Besuche in Berlin hatte ich Gelegenheit, ein Altenheim – unter der bei uns noch bis vor kurzem ungewohnten Bezeichnung »Seniorenzentrum« – kennenzulernen, das ich

als vorbildlich empfand. Es trägt den Namen des verstorbenen Frankfurter Oberbürgermeisters und Präsidialmitgliedes des Deutschen Städtetages Werner Bockelmann (der sich um das Hilfswerk Berlin große Verdienste erwarb). Die Bürger, mit denen ich dort sprach, schienen zufrieden zu sein, denn ihnen wird jener Komfort gesichert, der für ein menschenwürdiges Alter kaum entbehrlich ist. Aber mehr als das: Man hat Phantasie bemüht, um sie vor der Monotonie zu bewahren, die so oft das Schicksal des Alters ist. (Es fehlt nicht einmal die Kegelbahn.) Man hat bewußt die Nachbarschaft mit einer Schule gewählt. So ergibt sich fast täglich Kontakt mit jungem Leben. Dafür sind die Bewohner des Bockelmann-Heimes in Berlin-Wilmersdorf besonders dankbar.

Der Bau von Altersheimen, vor allem aber von Altenwohnungen muß durch den Staat, die Gemeinden und, wo sie es können, durch die gemeinnützigen Organisationen noch energischer vorangetrieben werden, denn die Überalterung der Gesellschaft wird weiter wachsen – und mit ihr der Bedarf. Ein Gesetz zur Erhaltung und Modernisierung von Wohnungen soll vor allem jenen älteren und ausländischen Mitbürgern helfen, deren Behausungen die Bezeichnung Wohnung nicht verdienen. Aber darüber hinaus bedarf es einer systematischen Untersuchung der Wohn- und Lebensverhältnisse alter Menschen. Ein Bericht für den Bundestag über die Zustände in Altersheimen wäre besonders dringend.

Für die künftige Ordnung unserer Städte können jene Experimente entscheidend sein, die in einigen Großstädten (zum Beispiel in Wiesbaden) dank der Initiative vor allem junger Sozialdemokraten begonnen wurden: Dort wurden in modernen Apartmenthäusern Altenwohnungen eingeplant. Das Ziel ist, alte Menschen wieder in die Gemeinschaft und Nachbarschaft zurückzuholen – nicht nur, weil dies für die Alten lebenswichtig ist, sondern weil auch die Jungen eingesehen haben, daß es angenehm ist, wenn sie zum Beispiel einen älteren Hausgenossen bitten können, einen Nachmittag oder einen Abend auf die Kinder zu achten. Sie begreifen, daß der Kontakt und der Austausch mit der älteren Generation auch ihr Leben bereichern können. Gerade Jungsozialisten waren es, die in den trostlosen

Satellitensiedlungen am Rand von Großstädten die Alten zusammenholten und damit für ein Geflecht nachbarschaftlicher neuer Beziehungen sorgten.

Die Sozialdemokratische Wählerinitiative und vor allem die Arbeiterwohlfahrt leisteten in diesem Bereich beispielhafte Arbeit. Sie regten ihre Mitglieder an, sich in ihren Gemeinden nicht nur durch unverbindliche Sympathiekundgebungen, sondern auch in konkreten Fragen um die älteren Mitbürger zu kümmern. Erika Engelbrecht von der Wählerinitiative schrieb: »Die Jüngeren müssen Initiative und Kreativität entwickeln, damit die alten Menschen ihren Platz, ihre Rolle in der sich so rapid verändernden Gesellschaft finden. Ohne eine neue psychologische und soziale Einstellung zum Alter bleibt alle Altenhilfe Stückwerk.« In dem Bericht wird darauf hingewiesen, wie viele alte Menschen von der Sorge gequält werden: Was ist, wenn ich krank werde? Wer versorgt mich? Wer kauft ein? Wer kocht? Wer pflegt mich?

Die älteren Mitbürger wollen, so lange es eben geht, in ihren eigenen Wohnungen bleiben – und sie sollen es. Dafür braucht man Hilfsdienste. In manchen Städten haben junge Menschen, unter ihnen auch Mitglieder des »Zivildienstes«, ein System von Telefonverbindungen eingerichtet, das die Not und die Gefahr der Isolierung der Alten ein wenig lindert. Durch tägliche Anrufe wird geprüft, ob alles in Ordnung ist oder ob geholfen werden muß. Da und dort organisierten die Alten selber ein solches Netz von Kontakten, die zu einer Vielzahl nützlicher Aktivitäten genutzt werden können.

Die Wählerinitiative versuchte auch, den Alten bei der Sicherung ihrer Rechte beratend zu helfen. Sie weist vor allem auf die zum Teil demütigenden und entmündigenden Bestimmungen der Verträge in manchen Altenpflegeheimen hin. Aber nicht nur Armut und Krankheit sind die Hauptsorgen des Alterns. Das zentrale Thema ist die Vereinsamung.

Der Anteil der über 65jährigen unter den psychisch Kranken, die in Krankenhäusern behandelt werden müssen, ist im Laufe der vergangenen Jahre unablässig gestiegen. Diese Entwicklung wird sich vermutlich fortsetzen. Gerontologie – die Wissenschaft vom Alter – ist Neuland für die Soziologie, Neuland aber auch für die Medizin. Sie steckt in unserem Lande noch in den Anfängen. Bis 1972 gab es an unseren Hochschulen keinen Lehrstuhl für dieses Gebiet.

Aus der Tatsache, daß die Hoffnung auf das Erreichen eines hohen Lebensalters gegenwärtig bei vielen von der Furcht vor jahrelanger Vereinsamung, hilflosem Kranksein und Sinnlosigkeit des Daseins überschattet wird, ergibt sich für die Medizin wie auch für die Sozialarbeit, aber auch für jeden einzelnen von uns der Auftrag, dazu beizutragen, daß diese Jahre durch konkrete Hilfe und Vorsorge gute Jahre werden. Das darf nicht eine Frage des Geldbeutels sein, und hier öffnet sich ein weites Feld für vielfältige örtliche Initiativen.

Es ist manchmal nützlich, nicht nur die allgemeinen Statistiken zu überblicken, sondern ein Problem zu »lokalisieren«. Ich las in einem Bericht, daß in München die Bürger über sechzig Jahre 19 Prozent der Stadtbevölkerung ausmachen: »25 Prozent erhalten höchstens 500 Mark Rente im Monat, 31 Prozent leben allein.« Die alten Menschen, die in jenem Artikel beschrieben wurden, nannten als schlimmste Not ausnahmslos die Vereinsamung. Bemerkenswert schien mir die Beobachtung, daß nach Schätzungen des Sozialreferats der Stadt etwa 13 Prozent aller Münchner über 65 Jahre Mitglied einer der 14 Altentagesstätten sind. In manchen der Klubs wird ein warmes Mittagessen angeboten. Aber vor allem findet sich dort Gelegenheit, Hobbies nachzugehen, Musik zu machen, zu basteln, zu lesen. Doch mehr als alles andere zählt für die Alten die Möglichkeit zu einem Gespräch: Wenn auch nur für Stunden ist ein Kontakt zu anderen Menschen garantiert. Eine alte Dame sagte: »Hier habe ich wenigstens Menschen um mich, die ein ähnliches Schicksal und dieselben Probleme haben und die mich fragen, ob es mir gutgeht.«

Ein anderer Lokalbericht – diesmal aus Frankfurt – meldete den Beschluß des Sozialdezernats der Stadt, daß das geringe Taschengeld der 2600 Sozialhilfeempfänger in den Alten- und Altenpflegeheimen vom Sommer 1974 an von 50 DM – das ist 1,65 DM pro Tag – um den kaum spürbaren Betrag von 15 DM monatlich erhöht werden soll. Dies ist der Hintergrund: Die Unterbringungs- und Pflegekosten für die meisten dieser alten Bürger sind so hoch, daß die gesamte Pension oder Rente davon aufgezehrt wird. Es bliebe ihnen für sich selber buchstäblich kein Pfennig, wenn nicht die Stadt diesen Zuschuß leistete – für etwas Tabak, eine Tafel Schokolade, kleine Geschenke für die Angehörigen, vielleicht gelegentlich ein Buch. Auch das ist deutsche Wirklichkeit der siebziger Jahre.

Zum »alten Eisen«?

Die Sorge fängt freilich für viele unserer Bürger sehr viel früher an: dann nämlich, wenn sie ab fünfzig Jahren, ein wenig später oder sogar ein wenig früher plötzlich gewahr werden müssen, daß man sie zum »alten Eisen« zählt. Daß sie Schwierigkeiten haben, eine neue Stellung zu finden, wenn ein Wechsel des Arbeitsplatzes notwendig wird. Daß sie sich oft mit schlechter bezahlten Positionen abfinden müssen, die weder ihrer Leistungsfähigkeit noch ihrer Erfahrung entsprechen. Die Stellenanzeigen in den Zeitungen sind dafür eine ernüchternde Dokumentation. Rücksichtslosigkeit, die überdies kurzsichtig ist, droht hier das Geschick von Millionen älterer Arbeitnehmer zu bestimmen.

Wir haben – noch im vorigen Bundestag – die flexible Altersgrenze eingeführt; sie ist ohne Zweifel eine wichtige soziale Errungenschaft. Doch Flexibilität sollte in einem doppelten Sinn verstanden werden: Wer sich vor dem 65. Lebensjahr den Strapazen des Berufslebens nicht mehr gewachsen fühlt, hat nun die Möglichkeit, früher in einen ruhigeren Lebensrhythmus einzukehren. Doch dies ist *seine* Wahlmöglichkeit, also ein Schritt zu mehr persönlicher Freiheit. Wenn jetzt ältere Arbeitnehmer unter Druck gesetzt würden, entsprechend früher »zu gehen«, so wäre dies gegen den Geist des Gesetzes, und wir dürften es nicht hinnehmen.

Das Recht auf Arbeit darf nicht nur für junge Menschen gelten. Überdies zeigt die Erfahrung, daß die plötzliche Unterbrechung des Arbeitsrhythmus, der unseren Alltag für Jahrzehnte bestimmte, lebensgefährlich sein kann. Der rüstige Mitbürger, der einige Monate nach der glücklich erreichten Pensionierung zusammenbricht und stirbt, ist schon lange keine Ausnahme mehr. Man weiß, daß es oft die unterdrückte Verzweiflung über die plötzliche Ziellosigkeit seiner Existenz ist, die ihn vorzeitig – erst psychisch, schließlich physisch – sterben läßt.

Über das Problem der Altersarbeit und ihre Bedeutung für den »seelischen Haushalt« des Menschen ist ganz gewiß nicht rechtzeitig und nicht gründlich genug nachgedacht worden. Die Führung unserer Industrien klagte Jahr für Jahr über den katastrophalen Mangel an Arbeitskräften. Doch wir haben nur selten einen praktischen Versuch registriert, den Arbeitswillen älterer Menschen auf sinnvolle Weise zu engagieren. Es gibt in fast jedem Betrieb Beschäftigungen, die sie gern und vielleicht sogar besser ausführen als andere. Manche Unternehmer fanden sich hier zu beispielhaften Initiativen bereit, die bisher zuwenig beachtet worden sind. Einige Gemeinden – wie zum Beispiel die Stadt Göttingen – haben sich zur Gründung von Altenwerkstätten entschlossen.

Während meines Israel-Besuchs im Juni 1973 prägte sich mir ein, wie man in einem Kibbuz am See Genezareth die Arbeit der Alten organisiert hat. In einem Nebenbetrieb, in dem Elektrogeräte gefertigt werden, bietet sich den Kibbuz-Mitgliedern, die eigentlich schon im »Ruhestand« leben, eine Möglichkeit, soviel zu arbeiten, wie sie mögen und wie es ihre Kraft erlaubt. (Die Versorgung der Alten ist in der Kibbuz-Gemeinschaft kein Problem. Doch auch dort ist es offensichtlich gut für das Selbstbewußtsein der Älteren, wenn sie sich nicht als bloße Kostgänger zu fühlen brauchen.)

Ich könnte mir denken, daß durch eine sinnvolle Planung gerade im kommunalen Bereich der allgemeine Mangel an handwerklicher Hilfe ein wenig ausgeglichen werden könnte. Arbeitszeiten und -bedingungen müßten so festgelegt werden, daß niemand gezwungen ist, seine Kräfte über Gebühr zu strapazieren. So wäre der Aufbau von Service-Organisationen möglich, die wiederum der Gemeinschaft zugute kämen und das Leben im Alltag etwas leichter machten. Wichtig dabei müßten die Freiwilligkeit der Arbeit und eine gerechte Entlohnung sein.

Dies könnte ein wichtiges Stück Integrationsarbeit sein: in der Gemeinschaft und für die Gemeinschaft, und damit ein Element des Widerstands gegen die latente Gefahr des Zerfalls unserer Gesellschaft in isolierte Gruppen von mehr und mehr vereinsamten Menschen.

Gesellschaft im Dienst

Dienstleistungen und Integration – diese beiden so wichtigen Probleme unserer Zivilisation – verlangen gewiß noch sehr viel umfassendere Anstrengungen. Es gibt inzwischen Aufgaben des Alltags, für die sich unsere Bürger zu gut zu sein scheinen: Berufe, die jede Attraktivität verloren haben, Pflichten, die niemand mehr übernehmen will. Dies beginnt bei der Müllabfuhr, die man fast ausschließlich ausländischen Arbeitern übertragen hat.

Ich nenne ein anderes Beispiel: den katastrophalen Mangel an Pflegepersonal in den Krankenhäusern und Altenheimen. Wieder war es eine aufschlußreiche Nachricht über den Zustand unseres Gemeinwesens, daß wir in der Energiekrise des Winters 1973/1974, als der Anwerbung ausländischer Arbeitskräfte Halt zu gebieten war, für Pfleger und Pflegerinnen sogleich eine Ausnahme gemacht haben. Wir können sie nicht entbehren, wenn der Betrieb in unseren Krankenhäusern nicht zusammenbrechen soll.

Es wäre nicht gut, wenn dies bedeuten würde, daß die Pflege der Mitmenschen – zumal wenn sie angemessen vergütet wird – von jungen Mitgliedern unserer Gesellschaft nicht mehr als sinnvoller Auftrag verstanden würde.

Es gibt, das ist wahr, hier auch durchaus positive Erfahrungen. Viele junge Männer, die aus Gewissensgründen Zivildienst – statt des Wehrdienstes – leisteten, haben in Krankenhäusern und sozialen Einrichtungen mit Engagement und sozialem Pflichtbewußtsein gearbeitet. (Wir haben im Sommer 1973 die als diskriminierend verstandene Bezeichnung »Ersatzdienst« durch »Zivildienst« ersetzt. Der Zivildienst wurde rechtlich und materiell dem Wehrdienst gleichgestellt. Der Aufgabenbereich wurde ausgedehnt. Zu ihm gehört künftig auch der Umweltschutz.)

Ich will auch nicht das freiwillige Engagement vieler junger

Menschen im Bereich der Fürsorge übersehen. Es sind immerhin etwa hunderttausend Jugendliche, die in Krankenhäusern, Altersheimen oder Kinderheimen vor allem an Wochenenden soziale Hilfsdienste leisten.

In sozialpolitischen Arbeitsgemeinschaften gibt es einige Tausend junger Menschen, die sich um Obdachlose, Fürsorgezöglinge, Körperbehinderte oder Strafgefangene kümmern. Andere arbeiten in Friedensdienst-Organisationen für die Versöhnung der Völker. Sie helfen beim Wiederaufbau in den durch Krieg betroffenen Ländern und in Notstandsgebieten überall in der Welt.

Gustav Heinemann bemerkte in einer seiner letzten Reden als Bundespräsident: Wir sollten überlegen, »ob es nicht für den ganzen Fragenkreis staatlicher Dienstpflicht bessere und zugleich gerechtere Lösungen« gebe, als bis jetzt gefunden wurden. Ich begegnete in mancher Diskussion während der letzten Jahre der Frage, ob es für unsere Gesellschaft nicht eines Tages notwendig oder sogar unumgänglich sein werde, ein allgemeines öffentliches Dienstjahr einzuführen – nicht nur für Jungen, sondern auch für Mädchen. Die Einwände liegen auf der Hand. Man hat das sogenannte »Pflichtjahr« aus der NS-Zeit noch in schlechter Erinnerung, und der Arbeitsdienst des Dritten Reiches war eine kaum getarnte Form der Militarisierung. Davon abgesehen wird immer eine kritische Wachsamkeit der Gesellschaft nötig sein, wenn es sich darum handelt, daß der Staat »unterbezahlte« Arbeit organisieren könnte. Einwände dieser Art und Erwägungen in dieser Richtung bedürfen gewiß einer äußerst genauen Prüfung. Aber auch dies gilt es zu bedenken: Die Aufgaben, die mit dem Dienst am Nächsten zu tun haben, werden nicht abnehmen, sondern sie werden wachsen.

Wir sollten in den kommenden Jahren darüber nachdenken, ob das Pflichtbewußtsein vieler junger Menschen nicht darunter leiden muß, wenn der Dienst im Interesse der Gemeinschaft im wesentlichen allein als Dienst an der Waffe verstanden wird – zumal wenn bei uns die neue Wehrstruktur eingeführt sein wird. Bei künftigen Überlegungen über einen Gemeinschaftsdienst würde entscheidend über Organisationsformen nachzudenken sein, die nicht quasimilitärisch organisiert sind, sondern die die Erfüllung der Aufgaben garantieren, die für die Allgemeinheit geleistet werden müssen; das gilt für junge Männer und junge Frauen. Tätige Hilfe für die Schwachen, die Zukurzgekommenen, die Benachteiligten muß jedenfalls Ziel öffentlicher Erziehungsarbeit sein. Es ist notwendig, auch hier daran zu erinnern, was Staat machen heißt: Die organisierte Gemeinschaft der Bürger nimmt sich für die vielen einzelnen in den Dienst. Mir ist es gleichgültig, ob die Worte vom Dienst modisch geschätzt werden oder nicht. Es bedarf keiner preußischen Übertreibung, um zu begreifen, daß die Bereitschaft zum Dienst – heute würde ich eher sagen: zur Solidarität – weithin die Qualität einer Gesellschaft bestimmt.

Die Schwächsten der Schwachen

Im Oktober 1973 konnte man einem Zwischenbericht der Enquete-Kommission über die Lage der Psychiatrie in der Bundesrepublik Deutschland nüchterne Beweise für die unbefriedigenden Zustände hinsichtlich der Behandlung und Pflege geistig und seelisch Kranker entnehmen. Die Untersuchung der Sachverständigen für den Bundestag ergab unter anderem:

> Im Landschaftsverband Rheinland wurden 18 sogenannte Bettenhäuser mit 3470 Betten (von insgesamt 13 698) als abbruchreif bezeichnet. Nach den Maßstäben der Polizeiverordnung vom August 1953 waren die Landeskrankenhäuser (psychiatrische Heilanstalten) im Durchschnitt um 35,1 Prozent überbelegt.
>
> In den sechs größten Landeskrankenhäusern dieses Landschaftsverbandes waren 67 Prozent der Patienten in (teilweise behelfsmäßigen) Räumen mit 6 und mehr Betten untergebracht. Über 10 Prozent der Patienten lebten in Sälen mit mehr als 20 Betten.
>
> In denselben sechs Landeskrankenhäusern kam im Durchschnitt ein Waschbecken auf 6 Patienten. Für 11 Patienten stand im Durchschnitt nur ein WC zur Verfügung.
>
> Nach einem Bericht aus Baden-Württemberg hatten im

> Landeskrankenhaus Weißenau bei Ravensburg 300 Patienten keinen eigenen Schrank.
>
> Im Landeskrankenhaus Wiesloch fehlten nach den Richtsätzen der Weltgesundheitsorganisation 35 Ärzte. Die dort tätigen überlasteten Ärzte können sich nach dieser Berechnung täglich für den Einzelpatienten nur vier Minuten Zeit lassen.
>
> In den Anstalten waren in der Regel psychisch Kranke mit Triebtätern, Süchtigen, Alterskranken und unheilbar Schwachsinnigen zusammen untergebracht.

In jenem Bericht wurde der Leiter eines psychiatrischen Krankenhauses zitiert: »Die Kultur eines Landes ist nicht an der Zahl seiner Fernsehempfänger oder seiner Autos und nicht am Zustand seiner Straßen, eher aber an der Qualität der Unterbringung der psychisch Kranken, der Geistesschwachen und Alten zu messen.« Statt eines Kommentars stehen hier Fakten: Die Weltgesundheitsorganisation nannte als Schlüsselzahl für die Versorgung psychisch Kranker 3 Betten für je 1000 Einwohner. In der Schweiz und in England errechnete man die Richtzahl 3,5, in Schweden 4,2, in den Vereinigten Staaten 4,5 – in der Bundesrepublik sind es 1,8. Es ist kaum zu bestreiten, daß man die Benachteiligung der psychisch Kranken zum Teil mit dem Vorurteil erklären muß, das es nicht zu erlauben scheint, diese Menschen als wirklich Kranke zu betrachten. Es ist wohl auch kein Zufall, daß unheilbar Geisteskranke zumeist schlechter untergebracht sind als Patienten, für die man eine Besserung erhofft. Dies könnte darauf hindeuten, daß die schreckliche Ideologie vom »lebensunwerten Leben« noch nicht überwunden ist.

Alexander Mitscherlich wies darauf hin, »daß auch unsere aufgeklärte Gesellschaft zwischen sich und den Geisteskranken eine tiefe Kluft des Interesses und Mitgefühls beibehalten hat«. Doch er machte auch darauf aufmerksam, daß die Enquete-Kommission zur Lage der Psychiatrie in ihrem Zwischenbericht sich fast ausschließlich mit den psychiatrischen Anstalten und ihren Patienten, also dem herkömmlichen psychiatrischen Versorgungssystem, befaßte: »Neben den von der Psychiatrie versorgten Geistes- und hirnorganisch Kranken gibt es eine dritte

Gruppe seelisch gestörter Kranker, der sogenannten Psychoneurotiker und psychosomatisch Leidenden. Diese Gruppe ist die größte Krankheitsgruppe, die es überhaupt gibt. Dreißig bis vierzig Prozent aller Kranken, die einen Arzt in Anspruch nehmen, bedürfen nicht nebenbei, sondern vordringlich seelischer Hilfe bei der Bewältigung ihrer Leiden.«

In anderen Ländern der westlichen Welt ist die Psychotherapie in die Ausbildung und die Praxis des Psychiaters schon weitgehend integriert. Man hat dort begriffen (und daraus die Konsequenzen gezogen), daß Krankheiten wie Asthma, Magengeschwüre, hoher Blutdruck oft psychosomatisch bedingt sind. Hier wird ganz deutlich, daß der Psychotherapie Gleichrangigkeit in der ärztlichen Versorgung der Bevölkerung eingeräumt werden sollte. Bei uns wurde für die Psychotherapie ein eigenes Versorgungssystem entwickelt, unabhängig von der klassischen Psychiatrie. Aber es ist noch längst nicht leistungsfähig genug.

Etwa gleichzeitig wie die Sachverständigen-Kommission veröffentlichte die Deutsche Forschungsgemeinschaft eine Denkschrift zum Problem der Epilepsie. Sie stellt fest: Etwa jeder zwanzigste Bundesbürger leidet an dieser Krankheit, die man früher als »Fallsucht« bezeichnete (sie wird durch eine abnorme Aktivitätssteigerung des Zentralnervensystems verursacht). Bei mehr als 340 000 Bürgern ist die Epilepsie chronisch; von ihnen bedarf jeder dritte einer besonderen Betreuung. Aber etwa 30 bis 50 Prozent der Epileptiker werden nicht ärztlich behandelt. Für die etwa 42 000 Neuerkrankungen pro Jahr reichen die neurologischen und pädiatrischen Fachabteilungen der Krankenhäuser nicht aus. Die Vorsorge für die Schulbildung und die berufliche Rehabilitation der Epileptiker ist ungenügend. Diese Auskünfte sind erschütternd.

Ein kritischer junger Vertreter meiner Partei fragte einmal in diesem Zusammenhang, ob man die Bundesrepublik ein moralisch zurückgebliebenes Land nennen müsse. Das ist eine bittere Übertreibung. Aber man kann das Motiv der Frage begreifen. Doch man darf andererseits nicht vergessen, was die Zahlen und Fakten nicht mitteilen: die selbstverständliche Fürsorge in vielen Familien, in denen man gelernt hat, daß die Pflege der seelisch und geistig Kranken nicht nur eine Last ist, sondern auch als eine Aufgabe empfunden werden kann, die dem Leben einen Sinn gibt.

Die ganz persönliche Erfüllung dieser schweren Pflichten braucht einen Halt, den nicht nur die Gesundheitspolitik des Staates vermitteln kann. Die karitativen Organisationen, vor allem auch die der Kirchen, sind durch ihr Beispiel eine Ermutigung, für die wir dankbar zu sein haben.

An die gespaltene Wirklichkeit, mit der wir es gerade auch auf diesem Gebiet zu tun haben, wurde ich eindringlich erinnert, als ich im Frühsommer 1973 Bethel besuchte. Man wird daran erinnern müssen, was Bethel und die Bodelschwinghschen Anstalten sind. Sie wurden 1872 von dem Pfarrer Friedrich von Bodelschwingh übernommen und ausgebaut, der praktischer als die meisten Theologen seiner Zeit verstanden hatte, daß der Auftrag der christlichen Botschaft unmittelbar in unsere Zeit wirken müsse und daß sie ein direkter Appell sei, den Ärmsten der Armen und den Schwächsten der Schwachen zu helfen. Was er tat, war dem mörderischen Wort vom »lebensunwerten Leben« in aller Schärfe entgegengesetzt. Jedes Leben stellte für ihn und seine Schüler den höchsten Wert dar, der durch nichts ersetzt werden kann – Leben, das in sich selbst seine Rechtfertigung findet.

In seinen Anstalten sammelte Bodelschwingh im Laufe der Jahrzehnte viele Tausend Menschen, die sonst niemand haben wollte: unheilbar Kranke, geistig Schwache, Verstörte, Verkrüppelte, Epileptiker. Sie fanden nicht nur Pflege, sondern sie lernten auch, was sie auf ihre Weise zu leisten vermögen: für sich selber und für die anderen, die ihr Schicksal teilen. Sie lernten handwerkliche Arbeiten, beschäftigten sich nach ihrer Entwicklungsfähigkeit auch mit geistigen Aufgaben, sie dienten vor allem in der Pflege der noch Schwächeren. Bodelschwinghs Sohn, der das Erbe des großen Vaters weiterführte, setzte dem nazistischen Programm zur Ausrottung der Geisteskranken – so wie auch Erzbischof Graf Galen oder der württembergische Bischof Wurm – äußersten Widerstand entgegen.

Die Stunden in Bethel (der biblische Name für das Haus Gottes) und die Begegnung mit seinen Menschen haben mich tiefer beeindruckt als viele andere Erlebnisse in den Jahren meiner

Kanzlerschaft. Die Bodelschwinghschen Anstalten sind ein nobler Ausschnitt aus der Wirklichkeit unseres Landes – und doch ein Ausschnitt, den mancher Normalbürger gern weit an den Rand seines Bewußtseins drängen möchte. Ich sagte vor dieser aufmerksamen Gemeinde, aus der Kirchengeschichte kenne man das Wort, der Reichtum der Kirche seien die Armen:

»Es ist nicht so zu verstehen, daß man Not und Elend guthieß, sondern hier konnte gezeigt werden, was der christliche Glaube im Alltag wert ist. Nicht anders verhält es sich mit unserer Gesellschaft: Zu ihrem Reichtum gehören auch jene, um die wir uns zu kümmern haben. An den Benachteiligten zeigt sich, was die in Sonntagsreden so oft beschworene Solidarität taugt. Hier geht es um Bewährungsproben. Der Staat, nein: alle Bürgerinnen und Bürger unseres Landes müssen sich mehr als bisher den Menschen zuwenden, die im Schatten leben.«

Ich erinnere an den Fall »Aumühle«, der leider kein gesonderter Einzelfall ist: Ein Arzt hatte in der Nähe eines abgelegenen bayerischen Dorfes geistig behinderte Kinder gesammelt, um ihnen dort die notwendige Pflege und ein Zuhause zu geben. Seine Initiative scheiterte an der hartherzigen Abneigung, mit der Bürger jenes Ortes, leider ein Pfarrer voran, diesen Armen begegneten, weil sie als Schandfleck, Belästigung und Schädigung der Reputation betrachtet wurden. Auch untergründige antisemitische Ressentiments – der Arzt ist Jude – sollen sichtbar geworden sein.

Ich erinnere an die Schließung eines katholischen Hauses für behinderte Kinder in der »Eulenspiegel-Stadt«. Die meisten der besonders schwer getroffenen Kinder hatten bei Verkehrsunfällen irreparable Gehirnschäden erlitten. Gemeinde und Anwohner schienen hier einen Pakt der Hartherzigkeit geschlossen zu haben – und sie setzten sich damit durch.

Ich nenne aber auch die Beispiele der selbstverständlichen und oft im Alltag verborgenen Hilfe von Mensch zu Mensch und manche öffentlichen Initiativen. Die Arbeit der freien, freiwilligen Gemeinschaften verdient Dankbarkeit.

Die Kirchen unterhalten heute in der Bundesrepublik

über 8500 Heime und Anstalten mit mehr als 660 000 Betten (in Krankenhäusern, Kurkliniken, Heimen für

körperlich und geistig Behinderte, Altersheimen, Säuglingsheimen, Wohnheimen) und
mehr als 20 000 Tageseinrichtungen, wie Kindergärten und -heime, Werkstätten für Behinderte, Patientenklubs für psychisch Kranke, Altenklubs, Zentren für ausländische Arbeitnehmer.

»Der Staat kann in der sozialen Arbeit wenig ausrichten ohne die Zusammenarbeit mit den ›freien Trägern‹«, stellte ich 1973 im Gespräch mit führenden protestantischen Theologen fest. »Unterschiedliche Auffassungen über Details der Fürsorgearbeit bedeuten nicht, daß die Unabhängigkeit der freien gesellschaftlichen Gruppen in Sozialarbeit und Wohlfahrtspflege vom Staat eingeengt oder gar abgeschafft werden sollte. Das letzte, was ich mir wünschte, wäre Staatsallmacht in diesen Bereichen.« Die Arbeit des einen muß hier die des anderen ergänzen.

Diese Meinung wurde durch die Denkschrift der Evangelischen Kirche »Zur sozialen Sicherung« (1973) bestätigt. Hier ist deutlich gemacht worden, nach welchen Kriterien und auf welches Ziel hin Staat und Kirche in der Sozialpolitik zusammenarbeiten sollten. Mit dieser Schrift, die von der reichen Tradition kirchlicher Diakonie geprägt ist, wurde eine gute Grundlage geschaffen, von der aus wir gemeinsam wirken können.

Schutz der Minderheiten

Vor Jahren – es war im Rahmen der Woche der Brüderlichkeit – sagte ich in einer Rede: Toleranz »made in Germany« sei etwas, worauf wir stolz sein könnten. Allerdings genügt die freundliche Duldung des anderen nicht. Man kann den Nächsten auch in aller Toleranz zugrunde gehen lassen. Der Respekt vor dem anderen und seiner Eigenart muß durch helfende Solidarität ergänzt werden.

Beides hat sich in unserer Haltung zu den Minderheiten in der Gesellschaft zu bewähren, gleichviel, ob es sich um Minderheiten der sozialen Gruppierung, der Religion, der Sprache, der Kultur oder der Lebensform handelt.

Unsere Toleranz ist oft eher Ausdruck der Gleichgültigkeit, die uns nichts kostet und die niemanden schmerzt, solange die Minderheiten uns nicht zu nahe rücken. Das heißt: solange sich die Gesellschaft entspannt einer »Problemlosigkeit« überlassen will, die oft genug unsere Blindheit beweist. Die Frage stellt sich ernster, wenn – aus welchen Gründen auch immer – mit sichtbar werdenden Sorgen die konkreten Spannungen wachsen. Dann werden Minderheiten leicht zur Last und zum Sündenbock. Aber dann erst wird die Frage der Minoritäten als Schlüsselfrage unserer Zivilisation und unserer Demokratie erkennbar. Man hat die Fähigkeit, Minderheiten inmitten der Gesellschaft – unter dem Recht der Ebenbürtigkeit, der Gleichheit und der guten Nachbarschaft – zu ertragen, die permanente Reifeprüfung der Völker genannt. Dieses Maturum wurde noch nirgendwo mit Auszeichnung bestanden. Wir sollten uns bemühen, es vielleicht mit der Note »befriedigend« zu bestehen.

Hier geht es in erster Linie um die zweieinhalb bis drei Millionen ausländischer Arbeitnehmer – mit den Familienangehörigen über vier Millionen Mitbürger unseres Landes. Auch sie sind eine Minderheit, keine ansässige und verwurzelte, sondern eine fluktuierende. Das macht die Frage nicht einfacher: Sie geraten um so eher in Gefahr, als Bürger dritter Klasse behandelt zu werden. Aber sie verdienen, in jeder Hinsicht, unser tägliches Brot mit.

Sie suchen bei uns Arbeit und Verdienst, weil sie zu Haus oft genug zur Not verurteilt sind. Sie sind auf uns angewiesen – aber wir auch auf sie; sonst wären sie nicht hier. Sie haben ihren Stolz, den ich schätze und der sich gegen manches auflehnt, das Gegenstand dieser kritischen Überlegungen ist.

Von den wirtschaftlichen und sozialen Problemen wurde schon berichtet, auch von den Maßnahmen, die für die Eingliederung notwendig sind. Doch man sollte sich nicht allzu eilig auf die Feststellung zurückziehen, die Gastarbeiter hätten im großen und ganzen gleiches Recht, gleichen Lohn und gleiche soziale Sicherheit. Bewußte Diskriminierung ist trotzdem nicht selten. Hört man nicht außerdem immer wieder von deprimierenden Beispielen einer unbewußten, ja ungewollten Herabsetzung, von Beispielen des Mangels an Duldsamkeit, an Respekt vor dem anderen und an schlichter Freundlichkeit? Schlimmer: Gibt es nicht immer wieder Beispiele rücksichtsloser Ausnutzung, skandalöse Fälle von Mietwucher, von Wohnverhältnissen, deren wir uns zu schämen haben?

In einem Leserbrief eines Münchner Maschinenschlossers, der selber 1947/1948 in England als »Gastarbeiter« in der Landwirtschaft gearbeitet hat, fand ich die Situation einer nicht geringen Zahl unserer ausländischen Arbeitnehmer beschrieben: »Verunreinigte Wohnbereiche, befremdliche Umgebung, nicht gerade allzu freundliche Mitbewohner, disziplinloses Selbstüberlassen erzeugen den Drang ›raus aus der Bude!‹. Am Bahnhof trifft er Hunderte Gleichgesinnte, die Stimmung sinkt auf Null. Einziger Antrieb: Arbeiten und Verdienen, sonst weiter nichts als feindliche Leere.«

Der Leser beläßt es nicht bei der Anklage, sondern hält einen am britischen Vorbild, als dessen Vorzüge er Sicherheit, Garantielohn und Betreuung nennt, orientierten Vorschlag bereit: »Mögliche Besserungen könnte man durch das englische Beispiel unter staatlicher Lenkung schneller und wirksamer herbeiführen, wobei mit staatlich nicht gemeint ist, der Steuerzahler muß berappen, sondern ›der den Gastarbeiter in sich hineinfressende Moloch Industrie‹ sollte zu dieser Humanisierung des Gastarbeiterproblems zur Kasse gebeten werden.«

Kein Leihproletariat

Wir dürfen es in der Tat nicht zulassen, daß sich in dieser Gesellschaft eine Art Leihproletariat für die minderen Arbeiten herausbildet. Wir dürfen nicht dulden, daß die Sprachdifferenz zur Klassendifferenz wird.

Ein Institut für Markt- und Sozialforschung untersuchte diesen Problemkreis kürzlich in einer Studie über die Lage der italienischen Arbeitnehmer in unserem Land. Von den Befragten lebten 37 Prozent fünf bis sechs Jahre oder länger in der Bundesrepublik. Das ist ein ebenso wichtiges Kriterium wie die Tatsache, daß es sich um Arbeitnehmer aus dem Bereich der Europäischen Gemeinschaft handelt, die durch das Recht der Niederlassungsfreiheit »privilegiert« sind. Sie können die Dauer ihres Aufenthalts bei uns frei von behördlichen Einschränkungen planen, und sie haben mit geringeren Vorurteilen zu kämpfen als andere Gastarbeiter. Trotzdem sind die Ergebnisse keineswegs ermutigend, aber sie zeigen auch, wo die erzieherische Arbeit beginnen müßte.

Die sozialen Verhältnisse der Bundesrepublik und vor allem die Rechte der Arbeitnehmer werden von ihnen als vorbildlich anerkannt (90 Prozent). Die Arbeitsbedingungen werden von 81 Prozent als befriedigend empfunden. Fast ebenso viele der italienischen Mitbürger äußerten sich positiv über ihre Vorgesetzten. Aber: Während uns Technik, Fleiß, Gründlichkeit zugebilligt werden, erschienen wir nur 14 Prozent der Befragten als eine »kulturell« geprägte Gesellschaft. Etwa ein Viertel der Befragten beurteilten das Verhältnis zu den deutschen Kollegen eher negativ. Ein Viertel bis ein Drittel halten uns insgesamt für hochmütig, rücksichtslos, egoistisch, intolerant. Etwa 20 Prozent beurteilten ihre Unterbringung als schlecht oder sehr schlecht. Dennoch würden fast 60 Prozent wieder an ihre Arbeitsplätze zurückkehren.

Diese Meinungen geben nur sehr unvollständig Auskunft über ein komplexes Problem. Die Urteile sind gewiß von vielen Mißverständnissen geprägt, die sich aus der so verschiedenen Herkunft, aus anderen Lebensgewohnheiten und Schwierigkeiten der Anpassung erklären. 46 Prozent der Befragten räumten zum Beispiel ein, daß sie nur ganz wenig Deutsch verstünden. Wir haben uns bisher gewiß nicht intensiv genug um die Schulbildung der Kinder von Gastarbeitern gekümmert. Im vergangenen Winter war in einem Dokumentarfilm des Fernsehens zu sehen, welchen Schwierigkeiten selbst die Kinder deutscher Umsiedler aus Polen in unseren Schulen ausgesetzt sind. Dieses Problem verschärft sich bei den Kindern ausländischer Arbeitnehmer, denn sie wollen und sollen ihre Zweisprachigkeit bewahren.

In jener Fernsehsendung über ein Umsiedlerschicksal wurde von der deutschen Familie aus Polen die Gleichgültigkeit unserer Gesellschaft mit fast den gleichen Worten beschrieben, mit denen manche ausländischen Mitbürger über die Kälte vieler Deutscher klagten: nicht nur die D-Mark sei hart. Das ist so richtig und

falsch wie jede Verallgemeinerung. Und auch der Fremde in New York, Paris oder London begegnet einer Gesellschaft, die ihm hart, kalt, abweisend erscheint.
Die Kritik geht uns dennoch an. Wir wissen selber, daß es uns besser zumute wäre, wenn wir für die weniger Glücklichen mehr Zeit, Aufmerksamkeit, Mit-Leidenschaft, ja Barmherzigkeit opferten. Dieses Wort soll hier so stehen, denn: Die Bereitschaft, im Alltag und ohne Pathos Opfer zu bringen, macht das Leben eines Volkes reicher. Über Wert und Sinn der eigenen Existenz entscheidet in hohem Maße die Beziehung zu Wert und Sinn der Existenz des Nächsten.

16. Kapitel
Keine Angst vor 1984

Vom Erscheinen dieses Buches an sind es kaum noch zehn Jahre, bis wir das Jahr 1984 erreichen werden, das durch George Orwell zu einer »magischen Zahl« wurde. Aus dem Titel seines Buches wurde der imaginäre Termin für ein Zeitalter der totalen Verwaltung des Menschen in einer totalitären Welt. In seiner »schwarzen Utopie« beschreibt er den Untergang aller menschlichen Freiheit in einem System unerbittlicher Überwachung der Menschen durch eine anonyme Bürokratie. Für die vielen, die zu stumpfsinniger Willenlosigkeit verurteilt sind, verwaltet sie den Mangel und für eine kleine, scharf kontrollierte Elite einen genau zugemessenen Luxus.

Ich bin nicht sicher, ob das Buch auf die heute Jüngeren einen ähnlich starken Eindruck macht wie auf uns, die wir gerade die Erfahrung mit dem Nazismus hinter uns hatten. Für mich kam hinzu, daß ich Eric Blair (George Orwell) im Frühjahr 1937 in Barcelona begegnet war; wir wohnten für eine Zeit im selben Hotel. Seine Projektion gehörte zu dem schmerzhaften Prozeß, mit dem bedeutende intellektuelle Zeitgenossen ihre entschiedene Ablehnung des Stalinismus deutlich machten.

Meine Meinung: Ein »1984« wird nicht stattfinden. Das Jahr 1984 wird gewiß auch nicht den Anbruch eines neuen Glücks der Menschheit bringen. Statt des Absturzes in den Totalitarismus wird es andere Probleme geben. Im übrigen wird es vermutlich ein Jahr der Übergänge und Wandlungen sein, ein Jahr der Verfestigung begonnener Entwicklungen, der Regung neuer Vorstellungen. Viele der Veränderungen, die sich jetzt abzeichnen, werden sich bis dahin vollzogen haben. Ich will 1984 hier

als Richtpunkt für einige Fragen nehmen, die uns darüber nachdenken lassen, wie der Weg unseres Staates und dieser Gesellschaft in Europa und der Welt sein kann – und wie er, nach unseren Einsichten, sein sollte.
Dabei habe ich nicht die Absicht, die Flut der futurologischen Literatur zu vermehren. Was ich beizutragen habe, ist weder Kulturpessimismus noch Zivilisationsoptimismus. Von meinem persönlich-politischen Lebensweg kann ich nicht abstrahieren. Ich habe beobachtend und handelnd ein Stück Geschichte begleitet, bin mit den Problemen der Gegenwart konfrontiert, und ich muß mich aus meiner Verantwortung auf das Kommende einrichten, das ich noch eine Weile mitgestalten will. Ich bin von einer demokratischen Bewegung geprägt, die mehr geschichtliche Kontinuität hat als jede andere politische Institution in diesem Lande, die aber über das Stadium einer bloßen Wissenschaftsgläubigkeit längst hinausgewachsen ist.
Die Zukunft ist, selbst in der knappen Frist eines Jahrzehnts, nur bedingt auszumessen. Mein Respekt vor dem Unwägbaren ist zu groß, als daß ich mich in »Vermessenheiten« einließe, die allzusehr auf Spekulationen beruhen.

Der dritte Weltkrieg darf nicht stattfinden

Alle unsere Überlegungen haben davon auszugehen, daß es Krieg, zumal einen dritten Weltkrieg, nicht geben darf; er wäre das Ende aller Planung und aller Vernunft. Friede ist und bleibt Grundvoraussetzung für das, was wir innenpolitisch tun. Darum mußte sich ein wesentlicher Teil meiner Energie und meiner Arbeit als Bundeskanzler auf die geduldige Arbeit an der Entspannung und der Sicherung des Friedens konzentrieren; das gilt auch für den Vorsitzenden der Sozialdemokratischen Partei Deutschlands.
Wir sind bemüht, alte Konflikte, die Europa zerrissen haben, aus dem Weg zu räumen und das Entstehen neuer Konflikte zu verhindern. Diesem Ziel dienen wir zum einen durch die Arbeit an der und in der Europäischen Gemeinschaft, die sich mit dem Ausbau zur Europäischen Union vollenden soll; zum an-

deren durch den Abschluß der Verträge mit unseren osteuropäischen Nachbarn, die den Verzicht auf Gewaltanwendung besiegelten, von den im Zweiten Weltkrieg geschaffenen Realitäten ausgehen und einer sachlichen Zusammenarbeit den Weg ebnen. Diese parallelen Anstrengungen sind drittens durch unsere Teilnahme am Atlantischen Bündnis gesichert. Sie stimmen viertens mit dem Willen der beiden Weltmächte überein, den Nuklearkrieg zu verhindern, begrenzte Konflikte zu bannen und in einem System des Weltgleichgewichts Wege der politischen, wirtschaftlichen und technischen Kooperation zu finden.

Nicht der Krieg, der Friede ist der Vater aller Dinge! Wir müssen ihn mit allen Mitteln zu sichern versuchen. Und es muß schließlich gelingen, eine internationale Ordnung zu schaffen, die den Namen Friede verdient.

Immerhin meinen wir heute zu wissen, daß ein dritter Weltkrieg, der vermutlich der letzte unserer Zivilisation wäre, vermeidbar ist. Wir dürfen sogar davon ausgehen, daß niemand, der über Macht verfügt und Verantwortung trägt, die Katastrophe will. Die Weltmächte haben einige Vorsorgen gegen den Zufall getroffen, der die Menschheit auch gegen den Willen der Regierungen in den Krieg stolpern lassen könnte. Der Nahost-Konflikt – bei aller Bitternis für die unmittelbar Betroffenen – war ein Beispiel dafür, daß Amerika und die Sowjetunion die Konfrontation begrenzen und ihre Gefahren eindämmen können, selbst dort, wo ein Konflikt offensichtlich auch ihre Interessen unmittelbar berührt und ihre Einflußzonen zu verändern droht.

Das System der Schutzmaßnahmen ist noch nicht ausreichend. Man versucht, es zu verbessern, zumal im europäischen Bereich. Die Vereinten Nationen leisten Beiträge zur Eindämmung und Beseitigung von Konflikten nach ihren Möglichkeiten, die zwar von der Entscheidungsmacht der Giganten überschattet werden, aber dennoch wichtig sind. Die Bundesrepublik Deutschland, repräsentiert durch die sozial-liberale Koalition, hat zum Abbau der Ost-West-Spannungen und zum Schutz des europäischen Raumes Wesentliches beigetragen. Davon sind weltweite Wirkungen ausgegangen.

Man sollte über diese Feststellung nicht hinweglesen, denn sie beschreibt eine Leistung, die nicht geringzuschätzen ist: Der Krieg, der länger als zwei Jahrzehnte drohend hinter den Konflikten in Mitteleuropa stand, fand nicht statt; West-Berlins Zukunft ist durch das Vier-Mächte-Abkommen von 1972 gesichert; die Begriffe Deutschland und Friede haben sich in den letzten Jahren im Urteil der Welt verbunden. Die Politik meiner Regierung hatte an der Sicherung des Friedens einen Anteil, der in West und Ost und auch von unseren Bürgern anerkannt wird. Diese Politik wird von Bundeskanzler Schmidt konsequent fortgesetzt.

Die Ängste vieler unserer Bürger scheinen vor allem dem Gespenst einer Krise ohne Krieg zu gelten. Man muß diese Furcht in einer vernünftigen Relation zur Kriegsgefahr sehen, die entscheidend eingeschränkt worden ist: Sie war die wirkliche Bedrohung. Die neuen Befürchtungen sind nur zu einem Teil berechtigt. Sie sind nicht nur, aber auch das Produkt von Übertreibungen, falschen Perspektiven und nicht selten des Versuchs, den Wirklichkeitssinn der Bürger durch Appelle an die Angst zu verwirren.

Ich rede keiner Sorglosigkeit das Wort. Wir haben – darauf wurde schon in Verbindung mit den weltweiten Energie- und Rohstoffproblemen, den Schwierigkeiten im Währungsbereich, der internationalen Geldentwertung hingewiesen – manchen Anlaß, uns auf weltweite Entwicklungen einzurichten, die nicht leicht zu meistern sein werden.

Die westliche Industriewelt, die sich gestern noch mit einem fragwürdigen Selbstbewußtsein als eine Gesellschaft des »Überflusses« gefühlt hat (oder sich doch so bezeichnen ließ), sorgt sich nun um die Erschöpfung natürlicher Ressourcen und die Bevölkerungsexplosion; sie fürchtet den Hunger und eine Rebellion der Dritten Welt. Aber damit wuchs doch auch das Gefühl, daß es um die hochentwickelten Industriestaaten nicht so gut stehen könnte, wie man lange angenommen hatte. Damit stellen sich uns ernste Fragen: Gibt es Sicherungen gegen wirtschaftliche Rückentwicklung und Arbeitslosigkeit? Kann aus ökonomischen Schwierigkeiten und Verwirrungen nicht auch politisches Chaos entstehen? Und kann das dann nicht wiederum zu Entwicklungen führen, die den Frieden gefährden?

Dies sind Fragen, deren zufriedenstellende Lösung entscheidend für die weitere Entwicklung sein wird. Doch die Lösungen sind sicher nicht im Blick nach rückwärts und auch nicht in resignativer Beschränkung zu finden, sondern in der Konzentration der Kräfte auf die weitere Entwicklung von Wissenschaft und Technik. Das Wissen um die Grenzen der natürlichen Ressourcen wird zu sparsamerem Umgang, aber auch zu vermehrten Anstrengungen, etwa auf der Suche nach Ersatzgütern und nach neuen Prozessen der Verwertung, führen, die unter den Sammelbegriff »recycling« fallen.

Weltherrschaft – oder weltweite Verantwortung

Für die großen Zusammenhänge ergibt sich ein Richtpunkt der Hoffnung aus der Kontrolle der nuklearen Vernichtungskraft, denn: Ein Atomkrieg würde binnen Stunden oder Tagen die Schreckensbilder der Massenvernichtung zur Realität werden lassen. Unabhängig von der moralischen Qualität ihrer Systeme haben die Regierungen der Großmächte das nukleare Todespotential (biologische und chemische Waffen werden hier übrigens oft vergessen) einer Kontrolle unterworfen, die auszubauen sie bemüht sind. Der atomare Selbstmord der Menschheit soll nicht stattfinden.

Aber ist der Wille zu überleben ein sicheres Fundament? Ist menschliche Vernunft allein ein zuverlässiger Schutz? Sind wir dagegen gewappnet, daß nicht Verächter einer humanen und friedlichen Ordnung die vorhandenen Macht- und Zerstörungsmittel an sich reißen, um ihr Streben nach einer Weltherrschaft zu verwirklichen? Sind nicht immer wieder – teilweise vor unseren Augen – verantwortungslose Gewaltregime zur Macht gelangt?

Weil sich uns diese Fragen aufdrängen, müssen wir an einem weltweiten System der Friedenssicherung arbeiten. Wir glauben nicht an das phantasielose Prinzip, Staaten unterschiedlicher sozialer und ökonomischer Verfassung könnten nicht ohne ernste Konflikte miteinander leben. In meiner Nobelpreis-Rede in Oslo am 11. Dezember 1971 habe ich darauf hingewiesen, daß meine

Politik sowohl in den Berliner Jahren als auch während meiner Tätigkeit als Bundesaußenminister und als Bundeskanzler von Illusionen frei gewesen ist. Das zeigen auch die von mir in Harvard 1962 entwickelten Vorstellungen der »Koexistenz als Herausforderung«, später die Verträge von Moskau, Warschau, Berlin, Prag, unsere atlantischen und westeuropäischen Initiativen. Es gab keine Verwirrungen und kein Wunschdenken auf diesem Weg. Die Politik der Entspannung und der aktiven Koexistenz darf weder von Furcht noch von Vertrauensseligkeit bestimmt sein. Zur Friedenssicherung gehört aber auch, daß in den entwickelten und besonders verantwortlichen Ländern das System der internen Sicherungen gegen den Mißbrauch der Macht gefestigt wird. Es gibt hier keinen anderen Weg als den der demokratischen Kontrolle. Sie soll das beherrschende Prinzip jedes Einzelstaates und jeder Staatengemeinschaft werden – so, wie wir dies für den europäischen Zusammenschluß erstreben.

Kein Zweifel, nur als aufgeklärte freiheitliche und soziale Demokratie wird Europa in der Welt den Platz einnehmen können, den es beansprucht. Denn nur so gewinnt es als politisches Potential, was es anderen gegenüber an militärischem Potential entbehrt. Darum ist jede Niederlage des demokratischen Systems in einem westlichen Nachbarstaat eine Niederlage für uns alle. Statt dessen ist zu hoffen, daß gute europäische Beispiele möglichst stark hinüberwirken können in andere Länder und Kontinente.

Ich wage nicht zu hoffen, der Traum einer – auf vernünftiges und verantwortungsvolles Handeln begründeten – Weltdemokratie könnte in absehbarer Zeit Wirklichkeit werden. Die Menschheit muß einstweilen auf andere Weise jene Sicherheit finden, auf die sie ein Recht hat. Gemeinsam mit unseren westlichen Partnern müssen wir über ein machtpolitisches Gewicht verfügen, das weltpolitische Abenteuer verhindern kann und die Erhaltung des Weltgleichgewichts garantiert. Dabei muß es unser Ziel sein, daß das Gleichgewicht der Abschreckung Schritt für Schritt in ein Gleichgewicht der Sicherung durch Übereinkunft der Interessen verwandelt wird.

Die totale Bedrohung, die heute vom »Recht des Starken« (durch den Besitz der Massenvernichtungsmittel) ausgeht, ist eine tägliche Warnung, daß man in Wirklichkeit nicht auf Kosten anderer Völker, anderer Gesellschaftssysteme, anderer Kontinente überleben kann, sondern nur durch eine gemeinsame Mobilisierung der Vernunft. In dieser Einsicht sind die – vor zwei Jahrzehnten noch tödlich verfeindeten – großen Mächte einander nähergerückt.

Der Anspruch auf Weltherrschaft einer Macht oder einer Ideologie sollte sich damit erledigt haben – auch wenn er in den Textbüchern totalitärer Ideologen noch nicht gestrichen worden ist. Auf die gewaltsame Durchsetzung wurde verzichtet, feierlich und unfeierlich. Macht ist im übrigen nicht beliebig quantifizierbar. Es gibt eine Grenze, an der sich Macht in Ohnmacht verwandelt. Soweit die Weltmächte nach dieser Erkenntnis zu handeln begannen, haben sie eine wesentliche Voraussetzung für die Zusammenarbeit geschaffen. Sie ist um so wichtiger, als im Schatten des großen Patts immer wieder regionale und lokale Konflikte aufbrechen, die durch Ausweitung zu einer Gefahr für den Weltfrieden werden können. Die Großmächte müssen als Feuerwehren zur Stelle sein – und zugleich schließt ihre unentbehrliche Präsenz die Möglichkeit einer unmittelbaren Konfrontation ein. So wird die Friedenssicherung eine permanente Aufgabe und immer eine Gratwanderung sein.

Um so stärker muß die gemeinsame Verantwortlichkeit sein. Sie wird sich zunehmend intensiver den Entwicklungsländern zuwenden müssen, die ich übrigens lieber Aufbau-Länder nennen würde, denn »Entwicklung« ist ein Notwort, das alles und nichts meint (und nur den Vorteil hat, daß es die unglückliche Formel der »unterentwickelten« Länder ablöste). Vor den Vereinten Nationen formulierte ich es am 26. September 1973 so: »Ob ein Mensch in kriegerischer Auseinandersetzung getötet oder durch Gleichgültigkeit zum Hungertod verurteilt wird, das macht moralisch keinen Unterschied. Wir werden uns entschließen müssen, mit ritualisierten Traditionen zu brechen; wer den Krieg ächten will, muß auch den Hunger ächten.«

In der »Weltgesellschaft«, die in der Neige unseres Jahrhunderts Wirklichkeit zu werden beginnt, gilt als Grundforderung des Überlebens die Solidarität der Völker. Damit meine ich nicht ein Reich der utopischen Gleichheit, jedoch: »Wer diesen

Traum von der Gleichheit niemals geträumt hat, weiß wenig vom Willen zur Gerechtigkeit, der über alle Schranken der Kontinente, der Rassen und der Religionen hinweg womöglich die eigentlich bindende Macht unter uns Menschen ist.«

Und weiter: »Es gibt Solidarität, doch es gibt sie nicht genug. Ich bitte um mehr Mit-Leidenschaft, wo es um die Opfer der kriegerischen Konflikte geht, die jeden Tag in diesem oder jenem Winkel der Welt aufs neue aufzubrechen drohen. Ich bitte, die Opfer des – zuweilen gleichfalls grausamen – Nichtkrieges dabei nicht zu vergessen. Auf dem Weg zur Weltbürgerschaft müssen wir Solidarität praktizieren, wenn das Leitwort von der Gerechtigkeit universell verstanden wird.«

Mit dieser Forderung habe ich – dessen bin ich mir wohl bewußt – keine Rezepte des Kampfes gegen den Krieg, gegen das Elend vorgelegt und gewiß keine Ratschläge für einen universellen Plan des Überlebens. Mein Ziel war es, die in der Welt Verantwortlichen darauf hinzuweisen, daß wir in dieser Richtung zu denken haben. Gerade im Bewußtsein einer unlösbaren Abhängigkeit der Völker und der Kontinente, ja der Gesellschaftssysteme scheint es mir angebracht, daß jeder für seine Region die Wirklichkeit, ihre Bedrohungen und ihre Chancen mit großer Nüchternheit prüft und damit anfängt, das eigene Haus in Ordnung zu bringen.

Bedrückende Entwicklungen

Welche Informationen über die Zukunftsentwicklung wir auch immer zur Hand nehmen, eines scheint mir allen gemeinsam: Es sind bedrückende Tatsachen, mit denen wir uns schon in den nächsten Jahren auseinanderzusetzen haben. Die Berichte gewissenhafter und vorausschauender Fachleute bestätigen die Feststellung, daß die Zeit, in der man glaubte, auf nahezu allen Gebieten unbekümmert aus dem vollen schöpfen zu können, ein für allemal vorbei ist.

Gleichzeitig sollten wir uns vor falschen Schlüssen hüten. Vieles spricht dafür, daß sich die Produktionsmöglichkeiten auch in der Zukunft kräftig ausweiten lassen.

Während man auf dem Rohstoffgebiet manche Engpässe überwinden kann, werden sich die größeren Schwierigkeiten vermutlich aus sozialen Spannungen ergeben (zunehmend auch aus dem gefahrenbeladenen, weltweiten Nord-Süd-Konflikt) und aus der mehr oder weniger entwickelten Fähigkeit der politischen Systeme, damit fertig zu werden.
Aber wir sollten dabei die objektiven Sachverhalte nicht übersehen. Ich will versuchen, sie durch einige Beispiele deutlich zu machen.

Erstens: Bevölkerungsexplosion
Für 1970 wurde die Weltbevölkerung auf 3,6 Milliarden Menschen geschätzt. Bis zum Jahr 2000 wird sie auf 6 bis 7 Milliarden gewachsen sein.
Programme zur Geburtenplanung wirken nur langfristig und in verschiedenen Regionen (und Sozialgruppen) sehr unterschiedlich. Europa und die Vereinigten Staaten nehmen an der »Bevölkerungsexplosion« nicht teil; China scheint das Problem unter Kontrolle zu halten (aber es wird 1984 schon etwa eine Milliarde Menschen zählen); Indien konnte mit seinen Programmen der Geburtenkontrolle nur minimale Fortschritte erzielen.

Zweitens: Rohstoffe
Während die *Kohle*vorräte in den nächsten fünfzig Jahren wieder eine größere wirtschaftliche Bedeutung gewinnen, werden die bisher bekannten *Öl*vorräte nicht weit in das nächste Jahrhundert hinein reichen. Für die Gewinnung von Kernenergie werden die *Uran*reserven zunehmende Bedeutung erlangen – und zwar so, daß sich die Rohstoffabhängigkeit der Europäer erneut verstärkt. Eine Reihe von *Nichteisenmetallen* werden auf dem Festland, nach vorliegenden Schätzungen, in 20 bis 25 Jahren erschöpft sein. Dazu gehören: Zinn, Zink, Blei, Quecksilber, Kupfer. Die Wirkungen auf die Preise beginnen sich, wie wir gesehen haben, bemerkbar zu machen.

Drittens: Wasser
Die Steigerung des Wasserbedarfs in unserem Land ist bereits so hoch, daß die Grundwasserreserven in drei Jahrzehnten

praktisch voll ausgenutzt sein werden. Die dann benötigten zusätzlichen Wassermengen werden im wesentlichen aus Oberflächenwasser (Flußwasser, Seewasser, Talsperrenwasser, vielleicht auch aus entsalztem Meerwasser) zu decken sein.

Viertens: Nahrungsmittel
Die Nahrungsmittelproduktion in der Welt wird sich nach einem Bericht der FAO (Unterorganisation der Vereinten Nationen für Ernährung und Landwirtschaft) bis 1980 um 28 Prozent erhöhen; aber allein 25 Prozent Zuwachs sind nötig, um die Zahl der Hungernden gegenüber heute nicht größer werden zu lassen. Die weltweiten Preisbewegungen für Erdöl und andere Rohstoffe haben die Lösung dieses Problems zunächst zusätzlich erschwert. Aber es hat sich auch gezeigt, welche (politischen) Gefahren in zu langer Fortsetzung nachkolonialer Abhängigkeit liegen. Somit kann die neue Situation nach der »Erdölkrise« dabei helfen, künftige Produktionsentscheidungen richtiger zu lenken und gleichzeitig die Anstrengungen zu vermehren, das gefährliche Nord-Süd-Gefälle in der Welt abzubauen.

Fünftens: Umwelt
Die Verschmutzung der Umwelt nimmt – zunächst trotz der Gegenmaßnahmen der Regierungen – mit zum Teil berechenbaren, zum Teil unberechenbaren Folgen zu (pro Jahr werden zur Zeit 20 Milliarden Tonnen Kohlendioxyd durch Verbrennung in die Atmosphäre geschickt). Die Verschmutzung der Ozeane ist schon jetzt ein sehr ernstes Problem. Eine zusätzliche Befürchtung: Die Wärmebelastung der Umwelt durch steigenden Energieverbrauch könnte eine irreparable Veränderung des Erdklimas zur Folge haben.

Wachstum zum Tode?

Der deutsche Buchhandel vergab im Jahr 1973 seinen Friedenspreis an den »Club of Rome«, für den eine internationale Gruppe von Wissenschaftlern unter dem Titel »Die Grenzen des Wachstums« eine interessante Prognose der wirtschaftlichen und gesellschaftlichen Entwicklung veröffentlichte. Ihre Hauptthese war einschüchternd: »Unser Bevölkerungs- und Produktionswachstum ist ein Wachstum zum Tode.« Diese Behauptung blieb nicht unwidersprochen; auch ich habe meine Zweifel anzumelden. Aber trotz der Einwendungen der Fachwelt dürfen und wollen wir den Problemen nicht ausweichen, die hier mit großer Härte formuliert worden sind.

Meine eigene Position hat ihren Niederschlag in dem gefunden, was der sozialdemokratische Parteitag in Hannover im April 1973 beschlossen hat. Dort hieß es: »Wachstum ist kein Selbstzweck, Wachstum ist ein Mittel zur Durchsetzung unserer Politik. Ein schlüssiges Programm sozialer Reformen kann auf wirtschaftliches Wachstum nicht verzichten; ohne wirtschaftliches Wachstum wäre unser Programm zum Scheitern verurteilt. Die Produktion von Gütern und Dienstleistungen muß im Interesse der sozial-ökonomisch schwächeren Schichten unseres Volkes gesteigert werden.«

Gleichwohl haben wir zur Kenntnis zu nehmen: Bis zum Jahr 2000 wird sich die Zahl der Menschen verdoppelt haben. Die Autoren der erwähnten Studie werfen die Frage auf, ob unsere Erde alle steigenden Raten des Bruttosozialprodukts physikalisch verkraften, wie viele Menschen sie am Leben erhalten könne und was für eine Art Leben das sein werde. Die Antworten sind nicht ermutigend. Schon für einen Zeitpunkt vor der Jahrtausendwende rechnen die Mitarbeiter des »Club of Rome« mit Landknappheit – also einer Begrenzung und Erschöpfung des für die Produktion von Nahrungsmitteln verfügbaren Raumes. In dem Bericht heißt es, und dies scheint mir unabhängig davon bemerkenswert, wie die Computer »gefüttert« wurden: »Das Industriekapital wächst bis zu einer Höhe, die enorme Rohstoffmengen beansprucht. Bei diesem Wachstumsprozeß wird ein großer Teil der noch vorhandenen Rohstoffe verbraucht. Mit steigenden Rohstoffpreisen und der Erschöpfung der Lagerstätten muß immer mehr Kapital aufgewendet werden, um noch genügend Rohstoffe herbeizuschaffen, so daß immer geringere Mittel für weiteres Wachstum eingesetzt werden können. Wenn dann schließlich die Kapital-Investitionen mit der Rohstoffausschöpfung nicht mehr Schritt halten können, bricht die industrielle Basis zusammen und reißt dabei auch den Dienstleistungssektor und das landwirtschaftliche System mit sich, die beide von industriellen Investitionen abhängig sind ... Für einige Zeit ergibt sich eine äußerst schwierige Situation, weil die Bevölkerung infolge der zeitlichen Verzögerungsfaktoren durch Altersaufbau und soziale Anpassungsprozesse zunächst noch weiter ansteigt.«

Bei der Verleihung des Buchhandels-Preises an die Autoren der »Club of Rome«-Studie wurde darauf hingewiesen, daß wir es mit einer bisher nicht bekannten Gefahr für die Entwicklung der Menschheit zu tun hätten. Die Weltkrisen der Vergangenheit hätten sich fast ausnahmslos als Folge von Naturkatastrophen wie zum Beispiel der großen Seuchen des Mittelalters ergeben oder als Folge von Eroberungskriegen, die sich schließlich auf ganze Kontinente erstreckten und in diesem Jahrhundert gar die ganze Welt erfaßten:

»Wir müssen uns jedoch darüber im klaren sein, daß gegenwärtig die große Völkerfamilie einer alles und alle umfassenden Krise – man möchte meinen, unaufhaltsam – zusteuert, die nicht nur in ihrer Ausdehnung, sondern auch in ihrem Charakter sich wesentlich von früheren unterscheidet, und zwar in dem Sinne, daß sie nicht von offensichtlich bösen Menschen und Mächten verursacht, sondern durch Entwicklungen herbeigeführt wird, die wir vielfach heute noch als Ausdruck menschlichen Fortschritts, ja als Sieg über die den Menschen gesetzten natürlichen Beschränkungen und Grenzen empfinden. Hierdurch gewinnt die Krise den Aspekt des Unentrinnbaren, wenn die Mehrheit ihre Wertvorstellungen und Ziele nicht ändert.«

Wenn diese Entwicklung auch nur der Tendenz nach droht, dann muß ihr mit allen vernünftigen Mitteln begegnet werden, ehe es zu spät ist. Alle verfügbaren Talente des Menschen, alle Erfindungsgabe, alle Phantasie, aller Mut und alle Disziplin werden notwendig sein, um für die Welt einen Zustand des Ausgleichs und der bewußten Erneuerung zu schaffen, in dem die Menschheit überleben kann. Vor der Vollversammlung der Vereinten Nationen sagte ich am 26. September 1973 in diesem Zusammenhang:

»Mehr und mehr wird man sich der Begrenzung unseres Weltkreises bewußt. Wir dürfen diese Vorräte nicht hemmungslos erschöpfen – es sei denn, wir wollen uns zum langsamen Selbstmord verurteilen; wir dürfen seine biologischen Zyklen nicht weiter vergiften lassen.

Es ist wohl kein Zufall, daß der Mensch sich heute, nachdem er seinen Planeten aus der Tiefe des Weltraums gesehen hat, der materiellen und biologischen Bedingtheit der Bewohner dieses doch so kleinen ›Raumschiffes‹ Erde bewußt wird. Nicht nur innerhalb der einzelnen Staaten, auch weltweit wird man darum künftig um der Freiheit und Sicherheit unseres Lebens willen auf manches verzichten müssen, was zwar ökonomisch rentabel, gesellschaftlich aber fragwürdig ist. Und manches, das ökonomisch unrentabel zu sein scheint, ist für die Existenz einer modernen Gesellschaft unabdingbar geworden.

Wir müssen nüchtern sehen, daß die Güter dieser Welt nur dann ausreichen werden, unseren Nachkommen eine Existenz zu sichern, die modernen Vorstellungen von der Qualität des Lebens entspricht, wenn wir das Bevölkerungswachstum in verantwortbaren Grenzen halten und wenn wir der sozialen Gerechtigkeit in der Welt näher rücken.

Die bedrückende Ernährungssituation in vielen Teilen der Welt verlangt, daß wir einen Welternährungsplan entwerfen, um – wenn es irgend geht – durch eine integrierende Strategie der Nahrungsmittelproduktion und ihrer Verteilung Katastrophen zu verhindern. Lassen Sie mich hervorheben: Wir müssen Klarheit gewinnen – und zwar rasch – nicht nur darüber, was an Nahrungsmitteln gebraucht wird, um große Teile der Menschheit vor dem Hunger zu schützen, sondern auch darüber, ob die Staaten die dafür notwendigen Regeln anzunehmen bereit sind. Und auf der anderen Seite: was an Rohstoffen gebraucht wird, um die Qualität unserer Zivilisation zu garantieren und nach Möglichkeit zu steigern.«

Ich kann die Kalkulationen des »Club of Rome« weder bestätigen noch widerlegen. Einer Reihe von Einzelaussagen und Berechnungen wird man mit Vorsicht begegnen müssen. Auch halten gewiß manche der Voraussetzungen wissenschaftlichen Ansprüchen nicht stand; die Autoren scheinen zum Teil von fragwürdigen Daten ausgegangen zu sein. Aber es ist wohl nicht daran zu zweifeln, daß die Aufmerksamkeit durch diesen Anstoß und ähnliche Beiträge geschärft worden ist. An der schöpferischen Fähigkeit des Menschen brauchen wir nicht zu zweifeln. Fast alles spricht dafür, daß er auch mit den beschriebenen gewaltigen Herausforderungen fertig werden kann. Dazu müssen sie erkannt und offen erörtert werden.

Am Rande sei vermerkt, daß die Theoretiker des Kapitalismus mit den Entwicklungen, die sich hier abzeichnen, natürlich nicht gerechnet haben. Dies gilt aber auch für anti- oder nachkapitalistische Theorien verschiedener Prägung. Im Westen und Osten und in der Dritten Welt ging man gleichermaßen oder auf ähnliche Weise davon aus, daß Wirtschaftswachstum notwendig sei und stets auch bewirkt werden könne. Moderne soziale Demokraten (weithin gleich: freiheitliche Sozialisten) haben eine Wachstumsideologie nicht zu ihrer theoretischen Grundlage gemacht. Ihnen fällt es dadurch leichter, mit dem, was man Grenzen des Wachstums nennt, auch intellektuell fertig zu werden. Bereits auf dem Saarbrücker Parteitag 1970 habe ich zu diesem Thema gesagt: »Ich rede hier nicht einem unkritischen Wachstums- oder Mobilitätsfetischismus das Wort und schon gar nicht einer blinden Fortschrittsgläubigkeit. Nur wenn das gesellschaftliche Bewußtsein mit der technischen und wissenschaftlichen Entwicklung Schritt hält, ja eines Tages den Naturwissenschaften vorauseilt, wird es dauerhaft gelingen, diese Welt humaner zu gestalten und ihre heutigen Unvereinbarkeiten und Unzuträglichkeiten zu überwinden. Mit dieser Zukunft müssen wir leben, nicht gegen sie ... Die letzten zwanzig Jahre haben bei uns wie in allen Industrienationen ein wirtschaftliches Wachstum früher nicht gekannten Ausmaßes gebracht. Dies hat in der westlichen Welt zu steigendem Wohlstand – freilich sehr ungerecht gestreut – bei weitverbreiteter ›öffentlicher Armut‹ geführt.«

Orientierungsrahmen

Es besteht jedoch keine Veranlassung, einem »Anti-Wachstums-Fetischismus« zum Opfer zu fallen. Gewissenhafte Berechnungen und Überlegungen ergeben, daß es möglich sein wird, eine – allerdings nicht unermeßlich – wachsende Weltbevölkerung mit einem guten materiellen Lebensstandard zu versorgen und so die Voraussetzungen dafür zu schaffen, daß individuelle und gemeinschaftliche Bedürfnisse zunehmend befriedigt werden können.

Die Bundesrepublik Deutschland und die westeuropäischen Staaten insgesamt sind in einer Phase der Entwicklung, in der ein beträchtliches wirtschaftliches Wachstum – zumal bei einer nur mäßigen Bevölkerungszunahme, das heißt: geringem Geburtenüberschuß bei längerer Lebenserwartung – vorausgesetzt werden darf.

Akademische Erörterungen zu diesem Thema sind nicht selten an dem vorbeigegangen, was zu verändern die Völker für notwendig halten. So sprach man in Ländern der Dritten Welt – vielleicht etwas unvermittelt, aber doch nicht an der Sache vorbei – von einer Abart des »Neokolonialismus«, wenn von einem Einfrieren des wirtschaftlichen Status quo die Rede war. Aber auch bei uns in der Industriewelt wurde gelegentlich daran vorbeidiskutiert, daß beträchtliche Teile der Bevölkerung nur unzulänglich an der allgemeinen wirtschaftlichen Entfaltung teilgenommen haben. Hier ergibt sich die Notwendigkeit, zwischen erwünschtem und abträglichem Wachstum zu differenzieren und sich dem Erfordernis sozialer Umschichtungen und Neuerungen nicht in den Weg zu stellen.

Ich habe an anderer Stelle gesagt, das notwendige Wissen um die »Stabilität im Wandel« müsse ergänzt werden durch neue Auffassungen von der Qualität des wirtschaftlichen Wachstums: »Ein undifferenziertes, allein an kurzfristigen Marktchancen orientiertes Wachstum kann dazu führen, die Schlagseite zwischen sehr ungerecht gestreutem privatem Wohlstand und öffentlicher Armut weiter zu verstärken – gewiß nicht absolut, doch in Relation zu den sich generell verbessernden Möglichkeiten des individuellen Konsums.«

Den Hannoverschen Parteitag mit seinem abgewogenen Urteil zur Wachstumsproblematik habe ich bereits erwähnt. Aus dem, was wir dort konstatierten, ergibt sich für mich die Pflicht des Staates zu einer verantwortungsvollen Planung des Wachstums,

wie sie auch der Entwurf des »Orientierungsrahmens« meiner Partei forderte.
Durch einen voraufgegangenen Parteitag (Saarbrücken 1970) war der Auftrag gegeben worden, einen »Orientierungsrahmen bis 1985« zu entwickeln und zu »quantifizieren« (ich selber war, hier skandinavisch vorbelastet, mitschuldig an der wenig hilfreichen Bezeichnung »Langzeitprogramm«). Worum ging es? Wir wünschten, für die Regierungsarbeit Wegstrecken zu markieren, die über eine jeweilige Legislaturperiode hinausweisen. Wir wollten der eigenen Partei auch klarmachen, daß die finanziellen Auswirkungen von Parteiresolutionen genauer zu bedenken sind, als das in der Vergangenheit manchmal der Fall war. Und weiter: Wir wollten uns selber und andere daran erinnern, daß man über ein und dasselbe Sozialprodukt nicht mehrfach verfügen kann. Ökonomische Planung sollte über festgelegte Zeiträume in die Aussagen der Partei eingeführt werden – auf der Grundlage des Godesberger Programms, nicht an dessen Stelle.
Was waren die ersten Erfahrungen mit dieser Arbeit? Zunächst einmal wurde ein Wachstumsdurchschnitt von 4 bis 5 Prozent vorausgesetzt, und es wurde sogleich deutlich gemacht, daß dies nicht 4 oder 5 Prozent mehr Konsumgüter bedeuten könne, sondern daß die öffentlichen Einrichtungen am wirtschaftlichen Wachstum sehr viel stärker als früher durch Dienstleistungen und Investitionen des Staates beteiligt sein müßten. (Von 1962 bis 1970 war der Anteil der »Staatsverwendung« am Bruttosozialprodukt nicht gestiegen, sondern von 29,2 auf 27,9 Prozent zurückgegangen. Im »Orientierungsrahmen« wurde eine schrittweise Steigerung auf 34 Prozent empfohlen.)
Tatsächlich stellte sich aber dann heraus, daß man, jedenfalls vorübergehend, mit einem niedrigeren Wachstumsdurchschnitt würde auskommen müssen. Weiter machte man die Erfahrung, daß im tatsächlichen Geschehen immer wieder Themen in den Vordergrund rücken, denen in der planerischen Voraussicht kein vorrangiger Platz eingeräumt worden war. Dies galt für die Zuspitzung der Energieproblematik. Es galt auch für das sich rasch wandelnde Gewicht des »Faktors« ausländische Arbeitnehmer.

Seit dem Hannoverschen Parteitag wird an einer neuen, erweiterten – und dann vermutlich fortlaufend anzupassenden – Fassung des Orientierungsrahmens gearbeitet. Man darf erwarten, daß nicht zuletzt zu den Themen »Lebensqualität und Wachstum« sowie »Wirtschaftsstruktur und Wirtschaftspolitik« wichtige Beiträge in die weitere Diskussion eingebracht werden.
Wohin die Debatte auch führt: Spiele mit abstrakten Ziffern sind nicht gemeint. Auch davon wurde schon in Saarbrücken deutlich gesprochen. Für den ersten wie für den zweiten »Orientierungsrahmen '85« gelten die von mir skizzierten Linien: »Vorausschau und Information, Analyse und Planung dürfen nicht getrennt und zersplittert betrieben, sie müssen in einem integrierten Verbundsystem zusammengefaßt werden. Neue Informationen geben Anstöße zu neuen Überlegungen. Daher sage ich: Vorausplanung kann nicht als festes Schema, sondern nur als permanenter Lernprozeß angelegt sein. Wir müssen die Gesellschaft von heute und morgen als ein lernendes System begreifen, das der Komplexität der Probleme mit umfassender Problemlösung begegnet.«
Die kommenden Jahre werden uns über Chancen und Grenzen der weiteren wirtschaftlichen Entfaltung mit neuen Einsichten versehen, und wir werden mehr als einmal zu realistischen Anpassungen gezwungen sein. Von Haushalt zu Haushalt wird neu gerechnet werden müssen. An der Notwendigkeit längerfristiger, verantwortlicher »Steuerung« wird man allerdings nicht vorbeikommen. Hier ist ein Prozeß des Umdenkens längst im Gange.

Neue Fragestellungen

Kein Zweifel: Die Zeit der »Wegwerfgesellschaft« geht zu Ende. Wenn wir es morgen nicht zuwege bringen, der Verschleuderung von Energie, Material, Menschenkraft und Zeit Einhalt zu gebieten, werden wir übermorgen stärkerem Mangel ausgesetzt sein.
Viele Bürger stellen heute Fragen nach der Dauerhaftigkeit von

langlebigen Konsumgütern wie Automobilen und Haushaltsgeräten. Dies sind Fragen, die auch aus gesamtökonomischer Verantwortung beurteilt werden müssen. Die Begrenztheit wichtiger Ressourcen wird diesen Überlegungen Nachdruck verleihen. In unserem Volk wächst gleichzeitig – wenn auch nicht automatisch – das Bewußtsein, daß Kindergärten, Schulen, Krankenhäuser, Versicherungsschutz, Altersversorgung eine reale Verbesserung der Wohlfahrt und des Wohlstands des einzelnen bedeuten und damit eine Mehrung seiner sozialen Freiheit. Alle diese Institutionen setzen Wachstum voraus und bewirken es. Und sie haben den Vorteil, dauerhafte Einrichtungen zu sein. Sicher ist, daß bei begrenztem Wachstum die Verteilungsprobleme kritischer werden. Die Versuchung mag groß sein, bei Tarifauseinandersetzungen außer acht zu lassen, daß man nicht mehr verbrauchen kann, als Güter und Dienste zur Verfügung stehen. Diese inflationäre Entwicklung trifft die Besitzer von Sachwerten so gut wie nicht, geht aber sehr zu Lasten des Geldvermögens, das eher die Sparform der breiten Schichten ist.

Es trifft zwar zu, daß ein vermindertes Wachstum für den inneren Frieden leichter zu ertragen sein wird, wenn zuvor die Einkommensunterschiede abgebaut würden. Aber dies ist ein weiter Weg, und wir können sicher sein, daß sich auf ihm Probleme einstellen würden, die bei uns in der Bundesrepublik noch kaum ernsthaft diskutiert worden sind.

Eine andere Spannung zeichnet sich ab (ich wies darauf hin): die mögliche Divergenz zwischen dem, was wir privat verbrauchen, und dem, was wir nur gemeinsam, das heißt über »den Staat« oder gemeinschaftliche Einrichtungen, schaffen und nutzen können. Daß wachsende Steuern bei relativ geringem Zuwachs der Einkommen einsichtsvoll hingenommen würden, scheint mir nicht sehr wahrscheinlich zu sein. Wir müssen jedoch davon ausgehen, daß ein größerer Anteil des Staates, der das Gemeinwohl zu vertreten hat, gerade bei Veränderungen mit begrenzten Wachstumsraten notwendig sein wird – notwendig gerade auch, um reale Einkommenssteigerungen zu bewirken. Man denke an die Umstrukturierungen im Verkehrsbereich, im Städtebau, im Bildungswesen. Wir werden besser als bisher und mit größerer Überzeugungskraft zu begründen ha-

ben, wozu die höheren Staatsausgaben gebraucht werden und wem sie zugute kommen.
Auch international werden sich die Verteilungskonflikte verschärfen. Die Zusammenarbeit mit den Entwicklungsländern wird größere Aufwendungen verlangen. Hier geht es um Gebote der Moral und der politischen Vernunft, aber die Steuerzahler werden darauf nicht nur mit Verständnis reagieren, und es ist nicht sicher, daß ihr Verhalten so rasch durch Aufklärung verändert werden kann.
Wir werden die Verteilungskonflikte innerhalb der Gesellschaft nur dann ohne Zwietracht und Chaos überstehen, wenn die Regeln der Solidarität – weil sie vernünftig sind – national, aber auch international stärker beachtet werden.
Die Bestrebungen zur Rüstungsbegrenzung und zur kontrollierten Friedenssicherung werden unter diesem Gesichtspunkt noch dringlicher, als sie es ohnehin schon sind.
Die Bundesrepublik Deutschland wird ihren guten Rang in der Weltwirtschaft nur dort behaupten, wo sie Produkte anbietet, die nicht anderswo erheblich billiger hergestellt werden können. Wir werden nur mit Gütern bestehen können, zu deren Konstruktion und Herstellung ein erhebliches technisches Wissen und ein beträchtliches Ausbildungsniveau gehören.

Aufgabe der Modernisierung

Es bestehen berechtigte Zweifel, daß die »Dynamik des Marktes« rechtzeitig jene Modernisierung der Wirtschaft bewirkt, die zur Erfüllung dieser Aufgaben notwendig ist. Zu lange haben hinter falschen Wechselkursen – und begünstigt durch den Zustrom von mehr als zweieinhalb Millionen ausländischer (meist nur wenig ausgebildeter) Arbeitnehmer – rückständige Strukturen sich halten können. Der in der Bundesrepublik erreichte Stand von Wissenschaft und Technik erfordert aber »intelligentere Produktionsstrukturen«. Nur dann wird unsere Produktion den Regeln der internationalen Arbeitsteilung entsprechen und zu einer Entwicklungspolitik moderner Art ihren Beitrag leisten können.

Hier liegen zentrale Aufgaben künftiger Strukturpolitik: Innovation in hochentwickelten (kapital-, ausbildungs- und forschungsintensiven) Produktionszweigen zu fördern und gleichzeitig für die soziale Glättung der Übergangsprozesse zu sorgen, die von den Wirtschaftszweigen fortführen, in denen diese Bedingungen nicht erfüllt werden.

Eine solche Neuorientierung der Produktionsstruktur erfordert parallel mehr Direktinvestitionen im Ausland. Diese notwendigen neuen Dimensionen der internationalen Arbeitsteilung – nicht mehr Austausch zwischen Rohstofflieferanten und Industrienationen, sondern Austausch zwischen industrialisierten Volkswirtschaften unterschiedlicher Entwicklungsstufe – werden gleichzeitig ökonomischen *und* sozialen Motiven gerecht: Die gesamtwirtschaftliche Produktivität steigt, und der weithin inhumane Prozeß der Wanderung der Arbeitskräfte wird durch gegenläufige Kapitalmobilität abgebremst.

Blindem Fortschrittsglauben kann ein jähes Erwachen folgen. Man muß sich immer wieder klarmachen, daß die humane Gesellschaft beträchtlicher Anstrengungen bedarf. Die Möglichkeit des Scheiterns sollte uns nicht Anlaß zur Resignation, sondern besonderer Ansporn sein, nichts treiben zu lassen. Ich will das an zwei praktischen Beispielen aufzeigen: den »Denkmaschinen« und dem Streben nach immer größeren Einheiten in Wirtschaft und Staat.

Die »Elektronengehirne«

Die elektronische Industrie mit ihren Daten- und Rechenzentren gab im vergangenen Jahrzehnt in der Wirtschaft wie in der staatlichen Organisation mächtige Anstöße zur Zentralisierung. Kein Zweifel, diese Maschinen haben das Rechnen auf geradezu phantastische Weise erleichtert – nicht nur im Sinne der Rationalisierung, die eindrucksvoll genug wäre. Auch viele stumpfsinnige und erniedrigende Arbeiten werden abgeschafft, viele Leerläufe vermieden, kostbare Zeit wird gespart. Überdies: Ihre Leistungen zum Beispiel für die Raumfahrttechnik, hier und da auch schon für die Medizin sind wahrlich beeindruckend.

Es ist gewiß so, daß die »Elektronengehirne« – die in der Geschwindigkeit der Kombinationen von Zahlen und Fakten dem menschlichen Gehirn weit überlegen sind – noch Leistungssteigerungen erfahren können, von denen wir heute nur träumen. Als Hilfsinstrumente von Planung wurden sie unentbehrlich. Es gibt aber auch keinen Zweifel, daß sie das schöpferische Denken niemals zu ersetzen vermögen. (Sie werden auch niemals den eigentlichen Intelligenz-Test bestehen, nämlich zwischen Wichtigem und weniger Wichtigem zu unterscheiden.) Das heißt: Sie können keine Werte setzen, keine intellektuellen und schon gar keine moralischen. Wir wissen, daß sie so viel oder so wenig taugen wie die Menschengehirne, die sie mit ihren Vorstellungen »füttern«.

Aber welche Macht kann die Verfügung über diese elektronischen Maschinen bedeuten! Carlo Schmid hat eine scharfe Warnung formuliert: ». . . die Industriegesellschaft könnte in die Hand einer Technokratie geraten, die eines Tages alles beherrschen könnte, indem sie ihre Entscheidungen nicht nach dem Maße des Menschen, sondern ausschließlich im Hinblick auf das gute Funktionieren ihrer Automaten trifft, denen sie den Menschen unterwirft. Diese Unterwerfung kann sich auf alle Lebensgebiete erstrecken, einschließlich der öffentlichen Meinungsbildung und der Formung sowie der inhaltlichen Bestimmung der Vorstellungswelt des einzelnen Menschen.«

Dabei wollen wir nicht übersehen: Die »Denkmaschinen« haben vor allem das Informationswesen revolutioniert. Wirtschaftsgremien können sich auf Abruf mit Material- und Zeitberechnungen, Regierungen mit strategischen Kalkulationen versorgen lassen. Noch niemals war so viel Wissen je für so viele Menschen verfügbar. Doch nur wenige gebieten über die Mittel, jene Selektion der Informationsflut vornehmen zu lassen, die Wissen erst zu einem brauchbaren Instrument der Steuerung und Veränderung der Wirklichkeit macht. Hier entsteht zugleich die Gefahr, sich durch Computer-Wissen selber um die Wirklichkeit zu betrügen. Hannah Arendt hat diesen Vorgang die »Entwirklichung der Tatsachen« genannt; sie meint den Entzug an Realität, dem wir gerade durch den Überfluß an unqualifizierter Information ausgesetzt sind. (Und wer weiß nicht aus eigener

Erfahrung, wieviel lebendiger als bürokratische Vermerke Gespräche und ausführliche Lektüre sind.)

Hier entsteht zweifellos ein Problem, auf das man vor allem innerhalb der großen Verwaltungsapparate zu achten hat, die ohnedies stets ein »Eigenleben« entwickeln, das sie von der Wirklichkeit zu entfernen droht. Jede Administration – ob nun des Staates oder eines großen Betriebs – steht vor dieser Schwierigkeit. Die Zähmung der Computer oder vielmehr die Kontrolle der Operateure ist eine Aufgabe, die wir zu lösen haben – gerade wenn wir uns vor einem »1984« nicht fürchten.

Die Informationstechnik dringt schon heute tief in die privaten Bereiche der Bürger ein. Nicht nur staatliche Behörden, auch Wirtschaftsorganisationen können durch ihre elektronischen Informationsspeicher die wichtigsten Lebens- und Wirtschaftsdaten fast jedes Bürgers »erfassen« – manchmal bis zu seiner Krankengeschichte oder zu persönlichen Angelegenheiten, die niemanden etwas angehen.

Man bemüht sich, unsere Bürger durch ein Datenschutz-Gesetz zu schützen. Dazu wurde dem Parlament im Herbst 1973 ein Gesetz vorgelegt, durch das der Mißbrauch der Datenverarbeitung verhindert werden soll. Außerdem wird der Umgang mit Daten über Personen geregelt. Der Bürger erhält Abwehrrechte, wie das Recht auf Auskunft über die ihn betreffenden Daten, den Anspruch auf Berichtigung falscher Daten und unter bestimmten Voraussetzungen Anspruch auf Sperrung und Löschung.

Die Öffentlichkeit kann hier nicht wachsam genug sein. Wir haben gelernt, daß ein »Rechenfehler« in den Elektronengehirnen die Kreditfähigkeit und den Ruf eines Bürgers ruinieren kann – und daß es komplizierter Operationen bedarf, die falsche Information zu löschen. (Bei der Datenerfassung scheint – ähnlich wie bei der chemischen Industrie – die Beseitigung des Abfalls ein besonders schwieriges Problem zu sein.)

Wissen ist Macht. Diese Maxime gewinnt hier eine neue Realität, die erschreckend ist. Wir müssen lernen, mit dieser Macht umzugehen – und sie im Zaum zu halten. Während der junge Mensch im Prozeß von Bildung und Ausbildung mit kaum mehr zu bewältigenden Quantitäten von Information geradezu überschwemmt wird, nimmt die Tendenz zu, das Problem der Qua-

lität von Information zu unterschätzen. Auch sie droht so zu einem Mittel der Herrschaft von wenigen über die vielen zu werden.
Der Bürger aber hat ein Recht auf Qualität des Wissens, die ihm durch das vorhandene Informationswesen allein nicht gewährleistet ist. Aufklärung ist nicht das gleiche wie quantitative Information. Aber es sollte als eine besonders wichtige Aufgabe gesehen werden, die moderne Technologie so einzusetzen, daß sie die Freiheit der Bürger ausweitet, statt sie einzuengen.

Gigantomanie

Die Größenordnungen unserer Betriebe, unserer Industrien, unserer Verwaltungen werden zum Problem. Die Gigantomanie der Konzerne, die sich selber nur noch mühsam rationell verwalten, erweist sich inzwischen als eine nur bedingt vernünftige Form des Wirtschaftens – von der Gefahr eines Mißbrauchs der Macht nicht zu reden.
Eine sinnvolle Dezentralisierung sollte, unabhängig von den Formen der Institution, in allen dafür geeigneten Bereichen angestrebt und ermutigt werden.
Man wird nach den Kosten fragen. Darauf ist zu antworten, daß die extreme Verdichtung in den Industriezentren Verkehrsprobleme und andere Probleme der Infrastruktur schafft, die den Vorteil der Nähe zu anderen Liefer- oder Abnehmerbetrieben wieder aufheben. Die Grenze des Vernünftigen ist hier vielfach schon längst erreicht. Die Pessimisten unter den Futurologen schätzen, daß sich im Jahr 2000 etwa 4 der 7 Milliarden Menschen in städtischen Gebieten zusammendrängen werden. Das Bemühen um städtische Kultur sollte dadurch nicht entmutigt werden. Aber sogenannte Verdichtungszonen, deren Schwierigkeiten denen von Tokio, New York oder auch des Großraums von Paris oder London immer ähnlicher werden, sollten wir besser nicht wuchern lassen.
Mammutstädte haben sich auch nicht als wirtschaftsfreundlich erwiesen, ganz im Gegenteil. Es hat seine Gründe, daß ein Betrieb nach dem anderen aus New York flüchtete. Das Verkehrs-

chaos erlaubte kein rationelles Arbeiten mehr und verursachte unerträgliche Kosten. So verlor die Stadt wichtige Steuerquellen, aber sie behielt die Arbeitslosen, die der sozialen Verelendung ausgesetzt sind. Ich meine, wir dürfen es dahin nicht kommen lassen, weder im Rhein-Main-Distrikt noch im Ruhrgebiet oder im Großraum München.

Strukturpolitisch gelenkte Dezentralisierung kann eine Veränderung des Wachstums bedeuten: hin zu mehr Qualität. Dies verlangt mehr gemeinsame Planung von Bund, Ländern und Gemeinden.

In weiten Teilen der westlichen Welt entsteht mit der gegenseitigen Durchdringung von Konzern- und Staatsbürokratie ein gefährliches Sonderproblem. Man wird in diesem Zusammenhang danach fragen müssen, warum die Steuerung der Investitionen in der Produktion und des Konsums durch demokratisch nicht legitimierte Konzernbürokratien besser und womöglich »moralischer« sein sollte als eine Teilnahme des demokratisch legitimierten Staates an diesem Steuerungsprozeß. Diese Frage ist um so realistischer, als die Verknappung der Rohstoffe und der Energie eine sorgsamere Verwaltung und Vorratswirtschaft verlangt.

Es geht – damit hier nicht noch einmal ein Mißverständnis aufkommt – nicht etwa darum, den Marktmechanismus durch einen zentralen Plan abzulösen, sondern darum, die sehr sensibel reagierende Wirtschaft in ihrem Investitionsverhalten und damit indirekt in Menge und Qualität ihrer Produktion zu beeinflussen. Ich neige der Ansicht zu, daß der Staat bereits über ein relativ weit entwickeltes Potential von Einfluß verfügt, mit dem er eine indirekte Investitionsbeeinflussung erreichen könnte, dies aber nicht in der richtigen Weise nutzt.

So muß man fragen, ob die bis jetzt entwickelten Formen der Investitionsbeeinflussung stark genug sind, jene machtvolle Fremdsteuerung zu verhindern, die wir durch die multinationalen Unternehmen kennen und die uns durch Beteiligung einiger »neureicher« Staaten an unserer Industrie oder durch ungestüme Intervention im Bereich unserer Währungen zu begegnen droht. Es könnte sich auch durchaus die Entwicklung ergeben, daß wir zum Beispiel durch die Nationalisierung von Rohstoffen in Ländern der Dritten Welt indirekt zu einem Selbstschutz durch Formen der »Vergesellschaftung« gezwungen würden. Die Legitimität solcher Maßnahmen wäre nicht zu bestreiten. Sie wäre auch durch das Grundgesetz ausdrücklich gesichert.

Damit ist an einem Beispiel die Frage der demokratischen Kontrolle staatlichen Einflusses gestellt. Aber sie ist nicht schlüssig beantwortet. So bleibt vor allem die Frage: Wer kontrolliert die Kontrolleure?

John K. Galbraith – es wären auch andere Zeugen zu nennen – hat kürzlich festgestellt, daß die Konzerne durch ihren Einfluß auf die Vorlieferanten ihre Macht fast unübersehbar ausdehnen; sie können durch ihre Expansion über nationale Grenzen hinaus auch steuerlichen Belastungen entgehen, die kleinere Unternehmen zu tragen haben; sie bestimmen die monetären Entwicklungen der Industrienationen aus dem Hintergrund mit; sie können sich – kraft ihres natürlichen Gewichts gegenüber Vorlieferanten und Handelsorganisationen – viel leichter dem Zugriff der Kartellaufsicht entziehen als die kleinen Betriebe, die unter dem Druck der großen stehen und oft aus Notwehr mit den Wettbewerbsgesetzen in Konflikt geraten. Da die Giganten Lohnerhöhungen fast widerstandslos auf die Preise abwälzen können, finden die Stabilisierungsmaßnahmen der Regierungen bei ihnen kaum eine Unterstützung. Die Konzerne leiden unter Kreditverknappung und hohen Zinsen sehr viel weniger als die kleinen Konkurrenten, da sie über eigene Finanzierungssysteme verfügen. Sie sind gleichberechtigte Gesprächspartner der Weltmächte und erschließen sich die großen internationalen Kapitalströme.

So sind hier folgende Feststellungen zu treffen:

Die Welt der Bürger von heute wird wesentlich von Mächten mitbestimmt, die keiner öffentlichen Kontrolle unterliegen. Und die Gesamtwirtschaft ist sehr viel intensiver und breiter, als man es ahnt, einer Planung durch Konzernbürokratien unterworfen.

Ob der Prozeß des Umdenkens über die Ziele und Grenzen des Wachstums hier begriffen wird, werden wir abwarten müssen.

Der Bürger von morgen muß zu einer schöpferischen und kontrollierten Mitwirkung im öffentlichen Leben befähigt sein. Dazu muß die politische Gestaltungsmacht organisiert werden.

Aber wie immer man sie organisiert: Nur eine Ausbildung, die es dem Menschen erlaubt, Zusammenhänge zu überschauen und zu durchdringen, wird ihn davor bewahren, Opfer einer Übermacht der Wirtschaft oder des Staates zu werden, die ihn von neuem zu einem Untertanenschicksal verurteilen würde: ein besser oder schlechter funktionierendes Teilchen in der Organisationsmaschine. Seine Situation würde nicht besser, wenn sich über die nationalen Staatsbürokratien eine europäische Superbürokratie stülpen würde und über die Wirtschaft die Bürokratie der multinationalen Unternehmen. Hier drohen Beschränkungen realer Freiheit, die man nicht dulden darf.

Eine vernünftige – im einzelnen erst noch rational zu entwikkelnde – Dezentralisierung von Wirtschaft und Verwaltung wird uns helfen, den konkreten Freiheitsraum Schritt für Schritt zu erweitern. Eine dezentralisierte Organisation des öffentlichen Lebens widerspricht nicht der Notwendigkeit gemeinsamer und weiträumiger Planung. Sie schafft im Gegenteil die Voraussetzung für das Zusammenwachsen zu großen, natürlichen Einheiten – auch im europäischen Bereich.

Nachbarschaft und Spontaneität

Bürger von heute sind für die Bürger von morgen auf der Suche nach neuen Formen der Nachbarschaft. Es drängt die Menschen aus der Vereinzelung und Vereinsamung zu Gemeinschaften, die sich freilich nicht durch »Ordnungspolitik« herstellen lassen. Die Gemeinschaften müssen wachsen.

Doch unsere politische Einsicht vermag Organisationsformen für das öffentliche Leben zu entwerfen, in denen Nachbarschaft und Gemeinschaft gedeihen und Wurzeln schlagen. Nicht anders als in der Wirtschaft weist auch im Bereich des Staates und der großen Gemeinden die Vernunft den Weg zur Abgrenzung von Verwaltungseinheiten, deren Maße rational und überschaubar sind: zur Überschaubarkeit und Entscheidungsnähe und damit auch zur besseren Regulierung unvermeidbarer Konflikte.

Auch in unseren bedrohlich wachsenden Ballungsgebieten muß

die Strukturpolitik eine vorbeugende und schützende Funktion erfüllen. Aber noch begegnen wir allzuoft der Forderung nach größeren, angeblich leichter zu verwaltenden Einheiten. Dabei müßte nicht Größe, sondern müßten Homogenität und Überschaubarkeit das Ziel sein. Ich weiß, daß man es sich mit der Verwaltungsreform in den einzelnen Bundesländern nicht leichtgemacht hat. Aber man wird erfahren, daß die Funktionsfähigkeit der Gemeinwesen auch künftig weitgehend von ihrer Gliederung abhängen wird: Gliederung als eine Garantie der Vielfalt, ohne die unsere Existenz einer Monotonie preisgegeben sein würde, in der auch die bestorganisierte Verwaltung mit Höchstleistungscomputern nichts mehr bewegte oder ausrichtete.

In der Gesellschaft des Vertrauens, um die wir uns bemühen wollen, wird der natürliche Entfaltungswille vor allem der jungen Menschen konstruktive Aufgaben finden – mehr, als man zu bewältigen vermag. Gerade für junge Menschen sollte dies eine Herausforderung sein. Die Bereitschaft zu einem Engagement, das man früher »idealistisch« genannt hätte, nimmt zu.

Zum Beispiel: Die notleidende Welt draußen verlangt unsere Hilfsbereitschaft und unseren Willen zum Aufbau. Amerikanische Erfahrungen mit dem »Peace Corps« und unsere eigenen Erfahrungen mit dem »Deutschen Entwicklungs-Dienst« raten uns zu sorgfältiger Überprüfung. Für einen solchen Hilfsdienst an den Völkern der Aufbau-Welt bedarf es gewiß mehr als nur guten Willens, nämlich spezieller Fertigkeiten und Kenntnisse, außerdem des Takts. So bescheiden die Resultate hier wie dort angesichts der fast erdrückenden Größe der Aufgaben sein mögen – sie lohnen ein Engagement unserer jungen Menschen, und sie rechtfertigen im guten Sinne selbst jenes Gefühl, das man früher Begeisterung nannte.

Wenn mir etwas Sorge macht, dann eher der Mangel an Dynamik bei manchen unserer jungen Bürger, die sich um die Vorbereitung ihrer Karriere und um die Sicherung ihres Alters kümmern, ehe sie ihren Elan auch nur erprobt haben. Man soll sich von gewissen Demonstrationen in unseren Städten, vor allem im Umkreis der Universitäten, nicht täuschen lassen, bei denen sich Mini-Minderheiten mitunter gewalttätig nach vorn drängen, während die Mehrheit fast allzu eifrig und zurückgezogen für ihre Prüfungen oder ein erstes Einkommen arbeiten muß. Der Protest richtete sich in den letzten Jahren gegen Ungerechtigkeiten in allen Ecken und Enden der Welt, und oft genug war er angebracht. Nur schien er mir in vielen Fällen auf eine seltsame Weise abstrakt zu sein.

Manchmal frage ich mich, ob nicht eine gewisse Enge unserer Bildungs- und Ausbildungsvorschriften jungen Menschen den Weg zur Erfahrung der Welt versperren könnte. Aber Freiheit zum Engagement ist unverzichtbar.

Es ist hier gesagt worden, daß auch die beste öffentliche Fürsorge für die Schwachen und Benachteiligten niemals die private Hilfsbereitschaft ersetzen kann.

Nicht nur draußen in der Welt, sondern auch hier, mitten in unserer Gesellschaft, brauchen wir junge Menschen, die bereit sind, Kraft und Zeit an den hilfsbedürftigen Nächsten – nicht zu verschwenden, sondern zu verschenken. Kein Zweifel: Es gibt sie!

Das Problem der Spontaneität, das eine zentrale Frage nach dem inneren Gehalt der Gesellschaft stellt, kann zuletzt wohl nur jeder für sich selber lösen; aber oft ist es eine Frage des gesellschaftlichen Klimas, ob der Anstoß gegeben wird. Spontaneität verlangt Widerstandsfähigkeit gegen jene Routine, die eine Gefahr der überorganisierten Gesellschaften ist. Nach meinem Verständnis muß Demokratisierung als Chance zu Mitwirkung und Mitbestimmung auch so verstanden werden, daß der einzelne die Möglichkeit hat, sich einer bequemen Anpassung zu verweigern. Es versteht sich, daß ich dem gleichförmigen Nonkonformismus als einer anderen Form der Anpassung ebenso mißtraue wie der Neigung, wenn nicht hinter dem größten, dann doch hinter dem lärmendsten Haufen herzulaufen.

Wenn es tatsächlich, wie Zeitkritiker meinen, eine »Identitätskrise« gibt, wird ihre Lösung durch die Offenheit der Gesellschaft nicht leichter – im Gegenteil. Die Freiheit der Wahl des eigenen Weges deckt oft die Verlorenheit des einzelnen erst auf. Gerade darum bedarf es der Vorbereitung zur Wahl und der Fähigkeit, wählen zu können. Geistige Vielfalt wird als verwirrend empfunden, solange der einzelne seines eigenen Ortes nicht sicher ist.

Keine Gesellschaft kann dem einzelnen die Entscheidung abnehmen, wo er seine geistige Heimat suchen und finden will. Der Staat kann es gewiß nicht, und er dürfte es nicht, selbst wenn er es – etwa durch Mittel der Bewußtseinssteuerung – vermöchte. Die Kollektivlenkung geistigen und seelischen Lebens durch einseitig oder autoritär beherrschte Massenmedien ist eine reale Gefahr.

Meine Sache ist es nicht, den Teufel an die Wand zu malen, doch die Kollektivsteuerung durch eine Massenanwendung von chemischen Steuerungsmitteln wäre die wohl verbrecherischste Form der Herrschaft des Menschen über den Menschen. Da die Mittel zu dieser bösartigsten Form der Unterdrückung im Prinzip schon vorhanden sind, sollte gewiß auch mehr Aufmerksamkeit auf die Abwehr dieser Bedrohung gelenkt werden.

Wie werden wir leben?

Ich konnte einige der Gefahren und der Chancen, mit denen der Bürger von morgen konfrontiert sein wird, hier nur in Skizzen oder durch die Beschreibung einiger Problemkreise andeuten. Doch alle Fragen dieses Buches münden schließlich in die Grundfrage: Wie werden wir leben?

Wir haben ein gutes Recht, unsere Einsichten aus den Erfahrungen herzuleiten, über die wir verfügen. Man soll diese Erfahrungen – auch die Stimmen der Beunruhigung und der Sorge – nicht unterschätzen. Wenn wir von der Zukunft reden, dann müssen wir zunächst darauf verweisen, daß unsere Bürger in wenigen Jahrzehnten eine Gesellschaft von beispielloser Leistungsfähigkeit geschaffen haben. In den letzten Jahren ist es gelungen, in dieser Gesellschaft Werte der Gerechtigkeit, der Sicherheit und einer selbstbewußten Freiheit zusätzlich zu verankern. Und dennoch ist der Weltfriede noch immer nicht zuverlässig und dauerhaft gesichert.

> Noch immer verfügen viele Völker nicht über die Mittel, die Eroberung der Macht durch verantwortungslose Gruppen und ihren Mißbrauch in der Gewaltanwendung, im Terror nach innen und außen, zu verhindern.

Noch immer ist für die meisten Völker das Problem der demokratischen Kontrolle nicht gelöst – und viele hatten noch nicht einmal die Möglichkeit, die Frage nach der Demokratie überhaupt zu stellen.

Noch immer haben wir keinen realistischen Ansatz gefunden, die Teilung der Menschheit in eine Weltklassen-Gesellschaft von Arm und Reich, Süd und Nord zu überwinden.

Noch immer hungert ein Viertel der Menschheit, ein anderes Viertel vegetiert am Rand des Hungers.

Noch immer stehen wir erst an den Anfängen der Aufgabe, das Problem der Wachstumskontrolle in den Griff zu bekommen.

Noch immer haben wir der fortschreitenden Zerstörung von Umwelt und Natur nicht Einhalt gebieten können.

Noch immer – oder mehr denn je – ist unsere Gesellschaft der Gefahr der Atomisierung in Egoismen und des falschen Heimwehs nach überalterten Scheinordnungen ausgesetzt.

Noch immer werden Schwache und Benachteiligte an den Rand auch der entwickelten Gesellschaften gedrängt.

Noch immer haben wir wirtschaftliche und politische Macht nicht in genügendem Maße – getrennt voneinander – unter wirksame Kontrolle zu bringen vermocht und stehen darum erst an den Anfängen umfassender Mitbestimmung und Mitverantwortung.

Noch immer ist auch die Gefahr der Verbürokratisierung unseres Lebens nicht gezähmt, sondern droht die Freiheit des einzelnen empfindlich einzuengen.

Dies ist, wenn man es so nennen will, der negative Katalog der gegebenen Verhältnisse, die keiner von uns als ermutigend oder als sinnvoll betrachten kann. Ich stelle dem einen anderen Katalog gegenüber:

»Keine Angst vor 1984« heißt für mich, daß ich eine Gesellschaft wachsen sehen möchte, in der

die Bürger von morgen ihrer Freiheit sicher sind und diese Freiheit zu mehren verstehen;

ihr Wohlstand nicht bedroht, sondern durch planvolles Handeln vor den Gefahren der Willkür weitgehend geschützt ist;

die Wohlfahrt auch durch die Unterscheidung zwischen notwendigem und schädlichem Wachstum auf lange Frist gesichert ist;
dem privaten Wohlstand ein angemessener öffentlicher Wohlstand entspricht: gute Schulen, Gesundheitsfürsorge, Transportmittel, Altersversorgung;
die Bürger von morgen das Maß an existentieller Sicherheit finden, auf das sie ein Recht haben, und Spontaneität und Dynamik entfalten können;
die Freiheit durch sinnvoll genutzte Freizeit wächst und sich damit in freier Bildung freie Persönlichkeiten ausprägen, die in neuen Formen der Gesellschaft die Verantwortung für das Ganze stärken werden;
durch Mitwirkung und Mitbestimmung die Anonymität von Staats- und Wirtschaftsmacht überwunden wird;
die Arbeit eine neue geistige und materielle Qualität gewinnt;
die Furcht um den Arbeitsplatz sich positiv ins Recht auf Arbeit gewandelt hat und die Arbeit so als sinnvolles Element des Daseins empfunden wird;
das Problem der »Entfremdung« durch Mitbestimmung, Qualität und Sinngebung der Arbeit im Rahmen des Möglichen abgebaut ist;
die Natur als Freiheitsraum vor Umweltgefahren geschützt ist;
sich im privaten und öffentlichen Dasein Werte der Qualität des Lebens entwickelt haben, über die sich die entscheidenden politischen und sozialen Kräfte in einem neuen »Gesellschaftsvertrag« einigen;
sich damit durch die Erweiterung der Demokratie eine Expansion der Freiheit vollzieht;
ein so verändertes Europa wieder an die Spitze des kontrollierten sozialen und wirtschaftlichen Fortschritts gelangt.

Dieses Zukunftsbild mag zu optimistisch erscheinen. Und in der Tat: Es ist unendlich viel zu tun, damit die Gefahren, die uns und unsere Kinder bedrohen, gebannt werden. Es ist an uns, darüber zu entscheiden, welchen Weg wir gehen wollen. Wir

haben die Wahl. Ich bin davon überzeugt, daß wir – der Realität der Gefahren bewußt – den Menschen eine menschliche Zukunft sichern können, wenn wir es nur wollen.
Flucht aus der Wirklichkeit kann uns nicht retten. Wir müssen dieser Wirklichkeit und der Aufgaben, wie wir sie sehen, Herr werden.

17. Kapitel
Europäische Dimensionen

Dies ist ein Buch über deutsche Innenpolitik.

Aber Europa ist in ihm fast immer gegenwärtig. Die klassischen Unterscheidungen zwischen Innenpolitik und Außenpolitik heben sich hier zu einem guten Teil auf. Wir haben gesehen, wie stark unser Land von weltwirtschaftlichen Entwicklungen und denen unserer unmittelbaren und auch ferneren Partner abhängig ist. Zumal Europa wirkt immer sichtbarer in den Alltag unserer inneren Planungen und Entscheidungen hinein. Umgekehrt wirken unsere innenpolitischen Entscheidungen und Entwicklungen immer mehr auf die Verhältnisse in den anderen Ländern ein.

Was als »Abhängigkeiten« zum Beispiel unserer Wirtschaft hier beschrieben wurde, stellt sich, ins Positive gewendet, als Zusammengehörigkeit dar.

Wir haben uns angewöhnt, von »Europa« zu reden, wenn wir, verkürzend und einschränkend, zunächst den Bereich der Europäischen Gemeinschaft meinen.

Europa aber ist größer. Der Begriff – wie er in der Geschichte gewachsen ist – umfaßt mehr. Und die Aufgaben, mit denen wir es in diesen Jahren zu tun haben, greifen weiter.

So ist es angebracht, die europäische Wirklichkeit nicht nur von innen nach außen, sondern auch von außen nach innen zu betrachten: Wir sollten versuchen, unseren Kontinent nicht nur mit unseren Augen, sondern mit den Augen der Welt zu sehen. Nur so ist zu erkennen, daß die Realität vielschichtiger ist.

Das »ganze« Europa stellt sich der Welt in vier »Dimensionen« dar:

Sicherheit,
Europäische Gemeinschaft,
deren »Peripherie«,
Ost-West-Zusammenarbeit.

Sicherheit West-West

Die *erste* Dimension ist der Bereich der *europäischen Sicherheit,* und diese ergibt sich aus der Verklammerung zwischen militärischen Bemühungen und politischen Anstrengungen.

Die westeuropäischen Staaten sind mit den Vereinigten Staaten und Kanada im Atlantischen Bündnis zusammengeschlossen, das seit einem Vierteljahrhundert unsere Sicherheit im weltweiten Gleichgewichtssystem der Großmächte gewährleistet. Frankreich zog sich 1966 nach General de Gaulles Willen aus der *militärischen* Organisation der Allianz zurück, doch es blieb Mitglied des Bündnisses. Seine Bereitschaft, sich mit den Bündnispartnern abzustimmen, hat in den letzten Jahren wieder etwas zugenommen.

Aufgaben und Ziele der Allianz wurden bekräftigt, als am 26. Juni 1974 in Brüssel eine »Atlantische Erklärung« verabschiedet wurde, und zwar durch die Regierungschefs der europäischen NATO-Staaten gemeinsam mit dem amerikanischen Präsidenten und dem Vertreter Kanadas. Dieses Dokument sollte nicht eine neue Linie begründen. Sein Wert lag vor allem darin, daß es Positionen bestätigte, die 1973/1974 durch manche Polemik und Mißverständnisse vernebelt worden waren. Dies waren die Kernpunkte der Erklärung:

Die NATO ist unerläßliche Grundlage für die Sicherheit aller ihrer Mitglieder.

Diese Sicherheit ist die Voraussetzung der Entspannungspolitik.

Die Stationierung amerikanischer Streitkräfte in Europa liegt auch weiterhin im Interesse nicht nur Europas, sondern auch Nordamerikas.

Um die Außen- und Sicherheitspolitik zu koordinieren, werden die Konsultationsverfahren verbessert.

Schon vor der Errichtung der NATO schlossen sich 1948 Frankreich, Großbritannien, die Benelux-Länder, dann auch Italien in der Westeuropäischen Union (WEU) zusammen. Sie war nicht zuletzt geschaffen worden, um einer unerwünschten Entwicklung Deutschlands Zügel anzulegen. Als die Bundesrepublik in den fünfziger Jahren selber Mitglied der WEU wurde, blieben gewisse Rüstungskontroll-Mechanismen aufrechterhalten. Der WEU-Ministerrat bot dann vor allem den Rahmen für politische Aussprachen mit den Engländern, bevor diese in den Organen der Europäischen Gemeinschaft mitarbeiten konnten. Zur Westeuropäischen Union gehört auch eine parlamentarische Versammlung.

Unabhängig davon haben in den letzten Jahren die europäischen Verteidigungsminister zu einer »Eurogroup« innerhalb der Allianz zusammengefunden. Sie koordinieren einzelne Aspekte der Verteidigungspolitik und befassen sich besonders mit Fragen der Infrastruktur sowie der militärischen Ausrüstung. Frankreich ist hieran nicht offiziell beteiligt; es verfolgt seine eigene Sicherheitsplanung, wobei es allerdings für den Ernstfall Abmachungen zur Zusammenarbeit mit der NATO gibt.

In der letzten Zeit ist an mehr als einer Stelle die Frage aufgeworfen worden, ob die WEU oder die »Eurogroup« – oder eine Kombination von beiden – zum Ausgangspunkt einer europäischen Sicherheitspolitik im größeren Rahmen des Bündnisses werden könnte. Jedenfalls bleibt die gemeinsame Sicherheitsorganisation Westeuropas und Amerikas das Fundament sowohl für die Verteidigung im engeren Sinne des Wortes als auch für die Politik einer Entspannung zwischen West und Ost, zu der unsere Außenpolitik – in klarer Abstimmung mit den Partnern der Allianz – wesentliche Beiträge geleistet hat. Mir liegt daran, hier den bedeutenden Anteil Egon Bahrs an unserer Politik der aktiven Friedenssicherung hervorzuheben.

Sicherheit Ost-West

Bessere Beziehungen, mehr Kommunikation und Kooperation zwischen den Staaten in Ost und West bedeuten, daß Spannungen abgebaut werden. Aber es liegt auf der Hand, daß Entspannung sich auch im Abbau von Rüstungen ausdrücken muß. Da keine Seite eine einseitige Schwächung und damit eine Gefährdung des relativen militärischen Gleichgewichts hinnehmen kann, geht es um einen gleichgewichtigen, ausgewogenen Abbau; dies ist verständlicherweise eine äußerst schwierige Aufgabe. Sie wird dadurch nicht leichter, daß sie mit den Beziehungen zwischen den Vereinigten Staaten und der Sowjetunion unmittelbar verbunden ist. Sicherheit gibt es für Europa nur, wenn das Verhältnis zwischen diesen beiden Weltmächten friedlich bleibt.

Auf dem Hintergrund der sich verändernden Ost-West-Beziehungen ist der alte Plan einer Konferenz für Sicherheit und Zusammenarbeit in Europa (KSZE) verwirklicht worden. Sie begann 1973 mit einer ersten Phase auf der Ebene der Außenminister in Helsinki und wurde in der zweiten mit Expertenverhandlungen in Genf fortgesetzt; in einer dritten Phase soll sie – vermutlich durch ein Treffen der Staats- und Regierungschefs – wiederum in Helsinki abgeschlossen werden.

Im eigentlichen Sicherheitsbereich geht es hier neben dem – ausdrücklich auch auf die Grenzen bezogenen – Gewaltverzicht um das, was die Fachleute »vertrauensbildende Maßnahmen« nennen (gegenseitige Information über Truppenverlegungen, Umgruppierungen, Manöver und ähnliches). Weiter geht es um Prinzipien für ein friedliches Zusammenleben, darunter wirtschaftliche, technische, wissenschaftliche und kulturelle Beziehungen zwischen den Staaten in Ost und West und nicht zuletzt solche Regelungen, die dem freieren Austausch von Menschen und Ideen zugute kommen. Keine noch so schöne Formulierung wird zwar den unterschiedlichen Charakter der Regierungssysteme überspielen können. Aber ohne Vertrauen in die friedliche Zukunft wird es beispielsweise keine umfassende gesamteuropäische Infrastruktur (zum Beispiel auf den Gebieten des Verkehrswesens, der Energieversorgung, des Umweltschutzes) geben. Kommt man auf dem einen Gebiet voran, so wird man auf dem anderen Gebiet nachziehen oder einen neuen Schritt tun können. Vermehrte Rüstung hier oder dort kann auf wirtschaftlichem Gebiet und beim Austausch von Menschen und

Ideen Verzögerungen oder sogar rückläufige Entwicklungen zur Folge haben. Es gibt hier kein künstliches Junktim, aber einen natürlichen Zusammenhang.

Das Ziel muß also sein, auf beiden Gleisen voranzukommen und einen Zustand zu erreichen, in dem Krieg in Europa faktisch unmöglich gemacht wird. Dabei hat die sowjetische Seite akzeptiert, daß Amerika eine mit Westeuropa verbundene Macht ist, ohne die es weder auf dem einen noch auf dem anderen Gebiet wichtige Vereinbarungen gibt. Die Vereinigten Staaten und Kanada sind durch ihre Teilnahme an der KSZE zwar keine »europäischen Mächte« geworden, aber als Mächte in Europa werden sie auch von der Sowjetunion anerkannt.

Als bedeutende Basis des Verhältnisses zwischen den beiden Supermächten ist jener Atompakt des Jahres 1973 zu nennen, in dem das Interesse beider Staaten so definiert wurde, daß Konflikte zwischen ihnen und anderen verhindert werden sollen, von denen eine Gefahr der Ausbreitung droht. Auf dieser Basis ist das erste Abkommen (SALT I) über die Begrenzung der strategisch-nuklearen Waffensysteme gewachsen (SALT = Strategic Arms Limitation Talks). SALT II ist technisch so kompliziert und politisch für das Gleichgewicht so empfindlich, daß ein Durchbruch bisher nicht erreicht werden konnte. Aber es können Teilabsprachen getroffen werden, auf die gestützt man bis zur Jahreswende 1975/1976 entscheidende Ergebnisse zu erzielen hofft. Wir sind bisher also nicht an den Punkt gelangt, von dem aus keine Abkehr von Entspannung und Friedenssicherung mehr möglich ist, aber wir haben es mit der erklärten Absicht beider Supermächte zu tun, diesen Punkt zu erreichen.

Inzwischen arbeitet in Wien eine Konferenz von Staaten der NATO (ohne Frankreich) und der mitteleuropäischen Mitglieder des Warschauer Pakts am Thema beiderseitiger und ausgewogener Beschränkung der Streitkräfte (MBFR = Mutual and Balanced Forces Reduction). An einem »Signal« hatten wir auf der NATO-Tagung in Reykjavik im Frühsommer 1968 mitgewirkt, und die Sowjetunion hatte sich – nicht zufällig – im Herbst 1970, nach dem Abschluß des Moskauer Vertrags, bereit erklärt, an der Erörterung einer Truppenverminderung in der Mitte Europas mitzuwirken. Dabei entspricht es unserem deut-

schen und europäischen Interesse, daß nicht nur Truppen der Sowjetunion und der Vereinigten Staaten vermindert werden, sondern auch nationale Streitkräfte und daß die Phasen einer solchen Reduktion miteinander verbunden werden.
Ich bin mir darüber klar: Der erste Schritt wird nur relativ klein sein können. Das Mißtrauen auf beiden Seiten ist noch zu groß, als daß mehr zu erreichen wäre. Man muß Erfahrungen sammeln, und zwar mit Beschränkungen, die kosmetisch genannt werden mögen. Das heißt dann aber auch: Es werden zunächst keine Einsparungen möglich sein, die unseren Verteidigungshaushalt entlasten.
Alle Felder, von denen hier die Rede war, berühren einander. Sie müssen als Bereiche *einer* politischen Konzeption gesehen werden. Kein Zweifel, daß es sich um einen langen Weg handelt. Aber wir müssen ihn gehen, denn auf ihm liegen die Chancen des Friedens für Europa und damit die Chancen des Überlebens für unseren Kontinent.

Die Europäische Gemeinschaft

Die *zweite* Dimension der europäischen Politik ist für uns der Kernbegriff *Europäische Gemeinschaft* als Zusammenschluß der (früher sechs, jetzt neun) Staaten der westlichen Hälfte des Kontinents, die sich entschlossen haben, ihre Zukunft in Zusammenarbeit, Freundschaft und schließlich auch in einer dauerhaften gemeinsamen Ordnung zu suchen.
Am Anfang stand hier die Montanunion des Jahres 1952, in der zunächst die Kohle- und Eisenindustrien der jungen Bundesrepublik Deutschland, Frankreichs, Italiens und der Benelux-Staaten in einem Verband der gegenseitigen Kontrolle und gemeinsamer Direktiven zusammengeschlossen wurden, um so jede Kriegsgefahr durch Rüstung zu bannen. Die Europäische Atomgemeinschaft – zur friedlichen Nutzung der Kernenergie – trat hinzu.
Die Römischen Verträge führten 1957 zur Bildung der Europäischen Wirtschaftsgemeinschaft (EWG). Sie ist ihrem Charakter nach eine Zollunion, in der souveräne Rechte der National-

staaten an die gemeinsamen Autoritäten des Ministerrats der Kommission abgetreten sind und in einer späteren Entwicklungsstufe auch an das Europäische Parlament (das zunächst nicht aus gemeinsamen Wahlen hervorgeht, sondern sich aus Delegierten der nationalen Parlamente zusammensetzt) abgetreten werden. Ein geschlossener Verband ist der Europäische Agrarmarkt, der die Landwirtschaften aller Mitglieder durch Marktordnungen aneinanderbindet.

1967 wurden Wirtschaftsgemeinschaft, Montanunion und Atomgemeinschaft zusammengefaßt, und man spricht seitdem von der Europäischen Gemeinschaft (EG). Darin drückte sich zugleich der Wille aus, auch andere zentrale Bereiche der Politik Schritt für Schritt aus der isoliert nationalen Verantwortung zu lösen und in den gemeinsamen Rahmen einzufügen. Der Mechanismus der Integration wurde jedoch bald aufgehalten, in erster Linie durch den Widerstand des gaullistischen Frankreichs.

Man darf bezweifeln, ob auch ohne diesen Widerstand ein automatischer Weg hin zum vollen wirtschaftlichen und von dort bis zum angestrebten politischen Zusammenschluß geglückt wäre. Um so wichtiger, daß in den letzten Jahren – durch eine Parallelaktion – die *Politische Zusammenarbeit* (PZ) der Mitgliedsstaaten begründet wurde. Sie ist ein eigener Prozeß, der noch nicht in der Gemeinschaft selber, sondern zwischenstaatlich, in der Zusammenarbeit der nationalen Regierungen, begründet ist. In dieser Funktion dient ihr – gleichsam unter einem »anderen Hut« oder unter anderen Vorzeichen – die Konferenz der Außenminister. Sie sorgt für eine gewisse Koordinierung der Außenpolitik, aber auch anderer Bereiche. Direktoren der Außenministerien sind die regelmäßige Information und Koordination übertragen.

1969 wurde bei der Gipfelkonferenz im Haag beschlossen, das Tor der Gemeinschaft für Großbritannien, Irland, Dänemark und Norwegen zu öffnen. Mit dem Jahresbeginn 1973 wurde der Eintritt von drei Ländern vollzogen; Norwegen trat nicht bei, da in einer Volksabstimmung der Beitritt abgelehnt wurde.

Großbritannien, Irland und Dänemark nahmen schon im Oktober 1972 an der Konferenz der Staats- und Regierungschefs in

Paris teil, bei der für die Gemeinschaft die Möglichkeit skizziert wurde, bis zum Jahr 1980 den Prozeß der Vereinigung durch die Begründung einer Wirtschafts- und Währungsunion, einer außenpolitischen Gemeinsamkeit und einer Sozialen Union – zusammengefaßt im Staatenverband der Europäischen Union – zu vollenden. Das war die Perspektive, und sie sollte es bleiben. Sie schreibt einen harten Weg vor, und er ist voller Hindernisse. Dennoch hat sich keine Regierung – obwohl jede die Schwierigkeiten genau genug kennt – aus dieser verpflichtenden Orientierung entlassen, auch Großbritannien nicht förmlich, das nach dem Regierungswechsel Anfang 1974 die Bedingungen seiner Mitgliedschaft in der Gemeinschaft zu modifizieren wünschte.
Neben den in den Verträgen festgelegten Bereichen haben die Länder der Gemeinschaft miteinander schon jetzt gewisse Aufgaben des Verkehrs, der Sozialpolitik, des Bildungswesens, des Umweltschutzes, der Entwicklungshilfe gemeinsam zu behandeln begonnen. Durch die tatsächliche Entwicklung und die vielfältigen Beziehungen zwischen den Völkern hat sich die kulturelle Zusammenarbeit in einem Maße verdichtet, das Europa zuvor nicht kannte.

Die »Peripherie«

Als *dritte* Dimension kann das Europa der *»Peripherie«* bezeichnet werden. Ohne die neutralen Staaten Österreich und Schweiz, Schweden und Finnland (und Island), aber auch ohne das NATO-Mitglied Norwegen ist die europäische Substanz schwer vorstellbar. Diese Länder waren mit Großbritannien, Dänemark und Portugal in der Europäischen Freihandelszone (EFTA) vereint. Sie sind heute der Europäischen Gemeinschaft durch Abkommen wirtschaftlich eng verbunden. Der gemeinsame Markt der Zollunion steht ihnen grundsätzlich offen, genauso, wie für die Länder der Gemeinschaft ihre Märkte teilweise geöffnet sind.
In einem gewissen Abstand hierzu befinden sich Griechenland und die Türkei, die sich früh der Europäischen Gemeinschaft assoziiert haben. Auch Spanien, Israel und die beiden mediter-

ranen Inselstaaten Zypern und Malta sind dem Gemeinsamen Markt durch Abkommen verbunden.
Eine andere Form der Verbindung mit der Gemeinschaft ergab sich aus dem Erbe der früheren Kolonialmächte (Frankreich, Italien, Belgien). Sie legten Wert darauf, daß für ihre selbständig gewordenen ehemaligen afrikanischen Territorien eine besondere Assoziierung etabliert würde. Beim britischen Beitritt erstreckte sich dies auch auf eine Reihe von Staaten in der Karibik und im Pazifik. Daraus ergab sich eine gewisse Weitläufigkeit, doch es hat wohl auch seinen guten Sinn, daß die Zusammengehörigkeit von Europa und Afrika stark hervorgehoben wurde.
Die Gemeinschaft selber umfaßt heute ein Wirtschaftsgebiet von etwa 250 Millionen Menschen (die Vereinigten Staaten haben 220 Millionen, die Sowjetunion hat 250 Millionen Menschen). Mit der europäischen »Peripherie« und den assoziierten Staaten entstand ein wesentlich umfassenderes Gebilde von mehr als einer halben Milliarde Menschen.

Ein Wort sollte hinzugefügt werden über den Straßburger *Europarat*, in dem die demokratischen Staaten Westeuropas seit 1949 vertreten sind. Diese europäische Organisation war mit ihrer Beratenden Versammlung das Forum vieler bedeutender Staatsmänner und mancher wegweisenden Reden. Der Europarat hat grundsätzliche und – auf dem Weg über das Ministerkomitee – eminent praktische Arbeit geleistet. Es wurden im Gang von zweieinhalb Jahrzehnten zahlreiche Konventionen verabschiedet, darunter die Konvention zum Schutz der Menschenrechte, die für das griechische Militärregime zu einem Test wurde und die autoritäre Regierung des Landes zum Ausscheiden aus dem Europarat zwang.
Selbst wenn ihm nur diese moralische Funktion zugekommen wäre, hätte der Europarat schon Wichtiges geleistet. Er dient unentbehrlichen Kontakten und einem freien Meinungsaustausch. Beides trug wesentlich dazu bei, in der europäischen Politik eine Art Familienklima zu schaffen: Einflußreiche Politiker aller Mitgliedsstaaten begegnen sich schon längst nicht mehr als Fremde.

West- und Osteuropa

Die *vierte* Dimension umschließt das Netz der Beziehungen zwischen *West- und Osteuropa*. Die zweiseitigen Verbindungen sind nach den Üblichkeiten der Diplomatie und des Völkerrechts geordnet. Durch die Normalisierung der Beziehungen der Bundesrepublik Deutschland zu allen osteuropäischen Staaten (mit Ausnahme des Sonderfalls Albanien) gibt es im Netz der offiziellen Verbindungen zwischen den Staaten in Europa kaum noch Lücken. Die Intensität der Beziehungen herüber von Ost nach West oder hinüber von West nach Ost mag unterschiedlich und wechselhaft sein, wie es historische Gemeinsamkeiten oder akute Interessen empfehlen. Doch begegnen sich die Völker zunehmend im wirtschaftlichen, technischen, wissenschaftlichen und kulturellen Austausch.

Ein besonderes Verhältnis existiert, wie alle wissen, zwischen der Bundesrepublik Deutschland und der Deutschen Demokratischen Republik; ihre Beziehungen gleichen in vielem denen zwischen anderen Staaten, doch verzichtet der zwischen ihnen geschlossene Grundlagenvertrag auf eine völkerrechtliche Anerkennung, denn nach dem Potsdamer Abkommen ist die staatliche Einheit Deutschlands – in der Obhut der Siegermächte – nicht aufgehoben; das Grundgesetz der Bundesrepublik Deutschland gibt uns überdies auf, die deutsche Einheit wiederzuvollenden.

Die Sowjetunion hat für und mit Osteuropa, in einer gewissen Entsprechung zur Wirtschaftsgemeinschaft des Westens, 1949 ein gemeinsames Wirtschaftsgebiet begründet; es etablierte sich unter der abkürzenden (aus dem Russischen übernommenen) Bezeichnung COMECON oder Rat für Gegenseitige Wirtschaftshilfe (RGW). Der Stand der übernationalen wirtschaftlichen Zusammenarbeit Osteuropas kommt zwar nicht der Integration der Europäischen Gemeinschaft an Dichte gleich; auch die Grenzen zwischen den einzelnen Staaten blieben bis vor kurzer Zeit relativ eng geschlossen. Doch wächst auch in diesem Bereich Europas eine immer engere Verflechtung. Die Staaten Osteuropas haben der Europäischen Gemeinschaft lange die offizielle Anerkennung versagt (im Unterschied zu den meisten anderen

Staaten der Welt). Doch man hat Grund, auch hier – nach Jahren der strikten Ablehnung – von einer schrittweisen und vorsichtigen Anerkennung der Realitäten zu reden. Vertreter der EG und des RGW werden hoffentlich in naher Zukunft erste multilaterale Absprachen treffen. Es ist zu wünschen, daß sich diese Beziehung ebenso vertieft wie die unmittelbare Verbindung zwischen der EG und den einzelnen osteuropäischen Staaten. Dadurch können die gesamteuropäischen Gemeinsamkeiten verstärkt werden, die zum Beispiel zur Thematik der Konferenz für Sicherheit und Zusammenarbeit gehören.

So gibt es Anlaß, darauf zu hoffen, daß eines Tages feste Brükken zu den Nachbarn im Osten gebaut werden können, die uns den Weg zu einer Wiederentdeckung der historischen, kulturellen, wirtschaftlichen Gemeinsamkeiten des ganzen Europas öffnen. Damit werden gewiß die Unterschiede der Gesellschaftssysteme und der geistigen Orientierungen nicht aufgehoben. Aber sie könnten den gemeinsamen Interessen an einer Ordnung des Friedens und des freieren Austauschs untergeordnet werden.

Das ist die Hoffnung. Die Realität Europas freilich weist uns täglich nach, wie weit wir noch von diesem Ziel entfernt sind. Die Ost-West-Beziehungen bleiben labil. Und der Zustand der Europäischen Gemeinschaft entspricht weder dem Terminplan des engeren Zusammenschlusses noch dem Maß an gutem Willen, mit dem viele unserer Bürger darauf warten, daß europäische Realitäten über das Erreichte hinaus geschaffen werden.

Die Lage

Dieses Buch entsteht zu einem Zeitpunkt, zu dem unsere Bürger kaum geneigt sind, Europa als ein Schlüsselwort der Hoffnung und der Ermutigung zu betrachten. Wir registrierten vielmehr Entmutigung, Enttäuschung und Skepsis. Ein Mitglied der Europäischen Kommission sprach von der »Gefahr einer schrecklichen Wiederholung der wirtschaftlichen und politischen Auflösung durch den Nationalismus«.

Diese Gefahr wird durch die Malaise der westeuropäischen Demokratien, von der schon die Rede war, nicht gemildert, sondern verschärft.

Auch ist der Bestand der Europäischen Gemeinschaft noch nicht gesichert. Werden Italien und Großbritannien auf kürzere Sicht die Kraft haben, an gemeinschaftlichen Maßnahmen der wirtschaftlichen und finanziellen Stabilisierung mitzuwirken? In Italien sitzen dabei die Ursachen der wirtschaftlichen Schwierigkeiten tiefer, in England ist die europäische Orientierung schwächer verankert.

Die Rückschläge, die die Gemeinschaft und ihre Mitgliedsstaaten seit Anfang des Jahres 1974 zu verzeichnen hatten, die Wellen der Resignation, ja des öffentlichen Unmuts dürfen uns freilich nicht beirren. Es ist an der Zeit, eine nüchterne Bilanz aufzumachen. Wenn die westlichen Nationen unseres Kontinents den Prozeß der Einigung – nicht irgendwann, sondern in unserer Zeit, in den jetzt vor uns liegenden Jahren – vollziehen sollen, dann brauchen wir einen neuen europäischen Realismus. Die Erfahrung zeigt, daß uns die Einheit nicht durch magische Beschwörungen geschenkt wird. Wir haben auch erfahren, daß sie sich keineswegs aus einer Automatik der wirtschaftlichen Verflechtungen ergibt.

In der Krise der Jahreswende 1973/1974 hat sich erwiesen, daß die Übereinstimmung der wirtschaftlichen Interessen zuerst im Detail des täglichen Wirtschaftens, dann auch in den großen übergeordneten Zielen außer Kraft gesetzt werden kann, wenn die nationale Kalamität einer Regierung keinen anderen Weg mehr zuzulassen scheint. Im kritischen Fall und in der Notlage (wie in Großbritannien und Italien) behält die nationalstaatliche Entscheidung noch immer das letzte Wort, obwohl die Einsichtigen längst begriffen haben, wie sehr die Ohnmacht unseres Kontinents durch die noch nicht gelöste Erstarrung im Anspruch des bloß Nationalen bedingt ist.

Man hat diese Schwäche während des Krieges in Nahost in allen Hauptstädten der Gemeinschaft mit drastischen Formulierungen beklagt. Man war allerdings nicht überall bereit, die Kraftlosigkeit Europas als Konsequenz der Zerfaserung der gemeinsamen Interessen, der verkrampften Verteidigung überalterter Souveränitäten und Eigeninteressen zu sehen. Man erkannte nicht klar genug, daß hier die Erklärung für die Schwäche zu suchen ist, die uns immer wieder dazu zwingt, vor den Problemen unseres Jahrhunderts zurückzuweichen.

Noch immer schrecken wir vor der Aufgabe des engen Zusammenrückens so ängstlich zurück, als sei der Appell an die Solidarität unserer Staaten und Völker ein allzu kühner Vorgriff ins 21. Jahrhundert – während er in Wahrheit nur der endliche Vollzug der Notwendigkeiten dieses 20. Jahrhunderts wäre. Man glaubt aber weithin, es sich nach wie vor leisten zu können, 19. Jahrhundert zu spielen.

Es war ein deutscher Staatsmann, der vor gut hundert Jahren zynisch bemerkte, Europa sei immer die »Ausrede« für den »sacro egoismo« der Nation. Was damals höchstens eine böse Halbwahrheit war, ist unterdessen nicht richtiger geworden. Wir hatten Gelegenheit, auf bittere Weise zu lernen, daß unsere Völker nur in der wohlverstandenen Gemeinsamkeit europäischer Interessen Geborgenheit finden können.

Ernüchternde Bilanz

Ich möchte durch einige Beispiele klarmachen, wie sehr wir in Westeuropa hinter den gesetzten Zielen zurückgeblieben sind. Dabei soll deutlich werden, daß wir auch auf deutscher Seite nicht immer von ganz richtigen Voraussetzungen ausgegangen sind.

Zum einen: Die unterschiedlichen Prioritäten der Wirtschaftspolitik und die objektiven Schwierigkeiten der Wirtschaftslage mehrerer Mitgliedsstaaten haben es unmöglich gemacht, jene zweite Stufe der Wirtschafts- und Währungsunion zu erreichen, die auf der Pariser Gipfelkonferenz vom Oktober 1972 beschlossen worden war. Italien und Großbritannien sahen sich nicht in der Lage, am Währungsverband – der »Schlange« – teilzuhaben. Auch Frankreich schied Anfang 1974 aus, deutete allerdings inzwischen die Möglichkeit seiner Rückkehr an.

Zum anderen: Von der Orientierung Frankreichs wird in hohem Maße abhängen, ob – mit der Bundesrepublik und anderen – eine wechselseitig abgestimmte Stabilitätspolitik entwickelt werden kann. Man kann, wie es Helmut Schmidt als Bundesfinanzminister Ende Januar 1974 in einer Rede vor dem Royal Institute of International Affairs in London ausdrückte, »nicht von der Notwendigkeit einer integrierten europäischen Gesamtpolitik sprechen, ohne von Währungs-, Wirtschafts- und Konjunkturpolitik zu reden und von der Hoffnung, die Wirtschaftsgemeinschaft könne auch eine Stabilitätsgemeinschaft sein«.

Weiter: Als das Jahr 1973 zur Neige ging, richtete ich an die Mitgliedsstaaten der Gemeinschaft den Appell für eine gemeinsame Energiepolitik, die gerechte Verteilung der Reserven und eine solidarische Haltung gegenüber den ölproduzierenden Ländern. Meine Forderung wurde zwar mit Beifall aufgenommen, aber ebenso rasch wieder vergessen: Es gibt keine gemeinsame Energiepolitik, nicht einmal in einem nennenswerten Ansatz. Es läßt sich nicht verbergen, daß die Staaten unserer Gemeinschaft zunächst nach der fragwürdigen Devise handelten, jeder möge sehen, wo er bleibe. Erst nach einer Phase der Einzelaktionen – und nach überflüssigen Mißverständnissen mit den Vereinigten Staaten – konnte der Dialog der Europäischen Gemeinschaft mit den arabischen Staaten (zu dem ein europäisch-israelischer Dialog treten wird) eröffnet werden.

Ferner: Der europäische Regionalfonds, der die Entwicklung der armen und benachteiligten Gebiete unserer Gemeinschaft fördern und zu einem Element der sozialen Einigung werden soll, war Gegenstand einer wenig erfreulichen Auseinandersetzung. Die Lösung des Problems mußte vertagt werden. Dazu hatte beigetragen, daß die sachliche Planung des Fonds sehr zu wünschen übrigließ. Auf der anderen Seite erhöhte der Streit um die Höhe unseres Beitrags bei den deutschen Bürgern den Argwohn, daß sie als die Dukatenesel Europas betrachtet würden. Gewiß gab es bei den Partnern, und nicht nur auf diesem Gebiet, eine Neigung, die deutschen Möglichkeiten zu überschätzen. Auf der anderen Seite sind unsere Bürger nicht beharrlich genug darüber aufgeklärt worden, daß der Gemeinsame Markt eine der wesentlichen Voraussetzungen für den starken wirtschaftlichen Aufschwung unseres Landes bot. Die Gemeinschaft hat uns alles in allem mehr gebracht als gekostet, auch wenn sich dies nicht exakt in Mark und Pfennig ausrechnen läßt.

Ferner: Die Finanzpolitik der Gemeinschaft war weitgehend einer wirksamen Kontrolle entzogen. Sie hatte sich selbständig gemacht, ohne zur politischen Einheit beizutragen. Die Einnahmen der Gemeinschaft werden sich ab 1975 beträchtlich erhöhen. Von deutscher Seite haben wir dafür plädiert, einen der Brüsseler Kommissare zum »europäischen Finanzminister« zu machen. Die Gründung eines Rechnungshofs der Europäischen Gemeinschaft wurde unterdessen beschlossen. Auch auf bescheidene Zugeständnisse für die Haushaltsbefugnisse des Europäischen Parlaments in Straßburg versucht man sich zu einigen.
Ferner: Die Lähmung des inneren Fortschritts der Gemeinschaft bedeutete zwangsläufig, daß wir uns nicht dem Ziel näherten, nach außen mit der so oft zitierten »einen Stimme« zu sprechen. Der Mangel an konkreter Solidarität bestärkte die alten bequemen Gewohnheiten des Bilateralismus auch dort, wo ein gemeinschaftliches oder zumindest stark aufeinander abgestimmtes Verhalten sachlich geboten war. Dies half natürlich auch nicht den Vereinigten Staaten, sich auf die Realität der europäischen Einheit einzustellen. Unterdessen ist es allerdings gelungen, die Beziehungen und die gemeinsamen Interessen zwischen der Europäischen Gemeinschaft und den Vereinigten Staaten in einem Entwurf zu beschreiben – zusätzlich zu der Erklärung über Substanz und Fortbestand des Atlantikpaktes.
Im Frühjahr 1974 sprach die Europäische Kommission unter ihrem Präsidenten Ortoli in einem mahnenden Appell von »einer Krise des Vertrauens, einer Krise des Willens und einer Krise des klaren Verstandes«. Es ist bitter, daß es so starker Worte nach einer Phase bedurfte, die nach der Haager Gipfelkonferenz vom Dezember 1969 und der Einigung auf das Ziel der Europäischen Union bei der Pariser Konferenz im Oktober 1972 von einem neuen Elan der Gemeinschaft bestimmt zu sein schien. Endlich schien greifbar geworden, was den großen Gestalten der ersten Nachkriegspolitik des Kontinents noch eine Vision war. Auf dieser zweiten Wegstrecke des Prozesses der europäischen Einigung waren wir im Begriff, überzogene Integrationsträume, aber auch Rückfälle in überstandene Nationalstaatlichkeit durch vernünftige Entschlossenheit zu einer Politik des Möglichen zu überwinden.

Ich möchte hier die wichtigen Entschlüsse der Gipfelkonferenz von Paris im Oktober 1972 ins Gedächtnis rufen: zum einen, um die Ziele zu zeigen, an denen wir festhalten müssen, zum anderen, um genauso klar darauf hinzuweisen, daß uns die Rückschläge keine Illusionen erlauben. Im Kommuniqué war festgehalten, daß die Mitgliedsstaaten entschlossen seien, die Gemeinschaft durch Schaffung einer Wirtschafts- und Währungsunion zu stärken, »die Garant für Stabilität und Wachstum, Grundlage ihrer Solidarität sowie unerläßliche Voraussetzung für sozialen Fortschritt ist, und dabei regionalen Disparitäten abzuhelfen«. Das gemeinsame Aufbauwerk solle »Europa die Möglichkeit geben, sich in Treue zu seinen traditionellen Freundschaften und zu den Bundesgenossen seiner Mitgliedsstaaten zu profilieren und seinen Platz in der Weltpolitik als eigenständiges Ganzes einzunehmen«.

Im Laufe des Jahres 1973 sollten die erforderlichen Beschlüsse gefaßt werden, um den Übergang zur zweiten Stufe der Wirtschafts- und Währungsunion am 1. Januar 1974 zu verwirklichen, »damit die Union spätestens am 31. Dezember 1980 vollendet ist«. Weiter wurde als Beratungsergebnis festgehalten:

»Die Staats- und Regierungschefs beschließen, daß spätestens zum 1. April 1973 durch einen auf den EWG-Vertrag gegründeten feierlichen Akt ein europäischer Fonds für währungspolitische Zusammenarbeit errichtet wird.

Sie sind der Auffassung, daß in der gegenwärtigen Konjunkturlage dem Kampf gegen die Inflation und für die Wiedererlangung der Preisstabilität Vorrang eingeräumt werden muß.

Die Staats- und Regierungschefs betonen, daß für sie energischen Maßnahmen im sozialen Bereich die gleiche Bedeutung zukommt wie bei der Verwirklichung der Wirtschafts- und Währungsunion. Sie halten es für unerläßlich, zu einer wachsenden Beteiligung der Sozialpartner an den wirtschaftlichen und sozialen Entscheidungen der Gemeinschaft zu gelangen.«

Aus meinen Notizen von jenen Pariser Tagen möchte ich zitieren:

»Der zweite Tag der Konferenz [20. Oktober 1972 (d. V.)] endet mit einem quälenden Abend, weil sich das Durchgehen der Kommuniqué-Texte sehr in die Länge zieht. Der Empfang des

Premierministers am Quai d'Orsay fällt ins Wasser. Wir tagen ohne Abendessen bis 0.30 Uhr. Was dann herauskommt, kann sich sehen lassen. Es ist mehr, als ich noch vor kurzem für möglich gehalten hätte.
Ich habe mich im Laufe des Tages ein paarmal sperren müssen, bei der Entwicklungspolitik ebenso wie bei der Regionalpolitik. Die Opposition hat schon getönt, wir wollten in Paris Geld verschenken. Wir passen ohnehin auf, daß wir – dies gilt auch für den Währungsfonds – uns nicht in Engagements einlassen, die wir nicht guten Gewissens durchhalten können und wollen.
Ich mußte mich auch hartnäckig zeigen, als französische Diplomaten es offensichtlich darauf angelegt hatten, die USA in der gemeinsamen Verlautbarung partout nicht zu erwähnen. Als ich dies energisch bedauerte, ohne einen Antrag zu stellen, ging dem einen oder anderen wohl doch ein Licht auf. Es wurde eine befriedigende Formulierung gefunden.
Lebhaft wurde über das holländische Verlangen diskutiert, endlich direkte Wahlen zum Europäischen Parlament vorzusehen. Ich war mit dem Vorsatz nach Paris gegangen, jedenfalls mehr Befugnisse für das Parlament zu erreichen. Daß direkte Wahlen jetzt nicht spruchreif waren, ergab sich schon vorher aus der Haltung Frankreichs und Englands. Der dänische Ministerpräsident fragte, wie man eine Sache, über die sich die Sechs während der vergangenen fünfzehn Jahre nicht hatten einigen können, jetzt mit den drei Neuen im Handumdrehen lösen wolle. Ich mußte Sicco Mansholt, der sich leidenschaftlich engagiert hatte, darauf hinweisen, daß es sachlich nicht gerechtfertigt sei, die demokratische Legitimation einer Versammlung zu bezweifeln, in die Abgeordnete der nationalen Parlamente entsandt werden ...« Soweit meine Notizen.

Ich sage nicht, daß die Anstrengungen jener Tage und der Zeit danach vergebens waren. Wir haben ein Fundament gewonnen, das ich trotz aller Schwierigkeiten nicht in der Gefahr des Zerbröckelns sehe. Doch für die europäische Entwicklung kann Stillstand nur zu leicht Rückschritt bedeuten; die Welt in ihren Spannungen und Gefährdungen bewegt sich weiter. Manche retten sich in solcher Lage gern in die ironische Halbwahrheit, daß der Prozeß der europäischen Einigung sich nur von Krise zu

Krise vollziehe. Das hat seine eingeschränkte Richtigkeit. Aber auch hier machte sich eine gefährliche Legende breit, die uns einreden will, die Einheit unseres Kontinents könne nur ein Produkt äußerer Pressionen, wenn nicht der Bedrohungen sein. Gerade diese Legende wurde auf ernüchternde Weise widerlegt: Die Herausforderung durch die Energiekrise, die man als Bedrohung empfinden mußte, hat den Einigungswillen zunächst gar nicht gestärkt. So wurde indirekt meine These bestätigt, daß die Einigung der westeuropäischen Staaten nicht äußere Spannung und Druck, sondern im Gegenteil Entspannung und Freiheit des Handelns brauche. Aus gutem Grund habe ich Entspannung und Normalisierung unserer Beziehungen mit den Nachbarn im Osten und das europäische Einigungswerk im Westen als die beiden Parallelaktionen deutscher Politik bezeichnet, die einander bedingen und sich nicht widersprechen. An der Richtigkeit dieser Feststellung hat sich nichts geändert.

Es gibt keine Alternative

Der Zusammenschluß der westlichen Nationalstaaten des Kontinents ist die konstruktive Antwort auf die Katastrophen, die uns zweimal in einem Jahrhundert in den Abgrund gerissen haben. Die Wahrheit dieser Einsicht ist durch nichts widerlegt worden. Es gibt keine Alternative, die nicht das Gleichgewicht zwischen Ost und West gefährden würde und damit zur Ursache neuer Spannungen werden könnte – so, wie es im Bereich der Sicherheit keine Alternative zum Bündnis mit Amerika gibt, das sich über ein Vierteljahrhundert bewährt hat. Aber die Atlantische Allianz, die ein schützender Schild für unsere Völker bleibt, kann die Europäische Gemeinschaft nicht ersetzen.

Die Gemeinschaft muß mehr sein als ein Rahmen wirtschaftlicher oder auch sicherheitspolitischer Interessen: Uns geht es um die demokratische und soziale Substanz der künftigen Union, die, wie ich es ausdrückte, der Welt ein Beispiel geben soll für die Herrschaft der Vernunft über die Produktivkräfte, für die Herrschaft der Gerechtigkeit über die Egoismen der Macht, für die Herrschaft der Humanität über die Krankheit der

Intoleranz. Dieses Europa kann den Völkern beweisen, welche Dynamik die sozialen Energien eines demokratisch geordneten großen Raumes zu entwickeln vermögen. Das Dokument über die europäische Identität, das der Ministerrat der Gemeinschaft im Dezember 1973 in Kopenhagen verabschiedete, umreißt die Ziele so:

»Die neun europäischen Staaten, deren Vergangenheit ebenso wie die egoistische Verteidigung falsch verstandener Interessen sie zur Zerrissenheit hätte drängen können, haben ihre Gegnerschaft überwunden und in Erkenntnis der fundamentalen europäischen Notwendigkeiten beschlossen, sich zusammenzuschließen, um das Überleben einer Zivilisation zu sichern, die ihnen gemeinsam ist.

In dem Wunsch, die Geltung der rechtlichen, politischen und geistigen Werte zu sichern, zu denen sie sich bekennen, in dem Bemühen, die reiche Vielfalt ihrer nationalen Kulturen zu erhalten, im Bewußtsein einer gemeinsamen Lebensauffassung, die eine Gesellschaftsordnung anstrebt, die dem Menschen dient, wollen sie die Grundsätze der repräsentativen Demokratie, der Rechtsstaatlichkeit, der sozialen Gerechtigkeit, die das Ziel des wirtschaftlichen Fortschritts ist, sowie die Achtung der Menschenrechte als die Grundelemente der europäischen Identität wahren.«

Dieses Dokument wurde nicht mit der gebotenen Aufmerksamkeit beachtet. Unmittelbar nachdem es bekanntgegeben worden war, drohte der Elan zur Stärkung der Gemeinschaft – unter dem Druck der geschilderten Ereignisse – plötzlich zu erlöschen. Aus einiger Distanz betrachtend, könnte man zu dem Schluß gelangen, daß die Bürger der einzelnen Staaten durch die Macht der Umstände noch einmal ihre Verstrickungen in überalterte Begriffe erfahren mußten, ehe sie sich darauf besinnen konnten, was die Zukunft ihnen allen abverlangt.

Wir Deutschen sollten uns dabei vergegenwärtigen, daß sich uns der Weg in einen europäischen Staatenverband leichter öffnet als manchem unserer Nachbarn. Die Gründe dafür sind deutlich:

Der straff organisierte Nationalstaat hat unsere Geschichte nur für eine kurze Frist geprägt. Eine föderative Gliederung entspricht unseren Traditionen. Die Medaille hatte, wie wir wissen,

eine Rückseite: Durch die Zersplitterung wurden auch deutsche Rückständigkeiten konserviert. Doch dank der bundesstaatlichen Erfahrung stößt die Übertragung von Souveränitätsrechten auf ein übergeordnetes Ganzes, auf die das Grundgesetz in seiner Präambel und in Artikel 24 ausdrücklich hinweist, bei uns in der Bundesrepublik auf geringeren Widerstand als bei den Nachbarvölkern, bei denen sich die demokratischen Umwälzungen in der nationalstaatlichen Geschlossenheit erfüllten – um den Preis einer oft straffen Zentralisierung.
Die nationalsozialistische Diktatur und der Zweite Weltkrieg haben unsere staatliche Einheit zerbrochen. Die Hoffnungen auf eine Wiederherstellung der nationalen Einheit sind nicht untergegangen, aber die Chancen ihrer Verwirklichung in der Zeit, die wir abzusehen vermögen, sind gering. Dies ist ein zusätzlicher Grund, aus dem unser Volk eine Heimat in der europäischen Ordnung sucht, ohne daß wir uns damit der nationalen Verantwortung entziehen, wie wir – mit dem Blick auf das gemeinsame Erbe – immer wieder gegenüber unseren westlichen Partnern und östlichen Nachbarn festgestellt haben. Doch wir haben mit der Politik, zu deren Kennwort die »Anerkennung der Realitäten« geworden ist, die Freiheit gewonnen, dem Zusammenschluß Europas konsequent zu dienen – das heißt: Wir haben darauf verzichtet, der sich vorbereitenden Union die Last der »deutschen Frage« aufzubürden, die sie auch kaum zu tragen vermöchte.

»Entente Elémentaire«

Wir sind uns bewußt, daß das deutsche Gewicht in der Mitte Europas immer wieder Gegenstand der Sorge und der Furcht unserer Nachbarn war und sich mit dem Konzept einer inneren Balance des Kontinents schlecht vertrug. Darum fanden wir zu der Einsicht, daß durch die feste Bindung der Bundesrepublik Deutschland an die Gemeinschaft der europäischen Demokratien die konstruktive Antwort auf unser Problem gegeben wird. Aus diesem Grund ist die enge Partnerschaft mit Frankreich für uns der Schlüssel zur europäischen Einheit und für die Solidarität der Gemeinschaft: Ich bezeichnete sie mehr als einmal als eine »Entente Elémentaire«. Diese Formel zeigt, daß die beiden Nachbarn am Rhein fundamental und unabdingbar aufeinander angewiesen sind. In diesem Zusammenhang zitiere ich aus den Notizen, die ich am 22. Juni 1973 nach einer der regelmäßigen Beratungen im Rahmen des deutsch-französischen Vertrags gemacht habe:

»Aus dem Vieraugengespräch, das Pompidou und ich gestern nachmittag in Gymnich führten, will ich vor allem seine eindringliche Frage festhalten: Wie sehen Sie, im Lichte dessen, was vor sich geht, die deutsche Zukunft? Für Frankreich hängt viel davon ab.

Pompidou sagte, er hoffe, ich hielte ihn nicht für indiskret. Seine Frage gelte nicht dem, was ich mir als deutsche Zukunft *wünschte.* Sollte die DDR nicht mehr kommunistisch sein, käme es daraufhin zu einer Wiedervereinigung, so würde Frankreich dem applaudieren. Dies sei aber doch wenig wahrscheinlich. Wenn ich mir das Verhalten der USA, der SU vergegenwärtigte, wenn ich die Dinge im Lichte unserer Ostpolitik und unserer Beziehungen zu den Ländern des Ostens sähe – wie stellte ich mir dann die deutsche Zukunft vor? Dies sei für ihn die wichtigste, die fundamentale Frage. Er bitte um die Ausdeutung einer Politik, die zwangsläufig komplexer sein müsse als die französische.

Bei meiner Antwort erklärte ich zunächst, daß die politisch Verantwortlichen in der Bundesrepublik, und zwar über die regierende Koalition hinaus, dies eine wüßten: Es gebe keine isolierte Lösung der deutschen Fragen. Eine Verbesserung der durch die Teilung geschaffenen Lage könnten wir uns in dem Maß erhoffen, in dem sich die Beziehungen zwischen den Teilen entkrampften. Auch wenn es für uns schwer sei, so hofften wir doch, daß uns nachfolgende Generationen nicht desavouieren würden: Höher als der Begriff des Nationalstaates stehe die Sicherung des Friedens in Europa, und wenn man der Nation als Kulturbegriff helfen wolle, müsse man den Menschen helfen. Hinzu komme die europäische Dimension. Die Verfassung verpflichte uns zur nationalen Einheit, aber auch zur Einigung Europas, die wir aus mindestens drei Gründen brauchten: zum einen als Faktor der Organisierung des Friedens; zum anderen als großräumigere Chance, damit die Menschen durch Kommunikation Erleichterungen erhielten; drittens, weil Europa auch für den, der auf dem Boden der deutschen Geschichte stehe, zu einer Art größerem Vaterland werden könne.

Ich fügte hinzu: Niemand von uns könne wissen, wie es politisch im einzelnen weitergehen werde. Frankreich könne sich aber meiner Überzeugung nach bei uns in der Bundesrepublik auf eine politische Führung verlassen, die sich aus ihrer europäischen Orientierung auch dann nicht lösen werde, wenn man ihr, was ja nicht auszuschließen sei, gewisse Versuchungen nahebringe. Ich sagte dies auch in nüchterner Einschätzung solcher Politiker aus dem oppositionellen Lager, die ich als alternative Führung betrachtete.

Vielleicht werde es eines Tages im Rahmen eines größeren Europas, in dem sich die ganze Frage anders darstelle, wieder ein nicht mehr geteiltes Deutschland geben können. Man könne der Phantasie der Geschichte nicht vorgreifen. Der Präsident brauche aber seitens der Bundesrepublik nicht mit einer Schaukelpolitik zu rechnen – auch dann nicht, wenn Versuchungen der genannten Art an sie herangebracht würden.

Pompidou: In aller Aufrichtigkeit wolle er mir sagen, daß die französische Führung und besonders er zu denen gehörten, die meine Ostpolitik am besten verstünden und die ein Gespür dafür hätten, wie das Drama des deutschen Volkes beschaffen sei. Er wolle mir dies mit Nachdruck sagen, obwohl es Erinnerungen gebe, die ihn zu Unruhe veranlassen könnten. Ich hätte mich nicht ohne Erfolg bemüht, solche Erinnerungen wegzufegen.

Da ich von einer Konstante der neuen deutschen Politik gesprochen habe, wolle er mir auch von zwei festen Größen der französischen Politik sprechen: Zum einen beunruhige eine – auch nichtbewaffnete – Neutralisierung Mitteleuropas und alles, was dazu führen könne, Frankreich in hohem Maße. Zum anderen aber könne ich darauf bauen, daß es zur gegenwärtigen französischen Mehrheit eine Alternative – ohne die Kommunisten – gebe, die eine Beständigkeit der Außenpolitik gewährleisten werde.

Soweit meine Aufzeichnungen zu diesem Gespräch. Ich hatte dabei sehr wohl im Auge, daß schon die Bevölkerungszahl und das wirtschaftliche Potential der Bundesrepublik Deutschland für unsere Nachbarn bedrückend zu sein scheinen. Ich habe mich auch nie darüber getäuscht, daß ein vereintes Europa sein inneres Gleichgewicht braucht. Auch aus diesem Grund machte ich mich vom Beginn der Vereinigungspolitik an zum Anwalt Großbritanniens und Skandinaviens, und darum öffnete eine gemeinsame Initiative von Präsident Pompidou und mir auf der Gipfelkonferenz von Den Haag im Dezember 1969 Großbritannien die Tür. Ich scheute mich nicht, die guten Argumente für den Beitritt Großbritanniens, Irlands, Dänemarks und Norwegens während der Verhandlungen mit dem Hinweis zu ergänzen: »Wer befürchtet, daß sich das wirtschaftliche Gewicht der Bundesrepublik Deutschland zum Nachteil der Ausgewogenheit innerhalb der Gemeinschaft auswirken könnte, der sollte auch deswegen für die Erweiterung sein.« Es war, wie man wohl verstehen kann – wegen meiner engen Verbindungen mit diesem Land –, eine Enttäuschung gerade für mich, daß Norwegen sich dann doch nicht zu entschließen vermochte, Mitglied der Gemeinschaft zu werden; wir haben die Entscheidung zu respektieren.

Mir waren und sind jene Prognosen willkommen, die Frankreich eine gute industrielle Entwicklung voraussagen, denn Frankreich wird sich um so reibungsloser in den Prozeß der Einigung einfügen können, je mehr es seiner wirtschaftlichen Leistung und Stabilität sicher ist. Das Konzept eines europäischen Staatenverbandes erträgt keine Vorherrschaft. Die Gleichberechtigung aller Mitgliedsstaaten ist durch die Europäischen Verträge gesichert. Doch sie läßt sich leichter in die Realität übertragen, wenn sie sich durch das gleiche oder ähnliche Gewicht wenigstens der großen Mitgliedsstaaten bestätigt. Gerade dadurch wird das spezifische und unentbehrliche Gewicht der kleineren Partner wie der Benelux-Staaten, Irlands und Dänemarks gewahrt.

Den Gemeinsamen Markt sichern

Was man mit einer zu einfachen Formel oft die deutschen »Vorleistungen« zu Europa genannt hat, waren in Wirklichkeit – auch wenn die einzelnen Regelungen erheblich kritische Einwände herausfordern – oft Beiträge für ein Ganzes, von dem gerade auch wir unseren Gewinn haben. Um dieses Ganze zu schaffen, war und ist es notwendig, für Ausgleich zu sorgen und Anpassungen zu vollziehen. Dies war alles in allem vorteilhaft. Man sollte sich darum hüten, eine Legende von der »europäischen Ausbeutung« der Bundesrepublik Deutschland entstehen zu lassen. Es ist richtig: Wir haben Opfer gebracht; aber sie haben sich gelohnt. Für unsere eigenen Interessen wußten wir durchaus zu sorgen. Allerdings durfte die Bereitschaft, zur Kräftigung der Partnerstaaten beizutragen, nicht zu Pressionen und zu Mißbrauch einladen, wie es gelegentlich geschehen ist.

Ich denke hier vor allem an den Agrarmarkt, der so oft Gegenstand heftiger Debatten und böser Empfindungen geworden ist. Tatsächlich hat die Agrarpolitik der Gemeinschaft einen höheren Stand der Integration erreicht als irgendeine andere gemeinsame Politik. Dafür sprach nicht die Logik, aber das Interesse unserer französischen Nachbarn, auch der Holländer und der Italiener. Solange nun die Entwicklung in den anderen Wirtschaftsbereichen dem nicht entspricht, was im landwirtschaftlichen Sektor vorgezogen wurde, ist die ökonomische und auch die nationale Balance gefährdet. Das heißt: Wir müssen auf den anderen Gebieten aufholen – und zwar mit besseren Methoden, als sie der Agrarmarkt demonstrierte. Innerhalb der Agrarpolitik selber müssen die Märkte schrittweise stabilisiert werden, damit sich Angebot und Nachfrage besser ausgleichen. Überschüsse, die nur mit Mühe auf den Weltmärkten untergebracht werden konnten, waren kein gutes Zeugnis für Sinn und Erfolg der europäischen Integration.

Freilich sind weiterhin Zweifel berechtigt, ob der gute Wille zu einer gerechten Verteilung der wirtschaftlichen Chancen und Lasten ausreicht, um dem politischen Prozeß der Einigung voranzuhelfen. Man wird darum die Frage stellen müssen, ob die zeitliche Rangfolge der Programmpunkte, die auf der Pariser

Konferenz im Oktober 1972 beschlossen wurden, nicht unter gewissen Voraussetzungen verändert werden müßte.

Wir haben zur Kenntnis genommen, daß die Endstufe der Währungs- und Wirtschaftsunion nicht vorausformuliert werden kann: Zuerst muß die Basis, nämlich eine gemeinsame Wirtschafts- und Währungspolitik, geschaffen werden. Unterdessen muß gegen alle protektionistischen Anfechtungen die Substanz der Gemeinschaft, nämlich die Zollunion, gesichert werden. Es war beunruhigend genug, daß sich Italien und in einem gewissen Maß auch Dänemark dazu gezwungen fühlten, den Gemeinsamen Markt Beschränkungen zu unterwerfen. Wäre ihrem Beispiel eine Kettenreaktion gefolgt, wären wir für lange Zeit am Ende unserer europäischen Hoffnungen gewesen. Überdies wäre ein krisenhafter Zustand in bedrohliche Nähe gerückt. Denn unsere Lebensfähigkeit – wenn man allein die Enge der Verflechtungen des Handels zwischen Frankreich und der Bundesrepublik Deutschland bedenkt – ist in starkem Maße mit dem Bestand dieser Basis der Gemeinschaft verbunden. Die Konsolidierung der Zollunion ist Voraussetzung der nächsten Schritte.

Viel hängt nun davon ab, ob der internationale Währungsmarkt zur Ruhe findet. Und, im Zusammenhang damit: daß sich die – durch enorme Steigerungen der Rohstoffpreise erschütterten – Zahlungsbilanzen der Industrienationen konsolidieren können.

Aber dies ist deutlich: Keiner der Partner kann seine Probleme in der Isolation lösen. Alle müßten sich der Gefahr bewußt sein, daß sich die Kräfteverhältnisse durch die Vereinzelung und die Aufsplitterung unserer Anstrengungen noch mehr verändern – nicht zu unseren Gunsten. Keiner unserer Staaten ist dazu fähig, sich wie Baron Münchhausen am eigenen Schopf aus dem Sumpf der Widrigkeiten zu ziehen. Es gilt vielmehr, miteinander ein Fundament zu schaffen, auf dem sich sicher planen und arbeiten läßt.

Mit anderen Worten: Die Antwort auf die wirtschaftlichen Krisen, mit denen wir konfrontiert sind, kann nur durch die Politik gefunden werden, und sie muß allseitig abgestimmt und möglichst gemeinsam sein. Walter Scheel übertrug in einer seiner Reden als Außenminister ein Bild, das oft für die Bundesrepublik gebraucht wurde, auf die Lage Europas: »Ein wirtschaftlicher Riese, wie es die erweiterte Europäische Gemeinschaft ist, kann kein politischer Zwerg bleiben, ohne daß es zu Verzerrungen im internationalen Gleichgewicht kommt.«

Über die Kooperation hinaus

Es ist nicht sicher, daß wir das Ziel der Politischen Union bis 1980 erreichen. Aber man sollte die Bemühungen um einen ernsten Durchbruch nicht aufgeben und niemandem zu Ausreden für ein Nachlassen der Anstrengungen verhelfen.

Ich erwähnte bereits die Politische Zusammenarbeit der Außenminister unserer Mitgliedsstaaten. Es könnte einen wesentlichen Fortschritt bedeuten, wenn die Koordinierung der Außenpolitik, nach einem alten Plan, einem Politischen Sekretariat übertragen würde. Dazu hätte es auch 1973 kommen können, wenn die französische Regierung – statt auf Paris zu bestehen – mit Brüssel als Sitz einverstanden gewesen wäre; für Brüssel sprach vor allem die Zweckmäßigkeit der möglichst engen Verbindung mit den Organen der Gemeinschaft.

Nun wäre es aber auch denkbar, ein »rotierendes« Sekretariat einzurichten, ähnlich wie bei den Regierungschefs der deutschen Länder, die im jährlichen Turnus den Vorsitz der Ministerpräsidentenkonferenz führen und gleichzeitig die Sekretariatsaufgaben wahrnehmen lassen. Auf die europäischen Verhältnisse übertragen würde dies bedeuten, daß – bis eine festere Regelung gefunden ist – die eingeleitete Zusammenarbeit flexibel ausgebaut werden könnte. Sie hat inzwischen die Außenpolitik der Gemeinschaftsstaaten in einer Reihe von Bereichen harmonisieren können und gemeinsame Positionen behaupten helfen, zum Beispiel bei der Konferenz für Sicherheit und Zusammenarbeit in Helsinki und Genf, aber auch in den Vereinten Nationen. Diese Kooperation ist weiterhin nicht Sache der Gemeinschaft, sondern der Regierungen. Nach dem Stand der Dinge kann sie auch nicht dem Ministerrat und der Kommission in Brüssel übertragen werden, ehe nicht der Inhalt der Politischen Union klar beschrieben ist. Dies soll durch einen Bericht geschehen, der für Ende 1975 angefordert ist.

Ich hatte bei der Kopenhagener Konferenz der Staats- und Regierungschefs im Dezember 1973 darum gebeten, die Arbeit an diesem Bericht zu beschleunigen; ihm kann eine ähnliche Bedeutung zukommen wie dem Bericht des belgischen Außenministers und Ministerpräsidenten Paul-Henri Spaak für die Römischen Verträge, mit denen die Europäische Gemeinschaft besiegelt wurde. Ich war im übrigen der erste Regierungschef, der vor dem Europäischen Parlament in Straßburg sprach. Dort sagte ich im November 1973 in der letzten Grundsatzrede, in der ich mich als Kanzler den europäischen Aufgaben zuwandte, wir sollten in mehr als zwanzig Jahren europäischer Integrationspolitik gelernt haben, daß uns die funktionelle Methode eher ans Ziel bringe als die konstitutionelle – »mit allem Respekt, der auch der zweiten gebührt. Wenn dies – daß man der funktionellen Methode den Vorzug gibt gegenüber der konstitutionellen – Pragmatismus genannt wird, dann stört es mich nicht. Das Ziel bleibt deutlich: Es ist, wie ich es gelegentlich in diesen Jahren formuliert habe, eine vernünftig organisierte europäische Regierung, die auf den Gebieten der gemeinsamen Politik die notwendigen Entscheidungen treffen kann und deren Amtsführung parlamentarisch kontrolliert wird.
Dieser Regierung werden die europäischen Staaten jene Rechte, wenn man es noch präziser sagen will, jene Souveränitätsrechte übertragen, die in Zukunft nur noch miteinander wirksam ausgeübt werden können; die übrigen Rechte bleiben natürlich bei den einzelnen Staaten. Damit wahren wir zugleich die nationale Identität unserer Völker, die Quellen ihrer Stärke sind, und fügen die europäische Identität hinzu, aus der uns miteinander neue Kräfte erwachsen.«

Wenn ich diese Zielsetzung bekräftige, tue ich dies zugleich in Respekt vor dem unermüdlichen Vorkämpfer der europäischen Einigung, dem großen Franzosen Jean Monnet, dessen »Aktionskomitee« während der letzten beiden Jahrzehnte Außerordentliches geleistet hat, um führende Persönlichkeiten der Parteien und Gewerkschaften aus den Gemeinschaftsländern zusammenzuführen und mit ihnen immer wieder neue Initiativen in Gang zu setzen.

Der pragmatische Weg

Die Reihenfolge, die ich damals in Straßburg nannte, hat ihre Logik, aber sie muß nicht immer zwingend sein. Es mag eine Lage entstehen, in der wir in der Politischen Zusammenarbeit – im Feld der Außenpolitik – einen Schritt vorauseilen können, ehe sich die Wirtschafts- und Währungsunion etabliert hat. Ich halte es für ratsam, hier flexibel zu denken und zu operieren. Wir befinden uns in einer Lage, in der das Notwendige noch nicht immer das Mögliche ist. Aber wir sollten zum anderen das Mögliche als Notwendigkeit begreifen.

Ich rede – wie jeder verstanden haben wird – keinem perfektionistischen Konzept das Wort. Ein europäisches Grundgesetz wird dann notwendig sein, wenn die Aufgaben einer Wirtschafts- und Währungsunion, wenn die Sozialgemeinschaft, vielleicht auch ein Stück Bildungspolitik, ganz gewiß die gemeinsamen außenpolitischen Aufgaben (und die damit verbundene Sicherheitspolitik) einem europäischen Regierungsorgan zugeordnet werden. Wir sollten uns vor allem falschen Streben nach »Vollkommenheit«, »Geschlossenheit« und lückenlosen Sicherungen hüten. Damit hat Europa beim Versuch der Verteidigungsgemeinschaft in den frühen fünfziger Jahren schon einmal Schiffbruch erlitten. Ein Streit zwischen Föderalisten und Konföderalisten, Maximalisten und Minimalisten wäre von extremer Sinnlosigkeit. Ich wiederhole: Wir müssen jenes Europa schaffen, das möglich ist. Wir müssen in den Bereichen nach vorn gehen, in denen der Weg offen ist.

Für den Zusammenschluß der westeuropäischen Staaten gibt es kein historisches Beispiel; auch das der Vereinigten Staaten ist nicht schlüssig, obwohl sie mit uns vielleicht das eine gemeinsam haben, daß auch ihre Entstehungsgeschichte das Produkt eines mühseligen Prozesses der Angleichung unterschiedlicher Interessen war – dort auf dem Hintergrund einer relativ kurzen Kolonialgeschichte, die das Land nicht mit jener Last von Problemen beladen hatte, die wir aus der Geschichte der Nationen mit uns schleppen.

Ich habe seit Jahren bewußt von der Notwendigkeit einer europäischen Regierung gesprochen. Wie anders sollte sich schließlich das gemeinsame Interesse gegenüber den Einzelinteressen durchsetzen? Wie anders soll unser Kontinent auf lange Sicht seine Eigenständigkeit gegenüber den Weltgroßmächten behaupten? Wie anders sollten unsere Länder eine Handlungsfähigkeit gewinnen, die diesen Namen verdient? Wenn wir darauf beharren, Sicherungen des wirtschaftlichen, sozialen und politischen Lebens unserer Völker auch künftig ganz überwiegend in den Nationalstaaten zu suchen, dann werden wir uns auch künftig von Krise zu Krise die Schwäche und die Ohnmacht Europas bescheinigen können. Sie wird uns dann auch von außen immer von neuem bestätigt werden. Wenn man sich darüber beklagte, daß der Dialog zwischen den Vereinigten Staaten und der Sowjetunion in manchen Phasen an den europäischen Ländern vorbei geführt wurde, dann muß man daraus die Konsequenz ziehen: Man muß sich zu einer gemeinsamen Anstrengung entschließen, um wenigstens im Kern ein Haus der gemeinsamen Stabilität zu bauen, und man muß schließlich bereit sein, nicht mehr taugliche Souveränitäten in einen Bund auch auf dem Gebiet der Sicherheitspolitik einzubringen, der durchaus mit der Atlantischen Allianz vereinbar wäre.

Gemeinsame Sicherheit

Ich will den Möglichkeiten, eine europäische Sicherheitspolitik im Rahmen der Allianz zu entwickeln, jetzt nicht näher nachgehen. Politische Klugheit spricht ohnehin dafür, daß wir Deutschen uns gerade auf diesem Gebiet nicht vordrängen. Es darf vor allem kein Zweifel daran aufkommen, daß wir keinen atomaren Ehrgeiz und nicht die geringste Absicht haben, den Verzicht auf Atomwaffen zu revidieren.

Aber eines möchte ich klarmachen: Das Bemühen der Europäer um Sicherheit für ihren Teil der Welt widerspricht in keiner Weise der loyalen Zugehörigkeit zum Atlantischen Bündnis. Im Gegenteil: Wenn es einen konstruktiven Weg gibt, die Lasten in der Allianz gerechter zu verteilen, wie dies von den Vereinigten Staaten so oft gefordert wurde, dann ist es die Zusammenfassung der europäischen Verteidigungsanstrengungen, und dann bedarf es, wie es der amerikanische Außenminister in seiner Rede vor der Londoner Pilgrims' Society im Dezember 1973 ausdrückte, »einer Definition der Sicherheit, hinter die sich unsere Völker stellen können und die unsere Gegner in einer Periode der verringerten Spannung respektieren werden«.

Das französische Interesse an der Präsenz amerikanischer Streitkräfte in Europa unterscheidet sich heute nicht mehr von dem unseren. So wäre es nur logisch, daß zwischen der europäischen Verteidigung – mit Einschluß Frankreichs – und der NATO eine Brücke geschlagen würde. Der Streit zwischen sogenannten »Europäern« und »Atlantikern«, der bis in die Mitte der sechziger Jahre die Außenpolitik der konservativen Kräfte in Deutschland lähmte, darf nicht wiederaufleben. Er ist steril und unrealistisch; er kann sogar zerstörend wirken.

Wir haben schon in der Großen Koalition die außenpolitische Debatte in die Wirklichkeit gezwungen. Unser Realismus hat niemals einen Widerspruch zwischen der Sicherung im Atlantischen Bündnis und der Notwendigkeit europäischer Vereinigung akzeptiert. Der gleiche Realismus hielt uns dazu an, die Politik der Entspannung nach Osten hin zu keinem Zeitpunkt in Alleingängen, sondern stets in Übereinstimmung mit unseren europäischen Nachbarn und den Vereinigten Staaten zu führen. Ja, wir haben durch unsere Politik der Versöhnung, des Gewaltverzichts und der Normalisierung, durch die Anerkennung der Realitäten unseren Staat vor einer drohenden Isolierung bewahrt. Wir haben die Gefahr der Selbstisolation – diese Todsünde deutscher Außenpolitik – abgewendet.

Die Aufgabe einer gemeinsamen europäischen Ostpolitik hat nichts von ihrer Bedeutung verloren. Sie findet eine solide Basis in der politischen Untermauerung der Gemeinschaft. Und auf diesem Fundament kann es uns schließlich gelingen, über die unkorrigierbaren Unterschiede der Gesellschaftssysteme hinweg gemeinsame Interessen einer größeren europäischen Nachbarschaft zum Leben zu erwecken und eine Zusammengehörigkeit wieder lebendig werden zu sehen, die so lange verschüttet war.

Die Bundesrepublik Deutschland hat hier eine natürliche Funktion zu erfüllen, die der nationalen Geschichte der Deutschen entspricht und die ihr niemand abnehmen kann. Sie kann und will dieser Aufgabe nur zusammen mit den Partnern der Gemeinschaft gerecht werden. Auch hier wäre jedes eigenbrötlerische Handeln nicht nur fragwürdig, sondern zerstörerisch. Die wirtschaftliche Kooperation mit Osteuropa wird sich verdichten. Auch sie muß eingebettet sein in die unauflösliche politische Solidarität der künftigen Union. Dies ist die Chance.

Die Realität von Brüssel

Die Schwierigkeiten habe ich nicht verborgen. Nach manchen deprimierenden Erfahrungen ist es notwendiger denn je, Europa aus den Höhen abstrakter Deklarationen und aus der Undurchdringlichkeit der Brüsseler Administration in den Alltag des gesunden Menschenverstandes heimzuholen.

Man macht es sich jedoch zu leicht, wenn man den Ärger über das schleppende Tempo des Fortschritts und die Umständlichkeit des Einigungsverfahrens ungeprüft auf die europäischen Behörden in Brüssel und Luxemburg ablädt. Grundsätze für die Einheit sind rasch beschlossen. Doch es ist ein hartes Geschäft, die Traditionen und Interessen, die in Jahrhunderten gewachsen sind, Schritt für Schritt zu überwinden. Der Teufel steckt in den Details. Allerdings war hier oft auch ein Perfektionismus am Werk, der – zusammen mit halsstarrig verteidigten Einzel- und Gruppeninteressen – uns mit überflüssigen und gelegentlich mit ärgerlichen Torheiten belastete.

Ich verkenne nicht: Oft fühlte sich der eine oder andere Mitgliedsstaat benachteiligt; oft ging und geht es um – tatsächliche, aber auch oft nur vorgetäuschte – Lebensfragen eines Wirtschaftszweigs. Für den Nichtbetroffenen scheint es sich um Bagatellprobleme zu handeln, die kein Aufheben lohnen; für den Betroffenen sieht es anders aus, denn es ist sein Schuh, der ihn drückt. Wer die erschöpfenden – auch nicht sorgfältig und flexibel genug organisierten – Nachtsitzungen im Ministerrat erlebt hat, in denen die Kompromisse ausgehandelt werden, weiß sehr wohl, wie bitter die Prozeduren der europäischen Arbeit im einzelnen sind.

Jeder Vertreter jedes Landes hat natürlich die Pflicht, die Interessen seiner Bürger in der Gemeinschaft erfolgreich zu verteidigen. Doch es sollte endlich möglich sein, den Ministerrat zu einer rationelleren Arbeitsweise zu bewegen. Es wäre ein Fortschritt, wenn sich die Eifersucht zwischen den Verwaltern der »klassischen« Außenpolitik und der Europapolitik, die ja weithin »Innenpolitik« geworden ist, endlich überwinden ließe.
Präsident Pompidou und ich hatten vor ein paar Jahren miteinander – und mit unseren Partnern – darüber beraten, ob es nicht von Vorteil sei, wenn jede Regierung sich im Brüsseler Rat permanent durch einen Europaminister vertreten ließe. Es ist bisher nicht dazu gekommen, weil die Struktur der einzelnen nationalen Regierungen es meist nicht zuließe, einen solchen Minister – ohne »Unterbau« – mit den erforderlichen Kompetenzen auszustatten. Wir haben seit Ende 1972 einen Parlamentarischen Staatssekretär (Staatsminister), der den Bundesminister des Auswärtigen in Brüssel vertritt; andere Länder haben ähnliche Regelungen getroffen. Dies mag der Ausgangspunkt für eine Reform sein, durch die die Außenminister wesentlich entlastet würden; sie sind, wie ich es aus eigener Erfahrung weiß, durch den Brüsseler Alltag überfordert.
Die Sitzungen des Ministerrats leiden an dem Riesenaufgebot der Stäbe, die sich hier zusammenfinden. Die Größe des Forums erschwert die Willensbildung und die Entscheidungsfähigkeit. Der jeweils zuständige Minister sollte mit zwei oder drei Beamten am Tisch auskommen, und auch die Kommission sollte nur jene Fachleute delegieren, die tatsächlich benötigt werden. Ferner muß man ernsthaft prüfen, ob es nicht an der Zeit wäre, zu dem in den Römischen Verträgen festgelegten Prinzip der Mehrheitsbeschlüsse im Ministerrat wenigstens in gewissen Fällen zurückzukehren. Das Beharren auf Einstimmigkeit ist dort sinnlos, wo keine Existenzfragen einzelner Staaten, ihrer Industrien oder ganzer Bevölkerungsgruppen zur Debatte stehen. Die »europäische Routine« muß reibungsloser werden.
Mehrheitsbeschlüsse würden die Autorität der Gemeinschaft festigen. Diese Autorität kann langsam ausgeweitet und geduldig gestärkt werden. Nur wenn dies gelingt, gibt es eine Chance, die Initiativen künftiger Präsidentschaftskonferenzen

rascher und wirksamer auf den Ministerrat wirken zu lassen und so in die europäische Realität zu übertragen.
Natürlich muß sich die Autorität einer europäischen Exekutive zuletzt auf die Autorität einer europäischen Legislative gründen. Die Befugnisse der Versammlung in Straßburg wurden zwar ein wenig gestärkt, aber damit ist die Funktionsfähigkeit dieses Gremiums noch keineswegs so etabliert, wie es sein sollte. Als Bundeskanzler regte ich – im Einvernehmen mit Präsident Pompidou und Premierminister Heath – ein Verfahren zur Stärkung des Parlaments an, das bei den Abgeordneten leider bisher nicht auf Gegenliebe stieß. Dennoch sollte man unbefangen prüfen, ob es nicht praktikabel sein würde: Für die europäischen Delegierten in Straßburg sollten Ersatzleute gewählt werden – und zwar in erster Linie die Fraktionsvorsitzenden, ihre Vertreter oder wichtige Repräsentanten aus der vordersten Bank der nationalen Parlamente; sie sollten ein paarmal im Jahr in Straßburg zur Stelle sein, um an wichtigen Debatten und Beschlüssen mitzuwirken. Sie sollten auch in besonderen Augenblicken, die sie im Einvernehmen mit ihren Kollegen selber bestimmen, ihre Stellvertretung wahrnehmen können. Damit würde das Europäische Parlament zweifellos politisch an Gewicht gewinnen.
In eine ähnliche Richtung zielt der Vorschlag, die Partei- und Fraktionsführer der großen europäischen Parteien sollten sich regelmäßig zusammenfinden, um sowohl für die nationalen Parlamente wie auch für das Europäische Parlament Initiativen und Vorschläge für die Steuerung von Krisen und für Fortschritte im Einigungsprozeß vorzulegen. Damit wäre ein informelles Gremium geschaffen, das nach Meinung der Initiatoren erheblichen Einfluß ausüben könnte. Eine Reform, die die Versammlung selber betrifft, wäre vermutlich noch sinnvoller.

Einsicht und Maßnahmen

Die Realität Europas erlaubt uns vielleicht im Augenblick nur ein Programm der kleinen und mittleren Schritte. Aber man darf nicht zögern, sie zu versuchen.

Erstens: Die Zollunion muß in einer Stabilitätsgemeinschaft gesichert werden. Von einer konsolidierten Basis müssen sich die Mitglieder der Gemeinschaft über praktikable Termine für den Aufbau der Wirtschafts- und Währungsunion verständigen.
Zweitens: Es muß deutlich gemacht werden, daß die Alternative zum Fortgang des Einigungsprozesses nicht der Zerfall der Gesamtgemeinschaft sein kann, sondern daß im Notfall diejenigen Mitglieder enger miteinander verbunden bleiben, die dies wollen und können, während für andere gegebenenfalls Sonder- und Übergangsregelungen vereinbart werden müssen. Allerdings: Ohne das enge Zusammenwirken zwischen Deutschland und Frankreich wird nichts Wesentliches bewegt werden können.
Drittens: Die Arbeit des Ministerrats muß gestrafft und verbessert werden. Mehrheitsbeschlüsse in beschränkten, aber expandierenden Bereichen sollten möglich sein. Auch die Arbeit der Kommission muß auf Effektivität überprüft werden.
Viertens: Die Politische Zusammenarbeit soll – auch durch ein gemeinsames, zunächst »rotierendes« Sekretariat – gestärkt werden.
Fünftens: Die Institutionen der Gemeinschaft und der Politischen Zusammenarbeit müssen parallel in den praktisch möglichen Fortschritten fortentwickelt werden, bis sie sich an einem gewissen Punkt vereinigen lassen, an dem die Verantwortung in der Autorität einer »europäischen Regierung« und eines gemeinsamen Parlaments mit echten Befugnissen zusammenwachsen (wie es meine Straßburger Rede empfahl).
Sechstens: Der Bericht über den Aufbau der Europäischen Union soll zu einem möglichst frühen Termin vorgelegt werden. Darin soll die Reihenfolge des Einigungsprozesses zur Debatte gestellt werden, ohne die Sicherheitspolitik auszuklammern.
Siebtens: Das bestehende Europäische Parlament erhält schrittweise größere Befugnisse. Es stärkt seine Autorität durch ein System der Mandatsvertretung.

Ein Europa der Bürger

Es hatte seinen guten Grund, daß ich im November 1973 vor dem Europäischen Parlament in Straßburg erklärte:
»Bisher haben wir unseren Bürgern wenig Gelegenheit gegeben, sich als das zu fühlen, was sie seit langem weithin sind: nämlich Bürger Europas. Wir wissen aus Meinungsumfragen, daß viele dieser unserer Bürger die europäische Einheit mit uns als das Ziel der politischen Anstrengungen betrachten. Aber wir haben das europäische Bewußtsein wohl zu selten in ihre Wirklichkeit übersetzt.
Es ist entscheidend, daß die Gemeinschaft über die wirtschaftliche Kooperation und die politische Organisation hinaus zum sozial besonders fortschrittlichen Raum unserer Zivilisation zusammenwächst. Die europäische Integration muß unmittelbar den Menschen dienen. Ich rede nicht von einem undeutlichen Lebensgefühl. Unsere Bürger sollen spüren, daß Europa ihre Arbeits-, ihre Lebensbedingungen verbessert, daß es in ihren Alltag hineinwirkt.«
So muß Europa endlich für die vielen Hunderttausende, die innerhalb der Gemeinschaft von einem Staat zum anderen reisen oder auch die Niederlassungsfreiheit nutzen, die Hindernisse an den Stationen der Grenzpolizei oder durch das Ausländerrecht wirksamer als bisher aus dem Weg räumen. Man sollte sich auch nicht damit abfinden, daß wir im Zeichen des Abbaus der Zollschranken die Zahl der Zollbeamten vermehren, statt sie zu vermindern – was keine Polemik gegen die Beamten bedeutet, von denen hier die Rede ist; es bezieht sich vielmehr auf die Funktion, die sie in der europäischen Landschaft ausüben. Daß die Zollvorschriften länger statt kürzer, daß sie komplizierter statt einfacher werden, kann nicht vernünftig sein. Wenn wir die nationalen Bürokratien durch eine europäische Dimension aufblähen, dann machen wir etwas falsch.
Es war deutsche, es war sozialdemokratische Initiative, die dem zusammenwachsenden Europa auf der Pariser Konferenz der Staats- und Regierungschefs im Oktober 1972 das Ziel der Sozialen Union setzte – für das Europa der Arbeitnehmer.
Wir müssen Europa durch die erwachenden sozialen Energien

auch neue demokratische Impulse vermitteln. Unser Ziel kann nicht ein Europa der Behörden und Kommissionen, der Banken und Konzerne sein. Unser Ziel ist ein Europa der realen Freiheit und der sozialen Gerechtigkeit. Es muß uns dabei deutlich sein, daß sich soziale Demokratie auch in Europa nicht gegen wirtschaftliche Vernunft, sondern nur im Bündnis mit ihr etablieren läßt.

Die sozialdemokratischen Parteien der Europäischen Gemeinschaft schlossen sich zu einer Arbeitsgemeinschaft zusammen, deren gegenwärtiger Vorsitzender das SPD-Präsidiumsmitglied Wilhelm Dröscher ist. In Beratungen, die dort in der letzten Zeit geführt worden sind, wurde durch konkrete Vorschläge zur Sozialpolitik ein Vorgriff auf die künftige Soziale Union zu formulieren versucht. In den gemeinsamen Vorschlägen wird festgestellt, zu lange sei das »Soziale« das Stiefkind Europas gewesen. Auf diese Weise gerieten die Institutionen in Brüssel in die Gefahr, zu einem Ärgernis für die Bürger zu werden, die immer weniger davon überzeugt seien, daß der Aufbau der Gemeinschaft der Verbesserung ihrer Lebensbedingungen und der Sicherung ihrer Freiheit diene.

Das »Programm für ein soziales Europa« vom Frühjahr 1973 enthält in seinen vierzig Punkten viele der Forderungen, die auch das soziale und politische Programm der SPD für die Bundesrepublik enthält und die zu einem guten Teil zur Substanz des Regierungsprogramms der sozial-liberalen Koalition gehören. Der europäischen Arbeit der Gewerkschaften ist hier ein entscheidender Rang zugewiesen.

Allgemeine Grundsätze sind rasch niedergeschrieben. Sie würden nicht viel taugen, wenn man die realen Schwierigkeiten unterschlüge. Schon im nationalen Bereich ist es nicht immer einfach, die regionalen Unterschiede durch solidarisches Handeln zu überwinden oder doch auf ein vernünftiges Maß zu mindern. Unterschiedliches Engagement kann hier die Gegensätze eher verschärfen. Die Länder, in denen, anders als in der Bundesrepublik, die Gründung einer Einheitsgewerkschaft nicht gelang, sind überdies durch konkurrierende Gesichtspunkte ideologisch oder parteipolitisch differierender Organisationen belastet.

Die europäische Lage fordert ein möglichst starkes Engagement der gewerkschaftlichen Kräfte. Durch die Begründung des Bundes Europäischer Gewerkschaften – dessen gegenwärtiger Präsident der DGB-Vorsitzende Heinz Oskar Vetter ist – wurde ein organisatorischer Rahmen geschaffen. Den Verflechtungen innerhalb der Staatengemeinschaft muß eine immer engere Verflechtung in der Wahrnehmung der Arbeitnehmerinteressen entsprechen, denn es geht nicht an, daß die Führung der Wirtschaftsverbände die relative Schwäche der Arbeitnehmer in bestimmten Regionen ausnutzt. Eine Identität europäischer und deutscher Arbeitnehmerinteressen zeigt sich in den Thesen der sozialdemokratischen Parteien über die Humanisierung der Arbeitsbedingungen und die sozialen Sicherungssysteme, über den Abbau der Benachteiligung von Frauen und von älteren Arbeitnehmern.

Ein spezifisch europäisches Thema ist die Wanderung von Millionen Menschen, bedingt durch das soziale und wirtschaftliche Gefälle zwischen den ärmeren Regionen des Kontinents und den Gebieten industrieller Konzentration: der »soziale Zwang, den die Armut ausübt«, wie es ein instruktiver Bericht ausdrückt. Hier hatte das Bundesarbeitsministerium mit seiner Analyse des Problems ausländischer Arbeitnehmer gründliche Vorarbeit geleistet. Es wurde deutlich, daß von wirklicher gemeinschaftlicher Freizügigkeit erst gesprochen werden kann, wenn der Wechsel des Arbeitsplatzes von einem Land zum anderen nicht ein Verlust an Rechten und Sicherheiten ist.

Fürs erste ist gleiche Einmütigkeit wie in diesen Bereichen bei den Fragen der Mitbestimmung nicht zu erwarten. Hier zeigt sich, daß die »innenpolitische Arbeit im europäischen Maßstab« auch für die sozialdemokratischen Parteien der Gemeinschaft nicht spannungslos sein kann. Man soll offen darauf hinweisen, daß die französischen und auch die italienischen Sozialisten von der Richtigkeit unseres deutschen Weges noch nicht überzeugt sind. Die französischen Sozialisten wollen die Selbstverwaltung (»autogestion«) der Betriebe im Rahmen einer demokratischen Planung, und es ist ferner kein Geheimnis, daß sie – ähnlich wie die Italiener – von Möglichkeiten der »Vergesellschaftung« mehr und anderes erwarten als die deutschen Sozialdemokraten.

Die Zusammenarbeit wird nicht an solchen Meinungsunterschieden scheitern. Unsere europäischen Nachbarn beobachten gewiß mit großem Interesse, wie sich unsere Form der Mitbestimmung und Mitverantwortung einspielt und ob sie sich weiterhin bewährt. (Inzwischen hat sich das Europäische Parlament in Straßburg dafür ausgesprochen, daß für das geplante Modell europäischer Aktiengesellschaften eine Drittelparität vorgesehen werden soll: im Aufsichtsrat je ein Drittel für Anteilseigner, Arbeitnehmer und Vertreter des öffentlichen Interesses.)
Manche Anregungen der deutschen und der europäischen Sozialdemokraten nahm ich vor dem Europäischen Parlament in Straßburg auf:
»Ich erkenne folgende klare Aufgaben:

Entwicklung einer aktiven Arbeitsmarktpolitik der Gemeinschaft;

Überwindung der Beschäftigungsschwierigkeiten bestimmter Gruppen durch bessere berufliche Bildung;

Planung einer sozialen Politik für die Wanderarbeitnehmer und Koordinierung dieser Politik gegenüber dritten Staaten;

gemeinsame Anstrengung für humane Arbeitsbedingungen nach gleichen Normen;

regelmäßige und dynamisierte Anpassung der Sozialleistungen in jedem Mitgliedsstaat an seine wachsende Wirtschaftskraft;

Mitwirkung und Mitbestimmung der Arbeitnehmer in Unternehmen und Betrieben.«

Die zunehmende Macht der multinationalen Unternehmen hat die Forderung nach einer gemeinsamen europäischen Unternehmens- und Arbeitspolitik verschärft. Nichts führt an der Forderung vorbei, die multinationalen Konzerne einer wirksamen multinationalen, nämlich europäischen Kontrolle unterzuordnen. Es gilt sachverständig zu klären, durch welche Mittel diese Giganten der Weltwirtschaft in den Dienst des Fortschritts einer humanen Gesellschaft genommen werden können.

Die Gemeinschaft – kein Selbstzweck

Es darf auf lange Sicht nicht ein Europa erster Klasse und ein Europa zweiter Klasse geben, weder regional noch innerhalb der Mitgliednationen. Die sozialen Grenzen sollen so durchlässig werden, wie es die Grenzen der Staaten schon weithin sind.
Ich werbe nicht für eine europäische »Ideologie«, sondern für die Realität Europas. Die Aktionsfelder für den konkreten Fortschritt werden weiter. Das Programm für die Soziale Union zeigt die Ziele europäischer Gesellschaftspolitik. Unsere Reformpolitik gewinnt eine Chance, über die nationalen Schranken hinaus zu wirken. Ich plädiere damit nicht für den Export einseitig oder begrenzt deutscher Interessen, sondern für den freien Grenzverkehr von Ideen, Erfahrungen, zukunftsträchtigen Energien.
Die großen Aufgaben, die sich die deutsche Politik gestellt hat, sind zugleich ihr Auftrag für und in Europa: die beharrliche Arbeit für den Frieden, gleichviel, ob durch multinationale oder nationale Anstrengungen – der Ausgleich, die Versöhnung und die gute Nachbarschaft mit unseren Partnern im Osten –, die geduldige Mitwirkung an dem Prozeß der Entspannung durch Rüstungsbegrenzung, wirtschaftlichen, technischen, wissenschaftlichen Austausch, vor allem aber mehr menschliche und kulturelle Beziehungen und damit eine Humanisierung des Lebens zwischen Ost und West.
Europa darf nicht Selbstzweck sein. Es hat Pflichten gegenüber der Welt, zumal gegenüber den armen Völkern der sogenannten Dritten Welt. Die Gemeinschaft kann und muß die Entwicklungshilfe planvoller, effektiver, solidarischer gestalten. Der Kampf gegen den Hunger, dieser älteste Auftrag des Sozialismus, hat sich nicht erledigt, wenn der eigene Hunger gestillt ist. Der Kampf gegen das Elend ist mit der Beseitigung des Elends im eigenen Haus nicht gewonnen. Das organisierte Europa verdiente seinen Namen nicht, wenn es eine Art Autarkie der Humanität üben würde.
Auch hier wird Politik die Kunst des Möglichen bleiben müssen. Doch wir dürfen nicht unterschätzen, *was* in einer gemeinsamen Anstrengung möglich sein kann – es ist mehr, als es der Klein-

mut wahrhaben möchte. Es geht in Europa nicht zuletzt um die Autorität der freiheitlichen und sozialen Demokratie, die in manchen Ländern einer harten Probe ausgesetzt ist. Die künftige Europäische Union hat die Aufgabe, das Vertrauen in die Lebenskraft der Demokratie zu stärken. Diese Dynamik muß über den Raum der Gemeinschaft hinaus wirken.

Deutsche Sozialdemokraten – Partei für Europa

Eine große Partei, die den Strömungen der Zeit gewachsen sein will, kann sich heute nicht mehr nur als ein nationales Instrument des politischen Willens betrachten; vielmehr fordert die europäische Realität auch die innere Europäisierung der Parteien. Das spricht noch nicht für eine übergreifende Organisation oder gar für Verschmelzungen, doch für eine um so entschiedenere Programmatik, die auf Europa zuführt. Das gilt nicht nur, aber vor allem für die Sozialdemokratische Partei Deutschlands.

Nach meinem Ausscheiden aus dem Amt des Bundeskanzlers sagte ich meinen Freunden, daß ich mich als Vorsitzender der SPD außer um die Grundsatzfragen vor allem um die europäischen Entwicklungen kümmern würde. Ich sagte, Europa brauche eine starke deutsche Sozialdemokratie und ihren klärenden, vorwärtstreibenden Einfluß. Die Probleme der Gemeinschaft sind zu sehr Sache von Spezialisten auf der einen, Gegenstand allgemeiner Bekenntnisse auf der anderen Seite geworden. Wir werden dafür sorgen, daß die europäischen Entwicklungen und Aufgaben in der eigenen Partei mit einer neuen Aufgeschlossenheit diskutiert werden.

Ich habe es immer abgelehnt, mein europäisches Engagement parteipolitisch abstempeln zu lassen. Selbstverständlich wünsche ich mir in Europa starke befreundete Kräfte, mit denen gemeinsam die Entwicklung hin zur sozialen Demokratie bewegt werden kann. Aber ich bin – wie in den fünfziger Jahren – gegen jede ideologische Einengung. Das freie Europa braucht Raum für alle gewachsenen Strömungen der Demokratie, und alle müssen sich in ihm zu Hause fühlen können.

Es geht also nicht darum, ein im engen Sinne »sozialdemokratisches« Europa zu schaffen. Wir müssen die gewachsenen politischen Traditionen und die parteipolitischen Gegebenheiten bei unseren Nachbarn sorgsam respektieren. In der Arbeit für die soziale Demokratie sind Verständigung und Zusammenarbeit über weite Wegstrecken auch mit Gruppen und Bewegungen möglich, die sich nicht den Sozialdemokraten zurechnen. Der Weg in die Gemeinsamkeit gestattet keine Zersplitterung der Kräfte des guten Willens. Nur eine breite Gemeinsamkeit wird den Einigungsprozeß zur Sache unserer Bürger machen.

Darum weise ich hier noch einmal auf den früher angedeuteten Vorschlag hin, daß sich die Führungsgruppen der großen Parteien regelmäßig – am besten auf dem Boden der Straßburger Versammlung – zusammenfinden, um die aktuellen und drängenden Probleme, aber auch die weiter gesteckten Ziele zu diskutieren. Es wird sich dort von selbst erweisen, daß die sozialdemokratischen Parteien der Mitgliedsstaaten einen besonderen Beitrag zu leisten vermögen.

Dafür ist dringend zu wünschen, daß sich die britische Labour Party zu einer konstruktiven Mitarbeit durchringt. Außerdem: Auf enge Kontakte und regelmäßige Beratungen mit den sozialdemokratischen Parteien der benachbarten und der Gemeinschaft verbundenen Staaten würden wir nur zu unserem Schaden verzichten; das gilt für unsere nördlichen ebenso wie für unsere südlichen Nachbarn. Sie verfügen über starke demokratische Traditionen, die für die Demokratie in ganz Westeuropa ein Element der Stabilität sind. Ihre Erfahrungen können wir nicht entbehren. Sie bringen Anregungen ein, die auch in den vergangenen Jahren immer wieder fruchtbar wurden. Ich denke zum Beispiel an die Einsichten, die uns der österreichische Bundeskanzler Kreisky nicht allein für die Ost-West-Beziehungen vermittelte, oder auch an die gesellschaftspolitische Erfahrung, die Schweden unter seinen Ministerpräsidenten Erlander und Palme auf dem Weg zum demokratischen Sozialstaat gesammelt hat. Ihre Parteien waren und sind, wie unsere Freunde in Norwegen, in der Schweiz und anderswo, Stimmen einer wachen Humanität und eines unerschütterlichen demokratischen Rechtsbewußtseins.

Unsere internationale sozialdemokratische Arbeit reicht weit, aber sie sollte sich besonders auf die Region konzentrieren, in der wir unsere Heimat erkennen und unsere Zukunft suchen: die Europäische Gemeinschaft und ihren Umkreis.
Wir werden uns Entwicklungen, wie sie in Portugal und in Griechenland die politische Szene über Nacht verwandelten, nicht entziehen dürfen, sondern müssen diesen Ländern nach Kräften helfen, auf dem Weg zur Demokratie voranzukommen.
Der Prozeß der Liberalisierung und der Demokratisierung eines Staates, der fast ein halbes Jahrhundert durch die Verkrampfungen eines immobilen autokratischen Regimes verkrüppelt war, ist voller Gefahren. Die Lösung von dem drückenden und blutigen kolonialen Erbe ist schmerzhaft; ihr Gelingen steht dahin. Gerade in dieser Lage vermissen wir eine politische Autorität der Gemeinschaft. Die Ereignisse in Portugal können nicht ohne Einfluß auf die Entwicklungen im benachbarten Spanien bleiben. Ähnliches gilt für Griechenland, das wieder auf den Weg zur Demokratie zu finden scheint und nach dem unglücklichen zyprischen Abenteuer die Militärjunta abgeschüttelt und elementare Freiheiten wiederhergestellt hat.
Wenn Sozialdemokraten in den kommenden Jahren ein geduldiges, aber auch leidenschaftliches Engagement für die Sache und für die Ziele der Europäischen Gemeinschaft sichtbar machen, dann wird das ohne Zweifel die nützliche Konkurrenz anderer politischer Strömungen herausfordern. Wir müssen es erreichen, daß Freiheit und Solidarität im Bewußtsein der Bürger mit Europa gleichgesetzt werden. Wir können damit vielleicht keine neue Bewegung auslösen, die im idealistischen Überschwang, wie in den ersten Nachkriegsjahren, Grenzbarrikaden zerschlägt und auf die Scheiterhaufen wirft. Das ist auch nicht notwendig. Aber es sollte möglich sein, für den Durchbruch zu den gemeinsamen und demokratischen Institutionen Europas – auf dem gesicherten Unterbau einer Gemeinschaft der Stabilität und der sozialen Gerechtigkeit – mit der gleichen sachlichen Passion zu arbeiten wie für die Friedenspolitik, die den Willen der Mehrheit unseres Volkes für die Aussöhnung mit unseren osteuropäischen Nachbarn engagierte.
Es war eine deutsche Initiative, die dem zusammenwachsenden

Europa das Ziel der Sozialen Union setzte – damit es das Europa der breiten arbeitenden Schichten werde. Das westliche Europa braucht starke sozialdemokratische Impulse. Dies wird in der deutschen Sozialdemokratie – mit dem Blick auf ihren Mannheimer Parteitag im November 1975 – noch deutlicher werden. Es wird zu einer Sache werden, die viele Tausende unserer Freunde engagiert. So haben wir für andere große Programme gearbeitet. Es lohnt sich, so auch für die europäische Sache zu arbeiten.

Europa der Völker

Das Europa der Völker ist in einem hohen Maße schon Wirklichkeit. Es wurde uns so sehr Gewohnheit, daß wir es oft kaum noch wahrnehmen. Die Enge der wirtschaftlichen Verflechtung braucht nicht noch einmal im einzelnen geschildert zu werden. Zwei Drittel unseres Außenhandels absorbiert die Europäische Gemeinschaft, und ähnlich steht es bei unseren Partnern. Unsere Märkte, Läden und Eßtische sind ohne den Reichtum des Angebots europäischer Waren kaum mehr vorstellbar.

Ebenso wichtig ist: Millionen von Menschen passieren Jahr für Jahr frei die Grenzen – als Touristen, als Geschäftsreisende, als Arbeitnehmer oder auch als Soldaten des Bündnisses. Das Netz von Freundschaften, das die Länder miteinander verbindet, ist unter jungen Menschen hunderttausendfach geknüpft worden; das Deutsch-Französische Jugendwerk hat hier Besonderes geleistet. Städte haben sich in Partnerschaften aneinander gebunden und tauschen Delegationen aus. Kultur- und Sportgruppen reisen in den Regionen der Nachbarn so selbstverständlich wie im eigenen Land. Ein Studium an einer europäischen Hochschule, wenigstens für ein oder zwei Semester, ist längst nicht mehr ungewöhnlich, obwohl noch bessere Voraussetzungen für die akademische Freizügigkeit wünschenswert wären. Berufsgruppen pflegen enge Kontakte. Auch wenn das Englische das hauptsächliche Verständigungsmittel auf unserem Kontinent zu werden scheint, so nimmt doch die Kenntnis der Nachbarsprachen in allen Ländern stetig zu.

Alles in allem: Es ist für mich undenkbar geworden, daß die Völker der künftigen Union jemals noch einmal die Waffen gegeneinander erheben würden. Die Epoche der Bruder- und Bürgerkriege in unserem Teil Europas ist – trotz des Aufbrechens mancher regionalen Feindseligkeiten – überwunden. Dies ist die wichtigste Leistung unserer Gemeinschaft für den Frieden in der Welt.

Das Europa der Völker ist in Wahrheit dem Europa der Politik voraus. Dieser Abstand muß überwunden werden. Ich habe als Außenminister und Bundeskanzler Erfahrungen genug gesammelt, um zu wissen, welch zähe Geduld dafür notwendig ist. Auch ich habe manche Desillusionierung erlebt. Von der Richtigkeit der Aufgabe bin ich stärker denn je überzeugt. Sie mag von uns Opfer verlangen. Wir können sie bringen, wenn sie uns helfen, die gesteckten Ziele zu erreichen.

Die Frage heißt keineswegs mehr, ob wir uns »Europa leisten«, sondern, ob wir es noch riskieren können, die wirtschaftliche und politische Solidarität zu verweigern. Das 19. Jahrhundert ist ferne Vergangenheit. Das 20. Jahrhundert geht zu Ende. Wir dürfen nicht zögern, uns in seiner Wirklichkeit einzurichten.

Mancher unserer Bürger mag sich heute »europamüde« fühlen. Es gibt mehr als genug Anlaß zur Verdrossenheit. Die Wirklichkeit der Europäischen Gemeinschaft entspricht nicht unseren Erwartungen. Was gebessert werden muß, ehe wir weiter vorangehen können, wurde hier nüchtern dargelegt.

Aber später wird man uns nicht nach den Motiven der Enttäuschung, der Müdigkeit und des Überdrusses fragen, sondern lediglich feststellen, ob wir an der gesetzten Aufgabe versagt haben oder nicht. Darum soll noch einmal bündig zusammengefaßt werden, warum der Zusammenschluß Westeuropas notwendig und vernünftig, ja unausweichlich ist.

Erstens: Unsere Sicherheit kann nicht mehr national, sondern nur – im Rahmen der Atlantischen Allianz – gemeinsam mit unseren europäischen Partnern garantiert werden. Nur auf der Basis dieser Sicherheit ist die Entspannung zwischen Ost und West realistisch zu organisieren.

Zweitens: Der Ausbau der Europäischen Gemeinschaft entspricht wirtschaftlichen Gegebenheiten und Notwendigkeiten. Allein die Verflechtung der Produktion und des Handels zwischen der Bundesrepublik Deutschland und Frankreich beweist, daß kein Partner ohne den anderen mehr vernünftig existieren kann. Dies gilt auch auf die gesamte Gemeinschaft bezogen. Probleme des Umweltschutzes sind nur noch europäisch zu lösen. Nur ein europäischer Verbund kann eine wirksame Kontrolle für die Macht der multinationalen Konzerne finden. Dies sind einige Beispiele unter vielen.
Drittens: Nur in der Europäischen Gemeinschaft können wir gewiß sein, daß die für uns unveräußerlichen Werte der Demokratie, der Freiheit und der Absage an den zerstörerischen Nationalismus geschützt bleiben. Die Gemeinschaft der europäischen Demokratien ist in der Zusammenarbeit widerstandsfähig genug – oder wird es werden –, sich gegen freiheits- und menschenfeindliche Kräfte zu behaupten.
Viertens: Nur in der Europäischen Gemeinschaft werden wir jene Qualität des Lebens für die vielen schaffen, die das Ziel unserer politischen Arbeit ist. Es geht außer um die materiellen Sicherungen um die ideellen und realen Werte, die unser Leben reich machen: die gute Nachbarschaft, die Freizügigkeit, die Begegnung von Menschen, den Austausch von Ideen, die Entwicklung schöpferischer Fähigkeit in der Zusammenarbeit der Wissenschaft, der Technik, der Künste.
So sind wir wieder am Ausgangspunkt: Deutsche und europäische Politik erfordern heute gleichermaßen,

daß wir den Freiheitsraum und die Mitverantwortung der Bürger erweitern,

daß wir die soziale Sicherung verstärken und die Gesellschaft humanisieren,

daß wir das Wort Gerechtigkeit ernster nehmen und uns verstärkt am Grundwert der Solidarität orientieren.

18. Kapitel
Einige Nachbemerkungen

Im Vorwort zu diesem Buch war vom Gespräch mit den Bürgern die Rede. Der Bericht, den ich hier gegeben habe, soll auch ein Beitrag sein zu jenem großen Gespräch, ohne das eine lebendige Demokratie nicht denkbar ist.

Zum Dialog mit den Bürgern gehört, daß Zusammenhänge erklärt, Absichten und Interessen deutlich gemacht, Notwendigkeiten erläutert werden – und daß weitergedacht wird. Vielleicht habe ich dazu einige Anstöße geben können. Ich würde mich freuen, wenn Anregungen für die künftige Politik, gerade auch kritische Anregungen, den Weg zurück fänden. Mit meinen politischen Freunden werde ich sie in den Prozeß unseres Weiterdenkens gewissenhaft einordnen.

An diesem Gespräch werden – neben politisch Andersdenkenden, die mir willkommen sind – auch viele jener teilnehmen, die nicht Mitglied meiner Partei sind, doch mit Eifer und Vernunft für die soziale Demokratie und für die sozial-liberale Koalition gewirkt und geworben haben. Ich möchte mich für zahllose Hilfen aus diesen Kreisen bedanken und darum bitten, es an solch hilfreicher Begleitung auch weiterhin nicht fehlen zu lassen. Die Unterstützung ist keineswegs weniger willkommen, wenn sie nicht einem politischen Programm in seiner Gesamtheit gilt, sondern solchen Teilen, die der interessierte Bürger aus seiner persönlichen Sicht und Interessenlage gerade für besonders wichtig hält.

Manche meiner Überlegungen gehen freilich, wie es nicht anders sein kann, die engagierten Sozialdemokraten unmittelbar an. Sie werden diese Kapitel auch unter einem Aspekt gelesen haben, der in der Sozialdemokratischen Partei Deutschlands immer einen besonderen Rang hatte. Ich meine die Spannung zwischen Theorie und Praxis. Sie durchzieht die ganze Geschichte der Arbeiterbewegung und des Sozialismus.

Ich habe allerdings meinen Bericht zur innenpolitischen Bilanz der letzten Jahre bewußt nicht vom theoretisch-prinzipiellen Standort her aufgebaut. Mir schien es richtiger – gerade auch mit dem Blick auf den Bürger, der mehr Information im Zeitgeschehen sucht –, weithin die Aufgabe des Chronisten zu übernehmen. (Auch die Erklärung mancher Hintergründe, die dieser oder jener politischen Entscheidung zugrunde lagen, wird noch auf sich warten lassen müssen.)

Auf keinen Fall möchte ich zu einem saloppen, gleichgültigen Umgang mit theoretischen Fragen einladen. Politische Arbeit bedarf grundsätzlicher Fundierung und darum dauernder gedanklicher Weiterentwicklung. Wer bloß von Tag zu Tag arbeitet, ist in der Gefahr, das objektiv Mögliche auf das subjektiv Erreichbare – oder nur das erreichbar Scheinende – zu verkleinern, also den Weg des geringsten Widerstands zu wählen. Von dort ist es – im extremen Fall – nicht weit zu Opportunismus oder gar Feigheit; dafür gibt es Beispiele.

Andererseits: Keine politische Theorie zeichnet ein ganz zutreffendes Bild der gesellschaftlichen Wirklichkeit. Sie kann also nicht die einzig verläßliche Erklärungshilfe für politische Entscheidungen sein. Wer politische Theorie allzu isoliert betreibt, läuft Gefahr, die Nähe zur Wirklichkeit zu verlieren und dogmatisch zu verhärten. Wo »theoretisch abgesicherte« Herrschaft etabliert wurde, kam man – wie mannigfaltige internationale Beispiele zeigen – zumeist nicht dort an, wo man hatte landen wollen.

Meine Partei hatte einen großen Anteil daran, daß nach dem Krieg die Trümmer rasch beseitigt, Betriebe wieder in Gang gesetzt, kommunale Selbstverwaltungen eingerichtet und Landesregierungen geschaffen wurden, auf die gestützt unsere Bundesrepublik zu wirken beginnen konnte. Die Regierungsverantwortung in Bonn blieb den Sozialdemokraten 1949 vorenthalten; sie hatten den wichtigen Part der oppositionellen Alternative zu übernehmen. Ein Jahrzehnt später, beim Übergang zu den sechziger Jahren, bereiteten wir uns konkret auf die Übernahme der Regierung vor. Das Godesberger Programm schuf dafür die geistigen Voraussetzungen. Gestützt darauf, in Verantwortung für unser Volk und seine Verfassung, gingen wir daran – mit Unterstützung vieler nicht parteigebundener Sachkundiger –, den Rahmen für die Entwicklung der Bundesrepublik in einem neuen Jahrzehnt abzustecken.

Wir haben damals – ich denke an die Plattform für die Bundestagswahlen 1961 und 1965 – das Rüstzeug geschaffen, das es uns erlaubte, ein modernes Regierungsprogramm zu entwickeln. Wir haben Vorurteile abgebaut, zum Beispiel gegen Planung. Wir haben Bewußtsein dafür geweckt und geschärft, daß die Bundesrepublik Deutschland weitaus größere Anstrengungen machen müsse, um ihren Platz in einer sich schnell verändernden Welt zu behaupten. Der Nachholbedarf auf vielen Gebieten – vor allem bei der sozialen, wirtschaftlichen und personell-intellektuellen Infrastruktur – war groß. Hier bleibt noch immer viel zu tun. Darum war und ist die Politik der inneren Reformen lebensnotwendig.

Die Arbeit zwischen 1960 und 1968 – als wir »Sozialdemokratische Perspektiven im Übergang zu den siebziger Jahren« zur Diskussion gestellt hatten – wurde zur Grundlage für die Regierungsprogramme vom Oktober 1969 und vom Januar 1973. Hier knüpft Bundeskanzler Schmidt mit seiner Mannschaft an. Für die Zukunft – schon die nächste Zukunft – bleibt Arbeit genug, zusätzlich zu dem, was jede Regierungsarbeit mit den von Tag zu Tag wechselnden wirtschafts- und außenpolitischen Situationen ohnehin an Aufmerksamkeit und Kraft verlangt.

Dennoch begegnet man manchmal schon der ungeduldigen Frage, wie eigentlich das sozialdemokratische Programm für die Zeit nach 1976 aussehen werde. Nicht nur überkritische Zeitgenossen, auch besorgte Freunde erkundigen sich, ob nicht das Potential aufgebraucht sein werde, das wir für die Koalition von Sozialdemokraten und Freien Demokraten mobilisierten.

Nun, wer sich mit diesem Buch vertraut gemacht hat, kennt meine Meinung: Was 1969 in Gang gesetzt wurde, war nicht auf ein Interregnum angelegt, sondern sollte einen längeren Abschnitt deutscher Politik bestimmen.

Außerdem: Wer nach dem möglicherweise erschöpften Potential fragt, hat damit zunächst schon eine Feststellung getroffen. Er setzt nämlich voraus, daß die Bundesregierungen dieser Koalition im großen und ganzen leisten konnten, was sie sich jeweils für die verschiedenen Jahre vorgenommen hatten. In den Kapiteln dieses Buches mag man nachlesen, daß es sich – mit gewissen Einschränkungen – tatsächlich so verhält.

Über ganze Wegstrecken konnte ich feststellen, daß im einzelnen und auf vielen Sachgebieten mehr geschaffen wurde, als es eine breitere Öffentlichkeit aufnehmen konnte (oder als wir es den Bürgern nahezubringen verstanden). Hinzu kam: Meine Regierung wurde so sehr mit ihren unaufschiebbaren außenpolitischen Handlungen identifiziert, daß demgegenüber im öffentlichen Meinungsbild manchmal auch sehr wichtige innenpolitische Probleme in den Hintergrund rückten. Die Wirklichkeit war anders. Ich wiederhole hier, auch im Interesse meiner betroffenen Kabinettskollegen und Mitarbeiter: Die Leistungsbilanz kann sich sehen lassen. Sie wird nun in der Verantwortung meines Nachfolgers im Amt des Bundeskanzlers noch beträchtlich erweitert werden. Und dies, obwohl wir wirtschaftliche und außenpolitische Einschnitte von nicht vorhersehbarer Schärfe zu überwinden haben.

Aber gewiß ist, daß sich über 1976 hinaus neue große und schwierige Aufgaben stellen: durch die gebotene weitere Modernisierung und Demokratisierung im eigenen Bereich der Bundesrepublik und für die gesamte europäische Entwicklung. Diesen Notwendigkeiten werden wir nur durch ein kraftvolles Regierungsbündnis gerecht werden können. Dazu braucht man Partner, die ohne Scheuklappen auf die neuen Aufgaben zugehen und sich aufeinander verlassen können.

Die Opposition in der Bundesrepublik ging in diesen Jahren einen Weg, der nicht immer leicht zu verstehen war (wobei ich verständlicherweise keinen Anspruch auf volle Objektivität geltend machen kann). In den zwanzig Jahren der Regierungsausübung waren die Unionsparteien, um es vorsichtig zu sagen, nicht frischer geworden. Den geistigen und politischen Herausforderungen für die siebziger Jahre waren sie nicht mehr gewachsen. Deshalb war es nicht nur ein Beweis für das Funktionieren unseres demokratischen Systems, daß die Union auf die Bänke der Opposition geschickt wurde – es konnte für sie auch die Chance zur Regeneration sein.

Hat die Opposition diese Chance genutzt? Zunächst verlor sie in den ersten drei Jahren nach dem Regierungswechsel von 1969 allzuviel Zeit, weil sie sich in den Kopf gesetzt hatte, den Sturz der Regierung von Tag zu Tag, von Woche zu Woche, jedenfalls von Monat zu Monat betreiben zu müssen.

Seit ihrer Wahlniederlage im November 1972 war die Union einem zwiespältigen Prozeß ausgesetzt:

Auf der einen Seite gab sie sich Mühe, nachzuholen, was sie einst lächerlich gemacht hatte, nämlich politisch in längeren Fristen zu denken und zu planen. Damit schlugen die Unionsparteien einen Weg ein, den man mit einem gewissen Respekt beobachten kann. Sie würden natürlich ein um so gewichtigerer innenpolitischer Gegner, je konsequenter sie diesen Weg verfolgen könnten.

Auf der anderen Seite schafft das allerdings Spannungen mit der eigentlichen Basis der Unionsparteien. Wer – ausgehend von den vorhandenen Daten und Erfordernissen – versucht, sich ein Bild von den alternativen Möglichkeiten zu machen, die sich für die Politik unseres Landes in den nächsten zehn Jahren oder darüber hinaus bieten, wird feststellen, daß von einseitigen Interessen bestimmte Programmaussagen und konservative (oder quasikonservative) Glaubensbekenntnisse hier schlicht versagen.

Der neue Ansatz der CDU wirkte nach außen belebend; er trug zur Mobilisierung des eigenen Nachwuchses bei. Doch er wirkte kaum auf die Interessengruppen zurück, von denen diese Partei eigentlich getragen wird. Außerdem gibt es die bayerische Variante, die innerhalb der Gesamt-Union – wenn es darauf ankommt – das Sagen hat.

Ich weiß aus eigener Erfahrung, wie schwer es für eine Partei sein kann, sich auf den Boden einer nicht gewünschten Realität stellen zu müssen. Die Sozialdemokratische Partei hat in den fünfziger Jahren aus der leidenschaftlichen Sorge um die staatliche Einheit gegen einen verfrühten Abschluß der Westverträge gekämpft. Sie brauchte Jahre ernster Selbstprüfung, um sich auf die veränderten Tatsachen einzustellen. Es sieht so aus, als wolle sich die Union für einen ähnlichen Prozeß noch mehr Zeit lassen. Solange sie gestattet, daß rechte Scharfmacher das Wort führen (und die CSU die Richtlinien der Opposition im Bundestag bestimmt), muß das ein sachbezogenes, also vernünftiges Überdenken der Probleme böse behindern. Die Union macht es damit auch unseren westlichen Freunden und unseren östlichen Partnern schwer, sie als einen ernstzunehmenden außenpolitischen Faktor zu betrachten. Das Erbe ihres verbissenen Anrennens gegen die Ostpolitik müssen die Unionsparteien allerdings selber bereinigen, wenn sie hier glaubwürdig werden wollen.

Die Versuche, die wir bisher beobachten konnten, sind nicht seriös genug. Man kämpft dort noch immer gegen unser System der bilateralen Verträge, während die Weltgeschichte weitergegangen ist. Wir werden es in den kommenden Jahren mit dem Nebeneinander einer Verringerung von Rüstung und Truppen und einer zunehmenden wirtschaftlichen Verflechtung zwischen Ost und West zu tun haben. Das Verhältnis zwischen den Vereinigten Staaten und der Sowjetunion würde sich auch ohne uns (an uns vorbei oder um uns herum) entwickelt haben. Würde man die Ostpolitik jetzt konzipieren, käme sie zu spät. Sie war geschichtlich und politisch notwendig, auch wenn das Programm für menschliche Erleichterungen bei weitem nicht alle Hoffnungen erfüllte – über die tatsächlichen Ergebnisse hinaus, die nur unterschätzt, wer sich in Illusionen verlieren will oder sich der Wahrheit hartnäckig widersetzt.

Das Lebensinteresse dieses Staates verlangt die Verankerung im Westen, im Bündnis, in der Europäischen Gemeinschaft. Das Lebensinteresse dieses Staates verlangt auch ein Verhältnis der Partnerschaft – wenn möglich der Freundschaft – zu den Völkern und Staaten Osteuropas. Wer dies nicht begreifen will, hat über das Schicksal unseres Landes nicht gründlich genug nachgedacht; und er darf im Grunde nicht erwarten, daß ihm zugetraut wird, die aktive Friedenspolitik ohne Gefahren für die deutschen Interessen fortführen zu können.

Eine andere Einsicht muß hinzukommen: Die Industrieländer sehen sich, was die Stimmenzahl in den Vereinten Nationen und die Bevölkerungsziffern angeht, einer erdrückenden Mehrheit von Entwicklungs- oder Aufbau-Ländern gegenüber, die zum einen rohstoff- und damit devisenreich, zum anderen in überwiegender Zahl rohstoffarm sind – und darum von Jahr zu Jahr noch ärmer zu werden drohen. Auch, aber nicht nur deshalb werden wir zunehmend in globalen Maßstäben denken müssen. Auch, aber nicht nur deshalb wird es nötig sein, die Konfrontation in Mitteleuropa weiterhin abzubauen, das heißt auf lange Sicht: Truppen zu reduzieren und, wenn es angeht, uns in Europa von Rüstungskosten zu entlasten, was freilich Gegenseitigkeit voraussetzt und undenkbar ist, solange die eine Seite ihre Rüstungen weiter steigert. Auch, aber nicht nur deshalb wird es nötig sein, der Bundesrepublik Deutschland den Platz zu sichern, den sie als ein hochentwickeltes, rohstoffarmes, an technischem Wissen, an Bildung reiches Land behaupten und neu bestätigen muß.

Die Zeit, in der man Visionen – im erdgebundenen und realistischen Sinne – braucht, ist nicht vorbei.

In der Innenpolitik mag das meiste wenig spektakulär anmuten. Aber man darf auch hier die kleinen, vorsichtigen Schritte in ihrer Bedeutung nicht gering schätzen. Es ist entscheidend für unseren Staat insgesamt und besonders für die breiten arbeitenden Schichten, daß die Wirtschafts- und die Finanzpolitik weder unter Panikmache noch unter bornierter Interessenvertretung leiden. Es ist entscheidend, daß das Bemühen um soziale und demokratische Erneuerung auf allen Gebieten, die dafür in Betracht kommen, nach Kräften gefördert und nicht etwa behindert wird. (Die Union hat noch nicht einmal eine Übersicht gegeben, welche der von ihr bekämpften Reformen sie rückgängig machen würde.) Es ist auch entscheidend, daß Vorausschau und planvolles Handeln in der Politik groß geschrieben werden und die Gemeinschaftseinrichtungen einen Ausbau erfahren, wie er der erstrebten Qualität des Lebens entspricht.

Die deutschen Sozialdemokraten arbeiten an ihrem Orientierungsrahmen, der die nächsten zehn Jahre – die Zeit bis 1985 – umfaßt. Sie arbeiten an einer Vertiefung der Grundwerte, wie sie im Godesberger Programm formuliert sind. Sie arbeiten – außer an manchem anderen – an der Weiterentwicklung ihrer europapolitischen Konzeption. Dies reicht wesentlich über eine kommende Legislaturperiode hinaus. Zugleich aber werden dadurch die Voraussetzungen geschaffen, daß – abgeleitet aus einer längerfristigen Perspektive – die Ziele für die vier Jahre ab 1976 inhaltlich bestimmt und konkret formuliert werden können.

Die SPD hat die Aufgabe, die von ihrem Kanzler geführte Regierung zu stützen und ihr im Rahmen des Möglichen den Rücken freizuhalten. Sie darf weder die Arbeit der Bundestagsfraktion duplizieren noch von der Regierung Unmögliches fordern; sie sollte auch nicht im Lauf einer Legislaturperiode neue Erwartungen an die Regierung richten, wenn sich dies nicht aus Veränderungen der Situation ergibt. Aber sie hat natürlich den Auftrag, die Leitlinien zu entwickeln, nach denen ihrer Meinung nach die Bundesrepublik Deutschland in den kommenden Jahren regiert werden soll – und wofür sie das Vertrauen der Wählerinnen und Wähler erringen will.

Dabei stellt sich die Koalitionsfrage. Dazu ist zum einen – auch aus sozialdemokratischer Sicht – zu sagen, daß demokratische Parteien grundsätzlich füreinander koalitionsfähig sein müssen. Zum anderen, daß man eine Große Koalition (oder Allparteien-Regierung) nur für Notsituationen in Erwägung ziehen soll. Zum dritten halte ich es für unwahrscheinlich, daß unsere Bürger meinten, wir könnten es uns leisten, das sozial-liberale Bündnis nicht länger fortzusetzen. Die fortschrittliche Koalition von Sozialdemokraten und Freien Demokraten wird – nach allem, was man jetzt sehen kann – auch nach 1976 jene Grundlage der Regierungsarbeit sein, die für unseren Staat und unser Volk am besten ist.

Die Beziehung zwischen den Partnern ist freilich nicht nur eine Allianz, sondern auch eine Konkurrenz. Die beiden Parteien können nicht nur vom Gemeinsamen sprechen, sie müssen sehr wohl auch die Probleme diskutieren, über die jede von beiden, hätte sie allein zu entscheiden, anders befinden würde. Vernünftige Kompromisse sind keine Schande, sondern gehören zum normalen demokratischen Geschehen. Das Darlegen eigener, weiterreichender Vorstellungen ist nicht nur legitim, sondern für die Meinungsbildung der Bürger unerläßlich.

Meine politischen Freunde und ich werden weiterhin die Ziele zu nennen wissen, zu denen wir unsere Bundesrepublik führen wollen. Sie sollen so bestimmt sein, daß sie den langfristigen Ansprüchen einer humanen Gesellschaft und der Stellung unseres Landes in Europa gerecht werden. Dafür werde ich weiter arbeiten.

Bitte beachten Sie
auf den folgenden Seiten
die Hinweise auf Bücher
zu Politik und Zeitgeschichte
aus dem
Hoffmann und Campe Verlag

Stephen Graubard

Kissinger

Zwischenbilanz einer Karriere

Aus dem Amerikanischen von Wilhelm Duden

404 Seiten, Lin

Für jeden, der nicht die vier Hauptwerke Kissingers und seine über dreißig Aufsätze lesen will, ist Graubards zuverlässiges Referat über Kissingers Vorstellungswelt, über die Eigentümlichkeit und Querverbindungen zwischen den Deutungen der großen politischen Figuren des 19. Jahrhunderts (Metternich, Castlereagh, Bismarck) und der nuklearen Problematik von heute eine wirklich unentbehrliche Quelle, will er in die neuen außenpolitischen Konzeptionen Washingtons eindringen.

Süddeutsche Zeitung, München

Die im vorliegenden Buch breit ausgeführten Darstellungen der Kissinger-Schriften nötigen dem Leser allen Respekt vor der wissenschaftlichen Redlichkeit des Außenministers ab, der deshalb auch das Gegenteil einer leicht auswechselbaren und ersetzbaren diplomatischen Eintagsfliege ist.

Hessischer Rundfunk, Frankfurt/Main

Arnulf Baring

Sehr verehrter Herr Bundeskanzler!

Heinrich von Brentano im Briefwechsel mit Konrad Adenauer 1949–1964

512 Seiten mit 8 Abbildungen, Lw

Dieser historisch aufschlußreiche Briefwechsel, eine der wichtigsten Quellen zur Ära Adenauer, verdankt seine Entstehung zum einen der Reiselust des Fraktionsvorsitzenden und späteren Außenministers, zum anderen der Geheimpolitik des Regierungschefs, aber auch dessen Neigung, Meinungsverschiedenheiten schriftlich auszutragen.
Um die zeitgeschichtlichen Zusammenhänge jener fünfzehn Jahre zwischen 1949 und 1964 verständlich zu machen, hat Baring die Korrespondenz mit ausführlichen Zwischentexten versehen. Dabei sind auf weite Strecken monographische Teilstudien entstanden, in die Briefe Adenauers und Brentanos gewissermaßen nur eingestreut sind.
Man erfährt in diesem Band viele bisher unbekannte Einzelheiten: über das spannungsreiche Verhältnis von CDU/CSU-Bundestagsfraktion und Regierungschef in den frühen fünfziger Jahren, später zwischen Außenminister und Bundeskanzler; über interne Auseinandersetzungen der Union um Mitbestimmung und Rentenreform, um Aufrüstung und Westintegration; über die immer wieder stürmische Partnerschaft mit der FDP; über die wechselvollen Beziehungen zu den westlichen Alliierten, aber auch über das Auf und Ab deutscher Kontaktversuche mit Warschau, mit Moskau – seit Adenauers Reise in die Sowjetunion und dem polnischen Oktober, dann im Zeichen der Berlin-Krise und des Mauerbaus. Die gemeinsame Westpolitik Adenauers und Brentanos, vor allem aber ihre unterschiedlichen ostpolitischen Ansätze werfen viele Fragen auf, die bis heute keine Antwort gefunden haben.
Ihren besonderen Stellenwert erhält diese Edition dadurch, daß der Nachlaß Heinrich von Brentanos im Koblenzer Bundesarchiv bis 1998 für die allgemeine Benutzung gesperrt ist.

Ossip K. Flechtheim (Hrsg.)

Die Parteien der Bundesrepublik Deutschland

Reihe »Reader«

597 Seiten, Pb

Nach der Lektüre dieser Dokumentensammlung weiß der Leser etwas besser als zuvor, an welcher Stelle die Anführungszeichen jeweils zu sitzen haben. Nicht nur Politologen, Soziologen und Historiker sollten daher die Gelegenheit nutzen und Flechtheims Dokumentation lesen, jeder wache und engagierte Staatsbürger sollte es tun.

Das Parlament, Bonn

Herbert Weichmann

Gefährdete Freiheit

Aufruf zur streitbaren Demokratie

187 Seiten, Lw

Im Juni 1971 nahm Hamburgs damaliger Erster Bürgermeister Herbert Weichmann nach sechsjähriger Regierungszeit Abschied von seinem Amt. Als begehrter Vortragsredner nimmt er seitdem immer wieder die Gelegenheit wahr, seine Sorge zu artikulieren und zu »streitbarer Demokratie« aufzurufen. In diesem Band wurden die bedeutsamsten jener Vorträge zusammengefaßt, die Herbert Weichmann seit seiner Pensionierung gehalten hat. In allen kommt die Vitalität eines gestandenen Politikers zum Ausdruck, der, aus der Verantwortung des Amtes und damit aus dem Zwang zu mancherlei Rücksichtnahmen entlassen, das beim Namen nennt, was ihm faul scheint im Staate, der aber auch hinweist auf jene Prinzipien und Werte, die die Bundesrepublik zu einem wenn nicht idealen Staat, so doch zu einem sozialen Ort machen, den zu reformieren es sich lohnt, der einiges zu gewinnen, aber vieles zu verlieren hat.

Kurt Sontheimer/Wilhelm Bleek

Die DDR – Politik, Gesellschaft, Wirtschaft

Reihe »Kritische Wissenschaft«

260 Seiten, Pb

In einer Zeit sich wandelnder deutsch-deutscher Beziehungen hilft dieses Buch durch seine umfassende Information und ausgewogene Interpretation, die beträchtliche Wissenslücke der Bundesdeutschen über das Gesellschafts- und Herrschaftssystem der DDR zu schließen. Ohne daß die Wissenschaftlichkeit der Aussage darunter leidet, gelingt es den beiden Münchner Politikwissenschaftlern Sontheimer und Bleek, in gedrängter Form alle wesentlichen Aspekte des politischen, gesellschaftlichen und wirtschaftlichen Systems des zweiten deutschen Staates darzustellen.

Die Weltwoche, Zürich

Hans Werner Richter

Briefe an einen jungen Sozialisten

172 Seiten, Pb

Dieses Buch ist ein halbes Jahrhundert erlebter und gelebter deutscher Sozialismus zwischen der Weltwirtschaftskrise und unseren Tagen. Zu den tragischen Seiten im Leben eines Sozialisten wie Hans Werner Richter gehört es, daß er Sozialismus und Unfreiheit in der Praxis sozialistischer Länder vereinigt sehen mußte, während sie doch in der Theorie und in der Tradition Widersprüche sind. Die Erneuerung des Sozialismus – dies ist der rote Faden in Richters Briefen – liegt in der Wiederentdeckung des »Prinzips Freiheit«. Und das kann heute nicht mehr im Singular, sondern muß im Plural begriffen werden – konkret und praktisch. Richters Briefe sind ein aufrüttelndes Plädoyer für ein allgemeines Ja zum sozialen Bürger, der weder Spießer noch »petit bourgeois« ist. Nur so kann für ihn – und nicht nur für ihn – ein Rückfall in Anarchie, Diktatur und Tyrannis vermieden werden.

Satz und Druck:
Süddeutsche Verlagsanstalt und Druckerei GmbH, Ludwigsburg
Bindearbeiten:
Großbuchbinderei Sigloch, Künzelsau